U0531061

语苑探赜

庆祝唐作藩教授九秩华诞文集

耿振生　陈　燕　孙玉文　主编

商务印书馆

图书在版编目(CIP)数据

语苑探赜：庆祝唐作藩教授九秩华诞文集/耿振生，陈燕，孙玉文主编.—北京：商务印书馆，2021
ISBN 978 - 7 - 100 - 19541 - 6

Ⅰ.①语… Ⅱ.①耿… ②陈… ③孙… Ⅲ.①汉语—音韵学—文集 Ⅳ.①H11-53

中国版本图书馆 CIP 数据核字(2021)第 031450 号

权利保留，侵权必究。

语 苑 探 赜
——庆祝唐作藩教授九秩华诞文集
耿振生　陈　燕　孙玉文　主编

商 务 印 书 馆 出 版
(北京王府井大街36号　邮政编码100710)
商 务 印 书 馆 发 行
北京九州迅驰传媒文化有限公司印刷
ISBN 978 - 7 - 100 - 19541 - 6

2021年6月第1版　　开本 710×1000　1/16
2021年6月北京第1次印刷　印张 36¾　插页 4
定价：198.00元

唐作藩教授与夫人唐和华女士

唐作藩先生重访江西鲤鱼洲

唐作藩教授夫妇与詹伯慧教授夫妇

唐作藩教授与孙子合影

恭賀作藩兄九秩大慶

壽齊彭祖

祝嫂夫人福壽綿長 弟古常君玨書

恭賀作藩學長九十壽辰

高風亮節學貫古今
為人師表眾人敬仰

丁酉季學弟秉才敬賀晚輩啟明敬書

敬賀唐先生九十大壽

善頤止福可優游卒

齊沖元 傅淑敏 丁酉春

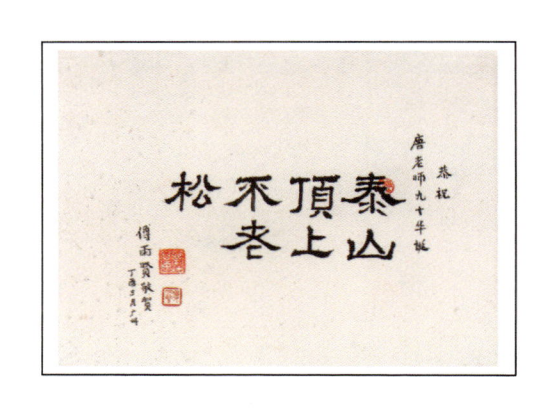

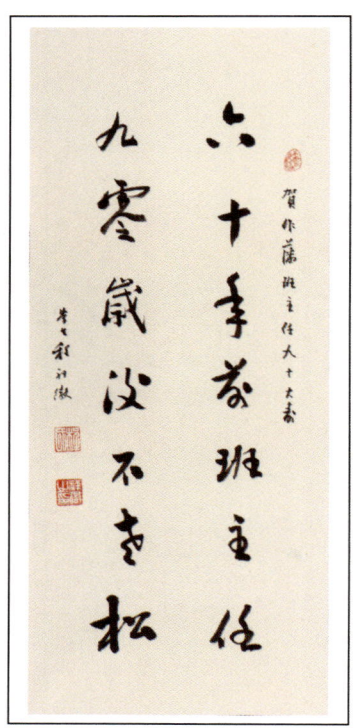

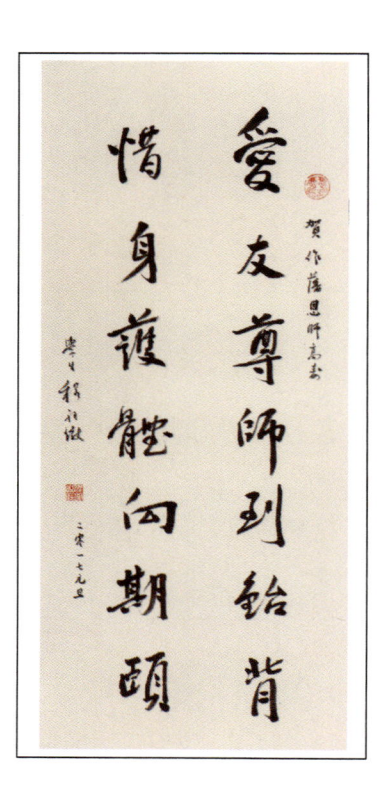

唐作藩先生九秩大壽
陳振寰敬賀

恭祝
唐老師九十華誕
泰山頂上不老松
傅雨賢敬賀
丁酉三月于廣州

賀唐作藩班主任大壽
六十年華班主任
九零歲月不老松
學生郭錫良

賀唐作藩恩師嵩壽
愛友尊師到鮐背
惜身護體向期頤
學生郭錫良
二零一七丑

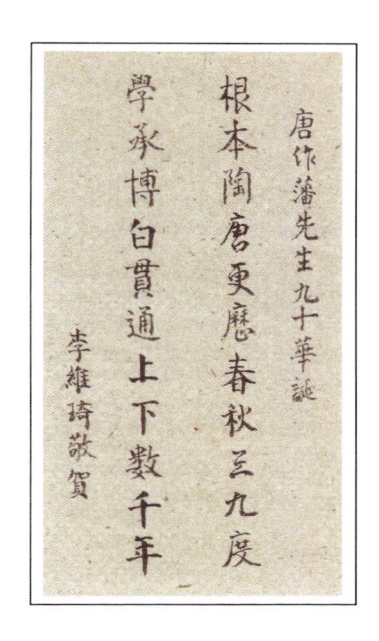

唐作藩先生九十華誕

根本陶唐更應春秋三九度
學承博白貫通上下數千年

李維琦敬賀

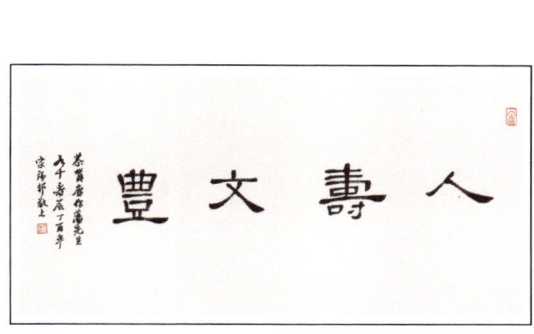

恭賀唐作藩先生
九十壽辰丁酉年
宗福邦敬上

人壽文豐

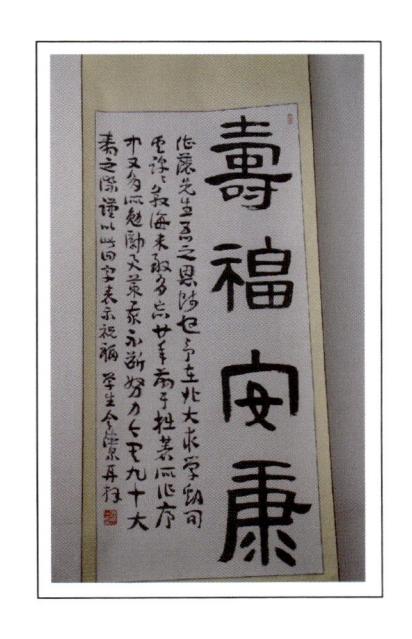

作藩先生吾兄之恩沙包乎壬北大求學助司
毛詩未敢多忘廿年丙子拙著應序
卅又為撰鴻文策泰永新勞力七旬九十大
壽之際謹以四句表示祝福 學生令狐榮丹拜

壽福安康

慶祝唐作藩老師九十華誕

蒼松高潔
丹鷚壽康

甲午夏於金剛大邉将心鵬 程朝陽

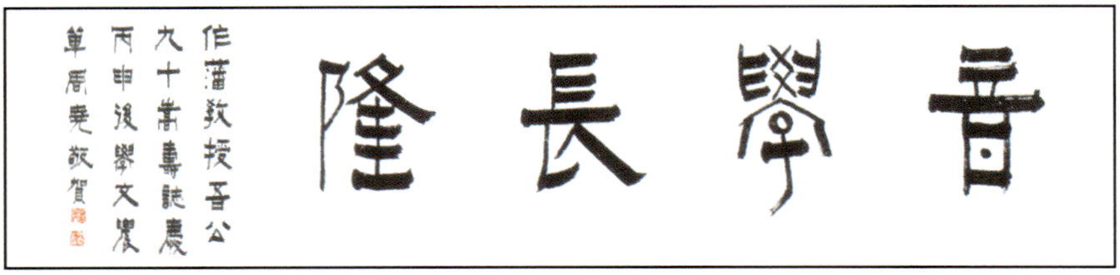

音學長隆

作蕃教授吾公
九十崇壽專誌慶
丙申後學文晨
葦居變敬賀

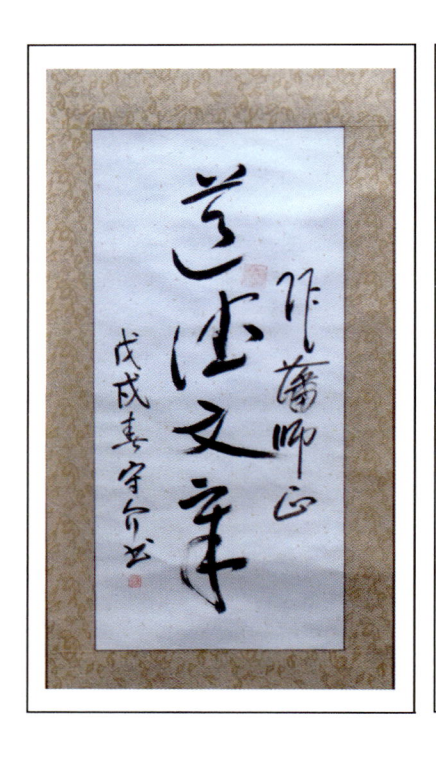

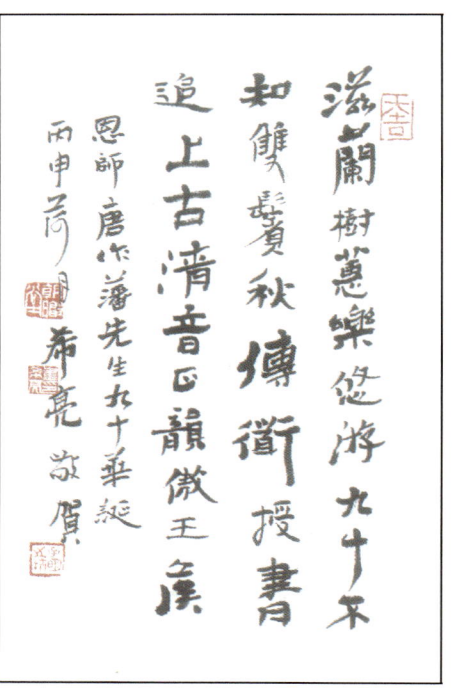

滋蘭樹蕙樂悠游九十年
知雙鬢賀秋傳衛授書
追上古清音正韻傲王羲
恩師唐作蕃先生九十華誕
丙申荷月希亮敬賀

作蕃師正
芝述文章
戊戌春守介玉

庆祝唐作藩教授九十华诞贺词、贺联、贺诗

相知六六，同近五章。石牌初识，康乐同窗。
共师王岑，严高容商。熟颂关雎，勤习帮滂。
院系调整，拥师北上。燕园草长，未名荡漾。
唯我学长，学冠群芳。品学兼优，虑敏体壮。
执鞭接棒，桃李芬芳。语苑勤耕，绝学暴光。
专业翘楚，学会领唱。著述等身，学界榜样。
盖倾京华，名流三湘。亦师亦友，常驻门房。
切磋评说，美酒共尝。受惠良多，恩又难忘。
欣逢盛世，同庆小康。值此吉辰，恭祝永康。

杨耐思拜贺

树三千桃李名扬天下
祝九十春秋寿比南山

郭锡良敬贺

福若趵突泉水涌
身如牯岭劲松豪

肖体俊敬贺

为人谦和厚道　和睦无间　助人为乐
为师授业育人　劝勉有加　桃李天下

侯精一敬贺

寿比南山

严家炎敬贺

寿高德劭人谦和
承前启后传薪火
音韵学界擎旗手
桃李芬芳才俊多

许宝华敬贺

精通音韵学贯古今
惠及中外誉满寰球

王大年恭贺

福寿康宁　寿逾期颐

鲁国尧拜贺

"五四"青年节,老青年,唐先生九十大寿,更越椿龄过百寿,寿比南山;夫子仁者寿,寿者智,国子师名宿泰斗,尽创辉煌漫古韵,卓著中外。

李开拜贺

笔耕未辍九秩音韵撰新论
诲人不倦四海弟子蒙师恩

蒋绍愚敬贺

道德文章

泽润学林

刘广和敬贺

我亦窥墙者，翘瞻在北京。
昔逢香港会，今坐徐州盟。
音韵千秋业，文章百代荣。
喜公登九秩，学会庆重生。

余于一九九零初识唐夫子于香江，其后追陪伯元夫子杖履，并肩于威海、长春，或踵步北京，先生领导中国音韵学研究会，因得亲炙謦欬，如坐春风，迄来二十有七载于兹矣。今逢唐夫子九秩双庆，谨献诗以贺之。

姚荣松敬贺

目　　录

华诞祝嘏

詹伯慧：老骥伏枥，壮志未已
　　——敬贺作藩学长九十华诞（代序） …………………………… 3
金　毅：良师益友，诲人不倦
　　——唐作藩先生九十大寿献词 …………………………………… 8
李行健：记唐作藩先生二三事 ………………………………………… 12
洪成玉：我所尊敬的唐作藩先生 ……………………………………… 16
孟守介、鲁启华：感念师恩　恭祝寿祺 ……………………………… 17
潘碧华：记唐作藩老师的马大缘 ……………………………………… 19
胡克森：我眼中的唐作藩先生 ………………………………………… 22
王晓梅：师生缘
　　——贺唐作藩老师九十华诞 ……………………………………… 29
刘　江：高山仰止，垂范后学
　　——恭贺唐作藩先生九十华诞 …………………………………… 31

语言文字考索

曹先擢：语文随笔 ……………………………………………………… 37
王恩保：关于古诗文吟诵资料的评估 ………………………………… 41
黄耀堃：柳宗元与小学 ………………………………………………… 57
刘　江：语言的梯度本质探析
　　——以词类多功能性为例 ………………………………………… 69

汉 语 音 韵

平山久雄:《切韵》"平声邻接同母韵组"第 2 小韵亦同母这条规则的
　　意义 ·· 83
宁忌浮:读《佩文诗韵》 ································ 91
刘广和:玄奘译音夹注"旧曰……,讹也"考
　　——读《大唐西域记校注》札记(提要) ················ 101
尉迟治平:悉昙学与《成均图》
　　——章太炎的古韵学探源 ···························· 106
竺家宁:《大唐西域记》"讹也"所反映的声韵演化
　　——鱼虞模与尤侯幽的音变关系 ······················ 123
张卫东:坚持"《中原音韵》是现代普通话的历史源头"这个基本点
　　——为唐作藩先生九十华诞而作 ······················ 132
刘淑学、李媛媛:论古知庄章三组声母在近代汉语北方话中的读音分合
　　——以《万韵书》为例 ······························ 145
马重奇、马睿颖:十九世纪中叶厦门方言音系研究 ············ 166
耿振生:从音系结构的继承性看近代北京话的递嬗延续 ········ 184
陈　燕:段玉裁古韵研究坚拒等韵说 ······················ 199
虞万里:俄敦五五九六号《切韵》残卷复原与写本年代问题 ···· 218
张民权:万光泰与王念孙音韵学的历史传播问题
　　——兼论王念孙书稿未能刊刻之原因 ·················· 229
白田真佐子:江沅《说文解字说》(南京图书馆藏)与《说文解字音均表》
　　卷首 ·· 246
李无未:《翻切简可篇》对《李氏音鉴》的"节要"和"简易图示" ·· 258
张玉来:《中原音韵》二等字的音变问题 ···················· 274
刘子瑜:唐诗中字音的借读 ······························ 280
黄灵燕:从中古-k尾入声字的文白异读窥探标准官话音语音层次的
　　来源和其基础音系 ································ 300
徐朝东:明清西北地区三种讲唱文学资料韵部研究 ············ 324

赵 彤：出土文献中反映的语流音变现象 …… 332
陈 宁：“华发”的义与音 …… 343
邱克威：《说文》地名"读若"释音 …… 360

汉语词汇

温端政：试论语与词的比较研究 …… 373
金 毅：《抱朴子》词语解释11条 …… 386
苏培成：汉语拼音化的反思 …… 398
张万起：汉语量词研究笔记二则 …… 410
张双棣：古代专书词汇研究的几点体会 …… 420
张联荣："走"的演变补议 …… 434
方一新、王云路：从中古注疏语料看汉语词汇的发展 …… 447

汉语语法

姚振武：西周时期的一个特殊的个体量词 …… 465
梁冬青：出土文献"是＝"句中"＝"之释读 …… 468
大西克也：上古汉语"有"字存在句及其时间性质 …… 481
曾昭聪：现代汉语用字例释 …… 495
李振中：汉语估测句言者意图实施的语义认知基础 …… 511

其 他

喻遂生：东巴文丽江宝山光绪三十年卖格罗地契约译释 …… 525
黄南津：《尚书》文本辨异方法对少数民族手抄文献研究的借鉴意义 …… 539
孙玉文：湖北黄冈话的"茅针儿"
——为作藩师九十华诞而作 …… 546
杨荣祥：简论滕子京重修岳阳楼之年份 …… 551
乔 永：唐作藩先生《汉语音韵学常识》等三本书编后记 …… 558
张渭毅：《唐作藩的汉语言学世界》编后琐记 …… 563

华诞祝嘏

老骥伏枥,壮志未已
——敬贺作藩学长九十华诞(代序)

詹伯慧

世界上最无情的大概要算无时无刻不停流转的光阴了,人生几何,一不留神一晃就是十年八年匆匆溜走了。进入暮年的人,特别想光阴能放慢一点脚步就好,但总是事与愿违,痴心妄想!不久前收到作藩兄门生发来筹备出版作藩兄九十华诞纪念文集的约稿函,要我为文集作序。猛然想起2007年我们这位同窗好友才在天津庆祝过他的八十华诞,当年的盛况此刻仍历历在目,记忆犹新,仿佛就是几天前的事。那时我也曾为贺寿文集草了一篇代序小文,略抒我这当年班上最小学弟对老大哥、老班长的敬仰之情。转眼屈指一算,如今又是过去十年了。怎不叫人感慨万千!作藩兄九十华诞,自然应该好好庆祝一番,值得庆贺的首先是我们这棵永远充满活力的不老劲松,不管时光怎样匆匆飞逝,也不顾华发如何不断增添,始终一如既往,默默耕耘在语言科学的田野上,高举弘扬中华灿烂文化的大旗,朝着师辈们为我们开拓的语言科学大道,勇往直前,毫无倦意。十年前是如此,十年后仍然是如此,所谓老当益壮,正是今天我所看到的这位年届九十的老学长——唐作藩教授的真实写照。

作藩兄当年负笈了一先生创办的中山大学语言学系,我有幸跟他同窗四载,他是我们的班长,打从1949年入学以来,一直身为表率,带领同班几位同学,一面听从老师教诲,努力钻研业务,认真学好各门专业课程;一面响应党的号召,积极投身建国初期的各项社会活动。争取做个学业和思想兼优的新中国第一代大学生。毕业以后,班上七位同学各奔西东,各有抱负,一有相聚机会,大家总爱忆及当年语言学系的学习生活,缅怀恩师们的谆谆教诲,自然也想起我们的好班长作藩兄如何带领我们心往一处想、劲往一处使地在老师们的指引下,齐心协力,办好这个当时在全国唯一的年轻语言学系,吸引更多的年轻人加入到建设中国语言科学的队伍中来。

作藩兄一辈子专攻汉语史,特别以汉语语音史的研究见长,是一位在音韵学研究中取得突出成绩的学者、也是当今汉语史领域当之无愧的领军人物之一。他对我国古今音韵的研究是全方位出击的,真正做到既博且深。冰冻三尺,非一日之寒。作藩兄早年读书期间就勤奋过人,对语言学系开设的各门课程都认真研读,对系内外各项社会活动也总是带头参与,给同学们留下了深刻的印象。1953年我们毕业时,系里缺少助教,选择留系的唯一一位毕业生,自然也就非唐作藩莫属了。翌年(1954)院系调整,中大语言学系师生一锅端地全部转入北京大学新成立的汉语专业,作藩兄也就以助教的身份转入了北大,此后一直跟在了一师身边从事教学科研工作,迄今已是六十余载了。在这超过半个世纪的漫长岁月里,无论是教书育人,还是专业科研,他都是踏踏实实、一步一个脚印地在汉语史研究的领域中埋头苦干,在不断攀登中屡创佳绩,使自己成长为名副其实的王了一先生的接班传人;一位在语言学领域中能把我国传统语文学长期积累形成的优良学风和现代语言科学发展中形成的理论方法紧密结合起来,在语言研究中着力处理好承传与创新的关系,始终沿着具有中国特色的学术道路,积极推动中国语言科学发展的杰出学者。

作藩兄几十年来丰富多彩的学术成就和培才敷教的丰功伟绩有口皆碑,要想用几句话来加以概括是很不容易的。不过,我想我们回头翻翻二十年前为他七秩华诞编集的纪念文集和十年前为他八十华诞编集的又一纪念文集,仔细听听海内外学术界和唐兄的同道好友、门人学生如何评价、点赞我们这位出色的语言学者,对他的认识多少就能得到几分梗概了。我国传统文化向来对文人学士的评价,总是既重才又重德,所谓"道德文章""德才兼备",迄今仍然是只能兼得,不可缺一的评价准绳。在前述两本厚厚的祝寿文集中,作者大都是作藩兄遍布海内外弟子们的精湛之作,其中一些忆述乃师为学为人的非凡事迹和师生间亲密无间的深厚情谊的文章,充分抒写出作藩兄教书育人的崇高品德,读来令人深受感动。作藩兄著述等身,桃李争辉。晚年犹勤于培育莘莘学子,海内外慕名前来求教者络绎不绝。记得四年前我有幸应邀和他一起出访马来亚大学，参加中国语言文字的学术研讨会，与会者就有几位当时正在北大跟随作藩兄攻读汉语史的马籍学人，这年作藩兄已届 86 岁高龄了。他在会上做学术报告时声音洪亮，精神饱满，引来阵阵掌声，令听讲者赞叹不已！打从上个世纪我国施行改革开放政策，对外文化交流日渐扩展之际，作藩兄就在北大肩负起培育海外学人的重任，在弘扬中华优秀文化，指导海外年轻汉语学者掌握传统"小学"中做出了人所共知的贡献。他的许多学术高论，连同他的精彩著述，早就漂洋过海，广为流传，在汉学界产生强烈的反响。正如当今日本汉学权威、著名汉语学家平山久雄教授在给作藩兄七十华诞纪念文集所写的序文中所说："近十多年来又有不少日本青年学者到北京大学进修，其中专攻汉语史、汉语音韵学的学人多拜唐作藩先生为导师。在先生热心的教导与亲切的诱掖下，各能顺利地发挥其所长，学成回国。如今他们是日本汉语学界的一支劲旅，不少已成中坚骨干。他们对唐作藩先生非常敬爱，始终不渝。"

作藩兄为学认真严谨，为人诚恳谦逊，乐于助人，勇于奉献的光芒始终在他身上闪烁着，数十年如一日，从未因年事的增添而稍有逊色。他一生尊师重道，对恩师敬爱照料，对晚辈热心提携。这方面的许多生动事迹，作为六十多载深交的学弟，我耳闻目睹，感受尤为深刻。举例来说，他到北大以后，最落力的业务就是和另一窗友许绍早兄在了一师的指导下，助力了一师编写我国第一部汉语史稿。与此同时，对王了一师一家的生活，也无微不至地照料。了一师生前有什么家务事要人帮忙，往往首先想到的就是唐作藩这名弟子。五十年代一次了一师出国讲学，作藩兄经常出入燕南园 60 号王宅，为的正是帮忙王师母安排有关家务事宜，让了一师无后顾之忧。了一师谢世以后，作藩兄更时刻关心师母的生活起居。师母晚年身体欠佳，求医问药，联系住院之事，更多由作藩兄奔走安排，一一落实。作藩兄在了一师心目中，既是学术上的好助手，又是家庭中的好帮手，堪称是落实"有事弟子服其劳"古训的模范。平山久雄教授曾称赞唐作藩先生为王力先生的功臣，我看一点也没夸张，确实是实至名归。作藩兄何止是了一师的功臣。他对同在北大的岑麒祥师的关心与照料，同样是有口皆碑。最令我难忘的是，远在广州的高华年师，作藩兄也时刻惦记着。华年师七秩之年，作藩兄特意交代我,务必代表全班同学到中大上门拜寿。那天当我提着果篮、鲜花和蛋糕上门向高师贺寿,说明是我们的老班长唐作藩嘱咐我代表全班同学来恭贺寿诞时,高师和师母喜形于色,深为动情。慎终追远,不忘师恩,为恩师扫墓之事,作藩兄也谨记在怀,每届清明时节,一定到万安公墓祭拜了一师和时甫师并两位师母,从未间断。就在前几天我得知他的门生将要为他九十华诞举行学术研讨会时,就收到他发来几张刚到两位恩师和她的已故前妻墓前祭拜的照片。记得上个世纪末有几年恰逢我清明时节在京出席"两会",作藩兄也总要约我一同前往为恩师扫墓。此情此景,如今想来仍历历在目呢!半个世纪以来,作藩兄始终坚守作为中大语言学系在京校友"总机"的职责,总是想方设法联系沟通中大校友,乐此不疲,直到耄耋之年,仍毫无"下岗"之念,多么的执着啊!几十年来,他不仅每年春节前后都要忙于联络在京老同学聚会之事,打从上个世纪九十年代能够使用电脑发送电邮以后,他还经常通过"伊妹儿"向我们这些京外的同学通报在京校友动向,并不断向我们转发一些难得一见的海内外信息趣闻,令我们觉得这位老同学时刻在自己身边,感到特别温馨。去年夏天我有机会出访美国,在旧金山湾区一所老人中心和同班老同学饶秉才兄相聚,饶兄也是年近九十的人了。我们聊起同班同学的情况,提起作藩兄来,他也说经常接到作藩越洋送来的温暖,"伊妹儿"的互通从未断过,老班长作藩兄的深情厚谊,令人赞叹不已。

作藩兄最值得我们敬仰和学习的是他的坚韧不拔、始终如一的精神。治学的勤奋和为人的热诚贯穿在他人生的每个阶段,每个时刻。无论什么时候,他都是那样坚定不移地沿着既定的学术志向和人生道路前进。尽管已是学富五车的学者,他在学术的征途上却从未却步歇息,近十年来,他仍然积极参与他自己认为是"力所能及"的学术活动,仍然走南闯北,授业传道,从不松懈。刚刚收到他自己发布的信息,在五月初即将南下徐州出席盛会之前,四月下旬他还要远赴河南南阳出席首届国学(汉学)教育国际学术研讨会。一位九十高龄的老学者,如此马不停蹄地从事学术活动,宁不叫人钦仰无已!

作藩兄在他漫长的人生路上,谱写了许许多多为学为人的精彩篇章,令接触过的学人都受益匪浅。我这个有幸忝为学弟的,对这位老学长可敬可佩的事迹始终谨记在心,不能忘怀。十年前祝他八十大寿时,我试着梳理一下藏在脑子里的一些相关记忆,为他的纪念文集草了小文《语坛一棵不老的劲松》,聊表我的仰慕之情。如今又到祝贺唐兄九十华诞的日子,他的许多令人难以忘怀的往事,连同十年来他紧跟时代前进的步伐,与时俱进的种种言谈举止,又有不少可圈可点的事迹涌上我的心头。情不由已,我不禁再撰这篇小文,略抒我贺寿之忱。此刻我想到的唐兄,正是老骥伏枥,壮志未已,那我就以此为题吧!祝愿作藩兄永远健康长寿,我这个小学弟,还期待着再过十年,能有机会来为兄台恭贺百岁寿诞呢!

良师益友，诲人不倦
——唐作藩先生九十大寿献词

金 毅

唐作藩先生，湖南邵东人。唐先生大我一岁，既是我老师，又是我兄长，是我的良师益友。值此唐先生九十华诞之际，我谨向恩师表示我最衷心、最诚挚、最热烈的祝贺，恭祝唐先生寿比南山，福如东海！康健如日月经天，江河行地。唐先生的长寿，就是我们学生的幸福。

唐先生具有远见卓识，与同时代绝大多数青年相较，他选择了具有悠久历史传统的学术道路，而且一直走到九十大寿。这一点我远不如唐先生，走的弯路太多了。我为一时高潮所裹挟，而一生被运动掉了，成了唐先生的不肖弟子。

唐先生所走的学术道路从一开始就得到并且一直得到学术大师王力先生、商承祚先生等的亲切指导、大力栽培。这一点我更不如唐先生。当年王力先生要我到部队给他老人家写信，我当时不敢应承，过后也不敢给他老人家写信，我怎么能得到王先生的指导呢？

在城子矿、黑山寨劳动长达一年之后的1960年，终于冷静下来，重视教学了。唐先生给我们开了汉语史课，我们如大旱之遇甘霖。这门课由王先生开创，博大精深，给全中国开这门课奠定了最坚实的基础。而唐先生率先继承王先生开这门课，让我们开了眼界。过去我只知王了一先生是现代汉语语法方面的权威之一，却不知王先生在汉语史方面造诣之深。我们是通过唐先生的传授而间接了解了王先生这方面的学识的。我们读《诗经》，谁曾想到我国最早的韵部系统就存在其中，而唐先生用系联法给我们揭开了这个奥秘。原来之支脂在先秦分别甚严，并不同音。让我这个不愿学语言的人对语言产生了兴趣。这就是唐先生教学的魅力所在。我们师从唐先生多得实惠。在唐先生影响下,我跑到琉璃厂用 60 元钱买了一套线装颜氏刻本《音韵学丛书》,后来花了很多时间读完这部丛书,受益匪浅。

劫后余生我重操旧业。在唐先生指导下我写了一生第一篇学术论文《韩非子韵读与校刊》,承唐先生、蒋绍愚同学推荐,北大《语言学论丛》第十四辑采用了拙稿。就因这一篇小文,台湾阳明山中国文化大学宋寅清先生以为我是北大中文系教授,寄信给北大中文系,中文系转给我。其实我写此文时连讲师都不是,至今我也不是教授。

唐先生介绍我加入中国音韵学会,让我得以结识音韵学界各位先生。

蒙唐先生厚爱,1982 年赠我大作《上古音手册》,1987 年 10 月赠我大作《音韵学教程》,2003 年 6 月赠我大作《汉语史学习与研究》,都是功夫扎实、科学而严谨之作,给我们树立了如何做学问的榜样,做学问就应像唐先生这么做。有的先生未发表过一篇现代汉语语法学术论文,敢带现代汉语语法研究生,敢给自己带的、未独立发表过一篇现代汉语语法学术论文的现代汉语语法研究生评副教授、教授,就凭其借众力主编的这个《选》、那个《选》。这种事唐先生和他的学生做不出来。

唐先生得知我校注《抱朴子》,曾指示我参考他学生庞月光的《抱朴子外篇全译》。我敬呈拙稿《抱朴子外篇校注译析》请先生哂正,唐先生给我很多鼓励,指出不足,要我努力争取出版。

近几年来唐先生利用网络,花费许多宝贵精力和时间,对我进行全方位远程教学,给我发来大量作品,有时一天发几十篇,包罗万象,供我学习,让我不出户知天下,让我多方面受到潜移默化的影响和教育,进德修业,增长我的知识,陶冶我的情操。几年来唐先生只要不离开北京,不论节假日,不论阳历年还是春节,都没有断过给我发文。老师中能这样待我的只有唐先生一人。唐先生真是诲人不倦啊! 我这一生得众多老师之益大矣,其中受益最大的就是唐先生给我的。只是我视力极差,不能认真拜读老师发来的全部作品,而深感对不起老师。

我每次拜访、告别唐先生,唐先生都要屈尊亲自送我至车站,以此教育我尊重他人。这同那些当众羞辱、秘密诬陷、公开迫害、非法审讯、关押我的领导适成鲜明的对比。

近年风行"厉害"一词。三年前商务印书馆原汉语编辑室主任赵克勤先生说北大57级语言班真厉害。如果说"厉害",是我北大以王力先生、朱德熙先生为代表的众多先生厉害,而其中特别是唐作藩先生直接带出一批学者:

《汉语大词典》副主编、北大、清华国学导师蒋绍愚发表了众多学术著作:《古汉语讲话》《古汉语词汇纲要》《唐诗语言研究》《蒋绍愚自选集》《汉语词汇语法史论文集》《汉语词汇语法史论文续集》《汉语历史词汇学概要》《论语研读》,与李新建合著《古汉语入门》,及〔日〕太田辰夫著,蒋绍愚、徐昌华译《中国语历史文法》等,堪称著作等身。

贵州大学中文系教授王锳出版了《欧阳修诗文选注》、《诗词曲语辞例释》、《诗词曲语辞例释》(增订本)、《常用汉语辞书举要》、《近代汉语词汇语法散论》、二次增订本《诗词曲语辞例释》、《语文丛稿》、修订增补本《宋元明市语汇释》、《唐宋笔记语辞汇释》、《语文丛稿续编》、《〈汉语大词典〉商补》,还有王锳点校、王天海译注的《说苑全译》和袁本良点校、王锳审订的《郑珍集·小学》。王锳与蒋绍愚同为语言班双璧。

商务印书馆原汉语编辑室主任、出版总署百佳张万起出版了《新旧唐书人名索引》凡三册、《新旧五代史人名索引》、《〈马氏文通〉研究资料》、《世说新语词典》、《中国成语大辞典》(编者之一),还有张万起、刘尚慈译注《世说新语译注》等。

北大中文系教授苏培成,据蒋绍愚说,发表了几本学术著作,其中包括《语言文字应用探索》。

北大中文系教授李庆荣出版了《中国古典文学名著·水浒校注》《现代实用汉语修辞》《实用语法修辞》。

空军上校张明高与湖北大学中文系教授郁沅出版了《魏晋南北朝文论选》《六朝讲话钩沉》、张明高和范桥编《林语堂文选》、插图本《孽海花校注》。

北京地质大学附中教师谷衍奎撰写的古文字学巨著,先后在语文出版社、商务印书馆出版。

复旦大学中文系教授孙锡信发表了《汉语历史语法要略》。

俄C.A.斯塔罗思京著、张兴亚译、唐作藩审定《古汉语音系的构拟》,北京语言大学教授王恩保王曾参与其事,出版了《中华吟诵读本》小学、初中各一本。

军事科学院研究员余大吉出版了《中国军事通史》第七卷《三国军事史》。

民航局编审杨澄著、盛锡珊绘《回望老北京》。

桂林政协副主席马勇出版了《履痕——接待回想录》。

作为唐先生最年长的弟子,未起表率作用,宏扬先生学术,说起来汗颜。我 21 岁至 50 岁文思泉涌的黄金岁月,未敢发表一篇文字,愧对师祖、师父、恩师,抱恨终身。劫后余生,知命至今,在全厂最差的顶层漏雨中套、全校最差校舍、国家一级危楼中套里先后撰写了约 500 万字著述,其中只有极少部分沾汉语史的边,绝大多数被视为不务正业的旁门左道之作,不成嫡传正宗。十九家出版社,三个编辑部先后出版了《中国文化概论》《笔记卷》(其中隋以前由张万起执笔)《抱朴子注译》(包括《内篇》《外篇》)《抱朴子内外篇校注》,发表论文和文章 30 篇,参与集体编写出版的著作计有《古代诗词曲名句选》《古代文赋名句选》《中国古代文学词典》《现代汉语虚词例释》《世界四大宗教三百题》《中国大百科全书·军事卷·历代著名军事著作》《长忆未名湖》等,滋润天下读者。《抱朴子校注》(包括《内篇》《外篇》)已与上海古籍出版社签了合同,《内篇》校样已阅,寄还出版社,《外篇》还在审阅中。我付出了视力锐减,已不能看书报的沉重代价。

唐作藩先生的学术永恒,唐作藩先生的学生之学术永恒。

记唐作藩先生二三事

李行健

今年欣逢作藩先生九十华诞,这是一件很高兴的事,值得庆祝纪念。唐先生为人、治学的清正作风在今天十分难得,他堪称我们学习的楷模!

古人说"人生七十古来稀",在今天"七十"不算稀了,按联合国标准,80岁后才算进入老年。但作藩先生幸福健康地生活到九十,还笔耕不辍,继续在学术和育人上为国家做贡献,就更加难得了!

1954年我刚病休后回北大中文系复学,正好中山大学语言学系的师生在王力先生的带领下调整入北京大学中文系。我认识唐先生也就是在这一年。当时中文系师资阵营强大,连朱德熙先生都只在外系上课,肖雷南先生已是副教授,还一直给游国恩先生的课做辅导工作。唐先生当年还是年轻教师,很难轮上他上课的机会。但我很有幸,王力先生给我们班上了三门课,作藩先生给王力先生当助教,给我们上过辅导课。所以他名副其实地是我的老师,虽然他对我们很客气,从不以老师身份待我们。

1958年毕业后我分到天津工作,难得有机会见唐先生了。但我到中关园看望老同学时,也会到他家去看望。1982年,天津师大中文系以朱星教授和我的名义招了两名硕士研究生,我协助朱先生培养研究生,负责具体工作。不幸的是1982年12月朱先生因病去世,研究生的工作主要落在我身上。我自知能力和知识的局限,不可能带好这些研究生,就想能否找北京有名高校代培。首先就找到刚由南开大学中文系调北京语言学院的张清常先生。朱星先生招研究生时,就拜托过清常先生给研究生讲课(那时他还在南开任教),并得到张先生的慨允。不久张先生调北京,所以我首先想到请清常先生代培。张先生初到北京工作很忙,但有约在先又出于他和朱星先生的友谊,也勉为其难地答应了,但要经学院同意。当时任学院教务处处长的是鹿宗世,她是我的同班同学,自然也开了绿灯。但最后学校领导开会,怕张先生负担太重,还是给否决了。正在万般无奈之际,我大胆想到何不到北大去向老师们求助。北大门槛高,要求严,我们抱的希望也就不太大。于是我和当时的系主任陆世光教授(他也是北大校友)一起到北大,先找唐作藩和郭锡良两位先生。他们两位理解我们的难处后,慨然伸出援手答应我们的要求,但要得到北大研究生处同意并办相关手续。真让我和陆世光欣喜莫名。转天我们就去学校有关部门商谈此事。北大一贯有尊重教师的传统,管研究生的有关领导答复,只要担任导师的老师考查同意,我们这里不会有什么问题。果然如此,很快就将陈燕、崔立斌两名研究生(现均为学业有成的大学教授)转到北大中文系,由唐、郭两位先生各负责指导一名。这件事让我和陆世光很受感动,在困难关头,唐、郭两位先生的高谊和帮助,使棘手的问题顺利得到了解决。不仅被指导的学生高兴,我更是铭感五内,因为两名研究生培养问题砸在我们手里,不仅对不起先师朱星先生,也对不住如饥似渴盼学习深造的研究生。作藩先生这次真是雪中送炭,救我于困境。后来我常到北京了解研究生学习的情况,得知唐、郭两位先生把他们同自己招收的研究生一视同仁,认真负责培养,使我对两位先生更充满了敬意。

  后来我调到北京国家语委工作,见到作藩先生机会就多一些,但从专业上说联系并不密切。上世纪九十年代初,河南教育出版社要出版一套老一辈名家"论语文教育"丛书,已出版了朱自清、叶圣陶、黎锦熙、陈望道等先生的"论语文教育"论集,深受语文教育界欢迎。为了完整出版好这套丛书,自然少不了王力先生"论语文教育"的集子。当时正苦于未找到选编者。该丛书的责编刘健对我说,你给我社编过《吕叔湘论语文教育》,而你又是王力先生的学生,应该编一本《王力论语文教育》。她说得不错,王力先生是我的恩师。师恩深重,这件事自然义不容辞,但我当时还在语文出版社社长岗位上,杂事缠身,只好回答容我妥善安排一下。我还想找一位熟悉王力先生的同志合作,共同完成这一光荣任务。我首先就想请唐作藩先生一起来编这本书。他对王先生的学术思想和有关资料比其他人都熟悉,是编这本文集的最佳人选。我马上同唐先生联系,承他欣然同意,于是请他就近征求夏蔚霞师母的意见。师母听说我们编选了一师"论语文教育"文集,非常高兴,除了书面授权外,还鼓励我们说:"你们编选我放心,相信你们一定能干好这件事,我会尽力支持。"这样一来就更加坚定了我们编好这本书的信心。我和唐先生分别在王力先生的著作中搜集相关资料,列出分类的大纲。第一次篇幅过大,超出了出版社的计划。我们又再次精选,对原订体例进行调整,对原文中个别印刷错误进行订正,又请语文教育研究专家首师大吕桂申教授和北大中文系的张渭毅同志帮助审读。最后我和唐先生又通读全文后,送呈师母审阅。唐先生还建议将《王力先生年谱》和《大百科全书·语言文字》卷中的王力条由张双棣、吴坤定同志撰写,经王力先生过目的,全面介绍王先生处世治学风貌的文章作为附录收入,使全书内容更丰富完整,更便于大家学习王力先生的语文教育思想。该书出版时,唐先生提出要我的名字署在头里,这自然是他的雅意,但不合情理,我告诉责编署名唐作藩打头顺序不能变。后来又出现稿酬分配的问题。我和唐先生一直认为编老师的文章,是学生应尽的义务。我们不能要一分报酬,而王师母却提出稿费全归编选者,她一分不要。我记得后来只好请出版社按他们的原则分配,大家不便再推辞。事情过去了20多年,每想到这次编了一师"论语文教育"这件事,心里仍然很温馨,只可惜王师母给我们那封热情洋溢、亲切优美的信没有保存下来。

2003年北京闹"非典",大家一般不外出,既不串门也不上街,在恐慌和郁闷中生活了几个月。"非典"被控制后,到了秋天,人们恢复正常生活,大家心情非常高兴。我们"规范词典编写组"20多位老先生,非典时,院子门都不让他们出,连理发都自己动手凑合事。既然可以出行了,何不到野外舒发一下憋闷已久的心情,调节一下当前的生活,于是组织大家到北京周边的著名风景区"百里峡"和"清西陵"去旅游一次。我想唐先生和郭锡良先生非典时期肯定同我们一样憋闷生活,他们一直关心支持我们词典编写工作,何不请他们一起同游,除了大家见面愉快出行之外,还可让我们编写组同仁与这些专家学者熟悉并请教,扩大学术视野,增长我们的知识。这对于编好词典是非常必要的。我先打电话联系,邀请他们同游。我很高兴,唐、郭两位先生都接受了邀请,于是有了三天共同旅行的经历。唐先生性情温和可亲,有长者之风,深得大家尊敬和喜爱。他们两位的参与,给这次旅行增色添彩,成了生活中一件愉快难忘的往事。由于同编写组零距离接触,唐先生更了解了大家,后来见面时常问起词典编写的情况。

大概有 2003 年的那次交流,2006 年后,唐先生指导几部辞书的编纂工作,承唐先生不弃,两次邀请我参加他主持的词典编写会议。由于规模大,邀请的专家多,在会上大家只能从宏观角度提一些设想和意见,会后唐先生希望我能承担一些任务。由于我当时正忙于手边词典的修订工作,未能应承具体任务,只答应可以看看稿子,或参加相关的研讨会。实际上没有给唐先生切实的帮助和支持,当时就觉得有负先生的期望,虽然事有不得已,但心中总很歉然。

唐先生对我的关照,远不止学术和工作方面,有一年夏蔚霞师母过生日,只邀请了少数熟悉的老学生,唐先生也没有忘记叫我参加。后来王师母设宴请大家吃饭,唐先生又亲自电话通知我。那天令我特别感动的是,宴会上师母特意让大妹给我一张过时的剪报,是师母剪下专门留给我的。那是一篇对汉语拼音方案提建议的文章,师母知道我在国家语委工作,特别把文章剪下保存给我。小小一张剪报,深深体现了师母对学生们细心的关怀!

我和唐先生相识 60 多年,他给了我很多帮助。作藩先生年长我 8 岁,转眼我也由当时的青年进入了老年,真是无情岁月催人老!特别庆幸的是唐先生一直健康长寿,我想这同他为人治学很有关系。先生待人接物和蔼可亲,教书育人循循善诱、诲人不倦,治学严谨朴实,不赶时髦,不与人争长短,始终保持着"温良恭俭让"的作风和形象。我从未见他生过气、发过火,一贯保持坦诚的平常心态生活、处事,这可能就是他健康长寿的原因之一吧。医学专家说,"养生"首先是"养心",唐先生有如此好的心态,大概也就达到了养生的最高境界吧!

祝作藩先生永葆革命青春,待 2027 年我们再给他过百岁生日!

我所尊敬的唐作藩先生

洪成玉

我是1956年入学的。当时，北大中文系的老师阵容，可以说，冠居全国高校，语言班的老师尤为强大。像王力、高名凯、岑麒祥、袁家骅、周祖谟、朱德熙等先生都在教学第一线。其中，周先生还是副教授，朱先生还是讲师。助教有唐作藩、曹先擢等先生。唐先生因周先生有病接替周先生给我们上过音韵课，曹先生曾接替王先生讲过《战国策》的几篇文选。一日为师，终身为父，我一直对唐先生尊敬有加，视为父执。我曾蒙出版社不弃，出了几本拙著。每出一书，都奉请唐先生诲正，扉页上恭写着"作藩吾师诲正"。唐先生还是一位与我交往密切，时通音信，且令人感到非常谦和的老师。有一次，与我同一工作单位1951级的北大系友张炼强对我说："我曾向唐先生请教有关王力先生的一些问题时，唐先生给我复信时，竟称我为'兄'。"说时还带有一些惊讶的表情。其实，不仅是对我这位师兄如此，对我也是如此。我与唐先生长期保持联系，尤其现在是网络时代，经常互通邮电。虽然我复信时，落款必写学生成玉拜上，但他仍每信必称我为"兄"，尤其最近几年他还常受邀参加各种学术活动，有时还给我发来照片，容光焕发，神采奕奕。这正是为人随和谦逊，心胸开朗的写照。作为学生，我衷心祝愿先生健康长寿，百岁在望，逾百可期。

感念师恩　恭祝寿祺

孟守介　鲁启华

作藩师大鉴：

收到耿老师的征文函，特别高兴。恩师庚列九序，身体健硕，周边门生为您祝寿，是件大喜事。学生不才，但必须表达心意，因为您是我们相识相知时间最长、从未中断的良师益友。

当年您风华正茂，接下了了一师的教鞭，教我们"汉语史"这门课，印象特别深刻。您声音不大，语气凝重，不疾不徐，款款道来，事后又分发清楚明白的讲义，很快我们打消了对这门从未接触过的课程的害怕心理。守介基础差，没有上过高中，又较长时间操纵雷达，对语言学知识贫乏是可想而知的，在您耐心的教导下，居然学好了这门功课，并使用、教学学生四十年，当然是离不开您的不断的关心与指导。二〇一二年还为"独""竹"之争求教于您，得到您的鼓励与肯定，真是非常欣慰。守介写了几十篇吴方言的论文，这些文章都需以汉语史为功底，每成一文都想到您呢，恩师情深，均在文中。

本世纪初，语文出版社邀名家为中学生撰写语文知识丛书，我们有幸能随您的大名之后，实在荣幸之至。可以说学生沾了老师的光了，内心感激只有自知。

我们在大连近三十年，每次经过北京造府拜谒，不仅得到教诲，还享用了前师母操持的湘味美食，至今难忘。

"文革"中守介无事，写了一篇诸暨语的结构变调的文章，此文首先得到您的指教、得到您的鼓励，才得以见之于《语文研究论丛》刊上。事后，学生为苏州大学中文系审读方言论文（硕士、博士），发现结构变调在吴语中并不偶见，在昆山话、无锡话中均存在。只因变调问题必须考察细微，又需有语言学的基础知识才能被发现，而且描写出版极为麻烦，所以很少有人去开掘它。

作藩师,得到您的帮助实在太多了。我们从大连调到苏州工作,守介被抽去主持教务处的工作。当时我院初建,边建校边招生,困难重重,最困难的是缺乏师资,怕误人子弟。后来得知您南下复旦,我就不怕您介意,劳大驾到小学校授课,您居然欣然肯定,不辞辛劳,为我院授课,效果很好。于是我想到师门这个"富矿",以请校之法,凡北大中文系可以南下的老师都请来,我们先后请到了了一师、祖谟师、组缃师,以及金开诚、陆俭明、马真、吴小如等名师,为我们这个小学校做学术报告或短期讲学。学生说,我们未能入北大,但听到了北大名师的课,颇为得意,这些首先归功于您,因为是您开的头。我从心底里感激您,因为您,让我渡过了难关,新、小学校保证了质量。

作藩师,还有一件事让我至今不忘。上世纪末,学生在北京开会,被王师母作为"娘家人"拉去并置了一桌大餐,主宾只有我一人,师母把您拉去作陪,弄得我好不为难。师母后来说,您是王先生的学生,我也是,因此师母看咱们既是师又是友,在师母面前都是晚辈,她说请我也请您,作陪是托词。

我们在家常念叨,这辈子进了北大门,遇上了您和众多良师,是我们的福气,终生难忘。我们现在想:愧对老师,留下的东西太少了,但是我们也尽力了。我们是听话的一辈,命运之桅没有掌握在自己手上,只能以"蜡炬成灰无灰痕"(悔恨)来自我解嘲了。这辈子就这样忙忙碌碌中过去了,时间不再,奈何?

情长纸短,吟诵一绝为此信作结:

> 相识相知近甲子,
> 师恩无涯沐心田。
> 人生若有来世日,
> 再拜先生书案前。

守介、启华拜上
丙申夏

记唐作藩老师的马大缘*

潘碧华

北京大学出版社版的《音韵学教程》作者、读中文系必备的《古汉语常用字字典》和《王力古汉语字典》编者——唐作藩先生，2001年曾在马来亚大学中文系担任客座教授四个月，教授音韵学和文字学。2001年冬，我到北京一个月后，唐老师也回到北京。唐老师多次带我到北大燕南园60号去探望他的师母——王力的夫人夏蔚霞女士。听他们聊起旧事，好像在穿越时空，回到那些耳熟能详的文学年代去。比如王夫人曾经给朱自清缝布鞋，她说朱自清家境清贫，长期营养不良，长得很瘦很高，没有一双好鞋子穿。还有冰心是他们的邻居，就住在对面的小楼房。古旧的小楼房还在，爬满了绿色藤蔓。他们都是有年代的人，衔接以前的名人和现在的我们。

唐老师对马来西亚热爱中文的华人留下难忘的印象。他住在第3宿舍的一个套间，寄宿在校园里的学生经常到他的宿舍打扫卫生，有时也做饭。唐老师最爱吃少刺肉鲜的淡水鱼，有时，我们也带他去吃榴梿和看萤火虫。4个月的马来西亚生活一定给他很多快乐的回忆，要不然这段往事也不会让他闲聊了十多年还不厌。这次回到马大来参加研讨会，最想见的是上过他的课的一百多个学生。

那年，中文系有一百多个学生，语文学院那里几十位带职进修的老师也慕名前来听课，150多人挤满了讲堂，听唐老师讲声韵学。那时，国立大学的讲师55岁就退休，而唐老师74岁了，脸色依旧红润，声如洪钟，不用麦克风讲课，全班都听得见，这样精力充沛的老教授在马大可以说非常稀罕。

唐老师回去之后，上过他的课的学生时常给他写电邮，唐老师逢信必

---

* 本文2013年10月5日刊于马来西亚《星洲日报·星云》。

答,还特地给马大学生开个特别文档,将每一封往来邮件储存。唐老师每天早上散步回来和晚饭后,必打开电脑接收电邮、回复邮件。马大学生的热情和唐老师的勤奋,鱼雁往返非常频密。唐老师非常珍惜与马大学生的情谊,每天定时花一段时间和他们通信,害得唐师母为此还吃了点小醋。

因为唐老师,此后,马大的学生不觉得北京远,经常有学生到北京去找唐老师,唐老师一定请他们到家里去坐坐,先吃水果、喝茶,再请他们到附近的饭馆就餐。有学生到他家留宿,也有许多学生请他写推荐信,唐老师都有求必应。

我在北大读书的时候带薪还有中国政府奖学金,生活其实很宽裕。可在唐老师眼里,我是远离家乡的苦学生,到北京吃苦来的。几乎每星期叫我去他的家两次,每次让他家人弄了满桌子的菜叫我"使劲"吃。为了不辜负一桌子的菜,我只好使劲地吃。从我宿舍骑自行车到唐老师蓝旗营的家,不到10分钟,不远。过节过生日或他们老人家聚餐,都叫上我,而且跟所有的人说,我最喜欢吃红烧猪肘子,因此每次都点猪肘子给我。吃到最后,又剩一桌子的菜,所有的老人家都指着我说,年轻人多吃点!毕业回国时,我比去北京前整整胖了10公斤,那是有原因的。

唐老师对他的老师——王力先生的敬重,可以从他侍奉王力夫人的态度得知。从马来西亚客座回去之后,他即刻就去探访师母。2002年,王力夫人90岁,耳朵已经不灵光,要靠写字沟通,唐老师总是很耐心地跟她报告朋友学生们的境况,每回坐上一两个小时才走。我从家乡带给唐老师的土产,唐老师都会藏起一些,带给王师母尝尝鲜。

我的博士导师袁行霈先生和唐老师是老同事,现在是邻居。我的师母杨鹤松老师常常说,唐先生是好人,重情重义。王力夫人早年持家有道,常常对经济有困难的学生和朋友伸出援手,唐老师身受恩惠,终身不忘,身体力行,影响他的学生也有这种尊师重道的美德。晚年的唐老师桃李天下,每年总有几次散落各地的学生邀请他去讲学游玩。几乎每隔几天,就有学生、朋友前来探访,约他吃饭,生活一点也不寂寞。

刚刚过去的8月,我到北京时,又去拜访了唐老师。老师又老了一点,明显地瘦了。唐师母捧出一盘西瓜和一杯热茶,说上个月一个马来西亚的学生来看唐老师,名什么呀？叫丽琴,温丽琴。一点也不奇怪,十多年过去,上过他的课的学生都记得他。

这次在马大举办"中国语言文字学"研讨会的主持人是王介英老师。当年马大中文系毕业生协会拨出经费,聘请中国教授前来马大客座讲学,王介英老师和杨清龙老师亲自到北京邀请唐老师前来马大。2001年在台下聆听唐老师讲授声韵学和文字学的百人大队中,王介英老师就是当中没有逃过课的一个。今年逢马大中文系成立50周年纪念,王老师70岁,退休多年,他说还有一个心愿未了,就是想在马大中文系举办一个"中国语言文字学"的研讨会,邀请当代中国语言文字学专家前来我国宣读论文,其中一定要邀请的就是唐作藩老师。

经过多次的联系,终于说服了唐老师的家人,让他出国。于是,十多年后,86岁的唐老师将回到他梦魂牵绕的马来西亚,再和我们续缘。

我眼中的唐作藩先生

胡克森

唐作藩先生与我是小同乡，都是黄桥镇人。不过，唐先生家住镇上，我家在乡下，二者相距十来里地；师母姓袁，其娘家离我家更近，只需翻一个山梁就到了，不过五六里地。我是在上小学的时候，听父亲说起，镇上有位先生在北京大学教书，学问很高，幼小的心灵里充满对唐先生的仰慕和敬意。我第一次见到唐先生大约是在1979年，那时我已在邵阳师专中文科学习，学校请唐先生来讲学，先生在台上，我在台下，无缘与之交谈。因为，想和先生交谈和能够与先生交谈的人太多，我只是一个学习成绩平平的学生，学识有限，加之我从农村来，未见过世面，生性胆怯，只能远距离对先生投以崇敬的目光。

邵阳师专毕业后，由于上世纪80年代初期中学师资力量奇缺，历史老师缺得更甚，我被洞口七中要回做历史教师，教高中毕业班和复课班的历史课程。这是因为1978年进师专学习不久，就召开了中国共产党十一届三中全会，思想解放全面展开，在而后的几年里，人们对"文化大革命"的发生原因进行反思，学界大都认为是因为中国封建社会太长，我也开始思考中国的封建社会为何会如此漫长的原因，有了报考中国古代史专业研究生的想法，于是开始阅读了一些大学历史教材和古代历史文献资料，还试着写了一篇所谓探讨中国封建社会长期延续原因的文章。

我与唐先生第一次进行通信联系是1983年12月，因为，我想报考北京大学历史系的中国古代史专业的研究生，想通过唐先生获得一些有关招生的信息。上世纪八十年代，交通很不便利，信息也不发达，我在乡镇中学教书，信息更为闭塞。而我又是由中文改报历史专业的，所以，中国古代史专业研究生究竟要考哪些课程，报名前一无所知。我原以为历史专业的所有课程都要考。因此,在报考前两年(专科生需要至少毕业工作两年后才具有报考资格),我将历史专业本科生的所有课程买来自学,而那几年教育部对历史专业研究生应该考哪些课程一直未稳定下来,如1984年前只需考五门课:政治、外语、专业课、专业基础课和基础课,其中专业课是某一门断代史,专业基础课是中国古代史,我报考的研究方向是魏晋南北朝史,专业课程当然是魏晋南北朝史,基础课是古代汉语。到了1984年突然宣布要考六门课,除前五门外,还要加考一门综合课,就是历史专业学生所学的主干课程,即中国古代史、中国近现代史、世界古代史和世界近现代史,其考试内容相当于现在历史专业研究生全国统一考试中的专业课。可是到了1985年,综合课又不考了,恢复到1983年以前了。到1986年,不但综合课不考了,政治课在统一考试中也不考了,改为交学习心得,但非本科毕业生,复试的时候还有一次政治课的笔试。当时每年的考试课程都要等到报名时看到招生简章时才能知晓,更莫讲学校招生的一些具体信息了。因此,我给唐先生写信,希望获得唐先生的帮助。接到唐先生第一封信的时间是1984年12月23日。唐先生信中第一句话就是:"倏然读到一位故乡人的来信,特别高兴。"然后就是对我在中学两年多以来在教学方面取得的成绩及立志报考研究生的举动给以勉励,最后就是对北京大学历史系周一良先生招考研究生的情况进行了介绍,并告诉我在复习中应该注意的一些事项。唐先生的信给我以极大的鼓舞,后来就不断给唐先生去信。在连续三年报考北京大学研究生的期间里,我总共与唐先生有着五、六封信件来往。唐先生给我提供的信息内容最有价值的是北京大学每年的录取分数线和录取情况,而唐先生恰好又与祝总斌先生(我后来在北大历史系学习时两位导师中的一位,另一位是田余庆先生)同住一楼:中关园43楼。唐先生住一楼,祝先生住四楼。当时北京大学研究生考试的分数通知规定是:如果初试成绩达到学校复试线,就发复试通知,不告知具体分数;如果未达到复试分数线,就将初试分数寄给考生。这样,落考生因无法知道具体分数线,也就不知道自己离录取的标准还有多远。唐先生给我提供的北大每年录取分数线的信息是我三年一直报考北大的重要动力源泉。因为我在对照录取分数线与自己的考试成绩中看到了考取北大研究生的希望。我1984年初试成绩离录取线有较大距离,对此,我是有心理准备的。唐先生告诉我:北大研究生院硬性规定有两点:一是平均分数必须超过60分,再就是外语超过40分(84年英语试题太难,考生普遍考得不好,据说湖南有些学校将分数线划到25分),专业课必须60分以上。我有两门课达到了要求,一是专业课我考了61分,外语考了43分。接到唐先生给我提供的信息后,我不是沮丧,而是信心大增,因为我竟然有两门课达到了北大的录取标准,而且那一年北大历史系魏晋南北朝史这个研究方向,由于考生成绩不理想,最后一人也没有录取,于是我决定第二年继续报考北大,专业方向还是魏晋南北朝史,直到考上北大为止。

唐先生不但写信与我沟通相关信息,在紧急情况下还给我打电话。当时唐先生家里还未安装电话,打电话还需到外面较远的公用电话亭去打。记得是1985年,我的考试分数已经达到了北大历史系的录取线:政治54;英语56;中国古代史61;魏晋南北朝史61;古代汉语83。但由于招考人数有限,我被涮下来了。祝先生告诉唐先生,我的第二志愿是北京师范大学,北大不录取,是否可以考虑来北京一趟,去北师大问一问是否还有剩余名额。唐先生是在一个星期天上午打的电话,电话打到洞口七中办公室,我当时正在洞口县人民医院的家里休假,电话内容是事后一个老师告诉我的。我听到后很是高兴,同时又十分感动。高兴的是,我毕竟已经上了北大的分数线,要知道北大可是中国的最高学府,是学子们梦寐以求的学术殿堂;感动的是,唐先生亲自给我打来电话通报这一消息。但我后来没有去北京,打消了去北师大打听情况的想法,这有两个原因,第一是在当时的条件下,去一趟北京是极不容易的,我一个月只有四五十块钱的工资,上一趟北京至少要一百多块钱,至少需要我两个月工资,而且北师大有没有剩余指标,愿不愿意录取我完全是未知数;再就是,我认为,既然今年已经上了北大的分数线,明年坚持再考,录取的希望就非常大了。1986年,我终于考上了北京大学中国古代史专业的研究生,(导师是周一良、田余庆、祝总斌先生三人,后正式入学,周先生已不愿再带硕士生,因此实际导师是田先生和祝先生。)而且那一年的魏晋南北朝史研究方向还没有招满,原计划招收3—5人,而实际只招了我与何德章两人。去北大复试时,我拜访了唐先生,得到了先生和袁师母的热情款待。后来在北大学习的三年,均受到唐先生和师母各方面的照顾,不但星期天多次到先生家里改善伙食,吃家乡菜,每当有什么小灾小病,先生总是很快知道,并派师母来探望。记得有一次我尿路结石发作,不知怎么就被唐先生知道了,要袁师母买来香蕉、苹果来宿舍看我,使我深受感动。

在唐先生家里,我也结识一些语言界的学人,如杨荣祥先生,就是我在唐先生家里的饭桌上认识的。杨荣祥是唐先生的高足,当时他是唐先生的硕士研究生。杨是湖南长沙人,大学毕业后分配到荆州师专教书,1989年北大硕士毕业后又回到荆州师专,几年之后又考回北大攻读博士学位,在读博士期间,我们还在北大他的宿舍里见过一面,现在他已是北京大学中文系教授,全国知名的语言学家了,学术成果丰硕。这已是后话。

1989年研究生毕业时,我找工作遭遇重重困难,处处碰壁。唐先生又给我写推荐信,利用他在湖南工作的学生的关系给我介绍工作,尽管最后都因各种客观原因未能如愿,但先生帮助后辈的古道热肠令我终身难忘。经过层层曲折,我又回到了洞口县,在县委办公室工作,后来又辗转到了洞口县委党校,一度还下海经商办公司,甚至开过饭店,1998年调往邵阳学院(当时我调往的学校叫邵阳师专,2002年邵阳师专与邵阳高专合并,升格为邵阳学院)从事历史的教学和研究。但无论在哪里工作,都从未中断与唐先生的联系,原来主要以书信或电话联系,有互联网之后,我们更多的交流是通过电子邮件进行的。先生如果回湖南,一定要与我见上一面。记得是1989年12月,我刚到洞口县委办公室工作不久,唐先生就回过一次洞口,我们见面时,唐先生谈到当时北大的一些情况,我也将离校几个月来基层的一些见闻告诉唐先生。特别令人感动的是:1995年,唐先生回洞口,特意从他妹妹家步行到人民医院来与我见面。当时我处于事业的低潮,下海失败,县里一时没有安排工作,在家无所事事,心情很不好。唐先生的到来给我以极大的安慰和鼓励,唐先生同时嘱咐我,要注意寻机会调往高校,重回学术单位搞研究。好像是第二年,唐先生有事又回到洞口,我还陪他游玩了洞口镇周边的一些景点,当时洞口郊区新发现一个岩洞是我们游玩的重点,岩洞正处在开发之中,许多设施还未完善,但我们那次玩得很开心。

1998年我调到邵阳学院后,唐先生又来过学院两次。第一次大约是

2004年，湖南师大中文系请他讲学，顺便回邵阳、洞口探亲，那次是由唐贤清陪同来的，唐贤清当时是湖南师大中文系的教授、现已成为语言学界的知名学者，且升任湖南师大纪检书记，校级领导了。唐先生一到邵阳，就要唐贤清给我打电话，约我见面。一见面，唐贤清的第一句话就说：唐先生一到邵阳，要我打的第一个电话就是你的。还有一次是2007年，我邀请他给我们中文系的学生讲学，也是因为他要去南方参加一个学术会议，顺便回邵阳探亲而被我们请到的。

而我去北京，无论时间怎样紧迫，一定要去看望唐先生和袁师母。1993年、1997年两次到北京，唐先生还住在中关园，2005年再到北京时，他已搬到蓝旗营小区了，袁师母也已经逝世，现在的师母是唐先生在洞庭中学（现在的武冈二中）低一个年级的同学。师母是知识女性，知书达礼，慈祥善良，对唐先生的身体照顾得很好，从唐先生硬朗健康的体魄就可以看得出来。我每到北京，去拜访唐先生前，总要先打电话，每听到先生宏亮而爽朗的声音时，就感到一种由衷的高兴。有两次，先生接到我的电话，就亲自到蓝旗营的小区侧门口来迎接我，使我顿生暖意。

尽管与唐先生在学术界不是同行，但我在学术上仍然受惠于先生不少，在中国古代史的研究中有时会涉及一些古代字词意义的考证，遇到疑难时，总会求教于先生。我还向唐先生讨教过一些方言问题，如我们本地方言将生孩子叫"得崽"，我发现所有的方言字典、词典均未将这一词义收入。唐先生回邮件时特意给"得"注音："die"，并且指出，"得崽"这一方言不仅仅只有洞口黄桥镇保留，全国很多地方都有，如衡阳也将生孩子叫"得（die）崽"。因此我通过一些教师和学生进行社会调查，地域遍及湖南、江西等一些市、县，发现这些地方均有将生孩子叫作"得崽"的说法。由此，我写了《先秦"德"义原始及其流变》一文，试图论证"德"的原初义确有"生""性"之义项。当然，"德"有"生"之义项，不是我的发现，史学界在上世纪40年代开始，就不断有学者提出这一问题，但都是在文献中寻找证据，而我想用方言来证明这一点，希望通过对"德"的原始和引申义来考察中国古代思想史的发展演变。当然，唐先生并不是很赞同我的观点，但他同时又给我提供"生孩子"叫"得崽"的方言证据，他要我再仔细斟酌，应该是希望我进一步完善自己的观点，虽然文章初稿已经写好很久，但现今我还在斟酌修改。

唐先生还一直关注着我的学术事业。由于毕业后长时间一直在基层从事琐碎的行政工作，学术事业未能走向正规，唐先生也很着急，后听闻我调往邵阳学院，先生一颗悬着的心终于放下来了，赶忙将这一消息告诉祝先生。而我在学术上的进步以及学术职称的晋升，先生也总是很快就知道。我学术上取得一点小成绩也总要向唐先生汇报，我出版的学术专著，都要送给唐先生指正，唐先生也将他的著作惠赠于我。

唐先生不仅关注我个人的成长，他作为从洞口走出的全国知名学者，更时刻关心家乡的教育事业，注重对家乡人才的培养。凡属考入北大的洞口籍学生，都得到他的关怀，到他家吃过师母做的饭菜，聆听过他的教诲。我在北大学习的那几年，每年都有洞口籍的学生考入北大。既有本科生，又有研究生，如王海涛、袁帮清、陈玉明、邓宇兵、周武等，九十年代就更多了。洞口籍学生来北大后，必然要去拜访唐先生，唐先生和师母首先用家乡饭菜招待，介绍北京大学的学习和生活情况，然后提出要求和期待，这一切都表现了先生和师母对家乡后辈的殷切之情。而洞口籍的外校毕业生想报考北大的研究生，他总是尽可能地提供帮助。

最能体现唐先生对家乡教育事业关心的是他在洞口三中设立的"唐作藩教育基金会"。2014年，唐先生从自己多年的积蓄中拿出50万元，在洞口三中设立了"唐作藩教育基金会"，基金会设"励志成才奖""展翅高飞奖"，每学年举行一次颁奖活动，主要奖励洞口三中品学兼优、家庭贫困的黄桥籍学生。

唐先生高尚的学术品格还体现在对其恩师王力先生的尊重上。唐先生1948年考入中山大学时，师从岑麒祥先生，当时王力先生已离开中山大学，来到岭南大学。直到1952年，岭南大学与中山大学合并，他又成为王力先生的学生。1953年唐先生中山大学毕业后，就被王力先生选为助手、秘书。1954年，王力先生调往北大，唐先生也跟着来到北大，而后一直在王先生身边工作。唐先生与其恩师王力先生的关系非常深厚，王力先生在世时，他不时去其家中问安，时刻注意恩师的身体状况。

记得1986年4月下旬，我去北大参加研究生复试，到北大中文系办公室拜访唐先生时，唐先生不在办公室，因为王力先生生病住院，唐先生去北医三院陪护王先生去了，那天唐先生很晚才回家。后来每天下班后，都要赶往医院探望王力先生。我复试结束，回到家的第二天，即 5 月 3 日，中央广播电台就广播了王力先生逝世的消息。语言学界的一颗巨星陨落了。王力先生逝世后，他与师兄弟们又一起筹划了王力先生学术著作的出版。极力弘扬王力先生的学术事业。

唐先生是全国知名语言学家，尤其是在音韵学上造诣极高，其专著《音韵学教程》是高等学校中文系学生的指定教材，在学术界影响极大，曾获国家教委高校优秀教材二等奖和北京市高教精品教材奖。其他著作如《汉语音韵学常识》《上古音手册》《汉语语音史教程》以及他参与编写的《古代汉语》《王力古汉语字典》和《古汉语常用字典》等都是影响非常广泛的语言学著作和古代汉语字典。还有唐先生写的一系列论文在语言学界也极有影响。为此，唐先生长期担任音韵学会副会长、还担任过两届会长。这充分说明唐先生的学术影响力和人格魅力。尽管唐先生有很高的学术造诣，但他很少谈及自己的学术成就，总是极力推介王力先生的学术观点、学术方法和学术品格。王力先生逝世后，他在《北京大学学报》上发表了《试谈王力先生的治学》的文章，2007 年，我们请他来讲学，主要内容也是以这一题目为基础的。

回想第一次与唐先生见面，已快 40 年了，从 1984 年与唐先生的正式交往也有 30 多年了，那时唐先生只有 50 多岁，现在已是 90 高龄，还容光焕发，精神饱满。记得 2010 年元月 23 日，我参加恩师祝总斌先生的八十寿诞座谈会，在会上，田余庆师说：我这几天正在翻阅周有光先生的《朝闻道集》。周有光先生 104 周岁了，还出版专著，写文章，我身体不好，是做不到这一点了，但祝先生的身体，是可以达到周有光先生的长寿境界的。是的，随着现代医疗技术的发展，学术界像周有光先生那样长寿的学者将会越来越多，在这里，我以一个晚辈的身份祝唐先生健康长寿！

师生缘
——贺唐作藩老师九十华诞

王晓梅

几日前,邀请在台大中文系读博的学生杨迎楹与厦大分校中文系的学生分享自己的求学历程。迎楹图文并茂地回顾了自中学起学习中文的道路,讲到马来亚大学一段,她展示了一张当年我与他们全班的合影,并望着我说:"王老师是大学影响我最深的一位老师。"这句话深深地触动了我,作为一位老师,此刻心里满是欣慰。我对学生们说:"迎楹是我看中的千里马"。今世为师生,必定是一种缘分。在人生每一个阶段结识的每一个人,又何尝不是一种缘分呢?回想当年在燕园的日子,青涩年纪的我们,似乎还没意识到缘来缘去的必然,而且没体认到鹤发童颜的老师们是生命给我们的馈赠。直到自己也披上教袍、为人师,才懂得了师生的情谊。二十多年的记忆依然清晰,那一张张近乎儿童般真切的脸庞都一一浮现,王理嘉老师、索振羽老师、陆俭明老师、王福堂老师、唐作藩老师、王洪君老师、李小凡老师……每一位老师都是一部书,深刻渊博;每一位老师又都是亲人,和蔼亲切。与老师们的缘分绝不是短短的四年,而是一生的念想。不知是命运安排,还是冥冥注定,有些老师会继续与自己的生命轨迹相遇,让人相信缘分的力量,唐作藩老师就是其中一位。

唐老师是在《汉语音韵学》这门课上走进我们的生命的。他脸色红润,笑容可掬,双眼纯净,有一个充满智慧的脑门。当年对老师的了解也只限于课堂,面对艰深的音韵学,女生们听课比较认真,男生除了赵彤等人,估计都神游去了。而正是这一个学期的课奠定了日后发展的基础,而且还依葫芦画瓢给马来西亚学生开过一次音韵学。现在想来,没有唐老师当年的传授,我是绝对没有信心上这门课的。记得老师上课时语调轻缓、态度从容,对我们的问题总是微笑地解答，不急不慢。同学们私下经常议论老师的红润面庞，我当时也是一脸山东苹果红，这红也许注定我们会再次相遇。

北大毕业后我远赴南洋，在新加坡南洋理工大学学了社会语言学，心想这下离音韵学越来越远了。不期然地，当我再次"移民"到马来西亚之后，我却又遇见了唐老师。至今我还保存着与唐老师的合影，而那一天是小儿满月之际。唐老师穿过大半个地球，来马来亚大学中文系客座，讲授《汉语音韵学》。这样的缘分我无法解释，老师居然能见证我人生的另一阶段，分享我"荣升"母亲的喜悦。老师依然笑得像个孩子，脸上依然是红扑扑的，在满月酒红通通的桌布映照之下，越发显得神采奕奕。我怀抱着孩子，心里是双重的满足和喜悦。

时光的荏苒似乎在唐老师身上一点儿都看不出来，我想这是很多北大老师的共性。平静如水，淡泊名利，只求学问，乐在其中。回忆起在香港读博期间邂逅李小凡老师也是这种感觉，安详的态度正是他们对待这个世界的态度。

如今小儿已长成翩翩少年，我也迈入不惑之岁，而老师的音容似乎从来没有改变过。端详着老师寄来的近照，恬淡中带着对生活的满足，依旧红润的面庞下是多么达观的世界啊！老师，感谢这份师生缘，感谢您让学生沐浴了北大的传统和风范！无论身在天涯或海角，都祝福老师，生辰愉快，安康喜乐！

高山仰止，垂范后学
——恭贺唐作藩先生九十华诞

刘 江

一 引言

  刘江攻读博士学位的指导老师岑运强教授是我的老师岑麒祥先生的五公子。我们交往比较密切，所以他也让刘江常来找我讨论音韵学或理论语言学问题，也和我谈及他的读书心得或论文的写作。

  上文是唐先生为本人申请博士后进站所写推荐信的开首部分相关内容。2017年5月11日将迎来唐作藩先生九十华诞。本人十分荣幸被邀请撰写相关文章，可以是语言学方面的学术论文，也可以是关于唐先生为人为学方面的记述文章。回想起10年来与唐先生交往的点点滴滴，除了奉上一篇学术论文外，本人还想以自己的视角就唐先生为人治学谈谈自己的些许感触，以揭示先生一些可能鲜为人知的一面。

二 追求精进，耄耋之年，笔耕不辍

  唐作藩先生本来是跟着岑麒祥先生从事理论语言学研究的，调入北大后因工作需要成为王力先生的助教，一直专门从事音韵学研究。记得第一次拜访唐先生，先生还把准备好的亲笔签名的书送给了我：一本是《汉语音韵学常识》，一本是《音韵学教程》。此后，每次拜访先生，先生都会把新版相关著作送给我。不知不觉，已经收藏了先生3版《汉语音韵学常识》（上海新知识出版社,1958;上海教育出版社,1979;上海教育出版社,2005);5 版《音韵学教程》(北京大学出版社,1987/1991/2002/2013/2016)。

唐先生的治学历程让我这个青年后学很受教育:

1. 年轻人入职后根据工作需要或个人兴趣调整自己的研究方向是常有的事情,但是要及早确定自己的研究方向,并持之以恒地坚持下去。否则,很难在学术上走得太远。推而广之,做任何事情都是如此。不少老师曾经对我讲过这个道理,但是唐先生的治学经历给我上了一堂生动的课!

2. 要想做事,一定从"小"抓起,切忌好高骛远! 本人收藏的唐先生的著作很好地诠释了这一点。先生于 1958 年出版《汉语音韵学常识》,1979 年出版了第二版,1987 年出版了第一版《音韵学教程》,期间正是一个从"小"到"大"厚积薄发的过程。

3. 要想做好一件事,必须持之以恒! 从唐先生的《汉语音韵学常识(第一版)》1958 年出版到他的《音韵学教程(第一版)》1987 年出版,整整经历了 29 年。应该说,以《汉语音韵学常识(第一版)》为基础的《音韵学教程(第一版)》是部经得起历史检验的精品。然而,唐先生并未满足于此。从 1987 年到 2016 年这 29 年间,唐先生从耳顺之年到耄耋之年对《音韵学教程》不断完善,先后又出了 4 版。毋庸置疑,这是先生追求精进的过程。如果没有学者的风骨,不把学术当作一种信念,极少有人能做到这一点。

三 事师之犹事父

唐先生对老师的感情,吾辈望尘莫及!

我的博士生导师岑运强教授曾经不止一次对我讲:"多年来,唐先生每年坚持给老先生(岑麒祥先生)扫墓,连我这个做儿子的都自愧不如!"后来进一步得知:唐先生每年清明与国庆日都去看望王力先生与师母和岑麒祥先生与师母,敬献鲜花,擦洗墓碑。先生说:"只要我还能走得动,坚持每年去两次。"这是何等的师生情谊啊! 为此,岑运强老师曾赋诗一首:

人间毕竟有真金

九十老翁赤子心,年末新岁故人情。

尊师重道死而已,教书育人永不停。
一生勤奋一生念,万代表率万代铭。
我问天公何以报?人间毕竟有真金!

唐先生不仅对老师尊敬有加,和岑麒祥老先生的子女也是亲如一家!岑家许多事情都会征求唐先生意见。记得我读博时,发现某本书与岑麒祥老先生的《语言学史概要》雷同。我第一时间将此事禀报给远在香港援教的岑运强老师,岑老师吩咐:找唐先生,告知此事,一切听唐先生安排。

岑麒祥老先生的在世子女都比唐先生年龄小,我的导师岑运强教授更是比唐先生小整整20岁,但是唐先生对岑老先生的子女格外关照。岑运强老师对我讲:唐先生80华诞时,因为一时不知他去向,十分着急,放下一切直到联系上他为止!十分让人感动!还有一次,岑运强老师带着我和他的兄嫂一起看望唐先生,大家在一起拍照时,岑老师和他的兄嫂坐在中间,而唐先生和师母坐却在两边。

也许说者、做者无意,闻者、看者多想啦,但是岑唐两家的关系由此可见一斑!

四 宅心仁厚,提携后学

鉴于唐先生的威望,每次打电话约见先生,都要鼓足勇气反复练习,但是每次先生和师母都对我像自己的孩子一样,关心我的生活和学习,让我原来的压力一扫而光。在做理论语言学研究方面,先生不止一次教导我:不能空谈,要注意联系具体语言,特别是母语—汉语!在我博士后进站求请先生写推荐信时,唐先生更是慨然应允。

为了给我创造更多学习的机会,得到更多关照,唐先生还把他和杨耐思先生的私淑弟子王鹤先生①介绍给我,让我做王先生的助教,做些力所能及的事情。王鹤先生目前正在编纂《词林语海新韵大观》,该书是一部按十三辙排列,熔常用词语、成语、熟语、惯用语、歇后语、千家诗和"三言两拍"等十部书的绝句妙词为一炉,别开生面的辞书。正如唐先生所预想那样,与王鹤先生交往,不仅再次学到了新知识,领悟到治学的真谛,而且还收获了友谊:和王先生成了忘年交,王先生处处都关照我。

不仅对我们这些熟悉的晚辈关爱有加,即便对那些陌生的年轻学者,唐先生也是极尽关爱。上文提及的侵犯岑麒祥先生《语言学史概要》版权一事,先生也是本着"惩前毖后,治病救人"的原则予以了妥善解决,而不是把人一棍子打死。

五　结　语

桃李不言,下自成蹊!多年来唐先生在严谨治学、尊师重道、提携后学方面的一言一行,都给我留下刻骨铭心的记忆。先生所取得的成就,学生难以望其项背,唯有以先生为榜样不断去践行。

在表达唐先生对我多年关爱的谢意时,先生回应说:当年岑老师(岑麒祥老先生——笔者注)也是这样对我们的呀!闻听此言,真是感慨无限!

---

① 王鹤先生(1940—　)1950年10岁入梨园。舞台艺术表演近20年,编导和戏曲教学又近20年,此后专门从事戏曲研究。王先生的优势是手不释卷、勤学苦练,富有很高的文学艺术理论素养。著作宏富,出版的专著有:《京剧音韵概论》(2009,沈阳:辽海出版社)和《奉天落子文化与评剧歌唱艺术》(2014,沈阳:万卷出版公司)。

语言文字考索

语文随笔

曹先擢

一　床

《说文解字》:"牀,安身之坐者。"许慎从功能上介绍床的意义,具有极强的概括性。我们今日讲的车床、机床皆起到使机器稳定的作用。新修订《辞源》有"鼓床",是一种立式器物,鼓挂在上面,不致滑脱。在刻章的时候要用印床,使印石稳定,以便操刀。老舍夫人胡絜青师从齐白石学画,她说:"看齐老刻印是一大享受……不用印床,而是一手握石,一手持刀,全靠腕力。"(《齐白石三百石印·前言》)社会科学院文史专家扬之水说:"唐代家具中,最为特殊的就是床,如茶床、食床、禅床等。"(《中华读书报》2008年6月18日)该报同天有刘麟的文章说:"《李太白全集》收作者的诗词千余首,诗中带床的字大约二十句,主要含义有三:(1)卧具,即普通的床铺;(2)坐具,如胡床、交床、绳床;(3)水井的护栏。"北魏贾思勰《齐民要术·养羊》:"白羊三月得草力,毛床动,则铰之。"毛床指贴近羊身的部分。南宋陆游的《入蜀记》:"二十日,倒樯竿,立橹床。"橹床是用来固定橹的底座。现代生命科学有术语"着床",指受精的卵子在母体开始有短暂的停留,寻找"安身"的地方,再游过去,在那里开始成长。"床"在这里不具备可视性,而是一种功能义了。

二　俄罗斯

"金砖四国"指 BRAZIL(巴西)、RUSSIA(俄罗斯)、INDIA(印度)、CHINA(中国)。张清常先生说:"元代的蒙古人对俄罗斯译为 Oros,后来的 Russia

和 Russian 是日本译名"露西盛",……而俄罗斯则是 Oros 的音译。"(《语言学论文集续集》)这"o"是怎样加上去的?少数民族研究所所长黄行告诉我(2010 年 8 月 28 日)阿尔泰语言辅音前要加"o"。

三 党/黨

有人说政党、乡党的"党",繁体字作黨,为什么义符是"黑"?其实在《说文解字》里表示乡党的党作鄰,左边是尚,表示音,右边是邑(楷书作右耳朵旁),是义符,此字表示基层行政单位,后引申指一定的群体。但是在应用中用鄰字代替黨。黨本指"不鲜",汉末的《释名》中说"五百家为黨"。可见它很早就代替本字鄰,资格很老。"黨"简化为"党",是晚近的事。

四 钞、叉

《应用汉语词典》【钞】③指作品,多用作集子的名称:《现代诗钞》。也作抄。我认为这个义项应是:选取,选编:《革命诗钞》《田间诗钞》《汶川诗钞》(此例选自互联网)。《说文解字》:"钞,叉取也",即有选择地获取,引申指选取,选编。《十八家诗钞》一书,注为"曾国藩选纂",选纂,即对"钞"的注解。隋代虞世南的类书《北堂书钞》,其特点是采摘群书名言隽句编纂而成。这个义项,许多字典、词典没有收到。

五 野鸡、山药、黄瓜与避讳

《史记·封禅书》:"野鸡夜雊(gòu)"注"雉也。吕后名雉,改雉为野鸡"。《现代汉语词典》:"山药,薯蓣的通称。"宋代人高承《事物纪源》卷十:"山药,即本草所谓薯蓣者也。唐避代宗嫌名(代宗叫李豫。豫、蓣同音,要避讳),故民间呼薯药",到宋代又遇到避讳问题,宋英宗名曙,于是薯药又改名山药,遂流传至今。清人吴其濬《植物名实图考》卷四引陈藏器的话说黄瓜本名胡瓜,因为"石勒讳胡改名",如今在日本仍称黄瓜为胡瓜(指书写形式),

没有受石勒改名的影响。

六　重组的新探索

在《广韵》里，支、脂、祭、真、仙、宵、侵、盐 8 个韵里声母相同，却有两个反切，如支韵里有符羁切，小韵中有皮、疲、郫等字；另有符支切，小韵中有陴、郫等字。声母都是"符"，韵类都为"支"，它们不同在什么地方？等韵学做了不同的处理：《韵镜》将符羁切列在三等，符支切列在四等。音韵学家把列在四等的叫"重纽"。过去研究"重纽"偏重在考古，而丁声树先生则注意察今。张惠英说："（丁）先生谈到重纽问题，说使他明确这点的是调查湖北方言时，重纽三等字'笔'与重纽四等字'蜜'不同韵。再从北京话看，'笔'上声，'必'去声；'乙'上声，'一'阴平"（《学问人生，大家风范——丁声树先生百年诞辰纪念文集》302 页，商务印书馆 2009 年）。"密"是三等字，"蜜"为四等字，这两个字北京话为同音字，而在潮州话里，"蜜"的声母为 b，与"必"相同。例子尚夥，不多举。联系方言研究重纽，给我们开辟新的天地。从现代汉语看，四等与三等大多数为同音字，即没有区别，如上述皮、陴便是，从方言更大范围考察，丁先生的意见很有价值。

七　比照为释

《说文解字》有一种注释方式，可称作"比照为释"，如"邑外谓之郊，郊外谓之野，野外谓之林，林外谓之冂"。例甚多。《尔雅》中也有此种注释方法。在现代辞书似乎少见，如能适当采用这种方法，可能有好处。如慧眼、肉眼二词，《现代汉语词典》和《现代汉语规范词典》分别是这样注释的。《现汉》："慧眼，原是佛教用语，指能认识到过去和未来的眼力，今泛指敏锐的眼力"；"肉眼，①人的眼睛（表明不靠光学仪器的帮助）：肉眼看不见细菌。②比喻平庸的眼光"。《规范词典》："慧眼，佛教指能看到过去和未来的眼力；今泛指敏锐的洞察力"；"肉眼①指人眼睛：天上有无数的星辰用肉眼是看不到的。②指凡人的眼睛；也指平庸的眼光"。按：金刚经中说佛有五眼：肉眼、天眼、慧眼、法眼、佛眼。肉眼凡人所具有,最低一级的。天眼、慧眼、法眼、佛眼都是懂得佛理的深浅的不同,很抽象,具有佛眼的就是菩萨了。眼是用来观照、了解世界的,五眼讲的是深奥的认识论。我们凡人只有用比照的办法,庶几对其不同有个笼统的了解。

八　周有光先生对汉字注音问题的绝佳解释一例

周有光先生说"知蚩诗日资雌思的韵母叫作舌尖元音。注音字母不写出这个韵母。有人说,韵母是不存在的。这种说法是错误的。这个韵母是的确存在的,不过不容易离开声母单独就是了。注音字母ㄓㄔㄕㄖㄗㄘㄙ实际代表两种语音,一种是纯粹的辅音声母 zh,ch,sh,r,z,c,s,另一种是音节 zhi,chi,shi,ri,zi,ci,si。"北拉"也是不写出这个韵母。"北拉"的 zh,ch,sh,r,z,c,s,跟注音字母一样,实际也代表两种语音:一种是纯粹的辅音声母,另一种是音节。例如"北拉"把"知识"写成 zhsh,这里的 zh 是音节 zhi,这里的 sh 是音节 shi;可是,"北拉"把"助手"写成 zhushou,这里的 zh 和 sh 都是辅音。舌尖元音又可分为舌尖后元音和舌尖前元音。"威妥玛"把舌尖后元音写成 ih,把舌尖前元音写成 ŭ。台湾的第二式把舌尖后元音写成 r,把舌尖前元音写成 z。从前的国语罗马字把两种舌尖元音合并作一种,都写成-y,汉语拼音方案都写成-i。"舌尖元音如何用字母来表示,很复杂,周先生做了明晰的介绍,这里要补充的是国际音标的符号是什么?"国际音标"原来没有表示舌尖元音的符号,是瑞典汉学家高本汉提出增订的,分别是 ɿ、ʅ(像一个其柄向左弯的手杖,表示舌尖前元音;在此基础上下一头向右拐弯,此符号则表示舌尖后元音)。参见《中国大百科全书》"国际音标"条。也可看《新华词典》附录。

关于古诗文吟诵资料的评估

王恩保

一　缘起

2012年4月26日的《光明日报》11版上刊登了一篇短文《遗音沧海如能会 便是千秋共此时》。副标题是"浅议中华吟诵传承的重要性和紧迫性",作者是叶嘉莹、张静。文章末尾用黑体字注明:作者叶嘉莹为国家社科基金重大项目"中华吟诵的抢救、整理与研究"首席专家、南开大学教授,张静为课题组成员、南开大学副教授。她们显然是以吟诵专家的身份来谈"研究心得",对国内外文化界关心吟诵的学人不无影响。这两位作者,我都不止一次地见过。2007年5月12至14日在天津师范大学举行《"继往开来的语言学发展之路"2007学术论坛》时,叶嘉莹派她的助手张静(当时她还不是副教授)来找我,要去我主编的《古诗文吟诵集粹》一书及录音带,后来她们就再也没提过这本书了。我看到这篇文章很吃惊,因为文章论述与事实不符。例如文章中有这样一段:

"国内当下能够掌握传统吟诵方式的人大都已年逾古稀,后继乏人,加之吟诵一无音响遗存,二无乐谱可据,吟诵艺术濒临灭绝,只剩下一点资料碎片,无法勾连,不成系统。"(着重点是笔者所加)

我的这篇文章,主要是针对这一段话来写的。

二 关于"无音响遗存"的问题

录音技术产生之后,古诗文吟诵的录音不断产生,其中以赵元任和唐文治为主要代表。

赵元任(1892—1982)是用现代科学方法进行汉语方言调查研究的先行者,是中国现代语言学的主要奠基人之一,对汉语的音韵、语法、词汇、韵律都做过深入的研究。他在社会语言学与普通语言学方面的卓越贡献也是学术界公认的。因此,他是国际知名的语言学大师。有人说他"融会今古,贯通中外,横跨文理,精通音乐",不是没有道理的。

赵元任从小就爱好音乐,喜欢民歌、戏曲与古诗文吟诵。他的父亲是一位举人,会吹笛子,母亲会唱昆曲,会写诗填词。她把《玉簪记·琴挑》中的《朝元歌》("长清短清,那管人离恨;云心水心,有甚闲愁闲闷……")吟唱成一首催眠曲,赵元任从小就学会了。母亲在他四岁时就教他认字;上私塾后,晚上教他吟诗,吟诵《唐诗三百首》。赵元任后来喜欢音乐,无疑受到父母的影响。赵氏一直到晚年,总是把《唐诗三百首》放在床头。在他去世的前一天晚上,还用常州话吟诵着杜甫的《旅夜书怀》中的"星垂平野阔,月涌大江流"。这位举世闻名的语言学大师,一生和古诗文吟诵结下了不解之缘。

赵元任对吟诵事业的贡献,首先是抢救吟诵遗产,亲自吟诵并进行录音。据说,早在1925年,他在美国就录制了6首中国古典诗词的吟诵录音。1961年赵元任在台湾"中研院"史语所集刊(外编)第4种的《庆祝董作宾先生65岁生日论文集》中发表了《常州吟诗乐调十七例》,分别为以下17首唐诗的常州方言记音,又为每首诗常州吟诗的乐调谱曲:

(1)《鹿柴》王维(空山不见人……)
(2)《杂诗》王维(君自故乡来……)
(3)《新嫁娘》王建(三日入厨下……)
(4)《江雪》柳宗元(千山鸟飞绝……)

(5)《感遇》张九龄(兰叶春葳蕤……)

(6)《月下独酌》李白(花间一壶酒……)

(7)《宣州谢朓楼饯别校书叔云》李白(弃我去者昨日之日不可留……)

(8)《渔翁》柳宗元(渔翁夜傍西岩宿……)

(9)《登鹳雀楼》王之涣(白日依山尽……)

(10)《行宫》元稹(寥落古行宫……)

(11)《破山寺后禅院》常建(清晨入古寺……)

(12)《旅夜书怀》杜甫(细草微风岸……)

(13)《回乡偶书》贺知章(少小离家老大回……)

(14)《凉州词》王翰(葡萄美酒夜光杯……)

(15)《黄鹤楼》崔颢(昔人已乘黄鹤去……)

(16)《蜀相》杜甫(丞相祠堂何处寻……)

(17)《晚次鄂州》卢纶(云开远见汉阳城……)

这17首唐诗,赵元任做了分类:甲,(1)—(4)是"古五绝";乙,(5)(6)是"五古";丙,(7)(8)是"七古";丁,(9)(10)是"五绝律";戊,(11)(12)是"五律";己,(13)(14)是"七绝";庚,(15)是"七古七律合";辛,(16)(17)是"七律"。总共按古体和今体的格律状况分为8类。赵先生的分类是根据诗的格律实际情况来分类的,《唐诗三百首》将崔颢的《黄鹤楼》列入"七律",而赵先生单分一类"七古七律合",意思是这首诗的前四句是"七古",后四句是"七律",二者合起来,叫"七古七律合",比很多讲诗词格律的人高明多了。文章首次发表时是根据赵先生的手稿影印,并没有发布吟诵录音。1971年4月2日,赵元任在美国康奈尔大学举办的"中国演唱文艺研究会"活动中,以《各种不同形式的吟诵》("Chanting of Various Types Materials")为题发表演讲,并用常州方言示范吟诵了各种不同形式的中国古诗文,其中包括《常州吟诗乐调十七例》(1961)中的古诗。这些录音制成录音带之后,1975年正式公布,2003年传回中国大陆,由秦德祥先生等精心整理,加上简谱和国际音标,收入到《赵元任程曦吟诵遗音录》一书中,由商务印书馆出版。该书附加的录音光盘就有《常州吟诗乐调十七例》的赵元任先生的原声录音。从1961

年的文本发表到 2009 年录音光盘制成,前后花了 48 年的时间。赵先生对自己录音有所说明:"这些是很普通的吟诵例子。我和家人跟老师学吟诵,这些例子我是回常州后跟我婶婶学的。……我吟诵的可能和谱子上所写的旋律略有不同。"

除掉 1961 年记谱、1971 年重新录音的《常州吟诗乐调十七例》之外,1971 年还录制了 6 篇诗文:①《诗经·关雎》;②韩愈散文:a.《杂说》一;b.《杂说》四;③《左传·郑伯克段于鄢》;④《孟子·齐桓晋文之事章》(第一段,小学生读书腔);⑤《天雨花》(旧时常州妇女说唱故事的音调);⑥《战国策·楚一、狐假虎威》:a. 念文言原文;b. 用口语说故事。录音的乐谱和语音,由秦德祥等听写整理。随同被整理的录音还有程曦(1918—1997)先生的三首吟诵作品:一、杜甫的《旅夜书怀》;二、苏轼的《水调歌头》(明月几时有);三、庾信的《哀江南赋序》。

令人十分惊讶的是,正当《赵元任程曦吟诵遗音录》出版三年之后,叶、张二位提出了"研究心得":"吟诵一无音响遗存"的论断,对赵元任、程曦这样国际知名大家的吟诵录音,视而不见,听而不闻!这种"研究心得"不是明明白白地误导读者吗?

下面讲唐文治的吟诵录音。

唐文治(1865—1954)江苏太仓人(晚年定居无锡),字颖侯,号蔚芝,别号茹经,中国近代教育家。光绪十八年(1892)进士。历任户部主事,外务部主事、郎中,商部右丞、左丞,农工商部左侍郎署理尚书等职。1907 年任上海高等实业学堂(原名南洋公学,今交通大学前身)监督(即校长),主持校政 14 年之久。1920 年创办无锡国学专修学校,任校长。抗战爆发,曾随校西迁桂林。1938 年因病回到上海,后设立国专沪校,亲主校务。1949 年国专更名中国文学院,任院长。1950 年该校并入苏南文化教育学院(今苏州大学的前身),唐文治任名誉教授,他著述丰富,有《茹经堂文集》《茹经先生自订年谱》传世。

唐文治先生"以复兴国学为己任,涵养正气以励世",从 1934 年到 1948 年曾三次吟诵录制唱片。1934 年有两次:一是五月底,赴华东电器公司灌留声机片音,读文四篇。二是十月中旬,再赴华东公司灌音,讲演孝悌廉耻及读《诗经》《左传》法。这两次录音的唱片,没有找到。单是 1948 年,"上海唐蔚芝先生读文传播会"为了推广唐调,由上海大中华唱片公司邀他录制了诗、词、文的吟诵唱片共 10 张。现将唱片目录列在下面:

唱片第一片上　唐蔚芝先生读文法讲辞
唱片第一片下　唐谋伯先生英文介绍辞
唱片第二片上　欧阳修　《秋声赋》
唱片第二片下　欧阳修　《丰乐亭记》
唱片第三片上　李　华　《吊古战场文》(上)
唱片第三片下　李　华　《吊古战场文》(下)
唱片第四片上　欧阳修　《五代史·伶官序》
唱片第四片下　范仲淹　《岳阳楼记》
唱片第五片上　《史记》《屈原列传》(上)
唱片第五片下　《史记》《屈原列传》(下)
唱片第六片上　诸葛亮　《出师表》
唱片第六片下　韩　愈　《送李愿归盘谷序》
唱片第七片上　《诗经》《鸨羽篇/卷阿篇》
唱片第七片下　欧阳修　《泷冈阡表》
唱片第八片上　《诗经》《棠棣篇/谷风篇/伐木篇》
唱片第八片下　岳　飞　《满江红》
唱片第九片上　《楚辞》《云中居》　苏　轼《水调歌头》
唱片第九片下　《左传》《吕相绝秦》
唱片第十片上　唐若钦　《送春诗/迎春诗》
唱片第十片下　昆　曲　《长生殿》("小宴"第一段,唐蔚芝、谋伯先生乔梓合唱)

（这十张唱片,还有用英文讲解的选辑版,变成五张唱片。目录从略。）

这 10 张唱片冠名曰《唐蔚芝先生读文灌音片》,上世纪末转录为磁带,2011 年上海交通大学电子音像出版社又根据磁带编制了吟诵光盘《唐调流声》。唐文治先生的吟诵录音主要是散文,诗词录音很少。综合起来看,其录音有以下六方面内容:一、古文10篇:①《左传·吕相绝秦》;②《史记·屈原列传》;③诸葛亮《前出师表》;④李华《吊古战场文》;⑤韩愈《送李愿归盘谷序》;⑥范仲淹《岳阳楼记》;⑦欧阳修《五代史伶官传序》;⑧欧阳修《丰乐亭记》;⑨欧阳修《秋声赋》;⑩欧阳修《泷冈阡表》。这10篇古文都选自《古文观止》。二、《诗经》5篇:①《鸨羽》;②《卷阿》;③《棠棣》;④《谷风》;⑤《伐木》。三、《楚辞》1篇:《湘君》。四、诗2首:唐若钦的七古《迎春诗》和《送春诗》。五、词2首:①苏轼的《水调歌头》;②岳飞的《满江红》。六、曲。有昆曲《长生殿·小宴》一段。虽然散文、诗、词、曲都有,但重点是散文,占6张唱片。其吟诵特色也明显地表现在散文的吟诵中。

由于唐文治吟诵录音的存在,他的很多弟子也都先后模仿。朱东润(1896—1988)、钱仲联(1908—2003)、陈以鸿(1923—)、萧善芗(1925—)、戴逸(1926—)、范敬宜(1931—2010)等先后都留下了吟诵录音。2004年5月上海师大附中制作的《中国古诗文吟诵唱鉴赏》的录音光盘中,收录了范敬宜的吟诵作品5篇;萧善芗的吟诵作品14篇。随后又制作了《萧善芗古诗文吟诵专辑》(1)(2)两辑,前者收录继承"唐文治老夫子吟诵调"12首;后者又继承"唐文治老夫子吟诵调"24篇。2014年上海教育音像出版社出版了《唐调吟诵古诗文》的光盘4张,其中第二部分选取了陈以鸿用普通话吟诵的录音。陈以鸿、萧善芗和范敬宜是传授唐调吟诵最勤奋的三位弟子。他们不但传承了唐文治的吟诵技艺,而且把唐文治开创的唐调发扬光大,引起了文学界、语言学界和音乐界的广泛注意。

除赵元任和唐文治之外,上世纪后期还有很多人进行了抢救录音的工作。

上世纪80年代是传统文化复苏的时期,陈炳铮、华钟彦、劳在鸣、王恩保、李西安、林从龙、秦德祥先后关注到古诗文吟诵问题。受到政府或有关文化社团支持,先后进行了古诗文吟诵录音工作的有三家:

一是1982年,中国唐代文学学会成立,学会委托河南大学教授华钟彦负责筹建"唐诗吟咏研究小组",搜集并录制吟诵磁带10多盘,可惜没有来得及整理,华先生于1988年病逝,录音带至今未能出版发行。

二是 80 年代末，王恩保得到国家汉办的支持，开始在北京大规模探访吟诵专家，并组织他们到中央人民广播电台去录音。参加录音的专家有苏仲翔(1908—1995)、萧璋(1909—2001)、林庚(1910—2006)、王利器(1911—1998)、周振甫(1911—2000)、徐世荣(1912—1997)、江树峰(1914—1993)、周祖谟(1914—1995)、朱家溍(1914—2003)、张清常(1915—1997)、吴小如(1922—2014)、王迪(1923—2005)、陈贻焮(1924—2000)、王扶汉(1925—2004)、范敬宜(1931—2010)等 30 多人，制作了两盒录音带。这是北京地区吟诵专家最集中的一次正式录音。

三是林从龙主持的《中国名家诗词吟诵集锦》语文音像出版社录制。1991 年 9 月，中华诗词学会邀请了周谷城、赵朴初、臧克家、文怀沙等 22 名吟诵专家做了录像、录音，资料比较完备，这是国内一份保存吟诵音像比较完整的录像带。

三　关于"无乐谱可据"的问题

在古代，吟诵既是诗词创作过程中推敲韵律的手段，又是体会和欣赏诗义和音乐美的手段。如果有乐谱记下来，当然好。但是，说"无乐谱可据"，这是片面的，不符合历史事实。我们知道，古代韵文是由于唱才发展起来的，唱是普遍的。《诗经》可以唱，《楚辞》可以唱，《乐府》诗更可以唱。只是唐朝以前，民间唱的曲谱无法记录，今人无法详考。有些文人的创作，如蔡琰的《胡笳十八拍》、阮籍(210—263)的《酒狂》、嵇康(223—263)的《广陵散》，只是传说，并无确证。同一种《胡笳十八拍》，杨荫浏根据白石道人琴谱翻译了一种，1983 年，人民音乐出版社发行了李元华演唱的《中国古代歌曲》录音带，就根据杨荫浏的翻译；王迪根据《琴适》卷四又翻译了一种《胡笳十八拍》，收集在孙玄龄、刘东升主编的《中国古代歌曲》(人民音乐出版社 1990 年出版)一书中。也就是说，古谱有不同版本，今人对古谱的理解也不一样。但是，并不是没有古谱。相反，唐代优秀诗作一问世，很快就到处传唱，"旗亭画壁"的故事是大家熟知的，"李唐伶伎，取当时名士诗句入乐曲，盖常俗也。"(《碧溪漫志》卷一)这说明唐诗吟唱的普遍性。像王之涣(688—742)的

《凉州词》(黄河远上白云间)、王昌龄(? —756)的《芙蓉楼送辛渐》(寒雨连江夜入吴)、王维(699—759)的《送元二使安西》(渭城朝雨浥轻尘)、李白(701—762)的《清平调》(云想衣裳花想容)等,当时就是流行歌曲。后来由于原有曲调失传,又有许多新曲衍生出来。王维的《送元二使安西》又叫《阳关曲》,据宋《东坡志林》记载,《阳关曲》在宋代就有三种唱法。最早记载其曲谱的是在1491年以前刊行《浙音释字琴谱》。明末逃到日本的中国宫廷乐官魏双侯,把200多曲"明乐"带到日本,其四世孙魏皓选编了50首,命名为《魏氏乐谱》(有1768年序)。《魏氏乐谱》中就保存了《阳关曲》,由刘东升译谱,刊印在《中国古代歌曲》的154页。

真正有文献价值的乐谱是发现于敦煌石窟的唐代的曲子,现称"敦煌曲子",包含曲子词的有590首之多,涉及的曲调在80首左右。只是敦煌出土的唐代琵琶乐曲,都"虚谱无词",而出土的曲子词,又"虚词无谱"。目前破译敦煌曲子的工作还在进行中,有人试着将敦煌出土的"谱"和"辞"译配歌唱(见叶栋《敦煌曲谱研究》,载《音乐研究》1982年1期),这只是一种探索,尚有争议。

唐宋诗词的吟唱调流传至今,有两种情况:文人根据古曲或民间曲子填词是一种情况,例如中唐刘禹锡(772—842)曾在朗州(今湖南常德)根据少数民族所唱的《竹枝》曲调,写了10多篇歌词,很快就流传开来。(见《新唐书》168卷《刘禹锡传》,5129页。"乃倚其声,作《竹枝辞》十余篇,于是武陵夷俚悉歌之"。)文人为古诗词谱曲是另一种情况,例如宋代姜夔。姜夔(约1155—1221)是南宋著名的词人和音乐家。词集有《白石道人歌曲》传世。其中有28首旁注乐谱,有的是自度曲(14首由白石作词作曲),也有的是记录下来的旧曲,这是保存到今天最可靠的宋代乐谱。先由夏承焘著《白石十七谱译稿》(载《唐宋词论丛》)后来经过杨荫浏和阴法鲁的共同研究,写成了《宋姜白石歌曲研究》一书,使我们今天能重新欣赏到千年之前的古乐。上世纪后期发行的《姜白石歌曲十七曲》的录音带,就是宋代古谱的现代演绎。傅雪漪(1922—2000?)对《白石道人歌曲》中的《扬州慢》《杏花天影》《霓裳中序第一》《醉吟商小品》《淡黄柳》《长亭怨慢》《暗香》《疏影》《鬲梅溪令》《徵招》等十首词的词曲又整理一遍,改编为更适合演出的形式(见《傅雪漪古典诗词配乐吟唱曲选》36—63页，1998年台湾书店印行）。《白石道人歌曲》有元末陶宗仪于公元1350年的手抄本。宋末元初的音乐家兼文学家熊朋来（1246—1323）曾选取《诗经》中的20多首诗，为之谱曲，称为"诗新谱"。这些新谱的曲子后来刊载在清道光十六年（1836）刊刻的《熊朋来瑟谱》中。这些曲谱虽然不是周代诗经的原唱调，但是它可以反映元末明初的文人对诗经吟唱的想法，其中也有谱得比较好的，例如《伐檀》《七月》等，显然受到当时民间俗乐的影响。明清两朝刊印琴谱风气盛行，从15世纪初到19世纪末的500年间，刊印的琴谱集子在百种以上，明代朱权的《神奇秘谱》（1425）和谢琳的《太古遗音》（1511）比较有名，前者牵涉《乌夜啼》《昭君怨》《离骚》等古代文学作品，后者收录的35曲都配有歌词，可以歌唱。清初的学者们曾致力恢复宋词的歌唱，他们编成了《碎金词谱》和《九宫大成南北词宫谱》，保存了不少中国音乐史和吟诵史上的宝贵资料。1983年，人民音乐出版社发行了李元华演唱的《中国古代歌曲》的录音带，其中的《胡笳十八拍》是根据《白石道人歌曲》；陆游的《钗头凤》是根据《碎金词谱》编配的；辛弃疾的《西江月》是根据《九宫大成》编配的。孙玄龄和刘东升合编的《中国古代歌曲》中收录"琴歌"20首，都是选自各种古乐谱。这本书中的"《魏氏乐谱》歌曲"，收录17首，都是选自《魏氏乐谱》。这本书的最后一部分"吟诵调"11首，分别由当代著名学者林庚、查阜西、俞平伯、启功、霍松林、王力、赵元任等吟诵，全部根据录音记为五线谱。此外，茆家培先生主编了《中国古代诗词吟诵曲选》，1995年由江苏文艺出版社出版，收集了更多的吟诵调的曲谱。

综合以上所述，无论从古代看，还是从现代看，都有很多吟唱乐谱，说"无乐谱可据"，与事实不符。

四　关于"资料碎片，无法勾连、不成系统"的问题

我们先从赵元任的吟诵资料谈起。

赵元任对古诗的录音，从《诗经》《楚辞》到唐诗的五绝、五古、五绝律，七绝、七古、七古七律合，各种诗体都录到，资料很系统，不是碎片，其实，赵元任吟诵的绝句和律诗，每一首都代表一种类型，我们可以把格律相同的绝句

和律诗代进去,也可以用这个吟诵调吟诵。赵元任还有文言文吟诵四篇,故事吟诵二则。每一种文体的吟诵都遵循一定的规律,充分展示了20世纪初期常州吟诵调的风貌。程曦的录音又补充了骈体文和词的实例,使得韵文的吟诵,有了一个更加完整的系统,同时也保存了一个与常州话吟诵调不相同的北方话吟诵调。更重要的是,赵元任本人又是吟诵的理论家,他撰写了很多吟诵论文,详细描述吟诵规律。在他撰写的音乐论文和语言学论文中,也有不少牵涉吟诵问题,如:

(1)《新诗歌集·序》 1928年。1959年他在《改版谱头语》中写道:"至于内容方面,关于吟跟唱,诗跟歌,中乐和西乐的意见,我一点儿也没有改变"(见《赵元任全集》八卷)。

(2)《歌词读音》 1928年(同上114—122页)

(3)《中国的字调跟语调》 1933年

(4)《歌词中的国音》 1937年

(5)《中国语言的声调、语调、唱读、吟诗、韵白、依声调作曲和不依声调作曲》(英文) 1956年

(6)《关于中国音阶和调式的札记》 1957年

(7)《常州吟诗的乐调十七例》 1961年

(8)《汉语词的概念及其结构和节奏》(*Rhythm and Structure in Chinese Word Conceptions*) 1975年

还有些文章中间零星地提到吟诵,例如在《什么是正确的汉语》中提到"教员的任务则是教给学生,什么语言适合什么场合。人们用一种格调的发音吟唐诗,用另一种格调同家人闲谈。"(845页)又如在《谈谈汉语这个符号系统》的开头,提到用常州方言吟诵岑参的离别诗,由头两句"北风卷地白草折,胡天八月即飞雪",转入后两句"忽如一夜春风来,千树万树梨花开",由入声转为平声,"这种变化暗示着从冰天雪地到春暖花开两个世界。换句话说,这是韵律象征着内容。"这些吉光片羽、发人深省的论述,显示了赵先生敏锐的眼光和深厚的学养。

赵元任先生在"吟诵"理论建设上有一系列的贡献：

一、给"吟诵"下定义："所谓吟诗吟文，就是俗话所谓叹诗叹文章，就是拉起嗓子来把字句都唱出来，而不用说话或读单字时的语调。"他又说："中国的吟诵是大致根据字的声调来即兴地创一个曲调而不是严格地照着声调产生出一个丝毫不变的曲调来。"总之，他认为"吟诗"就是唱诗，就是大致根据字的声调来即兴唱诗。

二、唱歌和吟诗的区别在于，歌曲有固定的曲谱，而"吟诗基本上根据文字声调而定，但是也并不是每个音都完全就这么固定了。每一篇文字虽然有它固定的一套声调，吟诵的人每次把它配上了同一个总调，多多少少老是含有些小出入的。"例如七绝的格式："仄仄平平仄仄平，平平仄仄仄平平……"只要符合这个格式的，不管是"朱雀桥边野草花，乌衣巷口夕阳斜……"（刘禹锡《乌衣巷》），还是"少小离家老大回，乡音无改鬓毛衰……"（贺知章《回乡偶书》），都可以用一种旋律来唱，赵元任把这个旋律复制到自己《瓶花》的曲谱的头一部分，变成了固定的曲谱。赵元任说："同是一句'满插瓶花罢出游'，不用说因地方不同而调儿略有不同，就是同一个人念（吟）两次也不能工尺全同……"；而"唱歌者每次唱同一支歌时，他所唱出的曲调一定是完全一样的。"

三、胸中有全局，对吟诵音乐的概况，做了总的评估。赵元任说："在中国吟调儿用法的情形，大略是这样：吟律诗的是一派，吟词又是一派，吟古诗又是一派，吟文又是一派；吟律诗的调儿跟吟词的调儿相近，而吟文的调儿往往跟吟古诗的调儿相近；论起地方来，吟律诗吟词的调儿从一省到一省，变化比较的不多，而吟古诗吟文的调儿差不多一城有一城的调儿。"他在《常州吟诗乐调十七例》中又说："（常州）跟别处吟诗的调儿比起来，古诗跟别处的很不同，律诗的吟调那就各种都大同小异。"（551页）可见，他不但胸中有全局，而且手中有典型（常州吟诗乐调调查）。

四、深入探讨了汉语与吟诵音乐的关系。这点集中表现在以下三方面：第一，论述了汉语声调、语调和吟诵方式的关系；第二，论述了歌词（诗）与吟诵曲的关系；第三，吟诵诗词中的古今读音问题。这三方面的内容丰富，此处不做详述。

五、把中外音乐做了对比研究，把中国民间音乐放在世界音乐的背景下,用国际眼光来评述中国民族音乐(包括民歌、吟诵)的特点。赵元任猛烈抨击那种"博物院的中国"的观念。

> 不但对于音乐,对于好多事情,他们愿意看着中国老是那个样子,还是拖着辫子,还是看着皇帝,还是呵呵的挑水抬轿,还是吟吟嗡嗡的叹诗念经,这样他们的观光公司才有题目作广告,这样他们旅行看了方才觉得 picturesque,quaint,等等形容词。他们一般人对于中国音乐的兴趣是好奇喜新的兴趣,所以越不同越奇怪越好。可是你要真心地爱一种东西,得要看你能不能跟它一辈子伴着过,能不能 live with it? 光说 quaint 不行,你是不是真觉得它 cozy? 是不是觉得它 moving? 你一年到头在自来水、电灯、钢琴的环境里过舒服了,偶尔到点别致的地方,听点别致的声音,当然是有趣。可是我们中国人得要在中国过人生常态的日子,我们不能全国人一生一世穿了人种博物院的服装,专预备着你们来参观。中国不是旧金山的"中国市",不是古印度的保留国(Indian reservation)。(见《赵元任全集》11卷17页)

请注意:这是 1927 年写的,赵元任对某些不怀好意的外国人以"博物院的中国"观念来欣赏东方情调,进行了犀利的批判。他认为中国要推陈出新,创作出具有中国气派的民族音乐,同时也主张学习西洋音乐的长处。他说:"中国人要末不做音乐,要做音乐,开宗明义的第一条就是得用和声。中国既然没有和声,当然只有用西洋的和声法。"(见《赵元任音乐论文集》118页)

综合上述,我们可以看到:赵元任是"语言音乐学"的奠基人,也是古诗文吟诵学的开路先锋。他的理论建设,是系统的,有根据的,决不是"资料碎片,无法勾连,不成系统"。

再看唐文治的吟诵资料。

唐文治(1865—1954)不但留下了古诗文的吟诵录音,而且在中国古代文论的基础上建立了文章学理论和吟诵学的框架,功劳卓著。唐文治把自己的吟诵调叫作"读文法",他长期在无锡国专教授"读文法"课,编有《读文法》讲义。今天我们看到的有关著作如下：

(1)《国文阴阳刚柔大义》(1912)
(2)《国文大义》二卷(1920)
(3)《读文法笺注序》(1924)
(4)《国文经纬贯通大义》(1925)
(5)《论读文法》(1937)
(6)《唐蔚芝先生读文法纲要》(1948)
(7)《文学讲义》(唐氏自印本)

其中(2)(4)(7)三种，收入王水照主编的《历代文话》第八册(复旦大学出版社，2007年出版)，肯定了唐文治在古文创作论上的贡献。在重新思考古文的意义和吸取西方文章批评模式方面唐文治勇于作为，为现代古文教学开辟了道路。

他重视有声语言在教学中的作用，把吟诵提到古文教学的关键位置。提出了"十六字诀"和"三十遍读文法"。

1948年《唐蔚芝先生读文灌音片说明书》中有《唐蔚芝先生读文法纲要》一文，文中说到："文章之妙在神、气、情三字，余尝有十六字诀：'气生于情，情宣于气；气合于神，神传于情。'然初学未易领会，当先学运气炼气，俾之纵横奔放，高远浑灏，自有抱负不凡之慨。"对"气"—"情"—"神"之间的关系加以论述。

1925年，唐文治在《国文经纬贯通大义》中又提到"三十遍读文法"：

学者读文，务以精熟背诵不差一字为主，其要法每读一文，先以三十遍为度。前十遍求其线索之所在，划分段落，最为重要；次十遍求其命意之所在，有虚意，有实意，有正意，有言中之意，有言外之意；再十遍考其声音，以求其神气，细玩其长短疾徐抑扬顿挫之致。三十遍后，自不知手之舞之、足之蹈之，虽读百遍而不厌矣。

唐文治对文章的"线索""命意""神气"非常重视,提出分三步走来掌握它们,而掌握的目的是在于学会作文。《国文经纬贯通大义》还列举了44种写作方法,特别重视"线索"的揭示,用圈点加以指别。唐调吟诵的节奏、旋律和尾声的设计,都是和古文的线索密不可分的。限于篇幅,这里不进一步展开。总之,唐调不是吟诵碎片,唐调有深厚的理论基础,唐文治《读文法》是完整的理论系统,决不是"无法勾连,不成系统"。

最后,看杨荫浏收集的资料和著作。

杨荫浏(1899—1984),江苏无锡人。1923年在上海圣约翰大学学过中国文学,1936年到北平哈佛燕京学社研究音乐,同时在燕京大学音乐系讲授中国音乐史。1950年到1952年他和曹安和到无锡调查民间音乐,记录了不少当地的吟诵调,更重要的,他们一同整理出《瞎子阿炳曲集》(1952年上海万叶书店出版),阿炳的3首二胡曲:《二泉映月》《听松》《寒春风曲》和3首琵琶曲:《大浪淘沙》《龙船》《昭君出塞》才得以流传。杨荫浏本人也出版了《中国音乐史纲》(修订本,1952)。从1959年到1977年,他主要从事《中国古代音乐史稿》的撰写与修订工作(该书1980年由人民音乐出版社出版)。在1963年,杨荫浏在中央音乐学院开设了《语言音乐学》的课程,编写了讲义《语言音乐学讲稿》。1983年,人民音乐出版社正式出版了杨荫浏的《语言音乐学初探》。他的这本书,是站在音乐的立场来阐述语言与音乐的关系,这部书真正地把语言与音乐的关系直接论述到曲调、节奏、乐曲构造等音乐的细节表现上,用了很多实际音乐的例证。他具有开创性。

杨荫浏对吟诵问题的研究,贡献有三:

第一,他发掘并翻译了中国古代音乐中与古诗词有关的乐曲,如《长歌行》和《陇头吟》(见《中国古代音乐史稿》808—809页),《念奴娇》(大江东去)(同上297页)。对古曲的考订,有自己的看法,如《风雅十二诗谱·关雎》,"认为此曲系宋代产物"(同上384页),并对这些乐曲流传的脉络,进行了梳理。

第二,他实地调查了很多地方的民歌、乐曲和吟诵。对他家乡无锡地区"快吟"和"慢吟"两种方式进行了描述(《语言与音乐》63页)。对湖南湘阴的"吟词调",也有所调研,指出"吟词调"和民间丧事歌曲的某些联系(同上21页)。

第三,他有丰富的音乐实践经验,擅长昆曲,会吹笛子。他说过"会唱90

套昆曲,可以明白音乐史上很多事情。",他对吟词等语言音乐学问题的研究也是从昆曲入手的,所举的乐曲例子,都是他烂熟于心、可以脱口而出的活生生的音乐。他对演唱中的音韵、音韵学、字调分韵系统、字调配音问题,以及中西歌词配音规律的比较都做了深入的考察,为语言音乐学建构了如下的框架:

$$
语言\begin{cases} 音韵三因素\begin{cases} 声 \diagdown \\ 韵 \diagup \end{cases} 咬字 \\ 调 —— 旋律 \\ 句逗 ——————— 节奏 \end{cases} 为表达的内容服务
$$

他在《语言音乐学初探》一文中所提出的南北曲曲调与字调的配音规律,更是他唱曲经验的总结。从宏观到微观,对"语言音乐学"都有重大的贡献。杨荫浏先生的音乐与语言关系的论述,对我们建立吟诵学是不可多得的资料。

和杨荫浏一起的还有李西安、章鸣、孙玄龄和刘东升等人,他们都是从音乐的角度来研究吟诵的,他们在寻找中国优秀的吟诵文化传统,在搜集民间的吟诵调,在与国外的音乐做比较,并试图从揭示其规律性到提升为理论。他们想建立《语言音乐学》的奋斗过程,说明了这一点。

五 结 论

当我们回首 20 世纪吟诵学走过的曲折过程,就会发现有三颗闪亮的明星,一是唐文治(1865—1954),他从文史音韵的角度观察吟诵,传承吟诵,为文章学、吟诵学描绘了轮廓;二是赵元任(1892—1980),他从语言学和音乐学的角度来观察、调查吟诵,为建立语言学、吟诵学奠定了基础;三是杨荫浏(1899—1984),他记录吟诵调和民间音乐,对历史上诗歌与音乐的关系做了系统全面的描述,总结音乐语言发展的规律,又从民间音乐的土壤中吸收营养,发掘了民间吟唱音乐的宝藏,从而为语言音乐学建立了框架。《文章学》

《吟诵学》《语言音乐学》有联系又各有侧重，把它们完全建立起来，是21世纪中国学人的任务。虽然如此，我们不能忘记这三位学者的巨大贡献，那种说"吟诵艺术濒临灭绝，只剩下一点资料碎片，不成系统"的论断是似是而非的猜测，并没有认真读书。把这种论断说成自己的"研究心得"，是十分可笑的。我们要尊重20世纪学人留下的吟诵资料和研究成果，不能自以为是，好像抢救吟诵文化遗产是从自己开始的。

参考文献

林从龙主持(1991)《中国名家诗词吟诵集锦》，北京：语文音像出版社。
刘德隆等整理(2000)《唐调流声》(简版)，上海：上海交通大学电子音像出版社。
秦德祥等整理(2009)《赵元任程曦吟诵遗音录》，北京：商务印书馆。
秦德祥(2010)《"绝学"探微吟诵论集》，上海：三联书店。
《茹经先生自订年谱》(1935)无锡国学专修学校。
苏金智(2000)《赵元任学术思想评传》，北京：北京图书馆出版社。
唐文治(1987)《国文经纬贯通大义》，台北：台湾文史哲出版社。
《唐蔚芝先生读文灌音片说明书》(1948)，上海：大中华唱片公司。
王恩保等编(1994)《古诗文吟诵集粹》，北京：北京语言学院出版社。
夏野(1980)《中国古代音乐史简编》，上海：上海音乐出版社。
杨荫浏(1980)《中国古代音乐史稿》上下册，北京：人民音乐出版社。
杨荫浏(1983)《语言音乐学初探》，上海：人民音乐出版社。
阴法鲁(2008)《阴法鲁学术论文集》，北京：中华书局。
《赵元任文集》第11卷(2005)北京：商务印书馆。
《赵元任文集》第15卷(2006)北京：商务印书馆。

柳宗元与小学

黄耀堃

一 楔子

唐代有所谓"古文运动",主将是韩愈(768—824)和柳宗元(773—819),韩愈《科斗书后记》说:"思凡为文辞宜略识字,……",[①]可见韩愈重视传统语言学,也就是所谓"小学"。[②] 柳宗元同样也重视"小学",他的《复杜温夫书》就经常被语法学史的论著引用,[③]柳宗元说:

> ……但见生用助字,不当律令,唯以此奉答。所谓乎、欤、耶、哉、夫者,疑辞也;矣、耳、焉、也者,决辞也。今生则一之。宜考前闻人所使用,与吾言类且异,慎思之则一益也。[④]

"古文"跟"小学"关系密切,柳宗元似乎也没有例外。本文先讨论柳宗元如何在创作中运用"小学"知识,再而说明与科举相关的问题。

二 音韵

多年前曾发表的《始得西山宴游记的音律读法》,指出《始得西山宴游

---

① 参看《韩昌黎文集注释》卷二。西安:三秦出版社2004年版上册第144页。
② 《韩昌黎文集注释》卷二引《古文眉诠》:"小学废久,仅仅书之一艺,童而习之,然以号曰'识字',则未也"(上册第146页)。按:韩愈所说"识字"应泛指"小学"。
③ 《古汉语语法学资料汇编》第一部分,北京:中华书局1964年版第53页。
④ 《柳宗元集》卷三十四,北京:中华书局1979年版第890页。

记》音律复杂。① 很多学者并不同意，但也不能否定这是一篇有韵的作品。沈德潜(1673—1769)也早已指出柳宗元《永州韦使君新堂记》(下称《新堂记》)"中有用韵语"，②因此柳文夹杂韵语不是个别的现象。如果以标点本《柳宗元集》为例，所谓"记祠庙"和"记山水"的部分，③除了《始得西山宴游记》外，杂有韵语的篇章就包括了《零陵郡复乳穴记》《道州毁鼻亭神记》《永州龙兴寺东丘记》《游黄溪记》《袁家渴记》《柳州东亭记》，约占三分之一，掺杂韵语可以说是其特色之一。

（一）古文与韵语

另一方面，桐城派对"古文"提出很多限制，方苞(1668—1749)说：

> ……南宋元明以来，古文义法久不讲，吴越间遗老尤放恣，或杂小说家，或沿翰林旧体，无一雅洁者。古文中不可入语录中语、魏晋六朝人藻丽俳语、汉赋中板重字法、诗歌中隽语、"南北史"俳巧语。老生所阅：《春秋》三传、《管》、《荀》、《庄》、《骚》、《国语》、《国策》、《史记》、《汉书》、《三国志》、《五代史》、"八家文"。贤细观，当得其槩矣。④

这段话见于沈廷芳(1702—1772)《方望溪先生传》的附记。其中不单对小说、翰林旧体、语录、俳语、板重字法，甚至"吴越间遗老"也被方苞骂翻了。⑤ 然而，没有提到韵语，就算所谓"诗歌中隽语"，似乎也不是指"古文"中的韵语。"隽语"指的是特别雅致的词藻，或者意味深长的辞句。⑥ 至于以提倡清规戒律而称著的吴德旋(1767—1840)把禁区扩大，他在《初月楼古文绪

---

① 《唐代文学研究》第七辑，桂林：广西师范大学出版社1998年版第623—635页。
② 《纂评唐宋八家文读本》卷八，东京：日本东京太田勘右卫门1879年刊本第22A页。
③ 按：即《柳宗元集》卷二十八、二十九第741—777页。
④ 《隐拙斋集》卷四十一(《四库全书存目丛书》补编第10册，517页)。
⑤ 许结(1958—)"方姚文"课程讲授提纲："遗老，指吴梅村、黄宗羲等。而沿袭此体者是钱谦益"(网址：http://xujie2801.blog.163.com/blog/static/43842047201212010123 3698/)。
⑥ 《说文解字》："隽，肥肉也。从弓，所以射佳"，段玉裁(1735—1815)《说文解字注》四篇上改作"鸟肥也"，注："各本作'肥肉也'，……。不言鸟则字何以从隹。䣛通著书，号曰《隽永》，言其所说味美而长也。惟野鸟味可言隽。故从弓"。

论》说：

> 古文之体，忌小说、忌语录、忌诗话、忌时文、忌尺牍，此五者不去，非古文也。国初汪尧峯之文，非同时诸家所及，然诗话尺牍气，尚未去净，至方望溪乃尽之净耳。诗赋字虽不可有，但当分别言之：如汉赋字句，何尝不可用？六朝绮靡，乃不可也。正史字句，亦自可用，如《世说新语》等太隽者，则近乎小说矣。公牍字句，亦不可阑入者。此等处，辨之须细须审。①

吴德旋与方苞大致相同，用语略有不同，把方苞所谓"诗歌中隽语""南北史"的"佻巧语"，大致归在小说和六朝作品之中——吴德旋反而对"诗赋字"带有容忍的态度，但同样也没有把韵语排除出去。

方苞和吴德旋对韵语的看法，比起理学家和现代学者更为开放。现在的课本经常分别韵文、散文，或者把诗歌和散文对立起来，方苞和吴德旋没有经过现代学说的洗礼，更可能熟知唐代古文，因此不像现代学者那样悖于事理。其实不单是柳文杂有韵语，韩文也是如此，如《论佛骨表》：

> ……焚顶烧指，百十为群，解衣散钱，自朝至暮，转相仿效，惟恐后时，老少奔波，弃其业次。若不即加禁遏，更历诸寺，必有断臂脔身，以为供养者，伤风败俗，传笑四方，非细事也。②

这一节以四字结构为主，再配上一些虚字，且在于有韵无韵之间："指（旨韵）、时（之韵）、次（至韵）、寺（志韵）、事（志韵）"（各字均属止摄），③韵脚令文气为之一改。唐宪宗（李纯，778—820［805—820 在位］）认为韩愈"乖

---

① 《初月楼古文绪论》，北京：人民文学出版社 1959 年版第 19 页。
② 《韩昌黎文集注释》卷八下册第 399 页。
③ 本文音韵类别依据《广韵查询系统》软件，不另注出。

刺",①也许原因之一是奏议之中竟用上韵语。

南宋以后,由于语音转变,不少人已不能理解唐代作家的用韵,②而理学家似乎跟宪宗有点相似,他们虽不敢骂韩柳,却骂起他们的同路人,如皇甫湜(777? —835?),这位与韩柳一起的文家就因散文有韵,受到元人郑玉(生卒不详)的攻击:"……所假《皇甫集》,连日细看,大抵不惬人意。……其记文中又多叶韵语,殊非大家数",③《四库总目提要》对此也看不过眼,批评郑玉:"盖讲学之家不甚解文章体例,持论往往如斯,亦不足辨也"。④ "讲学之家"不接受韵语,然而为甚么尚奉清规戒律的桐城古文家,竟能够忍受韩柳加插韵语呢?

(二) 古音之学

现在先从现代人的认知来加以分析,就是被人称为"孽种"的桐城派忍受韩柳古文的韵语,也许是因为他们所押不是六朝,特别不是永明(483—493)以来"近体"的声律。《始得西山宴游记的音律读法》指出柳宗元文章用韵,音律特异,"制造"出有别于永明以来新兴的声律。⑤ 这种异常声律也许是另一种"复古",他把上古两汉的韵语记熟之后,"制造"所谓"古韵"出来。⑥

现在来看看《新堂记》的韵语,其中平仄互押的地方很多,如把"舒(鱼韵)、余(鱼韵)、隅(虞韵)、仆(遇韵)、怒(暮韵)"一起押韵。⑦ 其他作家也有相类的情况,然而特别之处是他用上一些并非中唐时可以接受的韵脚,如由"理其无事"到"美恶异位"一节,大致上是都每句押韵,但在"既焚既酾,奇势

---

① 《新唐书》卷一百七十六:"帝曰:愈言我奉佛太过,犹可容;至谓东汉奉佛以后,天子咸夭促,言可乖剌邪? 愈,人臣,狂妄敢尔,固不可赦"(北京:中华书局 1975 年版第 5261 页)。

② 拙稿《唐代近体诗首句用邻韵研究》指出宋人因语音变化而误解唐人用韵载于《黄耀堃语言学论文》,南京:凤凰出版社 2004 年版第 249—255 页。

③ 《师山遗文》卷三(《影印文渊阁四库全书》本)。第 8a—8b 页)。郑玉推崇韩柳,见《余力藁序》:"孟子既没,学者各以己见为学文章为道,故韩退之、柳子厚、欧阳永叔、苏子瞻辈,咸以此名世。……"(《影印文渊阁四库全书》本,《师山集》卷首,第 1a 页)

④ 《四库总目提要》卷 150,北京:中华书局,1965 年版第 1291 页。

⑤ 《唐代文学研究》第七辑,第 634—635 页。

⑥ 朱熹(1130—1200)《朱子语类》卷一百四十:"晋人诗惟谢灵运用古韵……。唐人惟韩退之、柳子厚、白居易用古韵……"(北京:中华书局 1994 年版第 3325 页)。

⑦ 本文所引的《永州韦使君新堂记》均见于《柳宗元集》卷二十七(第 732—733 页),不另注出。

迭出,清浊辨质,美恶异位",这四句似乎有点不协调,①"醨(支韵)"和"位(至韵)"平仄通押,那么中间两句怎办呢?"质"有两读,一为至韵,一为质韵,这里按字义应该读入声(质韵);"出"也有两读,一为至韵,一为术韵,两读均可。因此问题的焦点是"质",如果读去声,则不合乎语义;读入声,又不能达到四句谐协。不过如果考虑到扬雄(前53—18)《太玄经文》"天文地质,不易厥位"这个韵例,②因此可以推想柳宗元熟记了古人的用韵,然后运用到自己作品之中,产生一种"古"的效果。③ 由此也可以明白吴棫(1100?—1154)《韵补》,也不是突然冒起,中唐前后可能已有人着手把一些古书的韵脚编集成书。这一点虽没法证明,但宋人已有此说,朱熹所谓:"某有楚辞叶韵,作子厚名氏,刻在漳州"。④ 如果推想合理的话,柳宗元已懂得一点所谓古音之学。

韵脚之外,更特别的地方,是柳宗元利用迭韵、双声,以及"类迭韵""类双声"来"制造"一些语词,达致特殊的效果。"类双声""类迭韵"是我杜撰出来的,把同属一个大类的韵,主要是指同一摄的,组成"类迭韵";把一种同属一个大类的声母,组成"类双声"。⑤ 如《新堂记》的语词中"其(之韵)地(至韵)""异(志韵)之(之韵)"是"类迭韵","清(清母)秀(心母)"是"类双声",特别值得注意的是其中"敷舒"和与"纡余"二语,同样上一字为虞韵,下一字为鱼韵,各自形成"类迭韵",又在对句之中相同的位置互相呼应。又如"奥(号韵)草(晧韵)""土(姥韵)涂(模韵)"两个语词,⑥分别是"类迭韵",而又分别与"游(尤韵)""墟(鱼韵)"遥韵。特别值得注意的是"草"和"游"古音同在幽

---

① 按:标点者把四句都用逗号点开,或因韵脚难定。
② 《太玄》卷九《太玄文十二》(《四部丛刊》本第2a页)。按:柳宗元对扬雄甚为推许,他的《与杨京兆凭书》以扬雄为例:"凡人可以言古,不可以言今。桓谭亦云:亲见扬子云,容貌不能动人,安肯传其书? 诚使博如庄周,哀如屈原,奥如孟轲,壮如李斯,峻如马迁,富如相如,明如贾谊,专如扬雄,犹为今之人,则世之高者至少矣"(《柳宗元集》卷三十,第789—790页)。
③ 按:韵脚若此,宜在"出"下用分号。
④ 魏庆之(十三世纪时人)《诗人玉屑》卷十三,北京:中华书局,1959年版第270页。
⑤ 《始得西山宴游记的音律读法》,见《唐代文学研究》第七辑第623—635页。按:王力(1900—1986)《同源字典》的"准双声"和"旁纽"(北京:商务印书馆1982年版第80页),与本文所说的"类双声"接近。
⑥ 按:"土(透母)涂(定母)"也是"类双声"。

部,①在中唐却不能通押,柳宗元如何得知古音相通,倒是个谜。②

这样复古押韵,以及变古的迭韵、双声,可谓极声音之能事,但仍合乎桐城派的口味,这不能不叫人深思。暂且放下古音这一点,先去看看柳宗元对"语法"的认知。

三　语法

现在再看看《新堂记》一节,标点本是这样断句:"……凡其物类,无不合形辅势,效伎于堂庑之下,外之连山高原,林麓之崖,间厕隐显。迩延野绿,远混天碧,咸会于谯门之外",章士钊(1881—1973)则认为:"子厚行文,好用三迭字法,如此合形辅势效伎,即三迭字也,或分作两句读,无不合形辅势句绝,此直未解柳法",又说:"外之连山高原林麓之崖:此亦三迭字句法,崖字承上连山高原林麓三项,或于连山高原断句,将林麓之崖另一句看,几于文气不接,尤悖柳法",③按章士钊的意思,下面的标点才合理:

……凡其物类,无不合形辅势效伎于堂庑之下;外之连山高原林麓之崖,间厕隐显,迩延野绿,远混天碧;咸会于谯门之外。

于是可以划分三个句群,"合形辅势效伎"是三个动宾短语组成的并列短语;"间厕隐显,迩延野绿,远混天碧"也是三个单位并列,是否恰当不拟在这里讨论,只是所谓"三迭字句"的说法倒是不错。《新堂记》好用"三"的写法,则是极为明显。不少注释都已指出,开始的一句"将为穹谷嵚岩渊池于郊邑之中",袭用了《庄子·胠箧》的"将为胠箧探囊发匮之盗而为守备",④把并列的动宾短语"胠箧探囊发匮",变成"穹谷嵚岩渊池"名词性的并列短语,

---

① 唐作藩(1927—)《上古音手册》,南京:江苏人民出版社1982年版,第11、158页。
② 按:至于"茂树恶木,嘉葩毒卉,乱杂而争植,号为秽墟",又可这样分析:"木(屋韵)"和"植(职韵)",同属入声;"卉(尾韵/未韵)"相应的平声是微韵,与"墟"所属的鱼韵相邻。为什么柳宗元采用这样的押韵方法,难以明白。又,是否当时已有"邻韵"的概念?
③ 《柳文指要》上"体要之部"(北京:中华书局1971年版第808页)。
④ 《庄子集释》卷四中《胠箧》第十(北京:中华书局1961年版第342页)。

"穹谷""嶄岩""渊池"这三个部分又各为偏正结构;文中又有很多三字句,甚至用三个"三字句"并列起来,如"逸其人,因其地,全其天"。

至于《新堂记》:"公之因土而得胜,岂不欲因俗以成化? 公之择恶而取美,岂不欲除残而佑仁? 公之蠲浊而流清,岂不欲废贪而立廉? 公之居高以望远,岂不欲家抚而户晓?"这里好像是四组复句并列,先用"之"这个结构助词,把句子"短语化",引起下一句,四组复句的结构好像一致。然而仔细分析一下其实是不同的,前面三组是"岂不欲+动(包括介词)宾+而+动宾","岂不欲家抚而户晓"是"岂不欲+主谓+而+主谓"。加上内容并不一致,前面三组是韦使君施政的心志,最后一组是施政的结果,因此与其说是四组,不如说是前三组加一组。这样说来,柳宗元似乎懂得"语法",可以利用语法变换来进行创作,但这是否只是一个"偶然"而已?

(一)语法与"律令"

要解决柳宗元是否懂得古音和语法这两个问题,还是回头看看前文提过的《复杜温夫书》。柳宗元之前,如颜师古(581—645)已就个别的虚词加以分类,[①]至于《复杜温夫书》则把几个虚词并在一起加以分类。和柳宗元几乎同时的日本和尚空海(KUUKAI,774—835)所写的《文镜秘府论》,其中《句端》一节开始就说:

> 属事比辞,皆有次第,每事至科分之别,必立言以间之,然后义势可得相承,文体因而伦贯也。新进之徒,或有未悟,聊复商略,以类别之云尔。[②]

其中所说"新进之徒,或有未悟",就与《复杜温夫书》"宜考前闻人所使

---

① 《汉书》颜师古注有"语助":"乎而,语助也"(《地理志下》,北京:中华书局 1962 年版第 1660 页),有"发语辞"或"发语之辞":"爰,曰也,发语辞也"(《礼乐志》,第 1068 页);有"语终辞"或"语终之辞":"已,语终辞"(《艺文志》,第 1764 页)。
② 《文镜秘府论汇校汇考》,北京:中华书局 2006 年版第 1692 页。

用"的用意相近,而《句端》的部分把近三百个关联词语划分成二十六类,①并加简要说明。根据卢盛江(1951—)分析这个部分是出自杜正伦(?—658)的《文笔要决》,《文笔要决》现存日本平安时代(794—1192)末期的抄本。② 而三迫初男《文镜秘府论の句端の说》就把《句端》跟卢允武(卢以纬,生卒不详)虚词专著,以至《马氏文通》加以比较。③ 说明隋唐之际已对关联词语之类的带有语法功能的语词有细密的分析,更比《复杜温夫书》详尽,可以相信柳宗元之前已有相类的学问,且广为人知,因此《复杜温夫书》对虚词的分类并不是太特别,受人重视的原因只因是出于古文家之手而已。

然而《复杜温夫书》的"不当律令"一句却不好解释,拙稿《柳宗元复杜温夫书"律令"臆解》指出(下简称"律令臆解"),现在一般对这句不做解释,或者解释时出现歧义,有解作"语法规则";有认为"指一般的法则、规律"。两种解释都指向"律令"与语法有关,但"律令"训作"语法",似乎于古无征。④ 柳宗元文集之中,除此之外,"律令"都不跟"语法"有关,如《谥议》:"谨具署其懿绩,布以谥词,定谥之制,请如律令",⑤又如《故弘农令柳府君坟前石表辞》:"昭穆之有位序,壤树之有丰杀,皆如律令",⑥都是指法令;此外还有"急急如律令"之类,则是套用道教的成辞,如《逐毕方文》:"皇不怒兮永汝世,日之良兮今速逝。急急如律令"。⑦ "律令臆解"推论唐代有字词的法令,并提到宋代的《韵略条式》,⑧可惜"条式"中也没有具体的证据。

不过,朱熹《韩文考异》卷九《与大颠师书》"愈闻道无疑滞行止系缚苟非所恋着则山林闲寂与城郭无异"条,说:"……'异'下有'邪'字,皆非是。其用'邪'字尤不当律令,亦所谓凡鄙者也",⑨这个"律令"是否就是跟宋代的

---

① 参阅三迫初男(Sannohazama Hatsuo,1912—?)《文镜秘府论の句端の说》(《中国中世文学研究》第 4 号,1965 年,第 21 页)。
② 《文镜秘府论汇校汇考》,北京:中华书局 2006 年版第 1694 页。
③ 《中国中世文学研究》第 4 号(1965 年),第 26—29 页。按:卢以纬为元初人,三迫初男则作明人;又三迫初男指出《句端》的内容有动词性和副词性的语词,因此这里统称关联词语,不称虚词。
④ 《文学论衡》第 22 期(2013 年,第 87 页)。
⑤ 《柳宗元集》卷八(第 190 页)。
⑥ 《柳宗元集》卷十二(第 320 页)。
⑦ 《柳宗元集》卷十八(第 502 页)。又见卷四十一《祭纛文》(第 1090 页)及《祃牙文》(第 1092 页)。
⑧ 《文学论衡》第 22 期(第 88 页)。
⑨ 《朱子全书》第 19 册(上海:上海古籍出版社,合肥:安徽教育出版社 2010 年版第 595 页)。

"条式"有关？无论如何跟《复杜温夫书》相似。而值得注意的是《新唐书·百官二》"内侍省"条："宫教博士二人，从九品下。掌教习宫人书、算、众艺"，下有说明：

> 初，内文学馆隶中书省，以儒学者一人为学士，掌教宫人。武后如意元年，改曰习艺馆，又改曰万林内教坊，寻复旧。有内教博士十八人，经学五人，史、子、集缀文三人，楷书二人，庄老、太一、篆书、律令、吟咏、飞白书、算、碁各一人。开元末，馆废，以内教博士以下隶内侍省，中官为之。①

宫教博士教授的对象是宫人，并曾隶属内教坊，比起国子监的"律学"博士还要低，律学博士教的是"八品以下及庶人子"，并以"律令为颛业，兼习格式法例"。② 而宫教博士教的"律令"，属于"众艺"，且与"吟咏、碁"并列，令人怀疑这个"律令"也是跟另一类"格式"有关，张伯伟（1959—　）《全唐五代诗格汇考》就收了好几本称为"诗格"的东西，此外皎然（730—799）又有《诗式》。③ 因此，"不当律令"的"律令"是否指这些东西，跟诗文有关？

（二）语法与对句

现在再来看看《文镜秘府论》，书中说到对句的地方有很多，如"东卷"有《论对》和《二十九种对》，④同在"东卷"里，还有《〈笔札〉七种言句例》，里面列了十一种不同字数的对句。⑤ "《笔札》"是指上官仪（608—664）的《笔札华梁》。⑥ "律令臆解"指出这些对句跟明代的《对类》里的对句相似，而《对类》跟《文镜秘府论》更有很多相似的地方，两书一开始就教人文字的基础知识，

---

① 《新唐书》卷四十七（第 1222 页）。
② 《新唐书》卷四十八（第 1267 页）。
③ 南京：凤凰出版社，2002 年，目次 1—3 页。
④ 《文镜秘府论汇校汇考》（第 666—886 页）。
⑤ 《文镜秘府论汇校汇考》（第 849—850 页）。
⑥ 《文镜秘府论汇校汇考》指出："一至七言句例以《笔札华梁》为主"，其后用《文笔式》之类加以补充（第 855 页）。

如《对类》卷首《习对定式》之中有《次明六体》：

> 开口初声为平，用仄字对；其次转声为仄，用平字对；无形可见为虚，用虚字对；有迹可指为实，用实字对；体本乎静为死，用死字对；用发乎动为生，用生字对。似有似无者，半虚半实。

又说："平对仄，仄对平，反切要分明。有无虚与实，死活重兼轻。……实对实，虚对虚，轻重莫偏枯"。① 所用的术语，均以对比的方式构成，而"虚实、死活"是传统语法用语，②"平仄、重轻"也是区分语音的标准。③ 这种以对比音韵为基础的体系，可以称为古代的"语法体系"或者"语言理论体系"，可以追溯到宋代。《对类》这一类后来在民间化身成不少袖珍的本子，这些书的编排按事物类别和平仄为主，但又顾及词语的虚实，如《对联引端》有：半实类、虚字性情类、至虚字助语类、虚字类、至虚字连用类、半实连用类等，④有时同一类还区分"死字"和"生字"，如"物类生字"，就加注说明为"以物之生动言"，⑤这跟现代的语法系统和术语并不相同，⑥但似乎是一套古来行之有效的体系，而这个体系是通过声律、对比和语词表现出来。

《〈笔札〉七种言句例》早于柳宗元，《对类》则出于很晚，但同样有列出不同长度的对句；⑦中唐考进士科必须考律赋，音韵谐协和字数冗长而的当的偶句正是当时试赋的特征，柳宗元应试所写的《披沙拣金赋》，就有比《对类》更长的偶句：

---

① 《四库全书存目丛书》子类第 225 册（第 582—583 页）。
② 参看《古汉语语法学资料汇编》，"(虚)活字"和"(虚)死字"见于南宋范晞文《对床夜话》（北京：中华书局 1964 年版第 109 页），以及罗大经（1196—1242）《鹤林玉露》（第 113 页）。
③ 《广韵》有《辩四声轻清重浊法》（泽存堂重刊《宋本广韵》卷五，第 52A—53B 页）。按：《对类》的"轻重"除了指语音外，也可能跟区分词类有关。
④ 《对联引端》卷首（上海：上海锦章图书局 1920 年版第 2B—3A 页）。
⑤ 《对联引端》卷二（第 11B—12A 页）。
⑥ 按：《马氏文通》虽然也用活字、死字这些名称（《马氏文通读本》。上海：上海教育出版社，2005 年版第 41 页），但跟《对联引端》又有不同，后者大致上是以一种对比的方式表现出来，如"地理夹四方死字"指的是方位词（第 25B—26A 页），而"地理夹人事生字"指的是动宾短语（第 26B 页）。
⑦ 《四库全书存目丛书》子类第 225 册（第 821—832 页）。

其隐也，则杂昏昏，沧浩浩，晦英姿兮自保，和光同尘兮，合于至道；

其遇也，则散奕奕，动融融，焕美质兮其中，明道若昧兮，契彼玄同。①

这是二十五字的长对句，当然和他同时的白居易(772—846)，这类偶句更多更长。② 应进士试写律赋要讲对仗、字法，因此他希望杜温夫能够合符"律令"，这个"律令"又似乎是真的"律令"。现在再来看一个例子，柳宗元的《憎王孙文》：

……猨之德静以恒，类仁让孝慈。居相爱，食相先，行有列，饮有序。不幸乖离，则其鸣哀。有难，则内其柔弱者。不践稼蔬，木实未熟，相与视之谨；既熟，啸呼群萃，然后食，衎衎焉。山之小草木，必环而行遂其植。故猨之居山恒郁然。

王孙之德躁以嚣，勃诤号呶，唶唶强强。虽羣不相善也。食相噬啮，行无列，饮无序。乖离而不思。有难，推其柔弱者以免。好践稼蔬，所过狼藉披攘。木实未熟，辄龁龅投注。窃取人食，皆知自实其嗛。山之小草木，必凌挫折挽，使之瘁然后已。故王孙之居山恒蒿然。③

这两段对偶不算严格，但跟八股文的"股对"相似。唐代的科举试以律赋，跟明代试以八股，其实是一脉相承，④相异的地方主要在内容。长偶句的出现间接破坏了骈偶，因为太长的对句不能突显骈体的特色。因此韩柳写

---

① 《柳宗元集》外集卷上(第1330页)。按：浩、保、道(晧韵)；融、中、同(东韵)。
② 铃木虎雄(SUZUKI Torao,1878—1963)《赋史大要》指出白居易《动静交相养赋》屡用长偶句(东京：富山房1936年版第206页)。
③ 《柳宗元集》卷十八(第498—499页)。
④ 李调元(1734—1803)《赋话》卷二："唐白居易〈动静交相养赋〉，……且通篇局阵整齐，两两相比，此调自乐天刱为之，后来制义分股之法，实滥觞于此种"(《续修四库全书》本第1715册，第650页)。又，王凯符(1934—2014)《八股文概说》指出唐宋古文家"反对骈文，却并不排斥排偶，在他们的文章中，不仅有不少排句、偶句，有时还有很长的排偶语段。在古文运动的旗手韩愈的文集中，这样的文章就有不少"(第37页)。按：长偶句似乎并非由一两个人首创，而是整个时代的风气，因此对偶的学习是当时"小学"必须修习的课程。

长对句,既是应试所得,也是对抗骈文的一个尝试。长期以来古文、时文,以至骈文这些术语搞来搞去老是搞不清楚,其原因跟汉语构成的形态有关,这些不同名目的文体都同是由汉语的不同的特质衍生而来,互有密切的关系,也导致学习写作的进程极为相像。韩愈提倡"识字",柳宗元要求合乎"律令",都是面对写作而提出的准则。

四 赘语

陈寅恪(1890—1968)在1932年提出如果要考核学生的语法,可以用对对子做暂时的代用品,他认为考对对子可以分辨虚实字的能力,又可以考察能否分别平仄,以至语文和逻辑的能力。① 很多人认为这个主张有悖常理,或者以为陈寅恪学问太大了有点想入非非。他只不过取用当时现成的材料,所谓新瓶旧酒。如果从柳宗元的作品来看,陈寅恪的想法,正与此相合。这里不是说柳宗元是语言学家,只是说柳宗元懂得"律令"。那些教人区分用字的对对子入门书,在教导学生学习组合语言单位时,就要统合平仄、轻重、死活、虚实等类别加以组合,跟柳宗元"制造"千奇百怪的声律相似。多年前读到林纾(1852—1924)《春觉斋论文》的"换字法""拼字法"时,② 以为是桐城派的独得之秘,其实只是历来练习为文程序的延伸,跟《对类》一类,没有原则上的不同。因此也明白那班"余孽"为什么不像理学家那样批评柳宗元的古文用韵,也许道理就在这里。

百多年来科举制度可能被现代人骂得一无是处,但就语文常识的学习而言,仍有其历史的地位。这里试用这个角度来阅读柳宗元的作品,探讨柳宗元与语言文字之学的关系,虽然是世间的"小学",但也希望有其意义。

---

① 《与刘叔雅论国文试题书》,见《金明馆丛稿二编》,北京:三联书店2001年版第252—255页。
② 《论文偶记·初月楼古文绪论·春觉斋论文》合编本,北京:人民文学出版社1959年版。第129—132页。

语言的梯度本质探析
——以词类多功能性为例*

刘 江

一 引言

吕叔湘(1979/2007:10)指出:"由于汉语缺少发达的形态,许多语法现象就是渐变而不是顿变,在语法分析上就容易遇到各种'中间状态'。词与非词(比词小的,比词大的)的界限,词类的界限,各种句子成分的界限,划分起来都难于'一刀切'。这是客观事实,无法排除,也不必掩盖。"Quirk et al(1985:90)进一步明确指出"语法在某种程度上是个不确定的体系。例如在类别和结构之间常常没有明确的界限。"可见,梯度作为语言的本质属性早有定论。

语言中的梯度有广义和狭义两种理解(陈艳新、刘江 2014:278):广义的梯度指,对某种语言现象的可接受性和合乎语法性判断的不确定性(Aarts 2007:4);狭义的梯度指,两种语言范畴 α 和 β 之间边界模糊的现象,其中某些元素明确地属于 α,另一些元素毫无争议地属于 β,而第三组元素处于两种范畴的中间位置,不同程度地属于 α 或 β(Quirk et al 1985:90,Aarts 2007:34)。

本文拟从语言与言语的关系、语言的创造性、广义梯度以及隐性知识与显性知识的关系出发,以词类多功能性为例,进一步探讨狭义梯度作为语言本质的这一属性。

---

* 本文为辽宁省社会科学界联合会 2019 年度"辽宁省经济社会发展研究"课题研究成果(2019LSLKTYB-073)。

二 梯度是语言对言语抽象的产物

(一) 语言对言语的抽象

"范畴化的过程包括识别或区分、概括和抽象:在识别或区分过程中,人们对属于不同类别的刺激进行区分;在概括过程中,将具有共同属性的事物归为一类;在抽象过程中,人们将某个范畴中物体所有的共同属性提取出来"(梁丽 2007:5—6),"对比和概括是范畴化过程中的两个主要手段"(王寅 2007:96)。由此我们不难看出,语言范畴化就是对言语中的各种现象进行"对比、概括、抽象"的过程。例如,李宇明(1986:118—120)指出,词类产生于对个体词的抽象概括(这种抽象过程是舍弃每个个体词的语法个性,提取个体词的语法共性的过程)、依据概括词之间的语法性质同异度对概括词的再抽象;在这种抽象过程中,言语单位的位置也被抽象掉了,因而语法位的性质也就被抽象掉了。我们认为,语词的语法特点在抽象过程中被舍弃掉的还有语词在言语中的具体语义。从语言单位到言语单位,是一个具体化过程(李宇明 1986:120),在这个过程中具体词被舍弃的某种具体语法性质、语义以及其所在的语法位的性质就有可能再表现出来,从而为词类多功能性的实现提供了可能。由此可见,梯度只能存在于语言层面的范畴中是必然的,因为尽管具体词的语法个性、语义个性及其语法位的性质已经被抽象掉了,但是,只要条件成熟,这些被抽象掉的语法个性、语义个性及语法位的性质在语言运用中随时都可能被还原,从而使语词的个性得到充分体现。

Croft(2007:424—425)也指出:

> **具体语言的范畴具有清晰的边界**(笔者加黑用来强调),它们是由出现在英语中编码修饰、述谓和程度的构式来界定的。但是边界有交叉,没有哪个特定构式的分布边界享有特殊的地位。**在这个模式中也存在梯度**(笔者加黑用来强调),但是梯度与(7)中词汇语义类和命题行为功能之间的关系相关,与具体形式类无关。

William Croft 这里所说的"具体语言的范畴具有清晰的边界"就是指，言语中的范畴在构式作用下不存在边界模糊的现象；"梯度与(7)中词汇语义类和命题行为功能之间的关系相关"，即与"物体/指称、性质/修饰、动作/述谓"之间的组配关系有关①，实质就是梯度只存在语言层面，因为："物体、性质、动作"是分别用来表示"指称、修饰、述谓"的，但是用来表示"指称、修饰、述谓"的不一定都分别是"物体、性质、动作"；再有"物体、性质、动作、指称、修饰、述谓"各自也是一种抽象的结果。

（二）语言是静态和动态的辩证统一体

从历时角度说，今天的词法是昨天的句法。岑麒祥(2010)的研究表明，古代汉语中词类"变性"使用十分普遍；Bisang(2008)甚至提出，古代汉语词库中的词项不能预先分类为句法范畴名词和动词。古代汉语的这一特征必然对现代汉语产生深刻的影响。岑麒祥(1956:3)指出，"对于语言的语法构造做分析研究，必须同时采用历史的方法，忽视了它的历史发展，那么现存语法体系中的某些现象就无法加以适当的估量。"我们认为，现代汉语保留下来的古代汉语特征也是词类梯度形成的一个重要因素。例如现代汉语中，名词因为保留了古代汉语名词的使动用法、意动用法，使得"<u>游戏</u>人生""<u>恩泽</u>后人"这样的表达得以常见；形容词因为保留了古代汉语形容词带宾语的各种用法，也使得"<u>刻薄</u>自己的爸爸""<u>紧张</u>着十分期待的心弦""<u>舒畅</u>我的郁积""别再<u>傻</u>我""<u>羞愧</u>自己没有志气""身边放着几个<u>鲜</u>着绿叶的桃子"这类表达在现代并不陌生(刁晏斌 2006)。汉语是形态不发达而词义又比较宽泛的语言，但是这些特殊用法之所以有很强的生命力，就在于汉语的

---

① William Croft 认为，从语言类型学角度说，名词、形容词和动词应该分别为它们各自所表示的语义类和命题行为之间的无标记组配，即，物体词用于指称为名词，性质词用于修饰为形容词，动作词用于述谓为动词；梯度形成于语词的语义类和命题行为之间的有标记组配；语词用于有标记组配需要进行结构编码或行为编码，例如英语中系动词是编码述谓的构式，它可以使名词或形容词用于述谓，而且用于有标记组配的语词在语篇中的出现频率也不会高于无标记状态下它在语篇中出现的频率，Croft 分别将之称为结构标记、行为标记和语篇标记(Croft 1991:51—53)。Croft 还指出，通过语义和语用功能互定义的名词、动词、形容词在语言运用中发生功能转移时，还伴随着语义的转移(Croft 2001\2009:73)。

历史从未中断过,悠久的语言文化使得以汉语为第一语言的人具备足够的相关隐性知识,从而对保留在现代汉语中的古代用法能够进行有效解读和灵活运用。

共时层面词类的多功能性还受语言接触的影响。例如,刁晏斌(2006:312)指出,在"程度副词(包括其他与程度相关的词语)+名词"这种构式中,"名词"用作"形容词"(如,很逻辑)的这种用法在古代汉语和近代汉语几乎没有,所以这种用法是外语引进或受外语的影响而产生的。词类的有些多功能性现象,则可能既有古代汉语的影响又有语言接触的影响。例如,刁晏斌(2006:327/339)指出形容词和动词的指称性用法在古代汉语中就比较多见,它们这种用法在现代汉语中的大量使用,除了秉承古代和近代的传统外,主要受外语的影响:汉语只能以一个词形来对应外语中同一词根的不同词形,而这样的形式在客观上也扩大了形容词和动词的使用和表义范围,所以才日渐增多[①]。

由此可见语言是静态和动态的辩证统一体(岑运强等 2015:16—17)。尽管语言是对言语的抽象,但是语言不可能对言语中所有历时、共时用法进行彻底地抽象,所以说梯度是对言语抽象的必然结果,而且梯度只存在语言中,它是语言的本质属性(刘江 2013:11)。

三 梯度是语言创造性的必然结果

洪堡特(1997)从多角度探讨了语言的创造性,他(1997:54)指出:"语言绝不是产品(Werk[Ergon]),而是一种创造性活动(Thätigkeit[Energeia])"。洪堡特是在阐述语言的本质时提出这一重要论断的:

> 语言就其真实的本质来看,是某种连续的、每时每刻都在向前发展的事物。即使将语言记录成文字,也只能使它不完善地、木乃伊式地保

---

① 另参见:袁毓林. 汉语和英语在语法范畴的实现关系上的平行性——也谈汉语里的名词/动词与指称/陈述、主语与话题、句子与话段[J]. 北京大学手稿,2008;汉藏语学报,2010(4):139—168.

存下来,而这种文字作品以后仍需要人们重新具体化为生动的言语。语言绝不只是产品(Werk[Ergon]),而是一种创造性活动(Thätigkeit[Energeia])。因此语言的真正的定义只能是发生学的定义。语言实际是精神不断重复的活动,它使分节音得以成为思想的表达。严格地说,这是每一次讲话的定义,然而在真实的、根本的意义上,也只能把这种讲话行为的总和视为语言。因为,在我们习惯于称之为语言的那一大堆散乱的词语和规则之中,现实存在的只有那种通过每一次讲话而产生的个别的东西,这种个别的东西永远不是完整的,我们只有从不断进行的新的活动中才能认识到每一生动的讲话行为的本质,才能观察到活语言的真实图景。语言中最深奥、最微妙的东西,是无法从那些孤立的要素上去认识的,而是只能在连贯的言语中为人感觉到或猜度到(这一点更能够说明,真正意义的语言存在于其现实发生的行为之中)。一切意欲深入至语言生动本质的研究,都必须把连贯的言语理解为实在的和首要的对象,而把语言分解为词和规则,只不过是经科学分析得到的僵化的拙劣罢了。(洪堡特 1997:54—55)

这里洪堡特强调的是言语对语言本质界定的重要性:抽象、一般、完整的语言只能存在于具体、个别、不完整的言语之中;语言的创造性只能存在于语言的运用之中。正如姚小平(1995:122)所阐释的那样:在言语活动中,不断有新的东西被造就出来;每一言语行为都是对言语活动的进一步发展,即使表面看似简单重复的话语,也是精神力量的劳动所为。那么语言的创造性是怎么形成的呢？对此,洪堡特(1997:193)明确指出:"各个民族致力于表达思想,这种努力与业已取得的成就对人们产生的激励作用结合起来,造就和培育了语言的创造力。"为了说明这一点,洪堡特把语言的发生比作物理自然界的晶体与晶体的结合。他(1997:193—194)指出:"当这种结晶化的过程(Krystallisation)告成后,可以说语言也就成型了。这就意味着,工具已准备就绪,现在精神要做的是掌握和运用这一工具。精神以不同的方式通过语言得到表达,与此相应,语言也以不同的方式获得一定的色彩和个性。"

洪堡特所说的语言的创造性分为遵从规律、合乎规范的创造和不为规律所限而导致的变异的创造。前者称为规律的创造,后者称为非规律的创造。规律的创造是"有限的手段,无限的运用"。对此,洪堡特明确指出:

> 语言面对的是一个无限的、无边际的领域,即一切可思维对象的总和,因此语言必须无限地运用有限的手段,而思维力量和语言创造力量的同一性确保了语言能够做到这一点。为此语言有必要在两个方面同时发挥作用:首先,语言对所讲的话产生作用,其次,这种作用又反过来施及创造语言的力量。(洪堡特 1997:114—115)

> ……语言不应该视为一种整体上可以一览无遗的或者可以拆散开来逐渐传递的质料,而应被看作是一种不停顿地自我创造的质料;创造的规律是确定的,但产品的范围以及一定程度上的创造方式却完全是非确定的。儿童学讲话,并不是接受词语、嵌入记忆和用嘴唇咿呀模仿的过程,而是语言能力随时间和练习的增长。(洪堡特 1997:67)

> 在我们人身上存在着两个相互统一的领域:在一个领域里,人能够把固定的要素划分至一目了然的数目;在另一个领域中,人又能够用这些要素进行无限的组合。(《洪堡特语言哲学文集》13 页;转引自姚小平 2003:38)

由此可见,"规律的创造也就是形式的创造。在每一次这样的创造中,总是可以看到和过去类似的、同形的东西。有限的、现成的规则和基本要素的生命力在于其无限的运用,而无限的运用也就是一再重复的、可预见的出现(姚小平 1995:128)。"

"非规律的创造是指,精神力量可以不受任何现成规则和材料的制约,于刹那间创造出崭新的果实"(姚小平:1995:128)。洪堡特指出:

> 精神力量具有内在、深刻和富足的源流,它参与了世界事件的进程。在人类隐蔽的、仿佛带有神秘色彩的发展过程中,精神力量是真正的创造

的原则……这种极其独特的精神特性（Geisteseigenthümlichkeit）不断丰富着人类智力的观念，它的出现是无法预料的，它的表现就最深在的方面而言是不可解释的。这种精神特性的特点尤其在于，它的产品（Werk）不仅只是人类赖以进一步构建的基础，而且蕴涵着能够创造出产品本身的生命力。这些产品播种着生命，因为它们本身即生成自完备的生命。造就出这些产品的精神力量以其全部的努力和高度的统一性进行作用，同时，这种力量又完全是创造性的，它的创造活动具有它自身亦无法解释的性质；它不仅仅是偶然触及到新的东西，或者仅仅与已知的东西相联系。（洪堡特 1997:27）

排除其中的唯心主义色彩，洪堡特关于语言创造性的论述是完全正确的。语言的运用不是简单地重复和机械地模仿，而是一种"创造性活动"。语言的这种创造性不仅表现为在"有限的、现成的规则和基本要素"基础上的合乎规律的创造，更表现为"不受任何现成规则和材料的制约"、于刹那间形成的非规律创造。例如，随着计算机的普及，英语中有了"E-mail me."这样的表达；而汉语口语中也出现了"电话我"这样的表达。这两种创造性在共同丰富人类语言的生命的同时，也使得词类多功能性成为必然。

四　广义梯度是狭义梯度存在的事实依据

……语言与其说是人构成的，不如说是自行发展起来，由人出于愉悦感和好奇心而在自身中发现的；语言在一定的条件下生成，这些条件制约着语言的创造，因此语言并不是在任何地方都能达到同样的目标，它会受到某种来自外部的桎梏的限制。尽管如此，语言始终必须满足一般的要求，这一必要性迫使语言尽其所能摆脱外在的桎梏，力求形成一种适用的形式。这样，就产生了人类各种不同语言的具体形式，这些具体的语言形式如果偏离了规律性的结构，就会同时包含消极和积极的两个方面：消极方面在于，语言创造受到约束，积极方面在于，语言力图使不完善的机制适合一般需要。单就消极的方面而言，我们或可以认为,语言的创造力量是以分阶段的方式发展的,直至到达完善的高度。但就积极的方面来看,情况远没有那么简单,因为即便是那些不完善的语言,也往往具有十分巧妙的、富于独创性的结构。(洪堡特 1997:317)

洪堡特是在不同语言比较这个层面来探讨偏离规律性的结构的。但是他的这一探讨同样适用于同一语言内部语言运用层面的变异。在语言运用中,语言变异也应该有消极和积极之分。消极的变异有待进一步规范,积极的变异则属于创造①。然而,在语言运用中的语言变异是不可能泾渭分明地区分为积极的和消极的,它们在语法性/可接受程度的判断上存在不确定性,这就是所谓的广义梯度:语法性/可接受性梯度。

Sorace & Keller(2005)通过对语法性程度(尤其是句法中的梯度)研究的理论成果和实验成果的考察,指出,一方面,梯度问题越来越难以为当前形式语法模式所解释,另一方面:

> 许多实验研究表明,通过考虑梯度判断(语言)资料(gradient judgment data),既可以发现为传统非正规语料搜集方法所回避的新的语言事实,又可以解决对存在于文献中某些语言现象的争议。他们假设的背后是,这种争议源于,传统的语言分析,无论是在语料收集的方法论上,还是在分析方法上,都不能妥善处理这些现象的梯度本质。(Sorace & Keller 2005:1498)

> 语法性渐变理论的潜在优势包括扩大语言学的实证基础和提高语言学理论的预测力。(Sorace & Keller 2005:1498)

Sorace & Keller(2005)认为,区分(引起范畴性语言判断的)刚性约束(hard constraints)和(引起梯度判断的)柔性约束(soft constraints)对解释

---

① 无论洪堡特所说的是规律的创造,还是非规律的创造,都仅指积极的创造。本文保留了"创造"的这一概念内涵。

梯度语料十分重要。这一区分也得到了语言发展过程中句法选择(syntactic optionality①)方面的支持。刚性限制和柔性限制受约束等级(constraint ranking②)、(约束的)累积效应(cumulativity③)、(约束的)聚合效应(ganging up effects④)、语境效应、跨语言效应的影响。这两种约束都受约束等级的制约,表现出(约束的)累积效应和(约束的)聚合效应。但是,柔性约束和刚性约束在语境效应、跨语言变异和(语言)发展选择性方面所受的影响不同:如果违反某一限制导致很强的不可接受性,并且不受语境影响、在语言发展中不具选择性,那么这种限制就属于刚性约束;如果某一限制仅仅引发轻度不可接受性,并且受制于语境变异和(语言)发展选择性,那么这种限制就是柔性约束。(柔性和刚性这两种)约束类型(的区分)在不同语言中是稳定的:刚性约束在不同语言中还是刚性的,柔性约束在不同语言中依然是柔性的。跨语言变异能改变约束的等级,但是不能改变它的类型(即刚性约束或柔性约束)。此外,Sorace & Keller 还指出,相关研究还指向这样的事实:刚性约束本质上是纯结构性的(即句法),而柔性约束存在于句法和其他领域的接口(即语义或语用)。(Sorace & Keller 2005:1511—1521)

既然语言变异的语法性/可接受性都是个程度问题,那么从言语中抽象出来的语法范畴在语言运用中具有多功能性,也就在所难免了。语言是交际的工具,只要不影响语言交际的用法都应该是可以接受的。所以,对言语的抽象是相对的,狭义梯度的存在是必然的。

---

① Syntactic optionality means the existence of more than one realization of a given input. (Sorace & Keller 2005:1512)

② Constraint ranking means that some constraint violations are significantly more unacceptable than others. (Sorace & Keller 2005:1513)

③ Cumulativity means the multiple constraint violations are significantly more unacceptable than single violations. (Sorace & Keller 2005:1513)

④ Ganging up effects means that multiple violations of lower ranked constraints can be as unacceptable as a single violation of a higher ranked constraint. (Sorace & Keller 2005:1513)

五 不同语言知识的特点和加工机制是梯度存在的认知基础

Roehr(2008)指出,二语学习者具有隐性和显性两种语言知识。显性知识指语言学习者有关第二语言句法、形态、词汇、语用和音位特点的陈述性知识(declarative knowledge),具体包括有关范畴和范畴间关系的显性知识;隐性知识则指未纳入意识、不能用言辞表达的知识。这两种知识沿着具体性—复杂性这一变量变化,它们的呈现特点及工作机制有着本质的区别。根据基于用法的语言(研究)假设,隐性知识表现出的特性为边界模糊、依赖语境的柔性范畴;相比之下,显性知识则呈现为亚里士多德范畴,这种范畴具有稳定的、离散的、独立于语境的结构。根据认知心理学的研究,隐性知识按照相似性进行加工,这种加工具有动态性、灵活性、语境依赖性;相反,显性知识按照规则进行加工,这种加工是自觉的、受控制的。基于规则加工受工作记忆容量的限制,需要付出努力、选择性注意和投入;此外,这种加工还具有稳定性和一致性 ——(这些)特征的获得是以牺牲(语言的)灵活性和对语境和频率信息考虑为代价的。

隐性知识和显性知识迥异而又互补的呈现特点及其加工机制的不同,使得语言的规律创造和非规律创造成为可能。洪堡特论述的规律的创造与显性知识和隐性知识的特点十分吻合。例如洪堡特指出:

> 在我们人身上存在着两个相互统一的领域:在一个领域里,人能够把固定的要素划分至一目了然的数目;在另一个领域中,人又能够用这些要素进行无限的组合。(转引自姚小平 2003:38)

是显性知识把语言划分为各级单位,各级单位又分为不同范畴,而隐性知识使得所划分出来的单位和范畴的边界在运用中因为无限组合变得模糊,实现了"有限手段,无限表达"。在实现规律创造的基础上,精神力量因为"具有内在、深刻和富足的源流"的特点,而使非规律的创造变得不再那么神秘。所以说,隐性知识和显性知识迥异而又互补的表征特点及其加工机制的不同为梯度的存在提供了认知依据。

六　结　语

语言对言语的抽象是词类梯度形成的内在机制,语言的创造性是词类梯度形成的哲学依据,语言性/可接受性梯度的存在为词类梯度的形成提供了更高层次上的事实依据,隐性知识和显性知识迥异而又互补的表征特点及其加工机制的不同是词类梯度存在的认知依据。而词类的多功能性只不过是语言的创造性的客观需求,隐性知识和显性知识迥异而又互补的呈现特点及其加工机制的不同使这种客观需求成为可能,范畴从语言到言语的还原使这种可能成为现实。

参考文献

岑运强、周士宏、刘江(2015)《语言学概论(第四版)》("十二五"普通高等教育本科国家规划教材),北京:中国人民大学出版社。
岑麒祥(2010)《古代汉语语词的词性和词序》,岑运强编选《岑麒祥文选》,北京:北京大学出版社。
岑麒祥(1956)《语法理论基本知识》,北京:时代出版社。
陈艳新、刘江(2014)《梯度范畴化动因研究》《东北师大学报(哲学社会科学版)》第五期,第 278—280 页。
刁晏斌(2006)《现代汉语史》,第 278—280 页。福州:福建人民出版社。
洪堡特(1997)《论人类语言结构的差异及其对人类精神发展的影响》,姚小平译,北京:商务印书馆。
洪堡特(1995)《人文研究与语言研究》,姚小平译,北京:外语教学与研究出版社。
李宇明(1986)《名物化现象新解》,《华中师范大学学报》第 3 期,第 117—120 页。
梁丽(2007)《基本层次范畴理论与应用》,北京:中国社会科学出版社。
刘江(2013)《关于词类多功能性的思考》,《北华大学学报(社会科学版)》第四期,第 10—14 页。
吕叔湘(1979/2007)《汉语语法分析问题》,北京:商务印书馆。
王寅(2007)《认知语言学》,上海:上海外语教育出版社。
姚小平(2003)《作为人文主义思想家的洪堡特》,《外国语》第一期,第 36—42 页。
Aarts, Bas. *Synatactic Gradience: The Nature of Grammatical Indetermincay*[M]. Oxford: Oxford University Press, 2007.

Bisang, Walter. Precategorial and Syntax-based Parts-of-Speech[J]. *Studies in Language*,2008(32/3):568—589.
Croft, William. Beyond Aristotle and Gradience:A Reply to Aarts[J]. *Studies in Language*,2007(31/2):409—430.
Croft, William. *Radical Construction Grammar:Syntactic Theory in Typological Perspective*[M]. Oxford:Oxford University Press,2001;Beijing:World Publishing Company,2009.
Croft, William. *Syntactic Categories and Grammatical Relations*[M]. Chicago:University of Chicago Press,1991.
Quirk *et al*. *A Comprehensive Grammar of the English Language*[M]. London:Longman Group Ltd,1985.
Roehr, Karen. *Linguistic and Metalinguistic Categories in Second Language Learning*[J]. Cognitive Linguistics,2008(19/1):67—106.
Sorace, Antonella and Keller, Frank. *Gradience in Linguistic Data*[J]. Lingua,2005(115):1497—1524.

汉 语 音 韵

《切韵》"平声邻接同母韵组"第 2 小韵亦同母这条规则的意义

平山久雄

一 平声邻接同母韵组

(一)"平声邻接同母韵组"(略称"同母韵组")的涵义

学者们都很熟悉,《广韵》韵序相邻而音值相近的平声韵目常用同一声母的字,如东韵和冬韵同用端母字,支韵、脂韵、之韵同用照₂母字。这在《王三》即唐写完本《刊谬补缺切韵》也一样。由此可以推断,陆法言《切韵》也是如此。

本文称"平声邻接同母韵组"是符合这一标准的一些韵组,是由排列顺序相邻而韵目采用同声母字的 2 韵或 3 韵构成的平声韵组。文中省略"平声邻接",简称为"同母韵组"。赖惟勤(1974/1989:207—209)指出,这些同母韵组除了韵目字即第 1 小韵声母相同以外,其第 2 小韵的声母也多相同。请看下页表一。

表一上"韵序"是《王三》的,平声上、下 2 卷通算。"字:反切"用蔡梦麒、夏能权(2014:236—330)所录《王三》反切,"母"表示声母,舌头音和舌上音、匣母和喻三母分别看作同组或同母;在开合同韵时,声母包括开合而言,开口不特标"开",合口则标"合"。赖惟勤(1974/1989:209—212)还指出,有些同母韵组连第 3 小韵以下的声母也相同,表上"+"栏表示有关情况,例如声母相同到第 3 小韵即记"1",相同到第 4 小韵即记"2"。

赖文指出,上、去、入声韵中只有上声纸、旨、止 3 韵和入声屋、沃 2 韵的第2小韵的声母也互相一致,故亦列在表1末。赖文没有把寒韵看作和魂韵、痕韵一同构成同母韵组,现将其亦列入表内;寒韵和魂韵、痕韵同用匣母字不会是偶然的,从寒韵入声韵目用"末"(明母),以配魂韵入声韵目"没"(明母)可证;如果寒韵不与魂韵、痕韵同属一个韵组的话,那么入声韵目字用"曷"(匣母)即可。

《广韵》从真韵、寒韵和歌韵各分出谆韵、桓韵和戈韵,平声这些合口韵与相应的开口韵的第2小韵的声母也相同①。这是《唐韵》以后的改变,故不列入表内。

表一里共有17个同母韵组,其中有13个符合第2小韵的声母也相同的规则,只有4个不合规则。可知,同母韵组第2小韵的声母相同应该是有意为之的。4个例外中咸韵、衔韵第2小韵声母互异当出于一种误写:衔韵韵末即第6小韵"监:古衔反"本当在第2,抄手写漏了便补在韵末。其他3个例外的成因将另文讨论。

表一:《王三》同母韵组的韵目字和第2小韵首字及其声母

韵序	韵目 字:反切	母	第2小韵 字:反切	母	+	韵序	韵目 字:反切	母	第2小韵 字:反切	母	+
1	东:德红	端	同:徒红	定		25	删:所奸	审二	关:古还	见合	
2	冬:都宗		彤:徒冬			26	山:所间		鳏:古顽		
5	支:章移	照三	移:弋支	喻四		27	先:苏前	心	前:昨先	从	2
6	脂:旨夷		姨:以脂			28	仙:相然		钱:昨仙		
7	之:止而		怡:与之			29	萧:苏雕	心	桃:吐雕	透彻	2
9	鱼:语居	疑	初:楚鱼	穿二		30	宵:相焦		超:敕宵		
10	虞:语俱		刍:测禺			31	肴:胡茅	匣	交:古肴	见	
13	佳:古膎	见	膎:户佳	匣	6	32	豪:胡刀		高:古劳		
14	皆:古谐		谐:户皆			35	覃:徒南	定	参:仓含	清	
15	灰:呼恢	晓	恢:苦回	溪	1	36	谈:徒甘		甘:古三	见	
16	咍:呼来		开:苦哀			39	庚:古行	见	坑:客庚	溪	2
22	魂:户昆	匣	昆:古浑	见	1	40	耕:古茎		铿:口茎		
23	痕:户恩		根:古痕			41	清:七精	清	情:疾盈	从	
24	寒:胡安		桓:胡官	匣合		42	青:仓经		经:古灵		

---

① 其实这是平声谆韵、桓韵、戈韵的小韵排列顺序分别向真韵、寒韵、歌韵看齐的结果,见平山久雄(2009/2012)所述。

韵序	韵目		第2小韵		+	韵序	韵目		第2小韵		+
	字:反切	母	字:反切	母			字:反切	母	字:反切	母	
43	尤:羽求	喻三	忧:於求	影		上5	旨:职雉	照三	视:承旨	禅	2
44	侯:胡沟		讴:乌侯			上6	止:诸市		市:时止		
51	咸:胡谗	匣	缄:古咸	见		入1	屋:乌谷	影	独:徒谷	定	
52	衔:户监		巉:鉏衔	床		入2	沃:乌酷		毒:徒沃		
上4	纸:诸氏	照三	是:丞纸	禅	2						

《切韵》韵目字以四声一贯为原则,因此这些同母韵组在与此相配的上、去、入声韵中也有不少采用同母字为韵目的,例如与平声支韵、脂韵、之韵相配的上声纸韵、旨韵、止韵和去声寘韵、至韵、志韵韵目也都是照三母字;但也有采用了不同声母的,是由于没有适当的常用字等原因,例如平声东韵、冬韵的去声送韵、宋韵是心母,入声屋韵、沃韵是影母;甚至也有同声调的韵目采用了不同声母字的,如肴韵上声巧韵是溪母字,不与豪韵上声晧韵是匣母字相合。对这些情况,本文一概不去讨论,只按平声韵目来划定同母韵组的范围,并讨论相关的一些问题。

（二）音值相近的邻接韵不一定都是同母韵组

平声2卷里韵序相邻而音值相近的2韵或3韵不一定都是同母韵组,例如元韵,它在齐梁陈(包括北齐、北周)时期跟魂韵、痕韵通用不分,构成一个韵部。这表示:元韵和魂韵、痕韵语音有近似之处,当时人会觉得元韵好像是跟魂韵、痕韵相配的细音韵,正如尤韵和侯韵的关系一样;但由于韵目字的声母不同,它们不能算同母韵组。这应该是因为在元韵和魂、痕2韵之间难以找出同声母常用字的缘故;魂、痕2韵韵目平、上、去3声[①]韵目都是匣母字,基本满足韵目字最好是四声一贯的标准,但元韵开口没有匣母字,合口匣母(即喻三母)平声有"袁""园"、上声有"远",入声有"越",都是常用字,可以用作韵目,但去声除了冷僻字以外只有"远",是上声"远"字当动词用时的劣势又音,难以用作韵目;由此可以推断,鉴于这一情形,《切韵》的实际编

[①] 魂韵入声由于没有合适的匣母常用字,因此以明母字"没"做韵目。痕韵入声只有匣母一个小韵,难以构成一个独立的韵部,因此并于没韵。

者陆爽才采用疑母"元—阮—愿—月"为韵目字了。

(三) 陆爽《韵稿》当于隋代以前已设好同母韵组

平山久雄(2016:53—54)推断,陆爽在北齐或北周时已经编好一部韵书稿本;该文将其称为陆爽"《韵稿》"。据平山久雄(2015:279—280)所论,《王三》平声东韵第 3 小韵"中"(知母)和第 4 小韵"虫"(澄母)正与第 1 小韵"东"(端母)和第 2 小韵"同"(定母)以及冬韵第 1 小韵"冬"(端母)和第 2 小韵"彤"(定母)平行,构成同母韵组关系,可知陆爽本将平声东韵三等分立为"中韵";但后来随着隋朝成立,他考虑到"中"和隋文帝之父杨忠的名字同音,遂把它取消了。如果《韵稿》到隋代才着手编写的话,那么从一开始就不会想立中韵的。

由此也可以知道,同母韵组应该在《韵稿》阶段已经设定了,就是说,陆爽那时已给平声韵序相接、语音相近的 2 韵或 3 韵在可能的范围之内都选定了同声母字作为韵目,以表示它们之间的近音关系。

《韵稿》的韵目字不一定都和《切韵》相同。《切韵》因为要献给太子,可能换用了吉利的字,例如虞韵的"虞",《说文》训:"驺虞也,……仁兽"云云,《诗经·召南·驺虞》毛传云:"驺虞义兽也。……有至信之德则应之"。陆爽用"虞"来暗示:太子将来做皇帝就会有驺虞出现,颂其至信之德;《切韵》的鱼韵、虞韵在《韵稿》可能作"居韵""俱韵"。他同时也回避了太子的名字"勇"等一些字做韵目,正如其选择反切下字那样,参见平山久雄(2016:55—56)。这些改换对第 2 小韵首字也应该是一样的。

二 设定同母韵组的目的

(一) 设定同母韵组的意义

设定同母韵组的意义何在?它并不一定表示相邻的韵摄在诗赋的押韵上可以通用的范围。例如在支、脂、之 3 韵中,脂、之 2 韵字在六朝末的诗文中通用不分,只有少数的作者才加以分用,但支韵字和脂韵字一般是分用的,只有少数通用的例子。又如在魂、痕、寒3韵中,魂韵字和痕韵字当时是通用不分的,但寒韵字却独立为一部,就现存的材料看,没有和魂、痕韵字通用的例子;假若当时有人偶尔通用,陆爽也不会给予赞许的。

因为如此,设定同母韵组的意义应该不在于表示可以通用的范围,而在于使读者通过这些同母韵组来认清它们成员之间存在什么样的语音区别,以便他们理解分韵的根据。同母韵组按现代语言学的术语来说就是关于韵母的最小对立组(minimal pair)。换言之,每一个同母韵组里的韵目字对比当是使读者理解并学会当时雅音的一个手段。

(二) 同母韵组第 2 小韵亦同母的意义

同母韵组以第 2 小韵亦同母为原则,其意义何在?那应该是陆爽通过韵首两对最小对立组来明确表示它们分韵的根据,正如后代《韵镜》里的"归纳助纽字"用"宾边""分蕃"等两对同母字来表示声母的区别那样。用两对最小对立组比仅用 1 对就能更明确地标示其间的语音差异。

我们也可注意,同母韵组不但韵目是常用字,连第 2 小韵首字也都是读法确定的常用字[①]。佳韵第 2 小韵"�膎"难视为常用字,但《王三》释"脯",《广韵》释"脯也,肉食肴也",它作为代表佳肴的字,是人们都熟悉,可以正确掌握读法的,这点从它用作韵目"佳"下的反切"古膎反"里的下字可证[②]。衔韵第 2 小韵本来是"监",现作僻字"巉"盖是由抄手抄漏了"监"小韵的结果,见第一节(一)所记。由此可以推断,陆爽设计的想法应该是:读者如果把同母韵组的韵目字和第 2 小韵首字连着念诵出来,就可以理解韵组成员之间存在什么样的语音区别。如果将它们都读成同音,不懂区别何在,那么就应该向掌握雅音的人士请教了。

在六朝末当时南北都有很多人口音不正,这从《颜氏家训·音辞篇》的各种记述里是可以知道的。例如该篇云:

---

① 耕韵第 2 小韵"铿"是连绵字,但"铿锵"这一连绵词是很常用的,因此人们应该都能容易读出单音。

② 有"鞋"字作"膎"小韵的第 2 字,它不做首字盖是从"革"的缘故。《切韵》韵目回避"革"字及从"革"之字。佳韵第 2 小韵首字及韵目下的反切下字《韵稿》都可能本是"鞋"。

至邺已来,唯见崔子约崔瞻叔姪,李祖仁李蔚兄弟,颇事言词,少为切正。(周祖谟 1966:414)

又云:

古人云膏粱难整,以其为骄奢自足,不能剋励也。吾见王侯外戚语多不正,亦由内染贱保傅,外无良师故耳。梁世有一侯尝对元帝饮谑,自陈"痴钝"乃成"飔段",元帝答之云:"飔异凉风,段非干木"。(周祖谟 1966:426)

这里"钝"duən 讹"段"duan 就是魂韵去声(即慁韵)讹成寒韵去声(即翰韵)合口。这本该是南方民间的讹音,但也感染到了一些贵族的口音。陆爽使寒韵和魂、痕 2 韵一同构成一个同母韵组,脑子里可能装有这一故事。

(三) 同母韵组对太子的意义

陆爽《韵稿》后来经过颜之推、萧该等 8 位名士的审查,呈献给隋太子作为日常参考的韵书。这时同母韵组就有了一种新的意义:太子可以将其作为矫正自己口音的用具。"王侯外戚语多不正",杨氏世代镇守武川,杨忠从北周太祖起义,位至隋国公,杨坚十五岁以父功就任散骑常侍,以后累担重任,并为宣帝外戚。杨坚的长子杨勇则是:

周世,以太祖(杨忠)军功,封博平侯。及高祖(杨坚)辅政,立为世子,拜大将军、左司卫,封长宁郡公。出为洛州总管、东京小冢宰,总统旧齐之地。后征还京师,进位上柱国、大司马,领内史御正,诸禁卫皆属焉。高祖受禅,立为皇太子,军国政事及尚书奏死罪已下,皆令勇参决之。(《隋书》卷四十五,1229 页)

可知,杨勇在隋初已具备了相当丰富的军事和政治经历,他是辅助文帝有所作为的青年太子。但他"内染贱保傅,外无良师",说话当有不少的讹音,因此为他矫正口音,以具备新朝皇太子应有的文化威望,这应该是陆爽为东宫聘任所应负的责任之一。同母韵组也可以为此目的发挥一定的教育作用。当然陆爽作为臣下难以直接对皇太子矫正发音,但如果太子要求的话,他就可以用这些韵组让他具体理解并学会其间微细的语音区别。陆爽"朝廷以其博学,有口辩,陈人至境,常令迎劳"(《隋书》卷五十八,1420 页),他一定掌握了当时的雅音,而太子"勇颇好学,解属词赋"(《隋书》卷四十五,1230 页),他通过和陆爽他们的日常接触,一定很快就学会了正确的雅音,在作诗赋上也能够加以应用了。

(四) 第 3 小韵以后的同母情况

如表一"十"一栏所记,有些韵组不但第 2 小韵同母,而且第 3 小韵以下也同母。现将第 3、第 4 小韵同母的情况录在表二。佳、皆韵组第 5 小韵以下另作表三。表例皆仿表一。

表二:同母韵组第 3、第 4 小韵同母的情况

韵序	韵	第 2	第 3 小韵		第 4 小韵	
13	佳	膍	牌	并	娲	见合
14	皆	谐	排		乖	
15	灰	恢	㟪	影		
16	咍	开	哀			
22	魂	昆	温	影		
23	痕	根	恩			
27	先	前	千	清	牋	精
28	仙	钱	迁		煎	
29	萧	挑	貂	端	迢	定
30	宵	超	朝	知		澄
39	庚	坑	盲	明	横	匣合
40	耕	铿	甍		宏	
上4	纸	是	靡	明三	彼	帮三
上5	旨	视	美		鄙	

只有佳、皆韵组第 6 小韵以下至第 9 小韵也同母,除了第 5 小韵以外,情况见表三。从第 2 至第 4 小韵见表二。第 5 小韵声母不同,当因疏忽而错插在这里,本该在第 10 小韵以下;佳韵没有匣母合口小韵,皆韵有影母合口小

韵"崴",作第 12 小韵。第 6 以下又是同母,直到第 9 小韵为止。

表三:佳、皆韵组第 5 小韵以下同母的情况

韵目	第 5 小韵		第 6 小韵		第 7 小韵		第 8 小韵		第 9 小韵	
佳	蛙	影合	缃	溪合	柴	崇	钗	初	㜇	晓合
皆	怀	匣合	汇		豺		差		虺	

表二、表三中 7 个韵组第 3 小韵以下亦同母的理由难以推定。第 3 小韵以下有些字字义并不好,如"哀""盲""靡""鄙""豺",或有常用又音者即"朝",陆爽似乎并没有让读者把这些字念诵出来的想法。

参考文献

蔡梦麒、夏能权(2014)《〈王韵〉〈广韵〉反切注音比较研究》,北京:商务印书馆。
赖惟勤(1974)《〈切韵〉について》,《宇野哲人先生白寿祝贺记念东洋学论丛》,东京:1299—1318 页;收于赖惟勤(1989)《中国音韵学论集 赖惟勤著作集Ⅰ》,东京:汲古书院,第 207—221 页。
罗常培、周祖谟(2007)《汉魏晋南北朝韵部演变研究》,北京:中华书局。
平山久雄(2009)《论〈广韵〉真、谆分韵的语音条件及分韵后的小韵排列次序》,收于平山久雄(2012)《汉语语音史探索》,北京:北京大学出版社,第 168—189 页。
平山久雄(2014)《陆法言〈切韵〉十卷稿本的假定及其蓝本的探讨》,见《语言学论丛》第五十辑,第 209—236 页,北京:商务印书馆。
平山久雄(2015)《〈切韵〉东韵一等和三等为什么没有分作两韵?》,见《陈新雄教授八秩诞辰纪念论文集》,第 275—283 页,台北:万卷楼图书股份有限公司。
平山久雄(2016)《〈切韵〉本是献给隋太子杨勇说补证》,见《语言学论丛》第五十三辑,第 52—62 页,北京:商务印书馆。
唐作藩(1987)《音韵学教程》,北京:北京大学出版社。
周祖谟(1966)《颜氏家训音辞篇注补》,见《问学集》上册,第 405—433 页,北京:中华书局。
周祖谟(1983)《唐五代韵书集存》,北京:中华书局。
周祖谟(1986)《魏晋南北朝韵部之演变》,台北:东大图书股份有限公司。

引书目录

[汉]许慎著[五代]徐铉校订:《说文解字》,北京:中华书局,1963。
[唐]王仁昫撰:《刊谬补缺切韵》,据周祖谟 1983 年所收照片复制。
[唐]魏征等著:《隋书》,北京:中华书局,1973。
周祖谟校订:《广韵校本》,上海:中华书局,1960。

读《佩文诗韵》

宁忌浮

《佩文诗韵》,清代科举取士的官韵。"有清科目取士承明制,用八股文。"[1]乾隆"二十二年,诏剔旧习,求实效,移经文于二场,罢论、表、判,增五言八句律诗。"[2]《佩文诗韵》从《佩文韵府》剥离下来独立成书,或即在乾隆二十二年,公元1757年。

《佩文诗韵》五卷,分韵一百零六部,与《韵府群玉》《平水韵》相同。唯上声第二十八琰韵,为避仁宗讳,在嘉庆五年(公元1800年)改为俭韵。

《佩文诗韵》的刻本,能见到的有同治刻本、光绪刻本,另有多种清刻本、清抄本。本文用同治刻本。[3]《佩文韵府》用上海书店1983年影印《万有文库》本。

一 韵字的排列

《佩文诗韵》106韵,共有韵字10356个。在一个韵部内,韵字是怎样排列呢?试以下平声六麻韵为例。先考察一下相关韵书的韵字排列。

《平水韵》麻韵有韵字103个,读音完全相同的字,即声母、韵母都相同,排在一起,组成一个小韵。在小韵首字下标注反切,一个小韵一个反切。全韵有31个小韵,31个反切。如:第一小韵2个韵字(注释不录):麻_{莫霞切}蟆。第二小韵1个韵字:车_{尺遮切}。第十三小韵12个韵字:嘉_{古牙切}家加葭笳麚麏猳㹧驾枷珈。

---

[1] 见《清史稿·选举志》。
[2] 同前注。
[3] 本文所用同治刻本《佩文诗韵》是请吉林大学于融博士复制的,向于融博士致谢。

《韵府群玉》麻韵有韵字 88 个,组成 29 个小韵。如:第一小韵 2 个韵字:麻₍莫霞切₎蟆。第二小韵 1 个韵字:车₍尺遮切₎。第十三小韵 12 个韵字:嘉₍古牙切₎家加葭笳豭麚豭痂驾枷珈。与《平水韵》相同。

《广韵》麻韵有韵字 258 个,组成 39 个小韵。如:第一小韵 8 个韵字:麻₍莫霞切₎摩……。

第二小韵 2 个韵字:车₍尺遮切₎砗。第十三小韵 26 个韵字:嘉₍古牙切₎家……

《集韵》麻韵有韵字 584 个,组成 43 个小韵。如:第一小韵 15 韵字:麻₍谟加切₎蔴……。

第二小韵 15 韵字:葩₍披巴切₎杷……。第二十八小韵 46 韵字:嘉₍居牙切₎加……

现在回过头来看《佩文诗韵》,麻韵有 167 个韵字,有多少个小韵呢?没有小韵!有多少个反切呢?167 个!一个字一个反切!读音完全相同的字不排在一起。请看排在全韵前面的 15 个字及其反切:

　　1、麻 莫霞切,2、花 呼瓜切,3、霞 胡加切,4、家 古牙切,5、茶 宅加切,6、华 户花切,7、沙 所加切,8、车 尺遮切,9、牙 五加切,10、蛇 食遮切,11、瓜 胡华切,12、斜 似嗟切,13、邪 以遮切,14、芽 五加切,15、嘉、古牙切。

第 4 字和第 15 字同是古牙切,全韵读古牙切的韵字有 17 个,其他 15 字,分别排在第 30、34、41、42、44、50、63、73、80、85、90、92、98、124、133。读莫霞切的韵字有 5 个,分别排在第 1、36、109、145、146。

韵书可以说是同韵、同音字典,韵字→小韵→韵部,是韵字编排的基本格式,《切韵》系韵书如此,非《切韵》系韵书也如此。

可是《佩文诗韵》却没有小韵,韵字直接进入韵部:韵字→韵部。如此编排,效果如何?杂乱无章。

二　反切问题

《佩文诗韵》的反切,基本上沿用《平水韵》以及《广韵》的反切,少数用

《韵会》以及《集韵》的反切。仍以麻韵为例。167个反切,合并相同的则只有45个。与《平水韵》相同的31个(150字),增自《广韵》5个(8字),增自《韵会》6个(6字),增自《唐书音义》1个(1字),错误反切2个(2字)。《平水韵》与《广韵》合计36个(158字),占反切总数的80%、韵字总数的94%。

抄录《平水韵》《广韵》《韵会》反切,本是轻而易举之事,可是《佩文诗韵》的反切错误却很不少。例如:

1. 冬韵第60字:賨 藏中切,《广韵》戎税也,《说文》南蛮赋也。

反切下字误,"中",东韵字,当改为"宗"。《广韵》冬韵:"賨 戎税,《说文》曰南蛮赋也,藏宗切。"

2. 冬韵第94字:跫 虚空切,《韵会》人行声,《庄子》闻人足音跫然而喜。又江韵。

反切下字误,"空",东韵字,当作"容"。《韵会》冬韵虚容切小韵第6字:"跫 人行声,《庄子》闻人足音跫然而喜。"

3. 四支韵第9字:奇 居宜切,《说文》异也,又诡也,又姓,《后魏书》奇斤氏改为奇氏。

反切与第153字重。第153字:"奇 居宜切,亦作踦,不偶也,只也,又亏也。"第9字的反切当改为"渠羁切"。《平水韵》支韵:"奇 异也,渠羁切"。《广韵》支韵:"奇 异也,《说文》作奇,又虏复姓,《后魏书》奇斤氏后改为奇氏。渠羁切,又居宜切。"

4. 四支韵第184字:蜊 立依切,蛤蜊也。

反切下字误。"依",微韵字,当作"脂"。《广韵》脂韵力脂切小韵第5字:"蜊,蛤蜊。"

5. 四支韵第265字:吚 牛肌切,《说文》唸吚也,亦作屎。

反切误。当为"馨夷切"。《韵府群玉》:"吚 馨夷切 唸吚,呻也。亦作屎。"《集韵》脂韵馨夷切小韵第5字:"吚 《说文》唸吚,呻也。或作屎。"

6. 支韵第309字:桵 文佳切,《说文》木名。

反切上字误,当为"儒"。《集韵》脂韵儒佳切小韵第6字:"桵,木名,《说文》白桵。"

7. 支韵第342字:秠 符悲切,《广韵》黑黍,一稃二米。又纸韵。

反切上字误,当为"敷"。《广韵》脂韵敷悲切小韵第 4 字:"秠,黑黍,一稃二米。又匹几切。"

8. 齐韵第 86 字:齎 相稽切,持也,付也,遗也,送也。

反切上字误,当为"祖"。《平水韵》:"齎,持也,付也,遗也,装也,送也。祖稽切。"

9. 齐韵第 123 字:剬 匹支切,剬斫。又第 132 字:錍 匹支切,錍斧,又方支切。

反切下字乃支韵字,当改为"迷"字。《广韵》匹迷切小韵第 3 字:"剬,剬斫",第 5 字:"錍,錍斧,又方支切。"

10. 佳韵第 53 字:褢 乙皆切,《埤苍》不平也。

反切误,当改为"户乖切"。《广韵》皆韵户乖切小韵第 7 字:"褢,崴褢,不平皃。"

11. 灰韵第 81 字:鮐 上来切,鱼名,通作台。

反切上字误,当为"土"。《广韵》咍韵土来切小韵第 3 字:"鮐,鱼名。"

12. 文韵第 39 字:慇 於巾切,《韵会》忧也,又评也,又哀也。

反切下字误,当为"斤"。《集韵》欣韵於斤切小韵第 8 字:"慇,忧也。"此处引《韵会》反切不妥,《韵会》真与文欣通,立巾字母韵。

13. 元韵第 106 字:鶤 礼昆切,《韵会》西方雉也。

反切上字误,当为"祖"。《韵会》上平声十三元,祖昆切小韵第 3 字:"鶤,西方雉也。"

14. 元韵第 109 字:掄 力远切,择也,贯也,又真韵。

反切与真韵第 149 字重。第 149 字:"掄 力远切,择也,又元韵。"当改为"卢昆切。"《广韵》魂韵卢昆切小韵第 3 字:"掄《说文》择也,一曰贯也。"

15. 删韵第 51 字:矙 户矙切,人目多白,又姓。

反切下字竟然用本字,当改为"閒"。《广韵》山韵户閒切小韵第 6 字:"矙人目多白,又姓,《史记》济南矙氏。"

16. 麻韵第 94 字:椏 于加切,江东言树枝为椏杈。

反切上字误,当为"於"。《广韵》麻韵於加切小韵第 5 字:"椏《方言》云江东言树枝为椏杈也。"

17. 麻韵第 150 字:敿 仍加切,以指按也。

反切上字误,当为"侧"。《广韵》麻韵侧加切小韵第 4 字:"敿 以指按也。"

18. 尤韵第 125 字:裯 以由切,禅被也。

反切上字误,当为"直"。《平水韵》尤韵俦小韵直由切第 3 字:"裯 禅被。"

19. 侵韵第 70 字:湛 真深切,又覃蒹韵。(无释义。与《佩文韵府》同。但《佩文韵府》增〔韵藻〕:"浮湛"。)

反切上字误,当为"直"。《广韵》侵韵沈小韵直深切第 7 字:"湛《汉书》曰且从俗,浮湛,又徒减切。"

20. 篠韵第 12 字:绍 而沼切,继也,又姓。

反切上字误,当为"市"。《平水韵》篠韵:"绍,继也,市沼切。"《广韵》小韵:"绍,继也,又姓,出《何氏姓苑》,市沼切。"《佩文韵府》不误。《佩文诗韵》"绍"字前头第 8、9、10、11 字,均是"而沼切",或许是顺延致误。

21. 梗韵第 44 字:靓 疾政切,装也。

反切下字"政"乃去声敬韵字。《平水韵》敬韵疾政切第 4 字:"靓,装饰也。"《广韵》劲韵疾政切小韵第 5 字:"靓 装饰也,古奉朝请亦作此字。"《佩文诗韵》误将去声敬韵字"靓,疾政切"收入上声梗韵。《佩文韵府》亦误。

22. 队韵第 36 字:肺 方废切,金藏。又第 71 字:柿 方废切,斫木札也。

反切上字与第 17 字:"废 方肺切,止也,大也"重,当作"芳"。《广韵》亦作方废切。《平水韵》改为芳废切,与《王仁昫刊谬补缺切韵》同,当据正。

23. 队韵第 39 字:慨、第 40 字:忾、第 41 字:嘅、第 58 字:铠、第 64 字:欬,均为苦盖切。

《广韵》同。反切下字"盖"乃泰韵字,当改为"爱"。《王仁昫刊谬补缺切韵》苦爱反,当从。

24. 漾韵第 97 字:瀁 鱼亮切,水溢荡貌,又养韵。

反切上字误,当为"馀"。《平水韵》馀亮切。《广韵》漾韵馀亮切小韵第 8 字:"瀁,水溢荡貌。"

25. 质韵第 99 字:桎 丁结切,刈禾声。

反切下字乃屑韵字。查《广韵》质韵:"窒 窒塞也,陟栗切,又丁结切,十二。"其第 5 字:"桎,刈禾声。""丁结切"当改为"陟栗切"。《佩文韵府》误将"又丁结切"抄成"桎"字的反切。

26. 药韵第 30 字:凿 在各切,鏨也,《说文》穿木也。

与第 129 字:"凿 在各切,鏨也,《古史考》孟庄子作。又则落切,又凿镂花叶"重。

查《广韵》铎韵在各切小韵第 6 字:"凿,鏨也,《古史考》曰孟庄子作。"铎韵则落切小韵第 5 字:"凿《诗》曰白石凿凿。"《韵会》药韵即各切第 3 字:"凿鲜明貌,《诗》:白石凿凿。"疾各切第 7 字:"凿《说文》穿木也,糳省声。《广韵》鏨也,《古史考》曰孟庄子作。"

《佩文韵府》抄漏了则落切小韵的凿字。或可校改如下:

第 30 字:凿 在各切,鏨也,《说文》穿木也,《古史考》孟庄子作。

第 129 字:凿 则落切,鲜明貌,《诗》:白石凿凿。

27. 药韵第 82 字:郝 火酷切,姓也,殷帝乙时有子期封太原郝乡,后因氏焉。

反切下字乃沃韵字。反切当改为"呵各切"。查《广韵》铎韵:"膗 羹膗,呵各切,又火酷切。十一。"其第 7 字:"郝,姓也,殷帝乙时有子期封太原郝乡,后因氏焉。"《佩文韵府》误将"又火酷切"抄成"郝"字的反切。

28. 陌韵第 4 字:白 亿伯切,西方色,又告也,语也,亦姓。

反切上字误,当为"傍"。《广韵》陌韵:"白 西方色,又告也,语也,亦姓秦帅白乙丙。傍伯切。"

29. 陌韵第 91 字:奭 施职切,盛也,又惊视貌。古文作䛘。

反切下字乃职韵字,当据《广韵》改作"只"。查《广韵》昔韵施只切小韵第 5 字:"奭 盛也,又惊视貌,又邵公名。《说文》作䛘。"

30. 陌韵第 114 字:啧 蒲格切,嘈啧,叫也,又职革切,大呼声。

反切错误,当据《广韵》改作"士革切"。查《广韵》麦韵士革切小韵第 7 字:"啧 嘈啧,叫也。"

31. 陌韵第 143 字:柞 初格切。

无注释。《佩文韵府》同,但有[韵藻]"芟柞",《诗》:载芟载柞,其耕泽泽。

反切上字误,当改为"侧"。《集韵》陌韵侧格切小韵第 16 字:"柞 除艹曰芟,除木曰柞。"《韵会》陌韵侧格切小韵第 4 字:"柞,除木也。除草曰芟,除木曰柞,《诗》:载芟载柞。"

32. 缉韵第 24 字:蛰 直力切,蛰虫,又藏也。

反切下字乃职韵字,当为"立"。《广韵》缉韵:"蛰 蛰虫,又藏也,直立切。"

33. 缉韵第 43 字:楫 以入切,坚木名。

反切上字误,当为"似"。《广韵》缉韵似入切小韵第 7 字:"楫,坚木名。"

三 《佩文诗韵》与《佩文韵府》

《佩文韵府》是对韵书《韵府群玉》《五车韵瑞》所收韵藻的增补、扩充。康熙皇帝《御制佩文韵府序》批评这两部韵书"简而不详,略而不备,且引据多误。"于是,召集内直翰林诸臣七十一人,在《韵府群玉》所据韵书基础上,"博稽众籍",并"亲加考订"。广泛收集韵藻,在每个韵藻下"博稽众籍",尽量引据历代文献。工程浩大,七年又四个月,大功告成。一百零六卷,一万八千余页。

广收韵藻的情形如何呢?试举二例:

第一例:上平声三江韵共有韵字 49 个,请看第一字"江"所收韵藻数目。《韵府群玉》《五车韵瑞》共收 37 个,《佩文韵府》增补 198 个,两项合计 235 个。

第二例:下平声六麻韵,共有韵字 167 个。《韵府群玉》《五车韵瑞》共收韵藻 672 个,《佩文韵府》增补 4650 个,两项合计 5322 个。

关于"博稽众籍",试举二例:

第一例:江韵江字下第一个韵藻:"三江"。先看《韵府群玉》的注释:

钱塘、扬子、松江;一云松江、钱塘、浦阳;一云在苏州。

共 19 字。《佩文韵府》"三江"下共有 340 字。不便全文抄录，只列出所引文献名称、作者，以及相关人氏名字：

《书·禹贡》孔颖达疏、《吴地记》、庾仲初《扬都赋》注、郦道元《水经注》、《史记》司马贞索隐、《吴越春秋》、《周礼·职方》贾公彦疏、《国语》、《汉书·沟洫志》、《管子》、《荀子》、《淮南子》、《李峤诗》、《孟浩然诗》以及孔安国、颜师古、王安石、郭璞、归有光。

第二例：上平声真韵"真"字的韵藻："天真"。《韵府群玉》注释 14 字：

十围便腹贮天真坡嗜酒见天真杜

《佩文韵府》124 字：

《隋书·经籍志》：天尊之开劫也，乃命天真皇人改啭天音而辨析之。自天真以下至于诸仙，展转节级以次相授。诸仙得之始授世人。《琴操》：伏羲作琴终身，理性反其天真也。李白诗：化心养精魄，隐几宵天真。杜甫《促织》诗：哀丝与急管，感激异天真。又《寄李白诗》：剧谈怜野逸，嗜酒见天真。苏轼诗：狂客思归便归去，更求勒赐枉天真。

韵藻数量的极大扩充，"众籍"的大势引据，将韵书变成了大词典。韵藻是什么？

用现代术语指称，韵藻就是复音词！《佩文韵府》就是复音词大词典。它与《辞源》性质相同，差别只在编纂方式有别。《辞源》取复音词首字，按部首笔画依次编排；《佩文韵府》取尾字，按韵部小韵编排。《辞源》恪守笔画次序，词序有条不紊；《佩文韵府》扬弃小韵，韵字、韵藻杂乱无章。

《佩文韵府》为什么扬弃小韵？请看上面所引的麻韵开头的 15 个韵字，现将每个字下所收韵藻数目开列如下：

麻 149、花 898、霞 222、家 418、茶 210、华 275、沙 303、车 154、牙 159、蛇 177、瓜 125、斜 143、邪 126、芽 122、嘉 110

这 15 字所收韵藻数目都是三位数的,它们合计竟占全韵所收的 67.47%。第 16—50 字所收韵藻数目是两位数,第 51—148 字所收是一位数以及零,第 149—166 字韵藻数是零。《佩文韵府》按韵藻数目,从多到少排列韵字。如此排列韵字,旨在突显韵藻。突显韵藻,必须挣脱小韵的束缚。拆散小韵,原本同音的韵字必然星散。

《佩文韵府》的主编是谁？王掞、王顼龄《韵府拾遗序》称："虽诸臣众手合作之书,实我皇上一心裁定之书也。"康熙皇帝全心关注的是"博稽众籍",是韵藻。至于用以承载韵藻的韵书,他除了拆散小韵,其他,如反切、注释中的错误,则不闻不问。乾隆二十二年,科举考试增加律诗。选什么韵书作为考试韵书呢？乾隆皇帝将康熙皇帝用以承载韵藻的韵书,从《佩文韵府》上剥离下来,名之曰《佩文诗韵》。并宣称："皇祖钦定佩文诗韵,颁示中外。"①

四　结束语

韵部统领小韵,小韵统领韵字,是韵书的基本体例。宋金时期,等韵学有了长足的进步。金人开始用等韵学理论、方法编纂韵书,用三十六字母排列小韵。韵书编纂走上科学之路。《佩文诗韵》打乱小韵,韵字杂陈,对韵书编纂史而言,是大倒退。嘉庆间,当过礼部尚书的周兆基作《佩文诗韵释要》,不但无小韵,更无反切！《佩文诗韵》又倒退一步。

《佩文诗韵》是官韵。官韵是国家的科举法律,文字必须精确。可是,《佩文诗韵》连反切都有那么多错误。与历史上的官韵相比,它没有《礼部韵略》的庄重、严肃与严谨。

乾隆皇帝为什么选《佩文诗韵》为官韵？与他对韵书的看法或许有关。他在《音韵述微御制序》说："从来韵书主音,字书主义,二者不能兼赅。而审

---

① 乾隆《音韵述微御制序》。

音与分韵又歧而为两。夫轻重清浊,音也;平上去入,韵也。韵显而易明,音微而难察。诗赋家所用惟韵,而不必审音。至诗余词曲,则兼辩音,而于平上去,韵转得通用。此唐宋及今音韵之大略也。"

"诗赋家所用惟韵,而不必审音"。这句话昭示:赋诗,知平仄,不出韵就行。韵书,分四声,一百零六韵疆界清楚即可。可惜,《佩文诗韵》将去声敬韵"靓,疾政切"编入上声梗韵,扰乱了韵部的疆界。

引书目录

[宋]陈彭年等撰:《钜宋广韵》,上海:上海古籍出版社,1983。
[金]王文郁编:《新刊韵略》(即《平水韵》),元大德十年刊本。
[元]熊忠撰:《古今韵会举要》,北京:中华书局,2000。
[元]阴劲弦、阴复春编:《韵府群玉》,四库类书丛刊本。
周兆基:《佩文诗韵释要》,上海:上海古籍出版社,1982。

玄奘译音夹注"旧曰……,讹也"考[*]
——读《大唐西域记校注》札记(提要)

刘广和

玄奘的《大唐西域记》用汉字给一批梵语词做了音译,留下了宝贵的梵汉对音资料。行文当中,他还对唐以前的汉语相关旧译提出批评,比方说,"信度河,旧曰辛头河,讹也","旧曰"指唐以前旧有汉译,"讹也"是说错了;"伽他……旧曰偈,梵文略也","略也"是说梵词的音没译全,有省略。

旧译有省略的,比方说,梵文 gāthā(句、颂)对译偈字(《经典释文》巨谒反,群月),偈对 gāth,省略尾音 ā。这对通过梵汉对音研究汉语古代声母、韵母没有妨害。

旧译要是真像奘公说的那样,有一批是对错了音,这可不是小问题,假定不做甄别,用了包含错误的资料,咱们的梵汉对音研究基础就不牢靠了。季羡林先生早先说过:"玄奘……说这个是'讹也',那个是'讹也',都不见得是'讹也'。"可是,咱们没见着季先生在《大唐西域记校注》对相关具体材料的详细讨论。

咱们分析了奘公在《大唐西域记》判断成"讹也"的绝大部分译音条目,发现除了很少一部分暂时得存疑,大多数并非"讹也"。需要存疑的,比方说洲名 godanīya,奘公对瞿陀尼,瞿对 go,陀(=陀)对 da,尼对 nī。他说旧译"又曰劬伽尼,讹也",劬(其俱切,群虞)跟瞿同音,伽字该对 ga、gā,眼下找不着 gadanīya 在俗语当中读成 goganīya 的证据,也不能断定汉译瞿陀尼跟劬伽尼是不是给同一个梵词对的音,咱们只能存疑。

---

[*] 祝贺唐作藩先生九十华诞。本提要 2016 年曾在"第十届汉文佛典语言学国际学术研讨会"做过大会报告。

为了行文简便，凡是奘公夹注"旧曰某某，讹也"的，本文一律简称为"旧译"。

一、旧译对了梵语的俗语音。①奘公拿（西）瞿陀尼（洲）对 godānīya，瞿（其俱切，群虞）对 go，陀（徒何切，定歌）对 dā，尼（女夷切，娘脂）对 nī。旧译瞿耶尼，巴利文是 goyānīya，旧译用耶（以遮切，喻麻）对 yā，是对了巴利式的俗语音，旧译对音没有错误。②奘公拿邬陀衍那对译国王名 udayana，邬（哀都切，影模）对 u，陀对 da，衍（以浅切，喻狝）对 yan，那对 na。旧译优填王，udayana 的巴利文音是 udena，唐以前普遍用尤侯韵字韵母对 u 音，优（於求切，影尤）对 u，填（徒年切，定先）对 den 是合适的相似描写，旧译对了俗语音，并非音值描写错误。

二、旧译应当是反映了梵语的连音变读（sandhi），特别是两个元音中间儿的清辅音容易浊化。①奘公以劫比罗伐窣堵对译国名 kapilavastu，劫（居怯切，见业）对 kap，比（卑履切，帮旨）对 pi，罗（鲁何切，来歌）对 la，伐（房越切，奉月）对 vas，窣（苏骨切，心没）对 s，堵（当古切，端姥）对 tu。旧译迦毗罗卫国，迦（古牙切，见麻）对 ka，毗（房脂切，並脂）对 pi 辅音浊化＞bi，罗对 la，卫（于岁切，于祭）对 vas，梵语末音 tu 省略，旧译的音值描写不错。②一个树林子名叫 jeta，奘公对译逝多，逝（时制切，禅祭）对 je，多（得何切，端歌）对 ta。旧译祇陀，祇（《经典释文》有上支反一读，禅支）可以对 je，陁是陀的异体字，对 ta 辅音浊化＞da，不讹。

三、旧译跟唐译分别对了不同的梵音。①奘公译的洲名东毗提诃，对的梵文是 pūrvavideha，东字是 pūrva 的义译，毗该对 bi，反映他读 v 为 b，这种现象在唐以前的汉译佛典里就有；提（杜奚切，定齐）对 de，诃（虎何切，晓歌）对 ha。旧译弗婆提，把奘公义译为东的 pūrva 音译了，弗（分勿切，非物）对 pur 正反映古无轻唇音，婆（薄波切，並戈）对 va，是旧译作者读 va 为 ba，提对 videha 里的 de，省略了 vi、ha，旧译对音没有讹误，只有省略。另一种旧译是弗于逮，弗对 pur，于（羽俱切，中古音于母虞韵，上古音匣母鱼部）对 va，这位译师没有读 v 为 b，逮（特计切，定霁）对 de，也省略了 vi、ha，没给它们对音。②奘公译的另一个洲名北拘卢，对的梵文是 uttarakuru，北字是 uttara 的义译，拘（举朱切，见虞）对 ku，卢（落胡切，来模）对 ru。旧译郁单越应当对译了

uttarāvat,uttara 有北、上、胜的意思,uttarāvat 也是上边儿、优胜的意思,郁(纡物切,影物)对 ut,单字(都寒切、端寒)对 tar,是阳入对转,越(王伐切,于月)对 vat,这个旧译除了省略 ā 音,没有讹误。

四、旧译对梵音有省略,让奘公说成"讹也"。①论师名叫 dharmatrāta,意思是法救,奘公译成达磨呾逻多,达(唐割切,定曷)对 dhar,磨(莫婆切,明戈)对 ma,呾(当割切,端曷)对 t,逻(《集韵》良何切,来歌)对 rā,多字对 ta。旧译达磨多罗,达磨对 dharma 跟奘公一致,不同的是多字对 t,罗字对 rā,省略了末尾的 ta 音,旧译每个汉字的对音都没有讹误。②人名 aṅgulimāla,奘公译音鸯寠利摩罗,鸯(於良切,影阳)对 aṅ[aŋ],寠(其矩切,群麌)对 gu,利(力至切,来至)对 li,摩(莫婆切,明戈)对 mā,罗对 la。旧译央掘摩罗,央鸯同音,掘(衢物切,群物)对 gul,摩罗二字跟奘公用的相同,唯一不同的是旧译省略了一个 i 音,每个汉字的对音都没有讹误。

唐以前,越是早期的译音越爱省略,比方说佛陀的弟子 kaśyapa 对译迦叶,迦对 ka,叶对 śyap,省略词末元音 a;弟子 ānanda 对译阿难,阿对 ā,难对 nan,省略 da。

五、唐译跟旧译只是对同一个梵词做了不同的切分对音。①经律论的律梵名是 vinaya,奘公对译毗奈耶,毗对 vi=bi,佛教梵语里有很多把 v 念成 b 的例子,梵汉对音里一抓一大把,奈(奴带切,泥泰)对 nay,耶对 ya,他把 y 音用了两次。旧译对译毗那耶,毗对 bi,那对 na,耶对 ya,切分不同,可是每个汉字的声韵对音都不"讹也"。②有一种鬼神的名字叫 yakṣa,奘公对药叉,药(以灼切,以药)对 yak,叉(初牙切,初麻)对 kṣa,把 k 音用了两次。旧译夜叉,夜(羊谢切,以祃)对 ya,叉对 kṣa,汉字的声韵对音都不错。

六、旧译对了唐以前的汉语古音,新旧译的不同正反映了汉语的音变。①河名 sindhu,奘公对信度,信(息晋切,心震)对 sin,度(徒故切,定暮)对 dhu。旧译对辛头,辛(息邻切,心真)对 sin,头(度侯切,定侯)对 dhu。佛的儿子 rāhula,奘公译成罗怙罗,前罗字对 rā,后罗对 la,怙(侯古切,匣姥)对 hu。旧译对罗睺罗,睺(户钩切,匣侯)对 hu。关键的地方是对韵母 u 的用字,无论对 dhu 还是对 hu,旧译用侯韵系字,唐译用模韵系字。

两晋南北朝译经师给四十九根本字对音,元音 u、ū 对尤侯韵系字,o 对模韵系字;唐朝译经师,u、ū 对模韵系字,o 也对模韵系字。

表一: u、ū、o 对音情况表

	u	ū	o
法显《大般泥洹经字母品》	短忧	长忧	乌
昙无谶《大般涅槃经如来性品》	郁	优	乌
慧严《大般涅槃经文字品》	短忧	长忧	乌
僧伽婆罗《文殊师利问经字母品》	忧	长忧	乌
玄应《音义大般涅槃经文字品》	坞 乌古反	乌	污
地婆诃罗《方广大庄严经示书品》	乌 上声	乌	乌
善无畏《大毗卢遮那成佛神变加持经百字成就持诵品》	坞	乌	污
不空《文殊问经字母品》	坞 上	污 引去	污
慧琳《一切经音义大般涅槃经辨文字功德及出生次第篇》	坞 乌古反	污 坞固反,引声,牙关不开。	污 袄固反,大开牙。

东晋法显、北凉昙无谶、刘宋慧严、萧梁僧伽婆罗译经,基本用尤韵影组忧字对梵文 u 音,昙无谶用入声屋韵影组郁字对 u 是强调 uk 里 u 音的短促;他们一致用模韵影组乌字对 o,证明汉语模韵韵母念 o 音。到了唐朝,一改两晋南北朝的用字,对梵文 u 音各位译经师都换成模韵系上声坞字或者乌 上声,对长音 ū 用平声污或者污 去、污 坞固反,证明唐朝的模韵系元音已经由两晋南北朝的 o 转变为 u。至于唐朝对梵音 o 也用模韵污字或者乌字,那很好解释,当时汉语找不着韵母念 o 的,没法子,只好拿模韵音近代替。慧琳的译音字加的小注说"ū,坞固反……牙关不开"、"o,袄固反,大开牙",清清楚楚地告诉咱们,o 跟 u 有区别,o 比 u 开口度大,现在习惯的说法是论舌位,u 是后高,o 是后半高。② 河名 gaṅgā,奘公对音殑 巨胜反 伽、巨、群纽+胜、蒸或证韵对 gaṅ、伽(求迦切,群戈或群麻)对 gā。旧译对恒伽,恒(胡登切,匣登)对 gaṅ,匣纽唐朝的时候已经跟晓纽混并,都读 h[x]音,奘公自然瞅着旧译别扭,可是唐以前匣纽开口对 g 不光是恒字声母对 g,还有阿含对译 āgama,含(胡南切,匣覃)对 gam,含字声母也对 g。匣纽开口一些字由两晋南北朝到唐,声母经历了由浊音 g[g]>清音 h[x]的演变。旧译没有错 儿。

七、旧译用了某个汉字的又音异读。① 一位佛弟子名叫 cunda,奘公译音准陁,准(之尹切,章准)对 cun,陁是陀的异体字(徒何切,定歌)对 da。旧译纯陁,纯字多音(《王三》常伦反,禅真;又之尹反,章准,与准同音),既然纯有跟准字同音一读,纯对 cun 就不该算"讹也"。②一位大医生名叫 jīvaka,奘公对音时缚迦,时(市之切,禅之)对 jī,缚(符卧切,奉过;又符钁切,奉药)用前一个读音能对 va,用后一个读音能对 vak,迦对 ka。旧译对耆婆,耆(《经典释文》巨夷反,群之;又市志反,禅志)后一个读音对 jī 合适。婆(薄波切,並戈)应该对 ba,在这儿是译经师读 va 为 ba,末尾的 ka 省略了,每个汉字的对音都没错误。佛教梵语里头经常见着 b、v 混乱的现象,有时候读 v 为 v,有时候读 b 为 v,唐以前有,唐朝也有,包括经常批评别人对音"讹也"的玄奘法师,有时候也读 v 为 b,比方说,最常见的天神这个词,梵音是 deva,奘公对译提婆,婆对 ba,是念 va 为 ba。奘公把 mahādeva 译成摩诃提婆,devadatta 译成提婆达多,devasena 译成提婆犀那,《西域记》里能找出一大堆类似的例子。

这一部分反映奘公似乎不了解某些旧译对音字的又读音。

八、旧译跟唐译对音汉字声母韵母完全一致。①佛的一个弟子叫 śāriputra,奘公对译舍利子,舍(书冶切,书马)对 śā,利(力至切,来至)对 ri,(儿)子义译 putra。旧译舍梨子,梨(力脂切,来脂)对 ri。旧译梨和唐译利声母、韵母相同,只有声调不一致,对我们研究声韵系统来说,旧译不讹。②印度把水瓶、澡瓶子叫 kuṇḍika,奘公对译捃稚迦,捃(君运切,见问)对 kuṇ,稚(直利切,澄至)对 ḍi,迦对 ka。他说:"旧曰军持,讹略也。"旧译军(举云切,见文)对 kuṇ,持(直之切,澄之)对 ḍi,省略了 ka 没有对音,可以说旧译"略也",在唐朝脂、支、之三个韵系混并的情况下,旧译用字跟新译用字声母、韵母相同,只有声调不同,对研究声韵来说,旧译不讹。

悉昙学与《成均图》
——章太炎的古韵学探源

尉迟治平

　　章太炎的《成均图》是二十世纪汉语古韵学的重要文献,但是前人的解读多有误解,本文指出《成均图》的结构和内容都受到悉昙学的影响,只有从这个角度,才能正确理解章太炎的古韵学思想。

　　章太炎分古韵为二十三部,《国故论衡》上卷《成均图》卷首有"韵目表"如下:

韵目表

```
寒 ————————  ⎱ 歌
              ⎰ 泰
谆 ————————  ⎱ 队
              ⎰ 脂
真 ————————     至
青 ————————     支
阳 ————————     鱼
东 ————————     侯
侵 ————————  ⎱
    缉 ————  ⎰  幽
冬 ————————  ⎱
蒸 ————————  ⎰  之
谈 ————————  ⎱
    盍 ————  ⎰  宵
```

这是一个二维结构表,竖(本文为横)轴为阴阳,上(本文为左)为阳声韵十二部,下(右)为阴声韵十一部;横(竖)轴为部类,二十三部按阴阳对转关系分为九类。第五"鱼阳"类居中称为"轴",将其余八类分割开,左(上)四类与右(下)四类性质不同:入声五部,左(上)半"泰""队""至"属阴声韵,右(下)半"缉""盍"属阳声韵;第一类"寒"与"歌""泰"对转,第二类"谆"与"队""脂"对转,这两类一个阳声韵与两个阴声韵对转,用弧线连接;第七类"幽"与"侵""缉""冬"对转,第九类"宵"与"谈""盍"对转,这两类是一个阴声韵与两个或三个阳声韵对转,用方角线连接。现代排印本或将弧线与方角混为直线,显然没能体察章太炎的苦心和深意。

"韵目表"分为左上、左下、右上、右下,加上中轴再分中上、中下,共有六列。"成均图"也分为六列,与"韵目表"有着严整的对应关系。

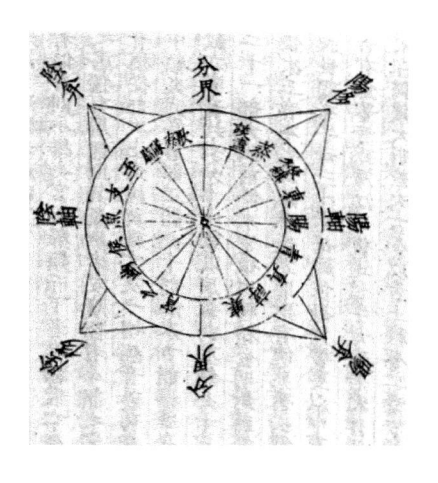

成均图

"成均图"是一个圆图,圆中横竖各有一条直径为界,竖者称"分界",横者称"轴"。"分界"分割阴阳,左半圆为阴,与"韵目表"下列对应;右半圆为阳,与"韵目表"上列对应。横"轴"即"韵目表"居中的"鱼阳"类,"轴"线中分,左称"阴轴",右称"阳轴",分别与"韵目表"的中下、中上两列对应。"轴"将阴、阳再各分"弇""侈",左"阴轴"上弇下侈,对应于"韵目表"上列是右弇左侈,顺序相同;右"阳轴"上侈下弇,对应于"韵目表"下列仍是右弇左侈,顺序相反。"分界"和"轴"切分圆成四个扇形,称为"列",左上列为"阴弇",与"韵目表"的右下列对应;左下列为"阴侈",与"韵目表"的左下列对应;右上列为"阳侈",与"韵目表"的左上列对应;右下列为"阳弇",与"韵目表"的右上列对应。"阴弇""阴侈""阳弇""阳侈"加上"阴轴""阳轴"共六列,前四列各置古韵四类,"阴弇"为第一类"歌泰"、第二类"队脂"、第三类"至"、第四类"支"等共六部;"阳侈"为第六类"东"、第七类"侵缉冬"、第八类"蒸"、第九类"谈盍"等共七部;"阴侈"为第六类"侯"、第七类"幽"、第八类"之"、第九类"宵"等共四部;"阳弇"为第一类"寒"、第二类"谆"、第三类"真"、第四类"青"等共四部;"阴轴"为第五类"鱼"部,"阳轴"为第五类"阳"部。左上列"阴弇"与右下列"阳弇"为对角扇形,对应的古韵四类各有直径相连,与"韵目表"右四类阴阳连线对应;右上列"阳侈"与左下列"阴侈"为对角扇形,对应的古韵四类也有直径相连,与"韵目表"后四类阴阳连线对应;"阴轴"左端"鱼"部与"阳轴"右端"阳"有"轴"线相连,与"韵目表"第五类轴线对应;再加上"分界",十条直径犹如车辐,凑聚而辐射。

通过以上分析我们可以看出,"韵目表"是二维表结构,"成均图"是由"阴""阳""弇""侈""轴"交错而成的多维网状结构,二者各个元素一一对应,"韵目表"只能平放着看,"成均图"却可以旋转至任一角度观察。章太炎殚精竭虑设计"成均图"的复杂结构,是为了更好地展示他的古韵系统。所谓"系统",指的是事物的分类和关系,"韵目表"和"成均图"的古韵分类都是九类二十三部,但在表现古韵关系上功能不同。

孔广森《诗声类》明确提出"阴阳对转"作为分析古韵关系的理论,章太炎给予了高度评价:"发明双转,孔氏为胜",但也认为孔广森的理论多有不足。他在《国故论衡·成均图》一文中说:

> 夫惟当轴处中,故兼槛弇侈之声,与之交捷。其弇侈者为轴所隔,则交捷之涂绝矣。孔氏所表,以审对转则优,以审旁转则戆。"辰""阳"鳞次,"脂""鱼"栉比,由不知有轴音,故使经界华离,首尾横决,其失一也。"缉""盍"二部,虽与"侵""谈"有别,然交广人呼之,同是撮唇,不得以入声相格。孔氏以"缉""盍"为阴声,其失二也。对转之理,有二阴声

同对一阳声者,有三阳声同对一阴声者,复有假道旁转以得对转者。(此所谓"次对转",若"东"亦与"幽"对转,是假道于"冬""侵"也。"至"亦与"青"对转,是假道于"支"也。"支""脂"亦与"寒"对转,是假道于"歌""泰"也。"之"亦与"冬""侵""缉"对转,是假道于"幽"也。)非若人之处室,妃匹相当而已。孔氏所表,欲以十八部相对,依敷不踦,有若鱼贯,"真""谆"二部,势不得不合为一。拘守一理,遂令部由掍殽,其失三也。今为图则正之,命曰《成均图》。

可见"成均图"是为纠正孔广森对转理论之失而作。下面是孔广森《诗声类》卷一所列韵目表,括号内是章太炎的部目:

原(寒)类阳声第一　　歌类阴声第十
丁(青)类第二(辰通用)　　支类第十一(脂通用)
辰(谆)类第三　　脂类第十二
阳类第四　　鱼类第十三
东类第五　　侯类第十四
冬类第六(缦蒸通用)　　幽类第十五(宵之通用)
缦(侵)类第七　　宵类第十六
蒸类第八　　之类第十七
谈类第九　　合(盍)类第十八

前面那段文字就是将这份韵目表与"成均图"进行比较,,指摘孔广森的对转理论有三点阙失。第一点是说孔广森只知"对转"不知"旁转",这个认识是基于对弇声的分析。章太炎的韵目表"鱼阳"类"处中"为轴声,右(上)为弇声,左(下)为侈声,轴声前后"交捷"弇、侈可以分别旁转,"阴弇""阳弇""阴侈""阳侈"各有四类,邻韵可以旁转,但弇、侈被轴隔断"交捷之涂绝",弇、侈之间不能旁转;孔广森的韵目表弇—轴—侈的格局相同,但弇声各类次序杂乱。章太炎的弇声,首是第一类"歌泰寒",尾是第四类"支青","队脂谆"排第二,与首类"歌泰寒"和第三类"至真"交接,所以《文始二·队脂谆类》说:"'队''脂'与'歌''泰'为近旁转,与'至'亦近旁转,与'支'为次旁转;'谆'与'寒'为近旁转,与'真'亦近旁转,与'清(青)'为次旁转。由此得次对转各如例。然阴声旁转,'队'多龇于'泰','脂'多龇于'至',此其鸿纤之异也。"但孔广森弇声尾阳声韵是"辰(谆)"类第三,与阳轴"阳"类第四交接,相对的阴声韵是"脂"类第十二,与阴轴"鱼"类第十三交接,即所谓"'辰''阳'鳞次,'脂''鱼'栉比"。《文始五·鱼阳类》说:"'鱼'与'支'为近旁转,与'候'亦近旁转;'阳'与'清'为近旁转,与'东'亦近旁转。由此得次对转各如例。'鱼'亦旁转'歌',然'鱼阳'为轴声,与'侈'声悉可旁转,与弇声虽稍疏,亦悉可转。"按,"候东"为侈声首类。"脂辰"排在弇类尾,隔开了"支丁(青)"和"鱼阳",而"支丁"又割断了首类"原(寒)歌"与"脂辰",部类无序,界限淆乱,即所谓"经界华离,首尾横决"。所以章太炎认为孔广森的韵目表只能反映"辰"与"脂"和"阳"与"鱼"之间的阴阳对转关系,而完全忽视旁转现象。

章太炎指摘的第二点是说孔广森以"缉""盍"二部为阴声,因为粤方言呼"缉""盍"与"侵""谈"同是"撮唇",所以章太炎将"缉""盍"归阳声韵,这种与众不同的处置源自他对入声的看法。在《国故论衡》上卷《二十三部音准》一文中,章太炎对古音入声韵的性质和类别有详细的说解:

  昔《唐韵》以入声配阳声韵,顾氏悉取以配阴声,及戴君言二平同入以为阴阳对转之符,孔氏取声焉,而复以为古无入声。案古音本无"药""觉""职""德""沃""屋""烛""铎""陌""锡"诸部,是皆"宵""之""幽""侯""鱼""支"之变声也。有入声者,阴声有"质""栉""屑"一类,"曷""月""辖""薛""末"一类,"术""物""没""迄"一类。阳声有"缉"类、"盍"类耳。顾君以"药""觉"等部悉配阴声,征之《说文》谐声,《诗》《易》比韵,琪法契较然不逸。……其平、上、去、入皆阴声也,遽数之不能终其物。江、戴以阴、阳二声同配一入,此于今韵得其条理,古韵明其变通,因是以求对转,易若截肪,其实古韵之假象耳。已知对转,犹得兔可以忘蹄也。然顾氏以入声丽阴声,及"缉""盍"终不得不丽"侵""谈"。孔氏云无入声,而"谈"与"缉""盍"乃为对转,戴氏以一阴一阳同趣入声,至"缉""盍"独承阳声"侵""谈",无阴声可承者,皆若自乱其例。此三君者,坐未知古平、上韵与去、入韵堑截两分,平、上韵无去、入,去、入韵亦无平、上。夫"泰""队""至"者,阴声去、入韵也,"缉""盍"者,阳声去、入韵也。入声,近他国所谓促音。用并音则阳声不得有促音。而中土入声可舒可促,舒而为去,收声属阴声则为阴,收声属阳声则为阳。阴声皆收喉,故入声收喉者丽阴声。阳声有收唇、收舌,故入声收唇者丽阳声。"缉""盍"收唇也,舒为"侵""谈"去声,其收唇犹如故,以是与"侵""谈"同居。"泰""队""至"皆有入声,舒其入声归"泰""队""至",犹故收喉,而不与"寒""谆""真"同收,以是不与"寒""谆""真"同居。

这一大段文字包括这么几层意思:《广韵》入声有收唇(-p)、收舌(-t)、收颚(-k)三类,古音阴声收喉(-Ø/i/u),入声和阳声只有收舌、收唇两类(-t/p、-n/m),没有收颚的入声,"药""觉""职""德""沃""屋""烛""铎""陌""锡"诸韵收喉,并非入声,分别为阴声韵"宵""之""幽""侯""鱼""支"的变声,这六部包括中古平、上、去、入四声诸韵;入声收唇类包括"缉""盍"两部,收舌类包括"泰""队""至"三部,文中所说"质""栉""屑"一类即"至"部入声,"曷""月""辖""薛""末"一类即"泰"部入声,"术""物""没""迄"一类即"队"部入声;五部入声韵包括中古去、入两声,与入声相配的阴声韵或阳声韵包括中古的平、上两声;入声五部去声促则为入,入声舒则为去;"泰""队""至"的入声本收舌(-t),舒则为"泰""队""至"的去声收喉(-i),所以属阴声,相配的阳声韵"寒""谆""真"收舌(-n),收声不同不能同居,而"泰""队"两部分别与收喉的阴声韵"歌""脂"同居;"缉""盍"的入声收唇(-p),舒则为"侵""谈"的去声,仍收唇(-m),所以属阳声韵,分别与收唇(-m)的阳声韵"侵""谈"平、上声同居。换句话说,章太炎不是根据入声本身的性质,而是根据去声韵尾的发音部位来判定入声五部属阴声还是属阳声,所谓"同居",指两个或三个韵部同在阴阳连线的一端。

按,古音闭口韵没有阴声韵,这是根据《诗经》用韵客观归纳出的语言事实,有证据表明"侵缉""谈盍"原来是有阴声韵的,到《诗经》时代转变到其他韵部里去了。顾炎武和孔广森是考古派,古音阴入合一,在他们看来"缉""盍"就是阴声,将"缉""盍"作为入声是中古音。章太炎批评顾炎武"以入声丽阴声,及'缉''盍'终不得不丽'侵''谈'"是不对的,这前一个"丽"是入归阴声,后一个"丽"是阴配阳声,根本不是一回事;章太炎批评孔广森"云无入声,而'谈'与'缉''盍'乃为对转"也是不对的,因为对孔广森来说"缉""盍"就是阴声,与他"古无入声"的观点完全一致并不矛盾。戴震是审音派,古音阴、阳、入三分,"侵缉""谈盍"两类阴声缺位是反映古音客观事实,章太炎批评他"以一阴一阳同趣入声,至'缉''盍'独承阳声'侵''谈',无阴声可承者"显然也是不对的。章太炎说此三君者"皆若自乱其例",于是将"缉""盍"归阳声,以与阴声"幽""宵"形成对转关系,反倒是拘守"阴阳对转"之"例",是不对的。

　　章太炎指摘孔广森的第三点是说孔广森只知一一对应的"对转",不知一对多的"对转"和通过"旁转"的"次对转"。文中所说"二阴声同对一阳声者"指第一类二阴声"歌""泰"同对一阳声"寒",第二类二阴声"队""脂"同对一阳声"谆";"三阳声同对一阴声者"指第七类三阳声"侵""缉""冬"同对一阴声"幽"。"假道旁转以得对转"的"次对转"所注诸例如第六类的阳声韵"东"通过与第七类的阳声韵"冬""侵"旁转然后与第七类的阴声韵"幽"对转;第三类的阴声韵"至"通过与第四类的阴声韵"支"旁转然后与第四类的阳声韵"青"对转;第四类的阴声韵"支"、第二类的阴声韵"脂"分别通过与第一类的阴声韵"歌""泰"旁转然后与第一类的阳声韵"寒"对转;第八类的阴声韵"之"通过与第七类的阴声韵"幽"旁转然后与第七类的阳声韵"冬""侵""缉"对转。从章太炎的"韵目表"看,所谓次对转,是先与相邻的韵部"旁转"然后与邻部阴阳相对的韵部"对转"。

　　以上各例是说孔广森的"对转"理论无法处理复杂的"对转"现象。第三点最后提到的"'真''谆'二部,势不得不合为一"是说孔广森的理论框架难以处理阴阳缺位的现象。在章太炎的"韵目表"中,"真""谆"二部为段玉裁所立,"至"部为王念孙所立。段玉裁从江永的古韵第四部中分出"真""臻""先"韵为弟十二部(真),又"谆""文""欣""魂""痕"诸韵为弟十三部(谆);王念孙则取段玉裁的弟十五部(脂)的去声"至""霁"和入声"黠""薛"以及弟十二部(真)的入声"质""栉""屑"诸韵独立为"至"部;章太炎又从"脂"中析出"队"部,这样就形成了"谆"—"脂/队"和"真"—"至"两组阴阳对转类。孔广森的古韵分部在王前段后,阴声韵有"脂"无"至",为了纳入他的阴阳一一对转,"依敊不跱,有若鱼贯"的框架模式中,只能倒退回江永的古韵第四部,把"真""谆"重新合为一个阳声"辰"部来与"脂"部构成阴阳对转。章太炎认为这种"拘守一理"的处置是孔广森的理论缺陷造成的。

以上章太炎所论三点,包括"对转""旁转""次对转"等三种韵部关系,孔广森的韵目表只能展示阴阳对转,即使是章太炎自己的"韵目表"也只能再多展示一对多的对转关系,显然这是受制于韵目表的结构。"成均图"将二维表结构转换为多维网状结构,用弧线联结邻接的阴—阴或阳—阳韵部表示旁转,用直径联结对角的阴—阳韵部表示对转,可以展示古韵上下左右、曲折流转的复杂关系,清晰地、形象地描绘出"对转""旁转"和"次对转"的路线图。除了"对转(正对转)"、"旁转(近旁转)"、"次对转"之外,"成均图"还可以展示"近转""次旁转",合称"五转"。《文始·叙例·成均图》对"五转"有详细说明:

> 阴弇与阴弇为同列;
> 阳弇与阳弇为同列;
> 阴侈与阴侈为同列;
> 阳侈与阳侈为同列。
> 凡二部同居为近转;
> 凡同列相比为近旁转;
> 凡同列相远为次旁转;
> 凡阴阳相对为正对转;
> 凡自旁转而成对转为次对转。
> 凡近转、近旁转、次旁转、正对转、次对转为正声;
> 凡双声相转不在五转之例为变声。

章太炎将孔广森的"阴阳对转"发展为"正声"五转,并精心设计了"成均图"用以展示古韵之间这种复杂的音韵关系,在这段文字之前,章太炎还仿《切韵序》说:

> 古音或不当形声，欲求孳乳，自宜龂曲相迁；若赏知音，即须弇侈有异。

可见，在章太炎的通转理论和"成均图"的结构中，"弇"和"侈"是一对重要的概念，而"弇""侈"五转又受制于"轴"声"鱼阳"类：

> 然"鱼"者闭口之极，"阳"者开口之极，故"阳"部与阳侈声、阳弇声皆旁转，"鱼"部与阴侈声、阴弇声皆旁转。余埶未已，"阳"与阳弇声旁转，极于"寒"矣，又从"寒"以对转而得"泰"；"阳"与阳侈声旁转，极于"谈"矣，又从"谈"以对转而得"宵"；"鱼"与阴弇声旁转，极于"歌"矣，又从"歌"以对转而得"寒"；"鱼"与阴侈声旁转，极于"宵"矣，又从"宵"以对转而得"谈"。夫惟当轴处中，故兼槛弇侈之声，与之交捷。其弇侈者为轴所隔，则交捷之涂绝矣。

"轴"声隔断"弇"和"侈"，同时又分别在"弇"声或"侈"声中自由旁转和次对转。另外，在《国故论衡·成均图》中没有"近转"，而"变声"为"交纽转"和"隔越转"：

> 凡阴声、阳声虽非对转，而以比邻相出入者为交纽转；
> 凡隔轴声者不得转，然有间以轴声隔五相转者为隔越转。
> 凡近旁转、次旁转、正对转、次对转为正声；
> 凡交纽转、隔越转为变声。

显然，章太炎是考虑到"隔越转"违背了"凡隔轴声者不得转"的原则，才将五转之外的"变声"改名"双声相转"，从声母寻找这些例外通转的条件，从这里也可见"轴"声在章太炎通转理论中的重要地位。

"阴""阳""弇""侈""轴"五声是"成均图"的五大支架，章太炎用以搭建他的九类二十三部古韵，展示五转的复杂关系。那么，弄清这五声，特别是"弇""侈""轴"这三个章太炎独创的术语的含义，才能真正了解章太炎的古韵学。

有人认为"弇"声和"侈"声指的是元音开口度的大小,恐怕是望文生训。《国故论衡·成均图》说:

> 夫阳声弇者阴声亦弇,阳声侈者阴声亦侈,阳声轴者阴声亦轴。是故阴、阳各有弇、侈而分为四,又有中轴而分为六矣。

可见,"弇""侈""轴"决定于阳声韵,首先要弄清"阳"声的性质,才能弄清五声的含义。《国故论衡·成均图》对此有详细说明:

> 孔氏《诗声类》列上下两行,为阳声、阴声。其阳声即收鼻音,阴声非收鼻音也。然鼻音有三孔道:其一侈音,印度以西皆以半"摩"字收之,今为"谈""蒸""侵""冬""东"诸部,名曰撮唇鼻音(古音"蒸""侵"常相合互用,"东""谈"亦常相合互用,以"侵""谈"撮唇,知"蒸""东"亦撮唇。今音则"侵""谈"撮唇,而"蒸""东"与"阳"同收,此古今之异。);其一弇音,印度以西皆收以半"那"字收之,今为"青""真""谆""寒"诸部,名曰上舌鼻音;其一轴音,印度以"姎"字收之,不待撮唇、上舌,张口气悟,其息自从鼻出,名曰独发鼻音。夫撮唇者使声上扬,上舌者使声下咽,既已乖异,且二者非故鼻音也,以会厌之气,被闭距于唇舌,宛转趋鼻以求渫宣,如河决然。独发鼻音则异是。印度音"摩""那"皆在体文,而"姎"独在声势,亦其义也。

首创韵分"阴""阳"之说的是戴震,但他并没有给以明确的说明,只是在《答段若膺论韵》一文中用气之阴阳、物之雌雄、衣之表里加以譬况,心知其意而不能言传。章太炎指出"阴"声、"阳"声就是有否鼻韵尾,这是汉语音韵学史上第一次对韵之"阴""阳"做出的明确定义。在此基础上,章太炎提出如"阳"声鼻音为"半摩字"就是"侈"声,如为"半那字"就是"弇"声,如为"姎"字就是"轴"声。他所说的"半摩字""半那字""体文""声势"等都是悉昙学的用语。《国故论衡》上卷《音理论》说:

韵、纽者,慧琳《一切经音义》释梵文"阿"等十二字为声势,"迦"等三十五字为体文。声势者韵,体文者纽也。

此处所说见慧琳《一切经音义》卷二十五《大般涅盘经》第八卷《次辩文字功德及出生次第》,其中梵文声势之"阿"字作"㮈",则章太炎所引梵文译音显然并不是出自慧琳《音义》。按,《涅盘经》是佛教大经,译本众多,慧琳《音义》卷第二十四《大方广佛花严经》说:

依入藏目次第,此中有《大般涅盘经》四十卷,南本《涅盘经》三十六卷,《阇维分》两卷,《般泥洹经》两部共八卷,已上计八十六卷,并《法花经》共有音义三卷,次后第二十五、二十六、二十七是为此卷不足,取后三经音义添成。

卷第二十五收《大般涅盘经》第一至第十卷,卷第二十六经目为:

《涅盘经》从第十一尽四十;
《阇维分》两卷;
《大般泥洹经》六卷;
《方等般泥洹经》两卷;
南本《涅盘经》三十六卷同用此音。
右已上计七十六卷同此卷音。

按,《大般涅盘经》四十卷本一般称北经,三十六卷本为南经,《阇维分》为《大般涅盘经》后分之异名。以上卷第二十五至二十六共音《涅盘经》译本五种,卷第二十七即转为音《法华经》诸译本。可见慧琳所用为北经《大般涅盘经》,未收南经。北经梵文字母译音见卷第八《如来性品第四之五》,声势"阿"作"恶",那么章太炎所用也不是此本,反而是与慧琳音无关的南经卷第八《文字品第十三》作"阿",应该是章太炎所用之本。以下是北经、南经和慧琳三家的梵文声势"阿"等十二字和体文"迦"等三十五字译音比较表:

表一:"阿"等十二字梵文声势译音比较表

声势	a	ā	i	ī	u	ū	e	ai	o	au	aṃ	aḥ
北经	恶	阿	亿	伊	郁	优	咽	嘢	乌	炮	庵	阿
南经	短阿	长阿	短伊	长伊	短忧	长忧	咽	鷖	乌	炮	庵	疴
慧琳	檼	啊	贀	縊	坞	污	翳	褒	污	奥	暗	恶

表二:体文"迦"等三十五字梵文体文译音比较表

体文	颚					齿					龂					舌					唇				
	k	kh	g	gh	ṅ	c	ch	j	jh	ñ	ṭ	ṭh	ḍ	ḍh	ṇ	t	th	d	dh	n	p	ph	b	bh	m
北经	迦	佉	伽	啀	俄	遮	车	阇	膳	若	咤	侘	茶	袒	拏	多	他	陀	弹	那	波	颇	婆	滼	摩
南经	迦	呿	伽	重音伽	俄	遮	车	阇	重音阇	若	咤	侘	茶	重音茶	拏	多	他	陀	重音陀	那	波	颇	婆	重音婆	摩
慧琳	迦	佉	誐	伽	仰	左	磋	嵯	醝	娘	咵	姹	絮	橥	拏	弾	佗	橽	驮	曩	跛	颇	么	滘	么

从表中可以看出,与章太炎称引的梵文字母译音"阿""迦""那""摩"全部相合的只有南经。慧琳《次辩文字功德及出生次第》说梵文声势和体文曰:

> 惣有五十字。从初有一十二字是翻字'声势'。……称呼梵字亦五音伦次:"喉""腭""龂""齿""唇吻"等声则"迦""左""縿""弾""跛",五声之下又各有五音,即"迦""佉""誐""伽""仰",乃至"跛""颇""麽""潜""莽",皆从深向浅,亦如此国五音"宫""商""角""徵""羽",五音之内又以五行相参,辩之以清浊,察之以轻重,以阴阳二气拣之,万类差别,悉能知矣。

体文二十五字"伦次",先分"喉""腭""龂""齿""唇吻"五声,指辅音发音部位,各家译名都不相同,上表依章太炎定为"颚""齿""龂""舌""唇",五声之下各分五音,指发音方法,分别为清不送气、清送气、浊不送气、浊送气、鼻音,五声加五音,称为"五五字"。

关于《涅盘经》北经、南经和慧琳音的关系,我们在《悉昙学和〈韵诠〉研究》和《〈涅盘经〉治经和玄应音声调研究》两篇文章中有详细的讨论。简单地说,东晋法显于刘宋义熙十三年(417)译出《佛说大般泥洹经》六卷,梵文字母译音在卷第五《文字品第十四》;北凉昙无谶于玄始三年至十年(414—421)译出《大般涅盘经》四十卷,即"北经",或称"古经",字母译音在卷第八《如来性品第四之五》,此本经非完帙,品数疏简,译语朴拙,时人以为不甚流美;于是慧严、慧观同谢灵运于元嘉元年至二十九年间(424—452)依法显《泥洹经》加品重治成三十六卷,即"南经",或称"新经",字母译音在卷第八《文字品第十三》,其中对音与《泥洹经》几乎完全相同,可见并非又获梵本;慧琳《大般涅盘经·寿命品第一》注:"云公所制,言虽繁冗,有似章疏,今取周备,不失经意,由胜诸家所音。此后南本《涅盘》三十六卷同用此音,音义依云公所制,唯陁罗尼及论梵字疎远不切者,惠琳今再依梵本翻译为正。"可见《次辩文字功德及出生次第》是用云公的北经音义重新制作的,与南经无关。

既然"成均图"五声之说源自"慧琳《一切经音义》释梵文",那么为什么章太炎所引梵文是与慧琳《音义》和北经无关的南经呢? 我们的推测是,慧琳梵文字母译音 a 用"榱",字非常见;"五五字"第三字本应该用全浊字对译,而慧琳属不空学派(马伯乐 1926),译音用次浊鼻声母字: g"誐(疑)"、ḍ"絮(娘)"、d"榱(泥)"、b"么(明)",仅 j 用初母字"嵯",但字下注语用反切"惹[①]我反"指明"嵯"的声母应改读日母;字母译音本应该用 a 韵("歌麻"韵系)字,但第五字却用 aŋ 韵("阳唐"韵系)鼻韵尾字对音: ṅ"仰(疑养)"、ñ"娘(娘阳)"、ṇ"曩(泥荡)",n"挐"注:"儜雅反,兼鼻音"、m"么"注"忙牓(荡)反,鼻音",也特别注明应改读鼻尾韵。这种读音显然与章太炎所了解的汉语语音系统不合。[②] 在这种情况下,章太炎应该是复检了《大般涅盘经》原文的。北经用入声字"恶(铎)"对译声势 a,也与汉语不合,只有南经的声势和体文的对音才完全合乎章太炎的古韵理论体系,下文的讨论即根据南经。

---

① "惹"原讹作"慈"。
② 不空学派的译音反映的是唐代秦音,罗常培的《唐五代西北方音》1933 年才出版,章太炎之时尚无相关研究成果。

章太炎所说梵文"半字",慧琳《次辩文字功德及出生次第》有解释:

其三十四字母,译经者呼为"半字",足知不曾师授,臆谬说也。凡文句之中,有含余音,声不出口者,名为"半字",非呼字母以为"半字"。

这段话的意思是说,体文三十四字母呼读时都带声势 a,不能呼为"半字";文句之中如有体文连缀,前加体文就"声不出口",只读辅音,才名为"半字"。可见"半字"就是体文不带 a 只读一半——辅音。收"半那字"-n 即上舌鼻音,收"半摩字"-m 即撮唇鼻音。至于以-m 为"侈",以-n 为"弇",大约是因为"撮唇者使声上扬,上舌者使声下咽",只是章太炎对此二"声"发音状态的自我体验。再说"軸"声 am̐,悉昙学称"随韵",为鼻化元音。章太炎辨析"軸"声与"侈""弇"二声在发音部位和发音方法上的区别大致不差:"侈"声和"弇"声在元音后"撮唇"或"上舌"成阻,气流"宛转趋鼻"才成鼻音-m 和-n,其前元音并无鼻音色彩;"軸"声则不必"撮唇"或"上舌"元音即已鼻化,所以章太炎称其为"独发鼻音"。章太炎已经明确指出按照悉昙学的体系,"'摩''那'皆在体文,而'姎'独在声势",有学者认为"軸"声是收腭鼻音-ŋ 尾韵,不符合章太炎的本意。南经 am̐ 的译音用"庵",章太炎改用"姎"字。诸家梵文字母译音从来没有用"姎"的。"姎"实际上是章太炎为"阳"部假定的音读。在古韵学史上第一个为古韵假定音读的是戴震,戴震分古韵九类二十五部,采用零声母字作为标目,意在表示古韵的音读,章太炎仿其法,也为他的九类二十三部另拟零声母字表示其假定的音读,详细的讨论见《二十三部音准》,在《音理论》中也有说明:

自戴君《声类表》分九类二十五部……若依其例以表二十三部,"鱼""阳"曰"乌""姎"(《广韵》乌郎切)……可以准音而视戴氏声气精卫冥合矣。

章太炎二十三部音准用字与戴震基本上相同,但是将第五类第十一

"阳"部由戴震的第四类第十部"央"改为"姎"。这应该是因为戴震标目用字一般是一等或四等字,但"央"是三等阳韵(iaŋ)字,不能准确表示古韵"阳"部的音读(aŋ),所以章太炎改用一等唐韵(aŋ)字"姎",需要指出的是章太炎的"姎"源自梵文的"声势"aṁ,表示的音读是元音 ā,有学者认为章太炎的"轴"声"阳"部是收颚的 aɲ,那是囿于阳声-m、-n、-ŋ 三分的观念,不符合章太炎的原意。

"轴"声的设置是构成章太炎的古韵理论的最为关键的一点。《音理论》说:

> 戴君"收喉""收鼻""收舌""收唇"之说未谛。阴、阳相配,亦未精密。

"喉""鼻""舌""唇"是戴震对古韵韵尾的分类,其说见《声类表》卷首《答段若膺论韵》:

> "阿"第一、"乌"第二、"垩"第三,此三部皆收喉音;"膺"第四、"噫"第五、"亿"第六,"翁"第七、"讴"第八、"屋"第九,"央"第十、"夭"第十一、"约"第十二,"婴"第十三、"娃"第十四、"戹"第十五,此十二部皆收鼻音;"殷"第十六、"衣"第十七、"乙"第十八,"安"第十九、"霭"第二十、"遏"第二十一,此六部皆收舌齿音;"音"第二十二、"邑"第二十三,"醃"第二十四、"馦"第二十五,此四部皆收唇音。收喉音者,其音引喉;收鼻音者,其音引喉穿鼻;收舌齿音者,其音舒舌而冲齿;收唇音者,其音敛唇。

从这段文字末尾的描写看各类收音的阳声和入声的韵尾,"收喉"为-∅、"收鼻"为-ŋ/k、"收舌"为-n/t、"收唇"为-m/p。章太炎所说的收音"未谛"指的是"收鼻"音。下面把戴震的"收鼻"各部按章太炎的"阴""阳""轴""弇""侈"五声重加排比,表中中文数字是戴震的古韵二十五部的部次,括号中依次是章太炎的古韵九类二十三部的类次、部次、部目、音准。国际音标为我们所代拟,以便观察比较。

表三:戴震"收鼻"各部据章太炎五声重加排比表

五声		阳	阴
弇	收舌	十三婴 eŋ(四 9 青:䁯 en)	十四娃 e/十五戹 ek(四 10 支:娃 et)
轴	独发	十央 aŋ(五 11 阳:姎 ā)	二乌 a/三垩 ak(五 12 鱼:乌 a)
侈	收唇	七翁 uŋ(六 13 东:翁 um,七 17 冬:雝 ium)	八讴 u/九屋 uk(六 14 侯:讴 u,七 18 幽:幽 iu)
		四膺 iŋ(八 19 蒸:膺 əm)	五噫 i/六亿 ik(八 20 之:埃 əi)

章太炎批评戴震"阴、阳相配,亦未精密"是不错的,表中已经根据章太炎的系统相应进行了调整,与《声类表》所述不完全相同。这个调整过的系统"收鼻"-ŋ/k 对应于悉昙的"收颚"ṅ"俄"/k"迦","收舌"-n/t 对应于 n"那"/t"多","收唇"-m/p 对应于 m"摩"/p"波",入声韵尾是阳声鼻韵尾部位相同的塞音,可以说是"阴、阳相配,亦已精密",但是章太炎却扰乱了这个系统性。"阳"部原本应该是"收鼻"-ŋ,对应于悉昙的"收颚"ṅ"俄",他却另选了"声势"am"姎(庵)",并命名为"独发鼻音","阳"部既定为元音 ā,便跳脱了"五五字"之"颚"音的模块,-k"迦"也就无从附丽,入声"铎(垩)"ak 也就失落了存在的位置,为了保持系统的一致性,章太炎只得否认古音有"收鼻"的-k 尾入声韵,随之只得把"收鼻"的"青"-ŋ 和"支"-k 两部改为"收舌"-n 和-t,归入"弇"声;又把"东""冬""蒸"-ŋ 三部改为"收唇"-m,归入"侈"声。这样,古韵鼻/塞韵尾由"收鼻"-ŋ/k、"收舌"-n/t、"收唇-m/p 三向对立变成"弇"声-n/t、"侈"声-m/p 的二向对立,由于"轴"声的设置,引起了古韵整个系统的改变,可谓牵一发而动全身。

综上所述,章太炎根据慧琳《一切经音义》和慧严等所译的《大般涅盘经》的梵文字母译音和悉昙学音理,用是否收鼻音做条件对"阳声""阴声"下了正确的定义,又将鼻音分为"弇声""侈声""轴声"三类;用"阴""阳""弇""侈""轴"五声分划古韵九类二十三部为"阴弇""阳弇""阴侈""阳侈""阴轴""阳轴"六列,构成"成均图",以展示古韵"近转""近旁转""次旁转""正对转""次对转"的通转关系;《文始》则是章太炎古韵通转理论的实例汇编。章太炎可以说是中国音韵学史上利用梵文悉昙学研究汉语上古音的第一人,《文始》1913年即有浙江图书馆影印手稿刊出，比汪荣宝那篇著名的文章《歌戈鱼虞模古读考》(1923)还要早好多年。章太炎的古韵理论也有重大缺陷，他判定"阳"部为独发鼻音 aṁ，不承认古韵中有收颚-ŋ/k 一类，将"东""冬""蒸"三部归入收唇-m 类，"青支"归入收舌-n/t 类，将收颚-k 的入声韵"药""觉""职""德""沃""屋""烛""铎""陌""锡"诸韵归入收喉-Ø/i/u 的阴声韵，又将收唇-p 的入声韵"缉""盍"判定为阳声韵，凡此种种都与章太炎对梵文声势和体文的看法密切相关。

"成均图"的复杂结构和章太炎的通转理论，无论正误得失，都必须从悉昙学才能追溯到他的古韵学思想的根源。

参考文献

罗常培(1933)《唐五代西北方音》，"中研院"史语所单刊甲种之十二。
马伯乐(1920)《唐代长安方言考》，聂鸿音译，北京：中华书局2003年。
汪荣宝(1923)《歌戈鱼虞模古读考》，北京大学《国学季刊》1卷2号。
尉迟治平(2006)《悉昙学和〈韵诠〉研究》，《南大语言学》第二编，北京：商务印书馆。
尉迟治平(2012)《〈涅盘经〉治经和玄应音声调研究》，《民俗典籍文字研究》第 10 辑，北京：商务印书馆。
章炳麟(1919)《文始》，浙江图书馆重刻《章氏丛书》。
章炳麟(1919)《国故论衡》，浙江图书馆重刻《章氏丛书》。

《大唐西域记》"讹也"所反映的声韵演化
——鱼虞模与尤侯幽的音变关系

竺家宁

一 前言

《大唐西域记》"尤侯幽"和"鱼虞模"两组韵字的音译词,往往提示了我们汉语语音演化的线索。例如:"苏迷卢山 Sumeru,唐言妙高山。旧曰须弥。又曰须弥娄皆讹略也。"《大唐西域记》的这项资料,提供了我们一个思考,为什么玄奘要把"须弥娄"的"娄"改成"苏迷卢山"的"卢"? 而说旧译"讹也"? 原来,"娄"是侯韵字,"卢"是模韵字。这种把侯韵字改成模韵字的情况,在书中不是孤例,我们到处都可以看到。原来,这里涉及了侯韵字和模韵字的语音演化。玄奘贞观二十年(646 年)《大唐西域记》成书,当时他 45岁。他用来音译的语音正是当时的实际发音,而旧译的"须弥娄"见于六朝陈代真谛译的《阿毗达磨俱舍释论》,是六朝时代的音译。由此,我们可以推求而知,侯韵字和模韵字的音值已经有了变化。

二 虞韵改为模韵的现象

虞韵与模韵的问题,旧译多用虞韵,玄奘新译多改为模韵,但也有相反的情形。因此我们可以从《大唐西域记》中"讹也"的条例中,选出关于"鱼虞"韵与"模"韵的部分,互相参照。在《西域记》被定为"讹也"的例子当中,有些是把虞韵改为模韵的现象,例如下面的几个例子(拟音依据董同龢):

(1)《大唐西域记》：苏迷卢[suo miɛi luo]山，唐言妙高山，旧曰须弥[sjuo mje]，又曰须弥娄[sjuo mje ljuo]，皆讹略也。

旧译"须弥"，须（虞韵，相俞切，sjuo）；"须弥娄"，须（虞韵，相俞切，sjuo）。玄奘新译"苏迷卢"，苏（模韵，素姑切，suo）。丁福保所注的梵文发音：Sumeru。

(2)《大唐西域记》：苏跋陀罗[suo bhuat dha la]，唐言善贤，旧曰须跋陀罗[sjuo bhuat dha la]，讹也。

旧译"须跋陀罗"，须（虞韵，相俞切，sjuo）。玄奘新译"苏跋陀罗"，苏（模韵，素姑切，suo）。丁福保所注的梵文发音：Subhadra。

(3)《大唐西域记》：苏部底[suo bhu tiɛi]，唐言善现，旧曰须扶提[sjuo pjuo dhiɛi]，或曰须菩提[sjuo bhək dhiɛi]，译曰善吉，皆讹也。

旧译"须扶提"，（虞韵，相俞切，sjuo）；"须菩提"，须（虞韵，相俞切，sjuo）。玄奘新译"苏跋陀罗"，苏（模韵，素姑切，suo）。丁福保所注的梵文发音：Subhuti。

(4)《大唐西域记》：阿素洛[ʔa suo lak]，旧曰阿修罗[ʔa sju la]，又曰阿须伦[ʔa sjuo ljuen]，又曰阿修罗[ʔa sju la]，皆讹也。

旧译"阿须伦"，须（虞韵，相俞切，sjuo）。玄奘新译"阿素洛"，素（模韵，桑姑切，suo）。丁福保所注的梵文发音："阿修罗"Asura。

以上几条，玄奘大师把念作细音的虞韵字改读成了洪音的模韵字，主要是为了更切合梵文的原来音读。上面四条梵文的原读都是洪音的[su]，而玄奘的新译所用的模韵字，也是洪音[su]的音。（上述的音标，依据董同龢的拟音，是中古早期的音读，念作[suo]，玄奘时代已经演化为[su]的音。）

三 零声母的演化痕迹

(5)《大唐西域记》：瞿萨旦那[kjuo sat tan na]国，唐言地乳，即其俗之雅言也。俗语谓之涣那[xuai na]国，匈奴谓之于遁[ʔuo dhuən]，诸胡谓之豁旦[khiɛi tan]，印度谓之屈丹[kjuət tan]，旧曰于阗[ʔuo dhiɛi]，讹也。

旧译"于遁"，于（虞韵，羽俱切，ɣjuo）；"于阗"，于（虞韵，羽俱切，ɣjuo）。玄奘新译"瞿萨旦那"，瞿（虞韵，其俱切，kjuo）。丁福保所注的梵文发音：Kustana 又 Khotan，即和阗。

这一条的情况表面看起来也是鱼虞模韵的问题，可是实际上，玄奘大师之所以要改译，是因为声母的缘故，和韵母无关。因为云母的"于"字在中古以前读为[g-]声母，之后弱化成舌根浊擦音，到了玄奘大师的时代，已经失落声母，变成零声母的念法，所以不能再对应梵文的[k-]音，玄奘大师就认为是"讹也"，把它改译为[k-]声母，也就是中古见母字的"瞿"字。

四 《西域记》音读与现代闽南话

以下几条，涉及"尤侯幽"和"鱼虞模"之间的音变关系，中古早期（大约公元400多年到公元600年）"尤侯幽"的字念成[u]的音，到了中古后期，也就是玄奘大师的时代，不再念[u]的音。所以玄奘大师认为是错误，在《西域记》里就用"讹也"来表述，并把它改成新译，使用了玄奘当时，也就是中古后期念[u]的"鱼虞模"韵字来音译。

"鱼虞模"韵在中古早期念成[o]的音，这个现象在现代闽南语中还保留下来，例如：鱼韵的"初""疏""屠"；虞韵的"无""芋"，模韵的"胡""乎""呼""菩""姑""孤""徒""图""吴""卢""苏""乌""恶""枯""都"等，这些在闽南话中，韵母还都是[o]的音。可见这些字在闽南话中的念法，保存的历史层次相当古老。

而"尤侯幽"的字在中古早期念[u]的音,闽南话也往往保存下来,例如:尤韵的"流""忧""秋""油""游""抽""周""收""愁""休""仇"都念[-iu]的音,其中有些字细音的介音也失落了,念成单元音韵母[u],例如:"浮""牛""邱"。

五 《西域记》"鱼""尤"两组字的音读

(6)《大唐西域记》:邬陀衍那[ʔjo dha jæn na]王,唐言出爱。旧云优填[ʔju dhiɛi]王,讹也。

旧译"优填",优(尤韵,于求切,ʔju)。玄奘新译"邬陀衍那",邬(模韵,哀都切,ʔuo;鱼韵,依倨切,ʔjo)。丁福保所注的梵文发音:Udayana。

在这一条例子当中,旧的译法用"优"字,属于"尤侯幽"系统,中古早期念[u]的音来对应梵文 udayana 的头一个 u 音。可是到了玄奘大师的时代,"尤侯幽"的"优"字已经不再念[u]音,所以玄奘大师认为是"讹也",把它改译成了模韵的"邬"字,因为"鱼虞模"的字已经由中古早期的[o]音变成了玄奘时代的[u]音,所以玄奘才会用"邬"字来新译。以下几条都属于这种状况。可见《西域记》的"讹也"数据,实际上提供了我们语音演变从中古早期(大约公元400多年到公元600年)到中古后期(公元600年以后)的线索。

(7)《大唐西域记》:邬波索迦[ʔjo pua sak ka],唐言近事男。旧曰伊蒲塞[ʔjei bhuo sək],又曰优波塞[ʔju pua sək],又曰优婆塞[ʔju bhua sək],皆讹也。

旧译"优波塞",优(尤韵,于求切,ʔju);"优婆塞",优(尤韵,于求切,ʔju)。玄奘新译"邬波索迦",邬(模韵,哀都切,ʔuo;鱼韵,依倨切,ʔjo)。丁福保所注的梵文发音:"优婆塞"Upāsakā。

(8)《大唐西域记》:邬波斯迦[ʔjo pua sje ka],唐言近事女。旧曰优婆斯[ʔju bhua sje]，又曰优婆夷[ʔju bhua jei]，皆讹也。

旧译"优婆斯"，优（尤韵，于求切，ʔju）；"优婆夷"，优（尤韵，于求切，ʔju）。玄奘新译"邬波斯迦"，邬（模韵，哀都切，ʔuo；鱼韵，依倨切，ʔjo）。丁福保所注的梵文发音："优婆夷"Upāsikā。

上一条是男性在家修行者，梵文的字尾是-saka，这一条是女性在家修行者，梵文的字尾是-sika。玄奘分别用"索迦"和"斯迦"来对译。

（9）《大唐西域记》：北拘卢[kjuo luo]洲，旧曰郁单越[ʔjuk tan ɣuat]，又曰鸠楼[kju lu]，讹也。

旧译"鸠楼"，楼（侯韵，落侯切，lu）。玄奘新译"拘卢"，卢（模韵，落胡切，luo）。丁福保所注的梵文发音："北俱卢洲"Uttara-kuru，巴利语同。

（10）《大唐西域记》：信度[sjen dhuo]河，旧曰辛头[sjen dhu]河，讹也。

旧译"辛头"，头（侯韵，度侯切，dhu）。玄奘新译"信度"，度（模韵，徒故切，dhuo）。佛光辞典：梵名 Sindh 或 Sindhu，巴利名同。丁福保所注的梵文发音：Sindhu。

（11）《大唐西域记》：窣堵波[suət tuo pua]，即旧所谓浮图[bhju dhuo]也，又曰婆[bhua]，又曰塔婆[thap bhua]，又曰私簸[sjei pua]，又曰薮斗波[su tu pua]，皆讹也。

旧译"浮图"，浮（尤韵，缚谋切，bhju）。"薮斗波"，斗（候韵，都豆切，tu），注：侯韵去声。玄奘新译"窣堵波"，堵（模韵，当古切，tuo）。丁福保所注的梵文发音：Stūpa。

(12)《大唐西域记》：素呾缆[suo tat lam]藏，旧曰修多罗[sju ta la]藏，讹也。

旧译"修多罗"，修（尤韵，息流切，sju）。玄奘新译"素呾缆"，素（模韵，桑故切，suo）。《佛光大辞典》所注的发音：梵名 Sūtra-piṭaka，巴利名 Sutta-piṭaka。

(13)《大唐西域记》：邬波第铄[ʔuo pua dhiɛi ɕjak]论，旧曰优波提舍[ʔju pua dhiɛi ɕia]论，讹也。

旧译"优波提舍"，优（尤韵，于求切，ʔju）。玄奘新译"邬波第铄"，邬（模韵，哀都切，ʔuo）。《佛光大辞典》所注的发音：梵语 upadeśaḥ。丁福保所注的梵文发音："优婆提舍"Upadeśa。

(14)《大唐西域记》：罗怙罗[la ɣuo la]，旧曰罗睺[la ɣu]，又曰罗云[la ɣjuən]，皆讹略也。

旧译"罗睺"，睺（侯韵，户钩切，ɣu）。玄奘新译"罗怙罗"，怙（模韵，侯古切，ɣuo）。丁福保所注的梵文发音：Rāhula。

(15)《大唐西域记》：升睹史多天[ɕjən tuo ʃji ta thiɛn]，旧曰兜率他[tu ljuet tha]，又曰兜他[tu dʐhjuet tha]，讹也。

旧译"兜率他"，兜（侯韵，当侯切，tu）。玄奘新译"睹吏多"，睹（姥韵，当古切，tuo），注：模韵上声。《中华佛教百科全书》："兜率天"，梵 tusita，巴 tusita，藏 dagh-idan。

(16)《大唐西域记》：毘卢释迦[bhjei luo ɕjɛk ka]王，旧曰毘琉离[bhjeilju liɛi]主，讹也。

旧译"毗琉离",琉(尤韵,力求切,lju)。玄奘新译"毘卢释迦",卢(模韵,落胡切,luo)。丁福保所注的梵文发音:Virūḍhaka。丁福保又注云:Śākya(案:释迦牟尼之略)。

(17)《大唐西域记》:阿素洛[ʔa suo lak],旧曰阿修罗[ʔa sju la],又曰阿须伦[ʔa sjuo ljuen],又曰阿修罗[ʔa sju la],皆讹也。

旧译"阿修罗",修(尤韵,息流切,sju)。玄奘新译"阿素洛",素(模韵,桑姑切,suo)。丁福保所注的梵文发音:"阿修罗"Asura。

(18)《大唐西域记》:苏迷卢[suo miei luo]山,唐言妙高山,旧曰须弥[sjuo mje]。又曰须弥娄[sjuo mje ljuo],皆讹略也。

旧译"须弥娄",娄(侯韵,落侯切,lu)。玄奘新译"苏迷卢",卢(模韵,落胡切,luo)。丁福保所注的梵文发音:Sumeru。

这几条,旧的译法都用"尤侯幽"的字,中古早期都念作[u]的音,来对应梵文的[u]音。可是到了玄奘大师的时代,也就是公元 600 年以后,"尤侯幽"的字已经不再念[u]音,玄奘大师误认为是"讹也",把它们通通改译成了模韵的字,因为玄奘大师时代"鱼虞模"的字已经由中古早期的[o]音变成了[u]音,所以玄奘才会用"鱼虞模"来新译。这些数据正好提供了我们中古早期(大约公元 400 多年到公元 600 年)到中古后期(公元 600 年以后)音变的线索。

六 结 论

在中古的切韵音系当中,"鱼虞模"的韵母属于同一类型,另外,"尤侯幽"的韵母则属于另一个类型。在中古音早期到晚期的变化中,显示了这两组韵母类型的演化。我们从佛经对音的数据当中,可以观察到这样的演化。这方面过去的学者已经做过很多探讨。

本文换了一个角度,从玄奘的《大唐西域记》观察,梳理出十八条例证,里面有很多被玄奘称为"讹也"的例子。表面上看是玄奘认为译音不够准确,因而称之为"讹也"。实际上是反映了唐代和唐代以前语音的变化。早期的音译词,用的是某某韵的,到了唐代,这个韵已经不是这样念了,玄奘并不了解这种语音变化,所以会感到译音不够准确,而称之为"讹也"。严格说,是语音发生了变化,早先的翻译是依据早先的音读,并不是讹误,这是我们阅读《大唐西域记》应该要理解的部分。

面对这样的例子,我们试图了解哪些韵母的字玄奘认为译音能够符合梵文的原读,哪些他认为不够准确。正好牵涉到"鱼虞模"和"尤侯幽"的音变问题。所以,《大唐西域记》不仅仅是一部游记类型的书,它也是汉语语音史上重要的参考数据。本文所归纳出来的一些演化规则,一方面可以和其他学者归纳的所得相互印证,一方面也可以为汉语声韵史提供演化上的参考。

参考文献

储泰松(1996)鸠摩罗什译音研究(声母部分),《语言研究》增刊。
储泰松(1998)鸠摩罗什译音的声母系统,《语言研究》增刊。
储泰松(1999)鸠摩罗什译音的韵母研究,《安徽师范大学学报》第 1 期。
黄典诚(1980)《切韵》重纽与汉语音韵的发展,《中国音韵学研究会成立大会暨首次学术研讨会论文集》。
黄笑山(1996)《切韵》三等韵的分类问题,《郑州大学学报》第 4 期。
黄笑山(1997)《切韵》于母独立试析,《古汉语研究》第 3 期。刘广和(1987)试论唐代长安音重纽:不空译音的讨论,《中国人民大学学报》第 6 期。
李新魁(1997)《广韵》音系中的三等韵,《李新魁音韵学论集》,汕头:汕头大学出版社。
罗常培(1931)切韵鱼虞之音值及其所据方音考,《史语所集刊》2 本 2 分,又见《罗常培语言学论文选集》,北京:中华书局,1963 年。
麦耘(1988)从尤、幽韵的关系论到重纽的总体结构及其它,《语言研究》第 2 期。
麦耘(1995)韵图的介音系统及重纽在《切韵》后的演变,《音韵与方言研究》,广州:广东人民出版社。
潘悟云(1983)中古汉语方言中的鱼和虞,《语文论丛》第 2 辑,上海:上海教育出版社。
普慧(2000)齐梁诗歌声律论与佛经转读讀及佛教悉昙,《文史哲》第 6 期。
施向东(1999)鸠摩罗什译经与后秦长安音,《芝兰集》,北京:人民教育出版社。
施向东(1999)鸠摩罗什译音中的几个问题,中国语言学会第十届学术年会暨国际中国语文研讨会论文。

施向东(2000)十六国时代译经中的梵汉对音(声母部分),《汉语音韵学第六届国际学术研讨会论文集》。
施向东(2001)十六国时代译经中的梵汉对音(韵母部分),《天津大学学报》(社科版)第1期。
施向东(2003)梵汉对音与古汉语的语流音变问题,中国人民大学语言文字学复印资料第1期。
王吉尧(1994)汉字域外音对古汉语重组现象的反映,《音韵学研究》第三辑,北京:中华书局。
徐复(1990)守温字母与藏文字母之渊源,《徐复语言文字学丛稿》,南京:江苏古籍出版社。
周广荣(2001)梵语《悉昙章》与等韵学的形成,《古汉语研究》第4期。
竺家宁(2006)《大藏字母九音等韵之韵母异读》,《李爽秋教授八秩寿庆祝寿论文集》,台北:万卷楼图书股份有限公司。

坚持"《中原音韵》是现代普通话的历史源头"这个基本点

——为唐作藩先生九十华诞而作

张卫东

2010年9月，在罗马的一个研讨会①上，卫东以《再论威妥玛〈语言自迩集〉：现代汉语史之起始标志》为题，从欧洲人汉语研究史的角度，肯定近20年来世界汉语教育史研究对于近现代汉语语音史研究的贡献，顺便回应了2005年北京"近代官话语音研讨会"上拙文《论近代汉语官话史下限》引发的一些争论。说到这里，曾特别提起唐先生：

实事求是的学者，都会实事求是地面对这些问题。唐作藩先生就是这样一位令人尊敬的学者。他一直坚持"《中原音韵》是现代普通话的历史源头"。在这次会上的讲话，他首先申明自己一向的观点，随后明确指出："鲁国尧先生跟张卫东先生他们提出关于近代官话的标准音是当时南京话的主张，根据确实是很多的，论据也相当充分。因为南京是六朝的都城，它的方音无疑是在历史上起了重要作用，产生过很大影响。"听到这些话，心头一热，初时有些意外，但随后的一番话，让人彻底服膺。他说："当然，我们还应该承认元明时代的官话标准音本来就不是很明确的，这是很多学者都具有的看法。"他鼓励各有主张的学者继续努力，继而坦率地毫无保留地谈了自己的想法："在明代可能还由于政治、经济等原因，以南京音为基础的官话可能在当时影响更大一些。

---

① 2010.9.13—14，罗马"欧洲人的汉语研究历史"国际研讨会暨世界汉语教育史研究学会第三届年会。

但是要进一步地确定南京音是官话的基础,还要解释后来怎么由南京音转变为北京音的?这种转变不会是突然的。在此之前北京音的影响也一直在发生作用,不过它的范围原来小一点,后来越来越大;南京音的影响就越来越小了。可能也是个逐渐的过程,它不是突然的。"①

当年,在南北官话的历史地位问题上,我的认识曾有偏差,把以南京音为代表的南方官话当成全国通语,而视以北京为代表的北方官话为南方官话通语覆盖下的一个次官话区。唐先生的这席话,起了"拨正船头"的大作用! 随后的几年,我们就是朝着唐先生指示的这个方向努力,回到"《中原音韵》是现代普通话的历史源头"这一基本点,紧抓"两韵并收"文白异读这一语音特征,集中力量探讨这一特征的历史演变及其与今日北京话、普通话的关系,从而连带地推动了谚解《老乞大》《朴通事》《伍伦全备》和《语言自迩集》的系统考察及其语音性质的判定,推动了对《蒙古字韵》《中原音韵》和《洪武正韵》《西儒耳目资》《交泰韵》等的比较研究,进而形成数篇论文,其中第一篇《论〈中原音韵〉萧豪歌戈"两韵并收"》,就是经唐先生批评指点并推荐给《语言学论丛》(2010年第41辑)刊发的。

近代汉语中的异读现象,特别是《中原音韵》的三对"两韵并收",早已被注意并曾有过长期的讨论。这是北京话语音史研究的一个关键问题。这些"两韵并收"是怎么来的? 又是怎么变的? 跟今天的北京音有怎样的关系? 由于对"两韵并收"之语音性质认识有误,这些讨论,未能令人满意。自从有了唐先生指点,我们以《中原音韵》为"源头",将元明清民国乃至共和国反映北方系官话的标音文献《蒙古字韵》、谚解《老乞大》、《语言自迩集》、《国音字典》、《现代汉语词典》等作为前后相关联的环节依次做历史系联,必要时与反映南方系官话的《洪武正韵》《西儒耳目资》《交泰韵》等进行比较,将《中原音韵》的"两韵并收"放到这种历史序列中进行考察、展开讨论,形成如下4篇相关研究报告:

---

① 张卫东(2010)。唐作藩 2005,2007:《再谈〈中原音韵〉音系的性质问题》,2005 年研讨会论文集《近代官话语音研究》(北京:语文出版社 2007 年版第 42—44 页)。

1.《论〈中原音韵〉的萧豪歌戈"两韵并收"》,《语言学论丛》第41辑,2010。

2.《论〈中原音韵〉的鱼模尤侯"两韵并收"》,早稻田大学《开篇》VOL.31,2012。

3.《论〈中原音韵〉东锺庚青之"两韵并收"》,《语言学论丛》第48辑,2013。

4.《曾梗二摄德陌麦三韵入声字的"两韵并收"》,《语言学论丛》第53辑,2016。

"两韵并收"即文白异读,是近现代汉语尤其是北方系官话演变全程的伴生现象。《中原音韵》之后,北方系官话又出现若干类"两韵并收"。中古曾梗二摄洪音入声字的"两韵并收"(如:伯 bó/bǎi,择 zé/zhái,色 sè/shǎi 等),就是其中一种,是乃第4篇的讨论对象。

这四组"两韵并收",(1)萧豪歌戈、皆来歌戈的"两韵并收",是南方系官话叠加北京话所致;(2)通摄入声变同鱼模韵,是南北官话共同的;鱼模尤侯"两韵并收",乃西部官话(以武汉为代表)叠加于北京话;(3)东锺庚青之"两韵并收",是北方系官话自身音系历史演变过程中的新旧并存。

第(1)类文白异读格局是:属于北方系官话的萧豪、皆来韵读法,先为正音、读书音,而后其中一部分逐渐变为俗音、口语音;而歌戈韵读法,先为俗音、口语音,而后其中一部分逐渐变为正音、读书音,最终实现了"正俗颠倒、文白易位"。这是"两韵并收"第一轮的"文白易位"。其中的一部分,1949年之后又经历了第二轮的"文白易位"。第二轮"文白易位",不限于上述四类字,还有其他韵摄的;又不止于韵,且涉声、调:

《国音字典》(1949)　　　　　　　　　　《现代汉语词曲》(1978)

1. 黑㊀ㄏㄟ嘿阴㊁ㄏㄜ喝去(入)(读音)㊂ㄏㄟ嘿上　　　　hēi
2. 角㊀ㄐㄧㄠ饺上(语音)㊁ㄐㄩㄝ决阳(入)(㊀之读音)　　jiǎo
3. 药㊀ㄧㄠ要去(入)㊁ㄩㄝ月去(入)(读音)　　　　　　　yào
4. 辙㊀ㄔㄜ彻去(入)㊁ㄓㄜ折阳(入)(语音)　　　　　　　zhé
5. 闯㊀ㄔㄣ趁去㊁ㄔㄨㄤ窗上㊂ㄔㄨㄤ窗去　　　　　　　chuǎng
6. 储㊀ㄔㄨ除阳㊁ㄔㄨ楚上(又读)　　　　　　　　　　　chǔ

7. 踝㊀ㄏㄨㄚ话去㊁ㄏㄚㄞ槐阳　　　　　　　　　　huái
8. 洽㊀ㄒㄧㄚ匣阳㊁ㄑㄧㄚ卡去（又读）　　　　　qià
9. 癣㊀ㄒㄧㄢ狝上㊁ㄒㄩㄢ选上（语音）　　　　　xuǎn
10. 嬛㊀ㄑㄩㄥ穷阳㊁ㄒㄩㄢ轩阴㊂ㄏㄨㄢ还阳　huán
11. 掖㊀ㄧ亦去（入）㊁ㄧㄝ夜去（㊀之语音）㊂ㄧㄝ耶阴　❶yè❷yē
12. 液㊀ㄧㄝ夜去㊁ㄧ亦去（入）（读音）　　　　　yè
13. 腋㊀ㄧ亦去（入）㊁ㄧㄝ夜去（语音）　　　　　yè
14. 肉㊀ㄖㄨ入去（入）㊁ㄖㄡ柔去（入）❶（㊀之语音）　ròu
15. 秔（粳）㊀ㄍㄥ耕阴㊁ㄐㄧㄥ京阴（语音）　　　jīng
16. 蜗㊀ㄍㄨㄚ瓜阴㊁ㄍㄨㄚ蛙阴（又读）㊂ㄨㄛ窝阴（又读）　wō
17. 刽㊀ㄎㄨㄞ快去㊁ㄍㄨㄟ贵去（又读）　　　　　guì
18. 缆㊀ㄌㄢ滥去㊁ㄌㄢ览上（又读）　　　　　　　lǎn
19. 赁㊀ㄌㄧㄣ林去㊁ㄖㄣ任去（读音）　　　　　　lìn
20. 六㊀ㄌㄨ鹿去（入）（读音）㊁ㄌㄧㄡ遛去（入）（语音）　liù
21. 绿㊀ㄌㄩ律去（入）㊁ㄌㄨ鹿去（入）（读音）　　lǜ
22. 脉㊀ㄇㄛ莫去（入）㊁ㄇㄞ卖去（入）（又读）　　mài/mò
23. 我㊀ㄨㄛ窝上（语音）㊁ㄜ阿上。　　　　　　　wǒ
24. 盾㊀ㄕㄨㄣ顺上㊁ㄉㄨㄣ顿去㊂❶（又读）。　　dùn
25. 蹲㊀ㄉㄨㄣ敦阴（语音）㊁ㄘㄨㄣ存阳（读音）　dūn
26. 麦㊀ㄇㄞ卖去㊁ㄇㄛ莫去（入）（读音）　　　　mài
27. 嘲㊀ㄓㄠ招阴（读音）㊁ㄔㄠ潮阳（语音）　　　cháo
28. 慑㊀ㄓㄜ折阳（入）㊁ㄕㄜ设去（入）（又读）　　shè

这 28 字，可分 3 种情况：

（1）"语音"（含"又读"）变"读音"且多为"独音（单音）"：黑、角、药、辙、储、洽、癣、掖、液、腋、肉、秔（粳）、蜗、刽、缆、赁、六、绿、我、盾、蹲、麦、嘲、慑。这一类字 24 个，最多，占 6/7，文读音被口语音直接取代。

（2）多音变单音：闯、踝、嬛。

（3）文白易位：脉。今除"含情～～"读 mò 外，其他场合皆读 mài。此非典型"文白易位"，更近"常用"与否的转换。

有些字的异读，看上去没有发生明显的"文白易位"：《国音字典》的"语音"，到《现汉》变"常用音"，"读音"变为"罕用音"，甚至已被弃用，例如：

烙，㈠ㄌㄨㄛ洛去（读音）烧，灼，熨；㈡ㄌㄠ潦去（语音）。

《现汉-5》"烙 luò"仅见于"炮烙"一词。

酪，㈠ㄌㄨㄛ洛去（入）（读音）；㈡ㄌㄠ潦去（语音）。

《现代汉语词典》（第5版）"酪"已是单音 lào。

烙酪，中古宕摄铎韵字，从元末明初开始，南方系官话一直是单音 lo 或 luo，而北方系官话则是"萧豪歌戈两韵并收"，读书音曾经长期是 lào，口语音是 lo 或 luo，至清中期"文白易位"，"萧豪"降为口语音，"歌戈"升为读书音。1949 至 1978 年间，一些字发生第二轮"文白易位"，虽然字数不多，但值得注意，不可忽略不计。常言道："例不十，法不立。"例已过二十，法可立矣。第二轮的"文白易位"，发生在 1949 年《国音字典》之后。这种变化，标志着以北京音为标准的北方系官话地位提升，且开始主导异读音正音化的方向。"掖液腋"3 字，今台湾"国语"仍以 yì 为标准音，"慑"字仍以 zhè 为正音，等等，不过是自外于这一演变方向的一种惯性运动而已。今日台湾国语与普通话的差异，很大程度上是因为未参与这第二轮"文白易位"。

胡明扬先生也很重视明末以来官话的"入声问题"。他为《语言自迩集》中译本作序时，还特别提出入声字在北京话的读音，"如'学'xio→xue/xiao 等等是怎么回事，是哪儿来的。"

现在，我们可以向胡先生报告：中古宕江摄入声字，《蒙古字韵》归萧豪韵，-ao、-iao 属北方系官话底层；《中原》萧豪歌戈"两韵并收"，歌戈韵是南方系官话的叠加；《翻译老乞大》（1517 年）"学"左音/正音 hhiaoω，右音/俗音 hio，跟《中原》一致；直到 1795 年《重刊老乞大》，278 年未有变化。到了《语言自迩集》，"学"成为多音字：$hsio^2$、$hsüeh^2$、$hsüo^2$、$hsiao^2$。其声母由舌根音颚化为舌面前音，歌戈韵的异读又多了 $hsüeh^2$、$hsüo^2$；未确指孰文孰白。

《国音字典》2音：㊀ㄒㄩㄝ靴阳(人)；㊁ㄒㄧㄠ效阳(人)。仍未指明文白。到1978年《现代汉语词典》成了单音"学 xué"——元明清三代的"俗音/口语音"，终于成为"正音/读书音"。这就是"学"的"正俗颠倒、文白易位"的历史。全程为461年。

"学 xué"只是这类字的字音演变模式之一，即变为歌戈韵单音。

另一种模式是变为萧豪韵单音，例如"酪郝觳勺芍药雹饺"。"藥(药)"，《语言自迩集》3音：yo⁴, yao⁴, yüeh⁴；《国音字典》药3音：㊀ㄩㄝ日阴(人)；㊁一ㄠ要去(人)；㊂ㄩㄝ月去(人)。"藥"之简写。藥2音：㊀一ㄠ要去(人)；㊁ㄩㄝ月去(人)(读音)。到1978年《现汉》，"藥(药)"亦"文白易位"，与"学"不同的，是"走向另一端"，单音 yào。

第三种模式，仍有文白异读，例如：薄 bo/bao，落 luo/lao，烙 luo/lao，络 luo/lao，凿 zuo/zao，雀 que/qiao，嚼 jue/jiao，削 xue/xiao，着 zhuo/zhao，角 jue/jiao，瘧 nue/yao，约 yue/yao，钥 yue/yao，剥 bo/bao，壳 ke/qiao。这些文白异读，稳定了吗？将一成不变吗？不见得。1978年《现代汉语词典》壳(殼)，ké 为"白"，qiào 为"文"，举例为"鸡蛋～儿｜子弹～儿"。然而，今天还有谁把它说成"鸡蛋 qiào 儿｜子弹 qiào 儿"？知道"甲～儿｜地～儿"当说成"甲 qiào 儿｜地 qiào 儿"的人也越来越少了。雀之 qiǎo、瘧之 yào、约之 yāo、嚼之 jué、角之 jué、钥之 yuè，知道且会说会用的人，亦日渐减少。这倒不是我们语文教学的过与失，而是社会语用发展的结果。这些字，能维持目前这种文白异读的将越来越少，它们会逐渐分化、或归"萧豪"或归"歌戈"而成单音。

这种"正俗颠倒、文白易位"的历史语音现象，通过《语言自迩集》可以看到许多，不限于已讨论的上述四组"两韵并收"。关心社会语用现实的读者，不难发现："又读""口语音"变"正音""读书音"、多音变单音的过程仍在继续，似乎在昭示着这么一条：从《语言自迩集》到《现代汉语词典》的百年间，"两韵并收"和"正俗颠倒、文白易位"之普遍性，可被确认为近现代北京话语音特征之一。《语言自迩集》的异读字表，正是进行此项考察的现成的、系统的资源依托。

近现代北京话为什么会有这种"两韵并收""正俗颠倒、文白易位"现象呢？

这得从两晋说起。"八王之乱""五胡乱华"导致西晋垮台,中原大乱,大批衣冠士族相率东渡南下,侨居长江中下游,拥戴东晋建都南京,将中原汉语带到吴楚旧地,"蚕食"出一大块,成为后来所谓的"江淮官话"区。随着长江流域经济文化短期内的长足繁荣发展,尽管南北对峙,北方少数民族上层和留在北方的汉族士民,皆尊南方的汉族政权与文化为正统。南下的中原汉语,虽然多少受到吴楚方言的一些影响,但绝对没有"变同吴语",甚至许多北朝人承认比他们口中的北方汉语更标准、更正统。北方汉语因"胡言胡语"的影响,虽然说不上"面目全非",但确实是变化很快很大,北方汉语古音系统的"瓦解",即肇始于此。与此同时,中原汉语不仅在长江中下游扎根,且其声调系统的研究,亦获突破,《切韵》应运而生,后续的《广韵》更成为科考标准韵书。由于历史及地缘的关系,"江淮官话"与"中原官话"不仅毗连,而且一直保持密切联系,以它们为主体,合成了传统所谓的"南方官话"。南方官话,很长一段历史时期,不仅通行区域最大,使用人口最多,且其文化地位亦远高于以北京为代表的"北方官话"。关于北京话通行范围,吕叔湘先生有过一个经典说法,非常重要却未被普遍留意:

> 现代的官话区方言,大体可以分成北方(黄河流域及东北)和南方(长江流域及西南)两系……北宋的时候,中原的方言还是属于南方系;现在的北方系官话的前身只是燕京一带的一个小区域的方言。(《近代汉语指代词》第 58 页)

其实,直到今天,"中原的方言还是属于南方系"。南北二系,虽说都是"官话",但在讨论北京话语音史、讨论近代官话和现代普通话语音史的时候,必须谨慎地严加区分,不可轻易混淆。可以以"萧豪歌戈"之"两韵并收"和"正俗颠倒、文白易位"为北京话、北方系官话的标志性特征。即以此为检测手段,区分南北二系。从这个角度来说,山东境内的"冀鲁官话",就属于南方系官话,而非北方系官话。刘淑学、高晓虹(2007)讨论宕江摄入声字韵母,通过保唐片、石济片、沧惠片 3 个表,已经明确显示出,在这一语音点上,冀、鲁两省的"冀鲁官话",根本不同。然而,论文将[ɔ、ɒ]与[au、iau]归为一类(第 201 页:"[au]类韵母""包括[auɔ ʌo]等"),于是,原本泾渭分明的两省"冀鲁官话",就"混为一团"了。这一"混",北京话的南部疆界就模糊了。我曾经提议划一条"语言三八线"作为南北二系官话的"同言线",①并且很想为此做一次实地踏勘,争取以村、镇而不是以县、市为基点。今暂借刘淑学、高晓虹(2007)所选基点先试划一条由东向南再向西的粗线条的同言线:

昌黎——天津——沧州——冀县——井陉——广灵(山西)
<u>39°72′</u>　<u>39°10′</u>　<u>38°33′</u>　<u>37°57′</u>　<u>38°03′</u>　<u>39°77′</u>

据网报,由北京到昌黎等处的高速公路行车距离(接近直线距离),分别是:282km、120km、214km、309km、358km、292km。这条"语言三八线"所勾勒的,就是以北京(北纬<u>39°26′~40°03′</u>)为圆心、半径二三百公里、由东向南再向西划出的一个"口袋"状半圆区域。"三八线"内侧,是以北京音为代表的北方系官话;"三八线"向南之外侧,是以南京音为代表的南方系官话。

"三八线"各基点和北京之宕江摄入声字"萧豪歌戈"文白异读情况如下:②

	歌戈	萧豪
北京:中原	31.37%	68.24%
伍伦	41.51%	58.49%
自迩集	67.44%	32.56%
今日	74.03%	25.97%
昌黎:	33.33%	66.67%
天津:	52.00%	48.00%
沧州:	40.55%	59.45%

---

① 张卫东(2010):北京在北纬 40 度线上。我们向南且退让 2 度,可划一条汉语方言"三八线",即北纬 38 度以北为北系官话区,以南为南系官话区:打开《汉语方音字汇》看看,以宕江摄入声的今音是萧豪韵还是歌戈韵为标准分检一下,即可清楚看到:北京是一个类型,而北京以下的济南、西安、太原、武汉、成都、合肥、扬州,是另一类型。这种情况不是孤立的,用其他标准再检查一下,结果仍相同。

② "语言三八线"各基点数据,依据刘淑学、高晓虹(2007)保唐片、石济片和沧惠片 3 表计算;北京数据请参见张卫东《论〈中原音韵〉的萧豪歌戈"两韵并收"》(北京:商务印书馆《语言学论丛》第 41 辑 2010 年)。前者未提供"两韵并收"数据,后者换算成不计"两韵并收"之数据。

冀州：	36.11%	63.89%
井陉：	58.33%	41.67%
广灵：	35.48%	64.52%

这个"半圆"的圆心——北京，南北官话交集最多、最频繁、最集中，变化最快且影响最大，同时有如波浪向外扩散荡漾，令周边区域或多或少、或速或缓地随之变化。今日看来，同言线各基点演变水平不尽相同：昌黎、冀州、广灵等相当于《中原》时代，沧州等相当于《伍伦》时期，天津、井陉等相当于《伍伦》之后、《自迩集》之前。同言线内侧"半圆"区域，以萧豪韵为底层，从北京到各处，大致是歌戈韵由74.03%渐远渐弱，萧豪韵由25.97%渐远渐强，呈正态分布。

"三八线"外侧，是南方系官话之北缘，以歌戈韵为底层，若有歌戈、萧豪之异读，其由北而南之变化，与同言线内侧正相反。刘淑学、高晓虹（2007）曾一再设问："这些方言中的两类读音是否文白差异？若是，是否与河北方言一致？如果是文白异读，并且与河北方言一样，A类为白读音，B类为文读音，那么两类读音的势力强弱为何与河北方言相反？一种可能是，……若说是……又无法解释……"（204—205页）"如果是文白差异，但与河北方言正好相反……不过，这很难解释……"（205页）显然十分为难。为解此惑，曾请出明末《合并字学集韵》（简称《合韵》），发现"到明末时，文读音已经占优势"（204页），并因此而判定《合韵》为北京音。但是，北京话的"B类文读音"，别说"明末"，就是清初（1720年《伍伦全备谚解》），亦仅止升至41.51%，可见，明末"文读音已经占优势"的，肯定不是北京音。高晓虹（2009）得出同样结论："《合韵》处于文强白弱的状态。"（84页）"文强"，强到"果摄"韵高达83.81%多，比今日北京尚且高出9.78%；"白弱"，弱到"效摄"韵不到16.19%，比今日北京还低9.78%。[①] 从这一语音特征来说，《合韵》反映的，无疑并非明末北京音。将这样一份非北京音材料，混入北京音的讨论，自然会陷入说不清、理不顺的"状态"。一个相对合理的解释可能是：张元善的家乡河南永

---

① 《合韵》萧豪、歌戈数据，依据郭力（2003，115—117）提供的"字谱"，亦换算成不计"两韵并收"之数据：萧豪16.19%，歌戈83.81%。请参见张卫东《论〈中原音韵〉的萧豪歌戈"两韵并收"》注①（《语言学论丛》第41辑，2010）。

城,属南方系官话区,虽然做京官,甚至出生在北京,然而,鉴于当时南方系官话仍是绝对"强势",他要做《合韵》,应该是记其家乡音,而不可能是一介门客徐孝的家乡音。张元善的家乡河南永城,北纬33°94′,在"语言三八线"外侧东南380公里处,河南省的最东部,确切无疑是南方系官话的北缘地带,以歌戈韵为底层,"文读音"占优势,那是很自然的;不多的几个萧豪音,是北方系官话影响、叠加的。

元明清北京话的底层,可以《蒙古字韵》为代表。《中原音韵》的萧豪歌戈"两韵并收"以及《中原》之后的皆来歌戈"两韵并收",都是南方官话歌戈"叠加"于北京话(北方系官话之中心)萧豪、皆来而成。同时代的南方官话中心(其北缘地带除外),却并未接受北方官话的影响,从《洪武正韵》到《交泰韵》,其宕江、曾梗摄入声字无一被"叠加"萧豪、皆来之类的异读音。在方言影响上,"作用力"与"反作用力"并不是"相等"的。这可以理解为,南方官话长期踞于强势地位,对于小而弱的北京话,具有单向的影响力,元末《中原》即反映了这种影响的结果。在那个时代,我们只见到"南"叠加于"北",而不见"北"叠加于"南"。这种单向作用力之强大,使得本不具备条件的某些字也叠加了"南音"。例如:耀、曜二字,中古效摄笑韵字,光也。照也。《广韵》并弋照切,《集韵》并弋笑切,不是宕江摄入声字,故不当有 yo⁴、yüeh⁴ 类异读,不可能形成萧豪、歌戈"两韵并收"。然而《自迩集》异读字表却显示为:耀 yao⁴、yo⁴、yüeh⁴,曜 yao⁴、yüeh⁴。这可能是因与"躍"(宕摄药韵,"两韵并收")形近而类推的结果。这一误读,在《国音字典》仍有反映(㊀ㄧㄠ要去,又读㊁ㄩㄝ阅去)。到《现汉》才回归效摄笑韵单音 yào。

到清代中后期1860年前后,南北官话的地位,终于颠倒过来了。北京话已经开始成为"帝国官话",已经占据强势地位,已经开始有了一些"对外"的影响力,即如威妥玛所说:"不论是不是事实,据说北京话的特征正逐渐渗入官话通行区域的所有各地方言。"(《语言自迩集》中译本第23页)其实,对于南方系官话北缘的部分地带而言,受北京话、以北京话为代表的北方系官话影响,宕江摄入声少数字叠加了萧豪韵而形成萧豪、歌戈的文白异读,于明末已经发生(见《合韵》)。然而,即使北京话已经开始成为"帝国官话"之后,南方官话对北京话的影响仍未停止,仍沿着传统方向继续着"惯性运动"。

从《语言自迩集》到《国音字典》再到《现汉》的许多字音变化,即如上文谈到的"掖、液、腋"3字,《广韵》同属梗开三入声昔韵字,并羊益切;《蒙古字韵》归四支入声,《中原》归齐微入声作去声,与"逸亦易"等字同音。到《语言自迩集》"掖腋"有了 i、yè 异读,到《国音字典》"液"也有了 yè"又读"。30 年后的 1978 年版《现汉》,"掖、液、腋"3 字同时弃[i]而就[ie],完成"文白易位"。

举凡论及"文白异读"的前辈学者,皆以今之"文"为"文"、今之"白"为"白",故有曰:"王力(1980)、忌浮(1985)等均把宕江摄入声字读歌戈韵看作文读,读萧豪韵看作白读。文读是受外方言影响形成的,是外来的层次。把文读离析出去,才能得到当时北京话固有的韵母系统。"(高晓虹、刘淑学 2008)这种视文白为一成而亘古不变的观点,已成传统、正统观点。可是,它不符合"文白异读"的"生命史",至少对北京话来说,不符合实际。试看谚解《老》《朴》宕江摄入声字的标音,左文右白(藥,左-iaw 右-io),[①]即可明白。自元至清,北京话的宕江摄入声字,以萧豪为文、歌戈为白,不是一天两天,而是四五百年。变成今之"以萧豪为白、歌戈为文",又是一个长达二百五十多年的历史过程,一个不能忽视、不可忽略的过程。其"文白易位",在北京话语音史上具有里程碑式的重大意义,具有跟其他方言相区别的堪称"区别特征"的地位与价值。这个"文白易位",有时还有反复,构成"文白再易位",即以前述 1949 年《国音字典》28 字为例:

《国音字典》(1949) 　　　　　　　　　《现代汉语词典》(1978)

2. 角㊀ㄐㄧㄠ饺上(语音)㊁ㄐㄩㄝ决阳(入)(㊀之读音) 　　　jiǎo
3. 藥㊀ㄧㄠ要去(入)㊁ㄩㄝ月去(入)(读音) 　　　　　　　yào

以上是宕江摄的。其他韵摄入声字,亦可见同类现象:

1. 黑㊀ㄏㄟ嘿阴㊁ㄏㄜ喝去(入)(读音)㊂ㄏㄟ嘿上 　　　hēi
4. 辙㊀ㄔㄜ徹去(入)㊁ㄓㄜ折阳(入)(语音) 　　　　　　 zhé
8. 洽㊀ㄒㄧㄚ匣阳㊁ㄑㄧㄚ卡去(又读) 　　　　　　　　 qià

---

① 在《老乞大》系列萧豪歌戈"两韵并收",亦有例外:(1)鹊-iaw-iao,自老四(1517 年)至老 A(1795 年)即自始至终左右音皆为萧豪韵;(2)薄,自老四(1517 年)至老七(1745 年)萧豪歌戈"两韵并收":薄-aw-o,到老 A(1795 年)却变为左右音皆萧豪韵:薄-aw-ao。但老四(1517 年)等早期各版本则无一字左右音皆为歌戈韵的。

14. 肉㊀ㄖㄨ入去(人)㊁ㄖㄡ柔去(人)❶(㊀之语音)　　　ròu
21. 绿㊀ㄌㄩ律去(人)㊁ㄌㄨ鹿去(人)(读音)　　　　　lǜ
22. 脉㊀ㄇㄛ莫去(人)㊁ㄇㄞ卖去(人)(又读)　　　　　mài/mò
26. 麦㊀ㄇㄞ卖去(语音)㊁ㄇㄛ莫去(人)(读音)　　　　mài

有些非入声字声韵调上的文白异读,也有"反复":

5. 闯㊀ㄌㄣ趁去㊁ㄌㄨㄤ窗上㊂ㄌㄨㄤ窗去　　　　　chuǎng
6. 储㊀ㄔㄨ除阳㊁ㄔㄨ楚上(又读)　　　　　　　　chǔ
7. 踝㊀ㄏㄨㄚ话去㊁ㄏㄚㄞ槐阳　　　　　　　　　huái
9. 癣㊀ㄒㄧㄢ掀上㊁ㄒㄩㄢ选上(语音)　　　　　　xuǎn
15. 秔(粳)㊀ㄍㄥ耕阴㊁ㄐㄧㄥ京阴(语音)　　　　　jīng
16. 蜗㊀ㄍㄨㄚ瓜阴㊁ㄨㄚ蛙阴(又读)㊂ㄨㄛ窝阴(又读)　wō
17. 刽㊀ㄎㄨㄞ快去㊁ㄍㄨㄟ贵去(又读)　　　　　　guì
18. 缆㊀ㄌㄢ滥去㊁ㄌㄢ览上(又读)　　　　　　　　lǎn

若视文白为一成而亘古不变,势必阻碍对于文白异读"生态环境""生态历程"即"生命史"的探求。抛开对于文白异读"生态""生命史"的实际认知,就谈不上任何具有理论价值和理论意义的解析。

从元末《蒙古字韵》和《中原音韵》、明中《翻译老乞大》到清代各版本谚解《老乞大》、清末《语言自迩集》、民末《国音字典》等历史文献所系联、显示的,就是同一个语言实体、同一个方言有机体的"生态演进"过程。这些文献,前后相承,记录并生动反映着各自所在时代的北京话。北京话,是一个客观实在的生命活体,自然会留下自己的生命足迹。其初始阶段,不妨假定它只是北方汉语的一个方言点,《蒙古字韵》是该方言点这一阶段的最后一个音系记录。随后,北京话进入一个新阶段,成为北方系官话通语的代表;《中原》为其初期语音记录。朝鲜高丽朝开始编写、使用的汉语教材《老》《朴》和《四声通解》等,虽声言以《中原》为准,但实际上是以它为"源头",紧紧追随中国本土汉语实际上是北京话语音、词汇、语法的演变,与时俱进,并相当及时地反映于随后的各个版本。从 1517 年《翻译老乞大》到 1796 年《重刊老乞大》200 多年间的各谚解本,忠实地反映了作为北方系官话通语代表的北京话,经历了自身的一系列变化,同时不断吸纳南方系官话、西部官话及其他方言的影响,正所谓"海纳百川,有容乃大",随着南京地位的衰落、北京地位的提升,持续的量变终于积累为质的突变,终于"大"到超越以南京为代表的南方系官话,到19世纪中期,成为全国性的官话通语。《语言自迩集》就是这一质变的全面、忠实而且相当精确的记录。当然,此时的官话通语,还不能跟今日之普通话划等号,稍事观察、比较,就能发现从《语言自迩集》经《国音字典》到《现代汉语词典》,不到百年,还有不少变化先后发生。这个最终成为全国通语、普通话的语言实体,就是这样"生命不息,演变不止",在北京这方热土上一步一个脚印地走出来,绝非所谓"文人头脑里的虚构",也不是1913年国语读音统一会"一省一票选出来的统一国语"。

参考文献

高晓虹(2009)《北京话入声字的历史层次》,北京:北京语言大学出版社。
耿振生(2007)《近代官话语音研究》(2005年研讨会论文集),北京:语言出版社。
郭力(1997/2003)《古清入字在〈合并字学集韵〉中的归调》,郭力著,《古汉语研究论稿》,北京:北京语言大学出版社。
刘淑学、高晓虹(2007)《冀鲁官话中宕江摄入声字韵母》,《语苑撷英(二)庆祝唐作藩教授八十华诞学术论文集》,北京:中国大百科全书出版社。
刘淑学、高晓虹(2008)《北京话韵母 o uo e ie ye 溯源》,《语言教学与研究》2008年第1期。
威妥玛(1886)《语言自迩集》(第二版,上海:上海海关总督统计署出版),张卫东编译《语言自迩集——19世纪中期的北京话》(2002),北京:北京大学出版社。
张卫东(2010)《再论威妥玛〈语言自迩集〉:现代汉语史之起始标志》,"欧洲人的汉语研究历史"国际研讨会暨世界汉语教育史研究学会第三届年会论文. 2010.9.13—14,罗马。
中国大辞典编纂处编,黎锦熙主编(1949)《国音字典》(《新部首索引国音字典》),上海:商务印书馆。

论古知庄章三组声母在近代汉语北方话中的读音分合

——以《万韵书》为例

刘淑学 李媛媛

论及古知庄章三组声母在近代汉语中的读音分合,学界大致分三种观点。一是合一观点,认为古知庄章三组声母在近代汉语北方话中,已经合流为[tʂ][tʂʰ][ʂ]一组声母。二是二分观点,认为古知庄章三组声母在近代汉语有些韵书音系中是二分的,陆志韦拟作[tʂ][tʂʰ][ʂ]和[tɕ][tɕʰ][ɕ]。三是认为古知庄章三组声母在音色上分作两类,由于它们出现的条件是互补的,在声母的归类构拟上宜拟一类,即把两组不同读音,看作一组声母的两组条件变体。

目前较多的论著持合一观点,认为在有些韵部中,三组声母字不同音,是韵母有无[i]介音的问题,[tʂ]组声母拼洪音,也可以拼细音。

我们认为,在近代汉语北方话中,知庄章三组声母不是整齐划一的合为一组声母了,可能在某部韵书音系中,三组声母已经合一,但在不少韵书音系中,是二分的(目前没发现三分的),而且同样是二分的韵书音系,二分的格局往往不同,需要具体音系具体分析,才能反映其真实面目。而且,因为读音差距大,只依靠条件互补这一条,就把这两组不同读音归纳为一组音位,不利于近代音及汉语语音史的研究。本文以《万韵书》为例,对古知庄章三组声母的读音分合,进行分析探讨。

《万韵书》[①]成书于乾隆六年,作者刘振统,山东高苑县(今滨州市高青县)人。据张鸿魁、张树铮考证,《万韵书》是作者方音音系的客观反映,方言

---

① 该书原名《万韵书》,后多次翻刻,现存版本都叫《万韵新书》。本文仍取其原书名。

特点十分浓重。作者根据方音实际设计了独特的音系框架、声韵调的数目及编排次序,编纂上,很少看到前此韵书的影响。这成为我们讨论清代山东高青一带方音,近代汉语北方话语音特点的珍贵资料。

《万韵书》共分 15 韵部:宫、刚、高、子、举、官、该、家、杰、孤、金、国、勾、吉、戈部。编排方式是:以韵部为纲,下分韵母,再下分声母,声母下分声调,声调下列同音字。

本文用的版本是乾隆二十三年上海大成书局印行的《万韵新书》。我们对该书中古知庄章三组声母字,做了穷尽性搜集,行文中剔除了音韵地位难以查找的生僻字和明显错置的字[①],进入本文研究的字共计 1327 字。

一 "有无[i]介音"观点,有时不能自圆其说

持合一观点的学者,把知庄章三组声母在同韵部同呼中分为两套字音的现象,解释为是有无[i]介音问题,这种观点在个别韵部中能解释通,如高韵部、官韵部。

(一) 高韵部[②]

- ● 嘲啁 效开二知 抓 效开二庄
- ○ 罩 效开二知 櫂 效开二澄 笊 效开二庄 擢 江开二澄 篧 江开二崇
- ○ 爪帉 效开二庄 獠 效开二知
- ● 抄 效开二初
- ○ 钞趠 效开二初
- ○ 炒吵 效开二初
- ○ 巢 效开二崇
- ○ 晁 效开三澄

---

① 删除它们,不会影响结论。
② 下文中的黑圈、白圈是原书故有的。每个黑圈下边的字声母、韵母相同,白圈用以区分声调。本文讨论的问题与声调无关,所以讨论中只关注黑圈的区分。并以黑圈后第一个字作为声韵相同一组字的代表。

- 梢稍筲捎弰蛸 效开二生
○ 哨 效开二生 抄 效开二初
○ 梢 效开二生
- 招昭钊 效开三章 朝嘲 效开三知
○ 勺酌妁 宕开三入① 章 着 宕开三入知 沼 效开三章
○ 赵兆肇旐洮 效开三澄 照诏 效开三章 召 效开三澄
○ 灼 宕开三入章 着 宕开三入澄 焫 宕开三入书 斮 宕开三入庄
- 超 效开三彻
○ 绰 宕开三入昌 诏 效开三昌 棹 效开二澄
○ 觇 效开三昌
○ 朝 效开三澄
- 烧 效开三书
○ 邵 效开三禅 召 效开三澄
○ 杓芍 宕开三入禅 铄烁烁 宕开三入书 硕 梗开三入禅 诏 效开三章 绍韶劭绍 效开三禅

高韵部只有开口呼字,来自效摄二等、三等,呈现出两套②同声韵字。"嘲抄梢"这一套为效摄开口二等知庄组字,"招超烧"这一套同声韵字多③为效摄开口三等知章字以及宕摄开口三等知章组入声字。孤立地看高韵部这两套同声韵字的区分,认为是韵母有无[i]介音的问题,能说得通。

(二) 宫韵部

宫韵部开口:

- 争筝 梗开二庄
○ 挣诤 梗开二庄
○ 睁 梗开二庄

---

① 音韵地位中,只标出入声字。阴声韵、阳声韵字不标。
② 一套同声韵字指的是韵母相同,声母发音部位相同而发音方法不同的一套字。
③ 只有斮是庄母字。

○ 彁梗开二崇

● 峥梗开二崇 撑梗开二彻 铮梗开二初

○ 争梗开二庄 挣梗开二初

○ 振梗开二平庚澄

● 生牲笙胜梗开二生

○ 鼪省梗开二生

● 征正钲梗开三章 祯贞桢梗开三知 侦梗开三彻 征症曾开三知 蒸烝曾开三章

○ 正政梗开三章 郑梗开三澄 证症曾开三章

○ 整梗开三章 拯抍曾开三章

● 称穪称曾开三昌 赪蛏 䞍梗开三彻

○ 秤曾开三昌

○ 逞梗开三彻 惩曾开三澄

○ 呈程裎梗开三澄 诚城盛成梗开三禅 䟫梗开三彻 乘曾开三船 承丞曾开三禅

● 声梗开三书 升昇陞曾开三书

○ 胜曾开三书 圣梗开三书 盛晟梗开三禅 乘曾开三船 椉梗开三彻

○ 繩塖曾开三船

宫韵部合口：

● 中忠衷通合三知 锺盅橦伀终螽螤通合三章

○ 仲重通合三澄 中蹱通合三知 种众通合三章

○ 肿种踵通合三章 尰瘇尰瘇通合三禅 冢塚通合三知

● 冲种翀蟲通合三澄 充冲忡䒦幢橦琮衝通合三昌 忡䒦踵通合三章 憃𪔵通合三书

○ 衝銃通合三昌

○ 宠趗塳通合三彻 蹱通合三昌

○ 虫虫重蝩通合三澄 舂通合三书 崇漴通合三崇

宫部开口呼字也分为两套同声韵字。"争峥生"这一套，来自梗摄二等知庄组字，"征称声"这一套来自曾梗摄开口三等知章组阳声韵字①。二、三等字读音不同。

合口呼字只有一套同声韵字，来自通摄合口三等知庄章三组声母阳声韵字，三组声母已经合流为[tʂ]组声母。

在开口呼中，二三等字读音对立，合口呼中只有三等字，知庄章三组声母合流。合一观点在宕韵部中也能解释得通，但是在官韵部中，将要受到挑战。

（三）官韵部

官韵部开口字：

- 湛 咸开二澄
○ 栈 山开二崇 站 咸开二知 绽缀 山开二澄 蘸 咸开二庄 赚偡 咸开二澄
○ 斩䤴 咸开二庄 𥁛酨 山开二庄
- 掺 咸开二生 搋 咸开二初
○ 谗 咸开二崇 忏 咸开二初
○ 铲刬虥剷 山开二初 产 山开二生 鞯 臻开三船
○ 谗毚馋巉巉镵镵 咸开二崇 骣孱 山开二崇 撎 山开二生
- 山删潸栅 山开二生 芟衫縿釤 咸开二生
○ 汕汕疝 山开二生 钐剼 咸开二生
- 占瞻詹占 咸开三章 霑沾 咸开三知 鱣遭 山开三知 旃毡 山开三章 怗 咸开三昌
○ 战颤 山开三章
○ 展辗橏 山开三知 椫 山开三章
- 襜 咸开三昌 鹯 山开三章
○ 䪜 咸开三昌
○ 讇 咸开三彻 幝 山开三昌 缠廛 山开三澄 蟾 咸开三章 禅 山开三禅
○ 廛缠蠼 山开三澄 蟾 咸开三蟾 婵蝉禅襢 山开三禅 鞯 臻开三船

---

① 曾、梗摄开口三等均没有庄组常用字。

- 羶煽搧 山开三书 苦 咸开三书
○ 善鳝墠蟮膳鄯禅单缮擅 山开三禅 赡 咸开三禅 馆 山开三章 骟 山开三书
○ 闪陕睒 咸开三书 焆 咸开三禅

官韵部合口呼：

- 专砖颛鄟 山合三章 嵩 山合三昌
○ 转传 山合三知 撰馔 山合二崇 僎 山合三崇 篆 山合三澄 剶 山合三章
- 川穿串 山合三昌 刹 山合三初 孱潺 山开三崇
○ 篡 山合二初
○ 喘舛 山合三昌
○ 船 山合三船 椽传 山合三澄
- 拴 山合二生
○ 撰 山合二崇 譔 山合三崇

　　知庄章三组声母在官韵部开口呼字中也分为两套同声韵字。"湛""掺""山"这一套为咸摄、山摄开口二等知庄组字。"占""襜""羶"这一套是咸摄、山摄开口三等知章组阳声韵字，与高韵部相同，同样呈现的是二等字与三等字的对立。我们再看官韵部合口字情况。

　　知庄章三组声母在官韵部合口呼字中，只有"专川拴"这一套同声韵字。这里既有山摄合口三等知组、庄组、章组阳声韵字，还有庄组二等阳声韵字（如：撰馔篡拴）。

　　开口呼和合口呼中，均有古三等、二等字。开口字分为两套同声韵字，二等字与三等字读音分立，而合口字合并为一套同声韵字，二等字与三等字读音合流。显然合口呼中，三等字已经失去了[i]介音和二等字一样读洪音了。

　　如果说，知庄章三组声母已经合流为[tʂ]组声母，卷舌音即可拼洪音又可拼细音，那么合口呼中的三等字为什么消除了[i]介音呢？开口呼、合口呼为什么有不同的表现呢？

官韵部开、合口的不同表现,只能说明,在官韵部合口字中,知庄章三组声母已经合流为[tʂ]组声母。在开口呼中,知庄章三组声母是二分的,知二庄二为一组声母,拼洪音,读为[tʂ]组声母。知三章组为一组声母,拼细音,读[tɕ]①组。由此,我们推断高部、宫部开口的两套同声韵字声母也分别为[tʂ]组和[tɕ]组。

二 庄三组与知三章组的读音对立,说明[tʂ]组声母不能拼细音

王力在《汉语语音史》中提到:"依汉语习惯,卷舌音后面不可能有[-i]、[-y],因为[-i]、[-y]是舌面音,与卷舌有矛盾。"下面韵部中,庄组三等字与知三章组字读音对立,而与知二庄字读音合流,为王先生的观点提供了事实证据。

(一) 刚韵部

刚韵部字来自宕、江摄阳声韵,知庄章三组声母只有开口字。

- ● 章漳樟璋彰麞嫜鄣粻獐_{宕开三章} 张_{宕开三知}
- ○ 丈仗扙_{宕开三澄} 嶂障瘴_{宕开三章} 帐胀涨_{宕开三知} 怅_{宕开三彻} 撑_{梗开二彻}
- ○ 掌偉仉蓳_{宕开三章} 长_{宕开三知}
- ● 昌猖阊菖淐鯧娼唱倡_{宕开三昌} 伥畅韔_{宕开三彻}
- ○ 唱倡_{宕开三去溪昌} 韔畅伥_{宕开三彻}
- ○ 敞厂氅_{宕开三昌} 昶_{宕开三彻}
- ○ 常尚徜尝嫦偿鋿_{宕开三禅} 苌场长肠_{宕开三澄} 筋_{宕开三书}
- ● 商伤殇慯晹謪_{宕开三书} 裳徜_{宕开三禅}
- ○ 上_{宕开三禅}
- ○ 赏晌_{宕开三书}

---

① 也可能读[tʃ]组声母,本文均记作[tɕ]组,下同。

- 庄装莊粧宕开三庄 桩江开二知 幢江开二澄
○ 壮宕开三庄 状狀宕开三崇 撞江开二澄
● 疮宕开三初 窗窓牕窻囱江开二初
○ 创剏刅宕开三初
○ 闯宕开三初
○ 床牀牀宕开三崇 噇憧撞江开二澄 䉶江开二崇
● 双双雙江开二生 霜孀孀宕开三生
○ 漴漴江开二生
○ 爽宕开三生

刚韵部的知庄章三组声母字，分成两套同声韵字。"章昌商"这一套为宕摄开口三等阳声韵知章组字。"庄疮双"这一套为宕摄开口三等庄组和江摄开口二等知庄组阳声韵字。宕摄庄组三等与宕摄知三章组读音分立，而与江摄二等字读音相同，显然庄三组字已经丢失[i]介音，与知二庄组字一样，声母读拼洪音的[tʂ]组声母。如果按合一者的观点，知庄章三组声母均已合一为[tʂ]组声母，并且既可拼洪音，也可拼细音，为什么庄三组字丢掉了[i]介音？为什么知三章组没有发生与庄三组同样的音变？这清楚地说明这里知二庄（包括二等三等）读拼洪音的[tʂ]组声母，知三章组读能拼细音的[tɕ]组声母。

无独有偶，我们再看国韵部情况。

（二）国韵部

国韵部开口：

- 侧昃厕曾开三入庄 责簀啧窄舴迮笮迮梗开二入庄 谪尼䙝梗开二入知
○ 宅翟择泽梗开二入澄
● 册策梗开二入初 恻测曾开三入初 拆坼梗开二入彻
● 色啬穑轖骰曾开三入生 索梗开三入生 虱蝨臻开三入生

国韵部合口：

- 追譂 止合三知 錐 止合三章 鎚 止合三澄
○ 坠縋 止合三澄 缀 蟹合三知 赘 蟹合三章
- 吹炊 止合三昌
○ 垂 止合三禅 椎槌锤鎚 鬌鬢 止合三澄 箠腄 止合三知 捶 止合三章
- 摔 臻合三入生
○ 睡瑞媔 止合三禅 税悦说浼 毳 蟹合三书
○ 水 止合三书 䬐 止合三生
○ 谁 止合三禅

国韵部开口、合口均只有一套同声韵字。开口字来源于曾摄、梗摄、臻摄开口三等庄组入声字和梗摄开口二等知庄组入声字。与刚部分合格局相同,庄组三等字与二等字读音相同,又一次说明庄组三等字已经失去了[i]介音,声母为能拼洪音的[tʂ]组声母,同时证明[tʂ]组声母不拼细音。

国韵部合口呼字主要为止摄合口三等知章组①、蟹摄合口三等知章②字。那么合口字还保留没保留[i]介音?声母是否读[tʂ]组声母呢?因为在北方话中,国部字读洪音,所以这里的知三章组声母应读[tʂ]组声母。

(三) 勾韵部

- 掫棷菆诹嚼媰䫂邹 流开三庄
○ 绉骤皱縐駎驟 流开三庄 骤鯫 流开三崇
○ 搊掬 流开三庄 搊 流开三初
- 簉 流开三庄
○ 篘 流开三初
○ 䏧 流开三昌
○ 愁 流开三崇
- 搜飕廀搜蒐 流开三生

---

① 止摄合口三等庄组字归"该"韵部,本部只有一个䬐字声母属庄组。
② 蟹摄合口三等无庄组常用字。

- ○ 瘦嗖膄 流开三生
- ● 周州舟赒周啁硐辀週 流开三章 辀盩俦 流开三知
- ○ 宙胄酎籀纣绸 流开三澄 咒 流开三章 盩 流开三澄 昼 流开三知
- ○ 肘 流开三知 帚菷 流开三章 杻 流开三彻
- ● 抽瘳 流开三彻 犨 流开三昌
- ○ 臭 流开三昌
- ○ 丑 流开三彻 魗 流开三昌 㑪 流开三章
- ○ 嚠雠酬仇醻 流开三禅 裯惆懤畤畴俦踌稠惆筹绸紬 流开三澄 踌 流开三知
- ● 收 流开三书
- ○ 受绶授售寿 流开三禅 狩兽 流开三书
- ○ 手守首 流开三书

勾韵部字来自流摄，知庄章三组声母只有开口三等字，分为两套同声韵字。"陬篘搜"这一套除瞍一个字外，均为流摄开口三等庄组字，"周抽收"这一套为流摄开口三等知章组字。

同是流摄三等字，如果知庄章已经合流为[tʂ]组声母，为什么庄组字与知章组字读音不同？显然是庄组已经先变为卷舌声母，由于卷舌声母不拼细音，使得韵母由细音变为洪音。同时说明，知三章组字仍保留[i]介音，声母为能拼细音的[tɕ]组。

我们再看金韵部的情况。

（四）金韵部

金韵部开口：

- ● 真甄畛振碪帪侲跈 臻开三章 珍珎 臻开三知 针斟箴 深开三章 斟 深开三入昌
- ○ 镇 臻开三知 振震赈臻开三章 阵 臻开三澄 朕 深开三澄
- ○ 轸疹缜紾诊袗廯 臻开三章 枕 深开三章 珍 臻开三知 冀 臻开三章 填 臻开三知 鸩 深开三澄
- ● 嗔瞋 臻开三昌 郴 深开三彻
- ○ 疢趁 臻开三彻 輶 臻开三章 蹠 深开三彻 称 曾开三昌

○ 渖深开三昌

○ 辰宸臣晨臻开三禅 陈尘陈臻开三澄 漘臻合三船 沉深开三澄 忱谌煁倖深开三禅

● 身申伸侁绅神臻开三书 深深开三书

○ 甚深开三禅 葚深开三船 肾慎脋深开三禅 駤深开三知

○ 沈审婶谂瞫深开三书 哂矧頤深开三书 渖深开三昌

○ 神臻开三船

● 揍榛臻蓁澱臻开三庄

○ 谐深开三庄

○ 艥臻开三庄

● 参磣深开三初 嵾咸开二庄

○ 衬儭深开三初 谶深开三初

○ 傪深开三初

○ 岑深开三崇

● 森参深开三生 莘姺诜駪甡臻开三生

○ 碪深开三知 渗深开三生

金韵部合口：

● 谆肫臻合三章 窀臻合三知

○ 鲟臻合三章

○ 准準臻合三上準章 隼

● 春臻合三昌 椿杶臻合三彻

○ 蠢臻合三昌

○ 唇屑滑漘臻合三船 纯醇淳鹑錞臻合三禅

● 顺臻合三船 舜臻合三书

○ 瞬橓臻合三书 盾楯臻合三船

金韵部字来自古深摄、臻摄阳声韵，知庄章三组声母只有三等字。开口呼中仍分为两套同声韵字，"真""嗔""身"这一套来自深、臻摄开口三等庄组字。

"搸""参""森"这一套来自深摄、臻摄开口三等知章组字,与勾、刚、国(开口)韵部的分合格局相同,不容忽视。又一次证明庄三组声母读[tʂ]组,韵母为洪音。知三章组声母读[tɕ]组声母,韵母为细音。其合口呼字中,只有一套同声韵字,为臻摄合口三等知章组字,北方话一般读合口呼,声母应读[tʂ]组声母。

三 只有一套同声韵字的韵部,恰成为知庄章三组声母二分的证据

(一) 子韵部、吉韵部

止摄开口字,依据古声母的不同,分归在《万韵书》音系的子部和吉部,所以我们把这两个韵部放在一起讨论。

1. 子韵部

- ● 枝支肢卮栀氏鳲衹吱𢮦氏芝楮纸舐止开三章 淄辎镏鲻缁止开三庄 胝止开三知
- ○ 指旨脂止开三章
- ○ 志忎痣至赘挚鸷踬誌止开三章 糦止开三昌 縶深开三入知
- ○ 纸𣋠枳疷衹趾止芷址祉祇旨止开三章 赦假开三书
- ● 㸚翅止开三章 蚩嗤饎眵夗齿炽止开三昌 差縒嵯止开三初 帜止开三章
- ○ 炽止开三昌
- ○ 纸豸止开三昌 厠止开三初
- ○ 齿茝止开三昌
- ○ 匙止开三禅 糦鸱觜止开三昌 茬止开三崇 峙止开三澄
- ● 师狮蛳蒒澌酾䍧止开三生 诗邿施菔絁尸鳲止开三书
- ○ 襹襹止开三生 涩澀深开三入 生虱臻开三入生 㴽梗开三入生
- ○ 士仕柿俟事止开三崇 使止开三生 是氏諟嗜视市恃䆁侍止开三禅 示止开三船 弑试箸止开三书 峙止开三澄
- ○ 是止开三禅 耆止开三章
- ○ 史止开三生 屎矢始豕弛止开三书

○ 时莳旹_{趧止开三禅} 漦_{止开三崇}

2. 吉韵部

- 知_{止开三知}
○ 只_{止开三章} 絷_{深开三知} 执_{深开三章} 质郅_{臻开三章} 职织䂂蟙_{曾开三章} 炙只_{梗开三章}
○ 智致踬植置_{止开三知} 治痔稚𥟖致諈雉緻_{止开三澄} 寘_{止开三章} 輜_{止开三庄} 制制_{蟹开三章} 廌滞_{蟹开三澄} 㯄_{蟹开三彻}。值_{曾开三入澄} 騺蛭桎劕_{臻开三入章} 铚窒庢_{臻开三入知} 秩_{臻开三入澄} 陟_{曾开三入知}
○ 直_{曾开三入澄} 姪侄佚绖_{臻开三入澄} 待_{通合三知}
● 痴䇷_{止开三彻} 蚩媸鸱_{止开三昌} 踟_{止开三知}
○ 尺赤卤_{梗开三入昌} 喫吃_{梗开四入溪} 敕勒逨鶩_{曾开三入彻} 绨耻耻_{止开三彻}
○ 斥_{梗开三入昌} 叱_{臻开三入昌} 扶_{臻开三入彻} 湜殖_{曾开三入禅} 侈_{止开三昌} 懘_{止开三知} 杝_{止开三彻}
○ 池驰麄趍杝持迟坻偋𤡉蚳_{止开三澄} 饬_{曾开三入彻} 𠛴_{止开三昌}
● 失室_{臻开三入书} 适奭释㨗_{梗开三入书} 识轼式饰栻拭_{曾开三入书} 湿_{深开三入书} 织_{止开三章}
○ 世势_{蟹开三书} 誓逝噬筮澨_{蟹开三禅}
○ 十什拾_{深开三入禅} 食蚀_{曾开三入船} 实_{臻开三入船} 寔殖_{曾开三入禅} 饰眡_{曾开三入书} 石_{梗开三入禅}

子韵部、吉韵部都只有一组同声韵字。似乎不存在知庄章三组声母二分的问题。但仔细察看，会发现，恰恰相反，他们是知庄章三组声母二分的很好证据。

子韵部、吉韵部字，来自止摄、蟹摄开口三等及深、臻、曾、梗摄开口三等入声字。深、臻、曾、梗开口三等知章组入声字归吉部，除曾摄外[①]，其他三摄三等庄组入声字归子部。蟹摄开口三等无庄组字，其知三章组字归吉部。它们的分合格局，与刚部、国部(开口)、勾部、金部(开口)相同。子部韵母为洪音，吉部韵母为细音。归子部的庄组字，应该读[tʂ]组声母，归吉部的知三章组字，应该读[tɕ]组声母。

---

① 曾摄开口三等庄组入声字归国韵部。

止摄开口三等知庄章组字,分归子、吉部,但分合格局与其他摄不同,为清楚起见,我们用数字说明问题。

表一:止摄知庄章三组声母字分归子、吉韵部的数量统计表

	知组声母		庄组声母		章组声母	
	个数	比例	个数	比例	个数	比例
子韵部	4	9.8%	27	96.4%	91	90.1%
吉韵部	37	90.2%	1	3.6%	10	9.9%

可以看出,96%的古止摄开口三等庄组和90%章组字归子韵部;90%的古止摄开口三等知组字归吉韵部,分类格局也很清楚。

也就是说,在蟹摄和深、臻、曾、梗摄入声字中,其开口三等知章组字读音相同,而与庄组字读音对立;在止摄开口三等字中,庄章组字读音相同,与知组字读音对立。

毫无疑问,子韵部字读开口乎,吉韵部字读齐齿呼。这里表面是韵母问题,其实是声母问题。它们均是古开口三等字,当初均读齐齿呼,同摄字的主要元音相近甚至相同,为什么在《万韵书》音系中韵母读音有了洪、细区别,主要元音的差别大到分属两个韵部?显然是止摄开口三等庄章组、深、臻、梗摄入声开口三等庄组声母的卷舌化,使得韵母发生了变化。也就是说止、蟹摄和深、臻、曾、梗入声韵开口三等字分归子部和吉部,是由于在《万韵书》音系中知庄章三组声母二分造成的。读子部的止开三庄章组和、深、臻、梗摄开口三等入声庄组应读[tʂ]声母。止开三知组、蟹开三知章组和深、臻、曾、梗摄开口入声三等知章组读[tɕ]组声母。也说明[tʂ]组声母不能拼细音,否则韵母就不会分化了。

(二)孤韵部、举韵部

遇摄合口三等知庄章组字在《万韵书》中,分归孤部、举部,我们把孤部、举部字放在一起讨论。

1. 孤韵部

● 竹筑竺钃 通合三入知 嘱烛喥祝粥杬 通合三入章 躅 通合三入澄 窋 臻合三入知

○ 助 遇合三崇

汉语音韵 159

- ○ 柚妯轴逐蓬舳躅通合三入澄 触擉通合三入昌 丵通合三入章
- ● 初刍通合三初 蓄通合三入初
- ○ 畜搐通合三入彻 健遇合三初
- ○ 楚础礎通合三初 畜通合三入彻
- ○ 锄鉏齟雏鶵稳蠋通合三崇 窡臻合三入知
- ● 疏蔬梳疎簌通合三入生 束通合三入书
- ○ 叔尗菽通合三入书 淑俶通合三入昌
- ○ 数通合三生 潄流开三生
- ○ 孰熟塾蜀属通合三入禅 赎欶通合三入船 烛瞩通合三入章 倏通合三书 述術①臻合三入船
殊通合三禅

2. 举韵部

- ● 朱通合三章 磖轴妯通合三澄 箸杼通合三澄
- ● 樗通合三彻
- ○ 出臻合三入昌 绌怵臻合三入彻 褚通合三彻 褚通合三知
- ○ 处虑通合三昌
- ○ 杵处通合三昌 褚通合三彻 黜通合三彻
- ○ 除储篨厨蹰通合三澄
- ● 书纾璪输鄃偷通合三书 枢姝通合三昌 摅通合三彻 殳投通合三禅
- ○ 树竖豎曙署薯通合三禅 庶恕通合三书 著宕开三入知
- ○ 暑黍鼠癙通合三书
- ○ 述術秫臻合三入船 殊通合三禅

孤韵部、举部字也各有一套同声韵字。孤部字来自遇摄合口三等庄组、通摄合口三等知章②组入声字及个别臻摄入声字。举部字来自遇摄合口三

---
① 行文中一般用简体字，只有用简体字不能区别意义时，用繁体字。
② 通摄合口三等庄组常用字，只有一个"缩"字，归在戈韵部。

等知章组、臻摄合口三等知章组入声字,及个别通摄入声字。

这里先谈遇摄字的归部。遇摄的庄组字在孤韵,知三章组字在举韵,前者韵母为洪音[u],后者韵母为细音[y]。清楚地说明庄组读[tʂ]组声母,从而消除了[i]介音。而知三章组声母读可以拼细音的[tɕ]组声母。

同理,归孤部的通、臻摄合口知三章组入声字读[tʂ]组声母,归举部的臻、通摄合口知三章组入声字读[tɕ]。只是通摄合口三等知庄章三组声母入声字基本归孤部,只有礴归举部,柚轴妯三字有孤、举两部异读。臻摄合口三等知章组入声字基本归举部,只有窋字归孤部,术述二字有举、孤两部的异读。这说明通摄、臻摄合口三等入声知章组声母处于由[tɕ]组声母向[tʂ]组声母的演变中,通摄知三章组的演变已经接近尾声,而臻摄知三章组的演变刚开始。

(三) 家韵部、杰韵部

假摄及咸山摄入声知庄章三组字依声母的不同分归家部、杰部,下面把家、杰部放在一起讨论。

1. 家韵部

家韵部开口:

- ● 扎_{山开二入庄} 渣楂_{假开二庄} 喳_{止合三禅}
- ○ 劄_{咸开二入知} 札_{山开二入庄}
- ○ 榨诈咋蚱酢笮苲_{假开二庄} 乍槎痄_{假开二崇} 蜡_{假开二崇} 拃_{山开二入庄}
- ○ 鲊鲝柞_{假开二庄}
- ○ 闸煠_{咸开二入崇} 紮_{山开二入庄} 鍘偛_{咸开二入知} 铡_{山开二入崇} 眨_{假开二崇} 髽_{假开二庄}
- ● 叉差杈_{假开二初}
- ○ 插臿喢扱_{咸开二入初} 敠_{咸开二入生} 察刹_{山开二入初} 杀_{山开二入生}
- ○ 衩_{假开二初} 诧_{假开二彻} 咤奼姹_{假开二知}
- ○ 查槎_{假开二崇} 茶搽_{假开二澄} 挿屠鍃_{咸开二入初}
- ● 沙砂纱鲨莎挱裟鬖_{假开二生} 槎_{假开二崇} 杉_{咸开二入生}
- ○ 杀煞_{山开二入生} 霎_{咸开二入生}
- ○ 厦_{假开二生} 翜_{咸开二生}

汉语音韵　*161*

○ 洒假开二生 傻假合二生 纚止开三生

家韵部合口：

○ 茁山合二入庄 窋山合二入知 顢山合二入彻 蔌山合二入初
○ 刷山合二入生 耍假合二生
○ 唰山合二入生

2. 杰韵部

杰韵部开口：

● 遮假开三章 摭拓梗开三入章
○ 折浙山开三入章 摺褶讘詟咸开三入章 哲蜇蟄喆嘉懾山开三入知 鷓假开三章
○ 跖拓梗开三入章 赭假开三章
○ 者假开三章
○ 蛰深三入澄 輒咸开三入知 讋咸开三入章 撤山开三入澄 蜇山开三入知 嚈假开三章
● 车砗革蜽岬假开三昌
○ 奢假开三书 撤彻莌山开三入彻
○ 扯库假开三昌 掣山开三入昌 彻山开三入彻
○ 撦赭假开三昌
● 赊奢假开三书 嗏假开三昌
○ 舍赦假开三书 社假开三禅 射麝假开三船
○ 舍2捨假开三书 设山开三入书
○ 舌山开三入船 折山开三入章 蛇假开三船 佘假开三禅 涉咸开三入禅 讘咸开三入章 歙咸开三入书

杰韵部合口：

● 拙茁柮椓山合三入章 輟惙錣裰畷醊餟剟輟山合三入知 啜歠山合三入昌
● 啜山合三入昌 剟諁山合三入知

家部开、合口,分别有一套同声韵字。开口呼主要是假摄开口二等知庄组字及咸、山摄开口二等知庄组入声字。合口呼主要是假摄合口庄组字及山摄合口二等知庄组入声字。

杰部开口、合口,也分别有一套同声韵字。开口呼字主要是假摄开口三等章组字及咸、山摄开口三等知章组入声字。合口呼字主要是山摄合口三等知章组入声字。总之,假摄及咸山摄入声的二等知庄组字归家韵部,三等知章组字归杰部。在北方话中,家部字除了二等见系字外,其余字韵母读洪音[a]、[ua],其声母应读[tʂ]组声母。而杰部字韵母读细音[iɛ][yɛ],其声母应读[tɕ]组声母。同为中古音的假摄字、咸、山摄入声韵字,因为声母的不同,而分归《万韵书》家、杰部,由对韵母的影响看,其声母的读音差异之大是不容置疑的。

《万韵书》共分 15 部,我们已经讨论了 13 部。未涉及的戈韵部、该韵部,字少,而且主要是庄组字和知二组字[①],与知三章组字没有瓜葛,从略。

四 从入声字的归部看知庄章三组声母的分合

入声韵尾消失后,入声韵字与阴声韵字读音合流叠置,但同摄,甚至同韵入声字,因声母的不同而分归不同的韵部。下面我们以古入声的消变轨迹为视角,观察一下古知庄章三组声母的读音分合。

知庄章三组入声字在《万韵书》中的归部,很有规律。

在《万韵书》中咸、山摄阳声韵字合并,归官部,但入声韵分归两个韵部,咸、山摄二等[②]知庄组字归家韵部。咸山摄三等知章组字归杰部。前者韵母为洪音,后者韵母为细音。

宕、江摄阳声韵在《万韵书》中合流,归刚部。但江摄二等知庄组入声字归戈部,宕摄开口三等知章组[③]入声字,归高部。江摄入声字读洪音,宕摄入

---

① 戈韵部:● 卓涿琢啄倬江开二入知 踔趠江开二入彻 棹效开二澄 ○ 浊濯擢镯江开二入澄 捉江开二入庄 镯江开二入知 娖江开二入初 ● 戳江开二入彻 齺江开二入初 朔槊数搠槊矟江开二入生 ○ 缩榛通合三生 所遇合三生。该韵部:○ 齄蟹开二庄 ○ 扻止开三章 ● 揣止合三初 ○ 嘬蟹合二初 ○ 揣止合三初 蠆蟹开二彻 ● 衰 1止合三生 ○ 帅止合三生 蟀率捽臻合三入生。

② 不点明呼,即包括开口、合口两呼,下同。

③ 宕摄开口三等无庄组入声字。

声字读细音。

深摄只有一个入声韵,即开口三等缉韵,但缉韵庄组字归子部,韵母为洪音。缉韵知三章组字归吉部,韵母为细音。

曾摄只有开口三等职韵有知系入声字,职韵庄组字归国部,韵母读洪音。职韵知三章组字归吉部,韵母读细音。

梗摄只有开口入声字,其中二等知庄组字归国部,读洪音。开口三等知章组字归吉部,读细音。

臻摄开口只有三等质韵有知系入声字,质韵庄组入声字归子部,韵母为洪音。质韵知章组入声字归吉部,韵母为细音。臻摄合口只有三等术韵有知系入声字,术韵庄组字归该部,韵母为洪音,术韵知章组字基本归举部,韵母读细音。只有窣字归孤部,术述二字有举、孤两部的异读。

通摄合口三等知庄章三组声母入声字基本归孤部,韵母读洪音,只有礴归举部,柚轴妯三字有孤部、举部异读。

知庄章三组入声的归部,演变轨迹很清楚。除通摄外,二等知组、庄组(包括二等三等),与知三章组分归不同韵部。前者韵母为洪音,当然声母应为[tʂ]组。后者韵母为细音,声母应为[tɕ]组。通摄合口三等入声知庄章三组基本合流为孤部,只有四字有举部读音。臻摄合口三等知章组入声字基本归举部,只有三字有孤部读音,说明这两类字正处于向卷舌音的演变进程中,前者已基本完成,而后者刚刚开始。

为清楚起见,列表展示知庄章三组声母入声字的归部情况。

表二:知庄章三组声母入声字在《万韵书》的归部表

古韵摄	呼	等	古声母	例字	《万》韵部	韵母洪细
咸摄	开	二	知二庄二	扎插闸	家部	洪音
		三	知三章	摺褶摄涉	杰部	细音
山摄入	开	二	知二庄二	札铡察杀	家部	洪音
		三	知三章	哲撤舌设	杰部	细音
	合	二	知二庄	刷	家部	洪音
		三	知三章	拙	杰部	细音
深摄入	开	三	庄三	涩	子部	洪音
			知三章	蛰汁湿拾	吉部	细音

（续表）

古韵摄	呼	等	古声母	例字	《万》韵部	韵母洪细
臻摄入	开	三	庄三	虱	子部	洪音
			知三章	秩质实失	吉部	细音
	合	三	庄三	率蟀	该部	洪音
			知三章	术(白木)出述秫	举(孤)部	细音(洪音)
宕摄入	开	三	知三章	着焯绰勺	高部	细音
江摄入	开	二	知二庄	桌戳捉朔	戈部	洪音
曾摄入	开	三	庄三	侧测色啬	国部	洪音
			知三章	直织识食	吉部	细音
梗摄入	开	二	知二庄二	拆窄摘责	国部	洪音
		三	知三章	积席尺石	吉部	细音
通摄入	合	三	知三章	竹逐叔熟	孤(举)部	洪音(细音)

同一韵摄，甚至同一个韵的入声字，由于声母不同，使有的韵母发生了变化，在《万韵书》音系中就分归了不同韵部。其声母的读音差异是不能忽略的。如果说知庄章三组声母已经合流为[tʂ]组声母，[tʂ]组声母既可以拼细音，又可以拼洪音，上述现象怎么解释？

声母的读音不同，影响到了韵母的归部，声母的读音差异应该是比较大的。所以只根据其成互补状态这一条，就把他们归为一组音位，不能彰显近代汉语语音的特点，不利于近代汉语语音及汉语语音史的研究。

五　结　语

1. 在《万韵书》音系开口呼字中，知二庄（包括二、三等）与知三章（止摄章组除外），读音分立，前者及止摄章组读[tʂ]组声母，后者读[tɕ]组声母。

2. 在合口字中，蟹摄、止摄、通摄（包括阳声韵、入声韵字），以及山摄、臻摄阳声韵字知庄章三组已经合流为[tʂ]组声母。遇摄和山、臻摄入声庄组[①]字读[tʂ]组声母，知三章组读[tɕ]组声母。

3. 在《万韵书》音系中，知庄章三组声母的演变是不平衡的。

---

① 遇摄合口三等庄组字和山摄合口二等庄组、臻摄合口三等庄组入声字。

庄三组的演变,快于知三章组,不管在开口呼,还是合口呼中,均与知二庄二合流为[tʂ]组声母。

合口呼的演变快于开口呼。在开口呼中,知二庄(含二等、三等)与知三章的读音分立很清楚。在合口呼中,只有遇摄及山摄、臻摄入声韵字保持着上述条件的分立,其他已经合流。

阳声韵合口字的演变,快于入声韵合口。山摄、臻摄阳声韵合口呼三组声母已经合流为[tʂ]组声母,入声韵仍保持读音对立。

有的音类正处于演变之中。如臻摄三等章组字大多归举部,个别有孤部读音,或有孤部的异读,说明多数字仍读[tɕ]组声母,但有的字已经读[tʂ]组。

4. [tʂ]组声母不能拼细音。

5. 知庄章三组声母读音二分,且读音差别较大,所以只根据条件互补这一条,就把两组读音归纳为一组音位,不能彰显三组声母在近代汉语北方话中的分合格局、演变轨迹。不利于近代音及汉语语音史的研究。

6. 知庄章三组声母在《万韵书》一部书中的演变尚不平衡,在近代汉语北方话中不会是整齐划一地合流为[tʂ]组声母了,应该具体音系,具体分析,才能如实反映出其真相。

参考文献

刘淑学、袁学章(2012)《论古知庄章三组声母在〈韵略汇通〉中的读音分合》,《语言科学》第 5 期,第 526—535 页。

刘淑学、李敏(2014)《〈韵略易通〉中知系声母的分合——以古韵摄的归部为切入点》,《中国语言学报》,第 258—273 页。

陆志韦(1988)《陆志韦近代汉语音韵论集》,北京:商务印书馆。

唐作藩(1991)《音韵学教程》,北京:北京大学出版社。

王洪君(2007)《〈中原音韵〉知庄章声母的分合及其在山西方言中的演变》,《语文研究》第一期,第 1—10 页。

王力(1985)《汉语语音史》,北京:中国社会科学出版社。

张鸿魁(2005)《明清山东韵书研究》,济南:齐鲁书社。

张树铮(2005)《清代山东方言语音研究》,济南:山东大学出版社。

十九世纪中叶厦门方言音系研究[*]

马重奇　马睿颖

一　《翻译英华厦腔语汇》作者事迹、成书时间及编写体例

《翻译英华厦腔语汇》作者罗啻（Rev, Elihu Doty, 1809—1864），1809 年 9 月 20 日出生于美国纽约州奥尔斑尼郡伯尔尼（Berne, Albany County, New York）。他 15 岁开始学做生意，后来考进 Rutgers College，1835 年毕业，再进 New Brunswick 神学院，1836 年毕业。同年，罗啻接受美国亚比丝喜美总会（ABCFM，亦称美部会）的委派，当海外宣教师，1836 年 6 月初搭船离开纽约，9 月到属爪哇巴达维亚（Batavia，今雅加达）。此地有不少闽南人，罗啻通过和他们交谈，接触了闽南语。巴达维亚是伦敦宣道会（London Missionary Society）在南洋的主要基地，他在那儿学习福建话。1838 年在新加坡，与博曼牧师（Rev. William John Pohlman）会合，两人在此建立传道站，向当地人进行宣教。

1844 年 6 月，罗啻和博曼受命来到厦门。起初在鼓浪屿传教，不久就搬入厦门岛，致力于学习和调查厦门话。1847 年 8 月萌发建立一座教堂的想法。在各方力量努力下，1848 年底，教堂竣工。次年 2 月 11 日举行献堂典礼。由于教堂位于市区中心东边的新街仔，因此取名"新街礼拜堂"，又简称为"新街堂"。新街仔堂是近代中国第一座基督教堂建筑，号称"中华第一圣堂"。

---

[*] 本文选题来源于马重奇主持的国家社会科学基金重大项目《海峡两岸闽南方言动态比较研究》(10ZD&128)。

罗啻牧师在新街堂工作了14年,为传教以及华人教会自治做出了贡献。

1850年,罗啻和打马字、养雅各布医生等宣教士,创造了以拉丁字母联缀切音的闽南语白话字。1852年,他们编撰的《唐话番字初学》出版,这是一本白话字教科书,也是闽南语拉丁字母的正字法学习教材。之后,他们又将《天路历程》《路得记》(1853)、《路加福音》(1866)、《约翰书信》(1870)、《加拉太书》、《腓立比书》、《歌罗西书》(1871)、《马太福音》(1872)翻译成闽南语。罗啻还用闽南语编写《乡训十三则》等书籍。1853年,在广州出版了《翻译英华厦腔语汇》(*Anglo-Chinese Manual with Romanized Colloquial in the Amoy Dialect*)一书,帮助宣教士学习闽南语。1858年,罗啻的妻子逝世,他带着4个孩子回国。1861年,他加入归正会,返回厦门工作。1864年3月,罗啻退休返美,不久病逝。(参考吴志福《罗啻牧师小传》)

《翻译英华厦腔语汇》是第一部标明汉英厦门方言的词典。正文之前是绪言INTRODUCTION部分,计12页,论及元音VOWELS、双元音DIPH-THONGS、辅音CONSONANTS、发送气音OF THE ASPIRATE以及鼻音NASAL SOUNDS、目录INDEX、音色与声调OF THE TONES AND TONAL MARKS等。正文部分共有160页,计26章,记载了厦门话许多语汇。其中的词汇参考了已故的博曼牧师自用的厦门方言词汇手册里的用字、注音符号和声调符号,增补许多词条,尤其是关于商贸和货物用语。即:1.宇宙(THE UNIVERSE);2.元素(ELEMENTS);3.人类(OF MAN-KIND);4.生命之关系(RELATIONS OF LIFE);5.专业与就业(PROFES-SIONS AND EMPLOYMENTS);6.建筑科技(OF ARCHITECTURE);7.家具(OFFURNITURE);8.礼服(OF DRESS);9.膳食和食物(OF MEALS AND FOOD);10.动物学(OF ZOOLOGY);11.工具和手段(TOOLS AND INSTRUMENTS);12.畜牧业(OF HUSBANDRY);13.船只和导航(OF VESSELS AND NAVIGATION);14.文学作品/文献(OF LITERATURE);15.文学考试和学位(LITERARY EXAMINATIONS AND DEGREES);16.各级官员(OFFICERS OF STATE);17.军官和事务(MILITARY OFFICERS AND AFFAIRS);18.药物及药品(DRUGS AND MEDICINES);19.按英文字母排列的商业词汇与词组(ALPHABETICAL

LIST OF COMMERCIAL WORDS AND PHRASES);20. 商品章程(ARTICLES OF MERCHANDISE);21. 数字和序(NUMERALS AND ORDINALS);22. 类符(CLASSIFIERS OF VARIOUS THINGS);23. 时间和季节(OF TIMES AND SEASONS);24. 度量衡(OF WEIGHTS AND MEASURES);25. 宗教(OF RELIGION);26. 词类(VARIOUS PARTS OF SPEECH)。该书的编排体例是:每个义类一章,每个义类下又分若干小类。每页分成三列,第一列为英文释义,第二列为厦门方言词语(用汉语表示),第三列则用字母拼音标出该词在厦门话中的读音。该书问世后在新加坡、厦门、台湾影响较大,流传较广。

现将罗啻《翻译英华厦腔语汇》(1853)的声韵调系统整理分析如下。

二 十九世纪中叶厦门方言声母系统研究

罗啻(Elihu Doty)在《翻译英华厦腔语汇》序言"辅音 CONSONANTS"部分是这样描写厦门方言声母的:

B 和英文中的 B 力量一样。按:B 相当于双唇、不送气浊塞音[b]。

CH 是一个简单的辅音,而力量上几乎像 chit-chat 中的 ch;但近似于 its 中 ts 的声音。按:CH 相当于舌尖前、不送气清塞擦音[ts]。

G 总是很硬,像在英语 go、gate 中那样。按:G 相当于舌面后、不送气浊塞音[g],就如英语 go、gate 中的 g。

J 的硬硬的声音和英文单词 judge 中的一样。按:J 相当于舌尖前、不送气浊塞擦音[dz]。

L 与英文中的几乎一致。要发 L,则发音器官应该像发 d 的音一样放置。因此,读音像 bedlam 中的 dl 的声音。按:罗常培在《厦门音系》(1930)中对此声母做了语音描写:"l 是舌尖中、带音的边音。但是舌头极软,用力轻松,两边所留的通气空隙很小,听起来并不像北平的[l]音那样清晰,几乎有接近[d]音的倾向。所以厦门人用'老'字音注英文的 d 母,并且模仿外国语里用 d 字起头儿的字往往用 l 音来替代它。"[①]可见,罗啻对 L 的描写还是

[①] 罗常培《厦门音系》,北京:科学出版社 1956 年版第 6 页。

较为准确的。

N 和英文中的一样。按：N 相当于舌尖中、浊鼻音[n]。

S 有着英语 See 或 Cede 中的 c 一样的力量。按：S 相当于舌尖前、清擦音[s]。罗常培(1930)说："[s]是舌尖前,不带音的摩擦音。略近北平'希'字的音。用严式标音应当写作[ɕ卜]式。这个声母在单纯的[i]韵跟[a]、[o]、[ɔ]、[e]、[u]、[ŋ]音以前一律读成[s]音。可是在齐齿的 i-类韵母以前,往往接近俄文颚化的 s[ṣ]。"①

H 放在开头则是一个很强的送气音,比在英文中的更强。按：H 相当于喉音、清擦音[h]。

K 若在开头,则和英文中的一样。按：K 相当于舌面后、不送气清塞音[k]。

P 在开头时,和英文的一样。按：P 相当于双唇、不送气清塞音[p]。

T 发音时舌头抵住上齿背,并在相应更低点的位置停留。t 在开头时,几乎和英文中一样。按：T 相当于舌尖中、不送气清塞音[t]。

m,ng 的发音正如英语 man、home 的 m,sung、song 的 ng。但在厦门话中这两个音可以不与元音结合而单独发音。厦门话中 m、ng 这两个音被当成有内在元音,这个内在元音是一个短 u,如 but、kut 中的 u。它的发音完全通过鼻子,m 如书面的 ūm 或 hm,ng 如书面的 ūng 或 hng。按：m 相当于双唇、浊鼻音[m],如同英语 man、home 的 m。ng 相当于舌面后、浊鼻音[ŋ],如同英语 sung、song 的 ng。但是在厦门话中这两个音可以不与元音结合而单独发音,称作声化韵。它们可以与声母[h]相拼,构成[hm]音节或[hŋ]音节。

罗啻在《翻译英华厦腔语汇》中记载了 18 个声母,现与泉州方言韵书《汇音妙悟》(1800)声母②和漳州方言韵书《汇集雅俗通十五音》(1818)声母进行共时比较：

---

① 罗常培《厦门音系》,北京：科学出版社 1956 年版第 7 页。
② 马重奇《闽台方言韵书音系比较研究》,北京：中国社会科学出版社 2008 年版。

表一：厦门、泉州、漳州声母系统共时比较

汇音妙悟	柳[l/n]	边[p]	求[k]	气[kʻ]	地[t]
汇集雅俗通十五音	柳[l/n]	边[p]	求[k]	去[kʻ]	地[t]
翻译英华厦腔语汇	l[l]林雷/n[n]染	p[p]父白玻	k[k]工光金	kʻ[kʻ]虹孔捆	t[t]堂地宙
汇音妙悟	普[pʻ]	他[tʻ]	争[ts]	入[dz]	时[s]
汇集雅俗通十五音	颇[pʻ]	他[tʻ]	争[ts]	入[dz]	时[s]
翻译英华厦腔语汇	pʻ[pʻ]葡打朴	tʻ[tʻ]天土桐	ch[ts]做水珠	j[dz]仁日儿	s[s]小食杉
汇音妙悟	英[ø]	文[b/m]	语[g/ŋ]	出[tsʻ]	喜[h]
汇集雅俗通十五音	英[ø]	门[b/m]	语[g/ŋ]	出[tsʻ]	喜[h]
翻译英华厦腔语汇	以 a,e,i,o,u 开头[ø]洋暗荫影	b[b]母雾木 m[m]脉骂棉	g[g]牙月银 ng[ŋ]傲五雅	chʻ[tsʻ]星材册	h[h]园海云

可见，《翻译英华厦腔语汇》与泉州和漳州方言韵书的"十五音"相似，罗氏用罗马字记载了18个声母，比方言韵书高明一些。其中[m]、[n]、[ŋ]是[b]、[l]、[g]的音位变体。如"溜"读作[liu]，"微"读作[bui]，"牛"读作[giu]。当[b]、[l]、[g]与鼻化韵相拼时，就分别变成了[m]、[n]、[ŋ]。如"林"读作[nā]，"骂"读作[mā]，"雅"读作[ŋā]。凡是以元音 a、o、e、i、u 开头的音节即零声母[ø]。《翻译英华厦腔语汇》声母系统与周长楫《厦门方言研究》[①]声母系统基本上相同。周氏声母系统介绍如下：

表二：周氏声母系统

声母	例字	声母	例字	声母	例字	声母	例字
p	补悲	pʻ	普披	m	茂棉	b	某味
t	肚知	tʻ	土耻	n	努泥	l	鲁利
ts	祖芝	tsʻ	楚市	s	所是		
k	古基	kʻ	苦欺	ŋ	午硬	g	五义
ø	乌衣	h	虎希				

《翻译英华厦腔语汇》18个声母，比《厦门方言研究》多了舌尖前浊塞擦音[dz]母，"仁"读作[dzin]、"日"[dzit]、"儿"[dzi]。传统十五音"入"声母字

---

① 周长楫、欧阳忆耘：《厦门方言研究》，福建人民出版社1998年版第8页。

在现代厦门方言已归入"柳"声母,读作舌尖中浊边音[l],如"仁"读作[lin]、"日"[lit]、"儿"[li]。这是厦门方言声母音变的一种现象。

三 十九世纪中叶厦门方言韵母系统研究

罗啻在《翻译英华厦腔语汇》序言里这样描写厦门方言韵母:

A 通常这个元音就像英语 father 中的 a,当它的前面还有另一个元音,或其后跟着的是 m、n、p 或 t 时,它变得平坦,而力量几乎和 man、cat 里的 a 一样,如 tian,tiap;hian,hiat。按:关于厦门话 A 元音的音值,罗序分为两类,一是像英语 father 中的 a,可以拟音为后、低、不圆唇元音[ɑ],二是如 tian,tiap;hian,hiat 中的 a,可以拟音为前、低、不圆唇元音[a]。作为外国传教士已经不容易了。罗常培(1930)也做了分析,他认为[a]含有三个音值:凡是单用或在[ai]、[uai]、[au]、[iau]、[āi]、[uāi]、[an]、[ian]几韵里舌的部位比第四标准元音[a]稍后,用严式标音可以读作[a⊣];凡是在[ia]、[iā]、[uā]、[āu]、[iāu]、[uan]、[aŋ]、[iaŋ]、[at]、[ak]几韵里近于中性的[A]音,用严式标音可以读作[A];凡是在[ua]、[uaŋ]、[uat]、[am]、[ian]、[ap]、[iap]几韵里,便退到中性[A]跟第五标准元音[ɑ]的中间,用严式标音可以读作[ɑ⊢]。可见罗常培分析的更为透彻。

E 这个元音单独作为一个音节时,如 they 中的 ey,make、mate 中的 a。但是在混合音节中,接近于 men、met 中的 e,如 tieng,tiek;hieng,hiek。按:关于厦门话 E 元音的音值,罗序分为两类,一是如英语 they 中的 ey,make、mate 中的 a,读作前、半高、不圆唇元音[e];二是接近于 men、met 中的 e,读作前、半低、不圆唇元音[ɛ]。

I 这一元音如 police 中的 i,或 me 中的 e,当 i 后面跟着其他元音,它的发音保持单纯的发音,但是比较短,如 hiong,hiok;hieng,hiek。按:罗啻把 I 的音值分为两类:一是长元音[iː],如英语 police 中的 i,或 me 中的 e;二是短元音[i],当 i 后面跟着其他元音,它的发音保持单纯的发音,但是比较短,如 hiong,hiok;hieng,hiek 中的 i。

o 当单独作为一个音节或后面紧跟 h,o 的发音如 go、so 中的 o。按:o

当单独作为一个音节或后面紧跟h,其发音如go、so中的[o]。[o]属后、半高、圆唇元音。

o. 发音如lord中的o,all、wall中的a。但混合音节中,那个点被省略,如ho,hoh;hiong,hiok;kong,kok。按:o.发音如lord中的o,all、wall中的a。这里的o读作长元音[ɔː]。但如果在混合音节中,如ho,hoh;hiong,hiok;kong,kok中的o,就读作[ɔ]。[ɔ]属后、半低、圆唇元音。

U 这个元音似glue中的u,wool中的u。按:U发音如glue中的u,wool中的u,就读作[u]。[u]属后、高、圆唇元音。

Ai 如aisle中的ai,或high中的i,例如:hai。按:Ai属双音节复元音,如英语aisle中的ai,或high中的i,读作[ai]。

Au 发音如pound、found中的ou,或cow中的ow。按:Au属双音节复元音,如英语pound、found中的ou,或cow中的ow,就读作[au]。

当H在末尾时,几乎不发音;但是用来表示前面元音或双元音声音的突然停顿。末尾h是入声的标志,发音就像突然被打断,或者在元音发音完整前切断:如ho-hoh。按:厦门话有一种入声韵尾,即收喉塞尾[-ʔ]的。罗序明确说明末尾h是入声的标志,发音就像突然被打断,或者在元音发音完整前切断,如ho-hoh。

K 在结尾,则是入声的标志,或是以ng结尾的字的相应的入声,发音器官的放置和说ng时的一样,但声音会突然停止;舌头的中部触及上腭时,ng的鼻音没有了,而这个声音特像black-cat中的k的发音。按:厦门话有一种入声韵尾,即收清辅音尾[-k]的。罗序明确说明以ng结尾的字的相应的入声,发音器官的放置和说ng时的一样,但声音会突然停止,如black-cat中的k的发音。

P 在结尾时,与以m结尾的字有同样的关系,就像上述的k与以ng结尾的字的关系一样。它是入声的标志,作为末尾的读音时,P就像hop-per的第一个P,或是hip-hop的第一个P。按:厦门话有一种入声韵尾,即收清辅音尾[-p]的。罗序明确说明以m结尾的字有同样的关系,就像上述的k与以ng结尾的字的关系一样,作为末尾的读音时,P就像hop-per的第一个P。

结尾的 t 是短促的,或是以 n 结尾的词的入声调的标志,因此,注意 k 和 P 这样的字和以 ng 跟 m 结尾的字之间的相同关系。在末尾的 t 的力量与 hit-him 的 t 非常像,或者与 that-thing 中的第 2 个 t 相似。按:厦门话有一种入声韵尾,即收清辅音尾[-t]的。罗序明确说明以 n 结尾的词的入声调的标志,因此,注意 k 和 P 这样的字和以 ng 跟 m 结尾的字之间的相同关系,如 hit-him 中的 t。

现将罗啻《翻译英华厦腔语汇》的正文中的 74 个厦门方言韵母进行整理分类,并与黄谦《汇音妙悟》(1800,泉州音)和谢秀岚《汇集雅俗通十五音》(1818,漳州音)进行共时比较如下:

表三:元音韵母(16 个,单元音 6 个,复元音 10 个)

翻译英华厦腔语汇	a[a]柴脚查	o·[ɔ]土涂乌	o[o]瑚璃玻	e[e]马璃火
汇音妙悟	[a]嘉	[ɔ]高	[o]刀	[e]西
汇集雅俗通十五音	[a]胶	[ɔu]沽	[o]高	[e]伽
翻译英华厦腔语汇	i[i]枝子起	u[u]宇雾珠	ia[ia]社野瓦	oa[ua]大沙舵
汇音妙悟	[i]基	[u]珠	[ia]嗟	[ua]花
汇集雅俗通十五音	[i]居	[u]艍	[ia]迦	[ua]瓜
翻译英华厦腔语汇	io[io]蕉烧桥	oe[ue]地花溪	ui[ui]雷水桂	iu[iu]宙树柳
汇音妙悟	[io]烧	[ue]杯	[ui]飞	[iu]秋
汇集雅俗通十五音	[io]茄	[uei]桧	[ui]规	[iu]丩
翻译英华厦腔语汇	ai[ai]海梨菜	au[au]口头沟	iau[iau]潮料消	oai[uai]歪乖快
汇音妙悟	[ai]开	[au]郊	[iau]朝	[uai]乖
汇集雅俗通十五音	[ai]皆	[au]交	[iau]娇	[uai]乖
翻译英华厦腔语汇	——	——	——	——
汇音妙悟	——	[ɯ]居	[ə]科	[əe]鸡
汇集雅俗通十五音	[ei]稽	——	——	——
翻译英华厦腔语汇	——	——		
汇音妙悟	——	[ɔu]钩		
汇集雅俗通十五音	[ɛ]嘉	——		

上表可见,《翻译英华厦腔语汇》与《汇音妙悟》《汇集雅俗通十五音》共有的韵母:[a]、[o]、[e]、[i]、[u]、[ia]、[ua]、[io]、[ui]、[iu]、[ai]、[au]、[iau]、[uai]。不同之处:(1)《翻译英华厦腔语汇》与《汇音妙悟》有[ue]韵母,《汇集雅俗通十五音》则读作[uei];(2)《翻译英华厦腔语汇》与《汇音妙悟》有[ɔ]韵母,《汇集雅俗通十五音》则读作[ɔu];(3)《汇集雅俗通十五音》有

嘉韵母[ɛ]、稽韵母[ei]，《翻译英华厦腔语汇》与《汇音妙悟》则无；(4)《汇音妙悟》有居韵母[ɯ]、科韵母[ə]、鸡韵母[əe]，《翻译英华厦腔语汇》则无；(5)《汇音妙悟》有钩韵母[ue]，《翻译英华厦腔语汇》则无。可见，《翻译英华厦腔语汇》并无漳州韵母[uei]、[ou]、[ɛ]、[ei]，也无泉州韵母[ɯ]、[ə]、[əe]、[ue]。

表四：阳声韵母(15个，-m 韵尾 4个，-n 韵尾 5个，-ŋ 韵尾 6个)

翻译英华厦腔语汇	an[an]丹田产	in[in]真身仁	un[un]云银粉	ian[ian]铅珊烟
汇音妙悟	[an]丹	[in]宾	[un]春	[ian]轩
汇集雅俗通十五音	[an]干	[in]巾	[un]君	[ian]坚
翻译英华厦腔语汇	oan[uan]源番蒜	am[am]暗杉柑	iam[iam]盐点焰	im[im]荫金浸
汇音妙悟	[uan]川	[am]三	[iam]兼	[im]金
汇集雅俗通十五音	[uan]观	[am]甘	[iam]兼	[im]金
翻译英华厦腔语汇	om[ɔm]参	aŋ[aŋ]铜红港	iaŋ[iaŋ]双央掌	oaŋ[uaŋ]口(缥致)
汇音妙悟	[əm]箴	[aŋ]江	[iaŋ]商	[uaŋ]风
汇集雅俗通十五音	[ɔm]箴	[aŋ]江	[iaŋ]姜	[uaŋ]光
翻译英华厦腔语汇	ieng[iŋ]虹种松	oŋ[ɔŋ]黄王狼	ioŋ[iɔŋ]涨中伤	——
汇音妙悟	[iŋ]卿	[ɔŋ]东	[iɔŋ]香	[ən]恩/[əŋ]生
汇集雅俗通十五音	[ɛŋ]经	[ɔŋ]公	[iɔŋ]恭	——

上表可见，《翻译英华厦腔语汇》与《汇音妙悟》《汇集雅俗通十五音》共有的韵母：[an]、[in]、[un]、[ian]、[uan]、[am]、[iam]、[im]、[aŋ]、[iaŋ]、[uaŋ]、[ɔŋ]、[iɔŋ]。不同之处：(1)《翻译英华厦腔语汇》与《汇集雅俗通十五音》有[ɔm]韵母，《汇音妙悟》则读作[əm]；(2)《翻译英华厦腔语汇》与《汇音妙悟》有[iŋ]韵母，《汇集雅俗通十五音》则读作[ɛŋ]；(3)《汇音妙悟》有[ən]、[əŋ]韵母，《翻译英华厦腔语汇》则无。可见，《翻译英华厦腔语汇》还保留着现代漳州方言特有的韵母[ɔm]，泉州特有的韵母[əm]、[ən]、[əŋ]并未保留。

表五：声化韵母(2个)

翻译英华厦腔语汇	m[m]梅不母姆	ng[ŋ]光影钢		
汇音妙悟	[m]梅	[ŋ]毛		
汇集雅俗通十五音	[m]姆	[ŋ]钢		——

可见，声化韵[m]、[ŋ]是福建厦漳泉闽南方言共有的韵母。

表六：鼻化韵母(12个)

翻译英华厦腔语汇	aⁿ[ã]林篮胆	o·ⁿ[õ]五火冒	eⁿ[ẽ]骂暝	iⁿ[ĩ]天星晶
汇音妙悟	[ã]弍	[õ]栽	——	[ĩ]青
汇集雅俗通十五音	[ã]监	[õ]扛/[õu]姑	——	[ĩ]栀
翻译英华厦腔语汇	iaⁿ[iã]影烧城	oaⁿ[uã]寒炭干	uiⁿ[uĩ]梅	iuⁿ[iũ]樟香洋
汇音妙悟	[iã]京	[uã]欢	[uĩ]管	[iũ]箱
汇集雅俗通十五音	[iã]惊	[uã]官	[uĩ]裤	[iõ]姜/[iũ]牛
翻译英华厦腔语汇	aiⁿ[ãi]指歹间	oaiⁿ[uãi]横拐县	auⁿ[ãu]闹	iauⁿ[iãu]鸟猫爪
汇音妙悟	[ãi]僆	[uãi]关	[ãu]嘐	嚆[iãu]
汇集雅俗通十五音	[ãi]间	[uãi]闩	[ãu]爻	超[iãu]
翻译英华厦腔语汇	——	——	——	——
汇音妙悟	——	——	——	——
汇集雅俗通十五音	[ɛ̃]更	[uẽi]檾	[õu]姑	[iõ]姜/

上表可见，《翻译英华厦腔语汇》与《汇音妙悟》《汇集雅俗通十五音》共有的韵母：[ã]、[õ]、[ĩ]、[iã]、[uã]、[uĩ]、[iũ]、[ãi]、[uãi]、[ãu]、[iãu]。不同之处：(1)《翻译英华厦腔语汇》有[ẽ]韵母，《汇音妙悟》《汇集雅俗通十五音》均无；(2)《汇集雅俗通十五音》有[õu]、[iõ]、[ɛ̃]、[uẽi]韵母，《翻译英华厦腔语汇》与《汇音妙悟》则无。

表七：入声韵母(-ʔ韵尾11个)①

翻译英华厦腔语汇	ah[aʔ]甲肉打	oh[oʔ]薄学桌	eh[eʔ]月白柏	ih[iʔ]铁舌篾
汇音妙悟	[aʔ]百	[oʔ]卓	[eʔ]格	[iʔ]力
汇集雅俗通十五音	[aʔ]甲	[oʔ]作	[eʔ]啄	[iʔ]铁
翻译英华厦腔语汇	uh[uʔ]铲托	iah[iaʔ]锡脊甓	oah[uaʔ]葛柜擦	ioh[ioʔ]石叶药
汇音妙悟	[uʔ]脬	[iaʔ]壁	[uaʔ]割	[ioʔ]借
汇集雅俗通十五音	[uʔ]拄	[iaʔ]摘	[uaʔ]喝	[ioʔ]尺
翻译英华厦腔语汇	oeh[ueʔ]筴笠铗	uih[uiʔ]血	auh[auʔ]雹落	——
汇音妙悟	[ueʔ]八	[uiʔ]拔	[auʔ]鋏	[iauʔ]碻
汇集雅俗通十五音	[ueiʔ]说	——	[auʔ]博	[iauʔ]抴
翻译英华厦腔语汇	——	——	——	——
汇音妙悟	[ŋʔ]物	——	——	[əʔ]夺
汇集雅俗通十五音	——	[ɛʔ]逆	——	——
翻译英华厦腔语汇	——	——	——	——
汇音妙悟	[ɔʔ]哊	[aiʔ]箨/[uaiʔ]挼	[iuʔ]䀹	[əeʔ]笠
汇集雅俗通十五音	——	[uaiʔ]孬	——	——

---

① 入声韵母共计29个，-ʔ韵尾17个，-p韵尾3个，-t韵尾5个，-k韵尾4个，以下分数表讨论归纳。

上表可见,《翻译英华厦腔语汇》与《汇音妙悟》《汇集雅俗通十五音》共有的韵母:[aʔ]、[oʔ]、[eʔ]、[iʔ]、[uʔ]、[iaʔ]、[uaʔ]、[ioʔ]、[auʔ]。不同之处:(1)《翻译英华厦腔语汇》与《汇音妙悟》有[ueʔ],《汇集雅俗通十五音》则读作[ueiʔ];(2)《翻译英华厦腔语汇》与《汇音妙悟》有[uiʔ],《汇集雅俗通十五音》则无;(3)《汇音妙悟》《汇集雅俗通十五音》有[iauʔ],《翻译英华厦腔语汇》则无;(4)《汇音妙悟》有[ŋʔ],《汇集雅俗通十五音》和《翻译英华厦腔语汇》则无;(5)《汇集雅俗通十五音》有嘉韵入声[ɛʔ]韵母,《翻译英华厦腔语汇》与《汇音妙悟》则无;(6)《汇音妙悟》有[əʔ]、[ɔʔ]、[aiʔ]、[iuʔ]、[əeʔ],《汇集雅俗通十五音》和《翻译英华厦腔语汇》则无;(7)《汇音妙悟》《汇集雅俗通十五音》有[uaiʔ],《翻译英华厦腔语汇》则无。

表八:入声韵母(-ʔ韵尾 6 个)

翻译英华厦腔语汇	aⁿh[āʔ]凹	eⁿh[ēʔ]脉蜢镊	iⁿh[īʔ]物瞇么	iaⁿh[iāʔ]愭
汇音妙悟	[āʔ]蜡	——	[īʔ]物	[iāʔ]掠
汇集雅俗通十五音	[āʔ]喢	——	[īʔ]物	——
翻译英华厦腔语汇	oeⁿh[uēʔ]茮镊挟	auⁿh[āuʔ]嗷	——	——
汇音妙悟	——	——	——	——
汇集雅俗通十五音	[uēiʔ]郭	——	[ɛ̄ʔ]哶	[uāiʔ]蠍
翻译英华厦腔语汇	——	——	——	——
汇音妙悟	[āiʔ]喝	[iūʔ]㸗	[uāʔ]活	——
汇集雅俗通十五音	——	——	——	[iāuʔ]蚁

上表可见,《翻译英华厦腔语汇》与《汇音妙悟》《汇集雅俗通十五音》共有的韵母:[āʔ]、[īʔ]。不同之处:(1)《翻译英华厦腔语汇》有[ēʔ],《汇音妙悟》《汇集雅俗通十五音》均无;(2)《翻译英华厦腔语汇》与《汇音妙悟》有[iāʔ]韵母,《汇集雅俗通十五音》则无;(3)《翻译英华厦腔语汇》有[uēʔ],《汇集雅俗通十五音》则读作[uēiʔ],《汇音妙悟》则无;(4)《翻译英华厦腔语汇》有[āuʔ]韵母,《汇音妙悟》《汇集雅俗通十五音》则无;(5)《汇集雅俗通十五音》有[ɛ̄ʔ]、[uāiʔ]韵母,《翻译英华厦腔语汇》与《汇音妙悟》均无;(6)《汇音妙悟》有[āiʔ]、[iūʔ]、[uāʔ]韵母,《翻译英华厦腔语汇》与《汇集雅俗通十五音》则无;(7)《汇集雅俗通十五音》有[iāuʔ]韵母,《翻译英华厦腔语汇》与《汇音妙悟》则无。

表九：入声韵母(-p 韵尾 3 个, -t 韵尾 5 个, -k 韵尾 4 个)

翻译英华厦腔语汇	ap[ap]压合什	iap[iap]叶汁接	ip[ip]揖湿入	at[at]遏栗节
汇音妙悟	[ap]纳	[iap]粒	[ip]立	[at]别
汇集雅俗通十五音	[ap]答	[iap]粒	[ip]急	[at]葛
翻译英华厦腔语汇	it[it]一日食	ut[ut]核佛骨	iat[iat]桔热襃	oat[uat]拔罚发
汇音妙悟	[it]必	[ut]骨	[iat]杰	[uat]跋
汇集雅俗通十五音	[it]吉	[ut]骨	[iat]结	[uat]决
翻译英华厦腔语汇	ak[ak]目北谷	ok[ɔk]恶木落	——	iok[iɔk]肉欲褥
汇音妙悟	[ak]六	[ɔk]落	[iak]褥	[iɔk]局
汇集雅俗通十五音	[ak]角	[ɔk]国	[iak]脚	[iɔk]菊
翻译英华厦腔语汇	iek[ik]玉竹识	——	——	——
汇音妙悟	[ik]白	[əp]涩	[ət]核	[ək]特/[uak]伏
汇集雅俗通十五音	[ɛk]格	[ɔp]喢		[uak]蜖

上表可见，《翻译英华厦腔语汇》与《汇音妙悟》《汇集雅俗通十五音》共有的韵母：[ap]、[iap]、[ip]、[at]、[it]、[ut]、[iat]、[uat]、[ak]、[ɔk]、[iɔk]。不同之处：(1)《汇音妙悟》《汇集雅俗通十五音》有[iak]韵母，《翻译英华厦腔语汇》则无；(2)《翻译英华厦腔语汇》与《汇音妙悟》有[ik]，而《汇集雅俗通十五音》则读作[ɛk]；(3)《汇音妙悟》有[əp]、[ət]、[ək]韵母，《翻译英华厦腔语汇》与《汇集雅俗通十五音》则无；(4)《汇音妙悟》有[əp]，《汇集雅俗通十五音》则读作[ɔp]，《翻译英华厦腔语汇》则无；(5)《汇音妙悟》《汇集雅俗通十五音》有[uak]，《翻译英华厦腔语汇》则无。综上所述，作为兼漳、泉二腔的厦门话，并不完全吸收漳州和泉州的方言韵类，凡是漳州特别韵类[uei]、[uɛ]、[ɛ]、[ei]、[ōu]、[iɔ̃]、[ɛ̃]、[ẽ]、[ɛʔ]和泉州特别韵类[ɯ]、[ə]、[əe]、[əu]、[əm]、[ən]、[əŋ]、[əʔ]、[əeʔ]等均无收入。

现将《翻译英华厦腔语汇》韵母系统(74 个韵母)整理如下：

表十：《翻译英华厦腔语汇》韵母系统(74 个韵母)

单元音	a[a]	o·[ɔ]	o[o]	e[e]	i[i]	u[u]		
复元音	ia[ia]	oa[ua]	io[io]	oe[ue]	ui[ui]	iu[iu]	ai[ai]	au[au]
	iau[iau]	oai[uai]						

(续表)

阳声韵	am[am]	iam[iam]	im[im]	om[ɔm]	an[an]	in[in]	un[un]	ian[ian]
	oan[uan]	ang[aŋ]	iang[iaŋ]	oang[uaŋ]	ieng[iŋ]	ong[ɔŋ]	iong[iɔŋ]	
声化韵	m[m̩]	ng[ŋ̍]						
鼻化韵	aⁿ[ā]	o·ⁿ[ɔ̄]	eⁿ[ē]	iⁿ[ī]	iaⁿ[iā]	oaⁿ[uā]	uiⁿ[uī]	iuⁿ[iū]
	uiⁿ[uī]	oaiⁿ[uāi]	auⁿ[āu]	iauⁿ[iāu]				
入声韵	ah[aʔ]	oh[oʔ]	eh[eʔ]	ih[iʔ]	uh[uʔ]	iah[iaʔ]	oah[uaʔ]	ioh[ioʔ]
	oeh[ueʔ]	uih[uiʔ]	auh[auʔ]	aⁿh[āʔ]	eⁿh[ēʔ]	iⁿh[īʔ]	iaⁿh[iāʔ]	oeⁿh[uēʔ]
	auⁿh[āuʔ]							
	ap[ap]	iap[iap]	ip[ip]	at[at]	it[it]	ut[ut]	iat[iat]	oat[uat]
	ak[ak]	ok[ɔk]	iok[iɔk]	iek[ik]				

周长楫《厦门方言研究》记载了现代厦门话常用的韵母有 82 个。如下表：

表十一：现代厦门话常用韵母（82 个）

		元音韵	鼻音韵
开口呼	舒声	a o ɔ e ai au 阿 乌 窝 锅 哀 欧	am an aŋ ɔŋ 庵 安 翁 汪
	促声	aʔ ɔʔ oʔ eʔ auʔ 鸭 □ 学 呃 □	ap at ak ɔk 压 遏 沃 恶
齐齿呼	舒声	i ia io iu iau 衣 爷 腰 忧 妖	im iam in ian iŋ iaŋ 阴 盐 因 烟 英 漳 央
	促声	iʔ iaʔ ioʔ iuʔ iauʔ 缺 页 药 □ □	ip iap it iat ik iak iɔk 揖 叶 一 杰 益 逼 约
合口呼	舒声	u ui ua ue uai 有 威 蛙 话 歪	un uan 恩 弯
	促声	uʔ uiʔ uaʔ ueʔ uaiʔ 托 划 活 挟 □	ut uat 骨 越

(续表)

		鼻化韵	声化韵
开口呼	舒声	ā ɔ̄ ē āi āu 馅 恶 婴 耐 闹	m ŋ 怀 秧
	促声	āʔ ɔ̄ʔ ēʔ āuʔ 喝 □ 脉 □	mʔ ŋʔ 默 □
齐齿呼	舒声	ī iā iū iāu 圆 营 羊 猫	
	促声	īʔ iāʔ iāuʔ 物 □ □	
合口呼	舒声	uā uī uāi 碗 梅 关	
	促声	uēʔ uāiʔ 挟 □	

现将《翻译英华厦腔语汇》韵母系统与《厦门方言研究》进行历时比较如下：(1)二者单元音韵母均为 6 个，即[a]、[ɔ]、[o]、[e]、[i]、[u]。(2)二者复元音韵母均为 10 个，即[ai]、[au]、[ia]、[io]、[iu]、[iau]、[ui]、[ua]、[ue]、[uai]。(3)二者声化韵韵母均为 2 个，即[m]、[ŋ]。(4)二者鼻化韵韵母均为 12 个，即[ā]、[ɔ̄]、[ē]、[āi]、[āu]、[ī]、[iā]、[iū]、[iāu]、[uā]、[uī]、[uāi]。(5)二者共有 13 个阳声韵韵母，即[am]、[an]、[aŋ]、[ɔŋ]、[im]、[iam]、[in]、[ian]、[iŋ]、[iaŋ]、[iɔŋ]、[un]、[uan]；但《翻译英华厦腔语汇》比《厦门方言研究》多 2 个，即[ɔm]和[uaŋ]，这说明早期厦门方言还有 om[ɔm]、oang[uaŋ]二韵母，经过 160 年的语音演变逐渐消失。(6)二者共有 17 个收-ʔ 尾入声韵韵母，即[aʔ]、[oʔ]、[eʔ]、[auʔ]、[iʔ]、[iaʔ]、[ioʔ]、[uʔ]、[uiʔ]、[uaʔ]、[ueʔ]、[āʔ]、[ēʔ]、[āuʔ]、[īʔ]、[iāʔ]、[uēʔ]；但《厦门方言研究》比《翻译英华厦腔语汇》多了 9 个有音无字的韵母，即[ɔʔ]、[iuʔ]、[iauʔ]、[uaiʔ]、[ɔ̄ʔ]、[iāuʔ]、[uāiʔ]、[mʔ]、[ŋʔ]。(7)二者共有 12 个收-p、-t、-k 尾入声韵韵母，即[ap]、[iap]、[ip]、[at]、[it]、[ut]、[iat]、[uat]、[ak]、[ɔk]、[iɔk]、[ik]，但《厦门方言研究》比《翻译英华厦腔语汇》多了[iak]。

四 十九世纪中叶厦门方言声调系统研究

罗啻在《翻译英华厦腔语汇》中对单字调和连读变调做了详细的描写。

(一) 单字调

罗啻在《翻译英华厦腔语汇》里记载了厦门方言的声调系统。他认为,在实践中,只有七个音。较高音和较低音,只有一个相同音。为便于解释,我们用序号给这些音命名,如第一个音,第二个音,第三个音,第四个音,第五个音,第六个音,第七个音。

第一个音,高而平,没有抑扬变化和重音。是很自然的,不用刻意压抑的相当高音调的发音。

第二个音,高、尖锐且快速,就像说话者在表达愤怒。

第三个音,低沉,就像从喉咙底部发出般。不是过低且沙哑的发音。

第四个音,是第三个音的突然(急促?)断音,在最后的辅音或元音前,视情况而定,完全发出。其正字法的特征是,就如下文提到的第七个音,根据单词类别,分别为尾音 h,k,p,t。该特征以及发音方式参见上文关于尾音 h,k,p,t 的标记。

第五个音,是变调音,先低后高。音调以一种急切的方式发出;很像英文中当表示疑问和惊诧时说 Is it so! 中 so 的发声方式。

第六个音,不像第三个音那般低沉沙哑,而是长、低且不变的发音。是从嘴巴直接发出的低音。

第七个音,是第五个音的突然断音,就如同上文所提的第四个音是第三个音的突然断音。

这本手册中的声调标记和麦都思在"*Hok-keen Dictionary*"中的标记一致,如下:

第一个音(上平),没有标记:如君 kun;

第二个音(上上),向上重音符号(ˊ),如滚 kún;

第三个音(上去),向下重音符号(ˋ),如棍 kùn;

第四个音(上入),以 h,k,p,t 的急促发音为结束音,如骨 kut;

第五个音(下平),附加在元音上表示缩约(^),如群 kûn;

第六个音(下去),水平符号(ˉ),如郡 kūn;

第七个音(下入),垂直线(ˈ),如滑 ku't。

《汇音妙悟》有上平、上上、上去、上入、下平、下上、下去、下入八个声调,《汇集雅俗通十五音》则有上平、上上、上去、上入、下平、下去、下入七个声调。《翻译英华厦腔语汇》折中了漳、泉二腔,只有七个调,与《汇集雅俗通十五音》同,没有下上调。

《厦门方言研究》考证的现代厦门方言的声调有7个(不包括轻声),与罗书考证的各类声调的名称"阴平、阳平、上声、阴去、阳去、阴入、阳入"是一致的。其调值如下:

表十二:《厦门方言研究》现代厦门方言声调(7个)

调类	阴平	阳平	上声	阴去	阳去	阴入	阳入
例字	东诗	同时	董死	栋四	动洞是	督薛	独蚀
调值	55	35	53	21	11	32	5

(二) 连读变调

关于连读变调问题,罗啻在"INFLUENCE OF COMBINATION ON THE TONES"一节中说,所有的音调因组合在一起而发生改变。在由两个音节或以上的单词所构成的复合词中,一般情况下,每个音调都会发生变化,除了最后一个单词的音调或音节。具体情况如下:

第一个音(上平)和第五个音(下平)演变成同一个平声调,比第一个音(上平)低,但比第六个音(下去)高;

第二个音(上上)演变成第一个音(上平);

第三个音(上去)演变成同第二个音(上上)非常相像;

第四个音(上入)演变成第七个音(下入),第七个音(下入)演变成第四个音(上入);

第六个音(下去)所受影响最小,而近于第三个音(上去)。

《厦门方言研究》"二字组连读变调"载,原则上是前字变调后字不变调。前字变调规律是:(1)阴平、阳平调变成阳去调;(2)上声调变成阴平调;

(3)阴去调变成上声调;(4)阳去调变成阴去调;(5)带喉塞韵尾的阴入调变调后喉塞韵尾脱落,变成上声调,带-p、-t、-k 韵尾的阴入调变成阳入调;(6)带喉塞韵尾的阳入调变调后喉塞韵尾脱落,变成阴去调;带-p、-t、-k 韵尾的阳入调变成值类似 21(阴去调),但仍是带入声韵尾-p、-t、-k 的入声调。现将《翻译英华厦腔语汇》与《厦门方言研究》比较如下:

(1)《翻译英华厦腔语汇》与《厦门方言研究》同,上平调和下平调都变成下去调。

(2)《翻译英华厦腔语汇》与《厦门方言研究》同,上声调变成上平调。

(3)《翻译英华厦腔语汇》与《厦门方言研究》同,上去调变成上声调。

(4)《翻译英华厦腔语汇》与《厦门方言研究》同,下去调变成上去调。

(5)《翻译英华厦腔语汇》上入调演变成下入调,下入调演变成上入调,没有区别带喉塞韵尾的阴入调和带-p、-t、-k 韵尾的阴入调变调后的情况;而《厦门方言研究》则详细描写这两种情况的差异。《翻译英华厦腔语汇》比《汇音妙悟》《汇集雅俗通十五音》更高明之处,就是率先提出"二字连读变调",虽然不像《厦门方言研究》那么细致,但大方向是对的。

五 小结

总之,罗啻在《翻译英华厦腔语汇》反映了十九世纪中叶厦门方言的语音系统,但与《汇音妙悟》《汇集雅俗通十五音》共时比较是有些差异,与现代厦门方言音系历时比较则差异更大。就声母而言,《翻译英华厦腔语汇》18 个声母,比《厦门方言研究》多了舌尖前浊塞擦音[dz]母,经过 160 年,已经演变为舌尖中浊边音[l]。就韵母而言,《翻译英华厦腔语汇》74 个韵母,《厦门方言研究》82 个韵母。《翻译英华厦腔语汇》有[ɔm]和[uaŋ]等 2 个韵母是《厦门方言研究》所没有的;《厦门方言研究》有[ɔʔ]、[iuʔ]、[iauʔ]、[uaiʔ]、[ɔ̃ʔ]、[iãʔ]、[uãiʔ]、[m̩ʔ]、[ŋ̍ʔ]、[iak]等 10 个韵母则是《翻译英华厦腔语汇》所没有的。就声调而言,《翻译英华厦腔语汇》中对单字调和连读变调做了详细的描写,与《厦门方言研究》单字调和连读变调差不多,虽然没有标注调值,但已经很不容易了。因此,《翻译英华厦腔语汇》所反映的厦门方言音系对研究福建方言演变史提供了极其珍贵的史料价值。

参考文献

[清]黄谦(1894)《增补汇音妙悟》,文德堂梓行版。
[清]谢秀岚(1818)《汇集雅俗通十五音》,文林堂出版,高雄庆芳书局影印本。
[美]罗啻(Elihu Doty)(1853)《翻译英华厦腔语汇》(*Anglo-Chinese Manual with Romanized Colloquial in the Amoy Dialect*),于广州出版。
罗常培(1956)《厦门音系》,北京:科学出版社。
马重奇(2008)《闽台方言韵书音系比较研究》,北京:中国社会科学出版社。
[加利利]吴志福:《罗啻牧师小传》,参考百度文库。
周长楫、欧阳忆耘(1998)《厦门方言研究》,福州:福建人民出版社。

从音系结构的继承性看近代北京话的递嬗延续

耿振生

一　引言

　　对于北京话这样一个重要的汉语方言,人们对它的关注度格外的高,关于它的形成也出现过种种说法。就目前来说,北京话的历史还只能上溯到辽金时代,在汉语史的分期上属于"近代汉语"阶段。对于众说纷纭的北京话的形成来源问题,也基本上是针对这个阶段的。其中有人说北方话"发展迅猛",是由于所谓"阿尔泰化"。有人说北京话是从河南地区迁移来的,有人说是从南京地区迁移来的。对于清代的北京话,则有"满语化"的说法,认为现代的北京话是"满式汉语"。更有甚者则把北京话形容为"胡言胡语"。

　　以"外来影响"当作某种语言变化的理由,如果没有语言事实的支持,就会停留在"假说"上。考察语言事实才是根本性的途径。本文打算只以语言事实作为根据,从学术的立场上来思考、分析,看一看近代北京话是不是"正统"的汉语。语言的缓慢变化是语言学理论的基本观念,而语言的变化有自身按照一定的规律自然演变和受外来影响的非自然演变。一般情况下自身变化和外来影响两者之间是能够辨别区分开的。根据古代语言和现代语言的联系能够看出它本身的自然演变。而要推论某种方言现象是外来影响下产生的,应该从所谓的"源头语言"里找到同样的现象,并且可以确定那种现象属于"源头语言"自身本来就有的。否则所谓影响就可能是臆断。汉语史有了丰富的研究成果,大致上从先秦两汉的上古汉语、南北朝隋唐的中古汉语、宋元以下的近代汉语(或称近古汉语)都有了基本完整的"通语"语音体系框架。我们可以利用这些研究成果,跟近代北京话的语音文献和其他资料互相配合，针对语言的内部要素进行具体的分析，考察近代北京话究竟在多大程度上受到外来的影响，区分出哪些是它自身的自然演变，哪些是真正的外来影响以及来自何处的影响。

汉语方言的差别首先在于语音，讲方言特点通常首先从语音入手。各方言中研究近代北京话的条件算是比较好的，元明清时期的它的语音体系都有文献记录，虽然主要是汉字标记的"代数式"式的音类框架，但出现材料时间之久和连续性之强已经几乎令其他方言难以企及了。目前人们对北京话的历史无法追溯到很久远的时代，最早也就到达辽金时代。我们能够讨论的是晚近的北京话历史，为了稳妥，本文的分析从元代开始。

二　元代大都音对中古汉语的继承关系以及所受中原官话的影响

元代的大都话的音系有卓从之《中州音韵》、周德清《中原音韵》等北曲韵书的记载，通常以《中原音韵》作为这派韵书的代表。它的音系的主要特点既反映了北方话的普遍性演变，也能看出幽燕方言跟中原官话有了差别，并且由于中原官话的影响在幽燕地区产生出一套读书音。

先看《中原音韵》所反映的北方话的普遍性的语音变化。

在声母问题上，主要的变化是全浊声母归并到清声母。隋唐时期中原汉语有一套全浊音，元代大都音系的声母里，原先的全浊声母的字改读全清、次清声母，这是所谓"全浊清化"。其次的变化还有知彻澄合并到照穿床、喻母合并到影母，这个变化在宋代的文献里已经有反映。至于唇音声母分化出轻唇音，并且合并成一个 f，在唐代就已经完成。

全浊声母清化是一个语音系统内部发生的自然变化。例如，西方语言学史上著名的"格里姆定律"中，就有"希腊、拉丁语的浊塞音 b、d、g 变成了峨特语的清塞音 p、t、k，高德语的送气清音 f、z、ch"。[①] 可以说浊辅音变成同部位的清辅音是一种普遍的音变现象。汉语的中古音的全浊声母演变成元

---

① 见岑麒祥《语言学史概要》，北京：北京大学出版社 1988 年版第 132 页。

代北方话的清辅音,并不需要外来助力。

至于唇音演变出轻唇音(唇齿音),也是自然演变的常见规律。西方语言学的"格里姆定律"中也有"希腊、拉丁语的清塞音 p、t、k 变成了峨特语的 f、φ、h",而峨特语的清塞音 p、t、k,在高德语成为擦音 f、z、ch。中古汉语的双唇音[p]、[p′]、[b]在后接圆唇元音[u]的情况下,双唇不再完全闭合,而是开放到唇齿音,形成[pf]类声母,再稍有弱化,就成为擦音[f]。何况这个音变并非只在北方话发生,大部分南方方言也有同样的音变。

隋唐时期的汉语韵部数量多,到元代大都话韵部数量少了,发生的演变是韵部的合并。这种合并有两种原因:一种是本来韵尾相同而韵腹不同的韵,由于韵腹变得相同,就成为同韵部;另一种是本来韵尾不同而韵腹相同的韵,由于韵尾的合并而成为同韵部。

韵腹的合并是本来接近的元音变成相同的元音。例如中古音三等元音 e、四等元音[ɛ],都是前元音,舌位的高低也比较接近,一个是半低的[ɛ],一个是次高的[e],次高的[e]稍微降低发音舌位就成为了[ɛ]。中古的四等韵先、萧、青、添合并到三等韵仙、宵、清、盐,属于这类变化。

韵尾的合并主要表现在入声韵。隋唐的[p]、[t]、[k]三种塞音韵尾逐渐成为一个喉塞音,进一步就完全脱落,这类韵母的字就合并到阴声韵里去了。汉语的塞音韵尾本是"唯闭音",只有"成阻"和"持阻",没有"除阻",就是发音过程只形成闭塞而不爆破,这样的音容易脱落。开始阶段是合流成喉塞音,再进一步脱落,变成阴声韵。

从语言的渐变性也看得出韵母合并是汉语的自身变化而不是外来影响的结果。韵部的合并,涉及的各个韵部不是同一时间发生合并的,而是有先有后,有的在唐代就合并了(如同一韵摄的三等韵和四等韵);有的在宋代合并了(例如不同韵摄的曾摄跟梗摄合并),有的在元代合并了,总归是逐渐变化的不是突然变化的。塞音韵尾的合并到消失,演变的线索路径也清晰可寻。先是在宋代合并成一个喉塞音韵尾,所以宋词里边的入声韵部只有四个①,然后

---

① 见鲁国尧《论宋词韵及其与金元词韵的比较》,《鲁国尧自选集》,郑州:河南教育出版社 1994 年版第 140 页。

到元代,在大都及周边等部分方言塞音韵尾完全脱落,变成阴声韵。

在声调方面,《中原音韵》相对于中古音的变化是"平分阴阳""浊上变去""入派三声"。其中平分阴阳、浊上变去、在现代大部分官话方言里都一致,北京话也不例外。"入派三声"是入声调消失,原先的入声字改读平(在《中原音韵》是归阳平)、上、去三声。入声本来是短促的调值,这个声调的消失,是随着塞音韵尾的脱落,原来发音短促的特征变成了个其他声调相似的长度,就归并到"舒声"。这也是语言中很自然的变化,不是外来语言影响下才长生的。

由此可见,各项演变是遵从了"语言渐变性"原则发生的,表明元代大都话与中古汉语的继承性。

以上所分析的几个语音特征,还都属于近代北方汉语的共性。此外,《中州音韵》《中原音韵》这派韵书音系有鲜明的幽燕地方特色,跟以汴洛地区为中心的中原官话有明显的差别。第一个特点是声调的"入派三声",入声调消失了,入声字分别读成阳平、上、去三个声调,其中读阳平、去声的字跟现代北京话完全一致,只有读上声的那一部分字现在读成四声,是后来发生过的音变造成的。河南话的情况就不同了,河南话在明末还有入声调,而且入声分阴入、阳入两类,到现代分别变到阴平、阳平,这在明代的《青郊杂著》《交泰韵》有明确的记载。这一现象和《中原音韵》的"入派三声"大相径庭,两个系统之间的差别不属于前后延续的变化。第二,中古通摄、江摄、宕摄入声字在《中原音韵》有韵母的异读。通摄的两读,有一种读音在尤侯韵("熟肉六"之类),与现代北京话的白话音对应,另一种读音在鱼模韵,与现代北京话的读书音对应;中古江、宕摄入声字的两读,有一种读音在萧豪韵("角学药"之类),与现代北京话的白话音对应,另一种读音在歌戈韵,与现代北京话的读书音对应。而在河南话中,没有相当于北京话白话音的那种读音,只有相当于读书音的那种音,也就是说,中原官话的白话音就等同于幽燕方言的读书音。

尽管《中原音韵》所反映的大都音系跟河南方言有明显差别,但是我们也看得出,北京地区的方言曾经受到了河南方音的影响,这就是读书音的产生。读书音一般是从权威方言引进的发音。唐宋以前,汉语的"通语"以汴洛一带的中州方音为基础,该方言是权威方言;而北京地区处于比较边远地带,其方言是一个普通的汉语方言,不具有强势地位,因此受到中州方言的一定影响也属势所必然。但是我们也不能赞同元代大都话是"从汴洛音移植"而来的观点。

三 明代北京话对元代大都话的继承以及外来影响的痕迹

元明之际改朝换代,北京人口有很大变动。明初北京地区经历了几次移民行动:先是洪武初年把北京人口迁移到开封(朱元璋原先打算定都开封),后来是出于边防政策的需要,把几十万"山后"(燕山山区和以北地区)的居民迁移到北京;到永乐迁都北京,从山西、山东迁移不少人口到北京,又有来自南京的庞大的政府机构官僚集团,以及屯驻的军队等[①]。于是有人说,明朝的北京话不再是元朝大都话的后裔,而是从南方迁来的南京官话。

我们对这一种观点并不认同。

首先从人口变化来说,洪武年间从山后(燕山及以北地区)迁移来的人口数量多,时间早,已经奠定了明代北京话的基础。而山西山东的移民在永乐年间迁入,分散在郊区;南京来的官员们各自有其南腔北调,不可能把北京人的说话都统一到南京音。还是山后的人口成为了北京话的主流,而这些地方都在幽燕方言的范围之内。

我们还是主要从语言结构来考察。从音系的整体来说,明代北京话具有的是北方官话和幽燕方言的特征,和元代大都话的衔接很契合;在局部上,有一些变化反映出明代北京话受到了外来影响,尤其可以看成江淮方言的影响。能够系统地反映明代北京音的最重要的著作是徐孝的《等韵图经》和《合并字学集韵》。《等韵图经》是一种韵图,全称《重订司马温公等韵图经》;《合并字学集韵》是韵书,音系和《等韵图经》相同,二者是依据同一种音系而编写的不同体例的两种类型的著作,互为表里相互配套,其音系普遍被

---

① 参看葛剑雄等《中国移民史》第五卷,福州:福建人民出版社1997年版。

看作明代后期北京话的代表。

看待明代北京话和元代大都音系的关系,可以把整个语音系统分成三部分来观察。

第一部分是明代北京话和元代大都话相同的部分,其中既有属于广大的北方话里的共性特征(例如没有全浊声母、平分阴阳、蟹摄三四等韵类跟止摄合并、开口二等韵的牙喉音字孳生出介音,等等),也有其他方言(例如中原官话)所不具有而幽燕方言独有的部分。

第二部分是明代北京话跟元代大都话不相同,但是属于语言本身自然演变造成的差异,通过音变规律讲得通的部分。

第三部分是明代北京话和元代大都话不相同,而且不属于自然音变的部分。我们要追究这样的差异是怎样产生的,能否因此就说明明代北京话不是在元代大都话的基础上演变而来的。

以下按照音类进行具体分析。

(一) 明末北京音系和元代大都音系的相同点

声母当中有 19 个是相同的。《等韵图经》有十九个声母,仅比《中原音韵》的 21 个声母减少两个。

韵母部分:《等韵图经》的 13 个韵部中,包含 43 个韵母[①],和《中原音韵》的 46 个韵母相比,有 38 个是原有的。也就是说,大部分相同。

声调:《等韵图经》的阴平、阳平、上、去四个调类和《中原音韵》一致。在入声分派的规律上,全浊字归阳平、次浊字归去声,也是一致的。

就三方面看,音系的主体结构,或者说大部分特点是一致的。

(二) 两个音系之间按照音变规律而演化出的差异

甲,声母方面,《等韵图经》的 19 个声母比《中原音韵》的 21 母减少的两个是微母[v]、疑母[ŋ],读那两个声母的字改变到零声母(影母),都合乎语音自然演变的规律。此外日母的"儿而耳尔二贰"等字也失去辅音声母,变成

[①] 依据郭力考订,见《古汉语研究论稿》,北京:北京语言大学出版社,2003 年版第 47 页。

了影母字。

乙，韵母方面，《等韵图经》的十三韵部，跟《中原音韵》相比有不小的变化，其中的主要变化都是可以用语音的自然演变规律来解释的。

(1) 韵部的合并。有《中原音韵》东钟韵与庚青韵合并而成为通摄；《中原音韵》真文韵与侵寻韵合并成一个韵部，叫作臻摄；《中原音韵》寒山韵、桓欢韵、先天韵、监咸韵、廉纤韵共五个韵部合并而成一个山摄。它们的合并，既由于主要元音的合并，使同韵尾的寒山、桓欢、先天韵腹变得相同了，监咸、廉纤两韵的韵腹相同了；也由于韵尾 m 变成 n，使得监咸、廉纤二韵都同化到寒山类。

这些韵部的合并，是从中古以来韵部合并趋势的继续。元代以后的韵部合并仍然是韵腹趋同和韵尾趋同。韵腹趋同的表现：高舌位的元音在后鼻音韵尾之前也发生音位性的合并，所以庚青韵和东钟韵合流为"通摄"（相当于十三辙的中东辙）；低舌位上的前、央、后三个元音逐渐形成一个音位，因此寒山、桓欢、先天三个韵部都到了"山摄"（相当于清代曲艺十三辙的"言前辙"）。韵尾的趋同表现为唇音韵尾 m 变成了舌尖音韵尾 n，于是侵寻韵合并到真文韵，成为臻摄（相当于十三辙的"人辰辙"）。而监咸、廉纤韵的合并既由于低元音韵腹的趋同、又由于韵尾的趋同，于是也到了山摄（十三辙的言前辙）。

(2) 音值变化导致部分字转移了韵类。一个是《中原音韵》支思韵的部分日母字，即"儿"类字，韵母从[ɿ]变成[ɚ]，同时声母变成了零声母，成为开口呼。另一个是《中原》鱼模韵的[iu]韵母变成[y]，读这个韵母的字改归"止摄"，跟[i]韵母的字开合相配。

(3) 在介音层面上，《中原音韵》的介音有零介音、[i]、[u]、[iu]四种，这种介音体系基本上跟现代普通话的四呼对应，已经奠定了现代四呼的基础。但是在音值上，中古三四等合口字到《中原音韵》仍然有[iu]介音，到明代则变成 y。

以上这些演变的规律性表明了两个时代音系的连贯性，即明代的北京话是在元代大都话的基础上发展而来。

（三）不合乎自然演变规律的差别

这一部分，主要是有几类入声字有了新的韵母和声调。因为这部分涉及外来影响,应该稍微详细地加以辨别。

甲,韵母的问题是,来自中古梗摄、曾摄入声而在《中原音韵》本属于齐微、皆来韵洪音[ei]、[uei]、[ai]、[uai]的字,到《等韵图经》时代又产生了属于拙摄(相当于《中原音韵》车遮韵)的[ɛ]、[uɛ]的读音。例如:

读ɛ韵母的:德特忒劾核黑赫勒肋革格隔刻客克厄则责摘窄择泽塞册策测色宅贼

读uɛ韵母的:白伯百柏北帛拍魄迫墨陌脉国蝈馘帼或惑划获

这种读音不是从《中原音韵》的齐微、皆来韵的读音经过自然变化而来,而是新出现的读书音,与旧有的白话音同时共存。

乙,声调方面,《等韵图经》给四个调类的命名是"平、上、去、如",平声即阴平,如声即阳平,四个调类跟《中原音韵》的阴、阳、上、去四声相同,主要的不同之处在于古入声字的归派。其中全浊入声字归阳平,次浊和影母入声字归去声,跟《中原音韵》是一致的,直到现在也基本保持这个格局。差别部分是清声母的入声字,它们不是全部派入上声,而是大多数派入去声,也有一些字分别派入阴平、阳平、上声之中。如《等韵图经》里边,"尺的必积出扑福足祝畜渴酌卓绰烁朔角却雀削楫察杀法革刻德忒则塞哲册色热国百拍拙啜说厥缺雪血"归去声,"秃擘黑搭萨掐发贴疖蝎撅"归阴平,"卒灼"归阳平,"窄给北得戳塔"归上声。

《合并集韵》收字多,更能够说明问题。它收进大量的清声母入声字,几乎都在去声出现,《等韵图经》收在阴平、阳平、上声的字,该书也有去声读音,同时该书还有另外一部分字也有非去声的读音。从所在的韵部看,那些两读字的去声一音都属于读书音,非去声一音都属于白话音,例如:

表一:《合并集韵》声韵变化表现

例 字	非去声音所在韵摄	对应的今音	去声音所在韵摄	对应的今音
得	垒摄	tei	拙摄	tə
北	垒摄	pei	拙摄	po
黑	垒摄	xei	拙摄	xə
窄	蟹摄	tʂai	拙摄	tʂə

（续表）

例　　字	非去声音所在韵摄	对应的今音	去声音所在韵摄	对应的今音
色	蟹摄	ʂai	拙摄	sə
伯	蟹摄	pai	拙摄	po
百	蟹摄	pai	拙摄	po
拍	蟹摄	p'ai	拙摄	p'o
阁	效摄	kau	果摄	kə
郝	效摄	xau	果摄	xə
觉	效摄	tɕiau	果摄	tɕye
雀	效摄	tɕ'iau	果摄	tɕ'ye

《合并集韵》把那些非去声读音注为"俗也"，这说明读作去声的是所谓"雅音"即读书音，读作平、上的是白话音。

还有一些字，《合并集韵》只有去声读音，但在与之配套的字书《合并字学集篇》里却有另外三个声调的异读，以上声居多，也有读阴平和阳平的，这里也不再烦琐罗列。那些平声和上声读音，合乎现代北京话的读音，《合并集篇》收进去了，表明那时的北京话有这样的读音。那么在《合并集韵》为什么没有出现？原因很明显，作者徐孝或者主编者张元善编纂《合并集韵》的时候侧重于读书音，很多白话音没有收进。

为什么古入声字的读书音都在去声、又读成没有韵尾的音节？可以推测这是为了便于发短促音节。读书人出于掌握"官韵"的需要，要竭力识别出入声字。在没有入声调的北京话和其他邻近地区，为了便于记住入声字，教师的办法就是模仿着南方话，读短促的音节，于是在日常口语音之外增加出一种新的字音。具体而言，在韵母方面，白话音的韵母如果是复合元音的，发音动程较长，不适合于变成短促音，就改成单元音，如把［au］改成［o］，把［ai］［ei］改成［ɛ］；在声调方面。在白话音的调型如果是曲折调，发音动程较长，不适合于变成短促音，要改成平调、升调、降调。所以口语中读上声的入声字被改成了去声。这是《等韵图经》中大部分清入字归去声的原因。从这些读音的来源上看，这个时候的北京话是受了南方官话的影响，同时背后的真正的动力是官韵的强制作用，是汉语书面语影响口语的一个最好例证。

外来影响之下出现的非自然变化只在局部，而不是影响到整体。明代北京话跟南派官话在很多方面是不一致的。例如把《等韵图经》和《西儒耳目资》相比,两者差别明显。后者的标音有"及 kie、笔 pie、立 lie",跟"节铁谢"同韵母,北京话却是不同韵母的;中古山摄合口一等韵跟二等韵在《西儒耳目资》不同音,如"官"标音 kuon,而"关"标音 kuan;"瞒"标音 muon,"蛮"标音 man;"般"标音 puon,"班"标音 pan。每一对字在《合并字学集韵》都是同音字,这两类韵母在北京话里已经合并成一个。其他例子不用多举,足可以表明明代的北京话并没有全盘"南化",它不可能是从江南迁移来的一种口音。只在局部吸取了部分南音,而整体上还是以原来的本地方音作为基础来发展进化。

四 清代北京话和明代北京话的连续性

对于清代北京话的语音,不少人认为跟清军入关有关系,说法也各不相同。比较多见的说法是,清朝定都北京以后,八旗军民居住北京内城,而满族人学到的汉语是东北沈阳话,所以以后的北京话不是明代北京话的后裔。但是我们从另一些迹象看,从清朝初年起北京话的语音就跟东北话不一样。

一个例子是赵杰调查的湖北荆州的旗人汉语,分成两个群体,一个群体说的是北京的口音,一个群体说的是东北话的口音。"荆州城从清代以来已形成了三种各有特点的口音群体,即西城汉腔儿,旗城西四旗的西边腔儿,旗城东四旗的东边腔儿。汉腔儿即地地道道的湖北荆州方言(属于西南官话),西边腔儿是 1682 年间荆州驻防后从京师调来的八旗兵丁说的京腔儿汉语,……东边腔儿是 1682 年建立驻防后从西安、江宁调来的八旗兵丁说的东北满式汉语。""直到清末,以中轴线和将军衙门分开的东西两翼的东北满式汉语和北京满式汉语仍保持着差别。"[①]

另一个例子是张树铮调查的山东省青州"满城"旗人汉语,声调就接近东北话,阴平的调值比较低。[②]

看来,在清朝初年,东北口音的调值已经有比较固定的特征了。荆州、

---

① 赵杰《北京话的满语底层和轻音儿化探源》,北京:燕山出版社 1996 年版第 76—77 页。
② 见张树铮:《山东青州北城满族所保留的北京官话方言岛记略》,《中国语文》1995 年 1 期,第 30—35 页。

青州等地的"旗城"口音是沿袭了比较古老的东北口音,而这种特征没有进入北京话。尤其是荆州的两种旗人口音反映出北京话和东北话的差别,很能够说明问题。现在的东北话还有其他某些特征很像是比较古老的,如日母读零声母,也没有进入北京话。因此,说清代的北京话就来自于沈阳话,存在很多疑问。我们要找答案,还是先从语音内部结构着手分析。

清代关于北京音系的文献记载更多,我们能够从这些文献音系的比较,看出清代音系和明代北京音的直接联系。本文主要参考的数种著作,有的是本土文献:a. 无名氏《圆音正考》,1743年;b. 李汝珍《李氏音鉴》,1805年;c. 裕恩《音韵逢源》,1840年。清代中期以后西方来华的传教士、外交官员等写下的汉语官话课本、字典等,关于北京话的主要著作有:a. 威妥玛(Tomas Francis Wade)所著的《寻津录》(*The Hsin Ching Lu, A Book of Experiments*,1859年)和《语言自迩集》(*Yü-Yen Tzŭ-Erh Chi, A Progressive Course Disigned to Assist the Student of Colloquial Chinese*,1867年);b. 富善(Chauncey Goodrich)所著《华英袖珍字典》(*A pocket Dictionary (Chinese-English) And Pekingese Syllabary*,1891年)和《官话萃珍》(1898年)。这些著作中,凡有完整音系的,其音系都大体一致,也各有差异。对共同部分我们要解释一下它们跟明代北京音的继承关系,对差异部分我们就探究一下其成因。

(一)声母方面

明代的《等韵图经》的实有声母音位为十九个,其中的舌根音有见[k]、溪[kʻ]、晓[x],舌尖音有精[ts]、清[tsʻ]、心[s],没有舌面塞擦音和擦音[tɕ]、[tɕʻ]、[ɕ]。舌面音的产生时间在清代前期,《圆音正考》已经记录了这个变化。

由于这项音变是清代发生的,我们自然而然要把它联想到是否跟某些人所主张的"满式汉语"有关系。其实这项变化无需从外来影响上找原因,可以很简单地从音变规律中得到解释:舌面音[tɕ]组是从舌根音和舌尖音分化出来的,分化的条件是介音[i]、[y],也就是齐齿呼和撮口呼的字读成了舌面音。在前高元音[i]、[y]之前的辅音腭化是语音学上的普遍性音变,在跟舌面元音拼合的条件下,发音部位靠前或者靠后的辅音都可能被同化,移动到舌面，于是形成很整齐的腭化现象。汉语的腭化完全是自行产生，而且这种音变的渐进性在方言里反映得很充分。例如河南、山东、河北都有舌根音腭化而舌尖音不腭化的，南方的吴语、赣语也都有腭化。

满语没有这套舌面音，北京话出现这套音不会是满语影响的结果。

（二）韵母方面

《等韵图经》的韵母中跟现代北京音不同的音主要有这样几个：

（1）[ʯ]（珠主出如书），现在变成了[u]。这个变化的范围是卷舌音声母、原来的撮口呼字。当卷舌音声母形成以后，卷舌发音方式促使韵母[y]变成了[ʯ]（至今戏曲中的上口字还有这样的发音），再往后，[ʯ]韵母的部位后移，卷舌性质消失，变成普通的后圆唇元音[u]。

（2）[ə]、[uə]的产生，是一项重要变化。《等韵图经》时代，北京话韵母中还没有[ə]这个音位。后代读[ə]、[uə]韵母的字，来源于《等韵图经》《合并集韵》的两个韵部：一部分在拙摄，读[ɛ]、[uɛ]韵母；一部分在果摄，读[o]、[uo]韵母。拙摄[ɛ]韵母的字、果摄[o]、[uo]韵母的舌根音和零声母的字到清代变成[ə]，如拙摄的"车遮奢者扯舍、哲摄革德"等，果摄的"歌科河峨"等。《等韵图经》拙摄合口[uɛ]韵母的字、果摄非舌根音的字到清代变成[uə]，这个音在现代拼音方案中分别用 uo、o 来表示，如拙摄的"国或百墨"等，果摄的"多驼罗左挫梭"等。

这一音变发生在十七世纪后期到十八世纪前期，但那个时代的北京话文献资料比较缺乏，我们暂且参考周边地区的情况。可以采用的材料是河北易县人赵绍箕的著作《拙庵韵悟》，作于 1674 年。在那本书里首先变成[ə]、[uə]韵母的是《等韵图经》拙摄的入声字。《等韵图经》《合并集韵》的拙摄字，被赵绍箕分成两个韵部：来自中古阴声韵的字和山摄、咸摄入声字在格耶韵，以[ɛ]为韵腹；来自中古曾摄、梗摄的入声字在"格"韵，是读[ə]、[uə]韵母的；《等韵图经》果摄字仍读[o]、[uo]。一百多年以后的《李氏音鉴》，就把《等韵图经》拙摄的全部卷舌音、果摄的韵腹都定为相同的[ə]韵腹。该书的反切注音，把《等韵图经》拙摄的开口呼、合口呼跟果摄的开口呼、合口呼互用为反切下字。如"德得"的反切是"等娥切"，"德得"在《等韵图经》属拙摄,而"娥"属果摄。"勒"的反切是"浪个切"。《等韵图经》中"勒"是拙摄字,"个"是果摄字。

现代拼音方案中 o、uo 两个韵母,在音位层面还是一个元音,《李氏音鉴》的反切就把它们看作同一个韵腹,例如:

薄,本娥切。泼,铺婀切。没,幕贺切。佛,焚娥切。
昨,祖娥切。铎,董娥切。错,才饿切。

我们现在标成 o 韵母的"薄泼没佛"和标成 uo 韵母的"昨错铎"等,李汝珍都用"娥"作反切下字,他是把这些字的韵母都看成[uə]的。这不是因为李汝珍时代这一韵的读音和我们这个时代有什么不同,而是因为李汝珍等传统音韵学家也有很强的音位归纳意识,不认为[ɤ]、[o](uo)是不同的韵。

《等韵图经》拙摄的阴声韵里非来源于古入声的字"遮者车扯赊舍惹"等,直到《音韵逢源》(1840 年)中,才完全转为[ə]音,它们不再跟[iɛ]、[yɛ]共属一韵,而与"哥个可饿贺"等合为一类,归"申部";[iɛ]、[yɛ]则归"酉部"。

这类韵母的演变过程,符合普通语言学中所说的"语言渐变性"的基本规律,它是北京话自然演变的一部分,与外来影响无关。

(3) 跟[ə]的产生相关联的变化还有 io → yo → yə → yɛ 的转化。来自于中古音江宕摄的入声字在《等韵图经》时代的韵母是[io],论介音属于齐齿呼,论韵腹是后半高圆唇元音,《等韵图经》《合并字学集韵》的果摄开口下等(即齐齿呼)收有"略学约削雀爵却角""觉鹊岳乐药虐钥掠"等。到《李氏音鉴》这些字成为撮口呼,使用的反切上字是撮口呼,决定被切字的韵头;而反切下字是"娥",例如:"学,许娥切";"角,举娥切";《音鉴》的反切以切上字决定被切字的声母兼介音,上面各例,切上字均为撮口呼,则被切字必为撮口呼,而主元音与"娥"相同,则意味着这些字的韵腹是[ə]。

《音鉴》时代的[yə],在《音韵逢源》中仍然与[yɛ]对立,读[yə]韵母的"角爵却学略"等字所在韵部叫作"申部",读[yɛ]韵母的"掘绝阙穴劣"等字所在的韵部叫作"酉部",两组字不属于同一韵部,在韵母形成对立。到 1898 年的《官话萃珍》中,这两组字才合流了,"掘角(读书音)"同音,"绝爵"同音,"阙却"同音,"穴学(读书音)"同音,"劣略"同音,都用同样的拉丁字母注音,标为üeh,也就是[yɛ],和现代完全一样了。

　　这项变化也都是按照音变规律进行的自身变化,不是外来影响的结果。第一步,[io]的介音被圆唇的韵腹同化,[i]变成了圆唇的[y];第二步,韵腹[o]随着元音音位格局的整体调整而成为[ə](音值跟现代河南话相仿);第三步,按照"前元音的介音促使韵腹的元音部位前移"的规律,向齐齿呼的韵腹站齐,就成为音值上的[ɛ]。

　　(4)清代韵母的另一个变化是[iai]变成[iɛ]。中古汉语的蟹摄开口二等牙喉音字,到《中原音韵》时代产生出[i]介音,读成[iai]。这个音维持的时间相当长久。在《等韵图经》中[iai]韵母的字基本保存完好,多数字归蟹摄而不归拙摄,但出现变化的端倪,如"解""鞋"字已产生[iɛ]的异读,在蟹摄和拙摄两收。到《李氏音鉴》时代仍然大体保存旧读。到了1840年的《音韵逢源》中则呈现两分的局面,有的字已归入[iɛ]音(酉部),如"阶街介界屆懈鞋";有的字仍为[iai]音(巳部),如"楷揩崖涯蟹隘挨";有的字两韵都收,如"皆解戒谐"。这种分布表明[iai]音正处在消失过程中。到了1898年的《官话萃珍》,[iai]音完全消失,《音韵逢源》中仍读[iai]的字,此时改读[iɛ]及[ai]等(后者如"楷揩挨隘骇")。

　　这一项变化的语音规律是两条,一条是韵尾和韵头"异化":韵头是i,韵尾i就被抵消,逐渐脱落。第二是"中和",i的舌位高,a的舌位低,韵尾脱落的同时,韵腹上升,比a略高的"次低"舌位,成为[ɛ]。

　　以上所述清代北京话的一项声母演变、四项韵母演变,都符合自然演变的规则,都是逐渐演变而不是突然之间的替代。这表明清代北京话是在明代北京话的基础上发展而来。

五　结　论

　　语言的内部结构应该是研究语言史的主要依据。其他因素,例如移民、民族接触等因素,可以作为探索的出发点,但是做出的推论需要以语言事实作为检验、判断其正确与否的依据。

一般情况下，要推论某种方言现象是外来影响下产生的，需要从所谓的"源头语言"里找到同样的现象，并且可以确定那种现象属于"源头语言"自身本来就有的。否则所谓影响就靠不住。我们在北京话里能够看得到的外来影响是，辽宋以前，北京地区的语音渗入了中原官话的影响，即中古江宕摄入声字读成果摄的韵母，通摄的入声字读成了遇摄的韵母，而这些读音都是中原官话普遍的读音。明代的北京话渗入了南方官话的影响，表现在梗曾摄入声字读成了车遮韵的读音，而这些读音在江淮官话里存在。这些影响之所以产生，是文化因素的作用，是文人为了识别入声字而学到的外来读音。没有这种科举考试的强大压力，还未必会出现读书音。清代的北京话是否有东北话的渗入，还在疑似之间。因为东北地区的吉林、黑龙江一带的汉族人口大部分是清末以后进去的，那里的方言是移民语言，不会对北京话有太大影响。明朝以前辽宁有汉人，可以设想，汉军八旗可能原来是操辽宁口音的。但是因为前文所说，在荆州、青州等地的旗人口音带有东北特色，可以想见今天的北京话也不是辽宁话的移植，或者说沈阳话对北京没有重大影响。由此，至多认为满族人在学会北京话以后带上了一些特有的口音，不能说今天北京话的形成就是满族人的汉语。

从中古音到元代大都音、明代和清代的北京音，彼此之间的继承线索十分清晰，发展演变的规律性极为明显。现代北京话是按照音变规律延续发展来的幽燕方言，它在某些方面存在着外来语的影响痕迹，但不是移植而来的方言。

参考文献

爱新觉罗·瀛生(2004)《满语杂识》，北京：学苑出版社。
郭力(2003)《古汉语研究论稿》，北京：北京语言大学出版社。
桥本万太郎(2008)《语言地理类型学》，余志鸿译，北京：世界图书出版公司。
沈钟伟(2006)辽代北方汉语方言的语音特征，《中国语文》第6期。
唐作藩(2000)《普通话语音史话》，北京：语文出版社。
王力(1985)《汉语语音史》，北京：中国社会科学出版社。
杨亦鸣(1992)《李氏音鉴音系研究》，西安：陕西人民教育出版社。
俞敏(1984)北京音系的成长和它受的周围影响，《方言》第4期。
张卫东(2007)论近代汉语官话史下限，《近代官话语音研究》，北京：语文出版社。
赵杰(1996)《北京话的满语底层和轻音儿化探源》，北京：燕山出版社。

段玉裁古韵研究坚拒等韵说[*]

陈 燕

一 引言

近些年来段玉裁的学术思想研究成为一个新兴的话题,段玉裁在语言学思想上的贡献与在经学、文献学等方面取得成就相比毫不逊色。我在《段玉裁古韵研究思想考》[①]中曾经提出段氏古韵研究思想具有"抑等韵扬音变"的特点,引起一些学者的关注。且前贤时俊尚无论及段氏古韵研究"抑等韵"学术思想的著述。然而"抑等韵"在段氏古韵研究中起主导作用,不可漠视。本文对段玉裁"抑等韵"思想的功过是非做出较为客观的研究,兼及等韵学在古韵研究中的作用。

二 江永、戴震将等韵理念注入古韵研究

我们在研究段玉裁对等韵看法的时候,先理清等韵是怎么进入古韵研究的。

等韵学作为具有中国特色的古代语音学历史悠久,它以韵图的形式出现,弥补了韵书不能全面展示整个语音结构系统的缺陷,形成了独特的研究方法和理论体系。研究等韵的学问就是等韵学,等韵、等韵学有时难以清楚地区分。它作为一个概念有如下说法:其一,专指处于前期的唐末及宋元

---

[*] 承蒙鲁国尧先生、耿振生先生审阅本文。鲁国尧先生提出很好的修改意见。谨向他们致以衷心的感谢。

[①] 见俞理明、郭齐主编《向熹先生九十华诞纪念文集》,上海:上海三联书店 2016 年版第 30 页。

"切韵之学"。① 王力先生说"等韵就其狭义说,是关于韵图的科学。它是音韵学中的一个部门,是为反切服务的。"②这个时期还有等韵学原理的阐述和等韵门法等;其二,指中古及以后各时期的等韵图。"等韵学的内容,以研讨历代等韵图的制作为主体展开的。"③其三,由于清代学者将等韵理念引入到先秦古韵分部,以展示韵部的系统性,因此被学者普遍认识到"等韵学实际上是中国古代的语音学。"④"它的对象可以是任何时代的任何一个汉语语音系统"⑤。

综上,等韵学作为一种逾千年历史的理论体系和研究方法,基本适用于中国古代语音史的各个时期。但是在不同历史时期的特点各异。本文所论及的先秦古韵分部,主要运用了等韵理念。所谓等韵理念即等韵观念,它采用等韵规则,而一般不以韵图形式出现。

韵图将等、呼和字母依据一定规则将某一同质语音系统的声韵(韵类)调完整地展示在图表上,入声韵或与阳声韵相配,例如《韵镜》;或与阳声韵、阴声韵都相配,例如《切韵指掌图》。总之,入声韵虽然独立,但是必须依附于非入声韵,且相配有序。

在实际读音中,由音长构成的入声与由音高构成的平上去声调截然不同;于韵图中,入声韵与非入声韵按照等呼的一致性有序地相配,显示出入声韵既独立,又与非入声韵相联系的特殊关系。极具有特殊性的入声引起清代古韵研究者的关注,形成了不同的处理方式。

科学地研究古韵自清代顾炎武开始,而将等韵理念引入古韵分部的开创者是江永⑥,戴震继其后。江永精通等韵学,著有《音学辨微》指明等韵学学习的门径,又著有《古韵标准》专门研究古韵,可谓"精于音理,"⑦使他的古

---

① 鲁国尧发现,明代之前等韵学称作"切韵学"。(转引自施向东《等韵学与音系学》,选自《中国音韵学》,南昌:江西人民出版社 2010 年版第 11 页)
② 王力《中国语言学史》,太原:山西人民出版社 1981 年版第 84 页。
③ 李新魁《汉语等韵学》,北京:中华书局 1983 年版第 3 页。
④ 王力《清代古音学》,北京:中华书局 1992 年版第 57 页。
⑤ 耿振生《明清等韵学通论》,北京:语文出版社 1992 年版第 1 页。
⑥ 与江永几乎同时的刘维谦,以开合纠正朱熹等人音切的错误,与古韵分部关系不大。
⑦ 王力《汉语音韵学》,北京:中华书局 1986 年版第 136 页。

韵分部优于前贤时俊。他认为清代音韵学研究者毛先舒、毛奇龄、柴绍炳等人皆不如顾炎武,但是也有所不足,他说:

> 古音表分十部,离合处尚有未精,其分配入声多有未当。此考古之功多,审音之功浅。每与东原叹息之。今分平上去三声皆十三部,入声八部,实欲弥缝顾氏之书。①

江、戴师生二人同为顾炎武可惜,将顾氏古韵研究概括为"考古之功多,审音之功浅",除古韵分部尚有不精确处之外,入声多有未当。顾氏古韵入声韵基本并入阴声韵而没有独立成部,而江永古韵分部除较前人转精之外,其入声韵八部是独立的。他采用等韵理念进行古韵分部,虽然在形式上与等韵图一致,将入声韵部独立,但是从根本上并没有解决入声韵与非入声韵相配的问题。江永的功绩之一是将等韵学理念引入古韵研究。

戴震撰写音韵文章与段玉裁差不多同时开始。在他所著《声韵考·卷二》有《考定〈广韵〉独用同用四声表》,将《广韵》206韵目按照四声相配排列,入声韵配在阳声韵中,是一张以等韵四声相配的《广韵》韵目表。《声类考》是他于1777年临终前写的古韵研究专书②,该书是根据戴震古韵九类二十五部,以四声和经韵纬声,及阴阳入相配,使用二呼、内外转、轻重等术语绘制的等韵图表。戴震的绝笔之作是用韵图展示古韵系统,可见他晚年对古韵研究的重视。

戴震的古韵分部,明显地弥缝了江永古韵分部,不但将入声韵独立,而且最重要的是阴阳入整齐相配,解决了入声韵与非入声韵相配问题。戴氏将古韵九类二十五部,除侵缉和覃合没有阴声韵相配,歌没有阳声韵相配之外,其余六类皆是阴阳"两两相配,以入声为相配之枢纽。"③不但实现了所设想的入声韵与非入声韵相配的目标,而且还确定了入声韵的具体位置,以入

---

① 江永《古韵标准》,北京:中华书局1982年版第4页。
② 戴震《声类考》,合肥:黄山书社1994年版第340页。
③ 戴震《答段若膺论韵》,《戴东原集》卷四,《续修四库全书·集部·别集类》,上海:上海古籍出版社2002年版第464页。

声韵为相配的枢纽提供了语音依据,进而解释先秦韵文音近相押的问题。

以入声韵为相配枢纽,强化了入声韵独立的重要性。戴震对入声深有研究,他说:

> 仆审其音,有入者如气之阳,如物之雄,如衣之表;无入者如气之阴,如物之雌,如衣之里。又平上去三声,近乎气之阳,物之雄,衣之表;入声近乎气之阴,物之雌,衣之里。故有入之入,与无入之去近。从此得其阴阳雌雄表里之相配。①

可惜当时没有语音实验仪器,他只有凭借经验和感觉探讨入声韵、入声与其他韵和声调的关系。戴震认为,配有入声韵的韵类具有雄阳的表征,反之则是雌阴;入声本身是雌阴的,而平上去三声具有雄阳特征,与配有入声韵的韵类特征相近,因此入声必须要寻求与非入声相配。他使用的阴阳雌雄表里这些词语,虽然有些玄虚难解,颇具主观色彩,但是抓住了入声特征和它配的依据,指出入声韵与非入声韵相配、入声与平上去三声相依,具有自然属性。

孔广森受其师戴震影响定古韵十八部,阴阳各九,"各以阴阳相配而可以对转。"②其韵部整齐相配的面貌大有其师的风格,且韵部划分比其师有进步。但是孔氏受家乡方言的影响,认为古无入声,也就没有入声韵,这是与其师产生了根本的不同。但是孔氏又说:

> 是故入声者,阴阳互转之枢纽,而古今迁变之原委也。③

虽然孔广森与其师都把入声看做音转的枢纽,④但是孔氏对入声的关注不在古韵,而是说明如何入声由无到六朝产生,及阐明中古时期的入声韵与

---

① 戴震《答段若膺论韵》,《戴东原集》卷四,第 465 页。
② 孔广森《诗声类》,北京:中华书局 1983 年版第 1 页。
③ 孔广森《诗声类》,第 44 页。
④ 段玉裁也把入声看作合韵的枢纽。参见段玉裁《六书音均表》,第 831 页。

阴声韵、阳声韵的关系。孔氏古韵说体现了等韵图韵部整齐相配的特征,但是由于没有入声,在形式上就出现了与顾炎武、段玉裁等重视考古学者古韵分部相似的现象。我们据此认为孔广森也是部分以等韵理念为古韵分部的学者。

综上,将等韵导入古韵研究的开始阶段,戴震的作用最为重要,因此是本文研究和比较的重点。

江永、戴震师生发现和使用等韵理念研究古韵不是偶然的。他们皆对西方科学技术深感兴趣,江永学习过西方天文学,戴震著《嬴旄车记》介绍西人龙尾车法等,拓宽了他们的学术视野。他们不仅研究古韵,还研究等韵,并著有专著。在此过程中,发现了语音的系统性和对称性,看到用等韵研究古韵的可行性,开始用等韵理念研究古韵。他们是先知先觉者。

我们也看到,古韵研究历史上的一些著名学者,虽然没有采用等韵的研究理念和方法,例如段玉裁、王念孙、江有诰等人,但是在古韵研究方面都取得了突出成绩,特别是段玉裁对古韵研究贡献巨大,被誉之为"在古韵学上应当功居第一"和"登峰造极"[①]者。令人意想不到而值得关注的是,段玉裁坚拒等韵,表现出与其师不同的研究理念。

三 段玉裁有关等韵的论述

段玉裁有关等韵的论述主要见于《经韵楼集》收录的书信中,在这些写给其师或同窗朋友讨论古韵研究的书信中,较少提到字母等韵的字眼,在其古韵专著《六书音均表》中更为少见。段氏在《六书音均表》表三"六书说"结尾提到等韵说:

> 今特表而出之,著其分合。周秦汉人故训之精微,后代反语、双声叠韵、音纽字母之学,胥一以贯之矣。[②]

[①] 王力《清代古音学》。第129页。
[②] 段玉裁《六书音均表》,《说文解字注》,上海:上海古籍出版社1981年版第833页。

段氏口气很大，认为他的十七部和古合韵说，既能应用于先秦古籍的文字训诂，又能贯穿于先秦古音和中古音，以及等韵学，把等韵学视作受惠于段氏古音学的学问，上述看法与其师戴震不同。

戴震曾经批评段玉裁"考古功多，审音功少。"[①]这句名言本是江永和戴震批评顾炎武的，此时却用到了段氏身上。起因是段氏古韵十七部将真文和尤侯皆两分，而戴震仍沿用江永的真文和尤侯皆不分立。由此责备段氏过多地考古而不考虑等韵音理。

段氏对戴震的批评紧接着解释道：

仆则谓古法只有双声叠韵。古之双声非今三十六字母之声，古之叠韵非今二百有六之韵。是以今音当致力于字母，治古音则非所详。戴师亦曰学者但讲求双声，不言字母可也。[②]

这最后一句话显然用老师的话辩解自己所言不违师命。他将古音与今音、字母（指等韵）截然分开，认为等韵限用于今音而不能用于古音，表示弃用等韵研究古韵的坚定立场。段玉裁虽然受到其师的批评，但是仍然坚持不改初心。古韵研究事实证明，段氏根据考古将真文两分及尤侯分立的做法，优于戴震将真文合并为殷部，尤侯合并为讴部。段氏是正确的。

段氏在1812年写给江有诰的书信中，转述了上述戴震对段氏批评的事情；此时戴震已经去世35年。虽然戴震生前一再向段氏宣传用等韵研究古韵的主张，戴说来自其师江永，但是段氏一直坚持自己的观点而没有退步。可谓爱其师，更爱真理。

1792年孔广森发表了《诗声类》，将古韵东冬两分，得到了段氏的称赞。段氏同意东冬两分。因此在《六书音均表》付梓17年以后，段氏古韵由十七

[①] 段氏在《答江晋三论韵》中转引戴震道，"谓仆考古功多，审音功少。"（《经韵楼集》卷六，选自《续修四库全书·集部·别集类》，上海：上海古籍出版社2002年版第29页。）

[②] 段玉裁《答江晋三论韵》，《经韵楼集》卷六，选自《续修四库全书·集部·别集类》，上海：上海古籍出版社2002年版第29页。

部变成十八部①,至此古韵阴声和阳声应当设立的韵部基本确立完毕。段玉裁的功劳主要在确立阴声和阳声的韵部方面。特别是确立阳声韵部,相对于入声韵部要容易,较少走弯路。但是若没有这个基础,入声韵部的确立可能会更加艰难。段氏古韵研究思想和方法主要是考古,他在《答江晋三论韵》中谈到入声韵部与阴声韵部相配时,明确地表达了对等韵的基本认识:

足下以等韵言之。等韵之法起于近世。岂古音有是说乎?②

至此段氏明确表达了在古韵中拒绝纳入等韵理念的原因,同时还对同窗孔广森古韵十八部整齐的搭配产生怀疑,他说:

抑更有问焉,孔氏分为阳声九类,阴声九类,而两两相配,其然否不可知。③

这两段话所表现的观点比前面更为明确,即研究古韵不能以等韵为据,其理由是等韵出现的时间晚于古韵,因此不能用来研究古韵;古韵也未必如等韵图那样按照阴阳韵整齐相配。段氏在内心深处始终坚持认为研究古韵只能从先秦文献的归纳中探求,等韵是不相及的。

孔广森虽然比较忠实地继承了戴震使用等韵原理确定古韵,但是与其师有4点不同:一是没有入声韵(也无入声),就谈不上入声独立和与其他韵相配;二是采纳了段玉裁尤侯分立,取消了戴震的祭部;三是将歌部挪到阴声(韵)位置,与元相配,改变戴氏将歌部置于阳声韵位置;四是增立冬部,分立后东冬与侯幽相配。孔氏后3点,优于其师;第1点是最大的缺陷。他对古韵研究的贡献和缺点都很明显。

---

① 王力先生说:"段氏古韵增至十九部,即东冬分立,物月分立"。(《清代古音学》,第129页)关于"物月分立",段玉裁《答江晋三论韵》说"祭泰夬废月曷末黠鎋薛仍归十五部,而分别注之曰,以上配谆文殷魂痕者,以上配元寒桓删山仙者。"(《经韵楼集》卷六,第33页)可知第十五部入声的分派虽然有变化,但是"物月"仍然没有独立。

② 段玉裁《答江晋三论韵》,《经韵楼集》卷六,第30页。

③ 段玉裁《答江晋三论韵》,《经韵楼集》卷六,第33页。

孔广森将戴震古韵九类中的阴声和阳声进行归纳并有所改进,优于戴氏古韵九类二十五部。戴氏的古韵分为九类,按照阴阳入整齐排列。① 孔广森所立十八部,是从阴阳对转出发而布局的,他说:"此九部者,各以阴阳相配而可以对转。"②王力先生赞扬说"孔氏阴阳对转之说,为后代音韵学家所崇奉"。③ 戴、孔的古韵阴阳相配的整齐格局,具有较强的等韵色彩,段玉裁对此持否定态度。

段氏拒绝等韵。若进一步推理,段玉裁向孔广森的阴声韵和阳声韵两两相配的整齐格局提出质疑,实质上是对戴震的否定。

四 段说的内在逻辑

我们把本文重点分析的段玉裁拒绝用等韵理念研究古韵的观点简称作段说。

在古韵研究方面,虽然段玉裁的师承有等韵的基因,处在较为强烈的等韵氛围之中,但是他坚拒等韵必有其内在的逻辑。言论和行动是外表,逻辑思维则是内里。根据已知材料和研究成果由表及里推测其内在逻辑,以深入探讨段氏古韵研究的核心思想。我们认为段说的内在逻辑有以下3点:

逻辑一,从时间上判断等韵与古韵无关。

段氏说"等韵之法起于近世。岂古音有是说乎?"认为古韵出现于《诗经》时代,或更早④,而等韵出现于近世。根据清代见到的等韵文献推测,所谓"近世"应是宋元时期,"近"与"古"相对而言。段氏认为等韵出现在古韵之后,时间相差千年以上,风马牛不相及。

逻辑二,不赞成戴震从等韵出发得出的基本观点。

戴震临终前一年曾经给段氏写信,专门讨论古韵,提到以下问题:阴阳入相配中入声的作用;入声的性质;以等韵之法用于古韵分部的有效性

---

① 第八类和第九类没有阴声,只有入声和阳声。
② 孔广森《诗声类》,第1页。
③ 王力《清代古音学》,第166页。
④ 段氏音韵史分期从唐虞开始。参见《六书音均表·表一》"音韵随时代迁移说。"

问题。

关于阴阳入相配中入声的作用和入声性质,戴震说:

> 两两相配,以入声为相配的枢纽。①

戴震以入声为阴阳相配的枢纽,从而强调了入声的重要性,这与入声的性质有关。入声是短调,如前所说他认为入声本属雌阴性质,而入声韵与其他韵类相配才具有雄阳的表征;反之,依然属雌阴。总之,戴震认为由于入声具有雌阴的性质,因此决定入声韵与非入声韵相配具有自然属性,及入声必成为阴阳相配的枢纽。

戴震关于以等韵之法用于古韵分部有效性的考量,基于对先秦文献整体性的认识。戴震对先秦韵文于古韵分部所起作用做出如下判断:

> 古人用韵之文,传者希矣。或偶用此数字,或偶用彼数字,似彼此不相涉,未足断其截然为二为三也。况据其不相涉者分之,其又有相涉者则不得不归之合韵。是合韵适以通吾说之穷。故曰援古以证其分不易明也。②

戴震认为先秦韵文流传后世者稀少,且韵文押韵情况较为复杂,例如几个韵脚偶然相押韵却似本不相涉,不能据此立为一部;且本不相涉而出现相押,可以用合韵处理。戴震的结论是"盖援古以证其合易明也",即有限的先秦韵文易于证明韵部的相合性,而难以成为韵部分立的依据。因此先秦韵文在古韵分部中的作用相当有限。

我们认为,可以将戴震的话加上两个字,即有限的先秦韵文难以成为划分古韵部的唯一依据。我们还认为,不能抹杀先秦韵文的重要作用;否则,舍此而援之以等韵,以等韵为主要依据,那就会成为无源之水无本之木。

---

① 戴震《答段若膺论韵》,《戴东原集》卷四,第 464 页。
② 戴震《答段若膺论韵》,《戴东原集》卷四,第 466—467 页。

因此,戴震的韵部划分出现了一些韵部该分不分,某些韵部的入声分部不当,以及先秦文献材料匮乏等问题。段玉裁发现其师古韵分部的短板,在评价戴震侯幽不分时说:

> 若戴师平入皆不分,审音固合矣,而考古似未至也。①

这短短数语鞭辟入里,带有总结性,道出了造成戴震古韵分部短板的根本原因,就是重视审音而不重视考古,以至于考古不到位。段氏将考古放到极为重要地位,重视考古就是重视先秦文献资料在古韵分部中的主导作用。在此,段玉裁明确表达了与其师相悖的思想。

除此之外,在音变问题上师生之间也有分歧。段氏认为语音有规律,指出"古合韵即音变之权舆也",将共时的合韵与历时演变联系起来,指明音变的路径。而戴震认为语音演变没有规律,他说:

> 音之流变无定方,而可以推其相配者。②

戴震认为语音变化无规律,唯一可做的就是依据等韵将入声独立,同时将入声分派到所划分阴声和阳声韵部中去,体现等韵的格局。因此,戴震的阴阳入分派完全是"推"演出来的,而非根据先秦文献。

戴震以阴阳入相配目的是互转,并且规定转而不出其类和所相配的类别为"正转"。"正转"很重要。他说:

> 以正转知其相配及次序……以正转之同入相配定其分合,而不徒恃古人用韵为证。③

在戴震古韵学中,以入声独立、阴阳入韵部相配为核心内容。在此基础

---

① 段玉裁《答江晋三论韵》,《经韵楼集》卷六,第 30 页。
② 戴震《答段若膺论韵》,《戴东原集》卷四,第 464 页。
③ 戴震《答段若膺论韵》,《戴东原集》卷四,第 466 页。

上建立的"正转",可以确定韵部的阴阳入相配和顺序,以及确定韵部。戴震在确定韵部方面再一次表示"不徒恃古人用韵为证",即等韵可以与先秦韵文同等对待,这是他出现"考古似未至"的根本原因。

等韵理念作为一种理论,带有主观性;而根据先秦韵文归纳的韵部具有客观性。由此推论,戴震以主观为主,而段玉裁从客观出发,在主观理念和客观材料之间产生了差距,两人在对先秦韵文判断、研究理念和方法等方面有着根本的不同。

逻辑三,发现戴震以等韵研究古韵存在与生俱来的缺陷。

这里举两个例子:

江永、戴震皆将侯尤合一,段氏却将尤侯两分,戴震曾经为此去函提出不同意见。段氏回函直言道:

> 玉裁考周秦汉初之文,侯与尤相近而必独用。①

段氏从先秦韵文出发,拒不接受老师的意见。后来又发现正与孔广森、江有诰闭户合辙,他们都将侯幽两分,遂以为"此案定矣。"②

孔广森将东冬两分且阴阳相配,以侯类配东类,以尤类配冬类。对此,段玉裁称赞为"孔氏卓识"。接着段氏回忆其师生前的意见道:

> 昔戴师讥陆韵东冬不当分,盖有意求密,用意太过,强生轻重。引李涪《刊误》云,法言字同一声分为两韵,何须"东冬中终",妄别声律。不知"东冬中终"起于三百篇,非可轻议。③

这段话回忆了戴震曾评价《切韵》东冬分韵是"妄别声律",在他的古韵九类二十五部东冬是合一的。段玉裁批评其师是"轻议",并说东冬两韵从《诗经》时代就两分。其他还有真文两分也属此类情况。

---

① 段玉裁《六书音均表・寄戴书》,第 808 页。
② 段玉裁《答江晋三论韵》,第 30 页。
③ 段玉裁《答江晋三论韵》,《经韵楼集》卷六,第 33 页。

其实,段氏非常清楚其师根本不可能接受将尤侯、东冬、真文各分为两部。其原因是,根据彼时的韵部划分进展,难以为它们找到相配的阳入或阴入的韵部。在这种情况下只有不分;否则,将打破阴阳入相配的等韵格局。

因此,段氏认为戴震以等韵理念确定古韵有难以克服的先天弱点;相比之下,自己的古韵十七部优于其师。

在段玉裁眼里其师以等韵理念研究古韵并不成功,反而是漏洞频现。由于没有看到以等韵划分韵部的优势,因此他当然不会接受其师的主张,这也成为段氏在研究古韵时坚决拒绝等韵最根本的内在逻辑。

五　段说的合理性与局限

(一) 段说的合理性

段玉裁的古韵研究取得了卓越的成就,我们认为坚拒等韵是重要原因之一。以成功者推论,段说具有合理性。因此段氏坚拒等韵,以他的理念和方法研究古韵并非错误。为便于说明,我们要经常拿戴震和段玉裁的研究成果相比较。

合理性一,段玉裁的古韵考古成果令戴震无法比拟。

在古韵分部方面,段氏将真文分开,尤侯两分,支脂之三分,这些成果超过其师祖江永。戴震经过考订接受了支脂之三分,但以审音本一类为由拒绝真文分开,尤侯两分。戴震说:

> 仆谓审音本一类,而古人之文偶有相涉,有不相涉,不得舍其相涉者而以不相涉为断。审音非一类,而古人之文偶有相涉,始可以五方之音不同断为合韵。今书内列十七部,仆之意第三部第四部当并,第十二部第十三部亦当并。[①]

（著者注:在段氏十七部中,第三部尤部,第四部侯部,第十二部真

[①] 戴震《答段若膺论韵》,《戴东原集》卷四,第467页。

部,第十三部文部。)

戴震以审音为依据判断韵部的分合,据此将第三部与第四部合并,第十二部与第十三部合并。戴震所谓审音依然以有否相配的阴声入声韵或阳声入声韵为依据。再者,江永就是真文、侯幽不分的。

而段氏将它们两分,完全根据考古得出。他说:

《诗经》及周秦文字分用画然……侯古音近尤而别于尤。近尤故入音同尤;别于尤,故合诸尤者亦非也。①

而真臻一部与谆文欣魂痕一部分用,尚有未审。读《诗经韵表》而后见古韵分别之严。②

(著者注:《诗经韵表》即段氏《诗经韵分十七部表》③)

段氏说的周秦文字指谐声声旁,他根据《诗经》韵文和谐声声旁两项材料得出尤侯两分、真文两分的结论。由于考古证据充分,基础坚实,因此这四部和支脂之的划分成为段氏古韵分部的不朽功绩。这是戴震所不及的。

在不同韵部相押方面,段氏建立了戴震九类二十五部所不及的比较严密的十七部合韵规则。临近韵部相押的是近的合韵,与此相对的是远的合韵。远的合韵含有阴阳对转的内容,例如第一部之(含入声韵职德)与第六部蒸合韵,相当于戴震古韵第二类蒸之职;第七部侵(含入声韵缉葉),第八部(含入声韵合乏),相当于戴震第八类侵缉,第九类谈合。还有戴氏所不及的,例如第五部鱼(含入声韵铎药)与第十部阳合韵。也有段氏所不及的,例如第五类耕支锡。以上证明某类韵之间的密切联系是客观存在的,而如何认识和揭示要看研究者的眼光。在这方面,段氏与其师相比依然毫不逊色。

合理性二,段氏古韵的系统性戴震所不及。

我在《段玉裁古韵研究思想考》中总结道,段玉裁建立了完整而互为联

---

① 段玉裁《六书音均表·表一》,《说文解字注》第 810—811 页。
② 段玉裁《六书音均表》,《说文解字注》第 812 页。
③ 段玉裁《六书音均表》,《说文解字注》第 834 页。

系的古韵系统。具体表现在:建立入声分派到相关韵部的古韵十七部;按照各韵的远近关系为十七部排序,并把它们分成六大类,构建合韵的基础和不同层次合韵的机制;对古韵进行历史分期,将语音演变纳入所划分的时期;确定古本音和变音,从理论上阐述"音有转移",指出"古合韵即音变之权舆也",特别注意要把握历时细微的音变。以上内容环环相扣颇具系统性。段玉裁古韵的精髓可以用三个词概括:十七部、合韵说、音变说。三者的关系:前两者互为因果,十七部是合韵的基础,合韵又能反证十七部的界限;后两者是单向因果关系,段氏建立合韵机制时已经考虑到音变的因素,因此他说古合韵是音变的开始,音变的基础和动力是合韵,而音变的外在表现形式是"敛""侈"和"变"。以上各部分是相互关联的系统,充满着确定性和合理性。

而戴震的古音系统最初定为七类二十部,后来有所改变,他说:

上年改为九类,以九类二十五部。若入声附而不列则十六部。[1]

戴震唯一的古韵专著《声类考》是一部草作,在"临终前二十日用五天时间写成的,"[2]戴震深知自己生命的大限将至,将古韵研究的最后成果用尽全力表述下来成为临终前一定要完成的任务。我们向古代学者忠于学术的精神表示敬意。

《声类考》是一部展示古韵的韵图册,严格地说它不是一部完整之作。它只有146张韵图表,各图按照阴入或阳入以四声韵目排列,展示出古韵九类二十五部及其属字在韵图中的位置;但是没有分类和分部的古代文献依据。该书没有对韵图所标"二呼、内外转、轻重"等术语做出解释,至今不知何义。总之,该书的影响不大。

由上可知,戴震古韵分部的著述不具系统性。不如江永《古韵标准》从确定《诗经》韵例写起,每部有总论,逐部展示古韵分部的韵文依据,表现出系统性。在韵部系统性方面,江永仍然不如段氏。

---

[1] 戴震《答段若膺论韵》,《戴东原集》卷四,第469页。
[2] 见《声类表说明》,《戴震全集·三》,第341页。

合理性三，段氏拥有戴震所无的丰富的先秦文献系统。

《六书音均表》有一个较为全面的文献资料系统，内含有两个谱和一个表，即表四《诗经韵谱》、表五《群经韵谱》及表二《古十七部谐声表》，成为段氏古韵说的重要组成部分。表二将谐声字声旁首次系统地整理归纳并且按照十七部排列成表，改变了宋代以来只是以个别谐声字为证的状况，这个创新体现出段氏重视挖掘新材料。《六书音均表》的撰述是从系统地整理韵文材料开始的，《诗经韵谱》《群经韵谱》是它的雏形。1766—1767 年段玉裁和其弟段玉成开始研究《毛诗》用韵，段氏谈到研究目的说：

> 丙戌丁亥年间，余读《毛诗》，有见于支脂之古平入各分为三，尤与侯、真与文，古亦各分为二。病夫顾氏江氏之不能分也，乃做《诗经韵谱》《群经韵谱》。①

段氏为了证明自己的研究成果而作"两谱"，用事实说话。后来又为其加注释，至 1770 年 2 月成书。"初稿名《诗经韵谱》"。至 1775 年由原来两表变成五表，特别增加了"古十七部"的谐声表，及分部表和合用表，改名为《六书音均表》。段氏下了很大功夫完成的五个表，其中不但有完整的先秦韵文总汇，而且还有谐声表，经过整理的先秦文献更加系统和完善。

戴震所目及的只有古代韵文，没有系统整理。江永的著述中虽然也能看到"韵谱"之类的资料，但是总体上没有段氏做得完善。江永以《诗》韵为主，将押韵的字随韵部列上，后面《补考》罗列其他韵文材料；而段氏将《诗经》《群经》分别列表，并于每个韵部之后充分展示韵文例证，且清晰地列出经典文献的押韵字，分别标明本音的字和合韵的字。段氏还有江永所无的古十七部谐声表。总之，就所示文献资料的丰富性和系统性比较，江、戴皆不及。

综上，古韵十七部分部的进步及韵部的系统性，体现了段氏对古韵的深入理解和理论建构，其成就皆建立在较为全面地掌握和分析先秦文献的基础之上。完善的先秦文献系统是考古所必需的重要依据和先行条件，再加

---

① 段玉裁《江氏音学序》，《经韵楼集·卷六》，第 27 页。

上脚踏实地的研究态度和辩证的思想方法,必然会取得了超越前人的成就。段说体现出很强的合理性。

(二) 段说适合彼时古韵研究形势

段说的合理性由"势"所决定。"势"指彼时古韵研究的基本状态和形势。古韵研究具有阶段性,不同阶段需求不同。明代陈第批判了叶音说,阐述了语言研究的时空发展观,为科学研究上古音奠定了理论基础。清代顾炎武肇其始,江永、戴震、段玉裁、孔广森步其后,皆处于古韵研究的前期。彼时古韵研究形势需要摸清古韵韵部的畛域和轮廓,并且把古韵部基本划分出来。彼时韵部划分数量呈现出不断增加的过程。以入声韵不独立统计,由顾炎武十部,江永十三部,再到戴震十六部、段玉裁十七部、孔广森十八部,古韵分部的实践如火如荼。基本韵部没有确定,等韵格局的重要性就无法体现出来。

在这个时期,段玉裁汲取前辈合理的研究成果和理念,例如系统性的思想[1]等。将辨证和发展联系起来,进一步提出"知其分而后知其合,知其合而后愈知其分"[2]的富含哲学思想的精辟论断,辩证地认识韵部分合关系,并由共时合韵推演出历时语音演变的途径,段氏古韵十七部六大类很好地体现了上述思想。段氏系统而辨证的研究思路使他的古韵研究走在时代的前列。

在古韵分部前期,由于前代发现的先秦韵文材料还不够丰实,因此迫切需要挖掘更多的支撑古韵研究的先秦文献资料。段玉裁以乾嘉学者重视考据实证的学术素养,建立了比较丰实的先秦文献资料库。如前所说,《六书音均表》有三个表,特别是挖掘并系统地整理出谐声表,这是创新。段氏以较为丰富的先秦文献为基础,使古韵分部变得游刃有余,进退有据,其研究成果多成定论。段玉裁是那个时代思想和行动的佼佼者。

江永倡导以等韵理念研究古韵,只是将入声韵独立。戴震继其后,撰写

---

[1] 参见陈燕《段玉裁古韵研究思想考》,俞理明、郭齐勇主编《向熹先生九十华诞纪念文集》,上海:上海三联出版社,第31页。

[2] 段玉裁《六书音均表》,第802页。

《声类表》将古韵用韵图形式展示出来,有些怪诞。虽然他在古韵分部方面成就不大,但是实现了韵部阴阳入相配,显示出古韵部的对称性。由于戴震基本采用了江永的古韵韵部,而没有完全采纳段氏等人的古韵研究成果,因此其阴阳入相配的格局尚存在不合理性;其后孔广森的古韵是瘸腿的,导致戴震、孔广森之后相当长的一段时间里,至民国黄侃之前的数位古韵研究者中,没有人再用等韵理念研究古韵。

我们据此认为,等韵的应用具有条件性。它适用于古韵部比较成熟或完善之后,而非之前。在古韵研究前期,韵部畛域尚不确定,等韵格局难以施展其长处:理论总是走在实践之后。

江永、戴震将等韵视作中国古代特有的可以超越任何时代的语音学理论,戴震还是最早同时运用等韵理念和假设方法推测古韵的学者,这在《声类考》中得以体现。虽然戴震生前没能证明其说的正确性,但是他所关注和提倡入声独立和阴阳入相配的等韵格局影响深远。在古韵部研究过程中,它就像一盏远处闪烁的灯照亮了长途跋涉者前行的道路。当古韵研究经历了时间的磨砺之后,到达韵部确立基本完毕的后期阶段,自然就进入了等韵的格局之中。正如王力先生由考古派转为审音派的历程一样,他总结道:

> 我早年属于考古派……晚年属于审音派……我为什么有这个转变呢?这是由于我从语音的系统性考虑问题。[①]

传统把利用等韵理念研究古韵分部的学者称作审音派,将依据先秦文献做客观归纳确定古韵的研究者称作考古派。王力运用等韵理念发现微部,以及采用阴阳入排序古韵三十部最有影响。王力先生的转变体现出古韵研究后期审音的重要性,也证明研究理念和方法在不同阶段会发生某些改变。

(三) 段说的局限

段氏以考古确定古韵,又将十七部分成六大类,若站在现代语音理论角

[①] 王力《清代古音学》,第 252 页。

度审视,有些地方尚缺乏合理性:

(1)将入声混在阴声或阳声韵部中,不合音理。因为入声韵尾和非入声韵尾不同;

(2)某些入声韵分合不合理。一般入声韵并到阴声韵中,但是第十三部真部有入声韵质;

(3)蒸部与侵部韵尾不同,不应当共同置于第三类。

以上各条皆与等韵理论有关。在等韵图中入声韵独立,入声韵与阴声韵或阳声韵同图,前后一致;且不同类型的阳声韵绝不相混。

综上,段氏所分的韵部和大类缺乏同一性,有失合理性。

六 结 语

段玉裁沿袭了汉代古文经学家重视文献考据的传统,注重挖掘先秦文献材料,特别是系统地整理出谐声表,他将能够见到的先秦文献资料做到了极致。而且在研究古韵思想和方法上有所创新。在此基础上归纳出古韵系统,划定古韵部的畛域。他坚持拒用等韵理论的理念,对古韵分部研究做出重大贡献,实践证明等韵理论的应用是有条件的,并非每个阶段都必不可缺。

等韵学是中国传统语音学理论,可以称之为理论就具有普遍意义。学者们对等韵理论认识不同,与它的适用条件有关。因此,发现理论者并非是应用成功者。不能由此否定清儒江永、戴震将等韵理念纳入古韵研究的创新之举,他们用不同的思想和方法寻找研究古韵的有效路径,从汉语等韵学中寻找合理成分,发现了贯穿语音各个历史阶段的阴阳入声韵呈现对称的格局,在这个格局中入声韵必须独立。他们将此发现应用到古韵研究中,更新了古韵研究的理念,显示出一定的超前性。200年后他们提倡的等韵理念,经过黄侃、王力等人的实践,被学者们普遍接受。我们据此认为,古韵分部始于考古,终于审音。将等韵理念注入古韵研究之后,古韵部呈现出阴阳入整齐相配的格局,体现出科学性和系统性。因此,文献考据和等韵格局是古韵部研究的重要基石。

参考文献

陈燕(2016)段玉裁古韵研究思想考,俞理明、郭齐主编《向熹先生九十华诞纪念文集》,上海:上海三联出版社。
耿振生(1992)《明清等韵学通论》,北京:语文出版社。
李新魁(1983)《汉语等韵学》,北京:中华书局。
鲁国尧(2015)新知:语言学家段玉裁及《六书音均表》书谱,《汉语学报》第 5 期。
施向东(2010)等韵学与音系学,中国音韵学研究会编《中国音韵学》,南昌:江西人民出版社。
唐作藩(2013)《音韵学教程》(第四版),北京:北京大学出版社。
王力(1981)《中国语言学史》,太原:山西人民出版社。
王力(1982)上古韵母系统研究,《龙虫并雕斋文集》,北京:中华书局。
王力(1986)《汉语音韵学》,北京:中华书局。
王力(1992)《清代古音学》,北京:中华书局。
张民权(1992)《清代前期古音学研究》,北京:北京广播学院出版社。

引书目录

[清]戴震撰:《戴东原集·三》,见《续修四库全书·集部·别集类》,上海:上海古籍出版社,2002。
[清]戴震撰:《声类考》,选自《戴震全集·三》,合肥:黄山书社,1994。
[清]段玉裁著:《六书音均表》,见《说文解字注》,上海:上海古籍出版社,1981。
[清]段玉裁撰:《经韵楼集》,见《续修四库全书·集部·别集类》,上海:上海古籍出版社,2002。
[清]江永撰:《古韵标准》,北京:中华书局,1982。
[清]孔广森著:《诗声类》,北京:中华书局,1983。

俄敦五五九六号《切韵》残卷复原与写本年代问题

虞万里

俄敦 дx 五五九六号残卷系一碎片(下简称"残卷"),存七行,下部残阙,是奥登堡于1914—1915年考察敦煌和吐鲁番时所得,还是克罗特科夫和马洛夫前往和阗考察所得,已经难以分辨,今收入《俄藏敦煌文献》。[①] 所写内容为《切韵》系韵书平声钟、江两韵,涉及十八个韵字。其中钟韵仅存五个半注文小字,其余都是江韵字。

残卷半个多世纪来一直深藏于俄罗斯科学院东方研究所圣彼得堡分所,外人无缘得见,故周祖谟《唐五代韵书集存》未收入。1963 年至 1967 年由孟列夫主撰的《亚洲民族研究所藏敦煌文献汉文写卷叙录》仅为少数语言学残卷撰写叙录,[②]未涉及此残卷,故仍属未定名藏品。日本铃木慎吾曾认为残卷当是在王仁昫《刊谬补缺切韵》基础上增补而成,[③]关长龙则认为"当在《切韵》笺注本与王氏《刊谬补缺切韵》之间",并为其拟名作"切韵笺注(十二)"。[④] 今在《敦煌经部文献合集》(下简称"合集")关长龙先生校勘之基础上再做进一步申述。

先将 дx 五五九六号残卷和《合集》之录文图版迻录于下:

[①] 见俄罗斯科学院东方研究所圣彼得堡分所、俄罗斯科学出版社东方文学部、上海古籍出版社合编《俄藏敦煌文献》第 12 册,上海:上海古籍出版社;圣彼得堡:俄罗斯科学出版社东方文学部 2000 年版第 193 页。

[②] 孟列夫《俄藏敦煌汉文写卷叙录》,上海:上海古籍出版社 1999 年版第 608—610 页。

[③] 《〈切韵残卷诸本补正〉未收の切韵残卷诸本たついて》,东京:东京好文出版社 2004 年版。笔者未见此书,见张涌泉主编《敦煌经部文献合集》第五册关长龙先生题叙引述。北京:中华书局 2008 年版第 2702 页。

[④] 张涌泉主编《敦煌经部文献合集》第五册,北京:中华书局 2008 年版第 2702 页。

汉语音韵　　219

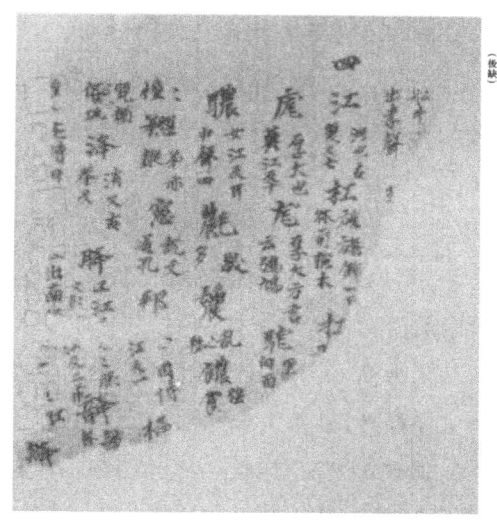

图一：残卷和《合集》之录文图版

　　从俄藏图版看，残卷抄写还算认真，但图版粘贴略有走样，即左下一段应该往上推八九毫米，方使文字对直。《合集》录文因为将残去的文字用"▭"符号表示而连行排版，致使失去残卷原有形状。今将原图版并列，俾便对照，以利校勘。

　　残卷大字单行，注文双行，与大部分《切韵》残卷同，与王一、王三亦同，而与王二即裴务齐正字本注文作小字三行者有异，应属于众多《切韵》抄本中之一种。兹依次考释如下：

　　钟韵前阙，所余唯"舩牛□出《孝声》"数字。"孝声"为唐张戬之《考声》，《合集》已云，此无问题。然遍检龙璋所辑《小学搜佚》中五卷《考声》佚文，未见有可校勘"舩牛"两字者。[①] 即此可推知，残卷之增益《切韵》，必在张戬《考声》之后。若残卷作者在长安地区，看到《考声》容易，则著成时间可能在张书之后不久；若在距长安较远地区，则著成时间相对要晚。

　　第二行四江韵第一字"江"，注："河也。古双反。七。"按，伯三六九五《切韵》收字仅五。斯二〇五五同。裴务齐本、故宫王三反切同，裴本字数云"五加二"，王三标"七"，与俄敦五五九六同，推知陆法言原本或《切韵》较早

---

① 龙璋《小学搜佚》，国家图书馆 2013 年影印本，上中二册。

写本确为五字。释义各本互异,伯三六九六无"河也"释文,王三云"水港",裴本作"渎之一水,又作'派'。"伯三六九六韵目下多仅标注反切和收字数,无释义,是否陆氏原本,无法揣测,然各本释义有"河也""水港""渎之一水"之不同,知三本原非互相因袭之本。

第二字"杠",注:"旌旗饰。一曰床前横木。"按,王三同,唯"前"作"头"。伯三六九六在第三字,云"旌旗,旗斾。一曰床前横",无"木"字。斯二〇五五作"旌旗餙(误字),一曰床前横。"可见无"木"字未止一种写本。裴本释义最详细,作"旍旗饰竿。一曰床头横木。案,聚石水中横渡彴,谓之石杠也。""旌"用异体"旍",加"竿"字,补释义,显然大加补缺。

第三字"扛",注文残去,仅剩一"曰"上半。《合集》据伯三六九六、裴本等定为"鼎",并于前补"举",可从。然王三作"对举",裴本释文作"横开举鼎。又舡。"显然另有来源。斯二〇五五不收此字,据其韵目"江"下注"五",而今仅四字,疑抄脱。

"扛"字下残阙。伯三六九六收五字,下有茳、釭二字;斯二〇五五若脱"扛",下有茳、[1]釭二字;王三收七字,下有茳、釭、玒、舡四字;裴本虽云"五加二",但此下仅有茳、釭、玒三字,所阙是否如王三之"舡",不可晓。以此推知,第二行"扛"下所残似如王三为茳、釭、玒、舡四字。

第三行第一字"庬",注云:"厚大也。莫江反。十。"伯三六九六作"厚大,莫江反。六。"斯二〇五五字头从"疒",当是抄错。注云"厚大,莫江反。六。按,《说文》从。"《说文》云:"石大也。从厂,龙声。"王三仅云:"莫江反。厚大。□""大"后有空缺字位,赵少咸云:"庞,十。"谓此小韵有十字,实则收九字。[2] 龙宇纯谓"'大'下一字不清,当是'九'字。"[3]是从实际之数。裴本作:"莫江反。六加五。厚大。"石大者必厚,故引申为厚大。据残卷下部阙位,一行抄九至十字似乎不够,即依王三所列,每字下释文甚少,累计地位亦

---

① 按,此字下左当从"氵"作"茳",叶键得《十韵汇编》已校出,《十韵汇编研究》,台北:台湾万卷楼2015年版第77页。
② 赵少咸《故宫博物院王仁昫切韵校记》,中华书局2016年版第105页。
③ 龙宇纯《唐写本王仁昫刊谬补缺切韵校笺》,香港中文大学1968年版第19页。按,龙书字头写作"庞",误,应作"庬",二字声母不同。

不够,疑此有误。

第二字"尨",注:"厚大。《方言》云:鸏鸠。"此字伯三六九六、斯二〇五五、王三、裴本皆作"狵",在"駹"字后。《广韵》收"狵"而以"尨"为俗体。字义是"犬""犬名"或"多毛犬",与"厚大"云云绝不相涉。今"駹"下残阙,无法知其是否有"狵",以浑不相涉之释文推之,或为误抄。《合集》云:"疑'厚大'之训即涉上条'庬'字注文而误。"其所引《方言》之字,《合集》谓"涉'鸏'字注文而误",并引述《广韵·上肿》之训"鸏鸥"之"鸏"谓证,① 未必是残卷之意。此字当从分、鸟声,即"鸓鸠",通常写作"斑鸠"。"分"俗写少右撇则近似"弓"字,参晋《徐义墓志》、隋《暴永墓志》《张涣墓志》《张寿墓志》等"分"字。② 又敦煌写本"分"字亦草写近似"弓"字,③ 当为转写所讹。《方言》第八:"鸠……自关而西、秦汉之间谓之鸛鸠,其大者谓之鸏鸠。"④ 即其所引,然不明其注释之所自来也,此处必有舛乱误抄处。

第三字"駹",下注:"黑□白面。"伯三六九六、王三、裴本作"黑马白面",斯二〇五五作"墨马兒面","墨""兒"皆误字。残卷缺字为"马"。

"駹"字下残阙,不知其收字及排列。考伯三六九六、斯二〇五五以下依次为狵、浓、噵、牻三字,与小韵字头下注"六"相合。王三在"駹"后又增媓、鼮、蛖三字,以足九字之数,裴本云六加五,但次序混乱,"駹"后依次为狵、鼮、浓、噵、牻、蛖、鸏、媓、崂九字。依伯三六九六、斯二〇五五皆云收六字,似较早《切韵》写本收六字。残卷云"十",若依十字计,下有七字,比第二行多出四字的正文和注文位置,似不太可能。疑"十"为"七"字转抄之讹。此行因"尨"字之故,可知舛乱无序。

第四行第一字"聬",注:"女江反。耳中声。四。"伯三六九六此字抄脱,因上一字"牻"下注文"牛白黑杂。反=声",后三字应是"聬"下注文之抄乱者。斯二〇五五作"女红反",反切后未标识几字,实收二字,下一字为"髵"

---

① 《敦煌经部文献合集》,第五册,第2704页。
② 臧克和主编《汉魏六朝隋唐五代字形表》,广州:南方日报出版社2011年版第171页。
③ 参见黄征《敦煌俗字典》,上海:上海教育出版社2005年版,第110—112页。
④ 周祖谟《方言校笺》第八,北京:中华书局1993年版第52页。

字。① 王三收四字，此后有"鬗""饙"二字。裴本收字同王三，云"二加二"，校核伯三六九六和斯二〇五五，知较早《切韵》系写本是二字。然残卷所收与王三、裴本同为四字，且注文亦相同，似其又曾参照过王三、裴本系写本。

第二字"髬"，注："发多。"各本无异辞，唯斯二〇五五字讹作从"丰"从毛。

第三字"鬗"，注："乱发。""乱"作简体，王三、裴本释义同而"乱"仍作繁体。伯三六九六、斯二〇五五皆无。

第四字"饙"，注："强食。"王三、裴本同，伯三六九六、斯二〇五五皆无。

"饙"下残阙，据各本此下应是小韵楚江反一组字，伯三六九六以"窗"为领字，收三字。斯二〇五五同，云"二加一"，王三同，收四字，未标明字数。裴本以异体为字头，云"三加二"。则此小韵最少三字，最多五字。残卷依六字计算，"饙"下尚可容二字，加第五行二小字，则与王三同收四字，亦情理之中事。

第五行首二小字为"＝穜"，《合集》据诸本以为"稯"字之注文，是。然则第四行残去部分可容二字，而楚江切小韵有四字，除第五行二字，第四行已有二字，则"稯"尚有一字地位，此即应为小韵首字"窗"。"窗"，伯三六九六仅注"楚江反。三"，斯二〇五五则较详细，作"楚江反，二加一。按，《说文》作此。册，又从穴作此窗。"计十八字。王三作"楚江反。向。正作窗，亦作牕"九字。裴本以异体字立目，注文亦有十六字。既然"稯"字注文已转写到第五行，则"窗"下释文适当可以多一些。

第五行正文第一字"穟"，注："矛，亦鏦。"此字伯三六九六、斯二〇五五不收，王三作"矛，亦作鏦"，是残卷抄脱"作"字。相反，注释详尽之裴本只作"矛"一字。

第二字"窗"，注："《说文》通孔。"伯三六九六不收，斯二〇五五作"按《说文》，通孔也"，多"按""也"字。王三、裴本不收此字，而另收"枞"字，又为别一系统。裴本又多收一"鏦"，实则即"穟"异文，推测收录者未必知道两者关

---

① 按，红在东韵，盖为"江"字之误，叶键得《十韵汇编研究》已校出，《十韵汇编研究》，台北：台湾万卷楼 2015 年版第 77 页。

系,见"鏦"常用,遂揽入,由此也可知《切韵》系韵书增字去取随意性。

第三字"邦",注:"□国。博江反。一。"伯三六九六仅注"博江反",因只一字,亦不再注"一"。斯二〇五五作"博江反。一。"王三作"博江反。国。一。"裴本更详,云:"博江反。二。大曰邦,小曰国。"且增一"邦"之古文"峀"。《合集》补"□"字为"邦",不知何据。

第四字"桻",下残。伯三六九六注文作:"双帆。下江反。四。"斯二〇五五作"桻,双机。江反。四",显然误字脱字相连。王三作:"下江反。桻,双帆。五。"多收一字。裴本"下江反。四加一。桻,双帆也。"与王三同一系统而表述不同。桻为本行第四字,依前几行每行约写大字七字计,还有三字之位置。第六行前面小字为"罂类,俗瓨",则其字头为"缸"无疑。伯三六九六、王三均只注"罂类",无俗字。裴本作"又瓨",不云俗字,与残卷非同源。斯二〇五五字头与注文均与他本不同,更像独立下注,或有选择抄录。伯三六九六、斯二〇五五"桻""缸"之间有"蜂""降"二字,连同"缸"三字正好接续"桻"字之下。

第六行第一字"洚",注:"消,又古巷反。"王三、裴本同。①伯三六九六、斯二〇五五皆未收此字。残卷"蜂""降"全收,则为五字,今下江反"桻"下云四字,则"蜂""降"两字中必仅收一字。由此知残卷与伯三六九六、斯二〇五五非同一系。

第二字"胮",注:"匹江反。＝胀。又彭江反。二。又瘴。"伯三六九六作:"胮,＝胀。疋江反。二。"斯二〇五五作:"胮,＝脉。也江反。二。""脉也"为"胀匹"之讹误。王三文同残卷,唯"匹"字作"柏","又瘴"两字在"二"前。龙宇纯谓"柏"为"拍"字之误。②拍、匹同声母。裴本作"匹江反。二加一。胮胀。又薄江反。"此又与王三等不同增字。

第三字"䜋",注:"皷声。"斯二〇五五同,伯三六九六作"鼓声",王三同,仅字形有异。裴本释文同残卷,后又补"又薄红反"一音。

---

① 释文消字,龙宇纯《校笺》云"未详"(第 19 页下栏),赵少咸校记云:"《玉篇》洚,溃也。消,或溃误。"《故宫博物院王仁昫切韵校记》,第 111 页。案,赵说有理。

② 龙宇纯《唐写全本王仁昫刊谬补缺切韵校笺》,第 19 页下栏。

"䏠"后残阙。观第七行首字残泐难辨,《合集》认定为"慄",[1]盖以注文有"《左传》曰"字样,"左传曰"旁边"駟氏慄"三字完全残缺。伯三六九六、斯二〇五五"䏠"后"慄"前有"泷""双""䶝"三字,王三有"泷""双""䶝"、"䶝"四字,裴本则有"䑦""泷""双""䶝""䶝"五字。依前五行残缺字位及残卷收字与伯三六九六、斯二〇五五接近推测,所残部分似是"泷""双""䶝"三字。

第七行"慄"字注文为:"《左传》曰:駟氏慄。"后三字残,不知其字形作何。伯三六九六、王三、裴本如此作,斯二〇五五作"《左传》马氏慄",显然有脱字误字。

第二字残,据小字注文有"出南□"字样,对照诸本韵字排列,可认定是"庞"字。庞字注文伯三六九六只"薄江反"三字以注音,或以常用姓氏无须释义也。斯二〇五五标反切之后加"二"字,盖补一"䑦"之又音。王三作"蒲江反。人姓。二。"裴本作"高屋也。姓也。薄江反。二。"亦补"䑦"之又音。《广韵》:"姓也。出南安、南阳二望。"残卷"南"后一字泐,辨之似为"阳"字之上部,盖亦注以地望也。既云"出南阳",则前必是言姓,王三释为"人姓","姓"字下部与"出"字上面残迹相似,推知确当作"人姓"。

第三字残,据小字"=肛"二字,可以认定为"䑦",并可依据斯二〇五五补出释文为"=肛。胀也。"伯三六九六此字头有问题,释文作"大胀皃"。王三作"=肛,大胀皃",裴本作"=肛,大胀皃。又匹江反",有一定联系。

第四字"䑦",以下残。此字伯三六九六、斯二〇五五皆不收,王三收之,注文云:"舡䑦舩。"龙宇纯校笺云:"《广韵》此字作舡,䑦字别音薄江切。注并云䑦舡船皃。案《广雅·释水》:'䑦舡,舟也。'曹宪䑦音扶江反,舡音呼江反。王氏《疏证》云:'䑦舡犹䑦肛也。'本书䑦字音蒲江反,此当作舡,䑦字当收蒲江反下。又注文舡䑦二字互倒。"[2]赵少咸云,《广韵》"皃"字当是"也"之误。[3]据龙说,此字当在前面蒲江反下,此处当是"舡"字,校核伯三六九六、斯二〇五五、裴本皆不收,良有以也。然则残卷收之,或为王三收此字之先驱者。此后伯三六九六、斯二〇五五为肛、腔、桯、悾等字,王三为腔、控、悾

---

① 按《合集》录文作竖心旁之"双",诸本作竖心旁之"只"。
② 龙宇纯《唐写全本王仁昫刊谬补缺切韵校笺》卷二,第20页上栏。
③ 赵少咸《故宫博物院王仁昫切韵校记》,第114页。

等字,裴本为肛、喉、腔、桱、悾等字,残卷当在其中截取三字。

经以上文字勘正,残阙位置计算匡补,可将残卷之原式大致复原如下:

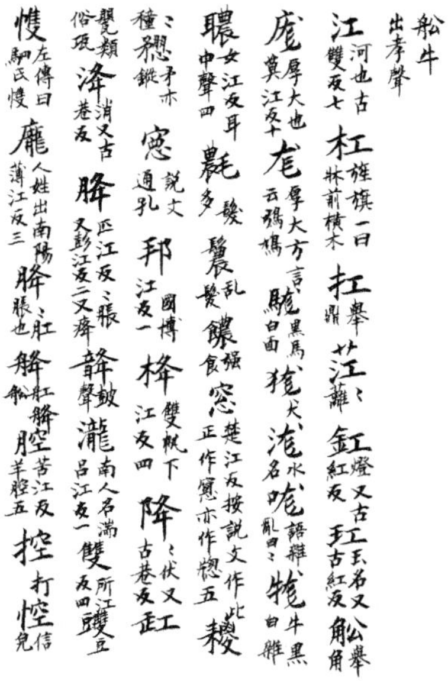

图二:俄敦五五九六残卷复原图

对一种残卷比勘考证后,总要定其性质和相应之年代。对唐写本《切韵》残卷的增补或抄写年代之确定,王国维在二十世纪二十年代初得伯希和惠寄法国巴黎所藏三种《切韵》残卷书影照本,经其分析研究之后,就已尝试言之,他定第一种为陆法言原本,第二种为长孙讷言笺注本,第三种为长孙讷言注节本,而以书体言之,第一种为初唐写本,第二、第三种为唐中叶写本。[①] 其后丁山、董作宾、方国瑜、魏建功、陆志韦、周祖谟、龙宇纯、[②]姜亮夫、李国华、王显等皆就此三种残卷之渊源所自、互相关系和抄写年代提出不同

---

① 王国维《书巴黎国民图书馆所藏唐写本切韵后》,《观堂集林》卷八,《王国维全集》第八册,杭州:浙江教育出版社、广州:广东教育出版社 2007 年版第 227—231 页。

② 龙宇纯《英伦藏敦煌切韵残卷校记》,《史语所集刊》外编第四种《庆祝董作宾先生六十五岁论文集》,1961 年,收入《丝竹轩小学论集》,北京:中华书局 2009 年版第 151—181 页。

观点,或赞同补充,或异见相驳。笔者在考释吐峪沟文书字书残片时中已引述过其中几位先贤论说,①现就当时所略者补充之。

丁山疑第一种为陆氏原本或伯加千一字本,第二种前为长孙笺注原本,后则传抄裴务齐本或节录王仁昫本,第三种断为孙愐《切韵》原本。② 丁氏不同意王氏删节本之说,是因为"文人学士惟患韵字之少,岂有恶其繁重,从而删去之者,是节本之说,甚可疑也"。③ 陆志韦同意丁氏看法,谓"盛唐的情形和《集韵》变为《礼部韵略》的时期大不相同"。④ 王显认为第三种非陆法言原书,而是某家韵书的残卷。⑤

诸家争论之焦点在定三种残卷之性质与年代,但整个思路则是将所有韵书残卷在一条直线型的年代上标出其先后节点。用魏建功之言,即是希望"中间透露出先后系统的演变"。⑥ 后之学者多循此而探索,其中于此用力最多者是陆志韦。陆先生有数理头脑,善于统计归纳。其将当时所见残卷的反切、字数、义训分别进行统计,由义训有无、用"也"字多少等去认识各种残卷的系统和年代。用"也"与否,虽也有系统承袭关系。更多的或是用语习惯问题。至于义训,陆志韦云:

> 写本韵书里"无训"的小韵比刊本多。号称《切韵》的比《刊谬补缺切韵》的"无训"的小韵也多。体例比较严整的《切韵》比不严整的也是如此。大体说来,"无训"式的小韵越多,韵书的年代也许就越早。

以上是陆氏归纳后得出的结论。他依据义训论其年代也很谨慎,说"也许",并不肯定。还补充说:

---

① 虞万里《斯坦因三探所获吐峪沟文书字书残片考释》,《语苑撷英——庆祝唐作藩教授八十华诞学术论文集》,北京:大百科全书出版社 2007 年版,收入《榆枋斋学林》,上海:华东师范大学出版社 2012 年版,上册,第 437 页。
② 丁山《唐写本切韵残卷跋》《唐写本切韵残卷续跋》,《中山大学语言历史学研究所周刊》第三卷 25、26、27 期合刊,第 57—61 页。按,丁氏二篇跋文之结论前后稍有异同,此据续跋之说。
③ 丁山《唐写本切韵残卷跋》,第 58 页。
④ 陆志韦《唐五代韵书跋》,《陆志韦语言学著作集》(二),北京:中华书局 1999 年版第 456 页。
⑤ 王显《也谈增字本切韵残卷第三种》,《古汉语研究》1993 年第 1 期,第 1—6 页。
⑥ 魏建功《十韵汇编序》,国家图书馆 2009 年影印本,第 73 页。

大概的趋势是这样的,并不能说"无训"的百分数就能规定韵书的年代。因为韵书不是统一的官书,不是从一个政府机关逐年发行的。《唐韵》的时代不取消《切韵》。训少的本字卷子可以和训多的同时同行。训少的又可以随时增补。然而论到编订的年代,训少的反正是要古一点。①

陆氏在思想上的认识是深刻而全面的,但其落实到具体的残卷年代,还是只能以训释多少作为主要判别标准。② 这虽出于无奈,但还可以进一步细化和区分。

《切韵》系统韵书大致可以分为两种系统:第一类是专门家之增补本。王仁昫、裴务齐等在书名上已显示者固无论,若《广韵》前面所列郭知玄、关亮、薛峋、祝尚丘、孙愐、严宝文、陈道固等,既为陈彭年等据之以编《广韵》,必定是专门增补流行颇广且为广大士子所认可的本子;即《日本国见在书目》中除却《广韵》所列者还有:释弘演《切韵》十卷、马杲《切韵》五卷、孙伷《切韵》五卷、王在艺《切韵》五卷、沙门清澈《切韵》五卷、卢自始《切韵》五卷、蒋鲂《切韵》五卷、韩知十《切韵》五卷等,都在《东宫切韵》十三家之列,③当然也是唐代习知的通行本;另如《古文四声韵》所载义云《切韵》,《佩觿》所载李审言《切韵》等,亦属此类。这一类《切韵》系残卷,作者有时代可稽,写本有必要追寻其年代,只是残卷一鳞半爪,难以考定。第二类是基于唐代科举士子各本自己知识范围和写作习惯需要随意增益之本。赵璘说"《切韵》是寻常文书",④毛奇龄云:"至唐创贡举,以律诗、律赋取士,欲创为拘限之说以难

---

① 陆志韦《唐五代韵书跋》,《陆志韦语言学著作集》(二),北京:中华书局1999年版第442页。
② 其后李国华冀将"这些残卷所出年代排出一个时间顺序表",他从释字体例、收字数量、注文繁简、释义数字四方面比勘考证后,按其主观意图排出:伯三七九八,伯三六九五、三六九六、斯二六八三、伯四九一七、斯六一八七、斯二〇七一、伯三六九三、伯三六九四、伯三六九六、斯六一七六、斯二〇五五之年代序列。(见其《读切韵残卷》,《云南民族学院学报》1990年第4期)。这仍有一定主观性。
③ 参见藤原佐世著、孙猛详考《日本国见在书目录详考》,上海:上海古籍出版社2016年版,第473—488页。
④ 赵璘《因话录》卷五,上海:上海古籍出版社1979年版第110页。

之,遂取《切韵》一书为取士之法"。① 以《切韵》为取士押韵标准,则凡科考士子必须人手一册,时时研习熟悉,否则难保不临场出韵落第。既然人手一册,而《切韵》原本字数仅一万挂零,②显然不副所用,故各本所需,随意增补,情在理中。此类增补,固可独出机杼,视各人平日读书写作习惯需要增补,也可将前一类增补本作范本抄撮,抄撮时会据自己写作习惯有选择也有增补,当然也不能排斥参核多种增补本,择其所需抄成便于自己应用的实用本。如果是这一类抄写本,就无法像前一类一样去考定其年代。因为这种写本中字的多少和排列的前后及反切义训字数标识先后都无规律可循。现有的残卷经比勘后所显示的错舛不一,在一定程度上透露出这类抄写本的痕迹。

前贤在研究《切韵》残卷时,着重于第一类残卷,忽略了第二类残卷;着眼于残卷有字部分,忽略了其残阙部分。有鉴于上述写本残卷之实际情况,有必要将残卷做复原研究。因为只有将残卷比勘同类残卷,依其书写行款予以复原,才能更全面地显出与其他残卷之异同。残存部分异同容易比较但毕竟有局限,残缺部分依残纸二维交叉,定其大致位置与相应字数,再比照小韵字数与义训多少,可约略得其残阙的文字,使得残卷比勘的内容增多,得到更为全面的信息。缘此,笔者研究《切韵》残卷,多在复原上下功夫。俄敦五五九六残卷经复原,与伯三六九六、斯二〇五五、王三、裴本等相比较,它接近于伯三六九六、斯二〇五五,然绝非二者之承袭增字本;偶与王三有相同之处,亦显非一系,而与裴本更不相近。五种写本,虽由同一原始本《切韵》增字而成,然在演化过程中,时而相近,显示出可能有相同相近的增衍痕迹,时而又增加不同之字,表明各自增饰,互不相谋,有可能为第二类增字本的痕迹。但因第一行残存数字有"孝(考)声"二字,则残卷年代当在张戬《考声切韵》之后。《考声》与《韵英》代表唐音,流传于长安。慧琳《一切经音义》已取则《考声》,若残卷是就近引用,则很可能是西北地区的士子写本,抄写年代在唐元和前后。而后散佚残损,流入敦煌地区,当然这仅是诸多路径中的一条可能途径而已。

---

① 毛奇龄《韵学要指》卷一,见《西河文集》万有文库本第九册,上海:商务印书馆第 1942 页。
② 封演《闻见记》所载《切韵》字数 12158,已非原本,据陆志韦推测,长孙纳言的本子字数还不到 11000,见《唐五代韵书跋》,第 452 页。

万光泰与王念孙音韵学的历史传播问题*
——兼论王念孙书稿未能刊刻之原因

张民权

一 导论

清代古音学,按照经典传统古音学观点,是以顾炎武为代表,以乾嘉学派研究成果为主体的汉语上古音研究。自顾炎武离析唐韵,分古韵为十部之后,古音研究才有规矩可循。经乾嘉学者江永、戴震、段玉裁、王念孙、孔广森、江有诰等人不断开掘,清代古音学终于如日升天,成为语言学科中的显学。就古音分部而言,江永的真元分立、侵谈分立,段玉裁的支脂之三分、真文分立、侯部独立,孔广森的冬部独立,戴震的祭部独立,王念孙、江有诰的侵谈二部入声缉盍独立以及王念孙的至部独立等等,都是古音学史上值得大书特书的研究成果。在我们今天发现万光泰著作稿本之前,音韵学史确实可以这样总结。

因此,人们将清代古音学总结为古韵二十二部,后来,章太炎独立队部,王力分出微部,成二十四部,所谓考古派二十四部。先是清道光年间夏炘曾做过这方面的总结,夏炘集顾炎武、江永、段玉裁、王念孙和江有诰等五家古韵分部成《诗古韵表廿二部集说》二卷,并云古音二十二部,"窃意增之无可复增,减之亦不能复减。凡自别乎五先生之说者,皆异说也。"[①]

---

* 此文为拙著《万光泰音韵学稿本整理与研究》中的一个章节,有修改。
① 夏炘《诗古韵表二十二部集说》卷上,严式诲编《音韵学丛书》本,四川人民出版社1957年版。

民国时期王国维也做过类似的总结,并加入戴震和孔广森二家。曰:

> 古韵之学,自昆山顾氏,而婺源江氏,而休宁戴氏,而金坛段氏,而曲阜孔氏,而高邮王氏,而歙县江氏,作者不过七人,然古音廿二部之目遂令后世无可增损。……古韵之学则谓之前无古人,后无来者,可也。①

"前无古人,后无来者",反映王国维对清代学者古音研究的推崇。但学术是发展的,民国后章太炎独立队部,王力分出微部,再有黄侃等入声独立,分古韵为二十八部等,这是学术发展的必然性,王国维的话无需认真计较。

所以人们谈起清代古音学,一般都是提及顾、江、段、戴、孔、王及江有诰七人,虽然古韵划分疏密不一,但都是同一个宗派流传,用王国维话说就是:"然其为百世不祧之宗则一也。"其实"七人"之外,研究者也有很多,他们在研究上也有某些可取之处,如姚文田、刘逢禄阴阳入三分,分古韵为二十六部,就有可取之处,黄侃二十八部和王力二十九部或三十部就是从此而来。这些问题我们将另文讨论。今天我们发现了万光泰的研究,从研究内容和研究方法上也属于顾炎武的"宗派"体系,完全可以加入清代古音学的"主流"学者中。以前人们对万光泰古音学了解较少,在相关研究中还不能"接受"之。

二　万光泰的著作稿本及其古音学说

本世纪初,我们在天津、南京等地图书馆发现了万光泰的系列稿本著作。新发现的著作稿本有:《古韵原本》《九经韵证》《经韵余论》《经韵谐声》《古音表考正》《蒙古字括》《四声谱考略》七种。这些著作均为稿本而未刊刻,至今鲜为人知,埋没人间二百五十多年,今分藏于天津图书馆和南京图

---

① 王国维《观堂集林》卷八《周代金石文韵读序》,北京:中华书局1959年版第394页。

书馆。上述著作均为研究汉语音韵学的著作,其中《四声谱考略》是研究魏晋南北朝时期的著作,《蒙古字括》是研究元代语音的著作,此外都是研究汉语上古音的著作,在汉语语音史上具有重要的学术价值。

从研究时间看,这些著作均完成于乾隆十三年前。《古韵原本》著述较早,在乾隆九年(1744)二月,分古韵为十三部,与江永十三部大同小异,属于万光泰的早期古音研究。而后在同年六月完成《九经韵证》的研究,将自己的十三部修改为十九部。接着,万光泰又著述《古音表考正》,将《说文》谐声偏旁按十九部列写,完成"凡同声者必同部"的研究。又著《经韵谐声》一书,以古音十九部为框架,建立《诗经》群经用韵与《说文》谐声系统互证的上古音体系,也就是将所有"经韵"字都归纳到十九部的谐声系统中。

古韵十九部有许多重要发明,诸如支脂之三分、真文元分立、鱼侯分立,乃至至部、未部和祭部的独立等,均可彪炳史册。其完成时间在乾隆九年(1744),其时王念孙(1744—1832)刚刚出生,段玉裁(1735—1815)仅有 12 岁,乾隆四十年左右才有《六书音均表》问世,而江有诰(？—1851)最后完成《音学十书》及二十一部的研究则更晚,时间是在嘉庆十七年(1812)前后,整整晚了六十余年！①

万光泰以上七种稿本经过文献整理后,将于今年五月社会科学文献出版社出版,曰《万光泰音韵学稿本整理与研究》。届时学界可以看到万光泰书稿的全部内容。

三 王念孙古韵二十一部说及其最终定论

下面我们着重讨论王念孙的古韵分部及著作问题。

王念孙著有《韵谱》和《合韵谱》两大稿本系列,诸如《毛诗群经楚辞古韵谱》(下简称《古韵谱》)《淮南子韵谱》《易林韵谱》等十八册,《合韵谱》中亦有《毛诗群经楚辞合韵谱》《周秦诸子合韵谱》《西汉合韵谱》等二十五册(下简

---

① 江有诰生年不详,何九盈先生《上古音》以为生于 1773 年,即乾隆三十八年,如此则终年 79 岁。

称《合韵谱》)。这些稿本现今藏北京大学图书馆,[①]其中《古韵谱》经王国维整理后,由罗振玉 1925 年刻入《高邮王氏遗书》中。1923 年王国维写有《高邮王怀祖先生训诂音韵书稿叙录》一文,对王念孙稿本内容有所评述。1932—1935 年,陆宗达先生继续研究,著有《王石臞先生韵谱合韵谱遗稿跋》和《王石臞先生韵谱合韵谱稿后记》两篇重要论文,对王念孙《韵谱》和《合韵谱》做了深入的研究。论文发表于《国学季刊》3 卷 1 期及 5 卷 2 期。

王念孙与江有诰古韵皆分二十一部,与段玉裁十七部比较,是至祭二部独立,缉盍二部独立,故为二十一部。根据《古韵谱》和《经义述闻》所载,其二十一部以有入与无入分为两大类,即东、蒸、侵、谈、阳、耕、真、谆、元、歌十部为一类,此十部无入声,支、至、脂、祭、盍、缉、之、鱼、侯、幽、宵十一部为一类,有入。论述具见《与李鄦斋方伯论古韵书》(见下)。今罗振玉所刻《古韵谱》韵部名称和顺序亦如此,这是经过王国维参照《经义述闻》(卷三十一)所载整理后的韵部名称。

但稿本《古韵谱》和《合韵谱》的名称与之有异,其中如至为质,祭为月,盍为合,幽为尤,宵为萧。[②] 按幽部名称改为尤部不妥,《诗经》"尤訧"二字用韵皆在之部。又宵部易名为萧部不宜,因为肃声字在幽部。罗氏所刻或有所考虑。只是原稿本中的一些合韵标记没有保留下来。

为什么王国维没有用稿本中的韵部名称,而采用了《述闻》的名称?这是一个值得加以认真研究的问题。

王念孙除《古韵谱》和《合韵谱》外,没有讨论古音的专著刊行,一些古音方面的论述散见于与朋友的书信中,主要有《致陈硕甫书》《与李鄦斋方伯论古韵书》和《答江晋三论韵学书》等。此外,《王石臞文集补编》有《平入分配说》《答江晋三论韵书》和《与丁大令若士书》等,均可考察其古音论说。这些书信成为研究王念孙古音学的重要材料。

如《致陈硕甫书》云:

---

① 今图书馆缺《毛诗群经楚辞古韵谱》二卷。
② 参见陆宗达《王石臞先生韵谱合韵谱遗稿后记》,《陆宗达语言学论文集》,北京:北京师范大学出版社 1996 年版。

又蒙垂问古韵部分,即于段茂堂先生《音均表》十七部中分出缉叶帖一部,合盍洽狎业乏一部,质栉屑一部,祭泰怪夬、队废一部,共为廿一部。月曷末黠辖薛则统于祭泰部,去声之至未霁、入声之术物迄,仍是脂微之入也。若冬韵则合于东钟江而不别出,此其崖略也。①

陈奂(1786—1863)字硕甫,号师竹,咸丰元年(1851)举孝廉方正,师事段玉裁,曾帮助段玉裁校勘《说文解字注》。此书信写于嘉庆二十四年(1819)。信中王念孙谈到了自己古音分二十一部,与段玉裁比较是多了至、祭、缉、盍四部,并就四部范围做了界定。

《与李郦斋方伯论古韵书》主要强调了缉盍二部、至祭二部独立的必要性,以及段氏误将侯部入声并入幽部的错误,这些内容繁杂今略去。下仅转引首尾二段内容如下。曰:

> 修书甫竟,复接季冬手札,欣悉先生福履茂畅,诸协颂忱。某尝留心古韵,特以顾氏《五书》已得其十之六七,所未备者,江氏《古韵标准》、段氏《六书音均表》,皆已补正之。唯入声与某所考者小异,故不复更有撰述。兹承询及,谨献所疑,以就正有道焉。……
>
> 不揣寡昧,僭立二十一部之目而为之表。分为二类:自东至歌之十部为一类,皆有平上去而无入;自支至宵之十一部为一类,或四声皆备,或有去入而无平上,或有入而无平上去;而入声则十一部皆有之,正与前十类之无入者相反。此皆以九经《楚辞》用韵之文为准,而不从《切韵》之例。一偏之见,未敢自信。谨述其大略,并草韵表一纸呈览。如蒙阁下是正其失,幸甚,幸甚!②

李郦(许)斋即李赓芸(1754—1817),字生甫,又字许斋,江南嘉定人。少时受学于钱大昕,精《说文》,能诗文。乾隆五十五年庚戌(1790)二甲第二

---

① 《王石臞先生遗文》卷四,罗振玉辑《高邮王氏遗书》本,南京:江苏古籍出版社2000年版第256页。

② 《王石臞先生遗文》卷四,第157—158页。

名进士出身。官浙江孝丰等县知县,所至有惠政,以廉能称。嘉庆二十年(1815)擢福建按察使,第二年任福建布政使,在任坐事被诬,于嘉庆二十二年一月自尽。后王引之负责平反其冤狱。① 古时诸侯之长称"方伯",明清时布政使等均可称方伯。此信写于嘉庆二十一年(1816)一月,是王念孙书信中较早谈到自己古音二十一部的信。王念孙和王引之极看重是信,《经义述闻》刊刻时即系于卷末(卷三十一)。书信后附了二十一部目录及至、祭以及侯部入声《说文》谐声字表,这些皆不同于段玉裁者。

书信附录的二十一部目录,可以看成是王念孙的晚年定论。尽管《古韵谱》和《合韵谱》于古韵部名称乃至韵部数与此有出入,如稿本古韵部名称至部为质部,祭部为月部,反映了王念孙对段玉裁"古无去声"说的依从。《合韵谱》又接受孔广森东冬分立,分古韵为二十二部。但这些研究在王念孙晚年看来都是不恰当的,违背了自己初衷。我们可以看到,道光元年(1821),王念孙《答江晋三论韵学书》曾极力辩证东冬分立不可取;明年王念孙与丁履恒书信中,又称古韵为"二十二部"(见《形声类篇》附)。凡此种种,矛盾甚多,故有人认为丁履恒叙述有误,"二十二"应为"二十一"之误。反映了王念孙在古韵部研究上的不确定性和摇摆性,而《合韵谱》中确实是东冬分立之二十二部。

我们知道,王国维整理过王念孙遗稿,所刊刻的《古韵谱》二十一部即《经义述闻》所列。王国维又作《两周金石文韵谱》(1917),仿照王念孙《迭韵转语》作《连绵字谱》(1923),又作《补高邮王氏说文谐声谱》(1924)等,沿用的仍然是《经义述闻》二十一部名称。这是王国维审定王念孙书稿而做的认定。

根据陆宗达先生研究,王念孙研究古韵,始终摇摆于段玉裁"古无去声"说与孔广森"东冬分部"之间,《古韵谱》删去声韵部立入声韵部,如"脂旨术"相配,而将至部改为质部;之部相配为"之止职",皆无去声。而《合韵谱》又恢复了去声韵部,如第十四部"脂旨鮨术",第十五部"○○祭月",第十八部"之止志职"。也就是说王念孙原书稿与《高邮王氏遗书》以及《经义述闻》所

---

① 参见昭梿《啸亭杂录・续录》卷三,冬青校点,上海:上海古籍出版社2012年版第326页。

载古韵部名称有所不同。遗憾的是,现在很多学者都忽视了这个问题。

按《经义述闻》成书于嘉庆二年(1797),王引之序,当时有墨钉本,四册不分卷。嘉庆二十二年三月有阮元序刻本,但只有二十八卷,收入《皇清经解》中。道光七年(1827)重刊于京师寿藤书屋,三十二卷本,附录有《古韵二十一部》韵目及《与李许斋方伯书》,是为今之流行本。王念孙卒于道光十二年(1832),亲见足本之刻成,所附录的古韵二十一部韵目,一定是经过王念孙认可确定。现在我们需要思考的是,《经义述闻》所附录的为什么不是古韵稿本的研究,即二十二部之说,却采用了答李赓芸古韵书的二十一部?王念孙对自己的研究肯定有所考虑,重新审正。所以古韵二十一部及其名称应是王念孙晚年定论,是对以前所作《古韵谱》《合韵谱》研究的订正。或许有人会说,这些书稿乃王念孙生命弥留之际而作。然而,看了陆宗达先生的研究及其相关文献,《古韵谱》和《合韵谱》在很早时期就在著述。再联系王念孙晚年给江有诰书信中反复申说鄙著未敢示人和未能刊刻事,其中原因亦可得而知了。

所以我们研究清代古音学,王念孙应该是二十一部,后来虽然接受了孔广森的东冬分立,但最终还是否定了。王念孙古韵二十一部内容及其部目名称,当以王国维校勘的《毛诗群经楚辞古韵谱》为鹄的。

四　王念孙稿本著述及其刊刻问题

下面着重讨论王念孙稿本著述问题,道光元年《答江晋三论韵学书》曰:

晋三兄足下:往者胡竹邨中翰以大著《诗经韵读》见赠,奉读之下,不胜佩服!念孙少时服膺顾氏书,年二十三入都会试,得江氏《古韵标准》,始知顾氏所分十部犹有罅漏。旋里后,取三百五篇反复寻绎,始知江氏之书仍未尽善。辄以己意重加编次,分古音为二十一部,未敢出以示人。

及服官后,始得亡友段君若膺所撰《六书音均表》,见其分支脂之为三,真谆为二,尤侯为二,皆与鄙见若合符节。唯入声之分合及分配平上去,与念孙多有不合。嗣值官务殷繁,久荒旧业。又以侵谈二部分析未能明审,是以书虽成而未敢付梓。

己酉仲秋,段君以事入都,始获把晤,商订古音。告以侯部自有入声;月曷以下非脂之入,当别为一部;质亦非真之入;又质月二部(权按即至祭二部)皆有去而无平上;缉盍二部则无平上而并无去。段君从者二(谓侯部有入声,及分术月为二部)。不从者三(权按即至缉盍三部)。自段君而外,则意多不合,虽望钟期之赏,而鄙书亦终未付梓。①

王念孙研究过程,按照其说,王氏二十三岁(时为乾隆三十一年,1766)入都后见顾氏江氏书,"旋里后"反复寻绎,得古韵二十一部,似乎成说在见到段氏《六书音均表》之前。又说"服官后"始得段氏之书,见段氏支脂之三分、真谆分立、尤(幽)侯分立与己相同。按王氏"服官"是在乾隆四十年乙未(1775)考取进士后供职翰林院庶吉士事,之后乞假归里,五年在家埋头读书著述。② 所言"嗣值官务殷繁,久荒旧业"者,当指乾隆四十六年充工部都水司主事。考段玉裁《六书音均表》著成于乾隆四十年(1775),并手抄一部给戴震;四十二年刻成。王氏所得段书者或从戴震处获睹,或得刻本。如是,所得段氏书应当是在乾隆四十年至乾隆四十六年之间。

按照王念孙所言,至少在乾隆四十年完成了支脂之三分的研究,终因段氏书在而其书"未敢付梓"。又言乾隆五十四年己酉(1789)仲秋,段君以事入都,始获把晤,商订古音,③因段氏不同意自己的某些研究,即至缉盍三部独立,"而鄙书亦终未付梓"。故王念孙仅有二十一部古韵说而无著作行世。

然而这里却留下一个疑问,现在我们知道,王念孙音韵学稿本甚多,诸

---

① 《王石臞先生遗文》卷四,第156页。亦见载江有诰《音学十书》卷首。按此书信写于道光元年(1821)。
② 王引之《光禄公寿辰征文启事》:"(家君)乙未年以春闱中式……殿试前十,卷进呈御览,旋奉旨改翰林院庶吉士。是年冬即旋里家居,五年不交俗务,惟以勤学著述为事。"(《王伯申文集补编上》,《高邮王氏遗书》本)
③ 段玉裁《经韵楼集补编》卷上《陈仲鱼简庄缀文序》言曰:"往余于乾隆己酉至都门,时邵二云(晋涵)、王怀祖(念孙)皆在焉。余之识仲鱼(鱣)也,实因怀祖。时仲鱼年方壮,学甚精进,余甚敬之。"可知邵晋涵与王念孙亦要好。

如《古韵谱》《合韵谱》之类,王氏所言"是以书虽成而未敢付梓"者,究竟为何书?书名是什么?实际上在乾隆五十四年,王念孙著作尚未完全成稿。据陆宗达先生研究:"此《韵谱》之作,当在晚岁;谱中笺识,多与《读书杂志》相关。……由此可知《韵谱》之成,当在撰《杂志》时也。而《合韵谱》之成,又在《韵谱》之后,故其条理既异,部居亦殊。"而"《杂志》盖始于嘉庆庚午(十五年,1810),成于道光辛卯(十一年,1831)。"①由此可见,王念孙道光元年给江有诰写信时,其书稿还在修订中。所以王氏"未敢付梓"之说值得怀疑。

鄙意王氏之说,无非是要说明其古韵二十一部研究与段氏《六书音均表》没有关系。然而其中不无令人生疑之处:王氏在乾隆四十五年见到段氏《六书音均表》之前,其书为何**"未敢出以示人"**?此疑一。服官后得段氏书,发现二人古韵分部有异有同,这本来是很正常的事情,为何其书又**"未敢付梓"**?第三,乾隆己酉年段王二人都门相会,商订古音,然而王念孙如此重要的研究而段玉裁生前从未与人提及过,例如段玉裁晚年在写给江有诰的信中总结当时古音学成就时就没有提到王念孙的研究,除非段玉裁有意讳言。有一个时间点值得注意,王念孙以上三封书信均发表于段玉裁卒后不久,段玉裁卒于嘉庆二十年(1815),王氏与李赓芸书作于嘉庆二十一年,与陈硕甫书写于嘉庆二十四年(1819),与江有诰书写于道光元年(1821)。今考王念孙与诸多学友书信来往,在段氏生前从未提及古音研究事。难道两人生前关系紧张交恶?如此而为,其中必有隐情。第四,王念孙、段玉裁均为戴震学生,而段玉裁古音研究戴震是知道的,假如王念孙与戴震有交往,此事戴震会不提及?另外,邵晋涵(二云)与段王二人关系甚笃,己酉年二人相会时邵晋涵还在场,乾隆三十四年(1769),邵晋涵曾帮助段玉裁整理誊抄过《诗经韵谱》等。钱大昕《潜研堂文集》卷三十三有《与段若膺书》一文,其中提到了邵晋涵携带《诗经韵谱》与钱大昕事。邵晋涵与王念孙在一起时,会不告诉段玉裁古音研究事?总而言之,疑问多多。鄙意认为,王念孙书稿当时实未成书,之所以反复辩说,主要是说明自己二十一部研究与段玉裁没有关系。郭锡良先生曾以此批评本人对王念孙不恭,实在是过度引申而已。学

---

① 陆宗达《王石臞先生韵谱合韵谱遗稿跋》,《陆宗达语言学论文集》,第2页。

术研究的终极目标是弄清楚事实真相。

由于王念孙古韵二十一部说及其著作未能刊布,所以,段玉裁不把王念孙列入清代音韵学家之列。段氏晚年《答江晋三论韵》曰:

> 本朝言古韵者五人:曰顾氏曰江氏曰戴氏曰段氏曰孔氏,而足下殿之。……顾氏之功在药铎为二;江氏之功在真文、元寒为二;段氏之功在支脂之为三,尤侯为二,真文为二;戴氏之功在脂微去入之分配,真文、元寒为二;孔氏之功在屋沃为二,东冬为二,皆以分配侯尤;足下继起之功实有见于屋沃之当为二,术物与月末之当为二。[①]

按屋沃二韵分别为侯部与宵部入声,而段氏《六书音均表》均置于第三部(幽部);术物为万光泰的至部和未部,而月末为江有诰的祭部。看来段玉裁没有承认江有诰(包括王念孙)的缉部和盇部。按理,段玉裁也应该提及王念孙的研究,但只字未提,因为王念孙的研究与江有诰基本一致。是王氏书稿尚未刊行,还是王氏二十一部未公开流行?抑或段氏有意抑之?[②] 合理的解释应当是前者。

我们知道,王念孙著作也只有稿本,未能刊刻,其古韵二十一部在朋友圈中流传,已经是很晚的事情了。首次发表古韵二十一部目录是嘉庆二十一年《与李方伯书》,信中有言:"谨述其大略,并草韵表一纸呈览。"正式发表见于《经义述闻》卷三十一所载。此时段玉裁已经逝世。尽管段玉裁与王念孙也讨论过古音问题,但没有看过王念孙的手稿,不知底细,不敢轻易提出

[①] 《答江晋三论韵》,江有诰《音学十书》卷首附录,又载段氏《经韵楼集》卷六。

[②] 其中有没有个人恩怨与此相关?这里补充一些史实让读者参考。乾隆五十六年(1791年)八月,段玉裁曾为王念孙《广雅疏证》作序,但此序于《广雅疏证》刊刻时,未被附刻,此序今见于清末广雅书局刊本《广雅疏证》和段氏《经韵楼集》中。《经韵楼集》补编《与刘端临》第二十书有言:"怀祖何日南来?其《广雅》发价甚昂,近者补刻表序,而拙序竟不刻,不得其解,便中试为讯之。"(上海:上海古籍出版社2008年版第407页)似乎责怨之声可闻。又据台湾学者林庆勋先生研究,段王之间摩擦有四:1.《广雅疏证》序文事件;2.段玉裁商请王引之续完《说文注》事件;3.传闻段氏窃取王念孙《说文》撰述事件;4.段王上古音分部异同事件。参见林氏论文《传什么给下一棒——汉语史音韵学接力赛的省思》,《音韵学方法论讨论集》,北京:商务印书馆2009年版第251页。不过鄙人以为,主要原因还是王念孙古韵二十一部说及其著作未能刊布,故段玉裁与江有诰书信中未能提及,而与私人感情可能没有关系。拙著《万光泰音韵学稿本整理与研究》在此问题上略有叙述,今明说明之。

问题,这是古人做学问的谨慎之处。

五　阮元创建书院与推广王念孙的古音学说

今按清人文集,段玉裁、钱大昕等清儒鲜有提及王念孙古音研究者,因为王念孙当时还没有著述问世,只有论说在学者间流传,且流传范围有限。王氏研究,在当时恐怕只有阮元等少数几个人知道,因为阮氏是王念孙的学生。阮元《揅经室续集》中有两篇文章曾提及王念孙研究,一是《王石臞墓志铭》,另一篇是《与学海堂吴学博(兰修)书》。但只有韵目,没有具体研究内容。兹引录《墓志铭》文字如下。曰:

古音自顾氏、江氏、戴氏,皆有考正,金坛段氏分十七部为益精。段氏之分支之脂为三部也,发前人所未发,先生昔亦同见及此,因段书先出,遂辍作。然先生所分者乃二十一部,东一、蒸二、侵三、谈四、阳五、耕六、真七、谆八、元九、歌十、支十一、至十二、脂十三、祭十四、盍十五、缉十六、之十七、鱼十八、侯十九、幽二十、宵二十一。案之群经楚词,斩然不紊,其分至祭盍缉为四部也,则更〔有为〕顾、段诸家所未及,陆法言之所未析者。①

又《与吴兰修书》曰:

因思古韵之分合,近惟金坛段氏若膺《六书音均表》十七部为善,如之脂支咍四韵②,唐人皆并为四支合用。孰知羣经《楚辞》皆断分三部,绝不相混,《文选》亦分不通用乎? 高邮王怀祖先生精研六书音韵,欲著古音一书,因段氏成书遂即辍笔(余三十年前即闻此论)。然其分廿一部,甄极《诗》《骚》,剖析豪芒,不但密于段氏,更有密于陆氏者。屡欲并

---

① 阮元《揅经室续集》卷二下《王石臞墓志铭》,清刻本。
② 之脂支咍四韵,《广韵》并不同用,阮氏误。

《广韵》而以古音分部,使便于拟汉以上文章辞赋者取用之,迄未暇为之计。学海堂中年兄深挚古音,曷就段氏精审之,而进以王氏之学定为古韵廿一部,以羣经《楚辞》为之根柢,为之围范,庶无隔部臆用之谬乎?①

按学海堂是道光元年(1821)阮元任两广总督时创建的书院。书院广招学员弟子学习经史小学,吴兰修担任学长,管理学生和日常事务。

后几句话意思是,希望吴兰修参照段玉裁韵书,刻写王念孙古韵廿一部,但在没有书稿的情况下是很难刻成的。此信写于道光十年庚寅(1830),②由此可以说明阮元没有看过王念孙稿本,王氏稿本也没有在社会上流传。王念孙《古韵谱》《合韵谱》的研究也没有告诉过阮元,如四声问题(取段玉裁古无去声说)和采纳孔广森东冬分立等。其子王引之是否知之,难以悬测。阮元给王念孙撰写墓志铭,要给王引之看的。这里面可以说明两个问题:第一,王引之确实不知道《古韵谱》和《合韵谱》的内容;第二,生前王念孙曾有过交代,王念孙古音学说应当是二十一部,即与李许斋书中所载二十一部。墓志铭中记录的二十一部顺序正是《经义述闻》的顺序。

而王念孙告知阮元的也只是古韵二十一部说,三十年前应当是嘉庆五年(1800),所以社会上流传的也都是古韵二十一部。后阮元多次给王引之写信,要求刻写《古韵廿一部》韵字,均未果(见下)。

王国维论清代古音学及王念孙研究说:

> 案国朝治古韵者,始于昆山顾君。至婺源江君、休宁戴君、金坛段君而剖析益精。至先生与曲阜孔君出,而此学乃大备。先生分古音为

---

① 阮元《揅经室续集》卷一《与学海堂吴学博(兰修)书》,清刻本。按吴兰修,字石华,广东嘉应(今梅州)人。生卒年月不详。嘉庆十三年(1808)举人,官信宜训导。通经史,富于藏书。著有《荔村吟草》《桐华阁词》及《南汉纪》五卷,《端溪砚史》三卷等,并传于世。阮元督粤,聘其为学海堂学长,兼粤秀书院监院。

② 这里有个疑问,道光十年前,《经义述闻》已经刊刻,而古韵廿一部就附录在该书三十一卷。刘盼遂《高邮王氏父子年谱》:道光七年(1827)十二月,重刊《经义述闻》于西江米巷寿藤书屋,分增为三十二卷。又云道光十年,《经义述闻》全刻成。既然如此,阮元难道全然无知,还要刻写《古韵廿一部》? 他要刻写的究竟是韵目还是韵字表?

无入、有入二大类,与戴、孔二君同,而不用其异平同入及阴阳对转之说。其分支、脂、之为三,尤、侯为二,真、谆为二,与段君同。又以尤之入声之半属侯,与孔君同。而增至、祭二部,则又为段、孔二君之所未及。此六家之于古韵,虽先后疏密不同,其说亦不能强合,然其为百世不祧之宗则一也。顾五家之书先后行世,独先生说,学者谨从《经义述闻》卷三十一所载《古音二十一部表》窥其崖略。今遗稿粲然,出于百年之后,亦可谓学者之幸矣!①

王国维的这段话补充了段玉裁和阮元的不足,对王念孙古音研究做了简明扼要的阐述,对王念孙稿本发现的意义做了充分的肯定:"今遗稿粲然,出于百年之后,亦可谓学者之幸矣!"这句话同样可移用来评价万光泰古音学稿本的发现:万氏稿本出于二百年之后,亦可谓当今学者之幸矣!

阮氏所言段玉裁分支脂之为三部,"发前人所未发"之语,今天看来,显然要做修正。至于王念孙分至祭盍缉为四部,相对于顾段诸家而言,确实是言所未及,盍缉二部即侵谈之入声。但至部和祭部,万光泰已先鸣矣! 而万光泰未部则诸家未言。阮氏又言支脂之三分,"先生昔亦同见及此,因段书先出,遂辍作"。这也是闭门造车,出门合辙,英雄所见不谋而合。可见只要研究方法得当,观念更新,专心于古音研究,人们早晚会走到这一步。而这一步的首先跨出,则又是万光泰导夫先路。

按阮元曾从王念孙问音韵训诂之学,与王引之非常要好,也知晓王念孙研究。念孙殁,道光十三年(1833)前后,阮元写信引之欲刻念孙《古韵廿一部》韵字未果。② 现在有个疑问是,王念孙在生之时为什么不肯公开其书稿,秘不示人,就连学生阮元也没有见过它。而且殁后,其子王引之等也没有整理出版,《古韵谱》和《合韵谱》是先生用功之作,至临终前都在修改补充,为什么其后人不肯刊刻,难道真的是顾炎武所说的:著述之家切不可将未竟之书传示于人? 我看不一定是,其中一定有隐曲,外人不得而知也。

---

① 王国维《观堂集林》卷八《王石臞先生韵谱合韵谱遗稿跋》,北京:中华书局 1959 年版第 395 页。
② 参见陈鸿森《阮元与王引之书九通考释》,《中国典籍与文化论丛》第八辑 2005。

盖王念孙认为,古韵二十一部目录已刻于《经义述闻》中,且至部祭部与侯部入声的《说文》谐声字俱录于其中,而且至部和祭部明显地分为去入两类,否定了段玉裁的古无去声说,并订正段玉裁侯部无入声的错误研究,因此王念孙的至部、祭部和侯部入声加上缉部、盍部,其他采用段玉裁十七部的研究,就是他的古韵二十一部了,书稿《古韵谱》诸作不刻可以。更何况书稿是个未定稿,一直在修改中。

关于王念孙古音廿一部研究,首见于阮元的《墓志铭》表彰,其后一些有关传记多为转述阮氏之语,诸如李元度《国朝先正事略》(卷四十一)、赵尔巽《清史稿》(卷481)和杨钟羲《雪桥诗话续集》(卷九)即如此,不录。

需要补充的是,嘉庆初,阮元为浙江学政和浙江巡抚期间,于杭州西湖圣因寺旁创办诂经精舍,选诸生中经学修明者习业其中。流风余韵,书院存续近百年,至光绪三十年(1904)停办,在中国学术界影响很大。一些大学者也经常来此讲学,如王昶、孙星衍等。诸生以习研经学为主,包括小学,可以想象,这对于传播王念孙的音韵学是很有作用的。第一期肄业的就有三十几人。①阮元还将学生佳作结成论文集出版,这就是《诂经精舍文集》,今有《丛书集成》本,收入论文二百余篇(除诗歌外)。道光初又在广东创建学海堂书院,这两个书院的开设,对王念孙古韵说的传播,无疑起了巨大的作用。如叮嘱学海堂吴兰修刻写王念孙古韵二十一部事就是一个明显的例证。

又按阮元文集《揅经室集》,其中计讨文字音韵时,使用的都是段玉裁古音十七部说,如文集一集中的《释易象音》即如此。此可说明阮氏确实未见王念孙书稿。

六 万光泰著作及其学说不能传播的历史原因

现在我们思考,为什么万光泰的古音十九部不能流传呢?其情形实际上与王念孙一样,著作均为稿本而未刊刻,而为何王念孙古音研究却显于世

---

① 参见孙星衍《孙渊如诗文集》之1850册《诂经精舍题名碑记》,《四部丛刊》本。并参阮元《诂经精舍文集》,《丛书集成》本。

而万光泰却湮没无闻呢？在此不烦再引录《古音表考正》书稿上一段眉批文字如下，或许能得到一些启发。批注曰：

懋堂先生分之、脂、支三部，一时雄为卓识，而先生已言之。怀祖先生又分至祭二部，以补段氏之失，而先生之书亦具言之。又如虞侯之分，段亦暗合；屋为侯入，王又相同。而先生之分未部则为段、王二家所未及到。乃近日言古音者二君皆显，而万先生之书开其先者，竟无人知之。著述之有幸又有不幸者也。余怪汪氏藏先生手稿，与高邮王氏年家至好，竟未一言及之。而陈□□为师门，亦未录副表章之。何万先生之不幸也！

其中，"汪氏"指汪如藻，乾隆四十年（1775）与王念孙进士第同年，故称"年家"。万光泰临殁，尽将书稿托付汪如藻，而汪如藻后来"竟未一言及之"！何以如此，令人费思。按汪如藻字念孙，一字彦孙，号鹿园，嘉兴桐乡人，诗人汪孟锅长子，乾隆四十年乙未科进士，翰林院编修，历官国子监学正、山东粮道等，著有《经进诗稿》等。乾隆三十八年（1773），《四库全书》开馆征书时，汪如藻献家藏裘杼楼等书籍 271 种。并任四库馆总目协勘官，署衔为文渊阁校理。乾隆皇帝对汪家献书曾褒奖有加。① 《四库全书总目》著录汪如藻家藏本 151 种，1992 卷。②

按情理，作为翰林院编修的汪如藻，是否有权力向四库史馆编修推荐之，不得而知。因为作为总裁官的纪昀应该了解万光泰，纪昀在乾隆二十四年（1759）著述《沈氏四声考》时，引录了万光泰《四声谱考略》的大量内容，看过万光泰的书稿。纪昀是如何获睹这些书稿的，现在无法考证。或许是世态炎凉，万光泰在生又不显贵，身后也没有儿孙后代，遭世俗鄙薄，人走情

---

① 谕旨曰："以及朝绅中黄登贤、纪昀、励守谦、汪如藻等，亦俱藏书旧家，并著每人赏给内府初印之《佩文韵府》各一部，俾亦珍为世宝，以示嘉奖。"见《四库全书总目》卷首第 2 页中栏，北京：中华书局 1965 年版。

② 参见丁辉、陈心蓉著《嘉兴历代进士研究》第八章之第五节《清代嘉兴进士与四库全书》，第 388 页，合肥黄山书社，2012 年。

了，师生情分也就从此结束。作为同一师门的陈□□，①"亦未录副表章（彰）之"，其情形也可能是如此。更重要的是万光泰生前缺乏音韵文字学修养的朋友圈子，没有人表彰他的学术研究。何万先生之不幸也！

而王念孙不一样，官宦世家。② 念孙殁，其子王引之仍是朝廷命官，朋友中不乏是研究音韵文字的人，作为学生的阮元，本身也是一个大学问家，故热心奔走，希望刊刻王念孙《古韵廿一部》，宣传老师的古音学。人贵其书亦贵，人微著述也微，世俗之下，贵贱礼分，世态炎凉，古今如此，万光泰的著作只有被埋没的命运。同样是未刊行的书稿，但两家学说或名微，或彰显于天下，命运各不相同。

当然，一个人在社会上的学术影响乃至知名度，与他的社会环境、身份地位以及家庭背景等，有一定的关系。但是，如果一个人的思想品德出了问题，甚至人格低下，即使他有很高的社会地位抑或家庭背景，他的著作成果也会遭到唾弃，一时的荣耀阻挡不了大浪淘沙的命运。毛奇龄就是这个例子。其书《古今通韵》康熙皇帝诏令史馆刊印，荣耀至极，但乾嘉之后，谈韵学者就没有什么人提他的书了。而王念孙不仅学问做得好，人品也好，嘉庆初，勇敢弹劾揭发大贪官和珅的罪行。这种大义凛然的正气，赢得了朝野上下的敬佩，这也是他的古韵研究在社会上广泛传播的历史原因吧。

由此看来，一个人的著述或研究成果被社会接受，有多种因素，社会环境和学术环境是主要因素，家庭社会地位和个人品德修养也是至为关键的因素。万光泰和王念孙的古音学就是典型例子，观此可见其他矣！

参考文献

古籍类
［清］戴震《声类表》《声韵表》，《戴震全书》（三），合肥：黄山书社 1994 年。
［清］段玉裁《六书音均表》，《说文解字注》附，上海：上海古籍出版社 1981 年影印本。

---

① 原书稿二字模糊不清，不知为谁。
② 这里再补充一下王念孙的亲戚关系，清朝康熙年间的著名丞相徐本，是王念孙的叔伯外祖父，其亲外祖父为徐时亨，也是吉州知府大人。而尚书梁诗正娶的就是徐本女儿，因此，王念孙称梁诗正为姨父，与梁氏之子梁敦书、梁同书等为表兄弟关系。当然这种社会关系对王念孙的学术研究没有直接的影响，但对于提高王念孙在社会上的知名度却有着重要的作用。

［清］段玉裁《经韵楼集》，上海古籍出版社 2008 年。
［清］顾炎武《音学五书》，北京：中华书局 1982 年影印清刻本。
［清］江永《古音标准》，北京：中华书局 1982 年影印清刻本。
［清］江有诰《音学十书》，北京：中华书局 1993 年影印本。
［清］孔广森《诗声类》，北京：中华书局 1983 年影印清刻本。
［清］阮元《揅经室集》，《四部丛刊》本。
［清］王念孙《毛诗群经楚辞古韵谱》，罗振玉辑《高邮王氏遗书》本，南京：江苏古籍出版社 2000 年。
［清］王引之《经义述闻》，清刻本。
［清］夏炘《诗古韵表二十二部集说》，严式诲编《音韵学丛书》本。

近人著述

何九盈(2006)《中国古代语言学史》(新增订本)，北京：北京大学出版社。
陆宗达(1996)《王石臞先生韵谱合韵谱遗稿跋》《王石臞先生韵谱合韵谱稿后记》，《陆宗达语言学论文集》，北京：北京师范大学出版社。
王国维(1959)《观堂集林》卷八，北京：中华书局。
王力(1990)《清代古音学·王念孙的古音学》，《王力文集》第十二卷，济南：山东教育出版社。
张民权(2002)《清代前期古音学研究》(上下册)，北京：北京广播学院出版社。
张民权(2017)《万光泰音韵学稿本整理与研究》，北京：中国社会科学文献出版社。

江沅《说文解字说》(南京图书馆藏)与《说文解字音均表》卷首[*]

臼田真佐子

一 问题提出

江沅(字子兰,江苏吴县人,1767—1838)是段玉裁(字若膺,江苏金坛人,1735—1815)的门生弟子,江氏按照段氏的依托著了《说文解字音均表》。《说文解字音均表》不但是有关《说文解字》的注释,而且是根据古韵分部的谐声表。本人已经写了几篇有关《说文解字音均表》的论文[①],拙稿的主要观点是根据古韵分部的谐声表。除了本人之外,研究《说文解字音均表》的学者也不少[②]。南京图书馆藏江沅《说文解字说》没有影印本,因此2013年12月下旬本人亲自查阅了原件[③]。江沅《说文解字说》是手写的,只有五张。本人在拙稿《江沅〈说文解字音均表〉の成书と刊行》(臼田2016,30页)一文中简单地介绍了,尚未全面进行研究。

《说文解字说》的内容和其学术价值是什么?《说文解字音均表》卷首(清稿本)载段玉裁《〈说文解字音均表〉序》、"弁言"和"附"。《说文解字说》的内容和《说文解字音均表》"附"相似,但是有所不同。我们要将《说文解字音均表》"附"跟《说文解字说》进行比较研究。这是本文讨论的主要目的和内容。

---

[*] 本文初稿的题目为《江沅〈说文解字音均表〉卷首与南京图书馆藏江沅〈说文解字说〉》,2016年6月下旬本人在"汉语史研究的材料、方法与学术史观研讨会"(南京大学汉语史研究所)上宣读。

① 臼田1996、1997、1998a、1998b、2001、2002、2013、2016等。

② 参看本页注释①所列举的参考文献。

③ 2016年6月下旬本人查阅的是图像,通过图像仔细看,《说文解字说》被装订了。

二 《说文解字音均表》卷首

首先,我们讨论江沅《说文解字音均表》卷首。《说文解字音均表》主要有两种,即清稿本和皇清经解续编本[①]。根据赖惟勤(赖 1983,120 页、123 页)一文,这两种排列谐声符的方法不同。

(1) 清稿本。按照《说文解字》的顺序将初声和正篆排列出来。

(2) 皇清经解续编本。大体上根据段玉裁《古十七部谐声表》将初声和正篆排列出来。

《说文解字音均表》共有十七卷,正文前面有卷首。就卷首的内容来说,清稿本和皇清经解续编本大体上一致,几个字不同。但是题目有所不同。请参看表一。

表一:清稿本、皇清经解读编本题目差异

清　稿　本	皇清经解续编本	
(a)段玉裁《〈说文解字音均表〉序》	(d)段玉裁《〈说文解字音均表〉叙》	(a)=(d)
(b)弁言	(e)附	(b)=(e)
(c)附	(f)弁言	(c)=(f)

清稿本"弁言"(b)和皇清经解续编本"附"(e),题目不同,内容一致。清稿本"附"(c)和皇清经解续编本"弁言"(f),题目不同,内容一致。本文以清稿本为主,因为该书比皇清经解续编本还好,皇清经解续编本有些脱落[②]。清稿本"弁言"(b)包括四种文章,这些文章却不是江沅撰写的(参见表二)。

根据改行的情况,清稿本"附"(c)分为十三个项目,我们将它个别叫作"第一则""第十三则"等。"附"的题名下面没有作者的姓名,通过全文我们可以看出作者的确是江沅。比如,作者常常提到"段氏",也在第 13 则提到"若膺先生",并接着说:"凡疏中不言沅案者,皆先生所自注,或先生所说也。"江沅所说的"先生"就是段玉裁。

[①] 清稿本为台湾"国家"图书馆藏稿本。除了清稿本和《皇清经解》续编本之外,还有北京大学图书馆藏稿本和上海图书馆藏稿本(江文炜跋)。

[②] 参看赖(1983,120 页)一文。

表二：清稿本"弁言"非江沅撰写文章

清稿本"弁言"	出　典
戴震《〈六书音均表〉序》	原载于段玉裁《六书音均表》卷首
段玉裁《代吴省钦序》	原载于段玉裁《六书音均表》卷首。又见于《经韵楼文集补编》卷上（"《六书音均表》序代"）
段玉裁《答江晋三论韵》（部分）①	原载于江有诰《音学十书》卷首。又见于《经韵楼集》卷六
段玉裁《六书音均表》第一（部分）	原载于段玉裁《六书音均表》卷一（《今韵古分十七部表》）

下面，我们看一下每个项目的第一个句子，如果需要还要看第二个句子。②

表三：清稿本"附"十三项首句

1	仓颉沮诵为黄帝史，肇兴文字，鸟迹兽迒，继以虫鱼，古古相积，屡变而不可考。
2	六书之义，其始之也，亦不同时，许氏叙既言之矣。
3	自造字已来，字体屡变，许氏《说文解字》出，而六书之义明。
4	所谓以秦汉为主者，如迁丰居岐，临水依山也。
5	许氏有变例。一字建首，其下从某者，皆由之得义，其常也。
6	指事象形会意形声四者，用以造字之法也。转注假借二者，字既造而用之之法也。
7	古人作字，所以利用也。有是物，有是事，因作字以命之。
8	支脂之之为三，真臻先与谆文欣魂痕之为二，皆陆氏之旧也。
9	曰从曰，其形两开③。瓃(lié)④仅三田，其声半取，分形可明。
10	人隔数朝，无从面质。义有难释，必当阙疑。
11	既考古音，当究古籍，上据三百，中冯《说文》，下承陆氏，得其窾要。
12	段氏论音，谓古无去，故谱诸书，平而上入，今次《说文》，得声以贯。
13	若膺先生，由小学以通乎经学，功深力邃，择精语详，钻仰弥年，高深莫罄，真集诸家之大成者。

---

① "弁言"未载《答江晋三论》全文，下面的《六书音均表》第一（卷一）也是部分的。

② 关于江沅《说文解字音均表》的句读，仓石武四郎博士在自己的古籍上已经加以标点了，现在该书藏在东京大学东洋文化研究所里，我们可以参考。本人也参考了仓石博士加的句读。

③ "曰"见于《说文解字注》三篇上："从曰。"段氏说："此亦从乂又而变之也。"我们在本文的注释中将段玉裁《说文解字注》简称《段注》。

④ "瓃"见于《段注》一篇上。

三 《说文解字说》与《说文解字音均表》清稿本"附"的比较

《说文解字说》第一张第一行写着说文解字说,第二行写着江沅,因此我们可以看到《说文解字说》的作者是江沅。从全体来看,《说文解字说》就是草稿。2013 年 12 月下旬我在南京图书馆查阅的是原件,共有五张,没有装订。该书是用楷书写的,但是不是誊清的。

《说文解字说》不包括相当于《说文解字音均表》清稿本"弁言"(b)的文章。《说文解字说》只包括八种文章,请参看表四,这张表以《说文解字音均表》清稿本"附"为主。清稿本"附"第 4 则至第 5 则个别换行,这些文章也在《说文解字说》中,《说文解字说》却不换行。《说文解字音均表》清稿本"附"和《说文解字说》还有一些差异,就是几个异同的字,这是比较少的,所以除了第 9 则之外,本文不讨论了。

表四:清稿本"附"与《说文解字说》差异

《说文解字音均表》清稿本"附"(续经解本"弁言")	《说文解字说》
第 1 则至第 7 则	有
第 8 则	无
第 9 则	有差异和分歧
第 10 则至第 13 则	无

下面,我们将第 1 则至第 13 则分两类讨论。

(1) 第 1 则至第 7 则、第 9 则。

(2) 第 8 则、第 10 则至第 13 则。

(一) 第 1 则至第 7 则、第 9 则

就第 1 则来说,由于论述上需要,我们要引用全文。画下线的部分原来在《说文解字》许慎自序里,江沅引用许序并谈论有关说文的总论,特别是略述字体的变迁。

仓颉沮诵为黄帝史,肇兴文字,鸟迹兽远①,继以虫鱼,古古相积,屡变而不可考。是以封禅大山,七十二家②,孔子多不识者。古文大篆,盖行于周之始衰。许氏以为汉代暴秦,承用隶体,即大篆亦将废弃,故因当时之体,采通人之言,溯古籀之迹③,作《说文解字》。其意盖《尚书》载尧以来,《史记》托始五帝之义,而以秦汉小篆为主,则郇卿子法后王之义,取其适于时用也。

第 2 则的开头如下:"六书之义,其始之也,亦不同时,许氏叙既言之矣。"第 2 则是有关六书的,特别是指事、象形、会意和形声。转注和假借,江沅在第 6 则中讲述。

第 3 则的开头如下:"自造字已来,字体屡变,许氏《说文解字》出,而六书之义明。后虽屡变,其本可循也。至于声音,亦有然者。"有关"字体屡变"的内容为第 1 则的,有关"六书之义明"的内容为第 2 则的。江沅在第 3 则中还说:"许氏形声读若多得其本音,后人多疑其皮傅穿凿。"江氏在第 3 则末尾说:"盖其所从来者,与《易》《诗》《书》相表里,是可藉以审古音也。据诗三百篇之音而核诸许氏每字之声,以类次之。不复为唐以后诸韵书所淆惑。段氏之功钜矣。""诗三百篇"指《诗经》。段玉裁在《古十七部谐声表》(《六书音均表》卷二)中说:"许叔重作《说文解字》时,未有反语,但云某声。某声,即以为韵书也。"他还在《今韵古分十七表》(《六书音均表》卷一)说:"今世所存韵书,《广韵》最古,《广韵》二百六部。……考求古音今音混淆未明,无由讨古音之源也。"段氏不但制订《古十七部谐声表》,而且编纂《诗经韵分十七部表》(《六书音均表》卷四)了。江沅所说的"段氏之功钜矣"就是关于段玉裁在谐声符和《诗经》押韵上的功绩,具体来说,段氏撰写《诗经韵分十七部表》和《古十七部谐声表》的功绩。

---

① 见于《说文解字》十五篇上:"黄帝之史仓颉,见鸟兽蹏迒之迹,知分理之可相别异也。"

② 见于《说文解字》十五篇上:"以迄五帝三王之世,改易殊体,封于泰山者,七十有二代,靡有同焉。"详细的注释,参看洪诚(1982,112—113 页,注释 22)。翻译成现代汉语的,参看汤可敬(1997,2166 页(下册))。

③ 见于《说文解字》十五篇上:"今叙篆文,合以古籀。博采通人,至于小大,信而有证。"

第 4 则的开头如下:"所谓以秦汉为主者,如迁豐居岐,临水依山也。而假借豐字歧字。周时以水名地,以山名邑也。澧鄧及郊皆汉字也①。""以秦汉为主者",这句话在第 1 则里,江沅在第 4 则中详细地讲明其内容。第 5 则的开头如下:"许氏有变例。一字建首,其下从某者,皆由之得义,其常也。独于鸟部不然,以"所贵者皆象形"②而类列之。"除了鸟部之外,江沅列举了几个例子,在第 5 则末尾说,段氏未必了解许慎的变例("未必悟其为变例矣")。就第 4 则和第 5 则来说,《说文解字说》没有分开,连接。第 5 则末尾有一个"〈"的符号,由此看来,第 5 则和第 6 则是分开的。

第 6 则的开头如下:"指事象形会意形声四者,用以造字之法也。转注假借二者,字既造而用之之法也。"在第 6 则中,江沅讲述了转注和假借。另外,江沅在第 6 则中说:"……许氏遵古六书而作《说文解字》,非六书之义,因《说文解字》而后有也。<u>转注假借之义载《周礼·保氏》,《说文解字》之分别部居在后汉。安有周之保氏为后汉许氏作《说文解字》例哉。</u>……"(下线为笔者所加)。画下线的句子在《说文解字说》第 7 则的最后部分,跟《说文解字音均表》的位置不同。

第 7 则的开头如下:"古人作字,所以利用也。有是物,有是事,因作字以命之。"江沅还说:"许氏因屈中、止句、马头人、人持十之说,其倍六书,故作《说文解字》以辩之。明古人造字之恉,即教人以造字之法也。""屈中、止句、马头人、人持十之说"是根据《说文解字》许序的,个别指"虫""苟""长""斗"字③。许慎纠正了有关汉字结构的谬说。

就第 9 则来说,《说文解字说》所载的跟《说文解字音均表》的第 9 则相似。但是两者之间有一些差异和分歧,特别是《说文解字说》所载的文章是未完的。其内容主要是谐声符上有问题的例子。下面我们对《说文解字音均表》第 9 则和《说文解字说》第 9 则进行比较一下。

---

① "岐"为"郊"的重文,见于《段注》六篇下:"郊,或从山,支声。因岐山以名之也。""豐""鄧""澧"个别见于《段注》五篇上、六篇下、十一篇上一。
② "焉"见于《段注》四篇上:"所贵者故皆象形。"
③ 参看阿辻(1985,84—87 页)的阐述,即"俗说の横行、马头人为长、廷尉の解释"。又参看黄天树(2014,40 页)对许慎《说文解字·叙》的注释。

表五：《说文解字音均表》《说文解字说》第 9 则比较

《说文解字音均表》清稿本"附"（续经解本"弁言"）	《说文解字说》①
曰从曰，其形两开②。珊③仅三田，其声半取，分形可明。不必全字，半体已足，无庸省声，可知。反丮反邑④，都已阙音。靳声饥声⑤，奚须析两。秋⑥得鼑声，明于籀体。⑦ 囚归谷部，证以古文。便悟家⑧之取豭，哭⑨之从狱，必非强解，定有受之。尋⑩为得重，尋仍入寸。羑归羜次⑪，羑复列羊。一为古籀，一为小篆，部分虽隔，字必两归。或篆体未收，存诸他解，或重文不见，附在余言。如洴⑫睆诸文，说中不瘆。燮、卥⑬等字，解下附存。又况䜌有两音，戀嫡同用⑭。䩨分双部，革鼓俱收⑮。	曰从曰，其形两开。珊仅三田，其声半取，分形可明。不必全字，半体已足，无庸省声，可知。反丮反邑，盖阙○○ₐ。靳声饥声ᵦ，奚须析两。秋得鼑声，明于籀体。囚归谷部，证以古文。便悟家之取豭，哭之从狱，必非强解，定有受之。尋为得重，尋仍入寸。羑归羜次，羑复列羊。一为古籀，一为小篆，部分虽隔，字必两归。或篆体未收，存诸他解，或重文不见，附在余言。如洴睆诸文，说中不瘆。燮卥ᵨ等字，解下附存。又况䜌有两音，戀嫡同用。䩨分双部，革鼓俱收。

① 由于比较的方便，我们将有关《说文解字说》的注释用 a 至 g 的罗马字在这里排列一下。a：○ 表示空白。b：参看 P252 注释⑤。c："卥"原文如此，"卥"见于《段注》五篇上。《说文解字音均表》作"卥"。（参看 P252 注释⑬）"卥"和"卥"的注解不同。d：见于"联前○后之文中"的"前""后"和"中"，这些字上面都个别写着"ヽ"，即取消的符号。e："难以理董"后面有一个"〈"的符号。f："校"字上面写着一个"ヽ"的符号，即取消的符号。g：原文如此。《说文解字音均表》作"米"。（参看 P253 注释①）

② 参看 P248 注释③。

③ 参看 P248 注释④。

④ "反丮""反邑"个别见于《段注》三篇下、六篇下。

⑤ "靳"见于《段注》一篇下："从艸，靳声。"段氏说："《说文》无'靳'字。靳当是从草斤声。""饥"、"饑"都见于《段注》五篇下。

⑥ "秋"见于《段注》七篇上。

⑦ "囚"见于《段注》三篇上："从谷省。象形。""囚"为"囚"的古文。

⑧ "家"见于《段注》七篇下："从宀，豭省声。"

⑨ "哭"见于《段注》二篇上："从吅，从狱省声。"

⑩ "尋"见于《段注》八篇下："从見寸。""得"见于《段注》二篇下，其古文为"尋"。"尋"在《段文》中两见。

⑪ "羑"见于《段注》四篇上："从羊，久声。""羜"见于《段注》九篇上："从厶羑。"其古文为"羑"。"羑"在《说文》中两见。

⑫ "洴"见于《段注》一篇下："萍也。从艸水，并声。"段氏说："旧作从草洴声，《说文》无洴字，今改同满、蓬、藻字之例。"

⑬ "燮"见于《段注》三篇下，其籀文为"燮"。"卥"见于《段注》五篇上。

⑭ "䜌"见于《段注》十二篇下："慕也。从女，䜌声。"段氏说："此篆在籀文，为'嫡'顺也。在小篆为今之戀慕也。凡许书复见之篆不得议删。""嫡"见于《段注》十二篇下："顺也。"其籀文为"䜌"。"䜌"在《说文》中两见。

⑮ "䩨"见于《段注》三篇下（革部）。"鼓"见于《段注》五篇上（鼓部），其古文为"䩨"。

(续表)

《说文解字音均表》清稿本"附" （续经解本"弁言"）	《说文解字说》
矢云似米①，典为大册②，但存其说，不著其文。	
且有说解之内，体用互陈，联贯之文，详略殊致，是故所以之字，不必赘增，浑举之言，无须画一。	且有说解之内，体用互陈，联前〇后之文中$_d$，详略非一，是故所以之字，不必多增，浑举之言，无须画一。
猒③本来音，食④先粒读，不应删去，以失古音。夲⑤改从干，毋增多解，不如仍旧，以免凿空。	
凡此之类，许无达例，段喜更张，今古代迁，难以理董。	凡此之类，许无达例，段喜更张，古今代迁，难以理董$_e$。 校$_f$本〇〇食〇疑读，不应删去，以失古音，〇改〇即增新鲜他本穿凿，不如仍旧，以免凿空，矢云似半$_g$，典为大册，但存〇说〇〇其文凿 （空白）第 5 张后面为空白

（二）第 8 则、第 10 则至第 13 则

《说文解字音均表》第 8 则和第 10 则至第 13 则，《说文解字说》都不载。第 8 则和第 10 则至第 12 则的内容主要是有关古音学说，特别是段玉裁的。

第 8 则的开头如下："支脂之之为三，真臻先与谆文欣魂痕之为二，皆陆氏之旧也。段氏谓前此未有发明其故者，遂衿为独得之祕，故于《说文解字》严分其介，以自殊异。"江沅所说的"支脂之之为三，真臻先与谆文欣魂痕之

---

① "粪"见于《段注》四篇下："官溥说，似米而非米者矢字。"
② "典"见于《段注》五篇上："庄都说，典，大册也。"
③ "猒"见于《段注》十篇上："从犬，来声。读又若银。"
④ "食"见于《段注》五篇下："凡食之属皆从食。"段氏说："错本此下有'读若粒'三字，衍文。"
⑤ "夲"见于《段注》十篇下："从大，从十。"段氏说："各本作从丫。"

为二"就是段玉裁在古韵分部上做出的伟大贡献。"支脂之之为三"指"第一部第十五部第十六部分用说"(《六书音均表》卷一)。"真臻先与谆文欣魂痕之为二"指"第十二部第十三部第十四部分用说"(《六书音均表》卷一)。"真臻先"为第十二部,"谆文欣魂痕"为第十三部①。江沅在第 8 则还指出了段氏合韵说的"症结处"。

第 10 则的全文如下:"人隔数朝,无从面质。义有难释,必当阙疑。自恃精淹,藐视古哲。改此就我,易彼作证。以己助己,古义遂亡。同我则标,不合斯讳。分韵无说,易古以通。戴已作佣,段遂效尤。凡此纰讹略笺其失,非敢遽为蚍蜉之撼,实恐古人受诬,后学滋惑。""戴"指戴震,"段"指段玉裁。"蚍蜉之撼"这句话也在第 13 则中,估计江氏谦虚了吧。

第 11 则的全文如下:"既考古音,当究古籍,上据三百,中冯《说文》,下承陆氏,得其窾要。斧以斯之,偶有未谐,黄河一曲,舍此不讲,求诸会易,泥于喉舌,征诸字母,信彼等音,七类九类,有入无平,不古不今,蓬心瓠落,难以程式,饷彼后贤,部分十七,大致已明,兹故不移,仍其旧贯。""七类九类"指戴震的古韵分部②,"部分十七"指段玉裁的古韵分部。第 10 则和第 11 则的写法和表现难以了解。

第 12 则的开头如下:"段氏论音,谓古无去,故谱诸书,平而上入,今次《说文》,得声以贯。"段玉裁说:"考周秦汉初之文,有平上入而无去。"(《六书音均表》卷一"古四声说")江沅不同意段玉裁的古无去声的学说,他接着说:"沅意古音有去无入。"江沅的意见很清楚。

在第 13 则中,江沅先表示对段玉裁的敬畏和敬佩的感情,然后说明关于《说文解字音韵表》中的"沅按"了。这是《说文解字音均表》清稿本"附"的最后项目。全文如下:"若膺先生,由小学以通乎经学,功深力邃,择精语详,钻仰弥年,高深莫罄,真集诸家之大成者。沅出入其门数十年,略窥豪末,所有异同之处,当时面质,亲许驳勘,故敢于蚍蜉之撼,效涓埃之诚。凡疏中不言沅案者,皆先生所自注,或先生所说也。"除了"古无入声"说之外(见于第 12

---

① 参看林庆勋(1979,231—234 页)的"真谆分为二部"。
② 关于戴震的古韵分部,即七类二十部和九类二十五部,参看赖(1958/1989,88 页、95 页)。

则),江沅有自己的意见和看法,其中也有他和老师段玉裁之间的"异同之处"。江沅在第 10 则和第 11 则中也谈到这样的情况。

(三)《说文解字音均表》清稿本"附"的结构

《说文解字说》,这个题目比较广,但是项目比《说文解字音均表》清稿本"附"少一些,而且有未完的地方。《说文解字音均表》清稿本"附"共有 13 个项目,下面我们总结一下《说文解字音均表》清稿本"附"的结构。

第 1 则至第 7 则是《说文解字音均表》清稿本"附"和《说文解字说》基本上相同的部分,但有所不同。就第 1 则来说,江沅引用《说文解字》许慎自序并探讨有关说文的总论,特别是略述字体的变迁。第 2 则是有关六书的,特别是指事、象形、会意和形声。江氏在第 3 则中讲述许慎的形声和读若等,他还谈及段玉裁在谐声符和《诗经》押韵上的功绩。见于第 4 则的"以秦汉为主者"是第 1 则的继续。第 5 则的内容是"许氏有变例",第 6 则的是转注和假借,第 7 则的是许慎纠正有关汉字结构的谬说。

《说文解字音均表》第 8 则和第 10 则至第 13 则,《说文解字说》都不载。第 8 则和第 10 则至第 12 则的内容主要是有关古音学说,特别是段玉裁的。《说文解字音均表》第 9 则,相似的文章在《说文解字说》最后部分,但是很多地方有差异和分歧,而且《说文解字说》的文章是未完的。第 9 则的主要内容是谐声符上有问题的例子,所以估计第 9 则在《说文解字音均表》第 8 则和第 10 则的中间。第 13 则是《说文解字音均表》清稿本"附"的总结部分。

如上所述,《说文解字说》基本上是《说文解字音均表》清稿本"附"的前半部分,其内容主要是有关《说文解字》。

四 结 论

本文要讨论是《说文解字说》的内容和其学术价值,为了探索这项课题,我们先查看了《说文解字音均表》卷首。《说文解字音均表》卷首本身有一些问题。清稿本和皇清经解续编本有所不同,内容一致,题目不一致。清稿本"弁言"是皇清经解续编本"附",清稿本"附"是皇清经解续编本"弁言"。本文以清稿本为主。清稿本"附"是由十三种文章构成的,其中七种基本上等同于《说文解字说》,一种有所不同。其余的五种都是《说文解字说》不载的。

我们认为,江沅先撰写了《说文解字说》,然后增补了几个项目,江氏将它叫作《说文解字音均表》卷首"附"(清稿本)。就《说文解字音均表》"附"(清稿本)第 8 则和第 10 则至第 13 则来说,《说文解字说》都不载。第 8 则和第 10 则至第 12 则的主要内容是古音学说,特别是段玉裁的。现存的《说文解字说》的最后部分是未完的,跟《说文解字音均表》"附"(清稿本)第 9 则相似。另外,通过《说文解字音均表》"附"(清稿本)全文,可知江沅并不是盲从段玉裁的意见。

综上所述,我们可以看出,《说文解字说》本来是《说文解字音均表》卷首"附"(清稿本)的草稿,对研究《说文解字音均表》的成书过程很有学术价值。

参考文献

阿辻哲次(1985)《汉字学 —〈说文解字〉の世界》,东京:东海大学出版会。
洪诚(1982)《中国历代语言文字学文选》,南京:江苏人民出版社。
黄天树(2014)《说文解字通论》,北京:北京大学出版社。
臼田真佐子(1996)《江沅〈说文释例·释音例〉の初声について —〈说文解字音均表〉との比較を中心にして》,《お茶の水女子大学中国文学会报》,第 15 号,148—164 页。
臼田真佐子(1997)《江沅〈说文释例·释音例〉の初声の配列 —〈说文解字音均表〉への发展》,《お茶の水女子大学人文科学纪要》,第 50 卷,121—137 页。
臼田真佐子(1998a)《江沅〈说文解字音均表〉から见る段玉裁の增加字と谐声符》,《お茶の水女子大学中国文学会报》,第 17 号,69—86 页。
臼田真佐子(1998b)《江沅〈说文解字音均表〉における增加字と谐声符》,《中国言语文化论丛》(东京外国语大学中国言语文化研究会),第 2 集,143—164 页。
臼田真佐子(2001)《论江沅〈说文解字音均表〉和谐声符 —以第 9 部(东·冬)的最后部分为主—》,《お茶の水女子大学中国文学会报》,第 20 号,419—425 页。
臼田真佐子(2002)《论江沅〈说文解字音均表〉第 4 部最后部分的谐声符》,《文学论丛》(爱知大学文学会),第 125 辑,257—266 页。
臼田真佐子(2013)《古音学与江沅〈说文解字音均表〉》,叶宝奎·李无未(主编)《黄典诚教授百年诞辰纪念文集》,厦门:厦门大学出版社,295—300 页。
臼田真佐子(2016)《江沅〈说文解字音均表〉の成书と刊行》,《文学论丛》(爱知大学人文社会学研究所),第 153 辑,23—35 页。
赖惟勤(1958/1989)《上古音分部图说》,《中国音韵论集 赖惟勤著作集 Ⅰ》,东京:汲古书院,86—99 页。
赖惟勤(1983)《说文入门》,东京:大修馆书店。

林庆勋(1979)《段玉裁之生平及其学术成就》,台北:中国文化学院中国文学研究所博士论文。
汤可敬(1997)《说文解字今释》(上中下),长沙:岳麓书社。

引书目录

[汉]许慎、[五代]徐铉校订:《说文解字》三十卷(附检字),一篆一行本,北京:中华书局,2001。
[清]段玉裁注:《说文解字注》三十卷、《六书音均表》五卷,上海:上海古籍出版社,1981。
[清]段玉裁撰,钟敬华点校:《经韵楼集》(附补编年谱),上海:上海古籍出版社,2008。
[清]江有诰著:《音学十书》,北京:中华书局,1993。
[清]江沅著:《说文解字说》,抄本,南京图书馆藏。
[清]江沅撰:《说文解字音均表》十七卷,北京大学图书馆藏稿本。
[清]江沅撰:《说文解字音均表》二卷(江文炜跋),上海图书馆藏稿本。续修四库全书本第247册,上海:上海古籍出版社,2002。
[清]江沅撰:《说文解字音均表》十七卷,台湾"国家"图书馆藏稿本。清代稿本百种汇刊本,台北:文海出版社,1974。
[清]江沅撰:《说文解字音均表》十七卷,皇清经解续编本,东京大学东洋文化研究所仓石文库本。
[清]江沅撰:《说文解字音均表》十七卷,皇清经解续编本,台北:艺文印书馆,1965。

《翻切简可篇》对《李氏音鉴》的"节要"和"简易图示"*

李无未

关于《李氏音鉴》，学者们的探讨已经很详细了，尤其是杨亦鸣教授《〈李氏音鉴〉音系研究》(1992)，更是成就突出。[①] 杨亦鸣谈到，学者们对《李氏音鉴》不仅仅是赞叹，也有微词，比如许桂林《音鉴后序》(1807)就说："余读其书，精而能详，第恐世以为疑者有三焉：曰增删字母，曰更定反切，曰分析韵部。"(嘉庆十五年(1810)版，宝善堂，《续修四库全书》第260册495页)其实，李汝珍自己也已经意识到了一些问题，所以才"期于约义赅理，浅言发蒙。"(嘉庆十五年(1810)版，宝善堂，《续修四库全书》第260册391页)。

杨亦鸣教授在《〈李氏音鉴〉音系研究》中没有提到修编《李氏音鉴》的著作《翻切简可篇》，这却是一个遗憾。

《翻切简可篇》作者有感于《李氏音鉴》"繁重"而"琐细"，于是加以"节要"和"简易图示化"，在李汝珍的基础上，更进一步通俗化而"简可"，在当时来看，无疑是一种《李氏音鉴》的最佳简编本和普及本，成为当时人们学习时音最为便捷的等韵著作。

《翻切简可篇》，是一部重要的《李氏音鉴》研究著作，同时，又是汉语语音结构分析理论文献，完成于道光十五年(1835)。本文就对《翻切简可篇》(台湾师范大学国文所赵荫棠藏书 A9408.1v1v2)相关而未曾理清的问题进行探讨，以求得对《翻切简可篇》文献本身及其汉语语音史价值有一个深刻

---

* 本文是国家社科基金重大项目《东亚珍藏明清汉语文献发掘与研究》(编号:12&ZD178)成果之一。

[①] 杨亦鸣《〈李氏音鉴〉音系研究》，西安：陕西人民教育出版社1992年版。

认识。①

一　改编《李氏音鉴》与《翻切简可篇》成书

（一）《翻切简可篇》成书缘起

《翻切简可篇》正文前有陈奂《序》、张燮承《记》、师筠《识》。"目录"有上卷，包括《叙》、《翻切入门简易篇》三册。下卷，包括《音鉴节要》一册、《咫商琐言》一册。

作者为何要编写《翻切简可篇》？我们在陈奂《序》（1851）中知道，出于两个理由：

一个是反切之法，虽然历经许多学者的研究，但具体来看，还是让初学者感到难以掌握，即："切音之法，肇于西域婆罗门十四音及华严四十二字母，而中土所行者，惟神珙《四声九弄反纽图》及《守温三十六字母图》而已。第其法分晰唇齿喉舌开合齐撮清浊轻重之间，虽细极毫芒，而初学读之，恍若河汉无畔岸，郑夹漈（樵）所谓学士大夫，论及反切，便瞠目无语者，良有以也。"这是"远的理由"，也是一直以来，反切方法的古今沿袭，没有改变，而造成了历代学人的困惑。

另一个是《李氏音鉴》"粗细"理论。虽然《李氏音鉴》作者对旧的反切方法有所改造，但还是问题不少，即"近时大兴李氏作《音鉴》六卷，始破除旧谱，别分字母三十有三，以同母二十二字为诀，既别粗细，复分阴阳，统以同母，叶以本韵，随字呼之。启齿即得于音韵之学，固详且尽矣，惟所列春满尧天等图，尚觉繁重，一时未能领会。"这是"近的理由"，也是新近出现的问题。经过检验，局限性很大。由此，必须有所突破，"破旧立新"。

张燮承《记》（1837）也说："学者不可不知切音，苟不知之，终为不识字人。"说的是，"读书须精韵学，要熟反切。"（朱熹语）但观看了《李氏音鉴》之

---

① 《翻切简可篇》，道光十五年（1835）完成，台湾师范大学国文所赵荫棠藏书，编号 A9408.1v1v2。

后,想法就有所改变:"乙未(1835)秋,获见《李氏音鉴》,少少领悟。"但还是不满足,就是"然其图难于记诵,未能卒业。"师筠《识》也谈到了《李氏音鉴》,并"喜其言详尽"。

可见,《翻切简可篇》编订,是从受《李氏音鉴》"粗细"理论启发开始的,在肯定了它的贡献之后,又认识到了它的缺憾。作者的认知路线是清楚的,对"反切之法"的"不到位"大为不满,对《李氏音鉴》"粗细"理论也不盲目崇拜,也清醒地认识到了它们的局限性,由此,为进一步探讨汉语语音结构分析的正确理论和方法而奠定了基础。这也是编写《翻切简可篇》的基本前提。

(二) 改编《李氏音鉴》作者及《翻切简可篇》成书经过

是谁改编《李氏音鉴》而作《翻切简可篇》?对于《翻切简可篇》作者,学术界有不同的看法。永岛荣一郎《近世支那語特に北方語系統に於ける音韻史研究資料に就いて》(《言语研究》第8期、第9期,1941年)认为由张燮承撰写。李新魁《汉语等韵学》(中华书局,1983年11月)说"撰人不详"(295页)。耿振生《明清等韵学通论》(语文出版社,1992年9月)说"原作者不详",由"张燮承修订"(199页)。李新魁、麦耘《韵学古籍述要》(陕西人民出版社,1993年2月)则根据张燮承《记》说:"世或误为葛筠所作。而陈奂写于咸丰年间(1851)的《序》则说,此书为'师筠张先生'所著。"(296页)①

仔细阅读各位学者的"序言"则可以捋出一些线索。比如陈奂《序》有"师筠张先生著《简可篇》二卷"之说,说明《简可篇》二卷是师筠张先生作的。时间是咸丰元年十一月十日(1851)。

张燮承《记》则说:"是冬(乙未冬,即1835年),竹均葛君出示此篇。""至撰于何人,竹均亦未详。竹均,名筠,句曲人。"张燮承这个《记》写于道光十

---

① 永岛荣一郎《近世支那語特に北方語系統に於ける音韻史研究資料に就いて》(《言语研究》第8期、第9期,1941年)认为由张燮承撰写。李新魁《汉语等韵学》(北京:中华书局1983年版)说"撰人不详"(第295页)。耿振生《明清等韵学通论》(北京:语文出版社1992年版)说"原作者不详",由"张燮承修订"(第199页)。李新魁、麦耘《韵学古籍述要》(西安:陕西人民出版社1993年版)则根据张燮承《记》说:"世或误为葛筠所作。而陈奂写于咸丰年间(1851)的《序》则说,此书为'师筠张先生'所著。"(第296页)。

有七年丁酉仲秋月(1837)。他为何强调葛竹均(筠)也不是该书作者？有两个方面原因：第一、他一定是问过葛竹均(筠)，得到的回答是不知道。第二、作者另有其人。这就排除了葛竹均(筠)和张燮承是作者的可能性。同时，也证明陈奂《序》的记载有误，即作者不姓张，更不是张筠，或者张竹筠。陈奂毕竟在14年以后作"序言"，时间有嫌晚了一点。

但师筠《识》谈到："《简可篇》成，有虑其简者，盖不知所以然也。先是读《李氏音鉴》，喜其言详尽，尝录其要，兹以缀于篇后，并附《咫商琐言》，直名之曰《简可篇》，所以然明当然者，应不复惑。"这里出现了很矛盾的说法，即师筠叙述了写作《简可篇》的过程，作者很自然是师筠，但为何张燮承说作者不是葛竹均(筠)？按陈奂《序》的观点，葛竹均(筠)就是师筠。但从张燮承《记》的说法来看，葛竹均(筠)与师筠是两个人。师筠《识》也说："案，风上元人，其学应流传。江上况句容为同郡邪？竹均之书，适用音和一门，或其遗也。"这就说明了葛竹均(筠)可能是作者。师筠《识》还提到，道光十八年戊戌孟冬月(1838)"再书张浦山《画徵录》，云：张风有《楞严纲领》一门反切。其反切法甚简，只用音和一门，为生平最得意之作。"竹均所作的"音和"反切似乎是和"《楞严纲领》一门反切"有关的反切著作，而不是《简可篇》。如果是这样，是不是张燮承在1835年看到，并于1837年所写《记》误解了"竹均葛君出示此篇"问题？他在《记》所说的"此篇"是不是"《楞严纲领》一门反切"？

如果承认师筠《识》的表白是真实的话，《简可篇》(《翻切入门简易篇》)是由师筠先完成。这之后，师筠录《李氏音鉴》之要，就是所说的《音鉴节要》。还附上了《咫商琐言》，总的名字叫《简可篇》。所以，师筠编《简可篇》是可信的，也顺理成章。

但还有两个疑问？一个是，既然《简可篇》是师筠作，为何又在"正文"第一页"翻切入门简易篇第一"之下称为"张燮承师筠述"？二是师筠《识》只说了《简可篇》和《音鉴节要》是他写作，那么，还有一个《咫商琐言》呢？它又是谁作的呢？

后一个问题，在几位学者的序言中还不能得到答案。我们在后边所编的《咫商琐言》找到一些蛛丝马迹。比如在《咫商琐言》最末尾有"同治十有一年夏五月六三老筠再识"句。同治十有一年即1872年。这就奇怪了，又冒出来了一个"老筠"。那么,这个"老筠"已经63岁,是不是那个"师筠"?师筠《识》作于1851年,当时是42岁,也是可能的。

我们看到的是"同治十有一年"(1872)刊于姑胥(姑苏)的版本。是"师筠"自刊,还是另有其人?从《觇商琐言》中可以知道,作者对比《李氏音鉴》和《简易篇》(《翻切入门简易篇》)的内容比较多。其中提到:"此篇(《简易篇》)于戊戌冬(1838)间,曾刊版行之。癸丑(1853)金陵之乱,版遽失去。幸书有存本,避乱越东时,友人吴松水刊之州山四宜草堂。辛酉(1861)杭州乱后,越州旋亦被扰,重刊之版存否,盖不可知。敝箧中州山之本仅有存者,势同硕果艮深惴惴日者长洲吴君庆馀,见箧中本,慨然任重刊工费之半,艮大令竹城顾君复次益其半……乃复藏事藉广流传。"

这实际叙述了刊行的过程,尽管几经磨难,但还是没有失去原貌。其中,1838年版是原版。当时作者是张燮承、师筠。师筠是作者,而张燮承是编者。而1872年版《觇商琐言》是师筠所作。这个"老筠",就是"师筠"。"师筠"也是1872年版的作者。如此,《翻切简可篇》内《翻切入门简易篇》《音鉴节要》《觇商琐言》三个部分都是"师筠"所作。

"师筠"是《翻切简可篇》的作者当无问题。但为何又加上张燮承呢?这就是我们要回答的第一个问题。张燮承《记》提到葛竹均出示的《翻切入门简易篇》。《翻切入门简易篇》不知何人所作,但却经过葛竹均之手,并且"口授童子",经过教学实践的检验,切实可行。张燮承参与了"稍正其讹误,删其繁复,公诸同志"的工作,此即尽心于推广传播,有功于本书的刊行,所以,张燮承是修订者也是符合实际的。

葛竹均出示的《翻切入门简易篇》,又加上张燮承修订,成为《翻切入门简易篇》,后来到了"师筠"的手中,又加以编订,成为师筠《识》谈到的"《简可篇》(编)成"情况。师筠摇身一变,作为《简可篇》作者就变成事实了。

按照以上考证,《翻切简可篇》的真实作者是:无名氏、葛竹均、张燮承、师筠四人。最后一版,即1872年版的编订者是师筠(有人认为张燮承,字师筠)。《翻切简可篇》是"层累地制造"的产物。李汝珍《李氏音鉴》,1804年写成初稿,1807年完稿,1810年正式刊行。而正式刊行不久,就有人"尚觉繁重",进行修订。至1872年,《翻切简可篇》修订了60年左右,可谓时间良久。

二 《翻切简可篇》对《李氏音鉴》的"节要"和"简易图示"

从学者们的论述来看,都集中在《翻切简可篇》音系的归纳和汉语语音史价值的认识上了。我们认为,对《翻切简可篇》音系的归纳和汉语语音史价值的认识是十分必要的,但《翻切简可篇》还存在着另一种汉语语音学史意义,就是它在推广、普及、传播李汝珍《李氏音鉴》上所发挥的重要作用是无可替代的,如果不提及,是不是削弱了它的重要的汉语语音学史的文献价值?这也是不公平的。

(一)《翻切简可篇》对《李氏音鉴》的"节要"

《音鉴节要》作于道光丁酉夏(1837),它是如何对《李氏音鉴》进行"节要"的?除了他所称变问答体为解答体"节录其要"外,在内容的选择上大为精炼。比如"三十三问"中的"字声总论",《李氏音鉴》(嘉庆十五年(1810)版,宝善堂,《续修四库全书》第 260 册 391 页卷一《第一问字声总论》)是"或问汝珍曰",而答则说"对曰"。李汝珍有说明,这是:"仿欧阳文公《易童子问》,设为问答。"比如原文(391—393 页):"或问汝珍曰:'吾闻上古造字甚简,至于今,可谓广矣,其义可得闻乎?'对曰:'孔安国《尚书序》云,……'"引用了孔安国《尚书序》、朱熹《通鉴纲目》、孔颖达《尚书疏》、韦续《书法》、《历代通鉴辑览》、罗泌《路史》、金履祥《通鉴前编》、《封氏闻见记》、《古微书》、《书断》、《六书统》、虞世南《笔髓论》、刘勰《文心雕龙》、卫恒《书势》、李㻓《孔丛子序》、李阳冰《论篆》、邢昺《论语疏》、李绰《尚书故实》、班固《汉志》、《玉篇》、《唐韵》、《广韵》、《礼部韵略》、《韵会》、《洪武正韵》、章黼《集成》、《康熙字典》、《说文序》、戴侗《六书故》、赵扮谦《六书本义》、宋祁《笔记》、僧宗彦《四声等第图》等。对于初学者来说,十分浩繁。

而《音鉴节要》把《第一问字声总论》最后一段摘引下来:"上古论字而未言声,迨魏曹植制四十二契。始有三千余声之说。其后,僧宗彦作《四声等第图》,而有六千声之广,所以倍于四十二契者,盖同音之字,区别未尽耳!

至近时之音,以珍所收同母之音论之,共三千六百三十声。九州之音,似亦备矣。第有音无字,及入声同音者众,若逐字定音,讵能三千?"

《音鉴节要》对《李氏音鉴》"三十三问"内容"节要"方式,不限于《第一问字声总论》这一种以后段结论为主而"节要",比如《音鉴节要》《五声总论》就分别取之于《李氏音鉴》第三问《五声总论》的前半部分和后半部分内容,并加以改编而成。就其"节要"顺序来看,也不是机械照搬,比如第六问《字母音异论》、第七问《古今音异论》反而放在了第九问《韵书总论》、第十问《字母总论》之后,顺序调整了。

《音鉴节要》并不是把《李氏音鉴》"三十三问"所有的内容都加以"节要"。对比《音鉴节要》与《李氏音鉴》"三十三问",可以看到,没有"节要"的"问",主要是第二问《音声总论》、第五问《音韵总论》、第八问《平仄音异论》、第十二问《问母韵总论》、第十三问《切分粗细总论》、第十四问《字母粗细论》、第十七问《回环切音论》、第十八问《颠倒切音论》、第十九问《母韵重切论》、第二十问《自切总论》、第二十一问《双翻总论》、第二十三问《切音启蒙论》、第二十四问《初学入门论》、第二十五问《北音入声论》、第二十六问《南北方音论》、第二十七问《古人方音论》、第二十八问《论著述本意》、第二十九问《论空谷传声》、第三十问《击鼓射字总论》、第三十一问《击鼓三次论》、第三十二问《击鼓五次论》、第三十二问《著字母总论》。这些22个"问",涉及到非常复杂的音韵学学术内容,《音鉴节要》作者就不再实施"节要"了,他抓住的是人们最为关心的基本语音内容,这是考虑到普通读者层面的一般需要,与《李氏音鉴》力图建构新的汉语语音学术体系意图肯定是不同的。

(二)《翻切简可篇》对《李氏音鉴》的"简易图示"

由葛竹均出示,撰者不知何人,而又由师筠修订、张燮承"稍正其讹误,删其繁复,公诸同志"的《翻切入门简易篇》,是对《李氏音鉴》卷六"春满尧天"等《字母五声图》的"简易图示"化。陈奂《序》就说:"惟所列春满尧天等图,尚觉繁重,一时未能领会。"也是这样认为的。

《李氏音鉴》中的《字母五声图》(468—492页)列了《行香子》词各个字代表声母:"一春、二满、三尧、四天、五溪、六水、七清、八涟、九嫩、十红、十一飘、十二粉、十三蝶、十四惊、十五眠、十六松、十七峦、十八空、十九翠、二十鸥、二十一鸟、二十二盘、二十三鹦、二十四对、二十五酒、二十六陶、二十七然、二十八便、二十九博、三十个、三十一醉、三十二中"。分为"阴平、阳平、上声、去声、入声"五声相应的拼切"音节"。

对《李氏音鉴》《字母五声图》所编排的音节结构特点,李新魁先生《汉语等韵学》有论述:"李氏的图,就是以三十三个字母为纲,每母列为一图,纵列五种声调,横列二十二韵之字。韵部的次序就是上面所述的二十二韵的排列法。声母为粗音者,所列之韵就是粗音(开口、合口呼字),声母为细音者,所列之韵就是细音(齐齿、撮口呼字)。'红'字母一图,所列的韵类就是杭、痕、烘、呼、蒿、酣等开口和合口呼的字。"(394—395页,中华书局,1983年)

杨亦鸣《〈李氏音鉴〉音系研究》(1992)17页也说:"具体说来,就是整个音节表是以字母为纲,每一个字母列一个图表,三十三字母共列三十三张图。每图之内横列该母的二十二韵之字,纵分阴阳上去入五种声调。这样每图得一百一十个音节,三十三张图共得三千六百三十个音节。其中有字者,于字之下注明反切和射字暗码,无字者以〇表示,并在〇之下亦注明反切和射字暗码。入声只和阳声韵相配,在入声栏的阴声韵位置,则加双圈◎,以示与一般的无字空声〇相区别。这一点,《音鉴》卷六卷首有说明。"

《翻切简可篇》的《翻切入门简易篇》对《字母五声图》进行了改造,力图使《字母五声图》更加"简易"。主要内容:有《韵首图》和《横直图》两部分。为了便于掌握基本原理,还编有《读图口诀》七首。在《翻切入门简易篇》前有一个小序,说明阅读的基本方法:"先读《韵首图》,次读《横直图》,图具读熟,再看后切字样子,便卒业矣。读《横直图》,只须择字多圈少者一二图。读至烂熟,其余则随口读去,自无误,所以易也。"

　　　　　《三十三韵首便读图》(内分开合口正副韵)
　　　　　高该钩歌冈干根庚迦开口呼正韵
　　　　　光官工昆傀乖锅孤瓜合口呼正韵([u])
　　　　　江经交鸠加坚金皆饥结开口呼副韵([i])
　　　　　弓涓君居诀合口呼副韵([y])

按,此图都属于见母字,在小注中称:"无等可分。"实际上,从所列韵母分析来看,大都可以分为开合齐撮四呼,唯一不合规则的是"弓"字列在了"合口呼副韵(撮口呼)"中,却是为何?

后边的三十三图,都是按照这个顺序分图:比如第一条:第一条《高韵横直图》、第一条《该韵横直图》、第一条《钩韵横直图》、第一条《歌韵横直图》、第一条《冈韵横直图》、第一条《干韵横直图》、第一条《根韵横直图》、第一条《庚韵横直图》、第一条《迦韵横直图》。

以此类推,第二条《光韵横直图》、第三条《江韵横直图》、第四条《弓韵横直图》都是如此。

我们再看具体的《横直图》情况,比如《高韵横直图》:

高尻㷫刀韬〇包抛〇糟操臊朝超⑨蒿噢◎噢〇〇〇〇敖〇陶猱〇袍毛〇曹〇〇潮⑨豪敖◎敖牢⑨呆(k)考袄倒讨恼宝〇卯早草扫爪炒⑨好袄◎袄老⑨告靠奥到套闹报庖帽造糙燥照钞⑨耗奥◎奥涝绕⑨客⑨砥托诺拨铍谟作错索酹皂燫鋻⑨䌖⑨落⑨

"别寄借"是什么意思?我认为,还是要回到《李氏音鉴》的《字母五声图》性质来。杨亦鸣说《李氏音鉴》是一本"为故乡童蒙初学者而写成的一部韵学入门书",由此,音系取自于北京音的成分很大,但要"南北兼列",就需要列入一些其他地方的"方音",比如徽州、湖州、杭州、苏州音(39 页)。《翻切入门简易篇》是不是也是出于这个考虑?"别寄借"的,并且"字外加圈,或加圈又加口者",就是其他地方的"方音",而没有"加圈或者加圈又加口者"就是北京音。关于这个问题,我们在后边还要加以讨论。

对比《李氏音鉴》的《字母五声图》,可以看到,《翻切入门简易篇》的《高韵横直图》,以"韵"为主导,而不是像《字母五声图》以"声母"为主导。比如《高韵横直图》"高尻㷫刀韬"字,要在《李氏音鉴》的《字母五声图》三十个(高)、十八空(尻)、二十鸥(只有"奥",去声,没有"噢")、二十四对(刀)、二十六陶(韬)中找到。《高韵横直图》"包抛"字,在《字母五声图》二十九博(只有"褒"没有"包")、二十二盘(抛)中见到。形式安排已经发生了变化。

对于如何读图,《翻切入门简易篇》编写了一些歌诀,解释了读图的基本要领和门径。

1.《读韵首图口诀》(注:凡字外加圈者,标其要也)

高该钩歌乃一句,光官工昆亦四字。其余五字句分明,按图读之休乱次。(注:韵首共四条,其条皆按开合口正副韵分出,故次序不可读乱)

庚经歌字北音呼,与根金锅方有殊。(注:以北音读庚经歌三字,所以备北音也。若南人则不读庚经歌三韵亦可)。昆字要读孤温切,居雍切弓休模糊。

迦冈又切与加别(注:初读此书,韵首尚未能读,安能便知切法?此三字之切,皆用缓急读法而作,学者但将切脚二字,急读三四次,则其音自然流出,无有差误,惟读时不可颠倒,颠倒则成他音,如孤温不可读温孤)傀读若归因圭无。结诀二字声本入,由入调平音自符。(注:若不知由入变平,则结读江爹切,诀读居爹切,亦用前急读法读之。其音自得,此二首口诀,前一首乃指明《韵首图》句法,后一首乃指明《韵首图》字音也)

2.《读横直图口诀》

(1)横图每句皆五字,直图句法非一致。试为初学举一隅,且取高韵细指示。自高至烧句字三,蒿字以下句字二。(注:此首指明《横直图》句法也)

(2)直图廿一字分明,提首呼之一串生。自有天然真节奏(注:《直图》廿一字,其音皆是天籁,自然相生,虽空生无字可识,然韵首一字,苟能读之不谬,则其下二十字,尽管随口读去,亦自无差),其中字样莫胡更(注:填图字样,皆系按照等韵填入,学者不可因今古音讹,南北音异,妄自更改。此首指明直图窍妙也)。

(3)直图串读俱无异,惟有孤饥少不同。孤内租鹿苏叠见,赀赍却并列饥中。(注:此首指明直图中双母重韵也)

3.《读入声口诀》

入声最少难调停,或全或借记须清。高钩冈根歌俱革,(注:高钩冈根歌五韵八声,皆是革字领首)该迦干蛤臧归庚。(注:该迦干三韵入声,皆是蛤字领首;庚韵入声,则是械领首)光昆锅韵俱郭也。(注:光昆锅三韵入声,俱是郭字领首)工傀暨孤骨有声。(注:工傀孤三韵入声,俱是骨字领首)官瓜乖刮加独甲(注:官瓜乖三韵入声,俱是刮字领首。加字入声,俱是甲字领首),交鸠金江角韵生(注:交鸠金江四韵入声,俱是角字领首)。坚皆结劫经饥吉(坚皆结三韵入声,俱是劫字领首。经饥二韵入声,俱是吉字领首),矍韵却向君中行(注:君韵入声,则是矍字领首)。菊入弓居无可议(注:弓居二韵入声,俱是菊字领首),涓诀得诀声乃平(注:涓诀二韵入声,俱是诀字领首。此首指明入声,公同领首字也)。

这些口诀,无疑是理解《翻切入门简易篇》《横直图》音系最为重要的方式之一。

三 《翻切简可篇》音系及与《李氏音鉴》关系

(一)《翻切简可篇》音系声母

《翻切简可篇》作者在《咫商琐言》中先列出《简易篇十九字母图》,加注道:"郡疑等母内音并入见影等母内,今仍将所并郡疑等母。注于见影等母之下,俾知某母并入某母。"即:

见(郡)溪影(疑微喻)端(定)透泥(娘)帮(並)滂明精(从)清心(邪)知(照澄)穿(彻状)审(禅)晓(匣)非(敷奉)来日(注:从,即容切;澄,直梗切;状,窗亮切)。

可以拟为:[k][kʻ][O][t][tʻ][n][p][pʻ][m][ts][tsʻ][s][tʂ][tʂʻ][ʂ][x][f][l][ʐ]

《简易篇母韵明显图》开列了21个字:

见溪影端透泥帮滂明精清心知穿审晓影非影来日

可以拟为:[k][kʻ][o][t][tʻ][n][p][pʻ][m][ts][tsʻ][s][tʂ][tʂʻ][ʂ][x][f][l][ʐ]

在《简易篇母韵明显图》题下注道:"《简易篇直图》,每一行皆二十一字,其第一字总是见母,第二十一字,总是日母。此只图高韵一条,举一以例百也。"

不过,《简易篇母韵明显图》实际上与《简易篇十九字母》的 19 个字母是相同的。每个韵图中虽然有 21 栏,但是在第十七、第十九栏都是影母,与第三栏的影母完全一致。其结果就是只有唯一的一个影母就可以了,因此该书只有 19 个声类。

见溪影端透泥帮滂明精清心知穿审晓影非影来日
[k][kʻ][o][t][tʻ][n][p][pʻ][m][ts][tsʻ][s][tʂ][tʂʻ][ʂ][x][f][l][ʐ]

耿振生(1992:199)认为它的 19 声母,与《等韵图经》相等。但我们认为,它和《音韵逢源》十分相像。《音韵逢源》,满族人裕恩著。裕恩,号容斋。《音韵逢源》卷首有禧恩(1840)序。耿振生(1992:176)认为,基本反映了当时的北京音实际。声类在目录中用"廿一母",永岛荣一郎拟定《音韵逢源》声母如下:

表一:永岛荣一郎拟定《音韵逢源》声母

角	亢	氐	房	心	尾	箕	斗	牛	女	虚	危
一	二	三	四	五	六	七	八	九	十	十一	十二
噶	佉	啊	搭	他	那	巴	葩	妈	咂	擦	萨
[k]	[kʻ]	[ŋ]	[t]	[tʻ]	[n]	[p]	[pʻ]	[m]	[ts]	[tsʻ]	[s]

值得注意的是,[ŋ]母独立,因此该书有 21 个声母。耿振生(1992:176)认为,除了疑母,还有微母也是独立的,兼顾满文,不反映"尖团不分"。李新魁(1993:301)则强调,有相当于疑微两母的声母,而未有舌面音声母。

(二)《翻切简可篇》韵母

永岛荣一郎研究《翻切简可篇》韵类,认为,在《三十三韵首便读图》中,用下面的 33 韵来表示,依此,创制了 33 个韵图。

表二:永岛荣一郎 33 韵图

开口呼正韵	高	该	钩	歌	冈	干	根	庚	迦	
合口呼正韵	光	官	工	昆	傀	乖	锅	孤	瓜	
开口呼副韵	江	经	交	鸠	加	坚	金	皆	饥	结
合口呼副韵	弓			君	居	诀				

根据这个韵图,可以构拟为:

表三：永岛荣一朗 33 韵图构拟

au	ai	ou	o	aŋ	an	ən	en	ia	
uaŋ	uan	uŋ	un	uei	uai	uo	u	ua	
iaŋ	iəŋ	iau	iu	ia	ian	iən	iɛ	iɛi	iyɛ
yuŋ	yan	yn	y	ye					

  永岛荣一郎解释道：照系字中因为收的是[i]韵字，所以[ʅ]韵没有必要。由此，精系和入声设置了[ɿ]和[ə]韵。

  永岛荣一郎说明，《翻切简可篇》韵类与《五方元音》《三教经书文字根本》相比较，大体上类似。但是两者间也有相异之处。把[u][y]韵并入到支摄中，与《三教经书文字根本》相似，位摄[uei]独立也与《三教经书文字根本》相似。由此可以看到它们之间的相似之处，但是也有不同点。相异之处在于韵母的减少，即撮口呼的韵母减半，[ei]韵消失。归根到底在结构上该书与《三教经书文字根本》相同，但是韵母数量减少。该书确实是按照正确的秩序排列的。

  应裕康与永岛荣一郎十二摄音值构拟还有一些明显不同之处：一是没有舌面后低不圆唇元音[ɑ]；二是没有舌面前半低不圆唇元音[æo]；三是在"四果"摄的构拟中多了一个撮口呼[y]；四是"五行"摄合口呼与撮口呼的构拟增加了[ə]，竺家宁也是如此构拟，因而使四呼主要元音取得了一致，比起永岛荣一郎构拟更为整齐；五是"七贤"摄主要元音统一为[a]，避免了永岛荣一郎构拟的非系统性；六是"十一逍"摄主要元音为[a]而不是[ɑ]；七是"十二支"摄开口呼又构拟了舌面后半高不圆唇元音[ɣ]，而不是舌面后半高央元音[o]。竺家宁则是[u]，与永岛荣一郎构拟基本一致。

  看到这个图表可知，该书的韵母减少很多。把该书与《音泩》相比较，没有了[yo]韵和[ər]韵。另外，在该书的饥韵中包含有[ɿ、ʅ]韵。因此，我们可以看到减少了三个韵。

  李新魁(1993:296)《翻切简可篇》列图，以条为纲，条下统韵，每韵一图。依中原音而又兼顾南北方音撰作。

  《翻切简可篇》的《三十三韵首便读图》和《音韵逢源》韵类十分相像。《音韵逢源》(1840)"十二摄"，依据"四部"排列，即按照第一乾部(合口呼)、

第二坎部(开口呼)、第三艮部(齐齿呼)、第四震部(撮口呼)的顺序排列,永岛荣一郎拟定见下:

表四:永岛荣一郎"十二摄"构拟

	子	丑	寅	卯	辰	巳
	一	二	三	四	五	六
乾一(合口呼)	光 [uaŋ]	官 [uan]	公 [uŋ]	昆 [uən]	姑鏖切	乖 [uai]
坎二(开口呼)	冈 [aŋ]	干 [an]	庚 [əŋ]	根 [ən]	高 [au]	该 [ai]
艮三(齐齿呼)	江 [iaŋ]	坚 [iæn]	京 [iəŋ]	金 [iən]	皆 [iau]	鸠 [iou]
震四(撮口呼)	居汪切	涓 [yæn]	扃 [yŋ]	君 [yən]	居鹿切	居挨切
	午	未	申	酉	戌	亥
	七	八	九	十	十一	十二
乾一(合口呼)	姑欧切	规 [uei]	锅 [uo]	姑日切	姑 [u]	瓜 [ua]
坎二(开口呼)	钩 [ou]	歌厄伊切 [ei]	歌 [ə]	歌噎切	歌诗切 [ɿ]	嘎 [a]
艮三(齐齿呼)	鸠 [iou]	基衣伊切	基婴切	皆 [iɛ]	基 [i]	嘉 [ia]
震四(撮口呼)	居欧切	居威切	居哟切 [yo]	居日切 [yɛ]	居 [y]	居窘切

耿振生(1992:176)说,《音韵逢源》韵母系统基本上反映了明末以来200年间北京音的主要变化,背离实际语音的地方很少。李新魁(1993:301)说,耳、二、儿等字在未部开口,而声母是[ŋ],可能实际上是[ər]。而永岛荣一郎强调说,韵类,其结构与以往的韵书相比没有什么变化。唯一应该注意的就是申九的歌韵与以往的[ɛ]韵(又作[iɛ])同时存在,今拟作[ə]。这种现象在《黄钟通韵》中已经见到,通常认为这一行全部作[ə]为好,现在只作为歌韵处理。另外,[ei]韵的独立也应注意,该韵多次出现,其中也包含着耳、二、儿等字。

如此,《翻切简可篇》的韵母系统和《音韵逢源》韵母系统基本吻合,一脉相承。

(三)《翻切简可篇》声调

永岛荣一郎谈《翻切简可篇》声调,分为阴、阳、上、去、入五个声调。入声可以在各韵图中看到。同一字也有在各处重复出现的情况,不过,最适当的地方只有一个字,其他的字均被收在○中,以派入阴声为主,同时也有被派入到阳声韵中的入声。

李新魁(1993:300)说,《音韵逢源》序叙述裕恩《音韵逢源》两个宗旨:一是"五方之音,清浊高下各有不同,当以京师为正",所以不列入声。可见此书反映的是北京音,而北京音入声已经消失。

永岛荣一郎说,《音韵逢源》声调,在目录中分为"四声",即巽部第一上平声、离部第二上声、坤部第三去声、兑部第四下平声。巽部第一上平声是阴平、兑部第四下平声是阳平。如上所述,入声不独立,恰当地置于以上的四声中。观其入声的所属,能够看出与今天的北京话非常类似。对于入声的处理方式,大概应作为该书的第一特色看待。耿振生(1992:177)认为,入声字派入四声,接近于现代北京音而与《等韵图经》差异较大,在《图经》中,凡有异读的古入声字均为去声与非去声的对立,读书音为去声;在《音韵逢源》中,有异读的字多为阳平与非阳平的对立,读书音为阳平,部分为去声。

(四)《翻切简可篇》音系与《李氏音鉴》关系

杨亦鸣《〈李氏音鉴〉音系的性质》(1989)认为,《李氏音鉴》的语音系统是以十八世纪末的北京语音为基础,兼列当时海州语音与北京语音相异的部分,在音系安排上,这一部分只是在北京音系之外重出,并未影响到北京音系的完整性。因此,从《李氏音鉴》中可以获得关于十八世纪末北京话语音系统的一个完整记录。① 这意思很清楚,《音鉴》虽然自称"兼列南北",但其音系并非"南北杂糅"。根据是,《音鉴》音系中的"北音",很显然,就是北京官话语音,这是《音鉴》音系的语音基础。而"兼采"的南音,则是指以当时海州板浦音为代表的下江官话语音。两个音系一主一辅,共存一个一个框

---

① 杨亦鸣《〈李氏音鉴〉音系的性质》,《语言研究》1989 年第 2 期。

架之内,所以,前人没有察觉,多为所惑。徐复先生认为,这个看法很有说服力(1995)。①

从这个意义上讲,《翻切简可篇》音系北京官话语音性质更为清楚,也可以说,在简化《李氏音鉴》音系过程中,剔除了与北京官话不相符合的"南音"成分,而专注于表现北京官话语音音系特征,因此,有直接继承关系并不为过。说《翻切简可篇》与《李氏音鉴》关系密切,大概也就是这个原因吧！但《翻切简可篇》毕竟不是《李氏音鉴》的简单翻版,多位学者在经历了无数次的实用教学检验过程中,有意地比较和分析,最终,才发现北京官话语音更为贴合教学实际,所以,才实施了"简化取舍"的编排措施,这是"趋势、趋时、趋利"的必然结果。

附记

1979 年,当我还是大学本科二年级时,从王复光老师那儿听了一遍音韵学课,但并没有想到去研究它。1987 年 7 月至 1988 年 8 月,我在北京大学中文系师从唐作藩教授学习汉语音韵学,这是我系统学习汉语音韵学的起始。每周一次到唐先生家汇报学习情况,亲耳聆听恩师的教诲,使我对汉语音韵学有了初步的认识。此后近 30 年时间,唐先生不断地指导我的学业,又多次审订我的论文,推荐至《中国语言学报》《语言学论丛》等刊物发表;与杨耐思先生一起介绍我加入中国音韵学研究会,以及在 2000 年为我晋职教授、评聘博导等事项操心,都使我感受到了恩师竭尽全力培养我的良苦用心。我虽不才,但在音韵学研究上出了一些成果,这肯定与唐作藩师精心培养关系至大。饮水思源,感恩不尽！恩师九十寿辰,是我等的幸事、喜事,理当略表拳拳之心,谨以此文表达我的恭贺之意！

2020 年 8 月 20 日

---

① 徐复《〈李氏音鉴音系研究〉述评》,《徐州师范学院学报》,1995 年第 1 期。

《中原音韵》二等字的音变问题

张玉来

一

《中原音韵》(以下简称《中原》)里大部分的唇、舌、齿音字以及合口喉牙音二等字与一等韵字混同,如以下小韵:

东钟去声　　　○哄鬨₂　横₂

江阳平声阴　　○邦梆₂　帮₂

皆来去声　　　○外₂　瞶₂

监咸平声阳　　○南₂　諵喃₂　楠男₂

《中原》还有一些韵里的开口二等喉牙音字与一等韵字对立而与三四等韵字混同,从而产生了-i-介音,如以下小韵:

① 江阳平声阴

　　○腔羫₂　羌₃　○康糠₁

② 庚青去声

　　○敬₃　径俓经₄　镜獍竟競劲₃　更₂　○亘₁

③ 车遮韵有三个二等韵字小韵与三四等字小韵同音,说明个别喉牙二等字开始与三四等混并:

　　入作上　○怯₃　挈箧₄　客₂　○血₄　歇₃　吓　蝎

　　入作去　○业邺₃　额₂

④ 皆来、寒山、监咸三韵只有一二等字,两者对立:

　　皆来(阴)　○皆阶阶喈街偕楷₂　○该垓荄陔₁

　　寒山(阴)　○悭₂　○刊看₁

监咸（阳）　○咸醎誠函衔二　○含涵邯一

《中原》之《正语作词起例》第 21 条有四组辨析皆来韵字的例字：海有骇、凯有楷、孩有鞋、捱有艾。这四组字声母相同，韵尾、主要元音相同，差别只能是有无-i-介音，即鞋、骇、楷、捱的韵母都是 iai。

监咸韵 k^h 声母后有如下三组小韵对立，如表一：

表一：监咸韵 k^h 声母后三组对立小韵

k^h	平声阴	谽溪衔平咸开二		嵌溪咸平开二	
	上声	砍溪感上咸开一		坎溪感上咸开一	
	去声	勘溪勘去咸开一	磡溪勘去咸开一	歁溪阚去咸开一 嵌溪衔平咸开二/从敢上咸开一	阚溪阚去咸开一

这三组小韵俱为 k^h 声母后的对立，其中"嵌"与"谽"两小韵连出。《中州乐府音韵类编》不收，王文璧《中州音韵》把"谽"字放入新增字，所以，这组对立可疑，应该合并。其他两组，《类编》收，但同音。《中原》把这两组分开，好像是有意为之，把"勘"与"嵌"隔离较远，似是要区分 am 与 iam 的不同，但是演变条件有点混乱。"勘"与"歁"好像是一、二等的喉牙音对立，但是"歁"小韵内又有两个一等字，与"勘"小韵又不像是对立的小韵。

我们有必要看看同部位 k、x 声母后的对立情况，如表二：

表二：同部位 k、x 声母后的对立情况

		平声阴	平声阳	上声	去声
k	am	甘柑疳泔见谈平咸开一		感撼敢见敢上咸开一嗿	贛淦绀见勘去咸开一
	iam	监缄见咸平咸开二 械见咸平咸开二		减鹻见豏上咸开二	鉴监见鉴去咸开二
x	am	憨晓谈平咸开一 酣匣谈平咸开一	含涵匣覃平咸开一 邯匣寒平山开一/匣谈平咸开一		憾唅玲匣勘去咸开一 撼顄荅匣感上咸开一
	iam		咸醎誠函匣咸平咸开二 衔匣衔平咸开二 噹	喊晓豏上咸开二 猃匣豏上咸开二	轞槛舰匣槛上咸开二 馅匣豏上咸开二 陷匣陷去咸开二

k、x 声母后的对立是一等与二等的对立，从系统性上考虑，k^h 声母后也应该有对立。因此，"坎"与"砍"、"勘"与"歁"应该是对立的，一等的"坎""歁阚"随着二等类化了，当时共同语中可能有这种语音区别。今把"砍""勘磡"

归 am,"坎""瞰嵌阚""鸽嵌"归 iam。

⑤ 家麻韵开口喉牙音声母只有二等字,没有一、三、四等字,八思巴字用-i-介音对音。《起例》第21条车遮韵下有如下三组辨似:"爷有衙""也有雅""夜有亚"。"爷也夜"是车遮韵字,"衙雅亚"是家麻韵字,"爷也夜"读为 iɛ,"衙雅亚"当读为 ia。

二

《中原》萧豪韵的喉牙音里,唇音、泥、娘母字一等与二等韵字对立,如表三。《中原》之《正语作词起例》第21条萧豪韵下有"包有褒"等三组辨似字。这种一等与二等韵字的对立,是其他韵里没有出现的现象。

表三:《中原》萧豪韵喉牙音唇音、泥、娘母一、二等韵字对立

	平声阴		平声阳		上		去	
	一等	二等	一等	二等	一等	二等	一等	二等
	ɑu	au	ɑu	au	ɑu	au	ɑu	au
p	褒	包	薄		宝	饱	抱	豹
p'		抛	袍		剖			炮
m			毛			卯		貌
f			缚					
n			猱		脑	挠		闹

上面这样的对立说明萧豪韵里一等字与二等字有区别。从元曲押韵来看,它们在一起押韵,这又说明这种对立没有韵基上的区别,一等字与二等字应该是非常接近的元音才能构成押韵关系。所以,维持中古的 a、ɑ 的区别应该是最合适的解释。与此相关的问题是,喉牙音的二等字是否有介音,如果有介音-i-,那么二等字还须构拟一个 iau 韵母,才能满足系统需要。邵荣芬(1991)指出,考虑到肴韵的特殊性,即唇音、舌齿音存在二等独立的现象,那么承认喉牙二等字没有介音也是可以的。要不然,二等的喉牙音字如果构拟有-i-介音,那就会与三四等字冲突,必得给三四等字构拟不同的元音才能符合系统性。但这样又破坏了押韵的要求,三四等与一二等不同元音,

何以押韵？《中原》里古效摄为什么不像咸摄、山摄分出监咸与廉纤、寒山与先天那样的豪肴与宵萧韵呢？因为廉纤与监咸、寒山与先天不能押韵，而豪肴与宵萧确是同韵互押，显然不能给萧豪韵的三四等字构拟不同的元音。

我们来观察一下比《中原》稍早的文献里效摄字的演变情况，这便于我们理解问题。南宋朱熹的叶音基本向当时的时音看齐（赖江基1986），效摄的豪、肴、宵萧三分明显。比周德清稍早或同时代的金元词人的用韵里，有的宵萧豪肴同押，有的宵萧与豪高（含豪肴）分押（鲁国尧1991），如表四：

表四：稍早或同时期金元词人效摄用韵情况

	宵萧、豪高分押而偶叶	宵萧/豪高不分
金元	元好问(1190—1257,太原人)；姚燧(1239—1324,洛阳人)；宋褧(1292—1344,宛平人,今丰台)	蔡松年(1107—1159,真定人,今正定)；李俊明(1176—1159,泽州人,今晋城)；刘秉中(1216—1274,邢州人,今邢台)；卢挚(1235—1314,涿郡人,今涿州)；刘敏中(1234—1314,章丘人)；蒋捷(1274—?,阳羡人,今宜兴)；虞集(1272—1348,崇仁人)

这说明，效摄与山、咸摄的变化一直不同步。金元词韵里寒山与先天、监咸与廉纤畛域分明，元曲也是如此分押的。然而，金元词韵里效摄则在分与不分之间犹豫，以不分为主流，说明《中原》记录的这种现象正是这一语音现实的反映。

效摄与山、咸摄演变不同步的原因，我们认为是效摄的低元音、合口韵尾的特征限制了二等字介音-i-的产生步伐，也限制了三四等字分化为主要元音ε的步伐。

但是，元代的《古今韵会举要》《蒙古字韵》等文献里的唇音和泥母没有一二等分立，"包褒"等字同音，八思巴字的二等喉牙音字也有-i-介音，元曲押韵更看不出这种区别。

实际上，《中原》里也有一二等混并的现象，如

平声阳　○袍₋炮跑鞄匏咆庖₋

　　　　○毛芼旄₋茅蝥猫₋髦₋

　　　　○猱獿₋饶呶峱挠₋

去声　○豹爆₌瀑₌

　　　○抱一报暴₌鲍₌鞄₌

　　　○貌₌冒帽耄眊₌茂₌

另外,个别喉牙音字也有与三四等字混的现象。三四等小韵,尤其入声变来的小韵混入大量二等字。如"学鷽"小韵皆二等觉韵字、"角"小韵有二等字"角觉榷"、三等字"脚";"岳"小韵有二等字"岳乐"、三等字"药约跃钥渝"。这说明萧豪韵二等韵字的独立是周氏审音的结果。一、二等对立的现象是周德清听闻的共同语的某种层次,其分布范围不一定很大,共同语基础方言中并非能够一致地保持这种区分,所以二等韵字的分辨界限有所混淆,但这种分别一定有语音根据,当不是周德清胡编出来的。

有鉴于上述原因,《中原》里萧豪二等字应该有一个独立的主要元音。喉牙音的二等字也不用介音-i-表示,一、二等字用不同的主元音表示,也就没有冲突的问题了。

另外,这一韵里还有入声来的"郭""镬"两个小韵需要讨论。表五是喉牙音声母字的对立情况:

表五:喉、牙音字母对立情况

	平声阴 一等	平声阴 二等	平声阳 一等	平声阳 二等	上 一等	上 二等	去 一等	去 二等
	ɑu	au	ɑu	au	ɑu	au	ɑu	au
k	高	交			杲/阁/郭	狡/角	告	窖
k'		敲			考	巧		
x	蒿	哮	豪/鹤/镬	爻/学	好/㩟		号	孝
ŋ				鳌			傲	
ø	鏖	坳			袄/	㚄	奥/嶴	拗/岳

这两个小韵都是铎韵一等合口字,从整韵有一、二等的区别看,这两个小韵断乎不能放入二等,那么"镬"与"鹤"、"郭"与"阁"就构成了对立。邵荣芬(1991)说,如果不承认这两个小韵独立,恐难以做出合理的解释,主张应该另拟一个合口的 uau 来解决。

这个 uau 韵母实在过于孤单,也与现代大多数官话方言的韵母结构不合。杨耐思(1981)把"郭"小韵放入 k^h 声母下,与"考"小韵相配。这样的放法也有道理,与"郭"同小韵的"廓"字正是溪母,读 k^h 也不算错,"郭"可能读成了 k^h。剩下的那个"镬"字也许声调有问题,不一定读阳平,现在普通话就读去声。周德清不过是按规律放置到阳平罢了。所以把"镬"移入去声,与"号"小韵相配也不算没有根据。但是,这样的解释有打乱《中原》格局的嫌疑,不一定是最好的解释。我们认为这是一等铎韵的-k 韵尾消失后,喉牙音字因开合的不同,而发生了不同的演变,一等的合口跟一等豪韵的 au 类韵母趋同,开口跟二等肴韵的韵母 au 趋同。所以,可以把"郭合镬合"归 au,把"鹤开阁开"归 au,不必移动它们所在的声母位置。

综上,萧豪韵里的二等字应是独立的一个韵母,喉牙音声母也没有产生-i-介音。

我们可以对《中原》二等韵字的音变做个概括,如表六:

表六:《中原》二等韵字音变概括

唇、舌、齿母字二等、喉牙音二等合口与一等字混并	喉牙音声母开口二等字独立,有-i-介音	喉牙音开口二等字与三四等字合并,有-i-介音	二等字各声母独立
东钟、江阳、皆来、寒山、家麻、监咸、庚青、车遮	皆来、寒山、家麻、监咸	江阳、庚青、车遮	萧豪

参考文献

赖江基(1986)《从〈诗集传〉的叶音看朱熹的韵系》,《音韵学研究》第 2 辑,北京:中华书局。
刘淑学(2000)《中古入声字在河北方言中的读音研究》,石家庄:河北大学出版社。
鲁国尧(1991)论宋词韵及其与金元词韵的比较,《中国语言学报》第 4 期,北京:商务印书馆。
邵荣芬(1991)《中原音韵》音系的几个问题,《中原音韵新论》,北京:北京大学出版社。
唐作藩(1991)《中原音韵》的开合口,《中原音韵新论》,北京:北京大学出版社。
杨耐思(1981)《中原音韵音系》,北京:中国社会科学出版社。

唐诗中字音的借读[*]

刘子瑜

一　引　言

我们已用七个专题讨论了唐诗中一字有平仄两读而义别、义同或义别与义同兼具的问题[①]。所谓一字平仄义别，是指一字通常具有两类相关的义项（即本义和引申义或假借义，名词义和动词义、形容词义等），而在音读上分为相关（声韵相同而声调不同）的平与上、平与去、平与入、平与上去等的分别，在诗体声律中则显示为平与仄的不同。各字两类义项的音读都是固定的，彼此并不相混，这就是本读。唐人在诗中自然是按照各字音义相一致的原则来使用的。在律体中则体现为准确无误地使用某字一义，同时又按照该义的本读来切合律句的平仄要求，以便吟诵叶律。可是我们发现也有例外：有时该字此义的本读恰巧与该字在律句中所处位置的平仄不合，因而违律。诗人于是别出心裁，用巧妙的办法来解决疑难：一方面在句中仍用该

---

[*] 本文为北京市 2013 年度哲学社会科学规划项目"唐诗的平仄音读与字义异同关系研究"（项目号 13WYB005）的阶段性成果。

[①] 除本篇外，另七个专题作者已经撰文讨论并发表，分别为：唐诗一字平仄两读而意义异同问题之一——一字平去两读而义别问题论析（《中国韵文学刊》2013 年第 4 期）；唐诗一字平仄两读而义有异同问题之二——一字平去两读而义同问题论析（《长江学术》2014 年第 2 期）；唐诗一字平仄两读而义有异同问题之三——一字平去两读而义别兼具问题论析（《语言学论丛》第 52 辑，北京：商务印书馆 2015 年版，P207—246）；唐诗一字平仄两读而义有异同问题之四——一字平上或平入两读而义别问题研究（《文献语言学》第 1 辑，北京：中华书局 2015 年，P102—119）；唐诗一字平仄两读而义有异同问题之五——一字平上两读而义同以及义别义同兼备问题研究（《长江学术》2016 年第 2 期）；唐诗一字平仄两读而义有异同问题之六——一字平上去三读义别和三读义同问题研究（《汉语史研究集刊》第 23 辑，成都：四川大学出版社 2017 年，P36—48）；唐诗一字平仄两读而义有异同问题之七——一字平上去三读而义同义别相兼问题研究（《长江学术》2017 年第 2 期）。

字原义,以求准确生动地表达诗意;另一方面在吟诵时弃用原义的本读,避免了违律,而临时采用该字另一类义项的音读(平仄与原义本读相反),以便吟诵合律。我们把一字某义在句中临时采用从他义借来以求表音合律的这个音读,称为借读。借读的基本前提是:该字必须具有平仄(上声或去声)两读而义别的音义关系,才能在律句中取用该字的 A 义,而借用该字 B 义的音读来符合平仄的要求。借读方法肇自律体完全成熟和大量运用的盛唐时期,大诗人王维、孟浩然、李白、杜甫等都不约而同地相继在诗中运用了这一方法,而且中唐、晚唐诗人也一直沿用,成为唐诗中用字采音方面的特有现象,值得诗律研究者重视。

　　前人对这一特有现象已有察觉。清代诗学家仇兆鳌在注释杜甫五律诗时,把"细草偏称坐,香醪懒再沽"一联的"称"字注为:"义从去声,读用平声。"①意思是:"称"字有平去两读,平声义有"衡量物体轻重"等,去声义有"适合、符合、相当"等,此句中用去声义,但在此处要弃用去声读,而取用另一义项的平声读,以求合律。仇氏还用"义从平声,读用去声"的表述来解释此类字另一方面的借读。即在句中用该字平声义,因违律要弃用其本读平声,而取用他义的去声。如杜甫五律诗中"莫道新知要,南征且未回"的"要"字在此处表示平声义邀请,而用他义的去声读。② 仇氏的解释是允当可取的。不过仇氏也有误判。如"重"字义为重新、再,副词,有平去两读,平声为常读。仇氏只取平声读。杜甫五律诗《奉济驿重送严公四韵》:"几时杯重把,昨夜月同行。"仇氏把"重"字注为:"义从平声,读从去声。"仇氏对杜诗"重"字这类音读的误注共有五处,③我们不可不加以辨别。另一位诗学家沈德潜对王维五排诗"玉乘迎大客,金节送诸侯"一联作注时,指出:"〔乘〕叶平声。"④意思是:"乘"字一义为车辆,读去声;另一义为乘坐,读平声。此处"乘"字用车辆义,而改用平声读,以便叶律。现代诗注家也沿用前人这类意思作注。如李白五律诗《赠孟浩然》:"醉月频中圣,迷花不事君。"金性尧注

---

① 见《杜诗详注》,〔唐〕杜甫著,〔清〕仇兆鳌注,中华书局1979年版第243页。
② 见《杜诗详注》第1972页。
③ 见《杜诗详注》第864页。
④ 参看《唐诗别裁》卷十七,〔清〕沈德潜编,英巍整理,北京:中国致公出版社2011年版。

曰:"中圣,中酒的隐语,中本读去声,这里因是近体诗,仍读平声。"[1]王启新、毛治中在《唐诗三百首评注》中对此句的注释大意同此。[2]

不过前人和今人只是对唐诗中少数常见字这类特殊音读予以随文作注,见解散落各处,观点也不尽一致,并未进行全面的考察,更未进行理论上的概括和系统的阐述。我们现在对唐诗中诸字某些义项临时取音的情况做了搜寻,并概括为唐诗字义在字音上的借读。现按诸字平上义别中的借读和平去义别中的借读两大类以及尚存的个别字音读的疑难来进行论析,计有"茸、唯、蒋、长、夭、正、兴、要、调、缝、趣、并、教、相、中、占、争、乘、溅、称、烧、判"等22字和"枇、予"2字。

二 唐诗中字音的借读

(一) 一字平上两读而义别中的借读

一字平上两读(包括平上去三读)而义别类型中的借读分为两小类:一小类是该字的平声义项用于律诗中,因所在律句中的位置要求仄声,需弃用本读平声,而借用另一类义项的本读上声来以上归仄,以求合律。另一小类是该字的上声义项用在律句中,因律句的位置要求平声,需弃用本读上声,而借用他义的平声读来叶律。这两小类借读共有5字,下面分类讨论。

第一,一字平上两读而义别,或一字平上去三读而义别,其中平声义在律句中有时不用本读,而借用另一义的上声读,以便叶律。有"茸、唯、蒋、长"4字。

1. 茸

A.《广韵》而容切,平声锺韵日母(简称平锺日,后面用简称),今读 róng。义为:草初生柔细的样子。又指草初生的细芽。又"茸茸",柔细浓密的样子。B.《集韵》乳勇切,上肿日,今读 rǒng。词语"茸阘""阘茸",意为微

---

[1] 参看金性尧注《唐诗三百首新注》,上海:上海古籍出版社1993年版。
[2] 参看王启新、毛治中《唐诗三百首评注》,武汉:湖北人民出版社1984年版。

贱,愚钝。"茸"字平、上义别,唐诗中偶有平声义借用上声读。下举 4 例:

（1）垂杨拂岸草茸茸,绣户帘前花影重。(韩翃/陈羽/朱湾《宴杨驸马山池》,七律)
（2）吐节茸犹嫩,通条泽稍均。(刘遵古《御沟新柳》,五排)
（3）阘茸复埃尘,难亲复易亲。(贯休《赠李祐道人》,五律)
（4）莽茸何年植,间关几日吟。(周渭《赋得花发上林》,五排)

例(1)"茸茸"形容春草柔细浓密的样子,用在"平平仄仄仄平平"律式中,读平声。例(2)"茸"字指柳芽,用在"仄仄平平仄"律式的第三字,平声。例(3)"阘茸"意指身份微贱,"茸"字用在"仄仄仄平平"律式中,用本读上声,按律式归仄。例(4)"莽茸"是叠韵联绵词,表示茂密的样子。"茸"字本应读平声,此处因律式"仄仄平平仄"第二字要求仄声,"茸"字要借读上声,才能以上归仄。

2. 唯

A.《广韵》以水切,上旨以(喻四),今读 wěi。B.《广韵》以追切,平脂喻四,今读 wéi。"唯"字义为:表示答应的词,上声。又独、只,副词,通"惟",平声。唐诗中"唯"字平声义偶有借用上声读。下举 3 例:

（5）唯余剑锋在,耿耿气成虹。(卢照邻《西使兼送孟学士南游》,五排)
（6）谔谔能昌唯唯亡,亦由匡正得贤良。(周昙《(赵简子)再吟》,七绝)
（7）山林唯幽静,行住不妨禅。(李嘉祐《送弘志上人归湖州》,五律)

例(5)"唯"字义为只,用在"平平仄平仄"律式的第一字,平声。例(6)"唯唯"意思是唯唯诺诺,形容一味答应顺从,"唯"字用在"仄仄平平仄仄平"律式的五、六两字,以上声归仄。前二例"唯"字各用本读合律。例(7)"唯"字与例(5)同义,本应读平声,但是用在"平平仄平仄"律式的第三字,需借读上声以归仄。

3. 蒋

A.《广韵》即良切,平阳精,旧读 jiāng。B.《广韵》即两切,上养精,今读 jiǎng。"蒋"字义为:植物名,即菰,俗名茭白,平声。周代诸侯国名,又表示姓氏,上声。唐诗中平声义有时借用上声读。下举 3 例:

(8) 应怜蒋生径,秋露满蓬蒿。(钱起《秋夜寄袁中丞王员外》,五律)
(9) 自经梅雨长垂耳,乍食菰蒋欲折腰。(元稹《哀病骢呈致用》,七排)
(10) 背飞鹤子遗琼蕊,相趁凫雏入蒋牙。(杜甫《夔州歌十绝句》之五,七绝)

例(8)"蒋"字表示姓。"蒋生"指东汉的蒋诩,任兖州刺史,有廉名,后称病免官,隐居乡里,于舍前竹下辟三径,与故人游。后以"蒋生径"称隐者所居之处。"蒋"字用在"平平仄平仄"律式第三字,以上声归仄。例(9)"菰蒋"的"蒋"用在"仄仄平平仄仄平"律式的第四字,读平声。前二例"蒋"字各用本读合律。例(10)"蒋牙"即菰芽("牙"通"芽"),"蒋"字本读平声,用在"仄仄平平仄仄平"律式的第六字,需借读上声。

4. 长

A.《广韵》直良切,平阳澄,今读 cháng。义为:两端距离大,与"短"相对,形容词;长久,形容词。B.《广韵》知丈切,上养知,今读 zhǎng。义为:年纪较大,与"幼"相对,形容词;首领,名词;生长,成长,动词。C.《广韵》直亮切,去漾澄,今读 zhàng。义为:多余。"长"字三读义别,其中平声义偶尔借用上声读。下举 4 例:

(11) 何人种丹桂,不长出轮枝。(李峤《中秋月二首》之一,五绝)
(12) 眼前无长物,窗下有清风。(白居易《销暑》,五律)
(13) 撩乱边愁听不尽,高高秋月照长城。(王昌龄《从军行七首》之二,七绝)
(14) 上将得良策,恩威作长城。(姚合《送邢郎中赴太原》,五律)

例(11)"长"字义为生长,用在"仄仄仄平平"律式的第二字,是以上声归仄。例(12)"长"字义为多余,用在"平平平仄仄"律式的第四字,是以去声归仄。例(13)"长城"的"长"义为距离大,用在"平平仄仄仄平平"律式的第六字,读平声。前三例各用本读合律。例(14)"长"字依义也应读平声,但是用在"平平仄仄平"律式的第四字,只能借读上声(以上声归仄)。

第二,一字平上两读而义别,其中上声义偶尔借读另一类义项的平声。有"夭"字。

夭

A.《广韵》於乔切,平宵影,今读 yāo。义为:草木茂盛,美艳,形容词。夭夭:美盛貌,和舒貌,叠音词。B.《广韵》於兆切,上小影,旧读 yǎo,今读 yāo。义为:夭折,短命早死,动词。夭矫:屈申貌,叠韵联绵词。下举4例:

(15) 桃夭李艳清明近,惆怅当年意尽违。(罗邺《东归》,七律)

(16) 船头龙夭矫,桥脚兽睢盱。(白居易《和微之春日投简……五十韵》,五排)

(17) 孔穷缘底事,颜夭有何辜。(白居易《东南行一百韵寄通州元九侍御》,五排)

(18) 药销美禄应夭折,医过芳辰定鬼憎。(皮日休《卧病感春寄鲁望》,七律)

例(15)"夭"字义为美艳,用在"平平仄仄平平仄"律式第二字,平声。例(16)"夭矫"的"夭"字用在"平平平仄仄"律式第四字,以上声归仄。例(17)"夭"字义为短命早死,用在"仄仄仄平平"律式第二字,以上声归仄。前三例各用本读合律。例(18)"夭"字与例(17)同义,也应读上声,但是用在"平仄仄平平仄"律式第六字,需借读平声。值得注意的是,"夭矫""夭折"的"夭"字在唐代本读上声,今已改读平声,我们切不可把唐诗中此义的借读平声看作唐代的本读。

(二) 一字平去两读而义别或一字平去两读而义同兼义别中的借读

一字平去两读而义别,或一字平去两读而义同兼义别类型中的借读分为三小类,共有 17 字。下面分类讨论。

第一,一字平去两读而义别或义同兼义别,其中该字的单读平声义偶尔用于律体中仄声位置,因不合律,需弃用本读平声,而借用其另一类义项的去声读来归仄,以求叶律。计有 9 字,即:正、兴、要、调、缝、趣、并、教、相。

1. 正

A.《广韵》之盛切,去劲章(照三),今读 zhèng。义为:端正、公正,形容词;使正,即纠正,动词。B.《广韵》诸盈切,平清照三,今读 zhēng。义为:通常指农历(夏历)每年第一个月(其中"殷正"相当于夏历十二月,秦正相当于夏历十月),名词。下举 4 例:

(19) 潮平两岸阔,风正一帆悬。(王湾《次北固山下》,五律)

(20) 有客过茅宇,呼儿正葛巾。(杜甫《宾至》,五律)

(21) 处处逢正月,迢迢滞远方。(杜甫《元日示宗武》,五排)

(22) 岁时当正月,甲子入初寒。(高适《同群公十月宴李太守宅》,五律)

例(19)"正"字意义是(风向)端正,例(20)"正"字义为使正,即调理端正,分别用在"仄仄仄平平"律式第二字、"平平仄仄平"律式第三字,都以去声归仄。例(21)"正月"的"正"字在律式"仄仄平平仄"中读平声。前三例"正"字都是用本读合律。例(22)"正月"是指秦正,即夏历十月;"正"字本读也是平声,用在律式"平平平仄仄"第四字,需借去声读来归仄。

2. 兴

A.《广韵》虚陵切,平蒸晓,今读 xīng。义为:起、起来,产生、发动、创立,兴旺、昌盛,动词。B.《广韵》许应切,去证晓,今读 xìng。义为:兴趣、兴

致,名词。下举 5 例:

(23) 昏旦倦兴寝,端忧力尚微。(武元衡《西亭题壁寄中书李相公》,五律)
(24) 剡色依然好,兴衰未可量。(殷尧藩《陆丞相故宅》,五律)
(25) 镜湖流水漾清波,狂客归舟逸兴多。(李白《送贺宾客归越》,七绝)
(26) 吴兴耆旧尽,空见白蘋洲。(张籍《雩溪西亭晚望》,五律)
(27) 师逢吴兴守,相拌住禅扃。(刘禹锡《赠别约师》,五律)

前二例"兴"字义为起来、兴盛,用在"仄仄仄平仄"和"平平仄仄平"律式的第四和第一字,都读平声。例(25)"兴"字义为兴趣,用在"仄仄平平仄仄平"律式第六字,以去声归仄。后二例"吴兴"为唐代郡名("兴"字意义应是兴盛),例(26)用在"平平平仄仄"律式中,读平声,属本读;例(27)用在"平平平仄仄"律式中,属仄声,是借读去声(以去归仄)。

3. 要

A.《广韵》於霄切,平宵影,今读 yāo。义为:人的腰,名词,此义后作"腰";引申为半路拦截、邀约、邀请,求取,要挟,动词。B.《广韵》於笑切,去笑影,今读 yào。义为:要领、关键,名词;重要、显要,形容词;需要、想要,动词。下举 4 例:

(28) 念我要多疾,开炉药许分。(刘得仁《题吴先生山居》,五律)
(29) 田父要皆去,邻家问不违。(杜甫《寒食》,五律)
(30) 凿处若教当要路,为君常济往来人。(郭震《野井》,七绝)
(31) 莫道新知要,南征且未回。(杜甫《发白马潭》,五律)

例(28)、例(29)"要"字义为腰、邀约,都用在"仄仄平平仄"律式的第三字,读平声。例(30)"要路"意思是重要的道路,"要"字用在"仄仄平平平仄仄"律式的第六字,以去声归仄。前三例"要"字都凭本读合律。例(31)"要"

字与例(29)同义,本读为平声。仇兆鳌注为:"义从平声,读用去声。"[①] 即"要"字按此句律式仄声的需要,只能借用去声以归仄。

4. 调

A.《广韵》徒聊切,平萧定,今读 tiáo。义为:调和、协调、调试、演奏,调教、训练(野兽),调戏、嘲弄,动词。B.《广韵》徒吊切,去啸定,今读 diào。义为:调动、调迁、征调,动词;乐律、腔调、才情、才调,名词。下举4例:

(32) 穆生时泛醴,邹子或调琴。(李峤《刘侍读见和山邸十篇……》,五排)

(33) 打嫌调笑易,饮讶卷波迟。(白居易《代书诗一百韵寄微之》,五排)

(34) 忽闻歌古调,归思欲沾巾。(杜审言《和晋陵陆丞早春游望》,五律)

(35) 戏调初微拒,柔情已暗通。(元稹《会真诗三十韵》,五排)

例(32)"调"字意思是调试、演奏,用在"仄仄仄平平"律式的第四字,读平声。例(33)"调笑"原意是戏谑取笑,此指唐曲名;"调"字用在"平平平仄仄"律式的第三字,也读平声。例(34)"调"字义为曲调,用在"平平平仄仄"律式的第五字,以去声归仄。前三例"调"字都凭本读合律。例(35)"戏调"即调戏挑逗,"调"字与例(33)义同,本应读平声,但是为"仄仄平平仄"律式第二字仄声所限定,需借读去声以归仄。

5. 缝

A.《广韵》符容切,平锺奉,今读 féng。B.《广韵》扶用切,去用奉,今读 fèng。"缝"字义为:用针线缝合,弥合、补合,动词,平声;缝合之处,空隙,名词,去声。下举3例:

(36) 妆成卷帘坐,愁思懒缝衣。(孟浩然《赋得盈盈楼上女》,五律)

(37) 桂阴生野菌,石缝结寒澌。(郑巢《题崔行先石室别墅》,五律)

---

① 见《杜诗详注》第1972页。

(38)闺夕绮窗闭,佳人罢缝衣。(孟浩然《寒夜》,五律)

例(36)"缝"字意思是用针线缝合,用在"仄仄仄平平"律式的第四字,读平声。例(37)"缝"字义为缝隙,用在律式的第二字,以去声归仄。前二例"缝"字凭本读合律。例(38)"缝"字与例(36)同义,用在"平平仄仄平"律式第四字,需要借读去声来归仄。

6. 趣

A.《广韵》遇韵"趣"字下又注有七俱切,应为虞韵字,但是虞韵中漏收。《集韵》注为逡须切,平虞清,今读 qū。义为:快步走、疾行,奔赴、奔向、追求,动词。此义与"趋"(趍)相通。B.《广韵》七句切,去遇清,今读 qù。义为:意向,乐趣,情趣,名词。下举 5 例:

(39)岂曰趣名者,年年待命通。(刘得仁《晚步曲江因谒慈恩寺恭上人》,五律)

(40)从道趣时身计拙,如非所好肯开襟。(李咸用《寄所知》,七律)

(41)独钓春江上,春江引趣长。(戴叔伦《春江独钓》,五律)

(42)万法元无著,一心唯趣禅。(颜真卿《使过瑶台寺有怀圆寂上人》,准五律)

(43)风雅先生去一麾,过庭才子趣归期。(陆龟蒙《送羊振文先辈往桂阳归觐》,七律)

例(39)"趣"字义为奔向、追求,例(40)"趣时"意思是追赶当前时势,以便符合时势要求;两例"趣"字在律式中都读平声。例(41)"趣"字义为情趣、趣味,在律式中以去声归仄。前三例"趣"字都凭本读合律。例(42)"趣禅"意思是参禅向佛,"趣"字意义与例(39)相同,例(43)"趣"字意义也是趋向、奔往,这两例的"趣"字用在律式中都是以去声归仄,属平声义的借读。

7. 并

A.《广韵》府盈切,《集韵》卑盈切,平清帮,今读 bīng。B.《广韵》卑政切,去劲帮,今读 bìng。义为:合并、兼并、同时具有,动词;一并、共同,副词。诸义有平去两读(平声为常读)。又并州,三国至初唐所设置,地域以今山西太原市为中心,唐诗中多指太原;此"并"字只读平声,"并"字具有平去义同兼平声一读义别的音义关系,其中单读平声义偶尔借读去声来叶律。下举 4 例:

(44) 式宴歌锺合,陈筵绮绣并。(李绅《到宣武三十韵》,五排)
(45) 宿荫高声忏,斋粮并力春。(元稹《度门寺》,五排)
(46) 少年流落在并州,裘脱文君取次游。(薛能《并州》,七律)
(47) 如今并州北,不见有胡兵。(姚合《送邢郎中赴太原》,五律)

前二例"并"字义为合,用在"平平仄仄平"律式的第五和第三字,一平一去(以去归仄),显示平去义同。后二例"并州"的"并"字用在"平平仄仄仄平平"和"平平仄平仄"律式的第六和第三字,一平一仄。此仄声实为去声,属于平声义的借读。

8. 教

A.《广韵》古肴切,《集韵》居肴切,平肴见,今读 jiāo。B.《广韵》古孝切,《集韵》居效切,去效见,今读 jiào。义为:传授知识或技能,动词,有平去两读;令、使、让,动词,平声;教育、教导、告诉,动词;文告、宗教,名词;此动、名义都读去声。"教"字具有平去义同和平去义别的音义关系。其中"令、使、让"义只有平声一读,在唐诗中偶尔借读去声。下举 5 例:

(48) 歌舞教成心力尽,一朝身去不相随。(白居易《感故张仆射诸妓》,七绝)
(49) 伴教霓裳有贵妃,从初直到曲成时。(王建《霓裳词十首》之五,七绝)
(50) 迹为无心隐,名因立教传。(王维《投道一师兰若宿》,五排)
(51) 忽见陌头杨柳色,悔教夫婿觅封侯。(王昌龄《闺怨》,七绝)
(52) 草浓延蝶舞,花密教莺啼。(罗隐《早登新安县楼》,五律)

前二例"教"字义为传授,用在"仄仄平平平仄仄"和"仄仄平平仄仄平"律式的第三和第二字,一平一去(以去声归仄),显示平去义同。例(50)"教"字义为宗教,此指佛教,用在"平平仄仄平"律式的第四字,以去声归仄。例(51)"教"字意思是使、让,用在"平平仄仄仄平平"律式的第二字,平声,与例(50)显示平去义别。例(52)"教"字与例(51)同义,用在"仄仄仄平平"律式的第三字,以去声归仄,属平声义的借读。

9. 相

A.《广韵》息亮切,去漾心,今读 xiàng。B.《广韵》息良切,平阳心,旧读 xiāng。义为:仔细看、审察,动词,有平去两读(去声为常读)。辅助、帮助,动词;相貌,宰相,主持典礼的人,名词,去声。互相,或单指动作受事者,副词,平声。"相"字具有平去义同兼平去义别的音义关系,其中单读平声的义项偶尔借用去声读。下举 5 例:

(53) 地偏多育蛊,风恶好相鲸。(宋之问《入泷州江》,五排)

(54) 相马知何限,登龙反自疑。(高适《奉酬睢阳路太守见赠之作》,五排)

(55) 得相能开国,生儿不象贤。(刘禹锡《蜀先主庙》,五律)

(56) 多病却疑天与便,自愚潜喜众相欺。(李咸用《和友人喜相遇十首》之四,七律)

(57) 恰似春风相欺得,夜来吹折数枝花。(杜甫《绝句漫兴九首》之二,七绝)

前二例"相"字义为仔细看,用在"仄仄仄平平"和"仄仄平平仄"律式的第四和第一字,一平一去(以去声归仄)。例(55)"相"字义为宰相,去声。例(56)、例(57)"相"字是副词,表示单指动作的受事者(我),用在"平平仄仄仄平平""仄仄平平仄平仄"律式的第六和第五字,一平一去(以去归仄);平声属本读,去声属平声义的借读,《全唐诗》注此为入声,失据。[①]

---

① 参看《全唐诗》卷 227,北京:中华书局 1960 年版。

第二,一字平去义别,或一字平去义同兼去声一读义别,其中单读去声的义项偶尔用在律式中的平声位置,因平仄不合,需弃用本读去声,而借用他义的平声来叶律。计有"中、占、争、乘、溅、称、烧"等7字。

1. 中

A.《广韵》陟弓切,平东知,今读 zhōng。B.《广韵》陟仲切,去送知,今读 zhòng。义为:里面、中间、中央、半,方位名词,平声;射中目标,符合,适应,遭受,动词,去声。其中去声义"遭受"偶尔借用他义的平声来叶律。下举6例:

(58) 魏武中流处,轩皇问道回。(张九龄《奉和圣制早渡蒲津关》,五排)

(59) 巫峡中宵动,沧江十月雷。(杜甫《雷》,五律)

(60) 自知群从为儒少,岂料词场中第频。(白居易《喜敏中及第偶示所怀》,七律)

(61) 北阙上书冲雪早,西陵中酒趁潮迟。(方干《送王霖赴举》,七律)

(62) 林花落处频中酒,海燕飞时独倚楼。(戴叔伦《寄司空曙》,七律)

(63) 醉月频中圣,迷花不事君。(李白《赠孟浩然》,五律)

例(58)"中流"意为水流的中央,例(59)"中宵"意为半夜,两例"中"字用在"仄仄平平仄"律式的第三字,读平声。例(60)"中第"意为符合科举考式标准,"中"字用在"仄仄平平仄仄平"律式的第五字,以去声归仄。例(61)"中酒"意为遭受酒毒而醉,"中"字用在"平平仄仄仄平平"律式的第三字,以去声归仄。"中"字以上用法显示平去义别。例(62)"中酒"的"中"字与例(61)同义,本读去声,但用在"平平仄仄平平仄"律式第六字,需读平声,属借读。例(63)"中圣"意思同"中酒","中"字本读去声,用在"仄仄平平仄"律式的第四字,也需借读平声。

2. 占

A.《广韵》职廉切,平盐章(照三),今读 zhān。义为:用龟甲或蓍草占卜、预测、估计,动词。B.《广韵》章艳切,去艳照三,今读 zhàn。义为:口授,又据有、占有，动词，后作"佔"。"占"字去声义"据有、占有"偶尔借用平声读。下举4例：

(64) 愁占蓍草终难决，病对椒花倍自怜。（刘长卿《岁日见新历因寄都官裴郎中》，七律）

(65) 田家占气候，共说此年丰。（孟浩然《田家元日》，五律）

(66) 风光先占得，桃李莫相轻。（张谓《官舍早梅》，五律）

(67) 不论平地与山尖，无限风光尽被占。（罗隐《蜂》，七绝）

例(64)"占"字义为占卜，用在"平平仄仄平平仄"律式的第二字，读平声。例(65)"占"字义为预测，用在"平平平仄仄"律式的第三字，也读平声。例(66)"占"字义为占据、占有，用在"平平平仄仄"律式的第四字，以本读去声归仄。以上三例显示"占"字平去义别。例(67)"占"字与例(66)义同，用在"仄仄平平仄仄平"律式第七字，需借读平声。

3. 争

A.《广韵》侧茎切，平耕照二，今读 zhēng。义为：争夺、争斗，竞争、争抢，辩论，动词；怎么，表反问的代词。B.《集韵》侧迸切，去诤照二，今读 zhèng。义为：规谏、谏诤，动词，后作"诤"。"争"字去声义偶尔借用平声读。下举4例：

(68) 废邑狐狸语，空村虎豹争。（杜甫《奉送郭中丞……充陇右节度使三十韵》，五排）

(69) 野渡花争发，春塘水乱流。（李嘉祐《送王牧往吉州谒王使君叔》，五律）

(70) 诚知老去风情少，见此争无一句诗。（白居易《题峡中石上》，七绝）

(71) 廷争酬造化，朴直乞江湖。（杜甫《大历三年春白帝城放船……四十韵》，五排）

前三例"争"字意义依次是争斗、竞争、怎么，用在"平平仄仄平""仄仄平平仄"和"仄仄平平仄仄平"律式中,都读平声。例(71)"廷争"意思是在朝廷上向皇帝极力规谏。"争"字本读去声,用在"平平平仄仄"律式的第二字,需借读平声。仇兆鳌注曰:"义从去声,读用平声。"[①]这是正确的。

4. 乘

A.《广韵》食陵切,平蒸床三,今读 chéng。义为:驾、乘坐、登,凭借,趁,升,动词。B.《广韵》实证切,去证床三,今读 shèng。义为:车辆,又指马,名词;又表示车辆的单位,名量词。"乘"字去声义"车辆"偶尔借读平声。下举6例:

(72) 若教月下乘舟去,何啻风流到剡溪。(李白《东鲁门泛舟二首》之二,七绝)

(73) 惨淡风云会,乘时各有人。(杜甫《谒先主庙》,五排)

(74) 万乘旌旗分一半,八方风雨会中央。(刘禹锡《郡内书情献裴侍中留守》,七律)

(75) 万乘度荒陇,一顾凛生风。(张九龄《奉和圣制过王濬墓》,五排)

(76) 玉乘迎大客,金节送诸侯。(王维《奉和圣制暮春送朝集使归郡应制》,五排)

(77) 盗贼还奔突,乘舆恐未回。(杜甫《巴山》,五律)

前二例"乘"字义为乘坐、趁,在律式中都读平声。后四例"乘"字同义,都表示车辆,名词;词语"万乘""玉乘""乘舆"都指代皇帝,其中例(74)"乘"字用在"仄仄平平平仄仄"律式的第二字,以本读去声归仄。而例(75)、例(76)、例(77)"乘"字用在"仄平仄平仄"拗律第二字和"仄平平仄仄""平平仄仄平"正律的第二、第一字,都读平声,属去声义的借读。

5. 溅

A.《广韵》子贱切,去线精,今读 jiàn。义为:液体迸射,动词。B.《广

[①] 见《杜诗详注》第1870页。

韵》则前切,平先精,今读 jiān。义为:"溅溅",叠音词,水疾流貌,又流水声。"溅"字去声义"迸射"偶尔借读平声。下举 5 例:

(78) 映沙晴漾漾,出涧夜溅溅。(刘长卿《安州道中经浐水有怀》,五律)
(79) 溪草落溅溅,鱼飞入稻田。(法振《陈九溪中草堂》,五律)
(80) 感时花溅泪,恨别鸟惊心。(杜甫《春望》,五律)
(81) 篱渡归来风正急,水溅鞍帕嫩鹅儿。(李馀《寒食》,七绝)
(82) 濯锦桃花水,溅裙杜若洲。(李商隐《拟意》,五排)

例(78)"溅溅"表示流水声,例(79)"溅溅"由形容水疾流貌转为指代疾流的水;两例的"溅溅"在律式中都读平声。例(80)"溅"字义为(泪水)迸射,用在"平平平仄仄"律式的第四字,以本读去声归仄。后二例"溅"字与例(80)同义,用在"平平仄仄仄平平"和"平平仄仄平"律式的第二和第一字,需弃用本读去声,而借用平声读来叶律。

6. 称

A.《广韵》处陵切,平蒸穿三,今读 chēng。义为:衡量物体的轻重,举、推举、称扬、称颂、叫、叫作,动词。B.《广韵》昌孕切,去证穿三,旧读 chèng。义为:衡量物体重量的器具,名词。今又读 chèn,义为:适合、符合、相当,动词。"称"字去声义偶尔借用平声读。下举 5 例:

(83) 魏国君王称象处,晋家蕃邸化龙初。(李乂《享龙池乐第八章》,七律)
(84) 自知顽叟更何能,唯学雕虫谬见称。(杨巨源《酬崔博士》,七律)
(85) 词人求作称,天子许和羹。(刘得仁《上翰林丁学士》,五排)
(86) 缠臂绣绔巾,貂裘窄称身。(司空曙《观猎骑》,五律)
(87) 细草偏称坐,香醪懒再酤。(杜甫《陪李金吾花下饮》,五律)

例(83)"称"字义为衡量物体重量,用在律式中读平声。例(84)"称"字义为称扬,用在律式中也读平声。例(85)"称"字指秤,用在律式中读去声

(以去归仄)。例(86)、例(87)"称"字意思都是符合、适合,在前例"平平仄仄平"律式中用本读去声,在后例"仄仄平平仄"律式中用平声,属于去声义借用平声读。

7. 烧

A.《广韵》式招切,平宵审三,今读 shāo。B.《广韵》失照切,去笑审三,旧读 shào。义为:燃烧、焚烧、烘烤、照耀,又指放火烧野草以肥田,动词;诸义平去两读。转指野火,名词,只读去声。"烧"字具有平去义同兼去声一读义别的音义关系,其中单读去声的义项偶尔借用平声读。下举6例:

(88) 牢落新烧栈,苍茫旧筑坛。(杜甫《王命》,五律)

(89) 渔舟胶冻浦,猎火烧寒原。(王维《酬虞部苏员外过蓝田别业……》,五律)

(90) 贳酒宜城近,烧田梦泽深。(戴叔伦《汉南鱼方评事》,五律)

(91) 蓝坞寒先烧,禾堂晚併春。(许浑《岁暮……题峡山寺四首》之四,五排)

(92) 寒林远路驿,晚烧过荒陂。(张籍《留别江陵王少府》,五律)

(93) 渔滬拥寒溜,畲田落远烧。(戴叔伦《留别道州李使君圻》,五律)

例(88)、例(89)"烧"字义为焚烧,用在"仄仄平平仄"和"仄仄仄平平"律式的第四和第三字,一平一去(以去声归仄)。例(90)、例(91)"烧"字意思是放火烧野草以肥田,用在律式中也是一平一去。例(92)、例(93)"烧"字义指野火,用在"仄仄仄平平"和"平平仄仄平"律式的第二和第五字,一去一平。此平声属去声义的借读。

第三,一字平去义别,唐诗中平声义偶用去声读,去声义又偶用平声读,形成两类义项互借音读的特殊现象,只有一个"判"字。

判

A.《广韵》普半切,去换滂,今读 pàn。义为:剖分,引申为分离,区分,评判、判断,动词。B.《广韵》普官切,平桓滂,旧读 pān。《广韵》《集韵》此音收"拌"字,未收"判"。义为:舍得、豁出去,动词。唐诗中此义多用"判"字,用

"拌"字只有一例。"判"字平去义别,平声义是"拌"的通假。"判"字去声义偶尔借用平声读,平声义又偶尔借用去声读。下举 6 例:

(94) 混沌疑初判,洪荒若始分。(阎朝隐《奉和登骊山应制》,五绝)

(95) 可怜病判案,何似醉吟诗。(白居易《诏授同州刺史病不赴任因咏所怀》,五排)

(96) 岂藉荒庭春草色,先判一饮醉如泥。(杜甫《将赴成都草堂途中有作……五首》,七律)

(97) 穷达都判了,休闲镊白髭。(许棠《写怀》,五律)

(98) 亦知自惜难判割,犹胜横根引出栏。(王建《乞竹》,七绝)

(99) 已判猿催鬓先白,几重滩濑在秋天。(陈陶《上建溪》,七律)

例(94)"判"字义为剖分,用在"仄仄平平仄"律式的第五字,以本读去声归仄。例(95)"判"字义为评判、判决,意指官员批阅公文,处理政务,用在"仄平仄仄仄"律式的第四字,也是以本读去声归仄。例(96)"判"字表示舍得、豁出去,用在"平平仄仄仄平平"律式的第二字,用本读平声。例(97)"判"字与例(96)同义,在律式中也读平声。例(98)"判割"意为分割,用在"平平仄仄平平仄"律式的第六字,需读平声,属去声义的借读。例(99)"判"字义为舍得,用在"仄仄平平仄平仄"律式的第二字,属仄声,需以去声归仄,属平声义的借读。

三 唐诗字音借读问题存疑

上文我们对具有平上或平去两读而义别的 20 个单字在唐诗律体中的借读问题进行了论证,所得的结论应该是可信的。尚有 2 字的借读存在疑问,值得探讨。

1. 枇

A.《广韵》房脂切,《集韵》频脂切,平脂並,今读 pí。注义:枇杷,果木,冬花夏熟。B.《广韵》卑履切,上旨帮,旧读 bǐ。义为:古代祭祀时用的大木匙。C.《广韵》毗至切,去至並,旧读 bì。义为:篦子。据此,"枇"字有平上去三读而义别。唐诗中只用于"枇杷"一词,共有 8 例,其中读平声有 7 例,表示仄声有 1 例。例举如下:

(100) 杨柳枝枝弱,枇杷对对香。(杜甫《田舍》,五律)
(101) 深山老去惜年华,况对东谿野枇杷。(白居易《山枇杷》,七律)

例(100)"枇杷"的"枇"字用在"平平仄仄平"律式的第一字,必读平声。例(101)"枇"字用在"仄仄平平仄仄平"律式的第六字,必用仄声,无疑属于借读。由于唐诗中尚未发现"枇"字上声义或去声义的用例,因此无法断定此处是借用上声读还是去声读,只能存疑,以待新发现。

2. 予

A.《广韵》余吕切,上语以(喻四),今读 yǔ。注义:犹与也(即给与、赐予,动词)。B.《广韵》以诸切,平鱼以(喻四),今读 yú。注义:我也(即第一人称代词)。据此,"予"字平、上两读义别。但是"予"字读音在唐诗中比较特别,需要讨论。下举 4 例:

(102) 逐客寒前夜,元戎予厚衣。(贾岛《谢令狐绹相公赐衣九事》,五律)
(103) 一言予有赠,三峡尔将寻。(孟浩然《岘山送张去非游巴东》,五律)
(104) 十年江海隔,离恨予知予。(包佶《岭下卧疾寄刘长卿员外》,五排)
(105) 南国多佳人,莫若大堤女。……迢迢不可见,日暮空愁予。(张柬之《大堤曲》,五古)

例(102)"予"字义为赐与,用在"平平仄仄平"律式第三字,是以上声归仄。例(103)、例(104)"予"字义为"我",分别做主语和宾语,用在"平平平仄仄"和"仄仄仄平平"律式第三和第四字,都读平声。例(105)"予"字也指"我",做宾语,用在五古诗的句尾做韵脚,同"女、炬、许"三字相押韵,都属上声语韵字。

由此看来,"予"字表示"我",读平声,属本读;而读上声是否属借读,还是另有所本,需做考察分析。

唐诗中表示"我"的"予"字用作主语、定语时,全都读平声,用作宾语如"起予、徯予、跂予、知予、问予"等词语中的"予"字也全都读平声,只有 6 例"愁予"中做宾语的"予"字全以上声在五古诗中押韵。表示"我"义的"予"字并不具有平上两读,唐诗"愁予"的"予"读上声大概缘自前人。《诗经》中"予"字押韵 11 例,其中给予义 5 例(如《干旄》:"彼姝者子,何以予之"),第一人称义 6 例(如《正月》:"载输尔载,将伯助予"),都以鱼部上声字押韵。《楚辞》中"予"字用韵 9 次,都表示第一人称,以鱼部上声字押韵。其中《湘夫人》第一节云:"帝子降兮北渚,目眇眇兮愁予。嫋嫋兮秋风,洞庭波兮木叶下。"韵脚字是鱼部上声字"渚、予、下"。从西晋至隋,人称代词"予"在诗中押韵共有 6 例。其中西晋至梁共有 5 例,"予"字都以上声语韵字押韵;隋朝有 1 例,"予"字以平声鱼韵字押韵(杨广《赐牛弘诗》:"莫言先哲异,奇才并佐予。"韵脚字是"书、予、虚、初、居")。人称代词"予"前期是读上声,隋唐时已转读平声,这说明《广韵》把"予"字的"我"和"给与"二义按平上义别作注,是有依据的,而唐人单把"愁予"的"予"字又按上声来押韵,并非唐时的实际音读,大概是仿用《诗经》《楚辞》的上声读。如果这也算借读,那是借读上古的上声读。推断是否正确,还有待方家指正。

参考文献

何九盈、王宁、董琨主编(2015)《辞源》(第三版),北京:商务印书馆。
罗竹风主编(1992)《汉语大词典》(缩印本),上海:汉语大词典出版社。
王力主编(2000)《王力古汉语词典》,北京:中华书局。
王力(1986)《诗经韵读》《楚辞韵读》(《王力文集》第六卷),济南:山东教育出版社。
徐中舒主编(1992)《汉语大字典》(缩印本),武汉:湖北辞书出版社,成都:四川辞书出版社。

引书目录

﹝唐﹞杜甫著,﹝清﹞仇兆鳌注:《杜诗详注》,北京:中华书局,1979。
﹝宋﹞陈彭年、邱雍等修订:《宋本广韵》,北京:中国书店,1982。
﹝宋﹞丁度等编:《宋刻集韵》,北京:中华书局,1989。
﹝清﹞彭定求等编:《全唐诗》,北京:中华书局,1960。
逯钦立辑校:《先秦汉魏晋南北朝诗》(三册),北京:中华书局,1983。

从中古-k 尾入声字的文白异读窥探标准官话音语音层次的来源和其基础音系

黄灵燕

一 前言

《英汉标准官话口语词典》(*English-Chinese Dictionary of the Standard Chinese Spoken Language*)是何美龄(K. Hemeling)任职于中国海关的专员(Commissioner of Chinese Maritime Customs)时编纂的一部记录二十世纪初通行于中国广大地区的官话词典。这部词典于1905年由上海海关督察总部的统计部门出版。何美龄在词典的英文标题上明确地指出，此词典是根据当时标准官话的口语词汇和语音为原则而编纂的，它的特色与一般在华的西方人士编纂的英汉官话词典不同。一般的汉英官话词典是以供基督教教会的会员或在华的西方人士学习官话为目的而编纂，而这部词典的出版却是供当时在华充当翻译员的西方人士所使用，因此这部词典又称为《翻译员的手册》(*Handbook for Translators*)。

二 词典反映的官话音系

何美龄在这部词典采用威妥玛的系统(the system of Sir Thomas Wade)记录当时通行于中国广大地区的标准官话口语的读音(Standard Chinese Spoken Language)。此词典所记载的标准官话口语音共有21个声母(不包括零声母)，如表一所示：

表一:《英汉标准官话口语词典》的声母

声母发音部位	声母拼写/例字	声母发音部位	声母拼写/例字
唇音	p(不伴别) p'(品旁判) m(面马美) f(放服非)	舌尖前音	ts(最赠造) tz(资自字) ts'(惭凑则) tz'(次慈词) s(洒散随) ss(寺斯似)
舌尖中音	t(顶对的) t'(特他土) n(女泥念) l(郎力略)	舌尖后音	ch(占竹衷) ch'(城池场) sh(时兽输) j(人如让)
舌根音	k(钢过攻) k'(困口开) h(湖好花)	舌面前音	ch(溅江就) ch'(去侵权) hs(西先心)
		零声母	w, ø, y(围傲野)

舌尖前音的两套声母"ts、ts'、s/tz、tz'、ss"是互补的,只能算一套声母。以上所列的官话口语音声母有三个特点,即:(一)精见两组声母在细音前合流为舌面前音声母"ch、ch'、hs";(二)n-和l-声母不混;(三)开口呼韵母字如"傲岸恩";这些声母特点正是北京官话口语音的声母特征。

此部字典记载的官话口语音共有 38 个韵母,阴声韵母有 23 个,而阳声韵有 15 个,如表二所示:

表二:《英汉标准官话口语词典》的韵母

韵　　母	开　口　呼	齐　齿　呼	合　口　呼	撮　口　呼
阴声韵(23)	ŭ 子词四 ih 支使石 a 他发擦 ê 责车得 o 额合多 ai 爱代摘 ei 被没飞 ao 傲报桃 ou 偶头首 êrh/'rh 二而/儿	i 衣立尼 ia 压价加 ieh 叶解别 io 虐谑约 iao 药角小 iu 有臼流	u 无簿书 ua 瓜华寡 uo 卧扩说 uai 外坏快 uei/ui 为最葵	ü 与局羽 üeh 靴绝约
阳声韵(15)	an 安反看 ên 恩本任 ang 长上帐 êng 朋疼成	ien 千天前 in 因信拼 iang 象量强 ing 赢请明	uan 万断管 un 问顺准 uan 往广壮 ung 公同浓	üan 圆全旋 ün 运荀军 iung 用勇雄

此官话口语的韵母有三个特点,即:(一)中古果摄开口一等字的韵母读"-o",不读"-ê",中古果遇两摄的字亦读"-o",不读"-uo",这是南京官话的韵母特点。(二)前后鼻音韵母不混,这是北京官话韵母的特点。(三)入声韵变为阴声韵,入声韵尾消失,这是北京官话口语韵母的特征。此官话口语的韵母主要是以北京官话的音系作为拼写的基础音系。

何美龄记录的官话标准音不带声调,据他在词典的"序言"中的解释,原因有二:第一、不同地区的官话受不同的方言所影响,导致不同地域的官话口语音的声调有别。尽管西方编者和中国学者尝试打造一个共同的标准官话的音系,于是根据不同地域的官话音杂糅出一套代表标准官话的声母和韵母系统。然而由于各官话区域的方言调类纷繁,难于折衷形成一套标准语的调类,因此何美龄只好放弃为词典中的汉字标上声调。

除此之外,何美龄也考虑到这部官话词典记录的是代表标准官话的口语词汇、短语和句子,除了汉语单字的本调以外,有关的单字在组成短语或句子之后,汉字的原调可能会随它前后字的声调影响而发生变调的问题。因此,为了避免变调引发的争议,这也是他不标调的原因。正如何美龄所言,即使标上代表标准官话的声调,对其他方言地区的发音人也难于照着标调读出有关单字的调值。

再者,由于此词典是供翻译员所使用的工具书,注重的是汉字传达的字义(the meaning as represented by Chinese characters),便于英汉对译的工作,因此没有必要打造一套标准官话口语音的声调系统。换句话说,所谓的标准官话音,是当时的西方人士和中国学者为编纂词典而编制出来的标准语,而不是语言事实情况中人们口头上受到约束而必须说的一种拥有统一标准音的官话。

本文欲探讨词典中记载的中古-k尾入声字读音所反映的异读现象和其语音层次的来源,以及这种官话标准语的基础音系。

三 词典中中古-k尾入声字文白异读反映的语音现象

（一）有文白异读的入声字

这部词典的字音提供本文进一步了解当时官话音文白异读的现象。以往我们在讨论官话的文白异读时，往往只针对某字的文白异读来分析，却没有从官话口语中的词、短语和句子中具有文白异读的字来讨论。表三摘录词典中的"落"字（中古宕摄铎韵入声）在合成词、短语和句子中的文白异读现象，以说明南北语音对中古-k尾入声字应读文或白，或文白兼读的情况，如下所示：

表三："落"字在合成词、短语和句子里的读音

入 声 字	合 成 词	短 语	句 子
落 lo, lao, la	落后 (lao) hou	冷落人 lêng lo (lao) jên	落草儿的时候 lao ts'ao 'rh
	落脚 lo (lao) chiao	没落儿了 mei lao êrh lo	他一个功课都没落下 t'a i ko kung k'o tou mei la hsia
	陷落 hsien lo	落泪 lo (lao) lei	汇价涨落无定常 hui chia chang lao wu ting ch'ang
	落价 lao (lo) chia	落下幔帐 lao (lo) man chang	不让鞋上落上土 pu jang hsieh shang lao shang t'u
	落品 lao (lo) p'in	落上了土 lao shang lo t'u	落在习俗里头 lo ts'ai hsi su li t'ou
	衰落 Shuai lo (lao)	落人的圈套 lo jên ti ch'üan t'ao	老观落在猪身上 lao kuan lao tsai chu shên shang
	落穷 lao ch'iung	没落子 mei lao tzǔ	没落儿的混混儿 mei lao êrh ti hun hun 'rh

(续表)

入声字	合成词	短语	句子
落 lo, lao, la	落伍 lao(lo)wu	落下来 lao（lo）hsia lai	脖子落了枕了 po tzǔ lao lo chên lo
	院落 yuan lo	太阳落 t'ai yang lo 太阳落了 t'ai yang lao lo	落个直过儿的事 lao ko chih kuo 'rh ti shih
	坠落 chui lo(lao)	虎落平川 hu lo ping ch'uan	
	跌落 tieh lo	货价的涨落 huo chia ti chang lo (lao)	
	落花生 lao(lo)sheng	不落的颜色 pu lao(lo)ti yen sê	
	降落 chiang lo	落落寡合的人 lo lo kua ho ti jên	
	落角 lao chiao	落得舒服 lo tê shu fu	
	脱落 t'o lo	水落石出 shui lao shih ch'u	
	落胆 lo tan 胆落 tan lo(lao)	落在地下 lao tsai tih-sia	
	落篷 lo(lao)p'eng	打个落花流水 ta ko lo hua liu shui	
	落难 lo nan		
	流落 liu lo		
	失落 shih lo		
	日落 jih lo(lao)		
	落潮 lo ch'ao		
	落套 lo t'ao		
	落户 lo hu		

中古宕摄铎韵开口一等"落"字在何美龄记载的官话音中分别有"la""lo"和"lao"三种不同的韵母读音。"落"字读"lo"为文读；读"lao"为白读，而读"la"的读音更古，是上古音"lak"丢失塞音韵尾"-k"后的旧文读音。"落"字读"la"的只有"落后"一例，它也有白读音"lao"，说明"落后"的"落"确有白读音。"落"字在合成词中兼有文白两读的有"落价""落品""日落""落伍""坠

落""胆落""衰落",这反映了这些合成词在当时的人们口中既可文读,又可白读。在有好些合成词当中的"落"字在文白互相竞争以后,有的只保留文读,如"陷落""院落""脱落""落胆""落难""落潮""跌落""降落""流落"等;有的仅保留白读,如"落穷"和"落角",说明"落"字在以上的举例保留文读的多于白读的。这个文强白弱的现象说明了一个语言事实,构成合成词的读音读书音和口语音皆有,读书音对官话音系的打造强于口语音,说明组成官话音的成分以文读音的成分占多。耿振生(1992/1998,120—121页)说"官话是口头语言","受书面语的干扰很大","讲官话的人当中,官吏和读书人占的比重大"。

以"落"字组成的短语,兼有文白两读的短语,如"冷落人""落泪""落下来";"落"字在短语中只有文读的如"太阳落""落入圈套"和"虎落平川",仅读白读的有"落上了土"和"没落子"。短语中的"落"字读文或读白,从词义和词性来看无法看出读文或读白的规律,只能推测这些由"落"字组成的短语都有文白异读,只是在文白相互竞争的过程中,文强白弱,被排挤和淘汰的以白读为多。

以"落"字组成的句子"落草儿的时候"读的是白读,说明"落"字的白读还存在于人们口中所说的官话口语音,在当时没有完全被文读排挤掉。又如"货价的涨落"中的"落"字兼有文白两读,即"lo"和"lao",而在句子中的"涨落"的"落"字则读白读"lao",说明文白异读的竞争遭受淘汰的也有的是文读音。王福堂(2007,4页)指出"字音可以有文白两读,也可以只有一个白读或一个文读,还有文白两读并存,但语音形式相同",而以上讨论的"落"字有文白两读,甚至还有一个底层的古音层次,王福堂(2007,2页)将这种古音形式视为历史上已经被替换掉的语音留下的痕迹。王洪君(2007,41页)认为文白异读的差异体现在字音某个语音成分的语音交替,可以是声母交替、韵母交替和声调交替,而何美龄拼写的"落"字的文白异读所体现的语音交替是属于韵母交替的语音形式上的差异。

可以这么说,"落"字在何美龄拼写的官话标准音里主要有两个语音层次,韵母有"-o"和"-ao"两个语音形式。根据耿振生(2003,57页)和王福堂(2007,2页)的看法,中古属陌铎韵字读[-o/-uo]来源自北京话的文读层,这个语音层次来自中原官话,与洛阳一带的河南读音一致;读[-au]属白读层。耿、王二氏都认为北京话的白读是本地固有的读音,而文读层属于异源层次,是从外方言借入的。

(二) 残存的白读音

王洪君(2007,45 页)认为文白形式之间有竞争的关系,白读形式能否继续生存下去,取决于它和与它叠置在同一字音中的文读形式的竞争。至于白读形式逐渐被取代直至消失,因文读形式在该字所组成的词语中的运用频率高,最终取代了白读的形式。耿振生(2003,58 页)指出有文白异读的字,有的只保留文读或白读一种读音,有的文白两种读音并存。只保留一种读音,如果是白读音,总是日常生活中常见常用的词;反之保留的是文读音,这类词一般是人们日常生活中较少使用的词。

中古曾摄开口三等职韵入声字"侧"在何美龄编纂的这部字典里,也有文白异读两个声母和韵母交替的语音层次上的差异,两个声母交替的差异即"ts-"和"ch-";有两个韵母交替的差异即"ê"和"-ai",前者为文读,后者为白读,而拼作文读的例字占多,如表四所示:

表四:"侧"字合成词、短语和句子里的读音

入声字	合成词	短语
侧	侧室 ts'ê shih	旁敲侧击 p'ang ch'iao ts'ê chi
	侧房 ts'ê fang	侧耳听 ts'ê(chai)êrh t'ing
	侧旁 ts'ê p'ang	侧帆上杆 ts'ê fan shang kan
	侧角 ts'ê chiao	侧面的喜容 ts'ê mien ti hsi jung
	倾侧 ch'ing ts'ê	侧歪着睡 chai wai cho chui
	侧柏 ts'ê po	侧面像 ts'ê mien hsiang
	侧歪 ts'ê wai	桅前侧帆 wei ts'ien ts'ê fan
	侧进 ts'ê chin	侧听器 ts'ê t'ing ch'i
	侧卧 ts'ê wo	

合成词"侧房""侧室""旁敲侧击""侧旁""侧柏"和短语"旁敲侧击""侧面的喜容"的"侧"字皆读文读"ts'ê",只有"侧耳听"和"侧歪着睡"的"侧"字读白读"chai"的白读,这是文白相互竞争后白读得保留的仅存的少数例子。两个文白异读的语音层次反映了不同的语音层次的来源,前者来源于南方官

话,而后者为北京官话原有的读音层。① 上表中所示的"侧"字白读形式处于弱势的地位,甚至有被文读取代之势就是最好的实例。

中古曾摄开口三等职韵入声字"色"在表五所示也有声母和韵母交替的两个语音层次,两个声母交替的语音差异即"s-"和"sh-";两个韵母交替的语音差异即"-ê"和"-ai",前者为文读层,源自南京官话;后者为白读层,是北京官话固有的语音层。"色"字在何美龄拼写的官话标准音多读文读,白读占少数,如下表所示:

表五:"色"字合成词、短语和句子里的读音

入声字	合成词	短语	句子
色	色差 sê ch'a	和颜悦色 ho yen yüeh sê	喜怒不形于色的 hsi nu pu hsing yü sê ti
	灭色 mieh sê	颜色浅了 yen sê (shai) ch'ien lo	陷溺在色里的人 hsien ni tsai sê li ti jên
	浆色 chiang shai(sê)	走了色了 tsou lo shai(sê) lo	
	容色 jung sê	不褪色之白 pu t'ui sê chih pai	
	黑色 hei sê		
	角色 chiao(chüeh) sê		
	上色 shang sê		
	掉色 tiao sê		
	褪色 t'ui sê(shai)		
	补色 pu sê		
	刷色 shua sê		
	落色 lo(lao) sê		
	润色 jun sê		
	贪色 t'an sê		
	色欲 sê yü		
	减色 chien sê		
	色素 sê su		
	余色 yü sê		

---

① 耿振生(2003,61页)指出中古梗、曾二摄入声字,北京话的读书音-e、-uo,跟长江下游的南京、武汉等地一致;白话音-ai、-ei则不见于这一带,这一类白话音也主要存在于河北、东北。换言之,这类入声字读-e、-uo 是南方官话的语音层次,而读-ai 是北方官话的语音层次。

"色差""灭色""容色""润色""贪色"和短语"和颜悦色"等合成词中的"色"字的韵母都读文读"sê";而在"退色"和"颜色浅了"的"色"字则兼有"sê"和"shai"文白两读,前者为文读,而后者为白读。这两读的语音差异正是南北官话语音的差异。"色"字文白异读相互的竞争,文读保留得多,而白读只残留在表示色泽减退的词义才读白读"shai",如"颜色浅了""走了色了"和"掉色"的"色"字皆有白读"shai"。

中古曾摄德韵开口一等入声字"得"在何美龄拼写的官话标准音只有韵母交替的语音差异"-ê"和"-ei",前者是文读音,属于南京官话的语音层次;后者是白读音,为中原官话的语音层次。① 声母没有语音交替,说明文白两读的声母同。

耿振生(2003,58页)认为文白两读并存的词,大抵有风格和词义分工的差别。王洪君(2007,39页)进一步指出除了这两种差别以外,文白异读并存还有语音风格的差异。这种语音风格的差异可以在异读的声母、韵母和声调上显现出来。何美龄拼写的"得"字既有文白异读语音风格上的差异,亦有词义分工上的不同,如下所示:

"得"字有韵母交替的两个语音的差异"-ê"和"-ei",前者为文读音,是南京官话的语音层次;而后者是白读音,为北京官话的读音层。"得"字在合成词、短语和句子中以读文读音"tê"占多,只有"必得""就得"和"总得"的"得"字拼作白读音"tei"。这说明了"得"字文白两读显示南北语音的差异以外,还有词义分工上的差异。

中古宕摄药韵开口三等入声字"略"的韵母交替也有三种语音的差异,分别为"-o""-üeh"和"-iao",前两者为文读音,后者为白读音。"-o"和"-üeh"来自不同的语音层次。王力(1980/2002,153—155页)指出中古药觉入声韵的演变较为特殊,由齐齿呼韵母[-io]演变为撮口呼韵母[-ye],这种语音演变是介音先变为撮口呼"i→y"然后再改变主要元音"ɔ→e"。中古药觉入声韵

---

① 侍建国(1998,409页)指出中古德、陌、麦韵字的元音读低元音的属于北方官话,读中元音的属于中原官话。耿振生(2003,61页)认为中古曾摄一等入声字在北京话读[-ei],与黄河中下游的西安、洛阳、济南等地的语音同,属于中原官话的语音层次,跟读-ai 的北京话白读的语音层次有别。

表六:"得"字合成词、短语和句子里的读音

入声字	合 成 词	短 语	句 子
得	懂得 tung tê	一举两得 i chü liang tê	若是神差鬼使就总得去 jo shih shen ch'ai kuei shih chiu tei ch'ü
	认得 jên tê	得名声 tê ming sheng	日用少不得的 jih yung shao pu tê ti
	获得 huo tê	不认得字 pu jên tê tzŭ	不受苦中苦难得甜上甜 pu shou k'u chung k'u nan tê t'ien shang t'ien
	必得 pi tei	免不得 mien pu tê	给姓张的就得给姓李的 kei hsing chang ti chiu tei kei hsing li ti
	得罪 tê tsui	表白不得 piao po(pai) pu tê	不很好可是点得过儿 pu hên hao k'o shih tien tê kuo 'rh
	须得 hsü tei(tê)	自然必得 tzŭ jan pi tei	
	幸得 hsing tê	短不得 tuan pu tê ti	
		必得作 pi tei tso	

字如"雀虐约/学角剥乐岳"在何美龄拼写的官话标准音读"-üeh"是北京官话的本地固有的读音①,与中原官话的"-üo"对应②,至于读"-o"才是南京官话的语音层次,如"简略"和"要略"的"略"读"-o",仅有两例,读"-o"是历史残存的古音。可以这么说,"略"字读"-o"或"-üeh"是两个历时不同的文读语音层次,在不同的地域有不同的语音分化和演变。"略"字读"-iao"是北京官话白读的语音层次。

---

① 唐作藩(1987/2016,128页)指出现代普通话的韵母[-ye]大都来自古代入声,如"虐略决确学月约厥绝雀穴血"等字,当中属于古代-k尾的入声字就有"虐略确学约雀",这些古入声字在现今的北京话韵母均读[-ye],如"虐"[nye](52页)、"略"[lye](53页)、"确雀"[tɕʰye](54页)、"学"[ɕye](55页)、"约"[ye](55页),这些入声字的北京话读音参见北京大学中国语言文学系语言学教研室编,王福堂修订(2003/2008)的《汉语方音字汇》。这说明[-ye]语音层次确实源自北京话,是中原官话[-yo]借入北京话后在当地演变后的文读音变体,这类字在其他官话地区韵母都不读[-ye]。

② 侍建国(1998,401页)指出北方官话的-üeh可与中原官话的-üo对应。也就是说这个外来的语音在随后的北京官话里由-üo变读为-üe。高晓虹、刘淑学(2008,62—63页)认为北京话宕江摄入声字的韵母文读经历-io→-yo→-ye的演变是受韵母系统开合对称格局的制约作用所影响。-io变为-yo是主要元音-o对其介音发生同化作用,使介音圆唇化变为-yo。这类字在王璞所编的《京音字汇》(1913)里均读-ye,为新韵母文读。

表七:"略"字合成词、短语和句子里的读音

入 声 字	合 成 词	短 语	句 子
	简略 chien lo(lüeh)	要略单 yao lüeh tan	略知一二 lüeh chih i êrh
	要略 yao lo(lüeh)	忽略一句 hu lüeh(liao)i chü	
	谋略 mou lüeh	约略画出 yüeh lüeh hua ch'u	
	计略 chi lüeh		
	忽略 hu lüeh(liao)		
	领略 ling lüeh		
	战略 chan lüeh		
	韬略 t'ao lüeh		
	将略 chiang lüeh		
	略画 lüeh hua		

"略"字在合成词和短语中以读文读音"lüeh"多,只有"忽略"的"略"字有"lüeh"和"liao"文白两读,这说明白读音处于弱势,只有仅少数由"略"字组合而成的合成词和短语在当时仍保留"liao"的白读音。以上这些中古-k尾入声字在何美龄记录的官话虽多为文读音,那是因为这些字的白读音在与文读音相互竞争时逐渐地被排挤掉了。

中古曾摄开口一等德韵"勒"字在何美龄拼写的官话标准音里有三种韵母交替不同的语音层次,即"-o""-ê"和"-ei"。"-o"和"-ê"属于旧新韵母文读的区别,"-o"是残留的旧文读音,"-ê"是新文读,皆为南京官话的语音层次[1];"-ei"属中原官话的语音层次[2]。

---

[1] 耿振生(2003,61页)指出中古梗曾摄入声字在北京话里的读书音,无论是产生时间还是来源地都不同于宕江通摄的入声,是另外一个语音层次。耿氏推测这一个语音层次形成于明代,可能跟南京音有关。

[2] 在何美龄(1902)拼写的南京官话中,中古梗曾摄(少部分的宕摄)入声字韵母为"-ai",如曾摄字:"勒"lai、"塞色啬"sai、"德得"tai、"特忒"t'ai、"北"pai、"黑"hai、"墨默"mai、"则贼"tsai、"侧恻"ts'ai、"国"kuai;梗摄字:"白伯伯帛柏"pai、"拍迫"p'ai、"革隔格"kai、"吓赫核翮"hai、"脉麦貘脉"mai、"责择宅窄"tsai、"拆策册"ts'ai;宕摄字:"胳"kai、"泊"p'ai等,说明这类字的韵母语音层次与北京话的语音层次同,是从北京官话借入的读音层。而在何美龄拼写的官话标准语里,"勒得黑贼/塞色白百柏侧脉"有文白异读,韵母文读"-o、-uo、-ê";韵母白读"-ei、-ai",这类文白异读的语音交替体现了南北官话音的特点。有的入声字只有三类韵母文读"-ê"如"啬德革隔格核特忒责择膜策册胳","-o"如"泊"和"-uo"如"国";有的入声字只有一类韵母白读"-ai",如"麦宅窄拆",文白相互竞争在不同阶段的语音结果。

表八:"勒"在合成词、短语和句子里的读音

入 声 字	合 成 词	短 语	句 子
勒	内勒 nei lei	勒死 lei ssŭ	
	勒令 lo ling	忽然勒住 hu jan lei chu	
	勒索 lê so	勒派捐 lo p'ai chüan	
	勒住 lê(lei)chu	勒马 lei ma	
	逼勒 pi lê/lo		
	勒具 lê chü		
	勒遵 lê tsun		
	勒掯 lo k'ên		
	勒价 lê chia		

"勒"字在上表的合成词和短语中以读文读"lê"占多数,读旧文读"lo"有四例,即"勒令""勒住""勒掯"和"勒派捐"的"勒"字,读白读的占少数,只有"勒住""内勒"和"勒死"三例,说明"勒"字读文占优势,而"勒"字的白读处于弱势。

王洪君(2007,49、50、53 页)指出汉语的文白异读属于叠置式音变,它是两个音系的竞争更迭,起变化的是两音系的相异部分。这种叠置式的音变大致可分为三个阶段:(一)文弱白强的阶段;(二)文白相持的阶段;以及(三)文强白弱的阶段,而这三个阶段的音变过程都是连续渐变性的。以上所讨论的例字都属于第三阶段的音变,文读处于强势,而白读处于弱势,甚至被文读取代而逐渐消失的趋势。

(三) 处于弱势的文读音

文白异读相互竞争,文读处于弱势有两种情况,一种情况是王洪君所说的文白竞争的第一阶段即文弱白强;另一种情况是耿振生(2003,58 页)所言,出现在人们日常生活中高频率被使用的白读不容易被文读所取代,依然顽固地根置于人们所说的口语中。

中古曾摄开口一等德韵入声字"塞"在何美龄拼写的官话标准音中有两种韵母交替的差异即"-ê"和"-ai",前者是文读,属于南京官话的语音层次;后

者是白读,为北京官话固有的语音层次①。

表九:"塞"字合成词、短语和句子里的读音

入 声 字	合 成 词	短 语	句 子
塞	要塞 yao sai	活塞子 huo sai tzǔ	用软木塞子堵塞 yung juan mu sai tzǔ tu sai
	塞子 sai tzǔ	相平活塞 hsiang p'ing huo sai	淤泥堵塞 yü ni tu sai
	塞住 sai chu	小塞门 hsiao sê mên	
	塞道 sai tao 塞路 sai lu	填塞棉花 t'ien sai mien hua	
	耳塞 êrh sai	说堵塞话 shuo tu sai hua	
	塞盒 sai ho	敷衍塞责 fu yen sai tsê	
	塞络 sai(sê)lo		
	塞吞 sê t'un		
	塞头 sai t'ou		
	塞儿 sai 'rh		
	塞上 sai shang		
	搪塞 t'ang sai		
	壅塞 yung sai		
	止塞 chih sai		
	闭塞 pi sai		
	塞物 sai wu		

"塞"字在表九的合成词、短语和句子中多读白读音"sai",只有"塞络"和"小塞门"的"塞"读文读"sê",说明"塞"字在文白相互竞争中,白读占优势,而文读处于弱势,近乎完全被排挤掉。可见,"塞"字的白读在当时的官话属于顽强的语音,在组成合成词、短语和句子中的"塞"字仍然读白读,语音色彩上的差异远胜于风格和词用的差异。

又如中古曾摄开口一等德韵"贼"字,也有两种韵母交替形成文白差异"-ê"和"-ei",前者为文读,属于南京官话的语音层次;后者为白读,为中原官

---

① 根据何美龄拼写的官话标准音,中古曾摄开口一等德韵字如"北得肋勒贼黑"的韵母白读为"-ei",除了"塞"字的韵母白读为"-ai"。这些入声字组成的合成词的白读韵母也是"-ei",如"北方"pei fang、"肋骨"lei ku、"必得"pi tei、"勒住"lei chu、"强贼"ch'iang tsei、"乌黑"wu hei 等,只有"塞"字的韵母白读例外。耿振生(2003,61页)认为德韵字韵母-ai 为北京话白读音的语音层次。

话的语音层次。

表十:"贼"字在合成词、短语和句子里的读音

入 声 字	合 成 词	短 语	句 子
贼	盗贼 tao tsei	防护贼盗 fang hu tsei tao	这一条江是被贼蹂躏的 chê i t'iao chiang shih pei tsei jou lin ti
	强贼 ch'iang tsei	拦路贼 lan lu tsei	
	贼寇 tsei k'ou	劫道贼 chieh tao tsei	
	流贼 liu tsei(tsê)	扫荡海贼 sao tang hai tsei	
	路贼 lu tsei	乌贼鱼 wu tsei yü	
	木贼 mu tsei(tsê)	贼淘气 tsei t'ao ch'i	
	毛贼 mao tsei	毛脚贼 mao chiao tsei	
	小贼 hsiao tsei		
	贼船 tsei ch'uan		
	水贼 shui tsei		
	贼窝 tsei wo		
	贼巢 tsei ch'ao		

"贼"字在上表的合成词和短语中多读白读音"tsei",只有"木贼"[①]和"流贼"的"贼"字有文读"tsê",读文是仅存的少数例子。这说明文白异读的相互竞争,有时仅处于第一阶段,而没有扩散至第二和第三阶段,至今"贼"字仍以读白占尽优势可证。

中古宕摄开口三等药韵"削"字在何美龄拼写的官话标准音有两种韵母交替的差异"-üeh"和"-iao",前者为文读音,"-üeh"的底层语音层次是中原官话的"-üo",这个文读韵母在北京话发生了变化[②];后者为白读音,源自北京官话的语音层次。

[①] 根据何美龄(1905,1247页)的解释,"木贼"意为"芦苇"。
[②] 耿振生(1992/1998,177页)指出成书于1840年由裕恩编纂的《音韵逢源》韵母系统就比现代北京话多出了一个韵母-yə和一个不稳定的-iai,说明韵母新文读产生的时间不会晚于19世纪中期。在威妥玛(Thomas Francis Wade)编的《寻津录》(1859),中古宕江摄入声字读"-üeh"已开始出现,到了他编的《语言自迩集》(1867),读"-üeh"的宕江摄入声字逐渐扩散,但"-üeh"还未完全取代"-io""-yo",到了富善(Chauncey Goodrich)编的《华英袖珍字典》(1891)和《官话萃珍》(1898)。

表十一："削"字在合成词、短语和句子里的读音

入声字	合成词	短语	句子
削	刮削 kua hsiao	削笔 hsüeh(hsiao)pi	把皮儿削了去 pa p'i 'rh hsüeh(hsiao)lo chü
	削……的皮儿 hsiao(hsüeh)ti p'i 'rh	削指甲 hsiao chih chia	针尖儿削铁 chên chien 'rh hsiao t'ieh
	修削 hsiu hsiao	削字刀 hsiao tzǔ tao	
	削除 hsiao ch'u	削去 hsiao chü	
		削抹之处 hsiao mo chih ch'u	
		削息儿 hsiao his 'rh	
		削平尖 hsiao p'ing chien	

"削"字在上表的合成词、短语和句子中以读白读"hsiao"为多，也有文白两读的例字，文白异读相互竞争，白读却难于被文读所取代，说明"削"字是人们日常生活高频率被使用的动词，不管是合成词、短语和句子所组成的"削"字其白读难于被取代。

又如中古宕摄开口一等铎韵"薄"字的韵母也有两个语音交替的形式，即"-o"和"-ao"，前者为文读，源自中原官话的语音层次[①]；后者是白读，属于北京官话固有的语音层次。

"薄"字在上表的合成词、短语和句子中以读白读"pao"占多数，有些例子有文白两读"po"和"pao"如"薄暮""薄弱""薄待""单薄""轻薄""刻薄"和"薄块"等的"薄"字；只有文读"po"一读的是"凉薄"和"血薄"的"薄"字。可见"薄"字读白占上风，读文处于劣势，说明"薄"字不管组成任何形式的词语或句子白读仍是不可被取代的，白读形式强于词义分工。耿振生（2003，65页）说事实上所有的入声字在北京话都曾经有过两读，一部分字在韵母上没有异读，一部分字在韵母上有异读。言下之意，官话的文白异读确实存在两种不同或以上的语音层次的来源，语音风格的差异在入声字的调类消失以后，如代表官话口语标准语的北京官话，其语音风格的差异更明显的是体现在韵母读音的差异上。

[①] 耿振生（2003，60—61页）指出中古宕江摄的韵母文读-e、-o、-uo、-ye 与洛阳一带的河南读音一致，是中州音即中原官话的语音层次。

表十二:"薄"字在合成词、短语和句子里的读音

入 声 字	合 成 词	短 语	句 子
薄	单薄 tan pao(po)	根基浅薄 kên chi ch'ien pao	不露出薄厚 pu lou ch'u pao hou
	薄视 pao shih	薄药麵片 pao yao mien p'ien	交情厚薄的体验 chiao ch'ing hou pao ti t'i yen
	薄待 pao(po)tai	薄情的 po(pao)ch'ing ti	
	味薄 wei pao	干薄折 kan po(pao) chê(shê(shê)	
	淡薄 tan pao	眼血薄症 yen hsüeh po chêng	
	刻薄 k'o pao(po)	血薄 hsüeh po	
	轻薄 ch'ing pao(po)	脸薄 lien pao	
	薄暮 po(pao)mu	天性凉薄 t'ien hsing liang po	
	薄饼 pao ping		
	稀薄 hsi pao		
	瘦薄 shou pao		
	薄弱 pao(po)jo		
	薄块 pao(po)k'uai		

又如中古宕摄开口三等药韵"嚼"字在何美龄拼写的官话标准音里有两种韵母交替的语音层次"-üeh"和"-iao",前者为文读,后者为白读,前者是中原官话底层的语音层次在北京话里产生了不同的语音变体,而后者是北京官话固有的读音层。

表十三:"嚼"字在合成词、短语和句子里的读音

入 声 字	合 成 词 tz	短 语	句 子
嚼	反嚼 fan chiao	咬文嚼字 yao wên chiao tzǔ	贪多嚼不烂 t'an to chiao pu lan
	倒嚼 tao chiao	小嚼子 hsiao chiao tzǔ	
	水嚼子 shui chiao tzǔ	不敷嚼用 pu fu chiao yung	
	嚼子 chiao(chüeh)tzǔ		
	咀嚼 tsu chiao		

"嚼"字在上表的合成词、短语和句子中以读白读"-iao"占多数,仅有一例即"嚼子"的"嚼"有文白两读"chiao"和"chüeh",其他"嚼"字组成的词语都不见文读,说明文白相互的竞争后,白读处于强势,而文读被逐渐排挤。

中古梗摄开口陌韵"窄"字在何美龄拼写的官话标准音里只有白读"chai"一读,这是北京官话的语音层次,不管"窄"字组成什么形式的词语和句子皆读白,如表十四所示:

表十四:"窄"字在合成词、短语和句子里的读音

入 声 字	合 成 词	短 语	句 子
窄	窄小 chai hsiao	敷余窄小 fu yü chai hsiao	日子很窄 jih tsǔ hên chai
	狭窄 hsia chai	上宽下窄 shang k'uan hsia chai	日月儿窄 jih yüeh 'rh chai
	窄轨 chai kuei	心里太窄 hsin li t'ai chai	
	窄路 chai lu	胸襟狭窄 hsiung chin hsia chai	
	窄道 chai tao		
	收窄 shou chai		

换句话说,有的陌韵字只有白读,推测其也有相对应的文读,只是文白竞争后只留下白读,排挤了文读。这类的白读在人们日常生活交谈的口语中是高频词的读音,有顽强的生命力,不容易被文读取代。再次说明,有的文白异读竞争的语音演变过程,并不一定都要经历三个阶段的语音渐续演变和替代的过程。如果有关词语属于日常交谈使用的高频词,其白读被保留的可能性极高。

又如中古通摄合三屋韵"熟"字在何美龄拼写的官话标准语里有两种不同的韵母交替"-u"和"-ou",前者是韵母文读,源自中原官话语音层次;后者是韵母白读,是北京官话固有的读音层。① 这类入声字的韵母在下表的合成词、短语和句子中多读白读,只有少部分的"熟"字同时具有韵母文读。

---

① 耿振生(2003,61页)指出中古通摄入声字在北京话的韵母文读-u、-y与洛阳一带的河南读音一致,是中原官话的语音层次;而韵母白读-ou、-iou存在于河北、东北,是北方官话的语音层次。

表十五："熟"字在合成词、短语和句子里的读音

入声字	合 成 词	短 语	句 子
熟	熟商 shou(shu)shang	睡得熟 shui ti shou	生米做成熟饭 sheng mi tso ch'êng shou(shu)fan
	养熟 yang shu(shou)	煮熟 chu shou	麦子春熟 mai tzǔ ch'un shou
	驯熟 hsün shou	弄熟 nung shu	
	喂熟 wei shou	熟透了 shou(shu)t'ou lo	
	早熟 tsao shou	熟不讲理 shu pu chiang li	
	成熟 ch'êng shou		
	熟皮 shou p'i		
	熟烟 shou yen		
	娴熟 hsien shou		
	熟谙 shou an		
	熟悉 shou hsi		
	软熟 juan shou		
	过熟 kuo shou		
	熟习 shou hsi		
	熟识 shou(shu)shih		
	熟思 shu(shou)ssǔ		
	熟练 shou lien		
	不熟花 pu shou(shu)hua		

由此可见"熟"字所组成的各式词语在当时讲官话的人们口中多说成白读，显示了这种官话标准语的口语特点，而文读对它的干扰不大。

总的来说，中古-k尾入声字读文或读白，或文白异读均保留都充分地反映了这种官话标准音不能只是根据某一时、某一地、某一音系的语音而打造、编订而成。相反的官话标准音要彰显其语音的包涵性，即可受到中国三分之二地区的人民所能接受的一套字面上的语音系统，它就必须要能折中南北官话、古今方音的一套官话音的系统，因此改造和择取这种音系特点的人为因素是无可避免的。

四 从文白异读看官话标准语的基础音系

对比何美龄在官话标准语拼写的中古-k尾入声字的读音与他在《南京

官话》(1902),以及弗朗茨·屈耐特(Franz Kühnert,1852—1918)在《南京字汇》(1898)里拼写的南京官话读音,如表十六所示,本文有以下这几点发现:

表十六:中古-k 尾入声字在官话标准语和南京官话

中古入声韵	入 声 字	何美龄《官话标准语》1905	何美龄《南京官话》1902	《南京字汇》[①]南京官话 1898
宕摄开/合一铎韵	薄	po, pao	po	po
	落	la, lo, lao	lo	lo
	络	lo	lo	-
	鹤	ho, hao	ho	-
	烙	lao	lo	lo
	泊	po	p'ai	-
	膊	pei	po	-
	膜	mo	-	-
	乐快乐	lo	lo	lo
	获	huo	hu	xuo
宕摄开三药韵	略	lo, lüeh, liao	lo	lio
	雀	ch'üeh, ch'iao	ts'o	tsho
	爵	chüeh	tso	tsio
	嚼	chüeh, chiao	tso	tsio
	削	hsüeh, hsiao	so	sio
	勺	shao	shuo	-
	烁	shuo, shao	-	-
	弱若	jo	jo	zo
	脚脚手/脚脚色	chiao/chiao (chüeh)	chio	tɕio
	虐疟	nio, nüeh, yüeh, yao	no	lo, lyeɪ
	谑	nio, nüeh	no	lyeɪ
	酌	cho	cho	tʂo
	约	yo, yüeh	yo	io
	药	yüeh, yao	yo	io
	跃	yüeh, yao	yo	-

[①] 《南京字汇》(1898)是由奥地利的汉学家弗朗茨·屈耐特(Franz Kühnert)所编,表十六所摘录的南京官话读音是取自孙华先(2013,2 页)所著的《南京字汇》中的《官话类编》词汇一书。据孙氏的研究,此《南京字汇》代表南京官话音系。

(续表)

中古入声韵	入 声 字	何美龄《官话标准语》1905	何美龄《南京官话》1902	《南京字汇》南京官话 1898
江摄开二觉韵	觉	chüeh, chiao	chio, chiao	tɕio
	角	chüeh, chiao	ko, chio	tɕio
	壳	k'o, ch'iao	k'o	tɕhio
	确	ch'üeh	ch'io	tɕhio
	剥	po, pao	po	po
	岳	yüeh	yo	io
	乐 音乐	yüeh, yao	yo, yao	io
	学	hsüeh, hsiao	hsio	ɕio
曾摄开/合一德韵	北	pei	pai	pə
	墨	mo	mai	-
	得	tê, tei	tai	te
	德	tê	tai	te
	特	tê	t'ai	the
	肋	lei	-	-
	勒	lo, lê, lei	lai	lə
	则	tsê, tsai	tsai	tsə
	贼	tsê, tsei	tsui, tsai	tse, tsei
	胳	ko	ko, kai	kə
	塞	sê, sai	sai	-
	刻	k'o, k'ê	k'ai	khə
	黑	ho, hei	hai	xe, xei
	国	kuo	kuai	kue
曾摄开三职韵	侧	ts'ê, chai	ts'ai	tsə
	恻	ts'ê	ts'ai	tshə
	色	sê, shai	sai	sei
	啬	sê	sai	sə
梗摄开二陌韵	百	po, pai	p'ai	pe
	柏	po, pai	pai	-
	伯	po, pai	pai	po
	迫	-	p'ai	pho
	拍	p'ai	p'ai	pho
	白	po, pai	pai	pe
	诺	no	no	-
	客	k'o	k'ai	khə
	拆	ch'ai	ts'ai	-

（续表）

中古入声韵	入声字	何美龄《官话标准语》1905	何美龄《南京官话》1902	《南京字汇》南京官话1898
梗摄开二陌韵	择	tsê	tsai	tsə
	宅	chai	tsai	-
	窄	chai	tsai	tsə
	索	so	so	so
	额	o	ai	o
梗摄开二麦韵	麦	mai	mai	-
	脉	mo	mai	mə
	摘	chai	tsai	-
	责	tsê	tsai	tsə
	策册	ts'ê	ts'ai	tshə
	隔	ko, chieh	kai	kə
	核	ho, hu	hai	xo, xə
	获获得	huo	hu	xuo
通摄合三屋韵	轴	chou	chu	
	缩	so, su	-	so
	粥	chou	chu	tsu
	熟	shu, shou	shu	ʂu
	肉	ju, jou	ju, jou	ʐu
	畜杀畜场	ch'u	ch'u	ʂu
	搐	ch'ou	-	-
	陆	lu	lu	lu

所谓的官话标准音实际上是杂糅了南北官话语音编制而成的，正如耿振生(1992/1998，121页)所说这种官话标准音不存在"唯一正确"的标准音系统。何美龄拼写的官话标准语，参照的官话音系，从文白异读来看除了包含当时权威的南北官话音系以外，不能否认还有古音和其他方言的语音成分，这就是折中南北、古音和方音编制出来的一套当时中国全社会可以认读和交际的官话标准音。

耿振生(1992/1998，121页)指出官话的语音系统超越方言之上，不能和"任何方言等同"，构成官话的基础方言只是一个基础而已，并不等于官话本身，这个基础方言的音系要经过改造才能被承认为官话的正音。

通过对比上表的字音，可以更加确认标准官话音对中古宕江曾梗通五摄入声字的"-o""-ê""-uo"和"-u",这属韵母文读的拼写是参照当时的南京官话音系,而这些入声字的韵母白读"-ao""-iao""-ai""-ou"是依据北京话的口语音,这个语音层次就是形成官话标准语白读的语音层次。除了这两个权威官话方言以外,官话标准语的白读还有中原官话的语音层次,如"-ei"和"-üo",前者是构成中古曾摄德韵入声字和梗摄铎韵少部分入声字的韵母白读,而后者在北京官话里形成不同的语音变体即韵母文读-üeh。因此,打造官话标准音的语音成分主要是以当时的南北官话音系为主,但是这些语音层次的来源还包括其他更古的官话和方音。

尤其值得注意的是中古梗曾两摄入声字的韵母白读"-ai",在何美龄拼写的南京官话里,这两摄入声字都拼作"-ai";而在弗朗茨的《南京字汇》里拼写的南京官话,这些入声字的韵母都拼作[-ə]、[-e]、[-o]、[-uo],两书出版的年份只相差四年。这个语言事实证明了两个问题,这类入声字读"-ai",正如耿振生(2003,61页)所说是北京话固有的语音层次。这个白读的语音层次被借入到20世纪初的南京官话作为这类字的韵母读音。而这类字在《南京字汇》读[-ə]、[-e]、[-o]、[-uo]是南京话固有的读音层,它因声母和介音的不同而有不同的语音变体,形成了官话标准语的文读层。

从文白异读的语音风格来说,耿振生(2003,65页)就已指出在官话消失了入声调以后,异读的特征就会显示在韵母读音的差别上。上表所示的官话标准音的文白异读的语音风格的差异,的确凸显了韵母交替语音差异的特征,而声母异读却不及前者明显,这说明权威官话方言的差异主要体现在韵母的语音层次上,而声母的差异基本相同,而差异最大的是调类。因此要打造一套折中南北古今方音皆能接受的官话标准音,必须把声调排除,这也就是何美龄拼写的官话标准音没调类的原因。

四 结语

综合以上所述,何美龄拼写中古-k尾入声字在官话标准语里的文白异读有助于本文离析当时的官话标准音的基础音系。这种官话标准音是折中了南北官话、古音和方音的语音而打造成的,便于让当时不同官话和方言区域的人们学习和使用官话标准语来交际，所以此词典所记录的官话音不纯粹是书面语的读书音，这种官话音系反映了口语音甚至俗语的语音特点。对于想自学官话口语或从事汉英翻译工作的西方人士而言，此词典提供了庞大的词汇量、短语和句式供学习者学习和使用。此词典最大的贡献在于编者提供了我们了解他如何记录并使用当时通行于中国广大区域的权威官话音来拼写汉字的读音，让读者凭词典就可掌握汉字的文白异读，官订的读书音和人们口语中所说的带有地方色彩的官话音。

何美龄作为一位身在中国海关工作的人员，并能掌握南北官话的语音，所以当他打算编纂一部足于代表官话标准语的词典时，就采用了这种杂糅南北古今官话和方音的方式打造出这么一套官话标准语的音系。可以这么说，这一套官话标准音符合不同官话区域对标准音所能接受的声母和韵母的拼写格局和形式，各官话之间语音差异的部分都可以在文白异读的韵母读音中显现出来，这是官话标准语文白异读的最重要的语音风格特征。声母的语音风格差异没有韵母的明显，说明不同的官话基本上拥有大致相同的声母格局，所以它不成为区别官话异读的语音特征。至于声调风格的差异足于混淆不同官话和方言区人们的视听，在打造一套官话标准音时，就得把声调的特征排除在外。换句话说，用官话标准音拼写的汉字读音，只有声母和韵母的拼写形式，而无汉语的调类。这也间接说明要掌握好所谓的官话标准音，汉字读音应依据哪些官话的声调是难于做出抉择的，因为不管依据哪一个权威官话方言的声调都不能打造出一套"唯一标准"的官话音。

除此之外，西方人士拼写的官话标准音，词汇的来源并不局限于人们口头上所说的日常用语、交谈的乡语、俗语，它还包括政府部门使用的官方文件和教育部门编纂的教科书里的术语，这些词汇有的是当时新兴的词语、有的是行政用语、有的是学术专业术语，这些用语的读音是由来自南北官话区域的中国人来读的，因此发音人怎么读，有关词汇的读音就怎么被记录下来，所以不能排除有些词汇的读音也有主观人为因素的判断和改造。

作为一部代表二十世纪初的官话标准语的词典，何美龄充分地考虑到了各官话区域的人士，也包括西方人士对这部工具书的要求，他充分地认识并掌握了编订一套官话标准音的方式，用他所听到的官话标准音来拼写汉音,这种字面上的语音材料对研究清末的官话音系仍有不可抹杀的贡献。

参考文献

北京大学中国语言文学系语言学教研室编,王福堂修订(2008)《汉语方音字汇》,北京：语文出版社。

耿振生(1998)《明清等韵学通论》,北京:语文出版社。

耿振生(2003)北京话文白异读的形成,《语言学论丛》第27辑,北京:商务印书馆。

侍建国(1998)官话语音的地域层次及其历史因素,《历史语言研究所集刊》第69集,南京:江苏古籍出版社。

孙华先(2013)《〈南京字汇〉中的〈官话类编〉词汇》,北京:世界图书出版公司。

唐作藩(2016)《音韵学教程》(第5版),北京:北京大学出版社。

王福堂(2007)汉语方言语音中的层次,丁邦新主编《历史层次与方言研究》,上海:上海教育出版社。

王洪君(2007)文白异读与叠置式音变,丁邦新主编《历史层次与方言研究》,上海:上海教育出版社。

Hemeling, K. (1902) *Nanking Kuan Hua*. Shanghai: The Statistical Department of the Inspectorate General Customs.

Hemeling, K. (1905) *English-Chinese Dictionary of the Standard Chinese Spoken Language*. Shanghai: Maritime Customs.

明清西北地区三种讲唱文学资料韵部研究*

徐朝东

河西宝卷,是在唐代敦煌变文、俗讲以及宋代说经的基础上发展而成的一种民间吟唱的、盛行于明清两代的俗文学,有时称为"宝忏""宝经""宝传""因果"等。现存最早的宝卷是南宋淳祐二年(1242)宗镜所作《金刚科仪》,和产生于金元之际(1234年前后)《目莲救母出离地狱生天宝卷》(车锡伦,2009:69、73),明清时期达到鼎盛,至于抗战时期衰落。宝卷主要流行于甘肃河西一带,包括武威、张掖和酒泉三个地区的二十多个县。目前出版的《河西宝卷选》《河西宝卷续选》《酒泉宝卷(上编)》《河西宝卷真本校注研究》4种研究成果,共收宝卷53种。《河西宝卷选》和《河西宝卷真本校注研究》均收录了两部《救劫宝卷》为民国时期的作品,与其他明清宝卷时间不同,将其剔除,实际参考宝卷51种。

贤孝也叫瞎弦,是流传在我国西北地区尤其是甘肃、青海两省的一种古老的说唱艺术。贤孝在元末明初就已经很盛行了,贤孝唱词所演唱的内容全靠艺人们(主要是盲人并且他们大部分都没有受过教育)口耳相传,没有经过书面记录和文人加工。孝唱词以地道的方言为主,真实地保留了西北方言的特点。目前甘肃境内的贤孝有凉州贤孝和河州贤孝,青海境内的贤孝有河州贤孝、快板贤孝和西宁贤孝。本文依据李贵生、钱秀琴《凉州贤孝唱词整理与研究》的14篇曲目,王沛《河州说唱艺术》的8篇曲目,万玉琴口

---

* 作者简介:徐朝东,男,1970年生,安徽安庆人,北京语言大学教授、博士生导师,博士,主要研究方向为汉语语音史。E-mail:tsuchaodong@sina.com。

基金项目:国家社科基金重大招标项目"元明清民国时期官话语音资料库平台建设与研究(17ZDA304)",北京市社科基金项重点项目"明清民国三代北京地区方志中方音研究(16YYA004)",北京语言大学校级科研项目(中央高校基本科研业务专项资金)"明清以来南京官话语音历史研究(16ZDJ05)"阶段性成果。

述背诵《贤孝》的 39 篇曲目等。

秦腔是流传在陕甘地区的一个最大的戏曲剧种。发源于陕西、甘肃一带,流行于陕西、甘肃、青海、宁夏、新疆等地。因用梆子击节,故也称"陕西梆子"。又因陕西地处古函谷关以西(古称"西秦"),有"西秦腔"之称,当地则习称"梆子""桄桄""乱弹戏""中路秦腔""西安乱弹"。"秦腔"一词首见于明末万历年间抄本《钵中莲》传奇,这表明秦腔最晚形成于明末。秦腔主要有陕西与甘肃秦腔。本文选用陕西秦腔剧目 69 种,甘肃秦腔剧目 99 种。

河西宝卷流行于河西走廊一带,现在基本属于兰银官话。西宁贤孝流传在青海省省会西宁市,以及海东地区的湟中、湟源、平安、乐都、民和、互助等县,这些地区都是属于中原官话地区,分属秦陇片和陇中片。陕西境内的秦腔,分为四路:流行于关中东府同州(今大荔)地区的,称"同州梆子"(即东路秦腔);流行于中府西安地区的,称"西安乱弹"(即中路秦腔);流行于汉中地区的,称"汉调桄桄"(即南路秦腔)。盛行于甘肃的秦腔分为东路、南路和中路。东路秦腔流传在甘肃东部庆阳地区大部县乡,和平凉地区六盘山以东的泾川、华亭、灵台、崇信等地。南路秦腔流行于甘肃南部天水、陇南和定西地区的部分县乡。中路秦腔是甘肃秦腔的主流,盛行于以兰州市为中心,西至河西走廊,北至白银、靖远,南至岷县、临夏的广大地区。除了甘肃的中路秦腔流行区域属于兰银官话,秦腔的其他地区都是中原官话。

我们选取的 3 种性质类似的讲唱文学材料,这些资料基本可以作为明清时期的西北地区方音代表。通过全面的资料整理,我们发现这些语音资料押韵的韵部基本相同,并无明显的差异。我们按阴、阳、入声韵以及声调四个部分将其与《中原音韵》进行比较。

一 阴阳声韵

表一:明清西北地区方音与《中原音韵》音系阴阳声韵比较表

明清西北方音韵部	《中原音韵》韵目
歌戈部	歌戈、车遮
家麻部	家麻
鱼模部	鱼模

(续表)

明清西北方音韵部	《中原音韵》韵目
皆咍部	皆来
支微部	支思、齐微
宵豪部	萧豪
尤侯部	尤侯
江阳部	江阳
元覃部	先天、寒山、桓欢、监咸、廉纤
东侵部	东钟、真文、庚青、蒸登、侵寻

1. 明清西北地区方音歌戈部包含《广韵》的歌、戈两韵（举平以赅上去）和麻韵三等字。《中原音韵》音系中《广韵》的歌、戈两韵属于歌戈韵。明清西北地区方音中歌戈部与《中原音韵》歌戈、车遮韵两韵对应。

2. 明清时期西北方音家麻部包含《广韵》的麻韵、歌韵的"他、它"、佳韵的"娃、涯""差"、夬韵的"话"、泰韵的"大"、卦韵的"画、褂、钗"、姥韵的"妈"以及梗韵的"打"字。《中原音韵》音系家麻韵与明清西北方音家麻部包含的韵一致，二者对应。

3. 明清时期西北方音鱼模部包含《广韵》的鱼韵、虞韵和模韵。《中原音韵》音系鱼模韵与明清西北方音家鱼模部包含的韵一致，二者对应。

4. 明清时期西北方音皆咍部包含《广韵》的佳、皆、咍三韵（包括去声的夬、泰两韵），《中原音韵》音系中佳、皆、咍三韵以及去声韵夬、泰同归为皆来韵。明清西北方音中的皆咍部与《中原音韵》的皆来韵对应。

5. 明清时期西北方音支微部包含《广韵》支、脂、之、微、齐、灰六韵（包括去声祭废）。《中原音韵》音系中《广韵》支、脂、之三韵同归支思韵，微、齐、灰以及去声韵祭、废则归入齐微韵。明清时期西北方音支微部与《中原音韵》音系的支思、齐微两韵对应。

6. 明清时期西北方音宵豪部包含《广韵》的萧、宵、肴、豪四韵。《中原音韵》音系中《广韵》萧、宵、肴、豪四韵同归入萧豪韵。明清时期西北方音宵豪部与《中原音韵》中的萧豪韵对应。

7. 明清时期西北方音尤侯部包含《广韵》尤、侯、幽三韵。《中原音韵》音系中《广韵》尤、侯、幽三韵同归入尤侯韵。明清时期西北方音尤侯部与《中原音韵》中的尤侯韵对应。

明清时候的西北方音阴声韵部除歌戈部和支微部对应《中原音韵》音系两个韵类外,其他韵部与《中原音韵》音系的韵一一对应。

8. 明清西北方音江阳部与《中原音韵》音系,江阳韵包含的韵相同(均包含《广韵》江、阳、唐三韵)。

9. 在《中原音韵》音系中《广韵》山摄各韵归入寒山韵、先天韵和桓欢韵;咸摄各韵则分属于监咸韵和廉纤韵,而在明清西北方音中同归元罩部。

10. 在《中原音韵》音系中《广韵》通摄各韵归入东钟韵,臻摄各韵归入真文韵,梗摄和曾摄各韵合并为庚青韵,深摄各韵归入侵寻韵,而在明清西北方音中同归东侵部。

明清西北地区方音阳声韵部与《中原音韵》差异比较大。造成这种差异的主要原因就是阳声韵各韵尾[-n]对[-m]尾的替代以及[-n]尾、[-ŋ]尾的相混;二是阳声韵韵部各韵主要元音的变化。

二 入声韵

表二:与《中原音韵》音系入声韵比较表

《广韵》韵目	《中原音韵》韵目	明清西北方音韵部
屋、沃烛	鱼模、尤侯	-u/-au/-eu 系
质术栉、物、迄	齐微	-i/-u 系
曷末、黠辖、屑薛、月没	歌戈、家麻、车遮	-e/-o 系
觉、药铎	萧豪、歌戈	-au/-o 系
陌麦昔、锡、德职	皆来	-ai/-uai 系
缉	齐微	-i/-uei 系
合盍、叶帖、洽狎、乏业	家麻	-a/-e 系

明清西北地区方音中入声韵已消失,押入了相对应的阴声韵,少数押入阳声韵。押入的原则是主要元音相同(或相近)。

《中原音韵》音系入声改配阴声韵的大体规律是:臻、曾、梗、深等摄开口三四等入声韵字归为齐微,通摄合口入声韵字归为鱼模,梗摄二等字归为皆来,宕江两摄入声韵字归为萧豪(大部分重见歌戈),咸摄开口一等(喉牙),山摄合口一等入声韵字归歌戈,咸山一、二等入声韵字归家麻,咸山三四等字归车遮。

明清西北方音入声押入阴声韵更为宽泛:

11. -e/-o 系。铎[-k](部分)、觉[-k]、药[-k](部分)、德[-k](部分)、曷[-t](部分)、没[-t](部分)、薛[-t]、末[-t](部分)、屑[-t]、月[-t](部分)、合[-p](部分)等韵字入歌戈部。

12. -a 系。[-t]系:质(部分)、没(滑)、曷(达辣撒萨咱)、屑(结节切穴血)、月(部分)、薛(别杰绝劣烈灭热说雪折)、黠(八扒拔察嘎杀煞)、辖(瞎铡);[-p]系:乏(法)、合(搭嗒答拉纳踏杂)、狎(甲押压)、帖(蝶涉侠峡)、业(接猎劫怯业)、洽、叶、盍[-p](蜡塌榻);[-k] 系:陌(客)等韵字押入家麻部。

13. -u 系。屋[-k](部分)、烛[-k](部分)、职[-k](部分)、没[-t](部分)、术[-t]、药[-k]、质[-t](部分)、末[-t](部分)、合[-p](部分)、缉[-p]、铎[-k](部分)等韵字押入鱼模部。

14. -ai 系。缉[-p]、质[-t](部分)、屑[-t](部分)、黠[-t](部分)、月[-t](部分字)、职[-k](部分)、德[-k](部分)、合[-p](部分)、乏[-p](部分)、陌[-k](部分)、锡[-k]、昔[-k]、狎[-p](部分)等韵字押入皆咍部。

15. -i/-uei 系。德[-k](部分)、职[-k]、质[-t]、昔[-k](部分)、锡[-k]、缉[-p]、薛[-t]、麦[-k]、物[-t]、烛[-k]、陌[-k]等韵字押入支微部。

16. -au 系。铎[-k](部分)、药[-k](部分)、觉[-k]等韵字押入萧豪部。

17. -eu 系。屋[-k](部分)、烛[-k](部分)等韵字押入尤侯部。

明清西北方音与《中原音韵》音系的入声韵演变有较高的一致性,但少见入声两入阴声现象。

三 声调

18. 平声似去。

河西宝卷等三种讲唱文学材料中,平仄互押比例较高。如河西宝卷中江阳部各韵互押共 233 次,其中平仄互押共 121 次,占总数的 51.9%。贤孝唱词中东侵部各韵互押共 1276 次,其中平仄互押共 761 次,占 59.64%。陕甘秦腔传统剧目中元覃部各韵互押共 1492 次,其中平仄互押共 1403 次,占总数的 94.03%。

平仄互押(不含入声)中存在平去、平上、平上去三种情况,其中河西宝卷中共有平仄互押(不含入声)1395 例,其中平上 263 例,平去 598 例,平上去 534 例;贤孝唱词平仄互押 1346 例,其中平上 524 例,平去 554 例,平上去 268 例;陕甘秦腔平仄互押 3979 例,其中平上 796 例,平去 1742 例,平上去 1443 例。总体来看,平去与平上去用例相仿,2894 比 2245,数量相差不大,平上互押总 1583,相差比较大。尤其在河西宝卷与陕甘秦腔中比较明显,贤孝唱词中三者数量相仿。

这一现象产生的原因可以从两个方面分析:一是讲唱文学这种通俗文学形式自身押韵的特点。这些讲唱文学都是流传于民间的讲唱文学,其韵文的用韵重在对韵脚字韵的区分,而对声调的要求却不那么严格。老舍在为罗常培《北京俗曲百种摘韵》一书作序时就曾对民间文艺形式多平仄相押的原因做了论述:"一般地说,理应用平韵就都押平韵,用仄韵就都押仄韵,可是,也许是因为民间文艺作家的技巧不够,平仄夹搅,出了规矩","平仄乱押,有的也许是因为音韵关系,应该平声的用了仄声,使歌唱或朗读的时候更为悦耳"。(老舍 2008:80)

占较大比重的像河西宝卷中"平仄相押"现象的原因,是西北方音中"平声似去"的遗留。以"江阳部"为例,江阳部各韵互押共 233 次,其中平仄互押共 121 次,占总数的 51.9%,平声与去声相押(含平上去相押)119 次,占平仄互押的 98.3%,平声与去声单纯相押(仅平声与去声相押)44 次,也占到了平仄互押总数的近 40%。

"平声似去"这一语音现象在西北方音中出现的比较早。"平声似去"应该是唐五代时期河西方言(主要以敦煌地区为代表)乃至大部分西北方言的普遍特征。从唐五代经宋、明清到今天一直存在的一种语音现象。现代西北一些地区方音中仍然存在"平声似去"这一语音现象,现代敦煌方音中阴平为低降,阳平为低升,去声为半高平。阳声调接近去声。中原官话秦陇片的甘肃临潭方音中阴平半高平调,去声高平,调型极其相似。(徐朝东等 2016:230—243)

四　结　论

　　这些讲唱文学中有大量韵文和别字等音韵材料。这些音韵材料口语化强，地方色彩浓厚，真实地反映了明清时期西北地区语音系统的概貌。

　　讲唱文学用韵比较自由，阴声韵7部（包括歌戈部、家麻部、鱼模部、皆来部、支微部、宵豪部、尤侯部），阳声韵3部（江阳部、元覃部、东侵部）。入声韵已经消失，基本上都押入了相对应的阴声韵。这些资料有大量异部、异调相押的用例，这也是对明清时期西北方音特点的真实反映。

　　明清西北方音是西北方音史上一个重要的阶段。它一方面继承了唐五代、宋代西北方音的一些特点，如全浊声母已经清化，轻、重唇音分化，中古精见合流（细音腭化），知照合流，喻母三、四等不分，影、疑、喻三母不分，"浊上变去""平声似去"等等；另一方面又产生了一些区别于前代的新特点：中古泥母和来母混同，麻韵三等字的演变，阳声韵主要元音的鼻音化，鼻音韵尾[-m]消失，[-n]尾与[-ŋ]相混（或消失），入声韵尾消失等。

　　这些讲唱文学形式确实反映了某特定时段、区域的方音现象，但是这些仅仅还是停留在传统的韵类归纳上，不是细致的音值区别。而真正的方音区别就在于其相同音类下，不同音值的差异。这些讲唱文学数据能够一定程度上反映了一些语音现象，但是无法区别其语音性质到底属于中原还是兰银官话的基础语音。

参考文献

白涤洲(1954)《关中方音调查报告》,北京:中国科学院。
布尔日古德(2012)《〈华夷译语〉(甲种本)音译汉字研究》,北京:中国社会科学出版社。
车锡伦(2009)《中国宝卷研究》,桂林:广西师范大学出版社。
陈章太、李行健主编(1996)《普通话基础方言基本词汇集》,北京:语文出版社。
高葆泰(1985)《兰州方言音系》,甘肃:甘肃人民出版社。
葛剑雄主编(1997)《中国移民史》第六卷,福州:福建人民出版社。
龚煌城(2005)《西夏语言文字研究论文集》,北京:民族出版社。
贺巍(2002)《官话方言研究》,北京:方志出版社。
黄宗鉴(2014)《〈华夷译语〉研究》,北京:昆仑出版社。

老舍(2008)《北京俗曲百种摘韵·序一》,《罗常培文集·第三卷》,济南:山东教育出版社,第 80 页。
李伟(2010)《汉语阳泉方言语音变异研究》,北京:中国社会科学出版社。
李范文(1994)《宋代西北方音》,北京:中国社会科学出版社。
林涛(2012)《宁夏方言概要》,银川:宁夏人民出版社。
林涛(2012)《东干语调查研究》,北京:中国社会科学出版社。
刘伶(1988)《敦煌方言志》,兰州:兰州大学出版社。
刘迎胜(2013)《华言与蕃音:中古时代后期东西交流的语言桥梁》,上海:上海古籍出版社。
刘迎胜(2013)《小儿锦研究》,兰州:兰州大学出版社。
聂鸿音(2012)《西夏文献论稿》,上海:上海古籍出版社。
宁忌浮(2016)《汉语韵书史(金元卷)》,上海:上海人民出版社。
彭清深、张祖煦《西北地区汉语方言之纵向考察》,《西北民族学院学报》(哲社版),2000 年第 4 期。
孙伯君《西夏译经的梵汉对音与西北方音》,《语言研究》,2007 年第 1 期。
孙伯君(2008)《契丹语研究》,北京:中国社会科学出版社。
孙伯君(2016)《金代女真语》,北京:中国社会科学出版社。
王静如(2015)《王静如文集》,北京:社会科学文献出版社。
王临惠(2003)《汾河流域方言的语音特点及其流变》,北京:中国社会科学出版社。
王森、王毅、王晓煜(2015)《中亚东干话调查研究》,北京:商务印书馆。
乌云高娃(2014)《明四夷馆鞑靼馆及〈华夷译语〉鞑靼"来文"研究》,北京:中国社会科学出版社。
徐朝东、仝正涛(2016)《敦煌诗文中平声与上去声相押现象之考察》,《文献语言学》第二辑,北京:中华书局。
张成材(1998)《西宁方言词典》,南京:江苏教育出版社。
张成材(2006)《中古音与青海方音字汇》,银川:青海人民出版社。
张成材、朱世奎(1987)《西宁方言志》,银川:青海人民出版社。
张盛裕《河西走廊的汉语方言》,《方言》1993 年第 4 期。
张维佳《关中方言音韵结构共性与历史行政区划》,《宝鸡文理学院学报》(社科)2002 年第 2 期。
张文轩(2009)《兰州方言词典》,北京:中国社会科学出版社。
张燕来(2014)《兰银官话语音研究》,北京:北京语言文化大学出版社。
赵浚《甘肃方言里 ən、əŋ 不分的问题》,《兰州大学学报》(社会科学版)1963 年第 2 期。
周祖谟(1966)《宋代方音》,《问学集》(下),北京:中华书局。

出土文献中反映的语流音变现象[*]

赵 彤

以后世的用字习惯来衡量,出土文献中存在大量的"通假字"。[①] 所谓通假字,本字和借字的读音在理论上应该是大致相同的。然而有时我们从已有的上古音知识出发,对于出土文献中的有些"通假"现象并不能给出很好的解释。造成这种情况的原因比较复杂,其中有些同语流音变有关。对于出土文献中所反映的语流音变现象,学者们已经有所注意。冯蒸(1984)解释青铜器铭文"攻吴"与传世文献中所记"句吴"之间的关系,赵彤(2008)探讨楚简将"管夷吾"写作"管寺吾"的原因,李家浩(2016)分析青铜器铭文"姑发诸反"与传世文献所记"诸樊"之间的语音关系,都运用了语流音变的理论。就目前所观察到的,出土文献中所反映的语流音变主要有同化、弱化、减音、增音和合音五种。

一 同化

同化是指不同的音在语流中由于相互影响变得相同或部分相同。比如"人民"在口语中一般读作 rémmín,"人"的韵尾被同化为-m;"面包"在口语中一般读作 miàmbāo,"面"的韵尾被同化为双唇音。出土文献中也有反映同化现象的例子。

---

[*] 本文的部分内容曾先后在不同场合报告过,收到同行专家们不少有益的意见。因时间跨越较久,恐有疏漏,恕不一一提及姓名,于此一并致谢。

唐作藩先生是我音韵学的启蒙老师,带领我进入了音韵学的多彩世界。谨以此文为唐先生祝寿。祝愿先生幸福安康!

[①] 本文所说的"出土文献"主要指出土的先秦文献。

1. 甘丹→邯郸

"邯郸"的"邯"《广韵》在寒韵,收-n 韵尾,而"甘"声字一般收-m 韵尾。俞敏(1948)据颜师古《汉书注》"邯"有"音酣"和"下甘反"的注音证明"邯"字本收-m 尾,因为受"郸"字声母 t- 的同化而变为-n 尾。金周生(1987)也有同样的看法,并引古钱币中"邯郸"写作"甘丹"为证。出土的兵器铭文"邯郸"也有写作"甘丹"的(邯郸上库戈,集成 11039)。"邯郸"的"邯"在古钱币和兵器上写作"甘",清楚地表明"邯"字原收-m 尾,后来变为-n 尾是受"郸"字声母的同化。这个音变如下所示:①

$$\text{甘丹} \rightarrow \text{邯郸}$$
$$\text{gam tan} \rightarrow \text{gan tan}$$

"甘"字本身是清声母,但是在这里代表浊声母的"邯",应该是假借,所以拟音直接写作浊声母。②

2. 穴熊→鬻熊

传世文献中所记楚国先祖名有"穴熊"和"鬻熊"。这两个楚先祖名在近年出土的楚简中也出现了。"穴熊"见于新蔡简(零 254、162,零 288,零 560、522、554,甲三 35,乙一 22,乙一 24)和清华简(楚居 2)。"穴"或作"空";"熊"多作"酓",两处作"熊"。"鬻熊"见于包山简(217、237)、望山简(1.121)和新蔡简(甲三 188、197)。"鬻"写作"毓"的异体,从"女",或从"示";"熊"写作"酓"。楚简中楚先祖名的排列顺序证明二者实为一人(参看张富海 2010,白显凤 2012),但是语音上还没有很好的解释。现在我们尝试用语流音变来解释:

$$\text{穴熊} \rightarrow \text{鬻熊}$$
$$\text{gwet gwjəm} \qquad \text{qlok gwjəm}$$
$$\text{gwet gom} \rightarrow \text{gok gom} \rightarrow \text{gouk gom(kouk kom)}$$

楚王的姓氏多写作"酓"。我们原来认为"熊"是秦人对楚人的称呼,并

---

① 本文拟音据赵彤《战国楚方言音系》。不分行者是上古通语的读音,分两行者第一行是上古通语的读音,第二行是战国楚方言的读音。简单起见,拟音一般不加星号。

② 我们认为假借和通假在语音性质上并不完全相同。参看赵彤《谐声、假借和通假的语音性质》,《古文字与汉语历史比较音韵学》,上海:复旦大学出版社,2017。

根据上博简《容成氏》简21"熊"字写作从"兴"声认为战国楚方言中"熊"字归蒸部(赵彤 2006:106—107)。现在从"穴熊"的"熊"又写作"熊"来看,"熊"还是应归侵部。"穴"字因为圆唇声母(或合口介音)的影响,加上后字元音的同化作用,元音变为 o,韵尾则是被后字的声母同化为舌根音,于是转入觉部,然后跟觉部一起变为-ouk。"鬻""毓"是以母字。我们(赵彤 2005)曾提出:以母早期是 ql-,楚方言中演变为 k-。《诗经·豳风·鸱鸮》:"鬻子之闵斯。"《经典释文》:"鬻,由六反,徐居六反。"表明"鬻"见母的读音一直到中古仍有保留。"鬻"在楚方言中声母应该是 k-,而"穴"的声母是 g-,清浊不同。我们曾假设部分匣母来自早期的 sg-,在战国楚方言中变成 k-。"穴"或"熊"是否属于这种情况还不能确定。但无论如何,清浊交替毕竟在出土文献中是常见的现象。

二 弱化

语流中处于非重读位置的音节,由于发音的懒散往往容易失去某些特征,这就是弱化。汉语中的语法成分"的""着""了"等就是弱化的典型。疑问语气词"吗"来自"无"(王力 1958),可是与"无"的读音演变不一致,也是弱化造成的。出土文献中也有反映弱化音变的例子。

3. 无→母(毋)

古代汉语中表示禁止的否定副词写作"无"或"毋",实为一词(吕叔湘 1921)。"毋"是由"母"分化而来。"无"是鱼部字,而"母"是之部字。大西克也(1989)提出一种解释:从"无"到"毋"的演变可能是由于轻读音变。出土的楚系简帛文献中,"母"和"毋"都既可以表示"父母"的"母",又可以表示否定副词"毋",而且各自的比例不相上下(陈斯鹏 2011:166—167)。由此看来,"毋"最初很可能只是"母"的异体,后来才逐渐成为否定副词的专用字。汉语中的否定副词经常弱读。比如广州话的否定副词"唔"[˪是 m],应该来自"无"[˪mou](覃远雄 2003),弱化后韵母脱落。所以大西克也的解释应当可以成立。否定副词"无"本来是鱼部字,弱读后韵母变为 ə,所以又用之部的"母"字来记录。这个音变过程我们重新归纳如下:

$$\text{无} \rightarrow \text{母}(毋)$$
$$\text{mja} \rightarrow \text{mə}$$

弱化后介音往往脱落,比如虚词"了"的音变:liau→lə。"无"的弱化形式是 mə,用"母"字来记录非常合适,后来为了与"父母"的"母"相区别,就专用"毋"字,于是"毋"和"母"就有了分工。由于重读形式仍然存在,或者是因为书面上还经常写作"无",原始形式和弱读形式之间的联系并没有切断,本来作为副词专用字的"毋"甚至开始侵占动词"无"的领地。《郭店楚墓竹简·性自命出》简 60—61:"凡于路毋畏,毋独言。独处则习父兄之所乐。苟毋大害,小柱,纳之可也,已则勿复言也。"①其中第三个"毋"用作动词"无"。不过此例中因为前文出现了两个副词"毋",或许有一些"同化"的作用。中古以后,"毋"主要用于书面语,弱化的形式逐渐被放弃,于是就把"毋"也读成"无"了,所以韵书中"毋"与"无"同音。

4. 管夷吾→管寺吾

《郭店楚墓竹简·穷达以时》简 6:"管寺吾拘囚桎梏,释械柙而为诸侯相,遇齐桓也。""管寺吾"就是"管夷吾",但"夷"是脂部字,"寺"是之部字,韵部相差较远,语音上不好解释。北京有很多地名叫"某各庄",如"张各庄""岳各庄"。"各"实际上就是"家",中古音为 ka,由于处在三字专名的第二音节,口语中弱读为 kə,所以没有按照见母麻韵二等字的一般规律变为 tɕia。久而久之,人们渐渐不知其本字,于是写作"各"。② 我们(赵彤 2008)推测"管夷吾"写作"管寺吾"也是同样的原因:由于"夷"字处于三字专名的第二音节,有可能发生弱化,韵母变为央元音,从而变得跟之部的"寺"字读音相同,所以可以写作"寺"。如下所示:

$$\text{管夷吾} \rightarrow \text{管寺吾}$$
$$\text{kwan qlei ŋa} \quad \text{kwan drjə ŋa}$$
$$\text{kwan kei ŋə} \rightarrow \text{kwan də ŋə}$$

---

① 本文郭店简释文据陈伟等(2009),除讨论的字外都直接改用通行字。
② 顾炎武已经指出"各"即"家"。《音学五书·唐韵正》卷四:"家,古音姑。……今山东青州以东犹存此音,如张家庄、李家庄之类皆呼为姑,至幽蓟之间则又转而为各矣。"

我们原来按邪母的音韵地位将"寺"的上古音拟为 qljə(赵彤 2008)。邪母与以母关系密切,这样处理似乎没什么问题。可是从古文字来看,"寺"是"持"的初文,邪母的读音应该较晚才出现,所以现在改取"持"的读音。这样一来,除弱化以外,还有一个同化的音变,即"夷"的声母被"管"的韵尾同化为舌尖音,同时因为弱化而变为浊音。

三 减音

减音是指在语流中省略了某些音素。造成减音的原因不止一种,上文讲的弱化就是其中之一。以下要讲的主要是前字的韵尾由于与后字的声母相同而合并进而省略的现象。比如北京话把"杉木"叫 shāmù,李荣(1965)用语流音变解释:ʂam muk →ʂa mmuk →ʂa muk →ʂa mu。出土文献中也有类似的例子。

5. 攻吴→句吴

根据文献记载,吴国自称为"句吴":

《史记·吴太伯世家》:"太伯之奔荆蛮,自号句吴。"

《汉书·地理志下》:"大伯初奔荆蛮,荆蛮归之,号曰句吴。"

《左传·宣公八年》:"盟吴越而还。"孔颖达《正义》:"《谱》云:吴,姬姓,周大王之子大伯、仲雍之后,大伯、仲雍让其弟季历而去之荆蛮,自号句吴。'句'或为'工',夷言发声也。"

孔疏提到"句吴"有写作"工吴"的。出土的吴国青铜器铭文国名作"工吴"(工吴王叔矣工吴剑[①])、"攻吴"(攻吴夫差鉴,集成 10296)、"攻敔"(攻敔王剑,集成 11636;攻敔王夫差剑,集成 11637、11638、11639;攻敔王光剑,集成 11620、11654;攻敔王光戈,集成 11151;攻敔王夫差戈,集成 11288;攻敔戟,集成 11258)、"攻鹵"(攻鹵王姑发郘之子剑,近出 1228;攻鹵王叔戉此郘剑[②])、"工鹵"(工鹵王姑发者坂戈,近二 1193)、"工㿉"(者瀘钟,集成

---

① 据董珊(2009)和李家浩(2016)。
② 据陈千万(2000)。

00193—00196；姑发習反剑，集成11718)等。铭文的时代比传世文献早，而且是吴国自称其国，所以"攻吴"应该是代表了较早的语音形式。那么，传世文献中为何写作"句吴"呢？冯蒸(1984)用语流音变来解释："攻"字韵尾与"吴"字声母相同，在语流中连到后字然后被省略。这个音变过程如下：①

攻吴 → 句吴

kɔŋ ŋa → kɔ ŋŋa → kɔ ŋa

6. 婴儿→殴儿(嫛婗)

《郭店楚墓竹简·语丛四》简26—27："一王母保三殴儿。""殴儿"即"婴儿"。《释名·释长幼》："人始生曰婴儿。胸前曰婴，抱之婴前，乳养之也。或曰嫛婗。婴，是也，言是人也。婗，其嗁声也。故因以名之也。"《释名》的说法并不可信，"殴儿""嫛婗"都是"婴儿"由于语流音变形成的变体，音变的方式与前例一致：

婴儿 → 殴儿(嫛婗)

ʔjeŋ ŋlje　　ʔe ŋe

ʔeŋ ŋe → ʔe ŋŋe → ʔe ŋe

因为同谐声者多疑母字，"儿"应当来自舌根音声母，我们假设为ŋl-型复声母，在战国楚方言中则简化为单声母。

7. 倾耳→奚耳

《上海博物馆藏战国楚竹书·民之父母》简6："奚耳而听之，不可得而闻也。"整理者已经指出此句与《礼记·孔子闲居》"倾耳而听之，不可得而闻也"和《孔子家语·论礼》"倾耳而听之，不可得而闻"对应，但宥于古音，将"奚"读为"系"。"系耳"不成词，"奚耳"仍当读为"倾耳"，字作"奚"也是因为语流音变：

倾耳 → 奚耳

kh(w)jeŋ njə　　　　ge njə

kheŋ nə → khen nə → khe nnə → khe nə

---

① 本文又补充了几个例子，并将拟音改按本文规则。

同前两例相比,此例多了一个中间环节:"倾"的韵尾首先被"耳"的声母同化,然后再连到后字被省略。"倾"字中古是合口呼,而现代方言中多为开口,[①]可能很早有开口一读,所以拟音给介音 w 加了括号。此外,"倾"与"奚"的清浊不同。这种现象在前例中也出现过,我们目前还没有很好的解释。

8. 割洗→姑洗

音律名"姑洗"在曾侯乙墓钟、磬铭文中有多种写法。前一字写作"割"或从"割"声之字。后一字写作"𤎩"或"𤏯",从"先"声,或"聿"声。"先"声在文部,"聿"声在真部,而在战国楚方言中,"聿"声转入文部(赵彤 2006:109—110),所以后字实际与"洗"同音。为了书写简单,我们统一写作"割洗"。铭文的写法很可能也是代表了较早的语音形式,而传世文献中的"姑洗"则可能是语流音变的结果:

割洗　　　　→　　　　姑洗
kat siən → kas siən → ka ssiən → ka siən

同上例一样,此例也是先经过了一个前字韵尾被后字声母同化的中间环节。上古汉语中是否存在-s 韵尾还有争议。不过在语流中出现音系中原来没有的结构也是常见的现象。比如北京话没有-m 韵尾,可是"人民""面包"等在实际发音中前字往往念成-m 韵尾。

四　增音

与减音相反,增音是在语流中增加了某些音素。俞敏(1948)指出:北京话的"哎呀"āiyā 是由"啊呀"a ia 变来,受后字韵头的影响,前字增加了-i 韵尾;"南无"梵文原文是 namo,前一音节用"南"来译,也是受后一音节影响增加了-m 韵尾。以下是出土文献中反映增音的例子。

9. 姑发诸反→姑发𦎫反

出土的青铜器铭文中有人名"姑发𦎫反"(姑发𦎫反剑,集成 11718)、

---

① 参看《汉语方音字汇》(第二版重排本),语文出版社 2003 年版第 354 页。

"姑發者坂"(工廬王姑发者坂戈,近二1193)、"姑發者反"(诸樊之子通剑,近二1299)。几种写法其实是同一个人,李家浩(2016)统一写作"姑发诸反",并认为其中的"姑"和"诸"都是附加语。"䛅"当从"耴"声,"耴"字端母叶部。"诸"字因为在语流中受"反"字声母的影响增加了-p 韵尾,于是写作"䛅"。

姑发诸反　　→　　姑发䛅反
ka pjuat tja pjuan → ka pjuat tjap pjuan

10. 微妙玄达→非溺玄达

《郭店楚墓竹简・老子甲》简 8:"必非溺玄达,深不可志。""非溺"王弼本作"微妙",帛书乙本作"微眇"。"溺"即"溺水"之"溺",入声药部。楚简中常常用作"弱",也是入声药部。而"妙"是阴声宵部,简本写作"溺"很可能是受后面"玄"字声母的影响增加了-g 韵尾,汉语韵尾不分清浊,所以自然归入到入声。

必微妙玄达　　→　　必非溺玄达
piet mjəi miu gwen dat　piet pjəi niuk gwen dat
piet mjəi miau gwen dat → piet pjəi niauk gwen dat

此例的音变比较特别。除了变为入声外,"溺"字的声母也发生了变化,这应当与同化有关。在后接 i 时,双唇音在听感上本身就与舌尖音非常接近。比如英语字母 b 和 d 的发音经常容易混淆,又如汉越语和汉语方言中都有双唇音在 i 前演变为舌尖音的例子(王力 1948,潘家懿 1995)。再加上前字"微"韵尾-i 的影响,"妙"的声母被同化为舌尖鼻音 n-。此外,"微"写作"非"大概是声母受前字"必"韵尾的同化。战国楚方言中鼻音声母本身就可能带有塞音性(赵彤 2006:75),在与清塞音相连时容易被同化为清塞音。

五　合音

语流中两个(或两个以上)音节合并为一个音节的现象称为合音。合音在古汉语中也不乏其例,如"之于"或"之乎"合音为"诸","何不"合音为"盍"。出土文献中也有反映合音现象的例子。

11. 姑发诸反/姑发反→诸樊

前文提到的人名"姑发诸反"就是传世文献中所记载的吴王"诸樊"。由"姑发诸反"到"诸樊"的变化,李家浩(2016)用合音来解释。人名中的附加语可以省略,"姑发诸反"有省作"姑发反"的(攻敔王姑发郘之子剑,近出1228)。省略了"诸"字,"发反"就连一起,在语流中合为一个音节,于是"姑发反"就变成了"姑反",然后再变为"诸反(樊)"。合音的解释应该是可以成立的。不过由"姑反"到"诸樊"的变化从语音上不好解释。既然"姑"和"诸"都是附加语,那么就都可以省略,所以"姑发诸反"应该也可以省略为"发反"。"发反"合并为一个音节,即"反"或"樊"。铭文"发"又写作"癹",或许是浊声母,这样与"樊"对应得更加严密。"诸樊"则是在合音形式上又重新加了一个附加语"诸"。从"姑发诸反"到"诸樊"的演变过程如下:

(姑)发(诸)反 → 发反 → 樊 → (诸)樊

(ka) bjuat (tja) pjuan→ bjuat pjuan→ bjuan → (tja) bjuan

还有一种可能,"姑发反"合音为"姑樊",然后又将附加语"姑"换为"诸"。我们更倾向于前一种解释,期待将来能发现反映中间环节"发反"的材料。

六 结 语

从上文所举的例子来看,出土文献中反映的语流音变现象有一个比较显著的特点,就是多出现在相对凝固的词语中,尤其是专名当中。这是因为语流音变一般是在说话的过程中临时出现的,说话人往往意识不到,所以一般不会反映在文字上。语流音变要在文字上反映出来,就必须是比较固定的,凝固的词语符合这个条件。专名中的语流音变尤其容易被记录下来。因为专名的构词理据随着时间推移往往容易变得模糊,所以在记录这样的词语时,汉字实际上主要起记音的作用,那么其中的语流音变也容易被记录下来。虚词因为经常弱读往往会造成特殊的音变,从而与原来记录它的汉字脱节,就可能会采用新的书写形式,这时也能反映出语流音变。

就出土文献而言,对语流音变的记录还与其形成和流传方式有关。同一种文献的出土本与传世本往往在文字上有很大的差异,同一文献的几种出土版本之间也往往有不少差异。这似乎表明早期的文献很多时候不是直接传抄形成的,而是以"口授—笔录"的方式形成的。有的可能就是老师讲授、弟子记录下来的笔记。这就容易解释出土文献中为什么有大量的"通假字",而且不同版本之间用字还不一样。弟子在记录时如果听到陌生的概念,比如人名、地名、术语等专名,用同音字来记录是很自然的,这些词语中的语流音变也很可能被同时记录下来。第 10 例中,"妙"和"玄"、"必"和"非"都不在同一结构层次中,如果相互影响并产生音变一定是在语速较快时才可能出现,甚至于仅仅是因为记录者没有完全听清楚造成的。

人们说话时相邻的语音之间会互相影响,所以语流音变总是存在的。古代汉语应当也不例外。不论是传世文献,还是出土文献,其中总会留下一些关于语流音变的蛛丝马迹。认清语流音变现象对于古音研究和古文字、出土文献研究都有重要的意义。比如传统音韵学所说的"对转",往往只揭示了现象,并没有进一步的解释。其实很多所谓"对转"就是语流音变造成的。语流音变往往是反映临时的变化,研究古音时如果不加以辨别,把"动态"看成"常态",就可能会造成偏差。同样,古文字、出土文献研究也应该关注语流音变。

本文讨论了 11 个例子,是否全都可靠还有待新材料的检验。我们试图用严格的语音标准来解释这 11 个例子。就当前的上古音研究而言,要做到如此精密或许还不具备足够的条件,但是我们应该向这个方向努力。

参考文献

白显凤(2012)《战国楚简人名异写研究》,吉林大学硕士学位论文。
陈千万(2000)《湖北谷城县出土"攻虏王叡戗此邻"剑》,《考古》第 4 期,96—96 页。
陈斯鹏(2011)《楚系简帛中字形与音义关系研究》,北京:中国社会科学出版社。
陈伟等(2009)《楚地出土战国简册[十四种]》,北京:经济科学出版社。
大西克也(1989)《论"毋""无"》,《古汉语研究》第 4 期,36—45 页。
董珊(2009)《新出吴王余祭剑铭考释》,复旦大学出土文献与古文字研究中心网站 2009 年 5 月 10 日,http://www.gwz.fudan.edu.cn/Web/Show/784。
冯蒸(1984)《"攻吴"与"句吴"释音》,《古汉语研究论文集(二)》,北京:北京出版社;又《汉语音韵学论文集》,北京:首都师范大学出版社,1997,96—100 页。

金周生(1987)《古代汉语连音变化举例》,《辅仁学志:文学院之部》第 16 期,225—236 页。
李家浩(2016)《谈"姑发诸反"与"诸樊"之间的语音关系》,《上古汉语研究》第一辑,北京:商务印书馆,36—44 页。
李荣(1965)《语音演变规律的例外》,《中国语文》第 2 期;又《音韵存稿》,北京:商务印书馆,1982,107—118 页。
吕叔湘(1921)《论毋与勿》,《华西协合大学中国文化研究所集刊》1 卷 4 期;又《汉语语法论文集(增订本)》,北京:商务印书馆,1984,73—102 页。
潘家懿(1995)《闻喜变音与汉越语变音》,《语文研究》第 2 期,38—43 页。
覃远雄(2003)《汉语方言否定词的读音》,《方言》第 2 期,127—146 页。
王力(1948)《汉越语研究》,《岭南学报》9 卷 1 期;又《王力文集》第十八卷,济南:山东教育出版社,1991,460—587 页。
王力(1958)《汉语史稿》,北京:科学出版社;又《王力文集》第九卷,济南:山东教育出版社,1988。
俞敏(1948)《古汉语里面的连音变读(sandhi)现象》,《燕京学报》第 35 期;又《俞敏语言学论文集》,北京:商务印书馆,1999,343—362 页。
张富海(2010)《楚先"穴熊"、"鬻熊"考辨》,《简帛》第五辑,上海:上海古籍出版社,209—213 页。
赵彤(2005)《以母上古来源及相关问题》,《语言研究》第 25 卷第 4 期,12—18 页。
赵彤(2006)《战国楚方言音系》,北京:中国戏剧出版社。
赵彤(2008)《从楚简中所反映的一处语流音变看上古音拟测的几个问题》,《中国音韵学——中国音韵学研究会南京研讨会论文集·2006》,南京:南京大学出版社,54—58 页。

引书目录

河南省文物考古研究所(2003)《新蔡葛陵楚墓》,郑州:大象出版社。
湖北省博物馆(1989)《曾侯乙墓》,北京:文物出版社。
湖北省荆沙铁路考古队(1991)《包山楚简》,北京:文物出版社。
湖北省文物考古研究所(1996),《江陵望山沙塚楚墓》,北京:文物出版社。
荆门市博物馆(1998)《郭店楚墓竹简》,北京:文物出版社。
李学勤主编(2010)《清华大学藏战国竹简(壹)》,上海:中西书局。
刘雨、卢岩(2002)《近出殷周金文集录》,北京:中华书局。
刘雨、严志斌(2010)《近出殷周金文集录二编》,北京:中华书局。
马承源主编(2002)《上海博物馆藏战国楚竹书(二)》,上海:上海古籍出版社。
中国社会科学院考古研究所(2007)《殷周金文集成》(修订增补本),北京:中华书局。

"华发"的义与音*

陈　宁

一　问题的提出

有一次听师范生的高中语文实习课,是讲苏轼《念奴娇·赤壁怀古》。其中一句"故国神游,多情应笑我,早生华发",实习生按照教材的注释解"华发"为"花白的头发",做范读时"华"字的发音却游移不定,时而读阴平声,时而读阳平声。课下我对该生说应读阳平声。但我对课本注释"花白的头发"心存疑问:"华发"不是"白发"吗?怎么注为"花白的头发"呢?回来我就开始翻查各种辞书。一查还真是有问题。各种辞书对"华发"的释义,可以分为两类:一类是花白的头发,一类是白发。下面我们分类列举一些常用辞书的释义:

表一:释为"花白头发"的辞书

辞 书 名 称	"华"的释义	"华发"的释义	"华"的音
《新华字典》(第11版)	(头发)花白	——	阳平
《现代汉语词典》(第7版)	(头发)花白	花白的头发	阳平
《现代汉语规范词典》(第3版)	头发黑白混杂	花白的头发	阳平
《古代汉语词典》(第2版)	头发花白	花白头发	阳平
《古汉语常用字字典》(第5版)	花	花白头发	阴平
《辞源》(第2版、第3版)	头发花白	老人的花白头发	阳平
《辞海》(2009年版)	(头发)花白	花白头发	阳平
《汉语大字典》	(头发)花白	——	阳平
《汉语大词典》	(头发)花白	花白头发	阳平

---

*　谨以此文敬贺唐先生九秩华诞!

表二：释为"白发"的辞书①

辞 书 名 称	"华"的释义	"华发"的释义	"华"的音
《康熙字典》	发白也	——	阳平
《中华大字典》	白也	——	阳平
《辞源》(1915年版)	发白曰华	老年之称②	阳平
《国语辞典》(2011年影印1957年版)		谓白发	阳平
《中文大辞典》	发中白者曰华	——	阳平
《新华词典》(1980年版)	——	白的头发	阳平

同一部辞书内部存在释义不统一现象。如华发、华首、华颠三个词中的华是同义词，应作相同的训解。而《辞源》第2、3版将华发解作"老人的花白头发"③，华首解作"头发斑白"，华颠却解作"白头"。

花白不等于白，花白头发不等于白发。华发到底应取哪一义呢？

二 从词义引申脉络和古代的训解来看

《说文解字》："𠌶，艸木华也。華，荣也，从艸从𠌶。"𠌶字象花之形，本义是草木之花。此字文献罕用。華④为𠌶的后起字⑤，先秦两汉时期常用。"花"字更晚，在魏晋时期产生后，⑥一度与"华"字并用，后来二字分流，花便分担了华字晓母平声的音和相应的义。华与花的本义都是"草木之花"，这个意义上二字的读音相同，中古音都是呼瓜切，晓母，今读 huā。花与晓母的华音义相同，用字也有交叉，花与晓母华混用，可合称为花（华晓母）。华又音户花切，匣母，今音读 huá，与花的读音不同，可称为华（匣母）。华（匣母）

---

① 除了表中所列语词类辞书，还有一些文学典故类辞书将"华发"释为"白发"：如顾国瑞、陆尊梧主编《唐代诗词语典故词典》（北京：社会科学文献出版社，1992）、华夫主编《中国古代名物大典》（济南：济南出版社，1993）、程郁缀主编《历代诗歌爱情佳句辞典》（北京：中国妇女出版社，1990）等。（以上辞书释义来自《中国工具书网络出版总库》）
② 《辞源》1915年版未收"华发"条，"华发"这一释义见于《辞源》1937年正续编合订本。
③ "老人的"三字似为多余。
④ 后文以简化字"华"代"華"。
⑤ 徐灏《说文解字注笺》字下曰："𠌶華相承增艸头。"
⑥ 顾炎武《音学五书·唐韵正》"華"下注以为花字魏晋以后才出现。王念孙《广雅疏证》"蘤，華也"下注以为魏晋时已有花字。

和花(华晓母)词义引申轨迹不同。

华(匣母)由草木之花引申为光华、光彩。

> 华谓色有光华。(《诗经·齐风·著》"尚之以琼华乎而"孔颖达疏)
> 华,犹光也。(《淮南子·地形》"其华下照地"高诱注)

由光华、光彩义引申为白色。因为白色是颜色中光度最高的。头发由黑变白,亮度变高,故可称华发。历史上,华(匣母)的白色义出现很早。华发一词最早见于《墨子·修身》:"华发隳颠而犹弗舍者,其唯圣人乎!"

> 华发,白首也。(孙诒让《墨子间诂》"华发隳颠"引《后汉书·边让传》李贤注)
> 华,白;缁,黑也。(《文选·谢灵运〈晚出西射堂〉》"抚镜华缁鬓"张铣注)
> 华,白也。(《文选·潘岳〈杨荆州诔〉》"玄首未华"李周翰注)

又引申为名词,搽脸用的白色的粉。

> 铅华,粉也。(《文选·曹植〈洛神赋〉》"铅华弗御"李善注)

华(匣母)的白色义一般专用于形容头发。古书中有"华颠""华首""华鬓"等词语,均是讲白头、白鬓。

华(匣母)的词义引申轨迹可以这样表示:
　　　　草木之花→光华光彩→白色的→白色的粉

花(华晓母)字的本义为草木之花,因为花的颜色繁多,花的形状也多种多样,所以引申为形容词"颜色或种类错杂的"。

花(华晓母)的词义引申轨迹可以这样表示:
　　　　草木之花→颜色或种类错杂的

花白之花便是"颜色错杂"之义。花(华晓母)的"颜色或种类错杂"义出

现较晚。有的辞书举下面两句为例:

陆离羽佩,杂错花钿。(沈约《丽人赋》)
五花马,千金裘,呼儿将出换美酒。(李白《将进酒》)

其实这两个例句都有问题。"花钿",即象花朵的钗钿,"五花马",指鬃毛修剪成五瓣的马①,均非颜色错杂之义。单独看花或华字,较难知悉它的意义是否为错杂义。我们可以通过意义更为确定的词组"华(花)白、花发"来定华(花)为错杂义。

检索大正藏,《陀罗尼集经》(唐代阿地瞿多公元654年译)中有"华白氎",但又有"轻白氎""华黄氎""单素白氎""杂彩氎""间彩色氎""黄白华氎"等名目。综合来看,"华"似为光亮义,非颜色错杂义。"华白"即亮白,"华黄"即亮黄。元稹(公元779—831年)《解秋十首》之二:"回悲镜中发,华白三四茎;岂无满头黑,念此衰已萌。"这里"华白"似为"花白",但是也要存疑。

其一,后面"三四茎"说明只是几根头发,不是说的满头之发。满头之发,成片的白黑相间,可称花白;单根头发,非黑即白,即便半黑半白,也不应称花白。一般说"三四根白头发",很少说"三四根花白头发"。

其二,检索《中国基本古籍库》,明代以前,疑似为"黑白相杂"义的"华白",仅此一例。而此例的"华"似仍可以"亮白"义来理解。查《故训汇纂》,先秦至晚清的训诂资料中,"华"和"花"均无训为"花白"或"黑白相杂"义者。

有训华为彩色的:

《尚书·顾命》:华玉仍几。孔安国传:彩色。
《文选·曹植〈七启〉》:振华裳。吕延济注:华,文彩也。

---

① 《汉语大词典》"五花马"条:
唐人喜将骏马鬃毛修剪成瓣以为饰,分成五瓣者,称"五花马",亦称"五花"。唐杜甫《高都护骢马行》:"五花散作云满身,万里方看汗流血。"仇兆鳌注引郭若虚曰:"五花者,剪鬃为瓣,或三花,或五花。"唐无名氏《白雪歌》:"五花马踏白云衢,七香车碾瑶墀月。"一说,"五花马,谓马之毛色作五花文者。"见唐李白《将进酒》诗王琦注。
按:北宋郭若虚的说法是对的。

这些华为彩色、文彩之义,不是花白、黑白相杂之义。而且语音上,这些华是匣母,而非晓母。而今天花白的花是阴平,应是从晓母音变来,不是从匣母音变来。

可以确定是黑白相杂义的"华白"书证,见于明代。

> 公虽老,发仅华白,颜色复润好,蹑冠迎客,步翩翩然。(明宗臣《宗子相集》)①

"发仅华白"者,头发只是花白,尚未全白。
更多写作"花白":

> 世人须发稍斑白者,称曰花白。余三十有七,须鬓忽白一、二茎,戏名之曰试花须。(明田艺衡《香宇集》续集《试花须吟不觉对笑》)
> 怎得似东王公,相守到头花白。(明汤显祖《紫钗记》第四十四出)

花(华晓母)的黑白错杂义不专用于头发,还用于他物,如"花白鸽"(明朱橚《普济方》)、"花白米"(明顾起元《客座赘语》),犀角亦有花白一色(明张燮《东西洋考》)。

"花发"的出现,是在明代。

> 每叹人花发,那堪自及之;苍华何草草,玄鬓遽丝丝。(明郑以伟《灵山藏·始白》)

明代以前罕用花白,多用斑白。

> 斑白者,发杂色也。(《礼记·祭义》"斑白者不以其任行乎道路"郑玄注)
> 颁白者不负戴于道路矣。赵岐注:颁者,斑也,头半白斑斑者也。

---

① 本文中较多书证检索自《中国基本古籍库》。

(《孟子·梁惠王上》)

斑白谓年老其发白黑杂也。(《诗经·大雅·縣》"虞芮质厥成"正义)

现代的辞书给华发释义,应当遵循古代的训释。华发或与之类似的华首、华颠等词,古代的训解一般为白发、白首等,无训作斑白、花发、花白发、花白头的。①

华发,白首也。(《后汉书·文苑传下·边让》:"华发旧德,并为元龟"李贤注)
华发,白发。(《文选·羊祜〈让开府表〉》:"皆服事华发"李周翰注)
华首,谓白首也。(《后汉书·樊准传》:"故朝多皤皤之良,华首之老"李贤注)
华颠,谓白首也。(《后汉书·崔骃传》:"唐且华颠以悟秦"李贤注)
颠,顶也。华顶谓白首也。(《后汉书·蔡邕传》:"诲于华颠胡老"李贤注)
华,白也。(《文选·谢灵运〈晚出西射堂〉》:"抚镜华缁鬓"张铣注;《潘岳〈杨荆州诔〉》"玄首未华"李周翰注)
发中白者曰华。(《资治通鉴》唐德宗建中元年"公主、郡、县主多不以时嫁,有华发者"胡三省注)
杜甫诗《北征》:"况我堕胡尘,及归尽华发。"清卢元昌《杜诗阐》译作:"况我陷贼,今归鬓毛尽白。"

三 从语境中来看

(一) 以白、皓等词描写,当为白发

月轮若明镜,照见华发白。(清陈文述《颐道堂集·次夕月色更佳

---

① 明代以后才被误解作花白头发,见本文第四部分的分析。

寒亦殊甚旅舍静玩不能成寐诗以述怀》)

华发愁全白,苍颜酒蹔红。(清李骥《虬峰文集·乙丑除夜》)

何当华发丝丝白,豪气如虹不可干。(清王庆勋《诒安堂诗稿·东金丈兰堂》)

华发不复,皓首徒伤。(清张履祥《杨园先生全集·忘忧录小序》)

各勉华发欢,无遗白首叹。(清张英《渊鉴类函》卷十五岁时部四)

如是四十年,萧萧华发白。(清陈文述《颐道堂集·富平双节行》)

(二) 以白雪、霜、银等为喻,当为白发

1. 以雪为喻

五色斑衣云满袖,百年华发雪盈簪。(明程本立《巽隐集·题陈谷宾思亲卷》)

华发谩添乌帽雪,酡颜不藉锦衣红。(明黄仲昭《未轩文集·庆郑敏善先生八十应诏冠带》)

华发萧萧雪满领。(明夏良胜《建昌府志·童藻之诗》)

松老俱华发,峰高尽白头。(明徐熥《鳌峰集·初春集郑孟麟雪巢望前山微雪八韵》)

白雪新华发,红绡昔厚恩。(清宝鋆《文靖公诗钞·梨园弟子白发新得园字》)

科举新逢丙午停,华发满头皆陇雪。(清樊增祥《樊山续集·寿萱枉过话旧》)

朱颜霞有晕,华发雪初盈。(清陈大章《玉照亭诗钞·次韵答杜伯缄》)

2. 以霜为喻

镜中华发霜匀糁。(元王伯成《哨遍·赠长春宫雪庵学士》)

白玉盘中双照影,输君华发似秋霜。(明屈大均《采石题太白祠》四首之二)

燕婉当及时,霜雪变华发。(明李攀龙《沧溟集·郡斋同元美赋》)

好花似雪堂堂去,华发如霜冉冉侵。(清杜堮《遂初草庐诗集·滦阳书怀》)

何期中道捐,华发飘素霜。(清龚鼎孳《定山堂诗集·咏怀诗之十二》)

五筝不弹辘轳悄,一簪华发凝秋霜。(清顾嗣立《元诗选·秋塘曲》)

3. 以素(白色的生帛)为喻

中年华发忽成素,叹息流光近迟暮。(明边贡《华泉集·席上次韵刘镇远希召南雍剑客歌为八十翁阮毅夫赋》)

岂愿从世成依违,高堂华发纡素丝。(清吴之振《宋诗钞·何须问归路》)

4. 以银为喻

归插满头谁与共,可怜华发已如银。(清陈昌图《南屏山房集·重过夕照寺看菊怀旧时同游诸公》)

(三) 与青、玄、黑、绿、缁等颜色词对,当为白

青、玄、黑、绿、缁等颜色词都是形容黑色。华在诗文中与之相对,应是指意义相反的白色。

1. 与青相对

况闻秦宫夕,华发变已青。(唐李益《李尚书诗集·罢秩后入华山采茯苓逢道者》)

华发不再青,劳生竟何补?(唐元稹《元氏长庆集·遣病十首之五》)

羞将华发照青衫。(宋程洵《尊德性斋小集·再韵呈诸公》)

华发羞青镜,流年惜守宫。(清陈大章《玉照亭诗钞·次韵答杜伯缄》)

2. 与玄相对

玄发成华发，添年是减年。（宋释文珦《潜山集·元日作》）
春尽红芳成绿易，人生华发变玄难。（明张泰《沧洲诗集·亮师方丈次武侯丈韵》）
料得黄金可变，也应华发还玄。（清先着《劝影堂词·木兰花慢 高式南五十》）

3. 与黑相对

华发无重黑理，烧痕有再青时。（宋刘克庄《后村集·春日即事六言》）
不知黑发变华发，谁问今吾非故吾。（明龚诩《野古集·寄沈诚学》）
世态逐华发，谁能回黑头。（明赵时春《浚谷集·乐休园》）
堪嗟髭发白如霜，要黑元来有异方。……十服之后君休摘，管教华发黑加光。（明佚名《便民图纂·五神还童丹》）
华发何由黑，春山一笑青。（清伊秉绶《留春草堂诗钞·将之粤东先寄蒋砺堂制府攸铦韩桂舲中丞四首》）

4. 与绿相对

不觉南陵公子绿鬓改而华发生。（唐徐寅《钓矶文集·人生几何赋》）
促迫于生人，绿鬓成华发。（宋释文珦《潜山集·古意》）
坐怜华发改，莫遣绿樽空。（清陈大章《玉照亭诗钞·次韵答杜伯缄》）

5. 与缁相对

自笑病容随步见，未衰华发满缁衣。（清陈吁《宋十五家诗选·照影亭》）
华发无缁，蓝衫欲皂。（清檀萃《草堂外集·祭同社曹练湖先生文》）
衰颜坐自槁，华发无再缁。（民国徐世昌《晚晴簃诗汇·长歌行》）

(四) 华发与"几茎、数根、添、摘、侵、多、新"等词语相搭配,当为白发义

前面说过,花白是成片头发的颜色,是不可数形容词,不宜用于可数的以根、以茎为单位的头发。人们怜惜原有的黑发而厌恶后来的白发。与添、摘、侵、多、新等词相搭配,一般应是白发,不应是花发。因为花发是黑白相杂之发。假如说添花发,则黑发只会少不会添。假如说摘花发,则黑发在内摘之误伤。现代汉语中也只说"添白头发""摘白头发"而不说"添花白头发""摘花白头发"。同样的道理,与侵、多、新等词相配的华发也宜理解为白发。

1. 与数根,几茎,数字加茎、根、丝相配

鬓添华发数茎新。(唐徐夤《钓矶文集·鬓发》)
留得数根华发。(宋陈东《少阳集·秦刷子》)
新着了几茎华发。(宋陈亮《龙川集·贺新郎怀辛幼安用前韵》)
一茎两茎华发生,千枝万枝梨花白。(宋洪迈《万首唐人绝句诗·送人》)
门外故人千嶂远,灯前华发万丝乖。(宋周紫芝《太仓稊米集·睡起有感》)
半纸功名犹未就,数茎华发已堪怜。(元陈镒《午溪集·次韵叶训导雨中漫兴》)
红颜易衰老,华发日数茎。(明帅机《阳秋馆集·初秋感兴之二》)
昨向澄江照容鬓,数茎华发逐愁生。(明赵世显《芝园稿·同张使君闵征士集榷署水亭感赋》)

2. 与添、生相配

早岁添华发,再来成白头。(唐刘禹锡《刘梦得文集·早秋集贤院即事》)

不堪时傍潘安鬓,华发朝来觉骤添。(宋冯时行《缙云文集·雪中用黄太史韵》)

玉台前,请君试看,华发添多少。(严仁樵《归朝欢别意》,见宋黄升《中兴以来绝妙词选》)

遥知别后添华发,时向樽前说病翁。(宋苏轼《苏文忠公全集·次韵周邠寄雁荡山图二首之二》)

异日不知来照影,更添华发几千茎。(宋王安石《临川集·别皖口》)

要破帽多添华发,(宋辛弃疾《稼轩长短句·赋琵琶之二》)

要因服念五六日,华发又添三四茎。(元张养浩《归田类稿·承宣堂早衙》)

故山归去青依旧,华发添来白未多(或作已多)。(明宋绪《元诗体要·吴全节〈江上作〉》)

刻今六八年,华发日夜生。(清史简《鄱阳五家集·夜中不成寐》)

3. 与摘相配

寄声岩扃去,华发勿强摘。(宋吕南公《灌园集·宿凌云山中留寄元礼》)

眼看青山休未得,鬓垂华发摘空频。(宋王禹偁《小畜集·岁暮感怀》)

4. 与侵、新相配

远客不可听,坐愁华发侵。(唐李群玉《李群玉诗集·乌夜啼》)

静照新华发,沉思旧钓蓑。(宋王禹偁《小畜集·池上作》)

5. 与多、多少相配

某华发渐多,壮心都尽。(宋刘克庄《后村集·回汤仲能抚属》)

病眸睡少偏憎夜,华发搔多不耐秋。(明马中锡《东田漫稿·夜雨

不寐有作》）

也应惊问,近来多少华发。（宋辛弃疾《稼轩长短句·念奴娇·书东流村壁》）

（五）以皤皤、星星等词形容,当为白发

1. 以皤皤形容

皤与白上古音同为並母,歌铎通转,是同源词。

> 皤,老人白也。（《说文·白部》）
> 皤皤,白发貌也。（《汉书·叙传下》"营平皤皤"颜师古注）

以皤皤形容华发,则华发为白发。

> 衮服委蛇,华发皤皤。（唐吕温《吕衡州文集·凌烟阁勋臣颂·李英公勣》）
> 双亲届期耄,华发良皤皤。（明余学夔《北轩集·一乐堂》）

2. 以星星形容

"星星"是白发闪亮之义。

> 星星,白发之貌。（《文选·谢灵运〈游南亭〉》"星星白发垂"李周翰注）
> 星星,明粲貌。（《古文苑·左思〈白发赋〉》"星星白发,生于鬓垂"章樵注）

以星星形容华发,则华发为白发。

> 岂料清秋日,星星共映簪。（唐张祜《张承吉文集·酬武蕴之乙丑之岁始见华发余自悲遂成继和》）
> 星星华发镜中惊,好赋归欤接浙行。（元耶律楚材《湛然居士集·

和冲霄韵五首》)

眼底狂澜奔浩浩,鬓边华发点星星。(清王煐《忆雪楼诗集·黄鼎沙诸候潮再遇许仪九主事》)

四　华发被讲成花发的原因和过程

华发本为白发。后来到了花(华晓母)发展出颜色错杂义后,花发有时被写作华发。这时,华便有了两个意义:1.白发;2.花白头发。字都写作华,但实为两个不同的词组。华音应分为二:前者来自匣母华,后者来自晓母华。"花白头发"义的华发始于明代。

唐李白诗"晚途值子玉,华发同衰荣。"①明代朱谏《李诗选注》注:华发,斑白也。

李白诗中"华发"当为白发义,明代因为有了"花白"一词,又作"华白",所以李白诗中的"华发"被明人误解为斑白。

明清时期少数作品中的"华发"似被用作"花发"。

枕上梦魂因甚散,镜中华发为谁斑。(明毛晋《六十种曲·鸣凤记》下)

华发冲冠感二毛,西风凉透鹔鹴袍;仰天不敢长嘘气,化作虹霓万丈高。(明瞿佑《剪灯新话·华亭逢故人》)

退食一樽聊自慰,高堂华发未成银。(清高士奇《高士奇集·壬戌除夕用户部尚书梁公韵》)

"斑"乃"斑白"义,"二毛",《左传·僖公二十二年》:"君子不重伤,不禽二毛。"杜预注:"二毛,头白有二色""华发未成银",则黑白相杂可知。

---

① 该诗名为《读诸葛武侯传书怀赠长安崔少府叔封昆季》。

华发还被误解为黄发。

《正字通》：华，户牙切，话平声。《说文》荣也。《广韵》又艸盛貌。又色也。《礼·玉藻》：大夫玄华。注：华，黄色也。以素为带饰，外以玄，内以黄也。又发华。卢纶诗：知余发已华。陆龟蒙诗：不信人间发解华。言发变黑为黄也。

《正字通》是首部收入华的头发颜色义的字典，也是首先明确该义读匣母平声的字典。它是根据《礼记·玉藻》"大夫玄华"郑玄注"华，黄色也"，将修饰发的华字讲为黄色。如此，则华发等于黄发。

清代洪颐煊继承了这种说法，将华首解作黄耇。

《樊宏传》："故朝多皤皤之良，华首之老。"李注："皤皤，白首貌也。《书》曰：'皤皤多士。'华首谓白首也。"颐煊案："经典凡言华者，皆谓黄色。华首即《诗》所谓黄耇也。"（《读书丛录》卷二十二"华首"）

所谓"经典凡言华者，皆谓黄色"，实为夸大之辞。以《故训汇纂》所收而论，仅"大夫玄华"郑玄注一处而已。洪颐煊与《正字通》皆据郑玄一注而解华首为黄发，其实是错误的。黄耇出自《诗经·小雅·南山有台》："乐只君子，遐不黄耇。"毛传："黄，黄发也；耇，老。"关于黄发，孔颖达正义："《释诂》云：'黄发、耇、老，寿也。'舍人曰：'黄发，老人发白复黄也。"《尔雅·释诂》："黄发，寿也。"郭璞注："黄发，发落更生黄者。"可见，头发由黑变白是华发，由白再变黄才是黄发，二者不可等同。洪书自序称："以声音文字通其原，以转写讹舛穷其变。"然此条以华发通黄发，实为误通。

郑玄为何说"华，黄色也"呢？

华，郑谓黄色。据或黄讹华则有之，若华则非黄色也。（清杭世骏《续礼记集说》卷五十七）

杭世骏说郑玄注华为黄色,是因为黄讹为华,不是华本有黄色的意义。这一看法是正确的。上古音黄匣母阳部,华匣母鱼部,声纽相同,韵部阴阳对转。华假借为黄是可能的。

后来周寿昌又有别解:

《樊准传》:"故朝多皤皤之良,华首之老。"注:"皤皤,白首貌也。"又注:"华首,白首也。"寿昌案:今书作番番,不作皤皤。皤训白,华不得又训白。明华为黑白相杂之貌,所谓苍发也。《礼·玉藻》"大夫玄华"注:"华,黄色也。"《陈蕃传》:"謇谔之操,华首弥固。"注引《新序》"齐宣王对问邱卬曰:'夫士亦华发堕颠而后可用'"故世亦谓之华颠。(《后汉书注补正》卷四"华首")

周寿昌认为前面的皤是白色之义,后面的华首之华便不得训白,因而华便是黑白相杂之貌。这种论证法实在牵强。对文固然有反义或异义的,但也有同义或近义的。皤皤与华首便应是近义而非异义。虽然周氏也提了郑玄注"华,黄色也",但他的结论已经不是黄发,而变为黑白相杂之发了。应是受明代以来"花白"一词的影响所致。

王先谦《后汉书集解》采纳周寿昌之说,扩大了周说的影响。

明清时期的这些观点:以华发为黄发也好,花发也好,影响本来都不是很大。训诂上的主流还是采用李贤等人的注释。这从《康熙字典》"华"立"发白也"义项,以及《墨子间诂》"华发"用李贤"白首也"的注解可见一斑。20世纪初年,现代辞书陆续产生。早期的一批辞书,如《中华大字典》、《辞源》(1915年版及正续编合订本)、《国语辞典》都能承绍故训,训华发为白发。①

据我们所知,近代第一部将华释为头发花白的辞书是《辞通》(1934年出版)。其书中"华颠、白颠、华首、荼首"作为意义相通的一组词编列在一起,

---

① 详见前表二。

作者朱起凤加按语说:"发杂黑白谓之华。"当是受周寿昌之说的影响。① 朱起凤是老《辞海》(1936年第一版)的编撰者之一。② 也许正因如此,老《辞海》几个词条的释义将华释为华白。老《辞海》对于华、华发、华颠、华首的释义是(书证省略):

> 华,发白曰华。详华首、华颠条。
> 华发,老年之称。……参阅华颠条。
> 华颠,谓头顶发华白也。……按发中有白者曰华,俗云华白是也。
> 华首,谓头发华白也。

《辞海》将华释为华白,华白之华没有注音,可以理解为亮,也可以理解为白,也可以理解为花白之花。从"俗云华白"来看,似理解为"花白"乃其本意。《辞海》的发行量和影响力都远远大于《辞通》。在《辞海》的影响下,后来很多著名的辞书(如前面表一中所列的)相继跟进,径把华白的华字换作花字,将华释为花白。如《辞源》第1版释"发白",第2版改作"头发花白"。

五 华与华发的音义处理办法

由前面表一和表二所列辞书的注音来看,大部分辞书都将华发之华注为阳平,即 huá。只有《古汉语常用字字典》将之注为阴平,即 huā。前面说过,华发之华为白色义,是从光华义引申出来的,因而应与光华之华同音。自明代《正字通》以来的辞书一直是这么注的。杜甫《北征》:"况我堕胡尘,及归尽华发。"清仇兆鳌《杜诗详注》于华字下注"音花",乃是注音兼注义,认为华发即花发,以明清时期的词义误解唐人之诗。

huá 音与白色义的匹配是合适的。huā 音与花白义的匹配也是合适的。而 huá 音与花白义的匹配则是错位的,很多辞书正是在此违背了音义一致

---

① 朱起凤之编《辞通》,与《后汉书》颇有渊源。详见朱子南的文章。
② 参见周颂棣、邹梦禅、钱子惠等人的文章。

的原则。本文开头提到的实习生,将华字时而读为阴平,时而读为阳平,原因就在于他凭自己的语感察觉到了音义的不匹配,却又拗不过课本和辞书的注释,在两种力量的拉扯之中摇摆不定。

唐作藩先生对于破读音的处理,曾提出了"根据不同情况采取不同的办法",分了三种情况,做不同的处理。① 此虽非破读,完全可以参照而行。前两种情况,即《现代汉语词典》《新华字典》等通俗字书辞书,以及中学语文教材、大学《古代汉语》教材和中小型古汉语字典,着眼于实用,只列最通行的音义,可将华发之华注 huá 音,释义为"(头发)白色"。华发释为白色头发。第三种情况,即如《汉语大字典》《汉语大词典》《辞源》等大型学术性辞书,着眼于全面,应设两音两义:华,注 huá 音,释义为"(头发)白色";华,注 huā 音,释义为"颜色或种类错杂"。华发一词,也应列两音两义:huá 发,白色的头发(通行义),最早书证是《墨子》中的"华发隳颠";huā 发,花白色的头发(罕用义),最早书证见于明代。

参考文献

耿振生(2004)《20 世纪汉语音韵学方法论》,北京:北京大学出版社。
钱子惠(2001)《辞海》的前前后后,《回忆中华书局》,北京:中华书局。
孙玉文(2015)《汉语变调构词考辨》,北京:商务印书馆。
唐作藩(2001)破读音的处理问题,《汉语史学习与研究》,北京:商务印书馆。
周颂棣(2001)老《辞海》是怎样编成的,《回忆中华书局》,北京:中华书局。
朱子南(2003)朱起凤编《辞通》的曲折经历,《世纪》第 1 期。
宗福邦、陈世铙、萧海波主编(2007)《故训汇纂》,北京:商务印书馆。
邹梦禅(2001)心潮逐浪忆华年,《回忆中华书局》,北京:中华书局。

---

① 详见唐作藩先生《破读音的处理问题》。

《说文》地名"读若"释音

邱克威

一 绪论

东汉学者的古籍注释中保存了许多珍贵的上古汉语语音材料。然而，这些材料中有不少都颇叫人费解，比如黄侃《声韵学笔记》中就罗列多条许慎、郑玄、高诱等人的"古音奇胲"者。[①] 实则这些"古音奇胲"者包含了古籍注释中的多种现象，包括版本校勘、注释体例、学术传统，方音变异，等等。其中尤以表现汉代方音者最值得重视，因为它不仅帮助我们了解汉代方音的变异，还为我们揭示汉代经师读经音系统的性质。[②]

根据此前研究的搜集统计，东汉经师的音注材料中数量最多为许慎、郑玄、高诱三人。而这三人的共同特征正是多记方音资料；举例以许慎《说文解字》"读若"，其中就记有"楚人""江南""汝南"等方言，而马宗霍《〈说文解字〉引方言考》则总共收集了170余条[③]。更重要的是，三人之间存在较明显的师承关系，因此音注材料往往可以相互印证。

许慎《说文》"读若"音注材料为"古音奇胲"中具代表性的，而地名"读若"字音由于交织着地名用字、地方方音等因素，更集中表现其复杂性。

本文正是以许慎《说文解字》地名"读若"字音中声韵不一致的注音字组为对象，特别关注于当中表现出地名特殊性，包括方音现象者，同时参照郑玄等人的音注材料以相互印证，进行综合分析以解释其中的音变原理。

[①] 见《黄侃国学讲义录·声韵学笔记》，北京：中华书局2006年版，第207—211页。
[②] 参见邱克威《东汉经师音读系统研究》，2010年北京大学中文系博士论文。
[③] 马宗霍《〈说文解字〉引方言考》，北京：科学出版社1959年版。

前人曾对这些材料进行探讨的不少；至于系统的音系分析，则有20世纪40年代陆志韦《〈说文解字〉读若音订》①，以及后来美国学者柯蔚南《东汉音注手册》(W. South Coblin *A Handbook of Eastern Han Sound Glosses*)②。陆氏结合文献考证与音系分析，方法严谨而态度审慎，不时发出"实不得而知"的慨叹；而柯氏则综合东汉经师的音注材料，心思细密，常发明己见，虽不少启发，但难免过度诠释，乃至于误读材料。此外近期还有蔡梦麒《〈说文解字〉字音注释研究》③、吴吉煌《两汉方言词研究——以〈方言〉〈说文〉为基础》④等论著，但多着重于文献考索，尤其忽略东汉经师材料之间的互证。

无论如何，前人的研究还是为我们积累了丰富的资源，是我们进行许慎《说文》地名"读若"字音分析的重要依据。

二 《说文》地名"读若"

许慎《说文解字》中地名"读若"共有27条。根据《广韵》的对音，多数的注音字组之间是声韵一致的，其中却有9条不一致。然而即使《广韵》对音完全一致，当中有些现象还是值得我们关注。

比如《邑部》"鄩，地名。从邑鬵声。读若淫。"按《广韵》"鄩"，余针切，与"淫"同小韵。然而检查其谐声声符"鬵"字，《说文》云："从𠙴声，读若桑葚之葚"。这显然与"淫"音不合。⑤所以陆志韦《〈说文解字〉读若音订》中就说："'鄩'，t'lIʌm＞lləm，非读若之音。……'鄩'地邑之名，方言不从l-。"⑥

又《邑部》"郋，汝南邵陵里。从邑自声。读若奚。"许慎明明说"自声"，却又说"读若奚"。而《广韵》也是"郋、奚"二字同小韵。再退一步看，即使是

---

① 陆志韦《〈说文解字〉读若音订》，《中国社会科学院学者文选·陆志韦集》，北京：中国社会科学出版社2003年版。
② W. South Coblin *A Handbook of Eastern Han Sound Glosses*。Hong Kong：The Chinese University Press，1983。
③ 蔡梦麒《〈说文解字〉字音注释研究》，山东：齐鲁书社2007年版。
④ 吴吉煌《两汉方言词研究——以〈方言〉〈说文〉为基础》，北京：高等教育出版社2011年版。
⑤ 但是"𠙴"即古"廪"字，也同样与"鬵"声不谐。
⑥ 陆志韦《〈说文解字〉读若音订》，第180页。

同谐声声符的,也有一些情况较为特殊。比如《人部》"侁,读若汝南潧水。"王筠《说文释例》指出:"按其字盖本作侁。许君汝南人也,其他有小水不着于地志,而土人相传呼为侁水。既无正字,许君即以潧字寄其音。"①王筠认为《说文》中的"潧"字,是许慎"以其为水名而率意改从水"的方言地名造字。

这提示我们,地名字音中除了方音变异特征外,还须注意其地名用字上的特殊性。由此略可想见地名字音的复杂性,无怪乎陆志韦会说:"地邑之名每不可以音理拘也。"②

本文主要讨论《说文》地名"读若"中,按照《广韵》对音声韵不一致的几条音注。值得注意的是,这些不一致的地名字音中有的标上了"又读若",即许慎指出这些地名用字的读音与通常读音是不同的;实则其中多数正是属于地方方言音读的现象。这是地名字音的特殊性质所使然。

以下本文选取几条地名"读若"音注进行分析。

(一)

《言部》:訇,骇言声。从言,匀省声。汉中西城有訇乡,又读若玄。
《邑部》:䣙,左冯翊谷口乡。读若宁。

这里讨论的两条注音,主要是韵部系统的真耕互注问题;具体从音系角度来说,其中还牵涉鼻音韵尾系统的构拟。

首先,关于东汉经师音读系统的阳声韵尾格局,柯蔚南曾多次提及经师材料中的阳声韵尾混同现象,于是他把多个经师的"方言"阳声韵都构拟为鼻化元音,包括许慎。其云:"虽然这方面的证据是少量的,然而看似这样的合流已发生在许慎方言中是有可能的。"③此外,陆志韦《〈说文解字〉读若音

---

① 王筠《说文释例》。
② 陆志韦《〈说文解字〉读若音订》,第 200 页。
③ W. South Coblin *A Handbook of Eastern Han Sound Glosses*, P110—111。原文是:"By the WJ period finals (4) and (5) had coalesced with finals (3) and (4) of the geng group, which in section 6.4.13 we will reconstruct as EH *-riā and *-rwiā for Xu Shen's language. Though the evidence is scant it seems possible that this merger had already occurred in Xu's dialect."

订》"许音说略"中也谈到汉代-m、-n、-ŋ通转的问题①,比如《邑部》"郇,周武王子所封国,在晋地。从邑旬声。读若泓",他认为地名中的"郇"字音"或一声之转",说:"地邑之名每不可以音理拘也。汉时绛州音疑作 ɣwen>ɣwəŋ,故读若'泓'。"②后来罗常培、周祖谟也对阳声韵尾问题做过讨论,而具体到这里谈的真耕二部的关系,其以两汉用韵表中十余例通押的现象总结:"真耕两部的韵尾是不同的,在个别的方言中也许耕部韵尾-ng 有读-n 的,但真耕通押在元音方面一定是比较接近的。"③

综合各家说法,可见真耕二部关系是较密切的。实则更早以前,江有诰就曾根据《诗经》韵部的分析提到:"真与耕通用为多,文与元合用较广,此真文之界限也。"④而这也是段玉裁古韵部中真文分部的一项依据。至于二部间的具体关系,上举各家通过整体材料的综合分析,都不约而同地提到"方言"的因素。只是属于何种方言,则多未作实;而柯蔚南提出"许慎方言"的前后鼻音混同,则结论稍嫌草率,证据也不够充分。

其实许慎《说文》地名"读若"的两条真耕互注,都清楚地说明是陕西汉中地区;段玉裁早已指出:"谓读若匀矣。其匋乡则又读若玄也。"而陆志韦也同样说:"'郱'字之音确已-n>-ŋ,非若汉韵真、耕通叶为随俗用韵。郱地在左冯翊,许君或从方音。今陕西语以-ŋ 收声,或承古音耶?"⑤

他们二人已清楚表明,许慎这二条真耕互注的例子,是地名方音的特殊音读,尤其陆志韦明说是"许君或从方音",绝非许慎方言如此。更何况,《说文》的"读若"音注中基本是-n、-ŋ 不混的,尤其是真耕互注实则仅为这里举的二例。⑥

于是我们主张不能以此为东汉经师的音读特征,更不能说明是许慎的方言,比较确切地说,应该是东汉时期汉中地区的方音特点。对此,我们还

---

① 陆志韦《〈说文解字〉读若音订》,第 165 页。
② 陆志韦《〈说文解字〉读若音订》,第 200 页。
③ 罗常培、周祖谟《汉魏晋南北朝韵部演变研究(第一分册)》,北京:科学出版社 1958 年版第 52 页。
④ 江有诰《音学十书》卷首"复王石臞先生书"。
⑤ 陆志韦《〈说文解字〉读若音订》,第 191 页。
⑥ 参见邱克威《东汉经师音读系统研究》,2010 年北京大学中文系博士学位论文。

有另一条佐证,《礼记·檀弓》"召申祥而语之",郑玄注:"《太史公传》曰'子张姓颛孙',今日申祥,周秦之声二者相近。"以"孙""祥"为例,这是文部与阳部互注;因此根据郑玄的意见,陕西地区的周秦方言-n、-ŋ 确实有混同的现象。

由此延伸,东汉陕西地区方言中上述"真耕"与"元阳"的关系,算是清晰的,也基本符合江有诰所提出的"界限"。当然,值得注意的是东汉阳部字有转入耕部的,王力曾指出:"耕部加入先秦阳部二等字和四等字(《切韵》庚韵字)。这些字在西汉时代还属于阳部,到了东汉时代就转入耕部了。"[①]只是从两汉材料来看,其中还涉及方言差异,加深了问题的复杂性。

首先,罗常培、周祖谟提到鲁地诗人耕阳二部字在西汉就有通押的例子。[②]又根据《周礼·考工记》"视其绠",郑玄注:"郑司农云'绠读为关东言饼之饼'。"其中"绠"字即阳部庚韵二等字。可见鲁地早在西汉就已经发生阳部二四等字的转移,东汉初郑众时期变异的地域已扩散至整个关东方言;然而按照郑众的话,似乎可以推测关西方言,乃至通语都仍未发生转移。同时根据经师材料中元阳互注的例子,发现都是阳部三等字,与东汉韵文材料一致。

仍以许慎为例,《说文·力部》"勬读若演。"这一条"读若"只见于小徐本,连段注本都不收,但纽树玉《说文解字校录》说:"演下疑脱漾字。"纽树玉的解释是值得重视的。实则"演漾"为连绵词,其意义与"潋滟"同。"潋滟"为叠韵连绵词,因此似乎"演漾"也应该是叠韵的;"漾"为阳部,与"勬"同部。所以许慎"勬读若演"指的是"演漾"中的"演"字音。不论如何,"漾""勬"均属阳部三等,与元部"演"字的交涉跟东汉韵文材料是相一致的。

(二)

《角部》:觲,挥角兒。从角羊声。梁隰县有觲亭,又读若辖。

---

① 王力《汉语语音史》,北京:中国社会科学出版社 1985 年版第 109 页。
② 罗常培、周祖谟《汉魏晋南北朝韵部演变研究》(第一分册),第 51 页。

这里要讨论"虇,又读若缫"。"虇"为晓母元部、"缫"则为心母月部。彼此虽然韵部可以阳入对转,但是声母却差距太远。陆志韦《〈说文解字〉读若音订》就明确地指出:"许读 x 与 s 实不得而知。"[①]段玉裁《说文解字注》倒是试图进行过解释,他说:"又者,蒙'藿声'而言,又读若布名之缫。"虽然他正确指出"读若缫"是作为地名"虇亭"的特殊音读,但是始终没能说出其所以然来。

以下我们将证明,呬音声母与舌根声母的相混是汉代齐语的特点。由此出发,我们甚至还可以解释其韵部的对转,证明方言中"虇、缫"二字音读相同。如此便可证明许慎的读若音是其来有自的;同时也通过东汉经师音注材料之间的相互印证,证明经师读经音系统具备内部一致的性质。

首先,我们来看看几条材料。郑玄《三礼注》中有 3 条"献读为莎",如《周礼·春官·司尊彝》"郁齐献酌",注:"玄谓……献读为摩莎之莎,齐语声之误也。"又《礼记·郊特牲》"汁献涚于醆酒",注:"献读当为莎,齐语声之误也。"又《仪礼·大射》"两壶献酒",注:"古献读为莎。"这里就明言是"齐语声之误"了。从声母角度来看,"献"为晓母、"莎"为心母,因此正与"虇读若缫"一致。

另外还有《颜氏家训》也提到:"通俗文曰'入室求曰搜'。反为兄侯。然则兄当音所荣反。今北俗通行此音,亦古语之不可用者。"这里的"兄"和"所"也是晓母与心母的区别。值得注意的是颜之推说"今北俗通行此音",可见汉代仅限于齐地的语音现象到了南北朝后期已经扩大到整个北方地区了。

我们尤其应该注意的,还有这三对字音都是阴阳对转的。我们都知道,齐语的最大特色之一正是,至少在某些韵部中阴声韵与阳声韵混同了。这就是郑注中提到的"齐人言殷声如衣"。需要解释的是,其中"虇读若缫"我们上面说是阳入对转,其实"缫"字是个长入字,即中古时候已成为去声了。因此,虽然对于上古长入字演变为去声的具体时间仍有许多争议,但是这里

---

① 陆志韦《〈说文解字〉读若音订》,见《中国社会科学院学者文选·陆志韦集》,中国社会科学出版社 2003 年版第 209 页。

我们单凭"齇读若繥"这一条材料就足以说明,至少在东汉晚期齐地方言中就已经出现长入变为去声的例子。

如此一来,我们就通过经师注音中方音材料的互证,说明了曾经困扰段玉裁与陆志韦两大学者的字音。最后,作为进一步左证以上推论的合理性,我们从历史地理学的角度再做一次检验。段玉裁注《说文解字》时指出,"梁隽县"即"郑伯克段于鄢"的"鄢",根据学者分析,最可信的说法有二:一、《左传》杜预注:"鄢,今颍川鄢陵县。"二、《汉书·地理志》"陈留郡傿",应劭注:"郑伯克段于傿,是也。"①然而不论是颍川或是陈留,都在今天河南省境内。按照颜之推的记述来看,汉代齐语龂音声母与舌根声母相混的语言现象到南北朝晚期已经扩大至华北大部分地区;而对于这一语言现象的扩散,至少我们可以确定的是在东汉许慎时代已经部分地影响到河南地区的方言了。

(三)

《土部》:坴,土块坴坴也。从土圥声。读若逐。一曰坴梁。

这里"坴"字,许慎注"读若逐",但又说"一曰坴梁";而段注引《史记》作"陆梁"。②因此《广韵》作"坴,力竹切"。于是我们看到"坴"字,又读 t-,又读 l-。而且显然《广韵》排除掉了 t-声母一读。

首先,《广韵》的处理似乎不符合许慎的原意。许慎认为"坴"字音"读若逐",而在地名"坴梁"中变读为"陆梁"。我们根据许慎原书中的相关字音进行分析。

"坴,从圥声",《说文》无"圥",然《黾部》"鼀,圥鼀,詹诸也。其鸣詹诸,其皮鼀鼀,其行圥圥。从黾从圥,圥亦声。"而"圥鼀、詹诸"即"蟾蜍",双声连绵词,《说文》中字又作"蜩鼀""鼅鼀",其声转为"戚施""侏儒""蘧除"

---

① 韩益民《"郑伯克段于鄢"地理考》,《北京师范大学学报(社会科学版)》2006 年第 4 期。
② 段玉裁虽然也注意到"坴,从圥声"与连绵词"圥鼀"的关系,然而却改"逐"为"速",云:"大徐本'速'作'逐',误也。坴读如速,与鼀读'七宿切'意同。"这其实不必。

"茵尣"。

总之,"尣黾"二字的一声之转都读舌音或牙音声母,均与 l-声无涉,况且"黾,从尣声",又"其皮黾黾",段注云:"黾黾,犹蠠蠠。"再"醽鼍"之"醽"字即"黾"之篆文或体,"酉声"谐声有舌音,也与来母 l-声母无涉。然而《字汇补》"尣,力谷切"。① 似乎关于"奎、尣"二字的本读,实在是须要进行一番辨析的。

首先,考察"蟾蜍"之同系连绵词,似乎分为双声与叠韵两类,而其双声者又分舌音与牙音两类。如"侏儒""蘧除"为叠韵;而双声者,如"蟾蜍""詹诸""戚施"为舌音;而"蜠黾""菌尣"的前字皆为牙音,则应是牙音双声。如此"尣黾"便是牙音双声之连绵词。然而,大徐本"黾,七宿切",其或体"醽"之"酉声"也是舌音。那么,似乎"詹诸"的音转有舌音、牙音之变读,所以其字又作"蘧除"。但是"蘧除"又是叠韵,而其同系还有"黾黾""蠠蠠",而其中又有"踽踽"为其一声之转,则完全迭音的形式中又包含牙音、舌音的变读。其实,我们认为这里的原因应与《说文·吅部》"䜔"与《车部》"䡎"的象声字音相关。

《说文·吅部》"䜔,呼鸡重言之。从吅州声。读若祝。"段注:"当云'䜔䜔,呼鸡重言之'也。……鸡声䜔䜔,故人效其声呼之。"又《车部》"䡎:车䡎鈗也。从车真声。读若《论语》'铿尔舍瑟而作',又读若掔。"陆志韦疑此"真声"字读若"铿"、又若"掔",是方言 t-转 k-。② 实则这里"䜔、䡎"与上文"蟾蜍"一声之转都同属象声性质。因此牙音与舌音之转或是方音或是自然变异;其实与"䜔"之"鸡声䜔䜔,故人效其声呼之"的情形相似,"蜠黾""尣黾""醽鼍"等,许慎都解释为是根据其鸣声命名的,即如呼鸡按人不同也有以 t-拟其声,或 k-拟其声。

总之,以"尣声"出现之"蜠黾""菌尣"二形中其前字均为牙音,所以可以推知"尣声"本应读牙音。另外,"奎声"有"逵"字也是牙音。因此许慎注"奎

---

① 《汉语大字典》与《故训汇纂》"奎"均注音 lù。至于"尣"字,《故训汇纂》不收,《汉语大字典》则音 lù,释义为"古书上说的某些蕈类植物:菌~"。此乃沿袭《广韵》以下字书韵书为读,均失其本读也。尤其"菌尣"一词更失其为双声连绵词之音读矣。

② 陆志韦《〈说文解字〉读若音订》,第 199 页。

读若逐",这应是"坴"字的本读。至于地名中的"坴梁"读作 l- 音,这应是地名方音,乃至于用字上的特殊因素造成的。

我们总结,不论从《说文》"读若逐"或"从㐬声"来看,"坴"都不应读 l- 声母;实则,按照许慎的原意,应是"陆梁"地名又写作"坴梁",这本属于地名用字的特殊性,然而"坴"字遂读为 l- 声母"陆",而失其本读,以致《广韵》也作"坴,力竹切"。于是"坴"为 l- 声母便固定下来,后世《字汇补》注"㐬,力谷切",乃至今日《汉语大字典》中的"坴""㐬"二字均注音为 lù。

三 结 语

上古音的研究,由于材料的限制,向来多着重韵部系统的探讨;比如王力《汉语语音史》中"汉代音系"的声母系统不足五十字的论述,就显得过于简略。[①]

汉代的语音系统介于上古至中古的演变之间,对于我们了解上古《诗经》音系统向中古《切韵》音系统的语音发展是至关重要的。在此东汉经师音注材料就很值得重视,即作为注音材料:一来我们可以从中分析整个音节结构的构成成分,包括声韵调;二来我们可以相信注音字组提供了比邻韵通押或音近谐声等更为准确的语音信息;三来我们可以从经师材料中得到更多汉代方音的信息。此外,如上文提过的,东汉进行经典注音的经师们基本都有密切的师承关系,因此彼此的音注材料是可以相互印证的。于是综合起来看,这批材料的数量是相当可观的;邱克威曾统计杜子春、郑兴、郑众、许慎、郑玄、服虔、应劭、高诱等八人的材料总数为三千余条,并以此进行音系分析,称"东汉经师音读系统"。[②]

通过本文《说文》地名"读若"音注的几条分析,我们已能看出这个"音读系统"与《广韵》系统是有差异的,有的如"黀读若䋫"是受到方音的影响,有的如"坴读若逐"则是具体字音的取舍不同。这也能基本解释颜之推作为

[①] 王力《汉语语音史》第 88 页:"关于汉代的声母,我们没有足够的材料可供考证,这里缺而不论,可以假定,汉代声母和先秦声母一样,或者说变化不大。"

[②] 邱克威《东汉经师音读系统研究》,2010 年北京大学中文系博士学位论文。

《广韵》音系"多所决定"者之一,《颜氏家训》中批评的某些语音现象正好就与经师音读材料相合。

于是,对于柯蔚南简单依据《广韵》对音进行构拟的做法,我们觉得除了缺乏材料本身性质的考证辨析而出现的误读,其实还忽略了"经师音读系统"与《广韵》音系之间的基本差异。

汉语词汇

试论语与词的比较研究

温端政

在 2002 年 5 月召开的第四届全国词汇学学术研讨会上,笔者宣读了《论语词分立》的文章,在比较语、词性质的基础上,提出"语词分立"的主张。十几年来的实践表明,语词的比较研究是一个十分重要的课题,应当引起重视。本文将在《论语词分立》一文的基础上,进一步讨论这个问题。

一 语、词性质的比较研究

语和词在性质上既有"同"的一面,又有"异"的一面。过去的认识偏重于"同",认为语是"词的等价物"。在国内的学者中,最早提出这个观点的可能是张永言先生。他在《词汇学简论》(武汉:华中工学院出版社 1982 年版)一书的第六章"熟语"里写道:

> 熟语跟词一样是现成的语言材料,而作为熟语的主要部分的固定词组则是词的等价物(equivalent),所以一般都把熟语学当作词汇学的一个分科。

刘叔新先生的《汉语描写词汇学》也持这个观点,认为语,"它是词的等价物:在作为语言建筑材料来构造句子的作用上相当于词"。他还认为:词在数量上要比语"多得多"。(北京:商务印书馆 1990 年版第 16—17 页;重排本,2005 年版第 17—18 页)

还有不少论著也持这种观点。在这种观点的影响下,许多高等学校的《现代汉语》教材的词汇部分,几乎无一例外地把"语"作为词汇的附属来处理:在讲完词汇后,列一章或一节讲"熟语"。

语是"词的等价物"这个观点,并非我国学者的创造,它来自苏联语言学者。早在上世纪70年代,А. И. Молотков 就认为"熟语是词的等价物",说"它在意义上是词,在形式上是词组"。(Асновы фразелогии русского языка. Ленингал,Изд во Наука,1977:10—15。转引自吴芳《俄汉熟语概念的对比分析》,《中国俄语教学》第25卷第1期,2006年2月)

那么,这个观点符合汉语实际吗?

我们从上世纪70年代末就开始系统地收集"语"。后来为编纂语类辞书,继续有计划、有组织地收集语料,建立起以俗语为核心的语料库,并不断扩展和优化。以语料库为依托,我们的团队编纂了一系列语类工具书,其中主要的有:

《汉语谚语小词典》(1989)、《新华谚语词典》(2005)、《新华惯用语词典》(2007)、《新华歇后语词典》(2008)、《新华语典》(2014)、《俗语大词典》(2015)、《新华格言词典》(2016)。——以上均由商务印书馆出版。

《中国俗语大辞典》(1989初版,2011新一版)、《中国歇后语大辞典》(2002初版,2011新一版)、《中国格言大辞典》(2007)、《中国谚语大辞典》(2011)、《中国惯用语大辞典》(2011)、《中国谚语大全》(2004)、《中国惯用语大全》(2004)《中国歇后语大全》(2004)、《汉语常用语词典》(1996)。——以上均由上海辞书出版社出版。

《谚海》(1999)、《通用成语词典》(2002)、《通用歇后语词典》(2002)、《通用惯用语词典》(2002)、《通用谚语词典》(2004)、《通用格言词典》(2004)、《现代汉语通用语典》(2016)。——以上均由语文出版社出版。

上述语汇类辞书所收集的大量语言事实告诉我们:在汉语里,语的数量并不比词少,如果仔细统计,可能比词还多。更重要的是,语在性质上和词有明显不同的一面。这种不同,或者叫作"异",表现在许多方面。其中"全覆盖"的"异",即适用于所有的语和词的"异",有以下三点:

第一,从形式上看,"词"是最小的语言单位,而"语"是由词和词组合而成的,是比词大的语言单位。李如龙先生曾经形象地说:"如果词汇是分了类的原材料和粗坯的零件的话,语汇则是组装好了的预制品和加工过的零件。"(见《语汇学三论》,《汉语语汇学研究》,北京:商务印书馆 2009 年版第 17 页;《汉语语汇学论集》,厦门:厦门大学出版社,2011 年版第 177 页)

第二,从结构上看,"词"的结构是固定的,"语"的结构是相对固定的。

说"词"的结构是固定的,这是就他的总体而言。不可否认,有的词也有变体,但这种变体是可以而且应当加以规范的。

说"语"的结构是相对固定的,包含两层意思:一是指语的结构有固定的一面,一是指语的结构有灵活的一面。许多语有变体,而这种变体,一般来说,是不好"规范"而且是不应当"规范"的。

第三,从意义上看,词义和语义有着更加明显的差异。简单地说,词义具有概念性,语义则具有叙述性。例如,"包袱"是词,"背包袱"才是语;"辫子"是词,"揪辫子"才是语;"西北风"是词,"喝西北风"才是语。对词义和语义的这种差别,李如龙先生曾做这样的概括:

> 如果说"词"的意义的主要特征是单纯性和指称性,那么,"语"的意义的主要特征则是它的综合性和表述性。例如惯用语主要是说明某种现象和状态;成语主要是对客观现象、状态和事理的概括、描状和说明;谚语主要是对自然与社会现象的认知、理解的经验的概括、叙述和论断;歇后语则主要是对生活中常见现象的诙谐的描述。(《语汇学三论》,《汉语语汇学研究》,北京:商务印书馆 2009 年版第 15 页;《汉语语汇学论集》,厦门:厦门大学出版社 2011 年版第 175 页)

这段论述,与我们对词义和语义的主要特征及其区别的理解是基本一致的。

正因为语和词在性质上有以上的"异"。因此,它们有不同的定义。词的定义,虽然各家的说法有所不同,但"最小"两个字却是一致的。

王力先生说:"语言的最小意义单位,叫作词。"(见《中国现代语法》上册,北京:中华书局,1954 年版第 17 页)

吕叔湘先生说:词是"语言的最小的独立运用的意义单位。"(见《语法学习》,上海:复旦大学出版社 2006 年版第 2 页)

朱德熙先生说:"我们把词定义为:最小的能够独立活动的有意义的语言成分。"(见《语法讲义》,北京:商务印书馆1982年版第11页)

在他们之前,美国语言学家布龙菲尔德(Leonard Bloomfield 1887—1949)给词下的定义是:"最小的自由单位。"(转引自郭良夫《词汇》,北京:商务印书馆1985年版第8页)《现代汉语词典》(第6版)基本采用了这个说法,在"词"的第三个义项里称:"语言里最小的、可以自由运用的单位。"

显然,这些定义都不适用于"语"。"语"的定义必须另起炉灶。如何给"语"下定义,如同给"词"下定义一样,需要经过长期不断的讨论。我们曾经把"语"定义为:"由词和词组合成的、结构相对固定的、具有多种功能的叙述性语言单位。"(见《汉语语汇学》,北京:商务印书馆,2005年版第17页)现在看来,"具有多种功能"不是关键性的,可以省去。"语"定义可以简化为:"大于词、具有相对固定结构的叙述性语言单位。"全国科学技术名词审定委员会公布的《语言学名词》(2011)采用了这个定义,《辞海》(第6版)"语"字条也采纳了这个定义。我们希望有更多的学者来讨论这个问题,以求给"语"下个最确切的定义。

二 语汇、词汇系统的比较研究

王力先生曾经说过:"一种语言的语音的系统性和语法的系统性都是容易体会到的,唯有词汇的系统性往往被人们忽视了,以为词汇里面一个个的词好像是一盘散沙。其实词与词之间是密切联系着的。"(见《汉语史稿》,北京:科学出版社1958年版第545页)这说明词汇是否具有系统性,在那时是有争议的。

首先明确认定词汇具有系统性的,可能是周祖谟先生。他说:"词汇和语法构造一样,也是成体系的。"(见《汉语词汇讲话》,人民教育出版社1959年版第10页)此后,叙述词汇系统性的论著越来越多。现在看来已经成为定论,再也没有人怀疑词汇的系统性。

那么,语汇是不是也有系统性呢?这个问题还没有展开讨论。但是,有些迹象表明,这是有不同意见的。许多高等学校文科教材《现代汉语》在讲到"熟语"时,只是孤立地讲成语、惯用语和歇后语,完全看不出语汇的系统性。其实,语汇和词汇一样,也是具有系统性。笔者在《汉语语汇学》一书里曾经做了简单的、初步的论述(北京:商务印书馆 2005 年版第 27—31 页)。在这里我们不妨就语汇系统和词汇系统的几个主要方面进行比较。

1. 语汇和词汇构成系统的比较

周祖谟先生认定词汇具有系统性,主要依据是基本词汇和一般词汇的联系。他说:"词汇的体系主要表现在词汇中的基本词汇和一般词汇在构词和语义之间的联系。(见《汉语词汇讲话》,北京:人民教育出版社 1959 年版第 10 页)"后来的词汇研究者,在基本词汇里分出核心词,一般词汇又可分出方言词、行业词、文言词、外来词、新造词等。

语汇是不是也可以分为基本语汇和一般语汇呢?回答是:不能。因为基本词汇有一个特征,就是"能产性",而这是语汇所不具备的。有的语似乎具有"能产性",如惯用语"矮子里面拔将军"后面加上成语"短中取长"就成为歇后语;成语"不识抬举"前面加上"狗坐轿子"也成为歇后语。但这种"能产性",只是零散的、个别的,不像基本词汇的"能产性"那样具有系统性。

但是,语汇可以分为"常用语"和"非常用语"。这同词汇也可以分为"常用词"和"非常用词"有些相似。周祖谟先生曾经说过:"凡是日常用来表达人们的思想的词,一般人都能掌握的词,我们就称为'常用词'。专门的词和由古代沿用下来的文言词以及具有特殊修辞色彩的词,未必是一般人常常应用的,尤其是一些带有历史性的名词,一般的谈话和写作中很少应用,所以我们称为'非常用词'。"他认为区别"常用词"和"非常用词"是很有意义的。(见《汉语词汇讲话》,北京:人民教育出版社 1959 年版第 10 页)

同一般词汇可以分出方言词、行业词、文言词、外来词、新造词等一样,语汇里面也可以分出方言语、行业语、文言语、外来语和新造语。在汉语里,方言语和行业语是大量的。文言语、外来语和新造语也数量不等地存在。

由此可见,语汇和词汇的构成系统虽不完全相同,但有相似的一面。

2. 语汇和词汇生成系统的比较

孙常叙先生在《汉语词汇》(长春:吉林人民出版社 1956 年版)里第一次

提出造词法,并与构词法相并列。后来的学者,对什么是造词法有不同的理解。在这里,我们不想纠缠于概念,只是比较词和语在生成上的异同。

语和词在生成上有相同或相似的一面。

相同或相似的一面表现在:

(1) 都采用组合法。

词有单纯词和合成词的区别。在合成词中,有的是词根词素和词缀词素的组合,如:学者、老乡;有的是词根词素和词根词素的组合,如:天地(联合式)、高楼(偏正式)、碰到(补充式)、吃饭(动宾式)、耳鸣(主谓式)、年年(重叠式)等。

语都是由语素和语素组合成的,没有"单纯语"。语的组合方式可分为词组型和句子型两类。词组型的,有动宾式(如:碰钉子)、补充式(如:矮半截)、偏正式(如:卷土重来)、联合式(暴风骤雨)等。句子型的,有单句式(如:大眼瞪小眼)和复句式(如:公说公有理,婆说婆有理)。

(2) 都采用比喻法。

比喻法造词,指的是在组合词素的基础上,通过比喻手法,形成与组合义有联系的实义。

如:新苗(比喻新出现的有发展前途的人或事物),半瓶醋(比喻对某种知识或技术略知一二的人)等。

用比喻法造语,跟比喻造词法类似,指的是在组合语素的基础上,通过比喻手法,形成与组合义有联系的实义。如:瓜熟蒂落(比喻条件或时机成熟,事情自然成功),脚踩两只船(比喻两边都占着,等候时机再做抉择),姜是老的辣(比喻老年人经历丰富,办事老练)等。

(3) 都采用借代法。

借代造词法,指的是在组合词素的基础上,通过借代手法,形成与组合义有联系的实义。如"巾帼"借指妇女;"笔墨"借指文字或诗文书画;"乌纱帽"借指官职。

借代造语法,跟借代造词法相似,也指的是在组合语素的基础上,通过借代手法,形成与组合义有联系的实义。不过,用借代手法造的语,多采用部分借代。如成语"笔墨官司"指通过写文章进行争论,其中"笔墨"用的是借代法;惯用语"化干戈为玉帛",用"干戈"指战争,用"玉帛"指和平,也都是用的借代法。

(4) 都采用夸张法。

词采用夸张法构成的,如"万岁""万事通""千里眼"等;采用夸张法构成的语似乎更多。如"千山万水"(成语)、"千叮咛万嘱咐"(惯用语)、"众人的唾沫能积成湖泊"(谚语)、"八十斤的菜山药——块大"(歇后语)。

(5) 都采用虚构法。

词采用虚构法构成的,如"铁嘴""银鹰""金曲"等;语采用虚构法构成的更多。如"万箭攒心"(成语)、"满肚子墨汁"(惯用语)、"人人心里都有一杆秤"(谚语)、"老鼠拉木锨——大头在后"(歇后语)等。

由此可见,语汇和词汇在生成系统上具有相同或相似性。不过这只是问题的一面。语汇和词汇的生成系统,还有不同的一面,主要表现在:

(1) 词汇有语音造词法,语汇没有语音造语法。

孙常叙先生在《汉语词汇》一书里,论述"造词法"时,首先提出"语音造词方法"。他说:

狗叫"uang uang"地。猫叫"miau miau"地。小孩子模仿它们的叫声,把狗叫做"汪汪",把猫叫做"苗苗"。我们现在所用的"猫"就是使用这种方法创造成词的。有什么区别于其它物类的声响就把它叫做什么名字,这种造词方法就是象声造词,也可以叫模声造词。(《汉语词汇》,长春:吉林人民出版社 1956 年版第 79 页)

这说明语音造词法是一种重要的造词方法,但这种方法不适用于语汇。

(2) 语汇常采用谐音造语法。

谐音造语法,见于成语,也见于惯用语,但最多的是见于歇后语。成语"逃之夭夭","逃"是"桃"的谐音;惯用语"不蒸馒头争口气","争"是"蒸"的谐音。运用谐音的歇后语,如"孔夫子搬家——尽书(输)"、"外甥打灯笼——照舅(旧)"、"和尚打伞——无发(法)无天"等等。

词是不是也有用谐音法造成的,不敢说绝对没有,但很少见,还没有找到实例。

(3) 语汇中的歇后语全部是用"引注法"造成的。

歇后语是语汇的重要组成部分,它全都用前"引"后"注"两部分构成。我们把这种造语法叫作"引注法"。其他语汇,包括成语、惯用语、谚语,不用这种造语法,词汇更不用。

3. 语汇和词汇分类系统的比较

词和语都可以进行分类,分类的情况也是既有相同相似的一面,也有不同的一面。

相同或相似的一面主要表现在:

(1) 语汇和词汇都可以按历史属性进行分类。

现代汉语词语是历代积累传承下来的古词语和不断产生的新词语组合而成的整体。从产生的历史顺序来看,古词语是源头,是上游,新词语是不断延伸的下游。当然,这里的"古"和"新"是相对的。今天的"新"到了明天就成为"古"了。

一般来说,古词可以分为两类:历史词和文言词。历史词所表示的事物或现象在历史上存在过,但现在已经消失,日常交际中已经不用,只是在说明历史事件、历史现象,或者是研究历史的学术著作中才会运用。文言词是指古代汉语使用过,现在已经不再使用,但它们所表示的事物、现象、观念等在现实生活中还存在,只不过被现代汉语里的词所替换。

古语没有历史语和文言语的区别,但有历史语和传承语的区别。历史语指只见于古代文献的语,没有流传下来,现在已经不用。以《左传》为例。下面这些当时称为"谚"的语,现在都已经不用:

    隐公十一年:周谚有之曰:"山有木,工则度之;宾有礼,主则择之。"
    闵公元年:且谚曰:"心苟无瑕,何恤乎无家?"
    僖公七年:谚有之曰:"心则不竞,何惮于病。"
    宣公十五年:谚曰:"高下在心。"
    宣公十六年:谚曰:"民之多幸,国之不幸也。"
    昭公元年:谚所谓"老将知而耄及之"者,其赵孟之谓乎!

昭公三年：谚曰："非宅是卜，唯邻是卜。"
昭公十三年：谚曰："臣一主二。"
昭公十九年：谚曰："无过乱门。"
昭公二十八年：谚曰："唯食忘忧。"
定公十四年：谚曰："民保于信。"

传承语是指古代的语，以各种形式流传下来，至今还用。如《左传·僖公五年》所记载的"辅车相依，唇亡齿寒"，《左传·宣公四年》所记载的"狼子野心"，《左传·宣公十五年》所记载的"虽鞭之长，不及马腹"等，都一直流传至今。

随着社会的发展，产生了大量的新词，同时也产生了新语。不过在数量上，新词要比新语多。

（2）语汇和词汇都可以按吸收的来源分类。

语和词一样，都可以从外国语言和本国其他民族语言中吸取有用的成分。民族共同语还可以从方言词语和各行各业使用的词语中吸取有用的成分。它们分别被称为外来词语、方言词语和行业词语。

不同的一面表现在：

（1）词汇可以按音节数量的不同，分为单音节词和多音节词，多音节词又可分为双音节词、三音节词、四音节词等；语没有单音节语和多音节语之分，语都是多音节的。

（2）词汇可以按语法功能分类。首先可分为实词和虚词两大类。实词和虚词又可分别分为若干类。语汇没有虚实之分，所有的语都是"实"的。语也不能像词一样分为名词、动词、形容词、数词、量词、区别词、副词、代词、介词、连词、助词、语气词等。

（3）语可以依据它的叙述性特点，按照内容和形式相结合的方法进行分类。

首先，从结构形式上，可以把语汇分为两大类：引述语和非引述语。引述语的前一部分是"引子"，后一部分是注释性叙述，通行的名称是歇后语。

其次，非引述语可以根据内容分为两类：表述语和描述语。

表述语的特点是具有知识性,既有对客观事物的认识,也有在社会实践中形成的经验;描述语,描述人或事物的形象和状态,描述动作行为的形状。描述语的特点是没有知识性。

第三,表述语和描述语可按语法结构或语音结构形式是否"二二相承"进行再分类:非"二二相承"的表述语为"谚语",非"二二相承"的描述语为"惯用语","二二相承"的表述语和描述语合成"成语"。

这样,语汇可以分成成语、谚语、惯用语、歇后语四类。每类又可按照内容和形式相结合的办法进行再分类。

显然,词汇不能采用这种方法进行分类。

从以上的叙述可以看出,语汇系统和词汇系统既有相同、相似的一面,又有不同的一面。语汇系统和词汇系统是具有相互联系又相对独立的两个系统。

三 语典、词典的比较研究

我国传统的语文学注重解字释词。汇集汉字,解说字形、字音、字义或字源的书,通称为"字书"。清代张玉书等奉诏编纂的《康熙字典》问世后,"字典"的名称便更加通行于世。

19世纪末以来,随着西学东渐,引进"词(word)"的概念,开始出现以释词为主的工具书,有的命名为"辞典"或"词典"。几乎与此同时,收集和解释"语"特别是成语的工具书也陆续出现,但他们大都冠以"辞典"或"词典"。2003年4月出版的《汉语语典》(贾采珠、晁继周主编,上海:汉语大词典出版社出版)首先采用"语典"这个名称。随后,先后于2008年5月和8月出版的《现代汉语小语典》(温端政主编,北京:人民教育出版社出版)和《现代汉语语典》(许匡一、谢逢江主编,武汉:崇文书局出版)也采用"语典"这个名称。2014年7月,商务印书馆出版了《新华语典》(温端政主编),商务印书馆辞书研究中心在"出版说明"中称:"《新华语典》是一部中型语典,意在同《新华字典》《新华词典》配合,从字、词、语不同的角度,全方位展示现代汉语的面貌。"

可是,时至今日,"语典"这个名称并没有被社会所完全接受。具有权威性的辞书,包括《现代汉语词典》《辞海》等都只收"字典""词典(辞典)"条,而没收"语典"条,就是一个证明。但是事实毕竟是最高的权威。语典的大量出版已经是不可否认的客观事实。基于这种事实,笔者提出语文辞书字典、词典、语典"三分"的主张(见《论字典、词典、语典三分》,《辞书研究》2014年第2期)。在这里,试比较语典和词典的异同。

语典和词典的最大共同点,在于都是语文辞书。在条目结构上有相同或相似之处。词典的条目,一般由词目、注音、释义和举例组成。其中词目和释义是必须具备的。语目注音,有的词典有,如《现代汉语词典》《现代汉语规范词典》;有的词典没有,如《新华词典》。举例有的条目有,有的条目没有;有的例子引自古今文献,如《汉语大词典》,有的编者自编,如《现代汉语词典》和《新华词典》。有的词典还注明词性。

语典跟词典一样,语目和释义是必须具备的。语目注音,有的语典有,有的语典没有,成语类辞书语目多注音,谚语、惯用语、歇后语类辞书语目多不注音。例句多数引自古今文献,也有的是编者自编。有的语典还注明"语性"。

语典跟词典最大的不同之处,在于收条对象。词典主要是收词,但也收非词单位。《现代汉语词典》第1版称:"词典中所收条目,包括字、词、词组、熟语、成语等,共约五万六千条。"据统计,《现代汉语词典》第5、6版收录语汇近五千条,其中多数是成语。语典跟词典不同,收条对象很单纯,只收语,不收一般自由词组,更不收字、词。

在释义上,由于词是概念性的语言单位,语是叙述性的语言单位,词义和语义的性质不同,因此释义的原则和具体做法也就不同。过去,在语"是词的等价物"的观点影响下,有的学者认为语也是概念性的,认为一条语"只代表一个概念"。例如:

"一发千钧"="危险"/"煽风点火"="煽动"/"虚怀若谷"="虚心"/"胆战心惊"="害怕"/"咬牙切齿"="痛恨"/"风马牛不相及"="无关"/"如大旱之望云霓"="渴望"。(见史式著《汉语成语研究》,四川人民出版社1979年版第17页)

刘叔新先生也持类似的观点,他认为"'他们聚精会神地听着'同'他们专心地听着'相当,'这个人居心叵测'同'这个人阴险'相当。"(见《汉语描写词汇学》,北京:商务印书馆1990年版第16页;重排本2005年版第17页)

这些说法与事实不符。

语既然是叙述性的语言单位,它的释文也必须是叙述性的。如"聚精会神"一般解释为"集中精神,集中注意力";"居心叵测"一般解释为"存心险恶,不可推测"。(参见《现代汉语词典》第6版)"风马牛不相及",一般解释为"比喻人或事物彼此毫不相干";"大旱之望云霓",一般解释为"形容对某事期盼的心情十分迫切"。(参见《中国俗语大辞典》新一版,上海辞书出版社2011年版)释文都是叙述性的,不等同于简单的概念。

在举例上,语典和词典也有所不同。这主要表现在自编例子上。词的自编例子,虽然也有是句子的,但有不少是词组,如:

【独创】动 独自创造;独特地创造:～精神│～一格。

【独到】形 与众不同(多指好的):～处│～的见解。

【独行】动 ①独自走路:踽踽～。②按自己的主张去做:独断～│～其是。

——摘自《现代汉语词典》第 6 版

这种情况,在语典里是不见的,语典的例子都是成句子的,如:

【打游击】例 他居无定所,到处～,你根本找不到他。

【大公无私】例 这是一位秉公执法、～的好法官。│我们要学习他～的高尚品德。

【雪地里走路——一步一个脚印】例 做工作要像～,马虎不得。

——摘自《新华语典》

语典和词典还有一个不同之处:有许多来自古代典籍的语,往往有出处,释义时用"语本""语出"或"语见"表示,这在词典里是不多见的。

语与词的比较研究,还涉及许多方面,如语义与词义的比较研究、语的语法功能与词的语法功能的比较研究等,都有待进一步深入研究。

《抱朴子》词语解释11条

金 毅

兹选取《抱朴子》一些词语做些解释,供感兴趣的读者参阅,欢迎批评指正。

一

《嘉遁》:"宣尼任则少卯枭。"

宣尼(yí 夷):各本作宣尼,尼字误。邱光庭《兼明书》卷三《孝经》"仲尼"条:"今人读'仲尼'之'尼'与'僧尼'之'尼'音同。明曰:非也。'仲尼'之'尼'当音'夷',古'夷'字耳。按:《尚书》古文'隅尼''岛尼''莱尼'并作'尼',今文皆作'夷',然则'夷''尼'音义同也。又按:《左传》鲁哀公诔孔子曰:'呜呼!哀哉!尼父音甫。'晋王衍字夷甫,是用今文耳。又汉有谏尼,晋有潘尼,犹用古字。按字书,'仲尼'之'尼',从尸,下二;'僧尼'之'尼',从尸,下工,文字不同,音义亦别。代人不能分别,乃一概而呼,实乖圣人之音也。"

根据邱光庭说,"潘尼""公孙尼子"之"尼",以及"尼丘""尼山"之"尼",也当作尼。

二

《嘉遁》:"藜藿嘉于八珍。"

八珍：古代用煎、炮、捣、渍、敖等八种方法，用膏、盐、酱、醋、枣、梅汁等佐料，制作猪、牛、羊、狗、麋、鹿等肉食品。此泛指珍馐美食。《周礼·天官·膳夫》"珍用八物"郑玄注："珍谓淳熬、淳母、炮豚、炮牂、捣珍、渍、敖、肝膋也。"具体注释如下：1. 淳（zhūn 谆）熬：用煎熬的肉酱、脂膏浇在稻米饭上，约相当于今之盖浇饭。《礼记·内则》："淳熬煎醢，加于陆稻上，沃之以膏，曰淳熬。"郑玄注："淳，沃也。熬，亦煎也。沃煎成之以为名。"孔颖达疏："此一节论养老须饮食如养亲之事，明八珍之馔，并明羞豆糁饘之等。淳熬者，是八珍之内，一珍之膳名也。淳，谓沃也，则沃之以膏是也。熬，谓煎也，则煎醢是也。陆稻者，谓陆地之稻也。谓以陆地稻米，熟之为饭，煎醢使熬，加于饭上。恐其味薄，更沃之以膏，使味相湛渍，曰淳熬。"沃：浇灌。膏：脂肪；美味。醢（hǎi 海）：肉酱；酱。羞豆：古代祭祀宴享时进献的一种盛器。糁（sǎn 伞）：以米和羹。饘（zhān 沾）：同馆。稠粥。2. 淳母（zhūnmó 谆模）：用煎熬的肉酱、脂膏浇在黄黏米饭上。《礼记·内则》："淳母煎醢，加于黍食上，沃之以膏，曰淳母。"郑玄注："母读曰模。模，象也。作此象淳熬。"孔颖达疏："以经云'淳母'，母是禁辞，非膳羞之体，故读为模。模，象也。法象淳熬而为之，但用黍为异耳。经云'黍食'，食，饭也，谓以黍米为饭。"3. 炮豚（páotún 袍囤）：用烂泥包裹小猪，放枣猪腹中，置火中煨烤。烤好后进一步加工。《礼记·内则》："炮取豚若将，刲之、刳之，实枣于其腹中。编萑以苴之，涂之以谨涂，炮之。涂皆干，擘之，濯手以摩之，去其皽。为稻粉，糔溲之以为酏，以付豚。煎诸膏，膏必灭之。巨镬汤以小鼎，芗脯于其中，使其汤毋灭鼎。三日夜毋绝火，而后调之以醯醢。"郑玄注："炮者，以涂烧之为名也。将当为牂。牂，牡羊也。刲、刳，博异语也。谨当为墐，声之误也。墐涂，涂有穰草也。皽谓皮肉之上魄莫（膜）也。糔溲，亦博异语也。糔读与滫瀡之滫同。芗脯谓煮豚若羊于小鼎中，使之香美也。谓之脯者，既去皽，则解析其肉，使薄如脯然。唯豚全耳。豚羊入鼎三日，乃内醯醢可食也。"若：与；及。刲（kuī 亏）：刺；割。刳（kū 枯）：挖；剖开。刲刳为双声词。萑（zhuī 椎）：芦类植物，蒹长成后为萑，萑长成后为苇。苴（jū 居）：包裹。涂：以泥涂抹。墐（jìn 近）涂：用泥涂抹。擘（bò 簸）：分开；剖解。濯（zhuó 拙）：洗涤。皽（zhāo 召）：皮肉上的薄膜。糔溲（xiǔsǒu 朽叟）：用水调和面粉。糔溲为迭韵语。潃滫(xiūsuí 休随):古时调和食物的一种方法。酏(yǐ 以、yí 移):薄粥。巨镬(huò 惑):大锅。芗(xiāng 香)脯:以香料烹制的肉脯。醓醢(xīhǎi 西海):醋加鱼肉调制而成的肉酱。4. 炮牂(zāng 臧):用烂泥包裹公羊置火中煨烤。其余制法同上条。5. 捣珍:取牛羊等脊侧之肉捶捣精制成珍味。《礼记·内则》:"捣珍:取牛羊麋鹿之肉,必脄。每物与牛若一,捶反侧之。去其饵,孰出之,去其皵,柔其肉。"郑玄注:"脄,脊侧肉也。捶,捣之也。饵,筋腱也。柔之为汁和也,汁和亦醓醢与。"脄(méi 梅):背脊肉。反侧:翻来覆去。6. 渍:腌渍;浸泡。《礼记·内则》:"渍取牛肉,必新杀者。薄切之,必绝其理,湛诸美酒,期朝而食之,以醢若醯醷。"郑玄注:"湛,亦渍也。"醷(yì 义):梅汁;梅浆。7. 敖:通熬。煎熬。《礼记·内则》:"为熬,捶之。去其皵,编萑,布牛肉焉,屑桂与姜,以洒诸上而盐之。干而食之。施羊亦如之。施麋、施鹿、施麇,皆如牛羊。欲濡肉,则释而煎之以醢;欲干肉,则捶而食之。"郑玄注:"熬,于火上为之也,今之火脯似矣。欲濡欲干,人自由也。醢或为酏。"8. 肝膋(liáo 辽):以网油蒙于肝上,烤炙而成。《礼记·内则》:"肝膋,取狗肝一,幪之以其膋,濡炙之。举燋其膋,不蓼。取稻米,举糔溲之。小切狼臅膏,以与稻米为酏。"郑玄注:"膋,肠间脂。狼臅膏,臆中膏也。"臅(chù 畜):胸腔内的脂膏。以上注解妥否,以俟高明。《三国志·魏书·卫觊传》:"饮食之肴,必有八珍之味。"

《嘉遯》:"居量表之庞而冀无患。"(居量表之庞:藏本、平津本庞作宠,从《逸民赋》校改。《陆士龙集·逸民赋》:"咨有得之必丧兮,盖居庞之名辱。"是其证,稚川语盖从此出。)

量表:1. 谓(重臣)权倾朝野。《嘉遯》:"伺骊龙之睡而拨明珠,居量表之庞而冀无患。"《君道》:"器有量表之任,才无失授之用。"(有:原作无,盖蒙下句"无"字而误,当作"有"。如此"器有量表之任"方与下文"才无失授之用"互文。)杨明照笺:"《荀子·儒效》:'若夫谪(论)德而定次,量能而授官,使贤不肖皆得其位,能不能皆得其官。'又《君道》:'论德而定次,量能而设官,皆使(其)人载其事,而各得其所宜。'"按:据杨笺,"量表"盖谓"量才表举"。但无以覆盖第二义项。2. 谓(元气)充满体内体外。《极言》:"而受气各有多少,多者其尽迟,少者其竭速。其知道者补而救之,必先复故,然后方求量表之益。"量：盈满。《吕氏春秋·期贤》："无罪之民其死者量于泽矣。"高诱注："量，犹满也。"《荀子·富国》："荤菜百蔬以泽量。"杨倞注："以泽量，言满泽也。"表：外。《书·尧典》"光被四表"蔡沈集传："表，外也。"此谓由内到外。

三

《臣节》："阿阁有鸣凤之巢也。"

阿阁：即四阿重阁。"四阿"即夏后氏之"世室"，殷人之"四阿重屋"，周人之"明堂"，今建筑术语叫"重檐庑殿顶楼阁"。由重檐、五脊（即一条正脊和四条斜脊，因名五脊顶）、四面（即四个倾斜而略呈弯曲的屋面，因又名四坡顶）、四个屋角组成，屋角和屋檐略向上翘起，封建王朝一级建筑，其遗制见今太和殿（无楼阁）、午门（有楼阁）。阿有二义：1.四面（或四坡）檐溜下注。《周礼·考工记》"四阿重屋"郑玄注："四阿，若今四柱（注）屋。"贾公彦疏："'四阿若今四柱（注）屋'者，《燕寝》云'设洗当东溜'，则此'四阿'，四溜者也。"阮元《校勘记》："闽监、毛本同误也。余本、宋本、嘉靖本'柱'作'注'，此本疏中亦作'四注'，当据正。按《汉制考》载此作'注'，又引《上林赋》'高廊四注'证之。"2.四个屋角处翘起来的檐溜。《庄子·外物》："宋元君夜半而梦人被发窥阿门。"陆德明《经典释文》引司马彪曰："阿，屋曲檐也。"《大戴礼记·明堂》："或以为明堂者，文王之庙也。"卢辩注："古《周礼》《孝经》说。明堂，文王之庙，夏后氏曰世室，殷人曰重屋，周人曰明堂。"句谓凤巢阿阁，象征祥瑞。喻朝中贤才聚集。杨明照笺："《左传·昭公十七年》正义引）《尚书中候·握河纪》曰："尧即政七十年，凤皇止庭。伯禹拜曰：'昔帝轩提象，凤巢阿阁。'"《文选·古诗十九首》之五："西北有高楼，上与浮云齐，交疏结绮窗，阿阁三重阶。"李善注："《尚书中候》曰：'昔黄帝轩辕，凤皇巢阿阁。'《周书》曰：'明堂咸有四阿。'然则阁有四阿，谓之阿阁。郑玄《周书》注曰：'四阿，若今四注者也。'"《艺文类聚》九九引《尚书中候》："尧即政七十载，凤凰止庭，巢阿阁谨（于）树。"

四

《钧世》:"然守株之徒,喽喽所玩。"

喽喽:杨明照笺:"《玉篇·口部》:'嗹,间前切。嗹喽,多言也。喽,力口切。多言。'《广韵·一先》:"嗹喽,言语繁絮皃。'"喽喽所靳,犹言经常称誉其所靳习者,意即对所靳习之古人著作赞不绝口也。"又《自叙》:"无以近人信其喽喽管见荧烛之明,而轻评人物。"杨明照笺:"《内篇·金丹》:'如其喽喽,无所先入。'又《明本》:'然而喽喽守于局隘。'其选用喽字与此同,含义当亦无异。《玉篇·口部》:'嗹,间前切。嗹喽,多言也。喽,力口切。多言。'《广韵·一先》:'嗹喽,言语繁絮皃。'"按:杨笺虽言之有据,持之有故,但不符"喽喽"本义。其一,"嗹喽"是双声词,"喽喽"是重言迭词,不是同一个词,不能用"嗹喽"的词义来解释"喽喽"的词义。其二,"多言""言语繁絮皃"不等于"经常称誉""赞不绝口"义。"经常称誉""赞不绝口"义不是"喽喽"的本义。其三,"喽喽"从"娄"得声,依据王念孙《广雅疏证序》说的"训诂之旨,本于声音"的原则,理当从"娄"声字探其词义。"娄"声字含"小"义。小虫曰蝼。《文选》枚乘《七发》:"蚑蟜蝼蚁闻之。"吕延济注:"蚑蟜蝼蚁,皆小虫也。"小筐曰篓。《广韵·麌韵》:"篓,小筐。"小冢曰塿,小阜曰塿。《广雅·释丘》:"塿,冢也。"《方言》十三:"冢,自关而东谓之丘,小者谓之塿。"柳宗元《始得西山宴游记》:"不与培塿为类。"蒋之翘辑注引《方言》:"关而东小冢谓之塿。"《广韵·厚韵》:"塿,培塿。"《玉篇·土部》:"培塿,小阜也。"小甖曰甊。《玉篇·瓦部》:"甊,瓿甊。"《广韵·厚韵》:"甊,瓿甊,罂。"《尔雅·释器》:"甌瓿谓之瓵。"郭璞注:"瓿甊,小罂。"水道小穿曰剅。剅同剉(lóu 楼)。《集韵·矦韵》:"剅,小穿也。"明焦竑《俗字杂用》:"水道小穿曰剅,一作剉。"小意曰娿数(jǔshuò)。《释名·释姿容》:"娿数,犹局缩,皆小意也。"微视、细视曰瞜。《说文·目部》:"瞜,瞜䁖,微视也。"段玉裁注:"《篇韵》娄作瞜。"《玉篇·目部》:"瞜,瞜瞜,微视也。"《集韵·虞韵》:"瞜,瞜瞜,微视。"《集韵·筷韵》:"瞜,一曰细视。"小雨不绝曰溇溇。《说文·水部》:"溇,雨溇溇也。"徐锴系传:"溇溇,小雨不绝之皃。"并其例。其四,《说文·女部》:"娄,空也。"段玉裁注:"凡中空曰娄,今俗语尚如是。凡一实一虚层见迭出曰娄。人曰离娄。窗牖曰丽廔,是其意也。故娄之义又为数也,此正如窗牖丽廔之多孔也。"按:"凡一实一虚层见迭出曰娄"是说,上上下下左左右右呈现许多小窗眼。"中空"的孔眼小于墙体面积,"虚"的部分小于"实"的部分。"娄"之"小"义,盖由此而来。"数 shuò",密,即窗牖"多孔"密集。段注实本《释名·释宫室》:"楼,言窗户诸射孔娄娄然也。""楼"以"窗户""娄娄"得名。"诸射孔娄娄然"谓诸射孔呈现许多小孔眼的状态。历代都城城门箭楼都有许多小孔眼,如明清北京城的德胜门箭楼。其五,喽喽,最早作"娄娄"。《管子·地员》:"五殖之次曰五觳,五觳之状娄娄然,不忍水旱。"尹知章注:"娄娄,疏也。"句谓下等薄土地面经受不了干旱炙烤,呈现稀稀疏疏坼裂的状态,好像许多不规则的条形窗牖,而整个地面被分裂成许许多多的小土块,故用"娄娄"以状之,"娄娄"隐含"细、小"义自明。《地员篇》是《管子》一书中最古老的篇章之一,今人黄翔鹏先生考证曾侯乙编钟钟律用的是《地员篇》的钟律。故我们由此得知稚川的"喽喽"保存了《管子·地员》"娄娄"的古义。《自叙》:"唐尧、公旦、仲尼、季札皆有不全得之恨,无以近人信其喽喽管见荧烛之明,而轻评人物,是皆迈彼上圣大贤乎!"(迈:藏本、平津本作卖,从陈澧校与文渊阁本改。)"喽喽管见"谓小小孔眼般的一孔之见。《钧世》:"然守株之徒,喽喽所玩,有耳无目,何肯谓尔!""守株之徒"与"喽喽所玩"两句当合读。此处的"喽喽"含有"拘泥、局限"义,由"小"义引申而来。两句谓:"守株待兔之辈,拘泥于所玩习的作品。"《尚博》:"拘系之徒,桎梏浅隘之中,挈瓶训诂之间。"正是"喽喽所玩"的具体表现,可与此合读。《金丹》:"想见其说,必自知出黄污而浮沧海,背萤烛而向日月;闻雷霆而觉布鼓之陋,见巨鲸而知寸介之细也。知其喽喽,无所先入,欲以弊药必规升腾者,何异策蹇驴而追迅风,棹蓝舟而济大川乎!"按:"黄污"小而"沧海"大,"萤烛"光小而"日月"光大,"布鼓"声小而"雷霆"声大,"寸介"形体小而"巨鲸"形体大,"喽喽"在这段上下文中,只能解为狭小、狭窄。《明本》"然而喽喽守于局隘"当解为"拘泥于狭隘之中"。

五

《穷达》:"弃度量而以纶集为多少矣。"

纶集:杨明照笺:"《尔雅·释诂》:'貉缩,纶。'郭注:'纶者,绳也。'又《释言》:'缗,纶也。'郭注:'缗,绳也。江东谓之纶。'是'纶'与'缗'字异义同,皆谓绳也。《史记·酷吏·张汤传》:'排富商大贾,出告缗令。'《正义》:'缗音岷,钱贯也。'《汉书·武帝纪》'(元狩四年)初算缗钱。'颜注:'李斐曰:"缗,丝也,以贯钱也。一贯千钱,出算二十也。"'师古曰:'谓有储积钱者,计其缗贯而税之。李说为是。'(李斐说,《史记·平准书》"贾人缗钱"句《集解》亦引之。)又《食货志》下:'贾人之缗钱。'颜注:'缗,谓钱贯也。'然则此文之纶应与缗同,亦指钱贯也。纶集,盖谓所收得之钱贯。《管子·版法》:'凡将之事,正彼天植,风雨无违,远近高下,各得其宜。'尹注:'高下,犹多少也。'高下既可解为多少,反之,则多少亦可解为高下。以纶集为多少,即以钱贯为高下之意。"按:"缗""纶"虽可同解为"绳",但千古以来先师无解"纶集"为"钱贯"者,古有"缗钱"之例,而杨先生未举出一个"纶钱"的书证。《说文·纟部》:"纶,青丝绶也。"《法言·孝至》"五两之纶"李轨注:"纶,如青丝绳也。"《庄子·齐物论》"而其子又以文之纶终"释文引崔(譔)云:"纶,琴瑟弦也。"《文选》嵇康《赠秀才入军》"垂纶长川"李周翰注:"纶,钓丝也。"《文选》王俭《褚渊碑文》"其出如纶"李周翰注:"纶,麤线也。""纶"有"青丝绶、青丝绳、琴瑟弦、钓丝、麤线、绳"等义,唯独没有"贯钱丝""贯钱绳"之义,故杨笺断不可从。其实,纶如丝,是一种可以度量长短轻重的物品。《清鉴》:"此为丝线既经于铨衡,布帛已历于丈尺,徐乃说其斤两之轻重,端匹之修短,人皆能之,何烦于明哲哉!"与本文所说"释铨衡而以疏数为轻重矣,弃度量而以纶集为多少矣"意亦相通,可合读。《清鉴》中的"丝线"与本文"纶集"之"纶"同义。丝、绳也是一种财富。故不必刻意求深如杨笺。纶集:丝、绳聚集。《穷达》:"于是释铨衡而以疏数为轻重矣,弃度量而以纶集为多少矣。"

六

《论仙》:"孝孙之著文章。"

孝孙:祭祖人或主祭者祭祖时对祖先的自称。按:祭祖人与尸祝角色相当,与鬼神说话。《诗·小雅·楚茨》:"孝孙有庆,报以景福,万寿无疆。"朱熹集传:"孝孙,主祭之人也。"又:"孝孙徂位,工祝致告。"《仪礼·聘礼》:"仆为祝,祝曰:'孝孙某,孝子某,荐嘉礼于皇祖某甫、皇考某子,如馈食之礼。'"郑玄注:"仆为祝者,大夫之臣摄官也。"又《少牢馈食礼》:"主人曰:'孝孙某,来日丁亥,用荐岁事于皇祖伯某,以某妃配某氏,尚飨。'"又"(史)遂述命曰:'假尔大筮有常,孝孙某,来日丁亥,用荐岁事于皇祖伯某,以某妃配某氏,尚飨。'"又"主人再拜稽首,祝告曰:'孝孙某,来日丁亥,用荐岁事于皇伯某,以某妃配某氏,敢宿。'"又"祝祝曰:'孝孙某,敢用柔毛刚鬣,嘉荐普淖,用荐岁事于皇伯某,以某妃配某氏,尚飨。'"又《特牲馈食礼》:"命曰:'孝孙某筮,来日某诹此某事,适其皇祖某子,尚飨。'"又"命筮曰:'孝孙某诹此某事,适其皇祖某子筮某之某为尸,尚飨。'"《礼记·郊特牲》:"祭称孝孙孝子,以其义称也。"王明将"孝孙"标人名号,误也。文章:先秦至魏晋通指写在竹帛之中的著作,包括诗赋。句谓孝孙祭祖之事写于《诗》《仪礼》《礼记》等经典著作中。

七

《至治》(治:原作理,盖避唐高宗李治讳改而未复者,今复之。):"长谷湛而交经。"

长谷:1.人类与动物的性器官;男之玉茎,女之阴部。谷:道家指孳生宇宙、天地、万物的本源。喻指道。《老子·第六章》:"谷神不死,是为玄牝。

玄牝之门,是谓天地根。"苏辙解:"谓之'谷神',言其德也。谓之'玄牝',言其功也。牝生万物,而谓之玄焉,言见其生而不见所以以生。玄牝之门,言万物自是出也,天地自是生也。"高亨正诂:"亨按:谷神者,道之别名也。道能生天地,养万物,故曰谷神。玄牝亦道之别名也。"按:"谷"与"玄牝"是生养宇宙、天地、万物的父母,最初本义指生育器官。2.鼻与口。《老子·第六章》:"谷神不死,是为玄牝。"河上公注:"玄,天也,于人为鼻;牝。地也,于人为口。"《云笈七签》五九《达摩大师住世留形内真妙用诀》:"原其所禀之时,伏母脐下,混沌三月,玄牝具焉。"注:"玄牝者,口鼻也。"《黄庭内景经·琼室章》:"长谷玄乡绕郊邑。"梁丘子注:"长谷,鼻也。玄乡,肾也。郊邑谓五藏六府也。言鼻中之气出入,下与肾连,周绕藏府,心居赤城,存想内外,郭外曰郊,故为象喻也。"按:鼻腔与肾联系在一起,盖是古人不直言性器官的隐讳说法。湛:深邃貌。《老子·第四章》:"湛兮,似或存。"交经:交错。句谓玉茎长,女阴深,相向交互进退。喻男女做爱动作。

八

《至治》:"治中、四顺,可以救霍乱。"(至治,原作至理,盖避唐高宗李治讳而未复者,今复之。)

治中:原作理中,正如《外篇》的《官治》原作《官理》一样,盖避唐高宗讳改,今复之。方剂名,指以甘草、干姜、人参、白术四味药制成的治中丸或熬成的治中汤。《葛仙翁肘后备急方》二《治卒霍乱诸急方》十二:"服旧方用理中丸及厚朴、大豆豉、通脉、半夏汤。""崔氏云:'理中丸方:甘草三两,干姜、人参、白术各一两,捣,下筛,蜜丸如弹丸;觉不住,更服一枚;须臾不差,仍温汤一斗,以麋肉中服之,频频三五度,令差。亦可用酒服。'"孙思邈《备急千金方》二十《膀胱腑》之《霍乱》六:"治中汤主霍乱吐下胀满,食不消,心腹痛方:人参、干姜、白术、甘草各三两,上四味,咬咀,以水八升,煮取三升,分三服。不瘥,顿服三两服剂。远行防霍乱,依前作丸如梧子,服三十丸。如作散,服方寸匕,酒服亦得。若转筋者,加石膏三两。(张)仲景云:若脐上筑者,肾气动也,去术加桂心四两;吐多者,去术加生姜三两;下多者,复用术;悸者,加茯苓二两,渴欲得水者,加术合前成四两半;腹中痛者,加人参合前四两半;若寒者,加干姜合前成四两半;腹满者,去术加附子一枚。服汤后一食顷,服热粥一升,微自温,勿发揭衣被也。"《医中金鉴·删补名医方论八·理中汤丸》集注引程应旄曰:"阳之动始于温,温气得而谷精运,谷气升而中气胆,故名曰理中。"四顺:方剂名,指干姜、甘草、人参、附子四味药所熬的汤药。《葛仙翁肘后备急方》二《治卒霍乱诸急方》十二:"四顺汤治吐下腹干呕手足冷不止:干姜、甘草、人参、附子各二两,水六升,煮取三升半,分为三服;若下不止,加龙骨一两;腹痛甚,加当归二两,胡洽用附子一枚,桂一两,霍乱亦不吐痢,但四支脉沈、肉冷、汗出、渴者,即差。"孙思邈《备急千金方》二十《膀胱腑》之《霍乱》六:"四顺汤治霍乱转筋,肉冷汗出,呕哕者方:人参、干姜、甘草各三两,附子一两,上四味。哎咀,以水六升,煮取二升,分三服。"范汪云:"利甚加龙骨二两炒。"

九

《微旨》:"引三五于华梁。"

三五,指代夫妇;神、气、精。《九转流珠神仙九丹经》上:"真人曰:'第二之丹……太阴者铅也,太阳者丹砂也。太阴者坎位在子,太阳为离位在午。故坎生月,离生日也。日为夫,月为妇也。日为雄,月为雌也。磁石铅属太阴,位在子,其数一。丹砂属阳位在午,其数九,雄黄属土,其数五。故曰一、五、九,凡十五。故真人名为三五。知三五,横行天下。能知三五以治药为还丹服之耳,得长生不死,故曰横行天下。"故三五喻男女、夫妇也,此其一。其二,三五盖指神、气、精的结合体。《太清修丹秘诀》:"《混元经》云:'天地造化成人。然父者,木也;精者,火也。二象元是一气。木者,主也,火即为用。母者,金也;精者,水也。金即为主,水即为用。父与母、精与气,此四象,遇土即相生,不遇土即相克。母之宫者,真土也。四象气至此宫,自然相顺,共聚为宝。神、气、精,用为一身之主也。神者,脾气也;气者,金水之气也;精者,火木之气也。(神、气、精)为人身之三奇。"华梁:华美的鱼梁。廋语,喻女身。华:美而艳。梁:鱼梁。《诗·邶风·谷风》:"毋逝我梁,毋发我笱。"毛传:"逝,之也。梁,鱼梁。笱,所以捕鱼也。"郑玄笺:"毋,禁新昏也。女毋之我家,取我为室家。"孔颖达疏:"此与《小弁》(诗·小雅)及《《诗·齐风·敝笱》)'敝笱在梁'皆云笱,笱者,捕鱼之器,即'梁'为'鱼梁'明矣。《何人斯》(诗·小雅)云:'胡逝我梁?'我者,已所自专之辞,即亦为'鱼梁'也。《有狐》(诗·卫风)云:'在彼淇梁。'传曰:'石绝水曰梁。'《候人》(诗·曹风)云:'维鹈在梁。'传曰:'梁,水中之梁。'《鸳鸯》(诗·小雅)云:'鸳鸯在梁。'笺云:'石绝水之梁。'《白华》(诗·小雅)亦云:'有鹙在梁。'又云:'鸳鸯在梁。'皆鸟兽所在,非人所往还之处,即皆非桥梁矣,故以'石绝水'解之。此石绝水之梁,亦是鱼梁。故《王制》(礼记)云:'獭祭鱼然后虞人入泽梁。'注云:'梁,绝水取鱼者。'《白华》笺云:'鸳也,鹤也,皆以鱼为美食者也。'……郑司农(众)云:'梁,水堰。堰水而为关空,以笱承其空。'然则梁者为堰以鄣水,空中央承之以笱,故云'笱所以捕鱼也'。"高亨注:"逝,往。梁,鱼梁,拦鱼的水坝。笱(gǒu 狗),捉鱼的器具,编竹成筒形,口有倒刺,鱼入即不能出,现在叫作须笼。在鱼坝上弄一个孔穴,须笼安在孔穴里。"闻一多《风诗类钞·谷风》:"毋逝我梁,毋发我笱。"注:"梁,堰石鄣水而空其中,以通鱼之往来。笱,以竹为器,承梁之空以取鱼。逝,之,发,开也。二句廋语,禁夫勿来就己身也。"句谓男女交欢时,男人将神、气、精倾注于女身。

十

《杂应》:"六甲父母。"

本名商陆,异名甚多,《周易》名苋陆,马融、郑玄、王肃名章陆,《广雅》名常蓼、马尾、蓫薚,《图经》名章柳,《玉篇》名蓫柳,蓫薚,《开宝》名当陆、白昌,

《本草》名蓫根、呼夜、乌棋、六甲父母,俗名章柳根,多年生草本植物,可入药,治水肿。《四库全书》卷十三子部十杂家类五代邱光庭著《兼明书》卷二《周易》"苋陆"条:"《夬》九五曰:'苋陆夬夬,中行无咎。'王弼云:'草之柔脆者。'子夏传云:'苋陆,木根草茎,刚下柔上。'马、郑、王肃皆云:'苋陆一名章陆。'明曰:'如诸儒之意,皆以苋陆为一物,直为上六之象。今以苋陆为二物:苋者,白苋也;陆者,商陆也。苋象上六,陆象九三,亦全柔也;九三上六象阴以阳应阴,陆亦刚下柔上也。且《夬》是五阳共决一阴之卦,九五以阳处,既刚且尊,而为决主,亲决上六而九三应之,亦将被决,故曰苋陆夬夬。重言之者,决苋决陆也。由此而论,苋陆为二物,亦以明矣。按《本草》商陆,一名蓫(音勑张反)根,一名呼夜,一名章陆,一名乌棋,一名六甲父母,殊无苋之号,盖诸儒之误也。或曰:'九三君子夬夬,其义如何?'答曰:'九三以阳应阴,有违于众。若君子能决断,已意与众阳共决上六则免悔,故亦重言夬夬也。"又见《本草纲目》第十七卷商陆【释名】。《本草纲目》第十七卷商陆:根"[主治]水胀疝瘕痹,熨除臃肿,杀鬼精物。_{本经}疗胸中邪气,水肿痿痹,腹满洪直,疏五脏,散水气。_{别录}泻十种水病。喉痹不通,薄切醋炒,涂喉外,良。_{甄权}通大小肠,泻蛊蠹,堕胎,火胁肿蠹,傅恶疮。_{大明}。"

十一

《地真》

地真:指人体的三宝上、中、下三丹田。《云笈七签》卷五十《金阙帝君三元真一经诀》说:"天有三玄,谓日、月、星也,亦为三精,是用长生;人有三宝,三丹田也,亦为三真,是用永存。《灵宝经》曰:'天精地真,六宝常存,此之谓也。"据此,知"地真"与"天精"相提并论,"天精"指日、月、星,"地真"指三丹田。三丹田统括人体全身器官,正与本篇内容相关,故葛洪截用《灵宝经》"地真"语定篇名为《地真》。严可均曰:"《抱朴子养生论》,前半即《地真篇》也,后半与《极言篇》相辅。"论"知一""思一""守一""真一""玄一"及治国如治身等,故本卷实论养生。

汉语拼音化的反思

苏培成

　　汉语拼音化与汉字拼音化是两个不同的概念。文字是记录语言的符号系统。汉语拼音化着眼于文字和语言的关系,研究不同性质的文字纪录同一语言的差异与得失。汉字拼音化把语言抛在一边,只研究文字符号的发展与交替。本文采用汉语拼音化的提法。汉语拼音化在民国时期和新中国建立初期叫文字改革,1986年以后,逐渐改为语文现代化。

一　汉字为中华民族的生存和发展做出了重要贡献

　　《说文解字·序》说:"盖文字者经艺之本,王政之始,前人所以垂后,后人所以识古。"《康熙字典·序》说:"《易传》曰:'上古结绳而治,后世圣人易之以书契。百官以治,万民以察。'《周官·外史》'掌达书名于四方',《保氏》'养国子教以六书',而考文列于三重。盖以其为万事百物之统纪,而足以助流政教也。"这表明古人已经认识到汉字在社会生活中的重要意义。汉字是汉族祖先创造的自源文字,从甲骨文算起已经走过了3400多年,它的实际寿命自然还要长得多。作为交际工具,汉字记载了中华古国的文明史,传承了丰富灿烂的民族文化。我国自古以来就有复杂的方言分歧,汉字具有超方言性,成为方言间沟通的工具。汉字具有调节功能,为了满足社会发展和社会交际的需要,在保持基本稳定的前提下,在稳步发展。

　　在古代没有出现贬低或废除汉字的思潮。不论是汉唐盛世还是南北朝分裂割据的局面,我们的先人都没有把国家的兴衰和汉字的功过联系在一起。在古代汉字不止一次与拼音文字发生接触。南北朝时代流行过梵文和鲜卑语。在唐代的敦煌文书中,我们可以看到许多外族文字,如吐蕃、回纥、吐火罗等文字。元代蒙古族和清代的满族建立了统治全国的政权,都有自己的拼音文字。在这种语言环境下,没有出现废除汉字改用拼音文字的主张。相反,从很早时候开始,汉字就传播到周边的民族,形成了广大的汉字文化圈。明代方以智曾经提出汉字不如拼音文字的看法。他说:"字之纷也,即缘通与借耳;若事属一字,字各一义,如远西因事乃合音,因音而成字,不重不共,不尤愈乎。"①但是这种看法没有产生什么影响。

二 文字改革的提出和发展,成为强有力的时代思潮

(一)甲午战争中国战败,大门被西方列强的坚甲利兵打破。西方传教士以通商口岸为中心,传播《圣经》。面对不识字的民众,他们设计了方言罗马字用来翻译《圣经》教民众阅读,很快形成了有一定规模的教会罗马字运动。19世纪末到20世纪初,至少有17种方言罗马字在传习。据统计,1891年至1904年,罗马字《圣经》的总销售数达137870部。②传教士在倡导教会罗马字的同时,开展了对汉字体系的批判。他们认为:"目前那繁难的书写方法,必须彻底让位给那更实用,更少图形化,用罗马字母来代替的拼音制度。""罗马字在横的方面看来可使思想的传达迅速。中国语言中繁难的方块字是二十世纪最有趣的时代错误。""中国现行的文字对于中国青年彻底的科学化教育,是一种最有力的障碍。"③这是殖民主义者的汉字观。

(二)继鸦片战争之后,甲午海战和八国联军,中国一步步沦为殖民地和半殖民地,面临被瓜分的危机。西方文化蜂拥入中国,是时出现了"全盘西化"的主张。"海禁既开,所谓'西学'者逐渐输入,始则工艺,次则政治。学者若生息于漆室之中,不知室外更何所有,忽穴一牖外窥,则粲然者皆昔所未睹也,还顾室中,则皆沉黑积秽。于是对外求索之欲日炽,对内厌弃之情日烈。"④文字改革思潮随之兴起。爱国人士寻找中国积贫积弱的根源,

---

① 见周有光《汉字改革概论》,北京:文字改革出版社1961年版第25页。
② 见倪海曙《中国拼音文字运动史》,郑州:河南人民出版社2016年版第18页。
③ 见倪海曙《中国拼音文字运动史》,郑州:河南人民出版社2016年版第17页、18页。
④ 见梁启超《清代学术概论》,上海:上海古籍出版社1998年1月版第72页。

着眼于把中国和西方列强进行对比。他们认为中国贫弱在于教育落后,而教育落后又源于汉字落后,于是要立志改革汉字,主张废汉字改用拼音文字。

时代思潮波谲云诡,在清末出现了文字改革的切音字运动。1892年福建同安人卢戆章用他自己设计的字母出版了厦门方言的拼音课本《一目了然初阶》(切音新字厦腔),开始了晚清的切音字运动。从《一目了然初阶》的出版到辛亥革命发生的二十年当中,提出的切音字方案有28种,每年平均一种以上。切音字运动提倡者的基本观点是富强由文字,认为汉字的繁难造成了中国的贫穷与落后。卢戆章说:"中国字或者是当今普天之下之字之至难者。"他们主张用拼音字代替汉字。劳乃宣说:"是故今日欲救中国,非教育普及不可;欲教育普及,非有易识之字不可;欲为易识之字,非用拼音之法不可。"切音字的倡导者提倡拼音文字,但并不主张废除汉字。劳乃宣说:"中国六书之旨,广大精微,万古不能磨灭。简字仅足为粗浅之用,其精深之义,仍非用汉文不可。"[①]民国政府成立后,并没有采取切音字运动的主张,推行切音新字,而是在1913年召开读音统一会,审定国音,制订了注音字母,准备推行国语。

(三) 在五四新文化运动中,文字改革的思潮得到进一步扩展和强化。这时从西方传来了文字演变的三阶段论,就是从表形到表意到表音。这个理论成为把汉字改为拼音文字武器。傅斯年在《汉语改用拼音文字的初步谈》中说:"中国文字的起源是极野蛮,形状是极奇异,认识是极不便,应用是极不经济,真是又笨、又粗,牛鬼蛇神的文字,真是天下第一不方便的器具。"钱玄同在《中国今后之文字问题》中说:"欲废孔学,不可不先废汉文;欲驱除一般人之幼稚的野蛮的顽固的思想,尤不可不先废汉文。"1923年,也就是注音字母公布后的第五年,《国语月刊》出版"汉字改革号"。汉字革命和采用罗马字母的呼声达到了高潮。在"汉字改革号"上,钱玄同发表的《汉字革命》成为讨伐汉字的檄文。他断言:"汉字革命,改用拼音,是绝对的可能的事。""汉字的罪恶,如难识、难写,妨碍于教育的普及、知识的传播:这是有新

[①] 见文字改革出版社编《清末文字改革文集》,北京:文字改革出版社1958年版第81页。

思想的人们都知道的。……处处都足以证明这位'老寿星'的不合时宜,过不惯二十世纪科学昌明时代的新生活。"钱玄同还从六书的演变里总结出汉字发展的规律。他说:"照这六书发生的次序看,可知汉字是由象形而表意,由表意而表音;到了纯粹表音的假借方法发生,离开拼音,只差一间了。"这些偏激的言论无法得出合乎实际结论。

在这种思潮的影响下,国语统一筹备会组织国语罗马字拼音研究委员会,拟订出"国语罗马字拼音法式"(简称"国罗"),可是教育部不肯公布。一直拖延到 1928 年 9 月 26 日,才由教育部(当时称大学院)公布。当初拟订的是拼音文字,而公布时却改为"国音字母第二式",行政当局采取的是审慎的做法。

1931 年在苏联政府支持下在海参崴(符拉迪沃斯托克)举行了第一次新文字大会,会议通过了北方话拉丁化新文字方案(简称"北拉")。这个方案不标声调,不拼共同语,只拼方言。理论上有缺陷,但学习比较容易。1933 年传入中国,被裹进政治斗争的漩涡。在国民党统治区遭到禁止,在共产党领导的边区得到支持。陕甘宁边区政府决定,从 1941 年 1 月 1 日起,新文字跟汉字有同样的法律地位。新中国建立后,中央决定研制新的汉语拼音方案,北拉停止推行。

(四)就在国内汉字革命和采用罗马字母的呼声达到了高潮的时候,从国外传来了不同的声音。1923 年牛津大学出版社出版了瑞典汉学家高本汉(Bernhad Kalgren)著的《中国人与中国文》。高本汉在这本书里说:"中国人果真不愿意废弃这种特别的文字,以采用西洋的字母,那绝不是由于笨拙顽固的保守主义所致。中国的文字和中国语言的情形,非常适合,所以它是必不可少的。中国人一旦把这种文字废弃了,就是把中国文化实质的基础降服于他人了。"[①]在这段话里,他提出了不赞成汉语拼音化的两点理由,一点是中国的文字和中国的语言非常适合,另一点是改用拼音字母就把中国文化的基础废弃了。

---

① 见高本汉著张世禄译《中国人与中国文》,上海:商务印书馆 1931 年版第 50 页。

三　对清末至民国时期提出的文字改革的理由的辨析

这个时期提出的文字改革的理由可以归纳为以下五点,下面略加评析:

(一)汉字难学。汉字字数很多,结构复杂,没有完备的表音系统;而拼音文字只有几十个字母,字母结构简单,拼音比较规则,见字可以知音。从这几点看来,汉字比拼音字难学,可是我们不能仅根据这几点就认为要把汉字改为拼音字。因为汉字还有许多优点,所以必须全面地研究综合考虑,才能决定是不是要把汉字改为拼音字。

(二)富强由文字。这个说法不能成立。国家的贫富或强弱,是由社会制度、生产力的发展水平、教育制度、历史情况等因素决定的,不是由文字的状况决定的。当今世界上,使用拼音文字的国家并不都是富强的,有些也很贫弱。旧中国积贫积弱,新中国改革开放以来得到了很快的发展。而新旧中国使用的都是汉字,可见国家的强弱与使用什么样的文字没有直接的关系。

(三)汉字是统治阶级压迫劳苦群众的工具。这是苏联马尔学派的错误观点。在阶级社会,统治阶级用上层建筑作为压迫劳苦群众的工具,但文字不是上层建筑,不是压迫劳苦群众的工具。汉字和拼音字都是全民的交际工具,没有阶级性。它们既可以传播正确的思想,也可以传播不正确的思想。使用哪种文字与文字传播什么思想并不相关。

(四)汉字不能适应科学技术的发展。使用拼音文字的国家,有的科技发达,有的科技不发达。旧中国科技不发达,新中国科技有了很大的发展。特别是改革开放以后,科技发展的速度和质量位居世界前列。1980年,中国是世界上贫穷国家之一,经过近40年的改革开放,国内生产总值已经超过10.8万亿美元。成为世界第二大经济体。新旧中国使用的都是汉字。

(五)由象形而表意而表音,是文字发展的普遍规律。我们认为,世界文字的发展不存在这样一条共同规律。汉字和拼音字属于不同的文字体制,难分高下,互不隶属,汉字不会发展为表音文字。对这个问题,下一节里还要做些讨论。

四　新中国建立后文字改革方针的确立和调整

（一）五四以来的文字改革思潮，在新中国建立之后仍有很大的影响。1951年毛泽东主席指示我们："文字必须改革，要走世界文字共同的拼音方向。"毛主席又指示我们，汉字的拼音化需要做许多准备工作；在实行拼音化以前，必须简化汉字，以利目前的应用，同时积极进行各项准备。[①] 这是新中国为汉语拼音化确立的方针。1958年周恩来总理在《当前文字改革的任务》的报告中提出文字改革的三项任务，就是简化汉字、推广普通话、制订并推行《汉语拼音方案》。根据上述报告就形成了新中国文字改革的两步走的方案，第一步的任务是实现当前文字改革的三项任务，第二步实现汉字拼音化，改用拼音文字。

（二）这个时期也出现了对文字改革的不同声音。在这种复杂的环境下，有的学者根据自己的研究对汉语拼音化提出了质疑。在这里我们介绍唐兰和陈梦家的意见。

早在1949年之初，唐兰在《中国文字学》里就指出："中国文字果真能撇弃了行用过几千年的形声文字而变为直捷了当的拼音文字吗？一个民族的文字，应当和它的语言相适应，近代中国语言虽则渐渐是多音节的，究竟还是最简短的单音节双音节为主体，同音的语言又特别地多，声调的变化又如此地重要，在通俗作品里含糊些，也许还不要紧，用拼音文字所传达不出来的意思，只要读者多思索一会，或者简直马虎过去就完了。但是要写历史，要传播艰深的思想，高度的文化，我们立刻会觉得拼音文字是怎样的不适于我们的语言。"[②] 唐兰在这之后发表的文章里说："文字改革的主要目的是使文字易于学习，但改革文字必须注意到中国具体环境。中国语言同音字众多，改用纯粹的拼音文字是不可能的。考虑到汉字是承载着过去的历史文

[①] 见吴玉章《文字必须在一定条件下加以改革》，全国文字改革会议秘书处编印《全国文字改革会议文件汇编》第14页。

[②] 见唐兰《中国文字学》，上海：上海古籍出版社1979年新1版第112页。

化,完全废除汉字更是行不通的。"①

陈梦家在1953年至1954年著的《殷墟卜辞综述》里说:"中国文字(汉字)发源于图象,逐渐地经过简化和人意的改作成为定形的简省的概略的象形,作为记录语言的符号。它是在汉语的基础上成长而发展的。汉语是单音缀的、孤立的、分析的。作为汉字是一字一音缀的,同一个汉字在不同的句子中可以用作不同的词类,一个字在一个句子中只表示一个单纯的意义。汉语决定了汉字,也决定了汉语法,即语序在句子中的重要作用。汉语也决定了中国文字长期停留在象形的形符系统上而没有走上音符文字的路。"②

(三)在党的十一届三中全会解放思想、实事求是精神的指引下,中国进入改革开放新时期。社会思潮发生了大的改变,人们对文字改革的认识也发生了变化。1979年5月,倪海曙在部分高等院校文改教材协作会议第二次会议上的发言里说:"过去说,文字不改革,不能扫盲,不能普及教育,好像文字改革与扫盲和普及教育之间有个必然的关系。现在又说文字不改革,不能实现现代化,也肯定了文字改革与现代化之间有个必然的关系。但是这样说,是不是太笼统了? 是不是缺乏分析? 人家可以反驳你:使用拼音文字的国家,文盲也很多,例如拉丁美洲国家。实行了文字改革的国家,文盲也并不少,例如土耳其。可见这是社会制度和教育制度的问题,与文字改革不一定有必然的关系,有关系的是效率的高低问题,而不是能不能的问题。与四个现代化的关系也一样。有些国家,文字没有改革,例如日本、南朝鲜(韩国,引者注),也现代化了。而有些实行了文字改革的国家,例如蒙古、印尼、越南等,却还没有现代化。文字改革与实行现代化的关系,恐怕也是效率上的多快好省和少慢差费的问题。而不是能不能的问题。""片面地说汉字坏,人家不服气的;片面地说拼音文字好,人家也不服气的。汉字有它的优点,拼音文字也有它的缺点。一定要全面地来看,有分析、有比较地来说,

---

① 见唐兰《中国文字改革的基本问题和推进文盲教育儿童教育两问题的联系》,《人民日报》1949年10月9日。

② 见陈梦家《殷墟卜辞综述》,北京:中华书局1988年1月版第644页。

才符合实际。"①倪海曙意见难能可贵,提高了人们的认识。至于倪先生说的文字改革可以提高效率,似亦可商。

（四）在这种形势下,国家对文字改革方针做了调整。1986年1月6日至13日,国家教委和国家语委召开了全国语言文字工作会议。会议传达并贯彻中央提出的新时期语言文字工作的方针是:贯彻、执行国家关于语言文字工作的政策和法令,促进语言文字规范化、标准化,继续推动文字改革工作,使语言文字在社会主义现代化建设中更好地发挥作用。关于汉字的前途,会议重申周恩来1958年在《当前文字改革的任务》里的观点。"我们认为,周总理的这段话今天仍然具有指导意义。汉字的前途到底如何,我们能不能实现汉语拼音文字,什么时候实现,怎样实现,那是将来的事情,不属于当前文字改革的任务,现在有不同的意见,可以讨论,并且进行更多的科学研究。但是仍然不宜匆忙作出结论。"

会议没有重申汉字"走世界文字共同的拼音方向"。对此胡乔木在闭幕式上的讲话里做了解释。他说:"有些同志可能会想到或者感觉到,在这次会议上有些东西没有能够得到肯定,甚至于还好像失掉了什么东西。作为一个长期从事语言文字工作和文字改革的工作者,我可以真诚地向大家说明:我们没有失掉任何东西,相反地得到了很多东西。""我们希望参加这次会议的许多老同志、老前辈在这个问题上不要有任何遗憾。我们应该认识到,这次会议并没有妨碍我们的研究工作和各种实验工作的继续进行,也不影响各方面实际工作的开展。相反,它是要求我们加强研究工作、实验工作和在人民群众里进行更多的宣传、推广、实践工作的。"②我们认为1986年对语言文字工作方针的调整是必要的和正确的,适应了改革开放的新形势,符合党的十一届三中全会的精神。

---

① 见倪海曙《加强文字改革工作的科学性》,载《倪海曙语文论集》,上海:上海教育出版社1991年版114—115页。

② 见胡乔木《在全国语言文字工作会议闭幕式上的讲话》,《胡乔木谈语言文字》(修订本),北京:人民出版社2015年1月版第323页、324页。

五　对汉语拼音化的新思考

（一）1986年12月，语言文字应用研究所召开了汉字问题学术研讨会，参加会议的学者谈了新的认识。陈原说："汉字这种书写系统是同汉语这种语言系统相适应而生存和发展的。""近年来对汉字的研究，应当说是有进展的，甚至可以说有很大进展。""首先，汉字的定量分析得到许多令人鼓舞的数据。""其次，对汉字的研究分析已越出了传统文字学范畴，很多学科对汉字的研究作出了新的贡献。""第三，从适应实际应用的需要，对汉字规范化和汉字习得学打开了新的天地。"陈原提出"汉字这种书写系统是同汉语这种语言系统相适应而生存和发展的。"①

吕叔湘把汉字和拼音字的利弊得失做了比较。他说："第一，无论是汉字还是拼音字，它的优点和缺点分不开，有这么个优点，就不免有那么个缺点。第二，汉字的优点恰好是拼音字的缺点，汉字的缺点也就是拼音字的优点。"②吕先生的看法否定了拼音文字比汉字更发展，代表一个更高层次的文化的看法。

（二）对文字发展三阶段论的思考。早在1957年，周有光发表了《文字演进的一般规律》引进了西方学者有关于文字演进的理论。他说："文字发展史的三个阶段是：第一阶段，从'文字画'和'图画字'开始，一直到表音符号萌芽，表达方法是表形兼表意，不是单一的表形。第二阶段，在运用表意符号的同时，表音符号日益发展起来，跟表意符号结合运用，一直到拼音文字诞生，表达方法是表意兼表音，不是单一的表意。第三阶段，是拼音文字阶段，从音节文字到音位文字，表达方法以表音为基础。这三个阶段的文字是三种发展水平不同的文字制度。""仅仅就汉字的演变来研究文字的发展规律，就不可能得到拼音文字是比意音文字更优越的文字制度这样的结论。

---

① 见陈原《把汉字问题的研究推向新的高度》，《汉字问题学术讨论会论文集》，北京：语文出版社1988年版第1页。
② 见吕叔湘《汉字和拼音字的比较》，《汉字问题学术讨论会论文集》，北京：语文出版社1988年版第8页。

拼音文字的优越性和文字改革的必要性,只有在人类文化发展史当中进行文字制度的比较研究,然后才能够科学地认识。"①

周先生在1998年出版的《比较文字学初探》里对这个问题有进一步的论述,周先生把表形、表意、表音三阶段改为形意文字、意音文字和字母文字。周先生研究了两河流域丁头字的演变。在苏美尔人、阿卡德人、巴比伦朝代、亚述帝国时代,丁头字是意音文字,到了新埃兰向音节化前进,到了乌加里特实现了音素化。周先生用这个为例说明文字演变的三阶段论。可是在这部著作里,周先生有一段重要的话,他说:"人类学中有一个'失去了的环节'(missing link):猿和人之间的中间环节还没有找到。文字学中也有一个'失去了的环节':意音文字和字母之间的中间环节还没有找到。"②这就是说,意音文字如何演变为拼音文字并未得到证实,也许在文字学中根本就没有这个"中间环节"。对西方的文字演变三阶段论提出了保留。既然无法得到证实,也就不能成为科学的结论,我们也就不能认为汉语一定要拼音化。

按照文字演变的三阶段论,汉字要演变为拼音文字,可是汉字使用了三千多年,至今并没有变为拼音文字。这是为什么?周先生的解释是:"文字制度的重大变化都是在文字传播到异民族以后才发生的。在原民族中间虽然经常发生形体的量变,可是不容易发生结构的质变。传播到异民族中间以后,遇到了新的矛盾,由此引起新的创造。异民族对外来的文字,没有原民族那样固执的图腾习惯。"③这种理论没有说服力。人们很难相信汉民族具有的所谓的"固执的图腾习惯"竟然在三千多年里一直阻碍汉语演变为字母文字。按照这样解释不正是说明汉字在本土不能演变为拼音文字。我们认为三阶段论不能成为汉语要改用拼音文字的理论根据。

文字演变的三阶段论认为,不同类型的文字如同文化一样有高低之分,代表三种发展水平不同的文字制度。意音文字是较低水平的文字,拼音文字是高水平的文字,所以意音文字的汉字要演变为拼音文字。我们认为这种理论没有事实根据,它反映的是使用拼音文字西方学者的主观愿望。汉

---

① 见周有光《文字演进的一般规律》,《中国语文》1957年第7期第1页。
② 见周有光《比较文字学初探》,北京:语文出版社1998年版第273页。
③ 见周有光《比较文字学初探》,北京:语文出版社1998年版第21页。

字和拼音文字都能够无遗漏地按照语词的顺序记录语言,都是发达的文字。这两种文字平行发展,可以互相借鉴,但互不隶属。不同语言根据自身具有的特点,采用其中任何的一种。在语言的特点没有发生重大改变的情况下,在没有政治因素的强行介入的情况下,文字体制不会发生质的改变。

六　文字的体制要适合语言的特点

用汉字纪录汉语有优点也有缺点,总的来看是优点大于缺点。这是因为汉字比较适合汉语的特点,主要表现在以下四个方面:

第一,"汉字的最大的优点是能够通古今、通四方。古今字音差别很大。但由于字义的变化比较小,而且两千年来汉字字形相当稳定,没有太多的变化,所以先秦两汉的古书今天一般人还能部分看懂。如果古书是用拼音文字写的,现代人就根本无法理解了。有些方言语言差别很大,彼此不能交谈,可是写成汉字,就能互相了解,汉字的这个特点对于文化的延续和继承,对于说不同方言的人之间的交际和理解,具有重要的作用。"[1]如果改成拼音文字,通古今、通四方的功能将丧失殆尽。

第二,"汉字的另一个明显的优势是能够区别同音词。所谓区别同音词,严格地说就是能确定不同的语素。当我们听到一个不熟悉的科学术语的时候,往往不知道指的什么,可是写出汉字来,就会对我们理解它提供一点启发或线索。我觉得从小就跟汉字打交道的中国知识分子已经养成了一种对汉语作语素分析的习惯。"[2]汉语里同音字很多,文字上必须加以区分。如果改为拼音文字,要把同音词区分开来,其繁难的程度要比汉字还严重,根本无法应用。

第三,汉字带有丰富的汉文化。例如,我国古代曾用贝壳作为等价交换物,所以许多表示财物的字带有意符"贝",如"货、财、资、费、贵、贱、贿"等。

---

[1]　见朱德熙《在"汉字问题学术研讨会"开幕式上的发言》,《汉字问题学术讨论会论文集》,北京:语文出版社 1988 年版第 14 页。

[2]　见朱德熙《在"汉字问题学术研讨会"开幕式上的发言》,《汉字问题学术讨论会论文集》,北京:语文出版社 1988 年版第 14 页。

意符"示"来自古代的神主,许多表示祭祀、神鬼、祸福的字多带有意符"示",如"祉、祀、神、祖、祸、福"等。拼音文字只表音,不表意,这一项宝贵的文化遗产无法继续,是重大的损失。此外还有以汉字为对象的许多民族艺术形式,如书法、篆刻、字谜等独具特色。逢年过节贴春联,贴福字,是不可缺少的民俗。在人们心里,识字就是有文化,人们敬仰文学家、书法家。以汉字字形为载体形成了一批词语,如"十字路口、丁字尺、八字胡"等。正因为汉字有如上的优点,几千年来汉族民众热爱汉字,对汉字寄予了深厚的民族感情。

第四,汉字有悠久的历史,汉民族生活在汉字的海洋里即使从甲骨文时期算起也有三千多年。它深入汉民族的内心,如同血肉。在清末以前,人们并不觉得汉字难学,没有改革汉字的要求。侨居海外的华人华侨,见到汉字如同见到祖国的亲人。对于抛弃汉字改为拼音字的巨变人们无法接受,将会造成社会的动荡。

世界上没有十全十美的东西,汉字也有自己的缺点。例如:(1)数量繁多,异体字繁多。(2)结构复杂。(3)缺乏完备的表音系统。(4)多音多义字要靠上下文来分辨,容易误读。(5)国际文化交流困难。这些缺点,我们可以通过文字规范加以减轻。新中国建立以来,我们对汉字进行了整理和简化,汉字学习的繁难程度有所减轻。许多汉字不能准确表音,我们已经有了《汉语拼音方案》作为辅助汉字的工具,用于汉字不能使用或不便使用的领域。信息技术的发展将为汉字的方便使用,开辟新的道路。

汉语如果改用拼音文字,将改变中华民族几千年来的语文生活,这是民众无法接受的,它带给国家和民族的损失将是灾难性的。从国外的经验看,阿塞拜疆把西里尔字母改为拉丁字母后,原来用西里尔字母书写的多数技术文献都被废弃了。乌兹别克斯坦由西里尔字母改为拉丁字母的进程十分困难而且漫长。[①] 这还是由一种拼音字母改为另一种拼音字母。如果把汉字改为字母文字,困难程度还要大许多。全面权衡利弊,用汉字纪录汉语优点大于缺点,汉字将继续使用,为社会的发展和社会的交际起到积极的作用。

---

① 见《哈萨克斯坦将改用拉丁字母》,《参考消息》2017 年 4 月 14 日。

汉语量词研究笔记二则

张万起

读《老学庵笔记》说量词"腰"与"条"

一

产生于不同时代的两个量词,在宋代语言中却同时出现了。陆游《老学庵笔记》说:"古谓带一为一腰,犹今谓衣为一领。周武帝赐李贤御所服十三环金带一腰是也。近世乃谓带为一条,语颇鄙,不若从古为一腰也。"(中华书局版,卷6,74页)

陆游对"腰"与"条"两个量词的使用情况发表了评论,虽然是个人看法,但也给我们提供了汉语量词发展的一些信息。所谓"古谓带一为一腰",是说古代衣带的量词用"腰",一带说"一腰"。"腰"作为衣带的量词,现代汉语早已不用,所以我们感到很生疏。那么,量词"腰"是什么时代产生的呢?陆游所说的古,是指的什么时代?从陆游所举的例句来看,大概就是指的南北朝时代。南北朝的北周(公元557—581)距离陆游生活的南宋时代只有600多年,对于语言发展的历史来说,并不是太遥远的时代。他举的周武帝送大臣李贤御腰带事,在《周书》和《北史》李贤传中都有记载:

> 降玺书劳贤,赐衣一袭及被褥,并御所服十三环金带一要,中厩马一匹,金装鞍勒,杂䌽五百段,银钱一万。(《周书·李贤传》,标点本,卷25,417页)

> 赐衣一袭及被褥,并御所服十三环金带一腰,中厩马一疋,金装鞍勒,杂䌽五百段,银钱一万。(《北史·李贤传》,标点本,卷59,2107页)

二书的记载,一前一后,文字几乎是完全一样的。"金带一要",即金带一腰。"要"是"腰"的古字。此外,《北史》和《隋书》中还另有衣带用"腰"做量词的例子。例如:

以奉使功,赐缣三百匹,金九环带一腰。(《北史·柳裘传》,标点本,卷74,2545页)

后以奉使功,赐缣三百匹,金九环带一腰。(《隋书·柳裘传》,标点本,卷38,1139页)

这说明在南北朝时代,确实存在着衣带用"腰"做量词的语言现象。但是在时代更早的文献中,例如先秦两汉文献、魏晋文献,我们没有找到衣带量词用"腰"的例子。因此,把量词"腰"产生时代定为南北朝时代,还是可以成立的。

二

量词"腰"产生以后,似乎不是很活跃,使用范围也并不广。根据语料推测,量词"腰"的使用范围限于北方,即长江以北的中国北部地区。但量词"腰"的使用,在后来的时间里还是有发展的。我们在《旧唐书》发现了一有趣的例子:

中宗女安乐公主,有上方织成毛裙,合百鸟毛,正看为一色,日中为一色,影中为一色,百鸟之状,并见裙中。凡造两腰,一献韦氏,计价百万。(《旧唐书·五行志》,标点本,卷37,1377页)

这说明,在唐代量词"腰"不但存在,而且可以用于裙子了。"凡造两腰",是说这用百鸟羽毛织成的百羽裙一共造了两条。可见量词"腰"的称数对象由衣带扩展到衣裙了。此外,在明人的作品里,也偶然可以看到量词"腰"的用例:

成化间,盗发韩魏公冢,得金银器颇多,黄金带三十六腰,其富可知。(明陆容著《菽园杂记》卷11)

是日,司礼太监到内阁议他事,商因白玘尝为晔通,送金带一腰,即峻斥之,不容入门。(明尹直著《謇斋琐缀录》卷6)

两部明人著作的用例,可证在明朝时代"腰"作为衣带的量词,并没有消亡。

三

陆游说:"古谓带一为一腰,犹今谓衣为一领。"陆游为什么这样说呢?为什么把"带一腰"和"衣一领"二者相比论呢?陆游是文学家、诗人,但他对语言的观察眼光还是很敏锐的,他好像看出了汉语量词产生的某些特点。汉语许多个体量词都是由名词发展而来的。例如衣服的量词用"领"。领本来是名词,意思是衣领。领子是衣服的重要部分,提衣服要先提衣领。领子是衣服的重要的标志,所以衣服的量词选择了"领"。同样,衣带量词用"腰",腰本来是名词,指人体躯干的一部分,衣带是要系在腰部的,腰是衣带的重要凭依对象,因此衣带的量词选择了"腰",这也是很合乎量词发展逻辑的。需要指出的是,衣服量词用"领",并不是宋代才有的。早在先秦就已经出现了。例如:

衣三领,足以朽肉;棺三寸,足以朽骸。(《墨子·节用中》)
太古薄葬,棺厚三寸,衣衾三领。(《荀子·正论》)
后代一直沿用:
晖乃起谢,復赐钱十万,布百匹,衣十领。(《后汉书·朱晖传》,标点本,卷43,1461页)
谨赠足下锦袭二领。(曹操《与太尉杨彪书》)
坚遣使送锦袍一领遗冲。(《晋书·苻坚传》,标点本,卷114,2923页)

到了宋代(10—13世纪),汉语的发展早已进入近代汉语时代,衣服的量词用"领",发展已渐成衰落之势,但是宋代还在用。例如:

把一领皁背穿着,上面著一领紫道服。(《大宋宣和遗事》亨集)
缬罗袄子一领。(《武林旧事》卷1)

陆游所说"犹今谓衣为一领。"也正说明在陆游生活的南宋时代,衣服的量词用"领"还在流行。

四

陆游在肯定"古谓带一为一腰"的同时,却批评衣带用"条"的语言现象。他说:"近世乃谓带为一条,语颇鄙,不若从古为一腰也。""近世"当然是指陆游生活的南宋时代了。"语颇鄙"是指把衣带说成一条,语太鄙俗,不如古代说一腰好。其实衣带量词用"条",并不是从南宋时代才开始的。例如:

从袭窦泰于潼关,太祖依其规划,军以胜返。赏真珠金带一腰,帛二百匹。(《周书·韩果传》,标点本,卷27,442页)

唐李延寿编修《北史》时,记载这件事,就把衣带量词就改用"条"了:

从平窦泰于潼关,周文因其规划,军以胜返,赏珍珠金带一条。(《北史·韩果传》,标点本,卷65,2308页)

这可以证明,至少在唐初衣带的量词就可以说"一条"了。所谓"语颇鄙",正好说明量词"条"的发展已进入了当时口语。"不若从古"是陆游的个人看法,语言发展的事实是,量词"腰"在随后的发展中逐渐被淘汰,被处于发展强势的量词"条"所替代。

井和量词"眼""口"

一

史上的北京,有五大水系,河网密布,似乎不大缺水。因为地下水位高,水井多也是一大特点。有些水井里的水,满满当当,能涨到井口,所以叫满井。《北京晚报》说:

> 清朝光绪年间,据粗略统计,北京旧城共有1255眼井。以北京旧城面积62平方公里计算,则平均每平方公里有井20眼,每5万平方米就有井一眼。换句话说,在长宽各为223米的区域就有1眼井,有些一条胡同就有两三眼。(《北京城的水系变迁》,2012年8月18日)

看,这段百十字的文章中,井的量词"眼"就用了5次之多。

那么,"眼"作为量词是什么时候产生的呢?根据文献资料考察,可以说是在唐代就产生了。但是早期的"眼"多用于称说泉水,是泉的量词。例如:

> 沇泉数眼沸,平地流清通。(李颀《与诸公游济渎泛舟》诗,中华书局,《全唐诗》卷132,1341页)

> 好鸟共鸣临水树,幽人独欠买山钱;若为种得千竿竹,引取君家一眼泉。(顾况《送李山人还玉溪》诗,中华书局,《全唐诗》卷267,2969页)

> 且湖底高,井底低,湖中又有泉数十眼,湖耗则泉涌,虽尽竭湖水,而泉用有余。(白居易《钱塘湖石记》,中华书局,《白居易集》卷68,1432页)

> 阶上一眼泉,四边青石凳。(张籍《上士泉瓶》诗,中华书局,《全唐诗》卷386,4348页)

> 东溪泉一眼,归卧惬高疏。(张祜《题陆墉金沙洞居》诗,中华书局,《全唐诗》卷510,5811页)

> 每岩中有清泉一眼,色如镜;白泉一眼,色如乳。(唐谷神子《博异志·阴隐客》,中华书局《古小说丛刊》,10页)

近代汉语后期的发展证明,"眼"称说的对象并不限于泉水,还用于洞穴、窑洞等。如:

惠州银洞三十六眼,立提举司办课。(《元史·食货志二》,标点本,卷94,2379页)

现代汉语继承了这一用法:

楼窗下面临着一眼方池,池里的水快要全干了。(郭沫若《水平线下·到宜兴去》)
炮火震坍了几眼破柴窑。(柳青《铜墙铁壁》第17章)

量词"眼"还用于房屋,"一眼"相当于"一间"。如:

草料场,在天水院桥西,有廒十眼。(宋吴自牧《梦粱录·监当诸局》)

廒是粮仓,是房屋建筑。"廒十眼"犹廒十间。

小二哥道:只有两眼房,空着一眼,一眼是个山东货郎,扶着个病汉赁了。(《水浒传》第七四回)

"两眼房"即两间房。房屋的间数用"眼",此为方言用法,未能进入通语,现代汉语也没有继承下来。而"眼"用于井,成为井的专用量词,是比较晚的。在《西游记》中可以找到用例。如:

这是一眼井。你在寺里早说是井中有宝贝。(《西游记》第三八回)

发展到现代汉语,"眼"已成为井的专用量词。水井、盐井、石油钻井都可以用量词"眼"。

二

井还有另一个量词,那就是"口"。

人有口,故量词"口"用于人。如:

关东流民二百万口。(《史记·万石君张叔列传》,标点本,卷103,2768页)

夏,募民徙朔方十万口。(《汉书·武帝纪》,标点本,卷六,170页)

遂徙部曲宗族万三千余口居邺。(《三国志·魏书·李典传》,标点本,卷18,534页)

师还,以功赏奴婢四十口,杂畜数百头。(《周书·李贤传》,标点本,卷25,416页)

又分兵入汾、潞等州,掠男女五千余口。(《旧唐书·突厥传上》,标点本,卷194上,5156页)

禽兽牲畜有口,故量词"口"也用于禽兽牲畜等动物。如:

辞以捕鹿二千口供厨。(《世说新语·惑溺4》刘注引《太原郭氏录》)

其时禁屠宰,宝严用羊二十口、马两匹以祭。(张鷟《朝野佥载》,中华书局版,卷5,116页)

有三口狼入营,绕官舍,不知从何而至,军士射杀。(同上,卷6,145页)

其军每日给羊二百口,牛二十头,米四十石。(《旧唐书·回纥传》,标点本,卷195,5199页)

或云上古汉语对牲畜动物的计数不用"口"。但发展到中古汉语,这种限制已被打破。上面所举鹿、羊、狼用"口"计数可证。进一步发展,量词"口"还可以用于计数无生命的事物。如"口"用于水井或有开口的器物。如:

于中逐长穿井十口。(贾思勰《齐民要术·种葵》，缪启愉校释本，卷3，181页)

水南十里，有井数百口。(郦道元《水经注·资水》，世界书局本，卷38，471页)

置凝闲堂前，有钟一口，撞之，闻五十里。(杨衒之《洛阳伽蓝记·龙华寺》，周祖谟校释本，卷2，72页)

顷连雨水浊，兵饮之多腹痛，令促具罂缶数百口澄水。(《三国志·吴书·孙静传》，标点本，卷51，1205页)

金瓶、银瓮百余口，瓯檠盘盒称是。(杨衒之《洛阳伽蓝记·开善寺》，周祖谟校释本，卷4，165页)

宣帝作两口榼，一口盛毒酒，一口盛善酒，自饮善酒，毒酒与金，金饮之即毙毙。(《宋书·符瑞志上》，标点本，卷27，783页)

其第三种，外国澡灌一口。(《南史·刘之遴传》，标点本，卷50，1250页)

青州城南佛寺中，有古铁镬二口，大者四十石，小者三十石，制作精巧。(唐封演《封氏闻见记·孟尝镬》，中华书局版，卷8，76页)

并赐……宝钵一口。(宋释道原《景德传灯录》五)

刀剑有锋刃，犹人有口，故量词"口"也用于刀剑。如：

管涔王使小臣奉谒赵皇帝，献剑一口。(《晋书·刘曜载记》，标点本，卷103，2684页)

奉叔常翼单刀二十口，出入禁闱。(《南史·周盘龙传》，标点本，卷46，1158页)

量词的发展，使"口"的称数对象不断扩大，"口"还可以用于幢幡等物。如：

惠生初发京师之日，皇太后敕付五色百尺幡千口，锦香袋五百枚，

王公卿士幡二千口。(杨衒之《洛阳伽蓝记·宋云惠生使西域》,周祖谟校释本,卷5,220页)

至父年八十五,又自造棺,稍高大,嫌藏小,更加砖两万口。(张□《朝野佥载》,中华书局版,卷5,122页)

一口针,三尺线。(宋普济《五灯会元·长沙景岑禅师》,中华书局版,卷4,210页)

留针二三口,插于其外,以试火候。(明宋应星《天工开物·锤锻·针》,岳麓书社版,252页)

砖和针以"口"作量词,可能是古代方言用法。

三

一名多量,在汉语中是常见现象。井的量词有"眼""口",鱼的量词有"头""尾""条"。

为什么会产生一名多量这种现象呢?这是因为在量词的发展过程中,人们对事物的认知侧重点不同,就会形成不同的量词。如果把侧重点放在鱼的头上,就会选择"头"作为鱼的量词;如果把侧重点放在鱼的尾巴上,就会选择"尾"作为鱼的量词;如果把侧重点放在鱼的长条形状上,就会选择"条"作为鱼的量词。当然,人们选择"头""尾""条"作为鱼的量词,并不是一时一地形成的。"头"用作鱼的量词,时间要早一些。《齐民要术·养鱼》已有用例:

求怀子鲤鱼长三尺者二十头,牡鲤鱼长三尺者四头,以二月上庚日内池中,令水无声,鱼必生。(缪启愉校释本,卷6,460页)

潭中鱼可百许头,皆若空游无所依。(柳宗元《小石潭记》)

鱼用"条""尾"做量词,时间则较晚一些。不同时间、不同地域形成的量词,被社会接受、袭用,成为共时语言的同用量词。

由于量词本身各自的形象特征不同,在语言表达中有积极的修辞作用,因此能够同时存在,而不被选择性地淘汰。在现代汉语中,鱼的"头""条""尾"三个量词虽然都被继承下来,但似乎已有所分工。例如说:"那头鲸鱼好大啊!""湖中投放了三万尾鱼苗。""我看到了一条红鲤鱼!"

大型鱼如鲸鱼,量词用"头",小型鱼用"尾",不强调大或小时则用"条"。"条"是鱼的最通行的常用量词。

有时一个名词同时用两个量词,又是量词的专用和泛用造成的。例如:

　　常以正月旦(亦用月半)以麻子二七颗,赤小豆七枚,置井中,辟疫病,甚神验。(《齐民要术·小豆》,缪启愉校释本,卷2,116页)

　　　正月七日,七月七日,男吞赤小豆七颗,女吞十四枚,竟年无病,令疫病不相杂。(同上)

例句中"赤小豆"的量词前用"颗",后用"枚",是因为修辞的需要,选用了"颗""枚"两个量词避免重复。"颗"是专用量词,"枚"是泛用量词。在魏晋南北朝时代,"枚"是一个十分活跃的泛用量词,它可以替代许多个体专用量词。

古代专书词汇研究的几点体会

张双棣

　　汉语史研究是上世纪中叶新兴的学科,经过半个多世纪的诸多学者的努力,取得很大的成绩,但距离建立完整的汉语史大厦,还有很多很艰巨的工作。汉语史各部门中汉语词汇史是最薄弱的。如何开展和进行汉语词汇史研究,现在大家普遍认为,汉语词汇史研究必须从断代开始,而断代词汇研究又必须从专书词汇研究着手。前些年曾经做过《吕氏春秋》《淮南子》的词汇研究,下面仅就专书词汇研究谈几点不成熟的体会。

一　专书词汇研究的意义

(一) 专书词汇研究是汉语词汇史研究的基础

　　汉语语义研究应该说起源很早,先秦古籍中就多有解释字义的地方,如《左传·庄公三年》中说:"凡师,一宿为舍,再宿为信,过信为次。"《吕氏春秋·不屈》:"恺者,大也;悌者,长也。"有的甚至解释语源,如《吕氏春秋·节丧》:"葬也者,藏也。"《尔雅》《方言》《说文》《释名》四部大书就是古代语义研究成果的总结。但是古人研究语义是为解释经书服务的,因此只是就某一具体对象进行的解释或考证。古人的研究,缺乏有意识的语义历史发展的考察。直到清代乾嘉时期,王念孙、段玉裁等人,才开始真正具有历史观念,意识到从历史发展的角度研究词义。但他们的研究也只是微观的,一般总是就某一个现象或某一个字义去考证,缺乏系统的历史的研究。真正的汉语词汇史研究是现代语言学兴起以后才开始的。上世纪三四十年代,王力先生明确提出为史而治小学的主张。他说:"要建立新的语义学,必须为史而治小学。"又说:"我们研究语义,首先要有历史的观念"。七八十年代,王先生大力倡导专书语言研究,他曾多次跟我说过,汉语史研究应该多做些基础工作,如专书语言研究工作,写出专书词典,专书语法。周祖谟先生也指出,研究词汇的发展,避免纷乱,宜从断代开始,而又要以研究专书作为出发点。现在,专书语言研究作为汉语史研究的基础,已经形成共识。已有多部专书词典及专书词汇研究、专书语法研究问世。

汉语词汇史以专书词汇研究为基础,有它很多便利之处。首先,专书是封闭的,有可能做穷尽性的多层次的考察,同时可以进行穷尽性的数据统计。第二,在穷尽性定量统计的基础上做的定性分析,避免了以往的泛泛而谈,使所得出的结论更有事实基础,更有价值,更有说服力。专书词汇量有它的局限性,但我们把一部书的词汇面貌彻底摸清楚了,可以以此为基础对同时代的其他书做同样彻底的考察和分析研究,这样这个断代的词汇面貌就清楚了,可以写出这个断代的词汇史。各个断代词汇史总汇起来就形成一部完整的汉语词汇史。

(二) 专书词汇研究对古籍整理研究有重要的意义

专书词汇研究对古代典籍的整理也有重要的意义。通过对汉语词汇的研究,可以帮助确定古籍产生的年代,至少可以提供一些佐证。很多古籍整理的学者,已经意识到词汇语义对古籍整理的意义。词和词义是发展的,词和词义具有明显的时代特征。通过对一部书词和词义的分析研究,可以帮助我们判断这部书产生的时代。比如:

有人认为《黄帝内经》是先秦的著作,有人认为是汉以后的著作,到底如何,我们考察了他的词汇语义,可以帮助我们做些判断。

我们现在所吃的"豆",先秦时期,叫作"菽",汉代开始用"豆"。(《史记·扁鹊仓公列传》:"躁者有馀病,即饮以消石一齐,出血,血如豆比五六枚。"《大戴礼记·投壶》:"壶中置小豆,为其矢跃而去也。"《礼记·投壶》:"壶中实小豆焉,为其矢之跃而出也。"《新语·本行》:"夫子陈、蔡之厄,豆饭菜羹。"《晏子春秋内篇杂下第六》:"大小何如?"曰:"如豆。"《鹖冠子·天则第四》:"一叶蔽目,不见太山,两豆塞耳,不闻雷霆。")先秦古籍中几乎不见

"豆"表示"豆类作物"的意义。《黄帝内经》中,"豆"字有"豆类作物"义,《灵枢》3篇出现6例,《素问》6篇出现11例,如《灵枢·五味》:"五谷:糠米甘,麻酸,大豆咸,麦苦,黄黍辛。"《素问·五常政大论》:"其谷豆稻,其味苦咸。"而"菽"字豆义,仅《灵枢》出现1例。《内经》中"豆类作物"的意义,"豆"已取代"菽",这说明,《内经》至少是在汉代完成的。先秦古籍中,只有《战国策》中有两例用到义为"豆类作物"的"豆",《韩策一》:"张仪为秦连横说韩王曰:韩地险恶,山居,五谷所生,非麦而豆,民之所食,大抵豆饭藿羹。"(高诱注:《史记》《后语》作"非菽而麦"。姚宏续注:古语只称菽,汉以后方呼豆。《史记》,饭菽。《后语》,菽饭。)《史记》讲到此事,用"菽",《张仪列传》:"张仪去楚,因遂之韩。说韩王曰:韩地险恶,山居,五谷所生,非菽而麦,民之食大抵菽饭藿羹。"《史记》记录战国时期的历史,大体依据《战国策》,《史记》用"菽"而《战国策》用"豆",是不合理的。"菽"是较早的词,"豆"是后起的意义。我们知道,《史记》一般是用较后起的意义去翻译较早的词。如果战国时期已用"豆"表示"菽"的意义,《史记》决不会再用"菽"字。这只能说明,战国时期,"豆"还没有取代"菽"字。那么《战国策》为什么用"豆"呢?我们知道,《战国策》是经过西汉末刘向整理的,"豆"字很可能出自刘向之手。这样就好理解了。这说明,这个意义是在汉代产生的。

还可以举一个"跟"字的例子,"跟"与"踵"同义,也是"脚跟"的意义。"跟"应该是汉代产生的新词。《说文》:"跟,足踵也。""踵,跟也。"(《说文》"踵、䟣"不同,"䟣,追也。"文献多用"踵"表示足跟义。)《释名》:"足后曰跟,或曰踵。"先秦文献"脚跟"的意义都用"踵"字,没有用"跟"的。汉代才有用"跟"取代"踵"的。西汉末年的《易林·蹇之革》"头痒搔跟,无益于疾",用"跟"字。《灵枢》中有5次用"跟"字,《经筋》:"上循跟,结于腘。"《本输》:"在外踝之后,跟骨之上,为经。"这也说明,《灵枢》产生于汉代,而非先秦。

还有一个例证,"趾"字,先秦都是"足"的意义,(《诗经·豳风·七月》:"四之日举趾。"《左传·桓公十三年》:"举趾高,心不固也。")"脚趾"的意义是后代产生的,(大概也在西汉末,《易林·否之艮》:"牛生五趾,行危为忧。")《灵枢》中有"趾"用为"脚趾"意义的例证。《经脉》:"肾足少阴之脉,起于小趾之下,邪走足心。"《经筋》:"足太阳之筋,起于足小趾,上结于踝。"

先秦时代,"皮"指兽皮,"肤"指人的皮肤。这两个词分用划然。《诗经》"皮"出现 3 次,都是指兽皮而言,《鄘风·相鼠》:"相鼠有皮。""肤"出现 1 次,指人的皮肤,《卫风·硕人》:"肤如凝脂。"《论语》《孟子》等书情况相同。《吕氏春秋》"皮、肤"各出现 6 次,"皮"指兽皮,"肤"指人的皮肤,丝毫不混。《韩非子》"皮"也出现 6 次,"肤"出现 2 次,情况同。而且《吕氏春秋》《韩非子》中都是"肌肤"连文。"肌"指人的肉,所以"肌肤"连文。到汉代,人的皮肤也可以用"皮"了,《灵枢》《素问》中"皮"多次用于指人的皮肤,《灵枢·九针十二原》:"皮肉筋脉各有所处。"《素问·痹论》:"皮肤不营,故为不仁。"(《史记·扁鹊仓公列传》:"乃割皮解肌。")"皮"用于人的皮肤,盖从医学内容始。

这些都说明《内经》最早产生于汉代,而《灵枢》可能比《素问》更晚些。

词汇语义的研究,可以为古籍整理研究提供很大的帮助。

二 专书词汇研究的前期准备

(一) 选定恰当的专书,最好具有代表性

作为汉语史的材料,任何一本书都是值得研究的。但是作为初始研究阶段,还是选择有代表性的典籍为好。这样,得出的结论,更典型,更有价值。比如我之所以选择《吕氏春秋》做词汇研究,就考虑到四个方面的问题:一、《吕氏春秋》成书年代确定无疑,这在先秦文献中是绝无仅有的。(《序意》:维秦八年,岁在涒滩,秋,甲子朔,朔之日,良人请问十二纪。)二、《吕氏春秋》是战国末期的一部重要著作,它的词汇语义反映了周秦之交的词汇语义面貌。同时,它又是先秦与秦汉的一个过渡,具有承上启下的作用。三、《吕氏春秋》是用当时的通语写成,很有特色。(《史记·吕不韦列传》:"布咸阳市门,悬千金其上,延诸侯游士宾客,有能增损一字者予千金。")四、《吕氏春秋》的词汇十分丰富。《吕氏春秋》具备了这四个方面的条件,因此可以作为上古汉语词汇研究的首选专书。

我们选择专书,要看它在所处的时代是否有代表性,是否能反映那个时代的语言特征,是否具有相当的分量,也就是说,是否有相当的字数。选择

这样的专书进行研究,更容易以此为基础向同时代的其他专书扩展,从而更好地了解这个断代的词汇面貌。对分量较小或代表性不够强的,可以缓一些做,因为这样的专书对了解这个时代的语言词汇面貌作用较小。尤其是中古以后,书籍较上古多出很多,更应该先选择典型的代表性强的专书先做研究。

(二) 确定好的底本,最好能亲手做校勘

选定要做的专书之后,就要确定好的底本。某一部专书,现在可能有不同的版本,这就需要我们进行甄别、选择,不能随便拿来一种就作为底本。选择研究底本,大致有三种情况,一是选择明清或更前的旧版本,一是选择现代人的新校本,一是综合二者,自己再做些校勘的工作。我觉得,我们应该选择第三种做法。

校勘工作对词汇研究是很重要的基础工作,有必要亲自动手做校勘工作,这样做虽然费时费力,但只有这样做才可以减少或避免讹误,而讹误是词汇研究十分忌讳的。我们在做《吕氏春秋》研究之前,首先对版本做了校勘。我们选用的底本是清代毕沅的《吕氏春秋新校正》,用元至正嘉兴路儒学刊本等14个元明版本对校。在做《淮南子》之前,我用正统道藏本为底本,用影写北宋本、明刘绩补注本等12个明清及近代版本对校,有不少收获,对词汇研究很有帮助。比如:

《淮南子·原道》有一句话:"末世之御,虽有轻车良马,劲策利锻,不能与之争先。"高诱注:"策,箠也;锻,末之鍼也。"有的《译注》本将"锻"字注成"马棰末端的刺针"。"锻"字怎么会有"马棰末端刺针"的意义呢?《译注》本是根据高诱的注,是不是高诱注错了? 不是,这是一个误字。明代刘绩补注本等几个版本不是"锻"字,是"錣"字。王念孙认为刘绩补注本是的。錣谓马策末之针,所以刺马者也。《说文》:"筕,羊车驺箠也,箸箴其耑,长半分。"(段玉裁注谓《淮南·道应》作錣,錣与筕音义皆同。)字又作錣。《玉篇》:"錣,针也。"《道应篇》:"白公胜到杖策,錣上贯颐。"许慎注云:"策,马棰。端有针,以刺马,谓之錣。"《氾论篇》:"是犹无镝衔策錣而御駻马也。"高诱注云:"錣,楇头箴也。"(《说文》:"楇,箠也。")……錣为策末之箴,故劲策

与利錣连文。今本錣作锻,则义不可通矣。王念孙的意见完全正确。既有版本根据,又有旁证,应该将"锻"校正为"錣"。

又比如:

《淮南子·原道》:"是故以中制外,百事不废,中能得之,则外能收之。"高诱注:"不,养也。"(道藏本如此,庄逵吉本作"收,养也。")高诱注是在"外能收之"下,显然是注"收"字,然而误成"不"字。这是怎么回事?"外能收之"的"收"当是"牧"字之误。"牧"有"养"义,《广雅·释诂一》"牧,养也。""牧"与"得"为韵,皆职部,作"收"亦失其韵。高注误作"不",是音近而误,"不""牧"为之职对转,若作"收",不会误为"不"字。庄逵吉改"不"为"收",则致误痕迹全无。《淮南子》各本中多有"牧""收"互讹者,如景宋本《天文》"亥为牧,主大德",道藏本"牧"作"收";景宋本《泰族》"周公肴臑,不收于前",道藏本"收"作"牧"。《吕氏春秋·论人》"牧"亦误作"收"。

做校勘的过程,也是熟悉文本的过程,实际上,做校勘的时候,已经开始做词汇研究了。所以,研究词汇,亲手对专书进行校勘,绝不是多余的额外的负担,而是必要的工作。

三 专书词汇研究的一般方法

(一) 穷尽性的考察

过去的词汇研究,大多是举例性的,而举例性的研究方法所存在的缺憾是显而易见的,因为它所得出的结论,很容易被人质疑。前人之所以采取举例性的研究方法,主要是因为材料浩瀚,无法做穷尽性的考察。专书的语言材料是封闭的,有进行穷尽性的考察的条件,我们可以在一部书的范围内对其中的每一个词做多角度多层次的全面的考察和分析。这种考察和分析是一件十分繁难而艰苦的工作。首先遇到的是如何确定字和词以及切分复音词,也就是说,一个字是一个词还是不同的几个词;复音组合,哪些看作词,哪些看作词组,要有一个可操作的合理的标准。我在《吕氏春秋词典》和《吕氏春秋词汇研究》中提出区分字和单音词的看法,及判断复音词与词组的标准,作为对《吕氏春秋》词汇做穷尽性考察的基础。我们认为,只要意义有联系,而声音与形体又没有变化,就应该认为是同一个词,要承认词类的活用和兼类。判定复音词,我主要根据意义标准以及使用频率,适用于现代汉语的插入法等不适用于古代汉语专书研究。

我们对《吕氏春秋》的全部词汇(包括单音词和复音词)都做了穷尽性的考察。考察过程中,我们特别遵照了王力先生关于词汇研究的几个重要观点,1.要通过古人的语言去体会古人的意思,也就是说,要正确理解古人的意思,认真体会古人语言的本意,不能凭自己的主观臆想,认为古人会是什么意思,不能将某一个意义强加给古人,或者先有一个框框,认为古人有什么思想,然后用这个框框去套古人的书,去解释古人的语言,来为自己服务。这样最容易产生望文生义或偷换概念的错误,是非常有害的。2.在客观体会古人所表达意义的时候,应该注意充分地吸收前人的研究成果,尤其是汉唐人的注疏,像《吕氏春秋》的高诱注,因为他们去古未远,体会古人的意思更接近古人。(但也不要迷信古人,做词汇研究与给古文作注不同。)清人的研究成果也应该重视,特别是乾嘉的重要学者如段玉裁、王念孙等的研究成果。这是非常重要的,是做词汇研究不可或缺的。3.研究词义,要有敏锐的眼光,能发现任何细微的变化而不放过它。王先生说:"段玉裁的眼光最敏锐,譬如他注解'仅'字,就注意到唐代的'仅'和清代的'仅'不同,唐代的'仅',是'庶几'的意义,段氏举杜甫诗'山城仅百层'为例。唐代的'仅'和清代的'仅'都是程度副词,很容易被认为一样,然而前者叹其多,后者叹其少,实际上恰得其反。"一般人对这种词义的细微变化,往往忽略过去,看不出演变的真相来。这种词义的细微的变化,正是需要学习或研究古代汉语的人们特别留心观察的。王先生曾反复强调,不但要注意词义的迥别,更要注意词义的微殊,这就需要具有敏锐的眼光。

只有认真仔细地考察每个词在一部专书中所表现的所有意义,才能发现这部专书中某些词的新生意义和特有意义。比如:

一般认为"病"是重病,"疾"是轻病,词义程度有轻重之别。比如郝懿行《尔雅义疏·释诂上》:"古人疾病连言,病甚于疾,故《说文》训为'疾加',《论语》郑注'病谓疾益困也',包咸注'疾甚曰病',皆其义也。"这是一种误解。

我们考察了《吕氏春秋》中全部含有"疾、病"的句子及其全部词义之后,发现它们之间并不存在轻重的区别。《说文》:"病,疾加也。"《论语·子罕》"子疾病"集解引包咸曰:"疾甚曰病。"依《说文》,"病"的本义是动词,所谓"疾加",是病情加重的意思,"疾甚"也是这个意思,《论语》的"病"正是用的动词的意义,《吕氏春秋》中也有这个意义,《知接》:"仲父之疾病矣。"郝懿行所谓"疾病"连言,当作两种分析,《子罕》"子疾病",意思是"孔子病了,而且病情越来越重"。"疾"是染病的意思,"病"是指病情加重。这时,"疾""病"虽然都是动词,但意义不一样。《知接》"仲父之疾病矣",意思是"仲父的病加重了","疾"是名词,疾病的意思,"病"是动词,病情加重的意思。当"病"做动词是"染病"的意思的时候,才与"疾"的"染病"义同义。在"染病"的意义上,并没有"疾"轻"病"重的差别。《吕氏春秋·异宝》:"孙叔敖疾,将死。"《至忠》:"不出三月,子培疾而死。"疾而至于死,可见不轻了。《左传》中也有类似的用例。用作名词时,"病"与"疾"也没有程度的差别。《贵公》与《知接》同样叙述管仲染病,桓公去看望他,前者说"管仲有病,桓公往问之",后者说"管仲有疾,桓公往问之","疾""病"互换,可见无轻重之别。又如《知化》:"越之于吴也,譬若心腹之疾也,虽无作,其伤深而在内也。夫齐之于吴,疥癣之病也,不苦其已也,且其无伤也。"这里"心腹之疾""疥癣之病",怎么能看出"病"重"疾"轻呢?此就词义而言,它们是相同的,只是具体所指可以随文而异。

又比如:

"轼"是车前的横木,一般是用来扶手的,也用来表示凭轼示敬。《左传·庄公十年》有一句"下视其辙,登轼而望之",有人曾认为"轼"不可登,而把《左传》那句话在"登"字后断句,要"轼"做动词,是示敬的意思。先秦"轼"做动词是很多的,都是凭轼示敬的意思,《吕氏春秋》这种用法出现4次,《期贤》:"魏文侯过段干木之闾而轼之。"但《左传》这一句能这样断句吗?是示敬的意思吗?《左传》那种断句把"轼"讲成动词"凭轼示敬"是错误的。那时是齐鲁交战,观察敌军后退之势,岂有示敬之理?"轼"示敬义起初作"式",先秦古籍中多有用例,《礼记·曲礼上》:"兵车不式。"(因俯身手扶车前横木叫"式",从而所扶车前横木也叫"式",后来写作"轼",示敬义的"式"也写作

"轼"。)作战时是不行凭轼之礼的,而且观察敌情也用不着示敬。我们考察《吕氏春秋》词汇,发现《忠廉》有一句:"今汝拔剑则不能举臂,上车则不能登轼,汝恶能?"正是明言"登轼",可见"轼"是可以登的,需要时可以登轼望远。此足以纠正《左传》那种新断句的错误。

考察一个词,要从词的整体性上全面地考察。王力先生认为,"词是极端复杂的一种语言现象,它是意义、声音和形态结构的整体。我们如果不全面研究这三方面的因素,我们就不能发现一个词的特征。"这就是说,我们要对词汇的语音、语义、语法结构进行多角度、多层次的考察,这是进行深入研究重要的一步,只有这样才能真正发现一个词的本质特征。词的搭配关系,或者说是词的语法结合,可以使词义产生变化,或者使词的语法类别产生变化,甚至产生新词。比如:

舍 本义是客舍。《说文》:"市居曰舍。"段玉裁注:"此市字非买卖所之,谓宾客所之也。"《吕氏春秋》有这个本义,《知士》:"于是舍之上舍。"由此义引申出一般的房舍,《察今》:"军惊而坏都舍。"由于词的搭配关系发生变化,它后边带了宾语,如:《必己》:"及邑,舍故人之家。"这样就引申出新的意义:住宿。词的搭配关系使词义发生了变化,同时也改变了词性,由名词变成了动词。

又比如:

徒 徒的本义是步行,动词。《说文》:"徒,步行也。"引申为跟随,再引申为跟随的人,即徒党。《左传·襄公三十年》:"岂为我徒。"杜预注:"徒,党也。"《论语·先进》:"非吾徒也,小子鸣鼓而攻之可也。"杨伯峻"吾徒"译作"我们的人",亦即徒党。此义《吕氏春秋》中亦有,《报更》:"与天下之贤者为徒,此文王之所以王也。"同时,《吕氏春秋》中有新的意义,即学生、弟子,共出现6次:

《诬徒》:"此六者不得于学,则君不能令于臣,父不能令于子,师不能令于徒。"又:"所加于人,必可行于己,若此则师徒同体。"又:"此学者之所悲也,此师徒所以异心也。"又:"此师徒相与造怨尤也。"

其中"师徒"连文 3 次,"师、徒"对文 1 次,这种连文或对文,使"徒"产生了新的意义,即"学生、弟子"的意义。这个意义是战国末期产生的新义,战国末期以前的文献没有这个意义。(上引《论语》"非吾徒也",邢昺疏曰:"非我门徒也。"《孟子·滕文公上》"其徒数十人",赵岐注:"其徒,学其业者也。"《梁惠王上》:"仲尼之徒,无道桓文之事者。"赵岐注以"孔子之门徒"。其实,这几处的"徒"都是徒党的意义。赵注、邢疏在这里都是用当时的意义去解释古人的语言了。王力先生说过,不要把词义可能的转变看成转变了的现实,"徒"从"徒党"义有引申出"门徒、弟子"义的可能,但在战国末期以前并未引申出这个意义。)这个意义除《吕氏春秋》中出现外,《韩非子》中亦有用例,如:《说疑》:"言听事行,则如师徒之势。"

这说明,研究词的搭配关系是词汇语义研究的重要方面。词的语音结构也可能随着词的搭配关系而发生变化,语音结构的变化,也可能引起词义的变化,甚至产生新词。比如"朝",本义是早晨,名词,不能带宾语,知母宵部;它带了宾语,搭配关系发生了变化,意义发生了变化,语音结构也发生了变化,意义为朝见,知母变成澄母。

(二)定量统计与定性分析

科学研究日益精密化,汉语词义的研究也是如此。我们研究词义的发展变化,借助于数据的统计,更具有比较强的说服力。穷尽性的定量统计可以避免泛泛而谈,做到言之有据。我们知道,事物的量与质有着密切的关系,量的变化会引起质的变化。词义也是如此,词义的质的变化,会通过量的较大量的增减来体现。

因此,我们在做过穷尽性的考察之后,随之而来的是穷尽性的定量统计。也就是说,从各类词如单音词、复音词的数量,到每个词每个意义的数量,凡是所论述到的内容都应该有穷尽性的统计数字作为基础。比如我们统计《吕氏春秋》的单音词有 2824 个,复音词有 2016 个,单音词中表现为单义的有 1721 个,多义的有 1103 个,多义词中每个意义各出现多少次,每个意义中各种搭配关系各出现多少次,情况如何,都要有穷尽性的统计,复音词也是如此,从单义、多义,到结构方式,都要做穷尽性的统计分析,同义词、反义词等莫不如此。《吕氏春秋词典》就是我们做穷尽性的考察和定量统计分析的结果。

通过穷尽性的统计,可以看出一部专书用词的特点。

比如《吕氏春秋》"到……去"的意思,主要用"往",而少用"适、逝"。《方言》一:"嫁、逝、徂、适,往也。……逝,秦晋语也;徂,齐语也;适,宋鲁语也;往,凡语也。"《吕氏春秋》"逝"用 2 次,"适"用 5 次,而"往"用 78 次之多。《淮南子》"逝"用 1 次,"适"用 1 次,"往"用 55 次,可见《吕氏春秋》《淮南子》都非常重视通语的运用。

又比如,《方言》:"逢、逆,迎也。自关而东曰逆,自关而西或曰迎,或曰逢。"《说文》:"逆,迎也。关东曰逆,关西曰迎。"《吕氏春秋》在迎接义上,只用"迎"不用"逆"。用"迎"达 16 次之多,而"逆"一次也没用(逆多用于背逆,只 2 次用于迎击义)。迎是关西方言,而且已经进入通语。这也可以从《淮南子》的情况得到证明。《淮南子》中,"迎"用 21 次,18 次是迎接的意义(3 次是面对的意思,与迎接亦相近),"逆"用 22 次,都是背逆的意义。这说明,"迎"的迎接义确实已经进入通语。《左传》产生于战国初期,"迎、逆"的运用正好与《吕氏春秋》相反,《左传》中"逆"用多达 130 余次,而"迎"只用 2 次。这一方面说明《左传》产生于关东地区,另一方面也说明"迎"在当时还没有进入通语。

穷尽性的定量统计,有一个最基本的要求,即统计数字必须准确无误,以此为基础而进行的分析,所得出的结论才能是可靠的,才能经得起检验,才能是正确的结论。

当然,一部专书的语言材料有其局限性,通过一部专书的考察所得到的统计数字和分析结果,可能是不全面的,甚至有片面的地方,比如某个词在《吕氏春秋》中表现为单义,不一定在整个先秦时代都是单义的。但是这也无妨,如果我们将某一时代的著作一部一部地都这样做过穷尽性的统计分析,综合起来,这一时代的词汇语义的面貌就可以完整地清晰地勾勒出来了。如果进而将每个时代的情况贯穿起来,理清发展脉络,就可以对整个汉语词汇语义发展的历史有一个全面而完整的认识了。

（三）横向比较与纵向探源沂游

穷尽性的考察和统计分析，是就这一部专书而言；专书词汇研究还不能止于这一步。很多词汇现象，要与同时代的其他作品进行比较，才能确定这个词汇现象在这个时代的运用情况；同时，还要进行历时的比较，也就是与前后时代的作品比较，找出这个词汇现象的发展脉络。我们研究《吕氏春秋》词汇，既比较同时代的典籍如《韩非子》等，也比较前代的典籍如《尚书》《诗经》《论语》《左传》《孟子》等，为了看出发展，后代的典籍如《淮南子》《史记》《论衡》《黄帝内经》等有时也需要比较。

词义的变化，某个意义的产生，就需要我们做这种横向和纵向的比较，例如：

"忠"的意义是忠诚无私，对他人负责。作为人伦道德观念，大约产生于春秋，而成熟于战国。甲骨文、金文中不见忠字，《尚书》《诗经》等早期文献也不见忠字。但是战国初期的《论语》《左传》中出现频率已很高，《论语》出现 18 次，《左传》出现 70 次。这时的所谓忠，是人与人之间的一种道德观念，上下之间以及平辈之间都可以说忠，《论语·学而》："为人谋而不忠乎？"这是指互相之间。《左传·桓公六年》："所谓道，忠于民而信于神。上思利民，忠也。"这是上对下。《宣公十二年》："民皆尽忠以死君命。"这里指下对上。"忠"的运用范围是很宽的。到战国末期，"忠"的运用频率仍很高，《吕氏春秋》出现 66 次，但是意义明显地朝着下对上的关系发展和转移，上对下的情况已极少见。《吕氏春秋》中只有 1 次是上对下，《诚廉》："其于人也，忠信尽治而无求焉。"1 次是互相之间，《遇合》："妇之父母以谓为己谋者以为忠。"3 次泛指一般品质，其余 61 次均指下对上尽忠心，尤其以指臣子对君主尽忠心为最多，达 49 次。《韩非子》的情况与《吕氏春秋》大体相同，出现 93 次，上对下用"忠"的仅 1 例，《难一》："忠，所以爱其下也。"另有 3 次为泛指，其余 89 次均指下对上，也尤以臣子忠于君主为最多。后世"忠"专指忠于君主正是这种发展趋势的必然结果。

这里，除了比较，还有穷尽性的统计数字，因为词义的变化，与使用频率关系十分密切，从使用频率上可以看出词义变化的发展轨迹。新词的产生也需要与同时代及前后时代的比较。比如：

音乐 这是一个并列式复音词,该词《吕氏春秋》出现 5 次,如《大乐》:"音乐之所由来者远矣。"《适音》:"故先王必托于音乐以论其教。"应该是战国末期形成的新词。先秦古籍从《尚书》《诗经》到《庄子》《荀子》《韩非子》都没有出现这个词。屈原《远游》出现一次,仅指五音。《吕氏春秋》中出现的 5 次,都实实在在是指概括的音乐了。这个词是由表示音乐的"音"(《吕氏春秋》出现 25 次)和表示音乐的"乐"(《吕氏春秋》中出现 72 次)经常连文凝固而成的新词。《战国策》亦有一例,《秦策三》:"于是唐雎载音乐,予之五十金。"此词后代沿用,《史记》出现 3 次:《乐书》:"音乐者,所以动荡血脉,流通精神。"《汉书》出现 7 次:如《景十三王传》:"王者当日听音乐,御声色。"这个词一直沿用到现代。

遗老 遗本有遗留、遗弃之义,老指老人、老者。先秦文献除《孟子·告子下》《管子·问》各有一处"遗老"连文,余皆未见连文者。《孟子》连文为:"遗老失贤,掊克在位。"与上句"养老尊贤,俊杰在位"相对。"遗老"对"养老",是一个动宾词组,"遗"是遗弃的意义。《管子》:"毋遗老忘亲,则大臣不怨。""遗老"对"忘亲",也是一个动宾词组,"遗"也是遗弃的意义。《吕氏春秋》"遗老"连文 3 次,《简选》:"显贤者之位,进殷之遗老,而问民之所欲。"《慎大》:"命周公旦进殷之遗老,而问殷之亡故,又问众之所说,民之所欲。殷之遗老对曰……"这里的"遗老"与《孟子》的"遗老"完全不同,显然是一个复音词,是一个名词,意义当是指前代的旧臣或长者。两例都是周武王向他们请问殷民的希望或殷灭亡的原因。"遗老"一词当是战国末期产生的新词,后代一直沿用,意义又有所发展。《史记·樊郦滕灌列传》:"吾适丰沛,问其遗老。"《汉书·楚元王传》:"身为宗室遗老,历事三主。"

（四）微观研究与宏观研究相结合

研究专书的词汇语义,应该将微观研究与宏观研究紧密结合起来,以微观研究为基础,以宏观研究为主体。

所谓微观研究,就是通过考察、统计、比较的方法确定每一个词在该书中所表现出来的每一个意义,寻找每一个词的词义特点。这是专书词汇语义研究中最重要的基础工作。关于这一点,我们在前边已经讲过,不再重复。

所谓宏观研究,是对词汇的各个方面进行系统的研究,也就是要把词汇作为一个系统来研究。王力先生指出,"一种语言的语音和语法的系统性都是容易体会到的,唯有词汇的系统性往往被人们忽略了。"一种语言的词汇系统有静态和动态两个方面,专书所反映的只是静态的部分,或者说是动态变化的静态表现。

词汇系统最重要的是词汇的构成和词的语义系统,篇幅的关系就不赘言了。

"走"的演变补议

张联荣

"走"是位移动词中趋走类最重要的成员之一。对于"走"的演变（由奔跑义演变为行走义），学术界多有讨论，本文仅就上古至中古时期"走"的演变轨迹做进一步的探讨。

一 "走"的奔跑义的确认

奔跑义和行走义是两个既有区别又有紧密联系的义位，探求"走"由奔跑义演变为行走义的轨迹，首先需要明确"走"的奔跑义是如何认定的。下列诸例中的"走"一般认为是奔跑义：

(1) 乃鼓,车驰徒走,及表乃止。(《周礼·夏官司马·大司马》)
(2) 小子走而不趋,举爵则坐祭立饮。(《礼记·少仪》)
(3) 公孙龙口呿而不合,舌举而不下,乃逸而走①。(《庄子·秋水》)
(4) 鲁人为父报仇,安行不走,追者舍之。(《论衡·幸偶篇》)
(5) 姜与子犯谋,醉而载之以行。醒,以戈逐子犯,曰:"若无所济,吾食舅氏之肉,其知餍乎!"舅犯走。(《国语·晋语四》)
(6) 公果、公贲使侍奉人僚柤告公。公寝,将以戈击之,乃走。(《左传·昭公二十五年》)
(7) 虢公梦在庙,有神人面白毛虎爪,执钺立于西阿,公惧而走。(《国语·晋语二》)

---

① 成玄英疏:"逸,奔也。"

(8) 公请自刃于庙,崔子又不听;公乃走,逾于北墙。(《韩非子·奸劫弑臣》)

(9) 大风至,大雨随之,裂帷幕,破俎豆,隳廊瓦,坐者散走,平公恐惧,伏于廊室之间。(《韩非子·十过》)

(10) 武王驰之,纣兵皆崩叛纣。纣走,反入登于鹿台之上。(《史记·周本纪》)

(11)《咸池》《九韶》之乐,张之洞庭之野,鸟闻之而飞,兽闻之而走,鱼闻之而下入,人卒闻之,相与还而观之。(《庄子·至乐》)

(12) 几矣,鸡虽有鸣者,已无变矣,望之似木鸡矣,其德全矣。异鸡无敢应者,反走矣[①]。(《庄子·达生》)

(13) 鸟莫知于鹢鹞,目之所不宜处,不给视,虽落其实,弃之而走。(《庄子·山木》)

(14) 田中有株,兔走触株,折颈而死。(《韩非子·五蠹》)

以上各例中的"走",一般认为是奔跑义。所以确认为奔跑义,追究起来,其依据大致有三种情况。第一,参照成分。所谓参照成分,是指句中有的词语可供参照,从而确定"走"的奔跑义。常见的参照成分是与"走"相关的动词,如例(1)的"驰"、例(2)的"趋"、例(3)的"逸"和例(4)的"安行"。第二,情景推断。所谓情景推断,是说句子中缺少明显的参照成分,只能依据上下文显示的情景推断"走"的词义。例(5)至例(10)都属于这种情况。第三,施动者扩展。"走"的施动者本是人,但如果扩展为禽兽,也可以作为一个参考因素。如例(11)的"兽"、例(12)的"异鸡"、例(13)的"鹢鹞"和例(14)的"兔"。例(13)"(鹢鹞)弃之而走"一句,郭象注:"避祸之速。"成玄英疏:"不待周给看视,即远飞出。"飞的速度较奔跑更快。以上三种情况,往往相互关联,需要综合参照。如例(8)的"走"既有情景的推断,又可参照句中的动词"逾"。例(14)的"走",施动者扩展为兔,又可参照句中"折颈而死"的描写。

有的用例,句中既有参照成分,又加以情景的推断,奔跑义就确定无疑:

[①] 一本作"(见者)反走矣"。

(15) 吴王浮于江,登乎狙之山,众狙见之,恂然弃而走,逃于深蓁①。(《庄子·徐无鬼》)

(16) 人有畏影恶迹而去之走者,举足愈数而迹愈多,走愈疾而影不离身,自以为尚迟,疾走不休,绝力而死。(《庄子·渔父》)

二 "走"由奔跑义到行进义的演变

但遗憾的是,文献中相当数量用例中"走"的施动者不是禽兽,句中也并无参照成分可供参照,这样一来判断的依据就只剩下情景推断一项;但"走"在这类句子中是不是就是奔跑,往往有很大的不确定性②。下面以《庄子》中的一些用例进行讨论:

(17) 观者如市,匠伯不顾,遂行不辍。弟子厌观之,走及匠石,曰:"……。"(《人间世》)

(18) 丘也尝使于楚矣,适见豚子食于其死母者;少焉眴若,皆弃之而走。不见己焉尔,不得类焉。(《德充符》)

(19) 夫藏舟于壑,藏山于泽,谓之固矣!然而夜半有力者负之而走,昧者不知也。(《大宗师》)

(20) 郑有神巫曰季咸,知人之死生、存亡、祸福、寿夭,期以岁月旬日,若神。郑人见之,皆奔而走。(《应帝王》)

(21) 庄周怵然曰:"噫!物固相累,二类相召也。"捐弹而反走,虞人逐而谇之。(《山木》)

例(17)"走及"是追上的意思。例(18)的"眴",旧注谓"惊觉而目动"。例(19)"负之而走",意思是背起来就走。例(20)"奔而走",成玄英疏:"不喜

---

① 《经典释文》引司马彪:"恂,遽也。"
② 即使施动者是禽兽类,"走"也不一定就是奔跑。如:(1)又临渊投符召鱼鳖,鱼鳖皆走上岸。(《神仙传》卷四《玉子》)(2)若不挑之,虫钻至骨,便周行走入身,其与射工相似,皆煞人。(《抱朴子内篇·登涉》)

预闻凶祸,是以弃而走避。"例(21)"反走"谓回头就走。上述用例中的"走",移动疾速是没有疑问的,但并不能断定就是跑。《盗跖》一篇有对孔子见盗跖的描写:

（22）子之罪大极重,疾走归!不然,我将以子肝益昼餔之膳。
（23）孔子趋而进,避席反走,再拜盗跖。
（24）丘之所言,皆吾之所弃也,亟去走归,无复言之。
（25）孔子再拜趋走,出门上车,执辔三失。
（26）孔子曰:"然。丘所谓无病而自灸也,疾走料虎头,编虎须,几不免虎口哉!"

这几例中的"走"意思应相同。例(23)成玄英疏:"趋,疾行也。反走,却退。"《经典释文》:"小却行也。"可知"走"的速度虽不慢,但不能断定就是跑。

以上诸例中的"走"虽不可断定是跑,不过"走"为疾速而行是没有问题的,在这种两可的情况下,"走"的意思释为"疾行"较为稳妥。从上古至中古,这类用例是大量的,不烦赘举。

在《管子·中匡》发现有下面一例:

（27）管仲走出,君以宾客之礼再拜送之。

这一段文字说的是当时齐桓公宴饮管仲,管仲以其"沈于乐",故"趋出"。鲍叔、隰朋"趋而出"追管仲。桓公接受了管仲的劝谏之后,"管仲走出,君以宾客之礼再拜送之。"以情理言,"走出"当慢于之前的"趋出"。但考虑到"走"在《管子》中的总体用法(《管子》非一时之作),仍不能遽断这一例的"走"就是行走,只能推测为是一种演变的迹象。

至中古时期,发现有下列诸例可供讨论:

（28）太古之世,不车不舟,陆走以游。不栋不宇,巢穴而处。(《全后汉文》卷二十五班固《难庄论》)

此例的"陆走"可与《史记·河渠书》"陆行"比较："陆行载车,水行载舟。"可知句中的"走"相当于"行",应是行进的意思。

(29) 隋侯出行,见大蛇被伤中断,疑其灵异,使人以药封之,蛇乃能走,因号其处断蛇丘。(《搜神记》卷二十)

一般来说,蛇行疾速,但此句说大蛇"被伤中断",药封之乃能走,"走"应是缓慢移动的意思,解释为行进比较合适。

(30) 物色感神游,升高怅有阅。南望铜驼街,北走长楸埒。(《先秦汉魏晋南北朝诗·梁诗·任昉〈奉和登景阳山诗〉》)
(31) 北走长安道,征骑每经过。(《先秦汉魏晋南北朝诗·北周诗·王褒〈饮马长城窟〉》)

以上二例中的"走"也应是行进的意思。

(32) 有一长者遥见象走,便乘一象先至佛所。(《鼻奈耶》T24/0872a)
(33) 函谷以东,瑕丘以西,咸愿归诚圣朝,息肩有道,戮力同心,死无二志。惟有青徐数州,仅须折简,一驿走来,不劳经略①。(《全梁文》卷七十王伟《为侯景降梁表》)

例(32)"象走"的快慢不能确知。例(33)前文说"仅须折简",后文讲"不劳经略",可以推知"走来"没有匆遽慌迫的意思。

(34) 我于尔时,圣子出城,行路之时我最在前,徒步而走。我于尔时身不知之。(《佛本行集经》T03/741b)

---

① 此文又见《梁书·侯景传》："太清元年,乃遣其行台郎中丁和来上表请降曰……"。

这一例前讲"出城""行路",后讲"徒步而走"。"走"即"行",是行进的意思。

(35) 遥见大河流水,其傍生树若干种果而甚茂盛。其人饥渴既热,疲劳不可复言,欲往趣之。看之如近,走有里数都不见水。(《佛说超日明三昧经》T15/540a)

此句下文说"我谓水近走行有里",可知"走有里数"即"走行有里","走"相当于"走行"。

"走"的行进义在与"行"的连用形式中更为明显:

(36) 既行炙,主人便先割以啖道人。道人食炙下喉,觉炙行走皮中,毒痛不可忍。(《搜神后记》卷九)

(37) 园人宗亲贪乐树荫,尽取命终。园人只立,昼夜愁忧,号悲行走。(《经律异相》T53/13b)

(38) 中有罪人由此恶业上上品故,身体长大虚疏柔软,更相麽逼身首低垂,不能行走绝四威仪。(《佛说立世阿毘昙论》T32/211a)

(39) 始一服,乃吐出一物,如升,涎裹之动,开看是鸡雏,羽翅爪距具足,能行走①。(《南史·褚裕之传》)

(40) 世间人入海采宝有七难。……六者地有热沙,走行其上烂人脚。(《杂譬喻经》T04/510a)

以上几例,例(38)、例(39)行进义尤为明确。例(38)说"身体长大虚疏柔软","不能行走"即不能行进。例(39)说鸡雏"能行走",只是能移动而已。

上文的论述表明,既要承认自先秦始在一个相当长的时期内奔跑义是"走"的基本义,同时也应当承认,上古时期已有用例显示"走"有疾行的意思,至中古时期,又有用例显示"走"除了有奔跑、疾行的意思,还泛化为行进

---

① 《南史》的整理者李延寿,唐初贞观年间人。《南史》不妨看作中古时期的语料。

的意思。

三 "走"从行进义到行走义

如前所述,中古时期"走"已演变为具有行进义(这并不排除"走"的奔跑义),那么这一时期"走"有没有行走义的用例呢?我们拣得以下诸例提出来讨论:

(41) 梵志情迷,便白佛言:"恩爱之乐,有何忧悲?"佛言不然。如是至三,婆罗门不解,走出祇洹。(《中本起经》T04/160a)

此言一婆罗门老年丧子,到祇洹求佛开导,但开导再三仍未解悟,便"走出祇洹"。"走出祇洹"的"走"后接趋向动词"出",又有处所,应是行走的意思。

(42) 时三文陀达多摩酰沙达多走到王道聚落,长老阐陀迦留陀夷,便一由旬迎尊者阿难,即忏悔言:"……。"(《摩诃僧祇律》T22/287b)

(43) 是二比丘于一由旬迎僧忏悔,僧巳听悔,三文陀达多摩酰沙达多走到王道聚落。(《摩诃僧祇律》T22/287c)

(44) 三文陀达多摩酰沙达多即便走到王道聚落。余诸比丘不来忏悔,复不走去,众僧为作驱出羯磨。(《摩诃僧祇律》T22/287c)

(45) 佛住王舍城如提婆达多因缘中广说,乃至提婆达多走向伽耶城。(《摩诃僧祇律》T22/442c)

(46) 斯那即教恶意向王忏悔。恶意自知有罪,便走向毘提酰王所。(《杂宝藏经》T04/464c)

(47) 破头伤体裂坏,衣被钵盂亦破,即走出城竟不乞食。(《出曜经》T04/704b)

以上诸例,或言"走到",或言"走去",或言"走向",或言"走出",且后接有处所,都应是行走的意思。这样一种"走+趋向/结果+处所"是我们判断"走"的行走义的重要形式依据。例(44)中有两个"走",前面说"走到王道聚落"符合"走+趋向/结果+处所"的形式,由此推断后面"复不走去"的"走"也应是行走(只是"走"的处所隐含)。

这样一种格式还可与"步"的用例比较:

(48) 是转轮王清旦出城向於佛所。既至林外,如法下车步至佛所。(《悲华经》T03/175b18)

(49) 王即下舆,除却仪饰,步至佛前。(《过去现在因果经》T03/650b)

(50) 此必有佛,於我无疑。步诣宫门,门监白王。(《修行本起经》T03/464b)

由此也可推知"走"的行走义。

有学者指出,"晚唐五代的'走'增加一个新的义位行走",在《敦煌变文》中行走义已成为"走"的固定义位[①]。举例如:

岂容不知急缓,来至此间,不识闲忙,走向此间坐睡。(《降魔变文》)

"走向此间"同"走向伽耶城""走向毘提醯王所""走到王道聚落""走出城"为同一格式,"走"均为行走义。

有的用例形式上不符合"走+趋向/结果+处所"的结构:

(51) 五百贾客,人与一珠,与一铜盏与此长者子而不敢取,往走问佛。佛言:"此是华报,但取无苦。"(《杂宝藏经》T04/469c)

(52) 昔有沙门,昼夜诵经。有狗伏床下一心听经,不复念食。如是积年,命尽得人形,生舍卫国中作女人。长大见沙门分卫,便走自持饭

---

① 蒋绍愚《从{走}到{跑}的历史更替》,见《汉语词汇语法史论文续集》,北京:商务印书馆 2012年版。

与。(《生经》T03/108b)

(53) 使人走出诸处叫唤,求觅所诉。命者不得,走来报王,诸处追觅猪等不见,王即更散遣人分头求觅。巡问曹府,咸悉称无。王即帖五道大神检化形案。少时有一主者把(把)状走来。其状云……。(《金光明经》T16/358c)

例(51)"往走问佛","走"隐含的目标处所是佛的所在。例(52)"便走自持饭与",隐含的目标处所是沙门所在。例(53)"走出诸处"显示为"走+趋向/结果+处所",后面两个"走来"隐含的目标处所是王的所在,句中的三个"走"词义不应有别。以上三例"走"的目标处所隐含,与前面诸例仍可归为一类。

在"走"的连用形式中,也有用例显示为行走的意思:

【行走】

(54) 客于项,则梦斩首;客于胕,则梦行走不能前。[①](《甲乙经·卷六·正邪袭内生梦大论第八》)

(55) 附子味辛、甘,温、大热,有大毒。主治风寒咳逆,邪气,温中,金创,破症坚积聚,血瘕,寒湿,踒躄,拘挛,膝痛,不能行走。(《神农本草经·卷五·草木下品》)

(56) 盲者得视,聋者得听,跛者行走,瘘者得平。(《度世品经》T10/643c)

(57) 而彼童子渐渐长成,既能行走,后依家法。(《佛本行集经》T03/816b)

【走行】

(58) 诸有盲者则皆得视,诸跛躄寒者则皆得走行。(《佛说无量清

---

① 《甲乙经》大约成书于公元三世纪。客:病邪自外侵入。山东中医学院《针灸甲乙经校释》译为"邪气居留"。

净平等觉经》T12/298c)

(59)诸有喑者即皆能语,诸有偻者即得申,诸跛躄塞者即皆走行,诸有病者即皆愈起。(《佛说阿弥陀经》T12/316c)

例(54)、例(55)、例(56)三例说身体的病困,行走的意义明显。例(57)说"童子渐渐长成","行走"也是行走的意思。例(58)、(59)两例内容相同,施动者是"跛躄塞者","走行"的行走义很明确。

前面讨论的《南史·褚裕之传》一例("始一服,乃吐出一物,如升,涎裹之动,开看是鸡雏,羽翅爪距具足,能行走"),未尝不可也看作行走义。

四　小结

从上面的用例看,"走"的演变轨迹大致为:

奔跑──→疾行──→行进──→行走

不过这并不是一个界限划分十分清晰的演变轨迹,其中"行进"处于最上位,涵盖了"疾行"和"行走",所以几项意义并不在同一个层面上。这个轨迹传达的信息是:"走"并不是直接由奔跑义演变为行走义,中间经过了一个意义泛化的过程。

在一个很长的时期中,奔跑义一直是"走"的基本意义;从奔跑义到行走义,期间经历了一个漫长的过程。从时段来看,上古时期已有用例显示"走"有疾行的意思;至中古时期,又有用例显示"走"又泛化为行进的意义。特别值得注意的是,中古时期"走"出现了行走义的用例(这种用例多见于汉译佛经),但行走义最终确立是在中古以后。

一个词从一个意义变为另一个意义,有一个词义划分标准问题。探求"走"的意义变化,由于找不到一个形式上的标志,所以意义之间没有一个十分明确的切分标准。确定奔跑义时所说的三种情况,只是一个大致的参考。比较这三种情况,如能在句中找到参照成分,那是最理想的;但实际情况是能找到参照成分的用例有限,而须依靠情景推断的用例是大量的,而情景的推断又是一种主观判断,两可之间颇费踌躇。如:

我于尔时,圣子出城,行路之时我最在前,徒步而走。我于尔时身不知乏。(《佛本行集经》T03/741b)

始一服,乃吐出一物,如升,涎裹之动,开看是鸡雏,羽翅爪距具足,能行走。(《南史·褚裕之传》)

尔时王阿阇贳勒使人召木工,即奉王教走召木工。王阿阇贳有教召卿,木工实时随信到王所。(《鼻奈耶》T24/853b)

出于谨慎的考虑,前两例中的"走""行走"前文判断为行进义,但看作行走似乎也无不可。后一例"走召木工"的"走"是疾行还是行走,也可有两可的看法。对"走"的意义的判断实际上采用的是一种层层排除的方法:当解释为奔跑义有困难时,就考虑解释为疾行义或行进义。如:

观者如市,匠伯不顾,遂行不辍。弟子厌观之,走及匠石,曰:"……。"(《庄子·人间世》)

当解释为行进义有困难时,就解释为行走义。比较:

北走长安道,征骑每经过。(《先秦汉魏晋南北朝诗·北周诗·王褒〈饮马长城窟〉》)

破头伤体裂坏,衣被钵盂亦破,即走出城竟不乞食。(《出曜经》T04/704a)

前一例中的"走"只是着眼于施动者的移动,并不关注移动时的身体姿态,是行进义;后一例中的"走"着眼于移动时两脚交替着地的姿态(比较现代汉语"我走着去")。

"走"从奔跑义演变为行走义的机制,还有待继续研究。笔者的初步看法是,在考察这一机制时,对"走"的自由度应给予关注。自由度是指一个词组合能力的强弱,也即一个词结构类型的丰富性。一般地说,结构类型越丰富,词的自由度就越高。如前所述,"走"的行走义多见于中古时期的佛典;

从结构类型看,"走＋趋向/结果＋处所"是比较典型的一种结构类型。这里要提出的一个问题是:为什么后来"走"成了行走类位移动词的主要成员,而不是意义与之相近的"行"和"步"呢?从发现的用例看,行走义的"走"后接"趋向/结果"主要是与"到、向、出、去"的组合。比较这三个动词的自由度,我们需要考察"行""步"与"到、向、出、去"在同期佛典中的组合情况。对"行"的粗略考察结果是:

【行到】

(60) 行到佛所,稽首作礼。(《中本起经》T04/158a)
(61) 儿行到梵志所居曰……(《六度集经》T03/26b)
另有1例"行诣":
(62) 行诣舍卫,未至祇洹。(《中本起经》T04/157a)

【行向】

(63) 停夏坐三月日,复行向中天竺。(《高僧传》T50/338c)
(64) 行向广陵,遇村舍。(《高僧传》T50/390c)

同期佛典中未发现"行出""行去"的用例。我们还注意到,"行向"仅见于《高僧传》,同期汉译佛经中未见;从目标处所看,"行向"的"行"是远行的意思(目标处所是"中天竺""广陵"),与"走"有别。

对"步"的粗略考察结果是,仅有"步去"的极少用例。如:

(65) 船重难牵,汝可步去,至应渡处便上。(《摩诃僧祇律》T22/295c)

这样的考察结果对我们的启示是:"走"的自由度远大于"行"和"步",它的组合能力远超于"行"和"步"①；这就意味着它有能力扩展新的意义空间，这是它日后进入行走义场的重要原因。

对位移动词演变机制的研究是一个大题目，有待做专门的更深入全面的考察。

---

① 同期汉译佛经中有"行七步"的说法，但数字仅见"七"，颇疑是一个固定的说法。

从中古注疏语料看汉语词汇的发展[*]

方一新　王云路

一

法国语言学家房德里耶斯在《语言》一书第三编《词汇》中通过列举大量的印欧语言的实例,讨论了:(1)词是怎么改变了意义的;(2)概念是怎么变了名称的。王力先生则在《汉语史稿》《汉语词汇史》两部著作里,结合许多汉语实例,论述了汉语词汇发展时"词改变了意义""概念改变了名称"这两个问题,都给我们很多启发。

中古(汉魏六朝)时期的注疏语料,是研究汉语史的宝贵材料,值得重视。因为汉魏六朝有许多注释家为先秦的经典作注,注疏与正文相比,本身就有历时的变化;加之不少先秦经典历代续有注者,不同时代不同注家的语言,也构成了考察历时演变的绝好材料。笔者近年来阅读了中古时期的几种注疏语料,如东汉赵岐《孟子章句》、高诱《淮南子注》和《吕氏春秋注》、何休《春秋公羊传解诂》、三国魏何晏《论语集解》、吴韦昭《国语解》、西晋杜预《春秋经传集解》、南朝梁皇侃《论语集解义疏》等,发现从中可以考见汉语词汇的发展演变。特别是关于"概念是怎么变了名称"问题,通过注疏语料,可以呈现出变化的过程和状态,多有值得关注、探讨之处。

关于中古注疏语料所展示的"概念是怎么变了名称"的,可从以下两点来看:第一,注疏中习见的体例是:用今语(当时语)解释、疏通古语;或通过

---

[*] 本文在写作过程中,得到友生路方鸽、周梦烨、孙尊章等几位博士的帮助和指正,在此顺致谢忱。

串讲来诠释词句,展示了词汇的历时发展。第二,注释家虽然有用单音词解释单音词的,但更常见的是:每每用双音词解释单音词,这些双音词大抵都是汉代以来产生的新词,数量十分可观,呈现出汉语词汇复音化的趋势。以下,结合具体的实例,就这两点展开论述。未当之处,敬请同道博雅指正。

二

本节拟讨论中古注释语所体现出的概念名称的古今之变。古和今是一个相对的概念。先秦为古,汉代就为今;汉代为古,六朝就为今。这里以韦昭《国语解》、杜预《春秋经传集解》、皇侃《论语集解义疏》等几种注释著作为例,说明中古注疏在注释时习见的相关做法,管窥其注解、疏通字词的体例。

比较常见的做法是,用汉晋语释先秦古语。同一个概念,上古用单音词,汉晋以后也时有用单音词作释的,例如:

《左传·僖公九年》:"天威不违颜咫尺,小白余敢贪天子之命无下拜!"晋杜预注:"余,身也。"

"身"即"我",是中古时期常用的第一人称代词[①]。《尔雅·释诂上》:"卬、吾、台、予、朕、身、甫、余、言,我也。朕、余、躬,身也。"晋郭璞注:"今人亦自呼为身。"吕叔湘(1985)指出:"身"作"我",可能汉代或更早已有此用法,但用例不多,在六朝史传和笔记中才较为多见[②]。如:《三国志》卷三六《蜀志·张飞传》:"身是张益德也,可来共决死!"《世说新语·文学》第 22 则:"丞相自起解帐带麈尾,语殷曰:'身今日当与君共谈析理。'"这例是以中古词语解释古语,释词和被释词都是单音词。

但更多的是用双音词解释单音词,这是中古注家的通例,自东汉以来的注疏材料中多见,魏晋南北朝沿而用之并发扬光大。

[①] 参看方一新《训诂学概论》,南京:江苏教育出版社 2008 年版第 67 页。
[②] 参看吕叔湘著、江蓝生补《近代汉语指代词》,上海:学林出版社 1985 年版第 10—11 页。

常见的情形有两种：一种是：释词用双音词，其构词语素与单音节被释词没有关系；另一种是，双音词的某一个构词语素与单音词相同。这里讨论前者，举"还—便旋""缓—(不)拘执"两例为证。

(一) 释词用双音词，其构词语素与单音节被释词没有关系

第1例：还—便旋

《左传·僖公十五年》："壬戌，战于韩原，晋戎马还泞而止。"晋杜预注："泞，泥也。还，便旋也。小驷不调，故隋泥中。"

又

《宣公十二年》："晋人或以广队不能进，楚人惎之脱扃，少进，马还，又惎之，拔旆投衡，乃出。"晋杜预注："还，便旋不进。旆，大旗也。拔旆投衡上，使不帆风，差轻。"

按：便(pián)旋，迭韵连绵词，犹言回旋、停滞不前；逗留，徘徊。如：

汉张衡《西京赋》："阴戒期门，微行要屈。降尊就卑，怀玺藏绶。便旋闾阎，周观郊遂。"唐李延济注："便旋，犹回转也。"

回转，谓回旋、徜徉，形容行步迟疑，盘桓不进。

张衡《西京赋》："袒裼戟手，奎踽盘桓。"奎，五臣本《文选》作踛，《文选》唐李善注引薛综曰："踛踽，开足也；盘桓，便旋也。"

"盘桓"有逗留、徘徊不前义，故薛综用同样具有此义的"便旋"来解释。

《楚辞·宋玉〈招魂〉》："稺若交竿，抚案下些。"东汉王逸注："抚，抵也。言舞者便旋,衣袿掉摇,回转相拘,状如交竹竿以抵案而徐行者也。"

汉应玚《正情赋》:"步便旋以永思,情憯㦖而伤悲。"

憯栗,义为忧郁、伤感;①此例"便旋"与"憯栗"对举,说明它们都是连绵词。

《全后汉文》卷五七王逸《悼乱》:"便旋兮中原,仰天兮增叹。"

上述诸例中,"便旋"均出现在汉人诗文或注疏中,可见是汉代人语。下面则是历代注家直接、间接解释"便旋"的例子。

《诗经·齐风·还》:"子之还兮,遭我乎峱之间兮。"汉毛亨传:"还,便捷之貌。"唐陆德明释文:"便捷,本亦作便旋。"

《方言》卷十三:"媵,短也。"晋郭璞注:"便旋,庳小貌也。"清钱绎《方言笺疏》:"《广雅》:'媵,短也。'曹宪'媵'音旋。……《方言》《说文》:'嫙,好也。'《齐风·还篇》'子之还兮',《韩诗》作'嫙'云:'嫙,好貌。'好与短小同义。"

《广雅·释训》:"徘徊,便旋也。"

唐慧琳《一切经音义》卷三一《大灌顶经》第一卷音义(玄应先撰慧琳添修)"翩翩"条:"《毛诗传》又云:'翩翩,往来皃也。'顾野王云:'翩翩,便旋轻捷之皃。《说文》:'飞皃也。'"(54/517b)又卷六二《根本说一切有部毗奈耶杂事律》第二三卷音义"翩翻"条引同。(54/723a)

按:"还(xuán)",上古即有旋转、回旋之义。《庄子·庚桑楚》:"夫寻常之沟,巨鱼无所还其体。"唐陆德明释文:"还,音旋,回也。"《楚辞·招魂》:"抑骛若通兮,引车右还。"汉王逸注:"还,转也。"旋转、回旋,与逗留、盘桓本来就相通,这样看来,杜预是用汉代人惯用的"便(pián)旋",来解释先秦习语"还(xuán)",属于用今语(汉晋时期的中古语)解释古语(先秦时期的上古

---

① 晋潘岳《秋兴赋》:"萧瑟兮草木摇落而变衰,憯㦖兮若在远行。"唐吕延济注:"憯㦖,伤念之皃。"憯㦖,即憯栗。

语)。换言之,表示旋转、回旋,盘桓不前,先秦说"还(xuán)",汉代以后说"便(pián)旋"。

(二) 释词采用串讲的方式,其中出现的双音词,其构词语素与单音节被释词没有关系

第2例:缓—(不)拘执

《左传·宣公十七年》:"齐侯使高固、晏弱、蔡朝、南郭偃会。及敛盂,高固逃归。夏,会于断道,讨贰也。盟于卷楚,辞齐人。晋人执晏弱于野王,执蔡朝于原,执南郭偃于温。苗贲皇使,见晏桓子。归,言于晋侯曰:'夫晏子何罪? 昔者诸侯事吾先君,皆如不逮,举言群臣不信,诸侯皆有贰志。齐君恐不得礼,故不出,而使四子来。……使反者得辞,而害来者,以惧诸侯,将焉用之?'晋人缓之,逸。"晋杜预注:"缓,不拘执,使得逃去也。"

此例上文言晋国抓了齐国的使者晏弱、蔡朝、南郭偃三人,晋国使者苗贲皇替晏弱等人说话,认为他们无罪,晋国应该放了他们,以招抚诸侯各国。杜预用"不拘执"释"缓",颇可玩味。"拘执",意思是拘捕,关押。① "不拘执",从字面上看,就是不拘捕、未关押,说明《左传》正文"缓"相当于不用绳索、器械等加以束缚的意思,所以才能"逸"(指逃走)、"使得逃去也"。

这里要说明的是:杜预采用串讲的方式来解释"缓","缓"与"不拘执"相应,"不拘执"是对"缓"的解释,但并非词义对应,"缓"与"拘执"不构成反义关系。但正是这则注释,让我们认识了一个汉代以来产生的新词"拘执",② 这是很有意思的。

缓,《说文·素部》:"繛,䋣也。从素,爰声。缓,繛或省。"本义是宽绰、

---

① 友生周梦烨(2015)说:"《左传》中的'执',常常用在国家被灭、国君被掳的情况下";"'执'的性质是很严重的,且'执'的同时还伴随着其他限制人身自由的行为。"指出《宣公十七年》这例:"从晋人先'执'后'缓'可知,'执'还包含着桎梏、囚系等动作。"

② 友生路方鸽博士指出:"秦汉出土法律文书中,表示拘捕义时更多的使用单字'捕''收''系'等,'拘'字基本没有,'执'很少。"看来传世文献与出土文献在这个概念场方面用词有区别。

舒缓;引申之,则可指法律松弛、不严苛:《韩非子·外储说右上》:"治其烦乱,缓其刑罚。"《管子·七臣七主》:"秋,毋赦过、释罪、缓刑。"《文子·精诚》:"法宽刑缓,囹圄空虚。"也可指对有罪过之人的宽缓处理,从轻发落。《管子·五行》:"宽刑死,缓罪人。""缓罪人"与"宽刑死"对举,意思是说,对有罪之人从轻发落、加以宽恕。

考诸载籍,"拘执"一词从汉代开始出现,用例较多,例如:

《史记》卷八七《李斯列传》:"李斯拘执束缚,居囹圄中。"

《文选》卷四四陈琳《为袁绍檄豫州》:"又操持部曲精兵七百,围守宫阙,外托宿卫,内实拘执,惧其篡逆之萌,因斯而作。"

《汉书·宣帝纪》:"朕惟耆老之人,发齿堕落,血气衰微,亦亡暴虐之心,今或罹文法,拘执囹圄,不终天命,朕甚怜之。"

《后汉书》卷一《光武帝纪》:"癸未,诏曰:'民有嫁妻卖子欲归父母者,恣听之。敢拘执,论如律。'"

汉田邑《报冯衍书》:"君臣大义,母子至恩。今故主已亡,义其谁为?老母拘执,恩所当留。"

迨至魏晋南北朝,用例仍多。

《三国志》卷十八《魏志·阎温传》:"时酒泉黄华、张掖张进各据其郡,欲与恭、艾并势。就至酒泉,为华所拘执,劫以白刃,终不回私。"

《后汉书》卷八六《南蛮传》:"桓帝元嘉元年秋,武陵蛮詹山等四千余人反叛,拘执县令,屯结深山。"

《南齐书》卷四《郁林王纪》:"今日见作天王,便是大罪,左右主帅,动见拘执,不如作市边屠酤富儿百倍矣。"

有意思的是,除了中土典籍外,"拘执"一词在佛经里也多见用例。

旧题三国吴支谦译《菩萨本缘经》卷三:"常堕坑、坎、胃、索罗网,生

则负重,死即刳剥,驾犁挽车,铁钩钩斲,鞿绊拘执。"①(3/65b)

后秦鸠摩罗什译《大庄严论经》卷一二:"时巴树提亦集四兵,共其鬪战,娑罗那军悉皆破坏,擒娑罗那,拘执将去。"(4/326a)

元魏吉迦夜共昙曜《杂宝藏经》卷一〇:"尔时长者,往白王言:'彼人净行,世之无比,如何一旦,而被拘执?宁失财物,愿王放舍。'"(4/498a)

唐玄应《一切经音义》卷二二"幽絷"条:"《诗传》曰:'絷,绊也;谓拘执也。两足不相过谓之絷。'"(高丽藏57/1163c)

与"拘执"相近的,有"拘摄"一词:失译附北凉录《不退转法轮经》卷四:"若处深宫,为王拘摄,或为父母儿婿禁制。"(9/252a)唐玄应《一切经音义》卷十五"拘樆"条:"或言拘执,梵言讹转耳。"(高丽藏56/1053a)"拘樆"就是"拘摄",古从木从手往往混用不别。

本例材料,就是先秦典籍中偶尔用"缓"表示释放(被关押者)②,汉晋注家则用"不拘执"来串讲句意,恰好形成对应,从一个词语的角度,展示了同一个概念名称(释放),古(上古)今(汉魏六朝)变化的情况。

三

本节讨论中古注疏释词中新出双音词的某一个构词语素与被释单音词相同的情况,即注释家用双音词解释单音词——新的双音词把原先的单音词作为构词语素。举"辱—劳辱""惧—怖惧"2例为证。

第3例:辱—劳辱

《公羊传·宣公七年》:"是以使君王沛焉,辱到敝邑。"东汉何休解

---

① 中华佛教电子协会CBETA《大正藏》本标作"[绊>鞿]",意思是"绊"应作"鞿"。按:鞿,同"羁"。鞿绊,同"鞿鞿",《大正藏》本实不必改字。
② "缓"本有法律松弛、不严苛义(见上),转指对罪犯宽大处理、释放,用例不多,似可看作是一种义位变体,尚没有形成一个固定的义项。

诂:"远自劳辱,到于郑也。"

按:单用"辱",表示自谦之义。劳辱,犹"劳苦",亦指劳苦之事。何休此处用双音词"劳辱"来解释单音词"辱";而"劳辱"一词,其后语素正好就是"辱"。像《公羊传》一样,用"辱"表示谦辞,犹言枉屈、劳烦,先秦典籍习见。《左传·僖公四年》:"君惠徼福于敝邑之社稷,辱收寡君,寡君之愿也。"又《昭公二年》:"晋少姜卒。公如晋,及河。晋侯使士文伯来辞曰:'非伉俪也。请君无辱。'"

"劳",《说文·力部》:"劳,剧也。"本义是劳苦、辛劳。汉代以后,又产生了劳烦、麻烦义,较早用例如:《盐铁论·本议》:"备之则劳中国之士,不备则侵盗不止。"

因此,"劳辱"是同义连文,劳烦、麻烦义,也用作名词,表示劳烦之事,因此何休以"劳辱"解释"辱"。

考"劳辱"一词先秦典籍已见:

《韩非子·孤愤》:"惑主败法,以乱士民,使国家危削,主上劳辱,此大罪也。"

汉魏以降沿用不辍,例如:

《论衡·知实》:"知请呼无喜,空行劳辱也。如往无喜,劳辱复还。"
《抱朴子内篇·勤求》:"抱朴子曰:'设有死罪而人能救之者,必不为之吝劳辱而惮卑辞也,必获生生之功也。'"
《搜神记》卷七:"世之所说:驴者,人之贱服,而当劳辱下民之象也。"
《梁书》卷十七《张齐传》:"其居军中,能身亲劳辱,与士卒同其勤苦。"

从表谦敬的单音词"辱",到双音节复合词"劳辱",揉入了原来单音词

"辱",构成新词。汉魏以降,类似这样由单(单音词)转双(双音词)的构词和变化,用例很多。

发展到今天,"辱"及"劳辱"表示谦敬的用法已基本消失,但"劳"这类用法则传承下来,如说"劳您大驾""劳您安排""有劳您了",等等,还活跃在现代普通话及北方方言中。

第4例:惧—怖惧

《论语·里仁》:"子曰:'父母之年,不可不知也。一则以喜,一则以惧。'"汉孔安国曰:"见其寿考则喜,见其衰老则惧也。"南朝梁皇侃《论语集解义疏》云:"'一则以喜'者。此宜知年之事也。知父母年高,而形犹壮,此是寿考之征,故孝子所以喜也。云'一则以惧'者。年实未老,而形容衰减,故孝子所以怖惧也。"

这例中,汉代的孔安国还只是以"惧"释"惧",没有改变;但到了皇侃义疏,则已经用"怖惧"解释"惧"了,说明到了南朝萧梁时期,口语中表示害怕这个概念,可能已经使用双音词"怖惧"了,是以双释单之例。

"怖",《说文·心部》:"悑,惶也。从心,甫声。怖,或从布声。"《庄子·逍遥游》:"肩吾问于连叔曰:'吾闻言于接舆,大而无当,往而不反。吾惊怖其言,犹河汉而无极也。'"先秦传世文献中,仅此1例。[①]

汉代开始,"怖"的用例增多,如:《方言》卷一〇:"澜沐、征伀,遑遽也。江湘之间凡窘猝怖遽谓之澜沐,或谓之征伀。"《史记·刺客列传》:"嘉为先言于秦王曰:'燕王诚振怖大王之威,不敢举兵以逆军吏。'"

"怖惧"乃汉代新词。例如:

汉荀悦《汉纪》卷一《高祖纪》:"又羽呼声动天地,诸侯军人人莫不怖惧。"

[①] 友生路方鸽博士说:"'怖'这个字也比较特别,先秦文献中除《庄子·逍遥游》出现'惊怖'一词外,别无它例,之后才在《淮南子》《史记》中出现,时间间隔比较长。"

汉赵晔《吴越春秋·句践伐吴外传》:"阵兵未济秦师降,诸侯怖惧皆恐惶。"

后代也有用例。如:

失译《大方便佛报恩经》卷三:"尔时鹿女从生已来,未曾见如此大众,心惊怖惧。"(3/139b)

晋李密《陈情表》:"臣不胜犬马怖惧之情,谨拜表以闻。"

晋袁宏《后汉纪》卷二六《献帝纪》:"单骑出奔,则卓怀怖惧。"

后秦佛陀耶舍共竺佛念译《长阿含经》卷十八:"金翅大鸟,……欲取龙食,诸龙怖惧,常怀热恼。"(1/117a)

元魏慧觉等译《贤愚经》卷八:"见诸禽兽,堕置网中,自挽自顿,不能得脱,悲鸣相唤,各怀怖惧。"(4/405c)

"怖惧"倒之则为"惧怖",例如:

旧题后汉安世高译《㮈女祇域因缘经》:"乌见祇域小儿,畏死惧怖,言辞辛苦,怜而听之。"(14/900c)

有时候,会形成异文:姚秦竺佛念译《出曜经》卷二三:"宗族闻之,皆共慰劳:'勿为惧怖,当设权计使免此难。'"(4/732b)此例"惧怖",宋资福藏、元普宁藏、明径山藏都作"怖惧",说明二词义同。

总之,从单音节"惧",到复音词"怖惧""惧怖",都有一个"惧"作为构词语素,与同样表示恐惧、害怕义的"怖"连用,组成同义复合词。

四

从历时演变的角度看,汉魏六朝注疏中的语词,包括释词、被释词,或串讲语,许多沿用至今,其中不少保存在普通话中,有的则保存在方言里。也就是说,概念名称自早期(汉代、六朝)变过之后,后来就一直沿用下来,未曾消失。姑酌举"谪讁/让—谴责""恶—垢秽"两例如次:

第 5 例:谪讁/让—谴责

《国语·齐语》:"正月之朝,五属大夫复事桓公,择是寡功者而谪之。"三国吴韦昭注:"谪,谴责也。"

《左传·成公十七年》:"齐庆克通于声孟子,与妇人蒙衣乘辇而入于闳。鲍牵见之,以告国武子。武子召庆克而谓之。庆克久不出,而告夫人曰:'国子讁我。'夫人怒。"晋杜预注:"讁,谴责也。"

按:"谴责",谓申斥,斥责。

先秦典籍中,单音词"谪"经见,表示谴责,责备。《方言》卷一〇:"谪,过也。南楚以南凡相非议人谓之谪。"《诗·邶风·北门》:"我入自外,室人交徧谪我。"汉毛亨传:"谪,责也。"《庄子·人间世》:"成而上比者,与古为徒,其言虽教,谪之实也。"这些"谪",都是指责、责备之义。

也作"讁",《左传·昭公七年》:"对曰:'不善政之谓也。国无政,不用善,则自取讁于日月之灾,故政不可不慎也。'"《国语·周语下》:"故国将无咎,其君在会,步言视听,必皆无讁。"汉王符《潜夫论·交际》:"夫处卑下之位,怀《北门》之殷忧,内见讁于妻子,外蒙讥于士夫。"

另有一个单音词"让",也表示批评、指责义。《左传·桓公八年》:"夏,楚子合诸侯于沈鹿。黄随不会。使薳章让黄。"

值得注意的是,汉晋注家,也用"谴责"来解释"让",如:

《国语·周语上》:"于是乎,有刑不祭,伐不祀,征不享,让不贡,告不王。"三国吴韦昭注:"让,谴责也。"

《说文·言部》:"让,相责让。从言,襄声。"

通过汉晋旧注材料,我们就可知道:先秦时期的"谪/讁""让",到汉代以后,产生了新词"谴责",谓申斥、斥责,且用例较多:

《史记》卷四九《外戚世家》："后数日,帝谴责钩弋夫人,夫人脱簪珥叩头。"

《汉书》卷九〇《酷吏传·严延年》："事下御史中丞,谴责延年何以不移书宫殿门禁止大司农,而令得出入宫。"

《东观汉记》卷十二《马防传》："上不喜之,数加谴责,所以禁遏甚备。"

《续汉书·百官志》(《后汉书》卷一一四)南朝梁刘昭注引汉应劭《汉官仪》曰:"时憙子世为侍中骖乘,归具白之,憙以为恨,频谴责均,均自劾去,道发病亡。"

《后汉书》卷四九《仲长统传》录仲长统《昌言·法诫篇》:"自此以来,三公之职,备员而已;然政有不理,犹加谴责。"

以上各词的最早用例都见于汉代,与汉代注释语料的年代一致,可见均为汉代人语。

魏晋以后,载籍仍多有沿用,如:

《三国志》卷六〇《吴志·周鲂传》:"故太守广陵王靖,往者亦以郡民为变,以见谴责;靖勤自陈释,而终不解。"

晋袁宏《后汉纪·灵帝纪》:"邕对曰:'天于大汉,殷勤不已,故屡出袄变谴责,欲令人君感悟。'"

《后汉书》卷十八《吴汉传》:"于是引还广都,留刘尚拒述,具以状上,而深自谴责。"

"谴"有责备义。《汉书》卷四八《贾谊传》"故其在大谴大何之域者"、《后汉书》卷四一《第五伦传》"非徒应坐豫协,亦当宜谴举者"下,唐颜师古、李贤注并云:"谴,责也。"

"责"也有责备义。《字汇·贝部》:"责,诮也。"故"谴责"属于同义连文。

"讁/谪"后代仍有用例,如:《后汉书》卷四《和帝纪》:"诏曰:'元首不明,化流无良,政失于民,讁见于天。'"唐李贤注:"讁,谴责也。"从李贤注可知,唐人仍说"谴责"。宋元以后"谴责"一词用例仍夥,一直沿用至今。① 通常用在比较官方、书面的语体里。

附带说一下:先秦时期表示责备、指责义的"让",从汉魏开始,也时常作为双音词的构词语素,与同义词组合连用。

有"谴让":《左传·僖公五年》:"夷吾诉之,公使让之。"晋杜预注:"让,谴让之。"

有"责让":《史记》卷八九《张耳陈余列传》:"张耳与陈余相见,责让陈余以不肯救赵,及问张黡、陈泽所在。"《方言》卷七:"譙,让也。齐楚宋卫荆陈之间曰譙,自关而西秦晋之间,凡言相责让曰谴让。"《孟子·告子下》"掊克在位则有让"下汉赵岐注:"在位则责让之不朝。"

有"譙让":《方言》卷七:"譙,让也。齐楚宋卫荆陈之间曰譙,自关而西秦晋之间,凡言相责让曰譙让,北燕曰谨。"清戴震《方言疏证》:"案:《广雅》:'谨,譙让也。'义本此。"

从上揭各例可知:先秦时期单用的"譎/谪""让",到了汉代以后说"谴责"。同样都是表示责备、指责这个概念,汉语词汇发生了从单音词向复音词转化的现象。② 当然,尽管汉以后产生了双音词"谴责",但"让""譎/谪"这两个单音词仍然继续沿用,并行不衰。

第 6 例:恶—垢秽

《左传·成公六年》:"土厚水深,居之不疾,有汾、浍以流其恶。"晋杜预注:"汾水出大原,经绛北,西南入河。浍水出平阳绛县南,西入汾。恶,垢秽。"

按:《左传》正文"恶",杜预用"垢秽"作释,二者均指肮脏之物。
《说文·心部》:"恶,过也。从心,亚声。""恶(è)"本义是罪过、罪恶,与

---

① 《汉语大词典》"谴责"条举现代作家沙汀《在祠堂里》:"于是那种千篇一律的谴责又开头了。"

② 关于汉语词汇的发展变化,蒋绍愚(1989:228/2005:229)讨论过"从综合到分析",胡敕瑞(2005、2009)讨论过"从隐含到呈现",都给我们不少启发。

"善"相对。《易·大有》:"君子以遏恶扬善,顺天休命。"由此引申,有粗劣、差、不好义;后也可指污秽肮脏之物,特指粪便。《汉书》卷六三《武五子传·昌邑哀王刘髆传》:"陛下左侧谗人众多,如是青蝇恶矣。"唐颜师古注:"恶即矢也。越王勾践为吴王尝恶,亦其义也。"颜注提到的"越王勾践为吴王尝恶",见于汉赵晔《吴越春秋·勾践入臣外传》:"适遇吴王之便,大宰嚭奉溲恶以出。逢户中,越王因拜请尝大王之溲以决吉凶,即以手取其便与恶而尝之。"

魏晋典籍沿而用之,"恶"表示粪便、污秽之物,[①]用例较多,如:

旧题晋陶潜《搜神后记》:"(吉翼子不信鬼)即闻屋梁作声。时大有客,其仰视,便纷纭掷一物下,正著翼子面。视之,乃主人家妇女亵衣,恶犹著焉,众共大笑为乐。吉大惭,洗面而去。"

《隋书》卷七二《孝义传·田翼传》:"母患暴痢,翼谓中毒,遂亲尝恶。"

《法苑珠林》卷二《三界篇·诸天部第二·受生部》:"彼三十三天有善法堂,天众集处,有八万四千柱,皆是众宝所成,入者无诸恶触蚊虻等过……"

也可与"秽"同义连用,组合成"秽恶"一词,谓粪便:

《北史·孝行传·田翼》:"隋开皇中,母患暴痢,翼谓中毒药,遂亲尝秽恶。"

《太平广记》卷三二七《史万岁》引《两京记》:"鬼曰:'我汉将军樊哙,墓近君厕,常苦秽恶,幸移他,必当厚报。'"

按:用"恶"指称大便,今吴语区仍较普遍,读 wū。[②] 今吴方言犹称大便

---

① 也作"污":《世说新语·文学》第 49 则:"财本是粪土,所以将得而梦秽污。"南朝宋刘敬叔《异苑》卷六:"粪污者,钱财之象也。"
② 参张惠英、梅祖麟(1983)、江蓝生(1988:84)。

为"wū"。吴方言台州片、湘赣方言有"屙"。张惠英、梅祖麟考证认为,"屙"和"恶"同源。① 事实上,苏北地区的扬州话、盐城话中指大小便的动词也都可以用"屙",不但用于人,也用于动物,甚至那些酷似大小便的动作也说成"屙",并不限于长江以南。②

与"恶"相对应的是"垢秽",汉代以来多见,如:

> 汉秦嘉《赠妇诗》:"芳香去垢秽,素琴有清声。"
> 后汉昙果共康孟详译《中本起经》卷下:"时有婆罗门等五百人,欲诣恒水三祠神池,沐浴垢秽,希望神仙。"(4/157a)
> 西晋竺法护译《度世品经》卷四:"心如明珠,去诸垢秽,意念清净。"(10/638a)

特指材质平常,凡庸。

> 三国魏曹植《封鄄城王谢表》:"臣愚驽垢秽,才质疵下。"

"垢秽"引申之,也指肮脏。

> 西晋竺法护译《渐备一切智德经》卷五:"其意无垢秽,佛圣性慧明;胜力永平等,劝发菩萨心。"(10/495a)
> 《南史·王镇之传》:"思远立身简洁,诸客有诣己者,觇知衣服垢秽,方便不前。"

以上材料说明,先秦用"恶"来指代污秽之物,汉代以后,这一概念演变出了复音词"垢秽",产生了新词;故杜预用"垢秽"来解释"恶",但单音词"恶"本身也一直沿用下来,至今还保留在现代吴方言中。

---

① 参看张惠英、梅祖麟(1983)。
② 参看华学诚(1983)。

五

总体上看，从中古注疏材料中，可以梳理词语的历时演变、管窥汉语词汇日趋丰富多彩、逐渐复音化的进程。这个进程时间应该很长，甚至横跨整个中古汉语时期，绵延到近代汉语时期。上文揭举的各例，反映了先秦用单音词，后世在沿用的同时，也产生了表达同样概念的双音词。

众所周知，从汉代开始，汉语词汇的复音化进程逐渐兴起，三国两晋时代，正是复音词大量产生，并逐步替换、取代上古单音词之时，这在何休《春秋公羊传解诂》、韦昭《国语解》、杜预《春秋经传集解》、皇侃《论语集解义疏》等中古注疏中也得到了充分体现。

总之，中古注疏既证明了汉语词汇从汉魏以后，分工渐趋严密，也体现了词汇发展的历时演变，窥一斑而见全豹，是考察、探究汉语词汇从上古到中古发展演变的重要语料。

参考文献

方一新(2010)《中古近代汉语词汇学》，北京：商务印书馆。
方一新(2008)《训诂学概论》，南京：江苏教育出版社。
〔法〕房德里耶斯(2012)《语言》，中译本，岑麒祥、叶蜚声译，北京：商务印书馆。
华学诚(1983)《对〈说"屙"和"恶"〉的一点补正》，《中国语文》第 5 期。
胡敕瑞(2005)《从"隐含"到"呈现"(上)》，《语言学论丛》第三十一辑，北京：商务印书馆。
胡敕瑞(2009)《从"隐含"到"呈现"(下)》，《语言学论丛》第三十八辑，北京：商务印书馆。
江蓝生(1988)《魏晋南北朝小说词语汇释》，北京：语文出版社。
蒋绍愚(1989/2005)《古汉语词汇纲要》，北京：北京大学出版社/商务印书馆。
吕叔湘著、江蓝生补(1985)《近代汉语指代词》，上海：学林出版社。
王力(1980)《汉语史稿》，北京：中华书局。
王力(2013)《汉语词汇史》，载《王力全集》第四卷，北京：中华书局。
王云路(2010)《中古汉语词汇史》，北京：商务印书馆。
张惠英、梅祖麟(1983)《说"屙"和"恶"》，《中国语文》第 3 期。
周梦烨(2015)《孔颖达〈春秋左传正义〉词汇研究》，浙江大学博士学位论文。

汉语语法

西周时期的一个特殊的个体量词

姚振武

个体量词是汉语的一个特点,是人们对于客观事物范畴化的一种结果。所以高名凯说"这种虚词,有的人,如戴遂良称之曰别词(spé-cificatifs),因为它的作用在于表示各事物的特别的性质。另外的法国人和英国人则称此种虚词为类词(classificateurs;classifiers)"[①]高名凯又说:"'一条路',具体的路是一条一条的,'条'本来也可以是一个具有名词功能的词,它是细长的东西,现在就用它做数字词,来表示一切细长的事物。路是细长的,所以是'一条路'。加上这'条'字,在我们心目中就可能呈现出一个细长的道路的具体的印象,而且是很清楚的。"[②]

殷商及西周时期,名词做自身的个体量词是个体量词的主要形式,其基本格式就是"(动)+名$_1$+数+名$_2$"。例如:

(1) 俘人十有六人(合集 00137 反)

我们认为,这后一个"人"(名$_2$)是汉语个体量词的最初阶段,也是尚未完全成熟的阶段。这方面我们已有专文讨论,[③]在此就不赘述了。

殷商时期,汉语个体量词已露出端倪。有"人"和"丙"两个。人,专

[①] 高名凯《汉语语法论》,北京:商务印书馆 1986 年版第 160 页。
[②] 高名凯《汉语语法论》,北京:商务印书馆,1986 年版第 161 页。
[③] 姚振武《上古汉语个体量词和"数+量+名"结构的发展以及相关问题》,《中国语言学》第二辑,济南:山东教育出版社 2009 年版;《上古汉语语法史》第三章第二节,上海:上海古籍出版社 2015 年版。

用于称人。丙,用于车、马等,当其用于车时就是个体量词。①

到了西周时期,个体量词"丙"已基本不见用,但个体量词数量开始增多,除"人"外,新增的有伯、夫、聝、乘、两(辆)、匹、金、反(钣)、田、牛、羊等。"伯""夫"皆称人,"伯"可能有点身份,"夫"则常指成年男性。"聝"本是人的左耳朵,也兼用来称量人的数量。乘、两皆称车,匹称马。田、牛、羊兼做自身的个体量词。

可以看出,在这一阶段,量词范畴化的途径是五花八门的。

我们观察到,在这个过程中个体量词一种可能的特殊形式,即"金"做"钟"的个体量词。例如:

(2)虢仲令公臣嗣朕百工,赐汝马乘、钟五金,用事,公臣拜頴首。(《公臣簋》)②

(3)叔尃父作郑季宝钟六金、尊盨四、鼎七,郑季其子子孙永宝用。(《叔尃父盨》)③

"金"做个体量词用,似未见前人论及。考以上"钟五金""钟六金"之例,符合"(动)＋名1＋数＋名2"这种量词形成的典型环境,其"金"似当视为量词。例(3)的"宝钟六金",侯志义认为:"'六金'不辞,'金'字应为衍文。"④这是难以说通的。《叔尃父盨》同时出土4件,铭文全同,其"金"怎么会是"衍文"呢?当时铸钟铭文,郑重其事,很难出现"衍文"。例(2)的"钟五金",侯氏则标为"钟五,金"⑤,可见他自己也很游移。《公臣簋》也是同时出土4件,

---

① 孟蓬生《量词"丙"(两辆)语源试探》,第十三届全国古代汉语学术研讨会论文,2016年8月。
② 中国社会科学院考古研究所编《殷周金文集成》(修订增补本)第三册,北京:中华书局2007年版第2376页。
③ 中国社会科学院考古研究所编《殷周金文集成》(修订增补本)第四册,北京:中华书局2007年版第2848页。
④ 侯志义主编《西周金文选编》,西安:西北大学出版社1990年版第184页。
⑤ 侯志义主编《西周金文选编》,西安:西北大学出版社1990年版第317页。做同样标点的还有马承源《商周青铜器铭文选(三)》,北京:文物出版社1988年版第292页。

"赐汝马乘钟五金"一句全同。

"金"如果是量词，那么就是以对象的质地为范畴化的途径。这样的称量方式确实少见，但也不是没有旁证。

长沙马王堆汉轪侯辛追墓出土随葬遣策中有很多"米酒二资（瓷）"一类的说法，也是用器物的质地作为器物自身的量词。例如：①

　　简一三四　肉酱一资（瓷）
　　简一三五　爵（雀）酱一资（瓷）
　　简一六二　米酒二资（瓷）
　　简一六三　白酒二资（瓷）

"资"就是瓦资，即带釉的硬陶罐，瓷器的前身。在这里显然是作为量词来用。其范畴化的途径就是以器物的质地（瓷）来称量器物本身，这与西周金文量词"金"似乎是异曲同工。

附记

欣逢恩师唐作藩先生九十华诞，学生仅奉短文一篇，为先生寿。一孔之见，未敢自是。先生大海不择细流，深望再获先生教诲为幸！

---

① 见唐兰《长沙马王堆汉轪侯辛追墓出土随葬遣策考释》，《文史》第十辑，北京：中华书局1980年版。

出土文献"是＝"句中"＝"之释读

梁冬青

摘要：学者大都将马王堆《天文气象杂占》《睡虎地秦墓竹简·日书甲种》《天水放马滩秦简·日书乙种》等出土文献中"是＝"释为"是是",也有学者将"是＝"释为"是谓"。"是＝"释为"是谓",其理据缺乏相应资料做观点支撑,不符合重文号的使用条件,且违背语言的社会性原则。出土文献中"是＝"应释为"是是"。

关键词：是＝　＝　是是　是谓

1973年,长沙马王堆三号汉墓出土了帛书《天文气象杂占》,文中有"是＝帚彗"等五个"是＝"句。后来,湖北云梦睡虎地秦墓出土的《日书·甲种》、甘肃天水放马滩秦墓出土的《日书·乙种》、王家台秦墓出土的竹简均有"是＝"句。按照传统释读方法,学者将"是＝"释读为"是是"[1]。2008年后,有学者对"是＝"句的释读提出了新的观点,认为"是＝"应释读为"是谓"[2]。

出土文献"是＝"句中"＝"的释读,对"是＝"句的研究关系重大。为此,有必要对"是＝"句及其相关材料做穷尽性的分析研究,力求对"是＝"句中"＝"做出较为合理的释读。

根据目前公开发表的出土文献相关资料,出土文献中"是＝"句共44句,

---

* 基金项目：广东第二师范学院立项课题(2012yjxm22)。本文原刊《广东第二师范学院学报》2014年第2期。
[1] 详见裘锡圭(1979)、郭锡良(1997)、唐钰明(1991)。
[2] 详见魏宜辉(2008)、杨锡全(2011)。

其中马王堆《天文气象杂占》5句①,《睡虎地秦墓竹简·日书甲种》9句②,《天水放马滩秦简·日书乙种》29句③,王家台秦墓出土的竹简1句。鉴于王家台秦墓出土的竹简释文尚未公开发表,其唯一的"是＝"句见于王明钦先生《王家台秦墓竹简概述》(2004)④,故本文仅对《天文气象杂占》《睡虎地秦墓竹简·日书甲种》《天水放马滩秦简·日书乙种》中的"是＝"句及其相关材料进行分析论证(下文"出土文献"均指上述三篇文献)。

一

魏宜辉先生指出:"帛书(长沙马王堆三号汉墓帛书《天文气象杂占》,下同)中'是'后所加的'＝'并不是一般的重文符号,而是一种特殊的重文符号……帛书中的'＝'显然不是在重复'是',而是在重复前文中出现的'是谓'句中的'谓'字。⑤"

杨锡全先生指出:"出土文献中存在另外一种重文形式,即重文号代替的文字不是符号前面的文字,而是上文中出现过的文字,我们称之为'承上文重文'。"并认为出土文献中"'是＝'即为'是谓'",属"承上文重单字"⑥。

魏宜辉、杨锡全先生认为出土文献"是＝"句中"＝"为上文"谓"之重文,其理据主要有三条:

其一,从句子出现的先后顺序来看,魏宜辉先生认为,"是谓"句在前,"是＝"句在后,"其中的'＝'号应该表示的是'谓'的意思";杨锡全先生提出这是"证明同种文献中'是＝'即为'是谓'"的"关键之一"。

魏宜辉先生指出:"在这篇帛书中,前面第1、2、5颗彗星下出现的'是谓'

---

① 详见《西汉帛书〈天文气象杂占〉释文》,《中国文物》1979(1):26—29。
② 详见《睡虎地秦墓竹简》,北京:文物出版社,1990年,P179—228。
③ 杨锡全先生认为"甘肃天水放马滩1号秦墓出土的《日书·乙种》有31个'是＝'句",经查《天水放马滩秦简·日书乙种》,共29个"是＝"句。详见《天水放马滩秦简》,北京:中华书局,2009年,P7—106。
④ 详见王明钦(2004)。
⑤ 详见魏宜辉(2008)。
⑥ 详见杨锡全(2011)。

句,而第 7、9、11、13、15 颗彗星下则是'是='句……而'是='句出现在'是谓'句之后,那么其中的'='号应该表示的是'谓'的意思。①"对此,杨锡全先生也持相同意见,"抄写者前面句子使用'是谓',后面的句子因为说明形式(句型)一样,为了书写方便,'谓'的地方就用了重文符号'='代替。②"

杨锡全先生认为:"要证明同种文献中'是='即为'是谓',关键之一就是分析出'是='句和'是谓'句出现的先后顺序,'是谓'句在前'是='句在后即可证明……如《天水放马滩秦简·日书乙种》:

(40) 凡甲、丙、戊、庚、壬、子、寅、巳、酉、【戌】,是胃(谓)冈日,阳牡日殹,女子之吉日殹。(113)

(41) 凡乙、丁、己、辛、癸、丑、辰、午、未、申、亥,是=柔日,阴牝日也,男子之吉日殹。(114)

(42) 甲、乙、丙、丁、戊、己、庚、辛、壬、癸,凡是=十二毁,不可操土攻,木日长子死,土日中子死,水日少子死☐(140)③"

其二,从句子表述的意义上看,魏宜辉先生认为"是="句与"是谓"句两者之间"应该是没有差别的",杨锡全先生亦认为"无所谓孰轻孰重","'是='即为'是谓'"。

关于《天文气象杂占》,魏宜辉先生认为,"是谓"句与"是="句之间,"应该是没有差别的"④。杨锡全先生亦认为,"句子的说明形式是一样的,无所谓孰轻孰重。从而证明后五句的'是='即为'是谓',也即重文号'='当是对上文'胃(谓)'的重文。⑤"并以此与梁冬青先生的意见进行商榷:

关于这组句子,梁冬青先生认为"用'是是'句表达的内容,往往程度较严重,或关系较重大;用'是谓'句或无'是'句表达的,则大都比较缓和";"'是是'句:人主死(竹彗);天下兵起(苦彗);兵起、军饥、(蒿彗、

---

① 详见魏宜辉(2008)。
② 详见杨锡全(2011)。
③ 详见杨锡全(2011)。
④ 详见魏宜辉(2008)。
⑤ 详见杨锡全(2011)。

苦芰彗);有内兵、年大熟(帚彗)。在先秦,君主死亡、大范围的战争、饥荒等都是关系到国家生死存亡的大事;粮食获得大丰收,在当时也是一件大事";"'是谓'句、无'是'句:邦有亡者或反者(白灌);小人负子逃或啼号(天箭);兵在外归(蚩尤旗);兵起、有年(秆彗);有兵或有小兵(干彗、厉彗、彗星;兵兴、将军死(赤灌);大战(执星);小战、大战(墙星);天下疾(蒲彗);一邦亡(毚);春见岁熟、夏见早、秋见水(翟星)等。与'是是'句相比较,程度大都比较缓和。""是＝"句有"兵起""天下兵起";"是谓"句或无"是"句亦有"兵起";且在古代,"兵起""战争""一邦亡"等肯定是国家大事。由此,梁冬青先生的说法值得商榷①。

其三,杨锡全先生将异种文献中的"是＝"句与"是谓"句进行比较,认为"异种文献同一句子","实属同一句话";"异种文献不同句子","两种文献的句子表述同一类内容,句子表达形式也大致相同",句中"'是＝'当释读为'是谓'"。

杨锡全先生提出:"将异种文献中的句子进行比较,主要基于以下原因:一是所选各组句子均表达相同或相似的内容,句子表达方式也基本相同。二是所选句子源于《日书》……'是＝'句、'是谓'句就成为此类文献中一种表示解释说明的'术语'被广泛使用,从而可以进行比较。三是异种文献中的《日书》实属同一体系,只不过版本有所区别。②"

关于"异种文献同一句子",杨锡全先生举例分析:

(16) 春己亥、夏丁亥、秋辛亥、冬癸亥,是＝□日,不可起土,攻则死亡。(《天水放马滩秦简·日书乙种》131)

(17) 春之己亥,秋之辛亥,冬之癸亥,是胃(谓)牝日,百事不吉。以起土攻(功),有女丧。(《睡虎地秦墓竹简·日书甲种》136 背)

此二句属于异种文献中的同一句子,《天水放马滩秦简》使用"是

---

① 详见杨锡全(2011)。
② 详见杨锡全(2011)。

=",而《睡虎地秦墓竹简》用"是谓",亦说明"是＝"当释读为"是谓"①。

关于"异种文献不同句子",杨锡全先生举例分析:

两种文献的句子表述同一类内容,句子表达形式也大致相同,且都出自《日书》当中,《天水放马滩秦简》用"是＝",而《睡虎地秦墓竹简》用"是胃(谓)",由此"是＝"当释读为"是谓"。再举一组句子:

(37) 春己卯、夏丙午、秋辛酉、冬壬子,是＝鹹池旱牛晨夲日殹,不可垣其乡必死亡。夏三月行多可伐大棘南长男死。(《天水放马滩秦简・日书乙种》130)

(38) 春三月戊辰、己巳,夏三月戊申、己未,秋三月戊戌、己亥,冬三月戊寅、己丑,是胃(谓)地动,不可为土攻(功)。(《睡虎地秦墓竹简・日书甲种》134 背——135 背)②

二

通过对出土文献中"是＝"句、"是谓"句相关资料做穷尽性的收集、整理、分析,笔者认为,魏宜辉、杨锡全先生有关"是＝"释读为"是谓"的理据值得商榷。

其一,出土文献"同种文献"中,"是＝"句与"是谓"句出现的顺序先后情况较为复杂,简单地把"是谓"句在前"是＝"句在后作为证明"'是＝'即为'是谓'"的理据不足为信。

《天文气象杂占》,"是＝"句 5 句,"是谓"句 3 句。其出现的顺序如下:
第二页第六列:是谓,第 7、8、11 彗星;
第二页第六列:是＝,第 13、15 彗星;

---

① 详见杨锡全(2011)。
② 详见杨锡全(2011)。

第三页第六列:是 = ,第 1、3、5 彗星。

《睡虎地秦墓竹简·日书甲种》,"是 = "句 9 句,"是谓"句 28 句。其出现的顺序如下:

第 184 页:是谓,《稷辰》,三二正、三四正、三四正;

第 185 页:是谓,《稷辰》,三六正、三八正、四〇正、四二正、四四正、四六正;

第 187 页:是谓,《葬日》三〇正贰、三〇正贰;

第 197 页:是谓,一〇四正贰、一〇八正贰、一一〇正贰;

第 199 页:是谓,《直室门》一一九正叁;

第 200 页:是谓,《行》一三〇正、一三〇正;

第 207 页:是谓,《作女子》一五五正;

第 209 页:是谓,《吏》一〇背;

第 212 页:是 = ,《诘》二七背一、二九背一、三四背一、三八背一、四二背一;

第 214 页:是 = ,《诘》六一背二、六二背二;

第 215 页:是 = ,《诘》二八背三;

第 223 页:是 = ,《正月》一〇八背;

第 223 页:是谓,《正月》一一〇背;

第 225 页:是谓,《土忌》一三三背、一三五背、一三六背、一三七背、一三八背;

第 226 页:是谓,《土忌》三九背;一四二背;《门》一四三背。

《天水放马滩秦简·日书乙种》,"是 = "句 29 句,"是谓"句 7 句。其出现的顺序如下:

第 87 页:是 = ,二下、四下、八下、十五下;

第 88 页:是 = ,十八中;

第 91 页:是 = ,九四上;

第 92 页:是谓,一一三上;

第 92 页:是 = ,一一四上;

第 93 页:是谓,一二八;

第 93 页:是＝,一二九上、一三〇上、一三一上、一三二上、一三三上、一三四上;

第 94 页:是＝,一三六、一三九、一四〇、一四一;

第 99 页:是＝,二四四、二四五、二四六、二四七、二四八、二四九、二五〇、二五一、二五二、二五三、二五四、二五五;

第 101 页:是谓,二八一、二八三;

第 103 页:是谓,三一八;

第 105 页:是谓,三五八、三六五。

"同种文献"中,"是＝"句与"是谓"句出现的顺序先后情况有三:

1. "是谓"句在前,"是＝"句在后。如:《天文气象杂占》。

2. "是＝"句在前,"是谓"句在后。如:《天水放马滩秦简·日书乙种》首先出现的是"是＝"句,直至 6 个"是＝"句后,才出现了《日书乙种》第一个"是谓"句。

3. "是谓"句与"是＝"句穿插出现。如:《睡虎地秦墓竹简·日书甲种》,"是谓"句→"是＝"句→"是谓"句;《天水放马滩秦简·日书乙种》,"是＝"句→"是谓"句→"是＝"句→"是谓"句→"是＝"句→"是谓"句。

"同种文献"中,"是＝"句与"是谓"句出现的相连相隔情况有四:

1. "是＝"句与上文"是谓"句相连。如:《天水放马滩秦简·日书乙种》,是谓一一三上,是＝一一四上。

2. "是＝"句与上文"是谓"句相隔,甚至相隔较远。如:《睡虎地秦墓竹简·日书甲种》,是谓一〇背,是＝二七背一,中间相隔着的竹简多达十六枚。

3. "是＝"句上文没有"是谓"句。如:《天水放马滩秦简·日书乙种》,第一句"是＝"句位于二下,之前没有任何"是谓"句。

4. "是＝"句之后又出现了"是谓"句。如:《睡虎地秦墓竹简·日书甲种》,是＝一〇八背,是谓一一〇背。

出土文献"同种文献"中,"是＝"句可以出现在"是谓"句后,亦也可以出现在"是谓"句之前。当"是＝"句上文没有"是谓"句,"＝"所重何字?

杨锡全先生认为"抄写者前面句子使用'是谓'……为了书写方便,'谓'

的地方就用了重文符号'='代替"[1],照此推论,为何在"是="句后,又出现了"是谓"句?

重文号的所重之文必须让读者清楚而不产生歧义,这是重文号使用的基本要求。当"是="与上文"是谓"相隔十六枚竹简之远,读者能准确辨析"="当重上文"谓"字则绝非易事。

以杨锡全先生的例句(40)(41)(42)为例,其例句相对应的简文是《天水放马滩秦简·日书乙种》(40)是谓一一三上、(41)是=一一四上、(42)是=一四〇。"是=一一四"与"是=一四〇"之间尚有:是谓一二八、是=一二九上、是=一三〇上、是=一三一上、是=一三二上、是=一三三上、是=一三四上、是=一三六、是=一三九。依杨先生之见,"是=一四〇"中"="所重之文不是相隔较近的"是谓一二八",也不是"是=一三九"的延续,而是相隔较远的"是谓一一三上"。这种跨越式的重文,其存在的合理性值得怀疑。

其二,出土文献"同种文献"中,"是="句与"是谓"句所表达的意义并不是"没有差别的",更不是"无所谓孰轻孰重",将"是="句与"是谓"句的表达意义相同作为"是="释读为"是谓"的理据值得商榷。

出土文献"同种文献"中,"是="与"是谓"所表达的意义及其语法功能并不完全相同,这一点拙作《出土文献"是="新解》已有说明[2],现仅对《天文气象杂占》的相关例子做进一步的阐述。

杨锡全先生认为,"'是='句有'兵起','是谓'句或无'是'句亦有'兵起'","'是='即为'是谓'"。其实,不能仅以"兵起"为分析对象,而应从句子整体出发进行辨析。苦彗是"天下兵起",范围广;蒿彗、苦苃彗不但"兵起",而且"军饥",问题较为严重;秆彗虽然"兵起",但"有年",程度较为缓和。故苦彗、蒿彗、苦苃彗用的是"是="句,秆彗用的是"是谓"句。

关于这个问题,肖瑜、姜永琢先生亦有进一步的论证。他们将《天文气象杂占》《睡虎地秦墓竹简·日书甲种》中相关的句子形式与其语意强弱做了比较分析,得出的结论是:

---

[1] 详见杨锡全(2011)。
[2] 详见梁冬青(2002)。

句子形式：是是→是谓→是→零形式

语意强弱：最强→强→较强→一般①

其三，将出土文献中所谓"异种文献同一句子""异种文献不同句子"中的"是＝"释读为"是谓"，其理据稍显牵强。

杨锡全先生提出的理据基础是"异种文献中的《日书》实属同一体系，只不过版本有所区别"②。这个理据基础值得商榷。

《汉语大词典》指出："【版本】同一书籍因编辑、传抄、印刷、装订等不同而产生的不同本子。③"用同一书籍不同版本的语言材料进行比较研究，是学术研讨的常见方法。由于同属《日书》一类，《睡虎地秦墓竹简·日书甲种》《天水放马滩秦简·日书乙种》的书写形式或表现内容，均有相同或相似之处。但是《睡虎地秦墓竹简·日书甲种》《天水放马滩秦简·日书乙种》是否属于"同一书籍"呢？

经分析，《天水放马滩秦简·日书乙种》与《睡虎地秦墓竹简·日书甲种》完全不同的部分，大约占《天水放马滩秦简·日书乙种》总篇幅的55％以上。

据统计，《睡虎地秦墓竹简·日书甲种》"是＝"句共9句，其中8句在《诘》，而《天水放马滩秦简·日书乙种》未见类似内容；《天水放马滩秦简·日书乙种》"是＝"句共29句，其中12句在以音律贞卜的卜辞中，而《睡虎地秦墓竹简·日书甲种》未见类似内容；《睡虎地秦墓竹简·日书甲种·直室门》未出现"是＝"句，而《天水放马滩秦简·日书乙种》类似简文中，出现了5个"是＝"句。两者"是＝"句所表示的内容大都未见重合。

《睡虎地秦墓竹简·日书甲种》《天水放马滩秦简·日书乙种》虽同属《日书》体系，但其撰写人，或撰抄人，或抄写人不同，书写的时间、地点不同，其内容亦有相当大的区别，所以不是同一书籍。

既然《睡虎地秦墓竹简·日书甲种》与《天水放马滩秦简·日书乙种》不是同一书籍，那么"异种文献同一句子"进行比较的理据基础就已丧失。杨

---

① 详见肖喻、姜永琢（2007）。

② 详见杨锡全（2011）。

③ 详见《汉语大词典》（第六卷），上海：上海辞书出版社，1990年，P1041。

锡全先生例(16)(17)并不能证明"是＝"当释读为"是谓"。

杨锡全先生"异种文献不同句子"的例子(37)(38)就更加牵强。不同的书写人,在不同的时间、地点,书写着不同的内容,突然他们之间就有了相同的思维,将"异种文献不同句子"中"是谓"统一用"是＝"表示,这明显违背了人们的思维常识。

三

杨锡全先生将出土文献中"是＝"释读为"是谓",认为其重文号的使用属于"承上文重文"之"承上文重单字"。此说值得商榷。

其一,将出土文献中"是＝"释读为"是谓",不符合"承上文重文"的基本条件,亦不符合"承上文重单字"的使用特点。

关于"承上文重文"的使用范围及其特点,学术界早有相关论述。如郭在贻、张涌泉、黄征先生:

> 在变文的唱词中,往往每隔几句会有一些重复出现的句子,就同一主题的内容反复讲唱,借以增加节奏感和感染力……只写句首几字以为提示,其余部分则用省略符号(常见为拉长的"了"字形、点号、竖线)、或"云:"字样、或空出位置不书省略了。①

邓文宽先生:

> 一种是重文符号同它所重复的字紧相衔接;另一种则不衔接,但意义清楚无误。
> ……
> 例三:敦煌文献伯三七九八《切韵残页》:"櫳〔房＝〕……嚨〔喉＝〕櫳〔黍＝〕。"

---

① 详见郭在贻、张涌泉、黄征(1990)。

……

至于多字重文符号不随它所重复的文字……我在《日本国现在书目录》中却看到了这样的例证……(行次为笔者所加。为方便阅读,移录时将重文符号所代替的文字放在其后的括弧内):

……

3. 唐永徽律十二卷,＝＝＝＝(唐永徽律)疏卅卷〔伏无忌等撰〕

……

7. 徽格五卷、垂拱格二卷、＝＝(垂拱)后常行格十五卷、＝＝(垂拱)留司①

刘信芳、王箐先生:

信其〔体〕而笱能相亲＝也而笃之,爱也。(帛书《五行》253)

《帛书》整理者认为"亲"下的重文符应跳过"也"字读,即该句应读作:"信其体而后能相亲也,亲而笃之,爱也。"此解甚确。我们可以将此类例称之为"重文符跳读例"。

……

竹书中有时会用重文符替代相关联的字,如:

今内宠又(有)割(会)疾(谴),外＝又(有)梨(梁)丘𢧐(据)縈(营)惮(枉)。(上博藏六《竞公疟》9)

整理者将"外＝"释为"外,外";何有祖把"外＝"看作"外夕"的合文,读作"外亦";陈伟把"外＝"看作"外间"合书,读为"外奸";张崇礼释为"外卜",读为"外仆"。我曾经认为:

"外＝"或许可以释为"外宠",盖承上文"内宠"而以重文符代替"宠"字。《晏子春秋》"景公信用谗佞赏罚失中晏子谏"章:"内宠之妾,迫夺于国;外宠之臣,矫夺于鄙。"②

---

① 详见邓文宽(1994)。
② 详见刘信芳、王箐(2012)。

杨锡全先生：

所谓单字承上重文，即单个重文号重复替代上文中出现过的某个字。如：

(15) 管辂语颜子曰："北坐人是北斗，南坐人是南斗。＝斗好生；北斗处死，见煞人即喜。"(《英藏敦煌文献》卷二第1页 S.525/1《搜神记》一卷)

"＝斗"是"南斗"的省书，重文号"＝"即是对上文中"南"字的代替。①

读者对重文号所重之文的理解应清楚无误，这是重文号使用的基本条件。由此，"承上文重文"的使用范围就有较大的局限性。

当"承上文重文"的使用对读者造成理解障碍时，其使用的可能性与必要性就值得怀疑。刘信芳、王箐先生提出的"竹书中有时会用重文符替代相关联的字"，即杨锡全先生提出的"承上文重单字"，由于没有相对固定的书写格式或规律，重文号究竟重上文何字？容易使读者产生歧义。如上博藏六《竞公疟》9之例，"外＝"究竟释读为"外，外"，还是"外宠"，等等，至今学术界仍有不同意见。这就是"承上文重单字"相当少见的原因。

由此，杨锡全先生认为"是＝"释读为"是谓"，属于"承上文重文"之"承上文重单字"，其说值得商榷：

1. 将"是＝"释读为"是谓"，重文号"＝"与所重之"谓"字均不在同一简文，近的在上一简文，远的在十几枚简文之外，势必容易使读者产生理解障碍。

2. "承上文重单字"，其"上文"是否可以无限制向上延伸？甚至可以延伸至"异种文献"？其理据何在？

其二，将出土文献中"是＝"释读为"是谓"，违背了语言的社会性原则。

出土文献中"是＝"出现多达44次。根据语言的社会性原则，如将"是

---

① 详见杨锡全(2011)。

＝"释读为"是谓",这种"承上文重单字"的现象不可能孤立存在。为此,笔者对《天水放马滩秦简·日书乙种》中重文号的使用情况进行穷尽性的搜集。其重文号"＝"共出现 104 次,其中"是＝"29 次,其他 75 次。除"是＝"之外,其他 75 例没有一例属于"承上文重单字"。查《睡虎地秦墓竹简·日书甲种》的释文,情况也是如此。

众所周知,孤证不足为据。语言是社会的产物,其用法必定受社会制约。在出土文献中,如果只有"是＝"中的"＝"为"承上文重单字",其他的重文号均无此用法,那么,这种解释显然是不符合当时的语言事实的。

综上所述,魏宜辉、杨锡全先生将"是＝"释读为"是谓",其理据缺乏穷尽性的相关语言材料作为观点支撑,不符合重文号"承上文重文"的使用条件,且违背语言的社会性原则,故"是＝"释读为"是谓"不能成立。出土文献"是＝"句中,"＝"所重之文应为前字"是","是＝"还是释读为"是是"为好。

参考文献

邓文宽(1994)《敦煌吐鲁番文献重文符号释读举隅》,《文献》第 1 期,第 162—169 页。
甘肃省文物考古研究所(2009)《天水放马滩秦简》,北京:中华书局。
郭锡良(1997)《关于系词"是"产生时代和来源论争的几点认识》,选自《汉语史论集》,北京:商务印书馆。
郭在贻、张涌泉、黄征(1990)《敦煌写本书写特例发微》,选自中国敦煌吐鲁番学会编《敦煌吐鲁番学研究论文集》,上海:汉语大词典出版社。
国家文物局古文献研究室(1979)《西汉帛书〈天文气象杂占〉释文》,《中国文物》第一期,第 26—29 页。
汉语大词典编辑委员会(1990)《汉语大词典》(第六卷),上海:汉语大词典出版社。
梁冬青(2002)《出土文献"是＝"新解》,《中国语文》第二期,第 130—136 页。
刘信芳、王箐(2012)《战国简牍帛书标点符号释例》,《文献》第二期,第 19—20 页。
裘锡圭(1979)《谈谈古文字资料对古汉语研究的重要性》,《中国语文》第六期,第 440 页。
睡虎地秦墓竹简整理小组(1990)《睡虎地秦墓竹简》,北京:文物出版社,第 179—228 页。
唐钰明(1991)《上古判断句的变换考察》,《中国语文》第五期,第 388—389 页。
王明钦(2004)《王家台秦墓竹简概述》,选自《新出简帛研究》,北京:文物出版社。
魏宜辉(2008)《再论马王堆帛书中的"是＝"句》,《东南文化》第四期,第 56—57 页。
肖喻、姜永琢(2007)《对秦汉出土文献"是是……"句讨论的再思考》,《广西大学学报》29 卷增刊,第 3—4 页。
杨锡全(2011)《出土简帛文献中的"是＝"句及相关问题研究》,西南大学汉语言文献研究所。

上古汉语"有"字存在句及其时间性质[*]

大西克也

一 前言

现代汉语的"有"字存在句的主语除了处所词语之外往往由时间词语担任[①]，如：

(1) 去年有一个大阪来的华侨,开中华料理的。[②]

但是上古汉语的"有"字句似乎很少带时间主语,比如：

(2) 秋七月,有神降于莘。惠王问诸内史过曰:"是何故也?"(《左传·庄公三十二年》10-21A)[③]

那么例(2)中"秋七月,有神降于莘"和例(1)一样是时间存在句吗？我

---

[*] 本文初稿在2013年新竹清华大学召开的汉语时间标记之历史演变国际研讨会暨第八届海峡两岸汉语语法史研讨会上宣读。本文的研究成果得到日本学术振兴会科学研究费补助金（基盘研究(B)26284056）的资助。

[①] 有学者认为存现句的时间词语不是必须出现的成分,作为状语来处理是比较合适的。见刘月华、潘文娱、胡韡《实用现代汉语语法》,北京:外语教学与研究出版社1983年版第463页。"有"字句中时间词语的语法地位可以讨论,不过时间观念往往用空间词语来表达,所以我认为"有"字句中的时间词语可以通过隐喻变为描写对象,下引例(1)(2)就是这个例子。

[②] 引自北京大学中国语言学研究中心CCL语料库,http://ccl.pku.edu.cn:8080/ccl_corpus/

[③] 《十三经》的例句都引自嘉庆二十年江西南昌府学开雕《十三经注疏》,台北:艺文印书馆1982年版。

认为不大可能。《左传》的时代空间存在句尚未成立,时间存在句不会早于空间存在句。所以例(2)中"秋七月"只能看作"有神降于莘"的状语,不像描写对象(理由详下),语法性质和现代汉语的存在句有别。这说明古今汉语"有"字句的时间性质有不可忽视的差异,值得研究。因为特定(specific)的事物存在,必须占据特定的场所和空间,所以"存在"和"处所""时间"理应是密不可分的。不过语言上的表现并不如此,古人提及特定事物的存在,时间和处所的引进方式不同,两者数量多少也有很大的差距。本文对上古至中古期间"有"字句和时间词语的共现情况进行初步调查,探讨"有"字句时间表达方式的演变试图论证"有"字句中时间和处所的范畴化途径有所不同。

二 空间存在句的产生及处所词语的前方移位

有关存在句成立过程的研究本来就不多,讨论存在句中时间词语范畴化的文章则更少见[1]。王建军先生 2003 年出版的《汉语存在句的历时研究》较为全面地论述了存在句的历史演变,也论及了时间词语存在句的成立过程。他经过一番考察推断:空间词语的句首化或者主题化恐要早于时间词语,也就是说最早的汉语存在句应为空间句[2]。我认为空间存在句的成立早于时间存在句这个看法大概没有问题,但是"空间词语的句首化或者主题化恐要早于时间词语"这个说法是值得推敲的,因为上古汉语中处所词和时间词的语法表现很不一样,不可能像王先生所说"同样经历了一个渐进的变迁过程"[3]。

"有"字句中处所词语可有两种位置,甲式出现在句首,如:

---

[1] 我曾经指出上古汉语几乎没有找到时间存在句,但没有详细论述。见拙文《所有から存在へ——上古中国语における「有」の拡张——》,《汉语与汉语教学研究》第 2 号,28 页,东京:东方书店,2011 年 7 月。

[2] 详见王建军《汉语存在句的历史研究》,天津:天津古籍出版社 2003 年版第 107 页。

[3] 王建军:《汉语存在句的历史研究》第 109 页。

(3) 叶公语孔子曰:"吾党有直躬者,其父攘羊,而子证之。"(《论语·子路》13-7A)

(4) 周谚有之曰:"山有木,工则度之;宾有礼,主则择之。"(《左传·隐公十一年》4-19A)

我曾撰文讨论上古汉语"有"字句的发展过程①,指出甲式其实是领有句,不能表示相当于现代汉语的空间存在的语义。例(3)"吾党"并不表示实实在在的特定的空间。这句话描述说话者叶公认为"吾党"和"直躬者"之间存在恒常性的关系,即使"直躬者"外出离开"吾党",也应该仍可成立。例(4)中的"山"并不是特定的山,此句话只是表示说话者的知识,不表示特定的空间中存在某个实体,因此不能看成空间存在句。《诗经》中不表特定空间的甲式"有"字句特别多,诸如:"野有死麕"(《召南·野有死麕》),"东有启明,西有长庚"(《小雅·大东》)等比比皆是。有个别甲式的例子不妨看成空间存在句,如:

(5) 井上有李,螬食实者过半矣,匍匐往将食之,三咽,然后耳有闻、目有见。(《孟子·滕文公下》6下7B)

值得注意此例中的"李"是静物,且被"螬食实者过半",可见在井旁边好久。上古汉语的甲式"有"字句本为领有句,表示主语和宾语之间的恒常性关系,例(5)"井上"和"李"之间虽然没有恒常性关系,但还保留了领有句的某种特点。

乙式"有"字句中处所词语出现在谓语的后面,如:

(6) 孟子之滕,馆于上宫。有业屦于牖上,馆人求之弗得。(《孟子·尽心下》14下3A)

---

① 详见大西克也:《从"领有"到"空间存在"——上古汉语"有"字句的发展过程》,《历史语言学研究》第四辑,112—117页,北京:商务印书馆,2011年12月。

(7) 孔子观于鲁桓公之庙,有欹器焉。(《荀子·宥坐》520)①

例(6)(7)表示特定的空间中(即上宫的窗户旁边和鲁桓公的庙中)存在着某个特定的事物,显然具有空间存在句的语义特点。

甲式开始表示特定的空间中存在某个实体,西汉是关键时期,《史记》中如此之例明显地增加了,例如:

(8) 武负、王媪见其上常有龙,怪之。(《史记·高祖本纪》343)②
(9) 行前者还报曰:"前有大蛇当径,愿还。"(《史记·高祖本纪》347)
(10) 行十余里,广详死,睨其旁有一胡儿骑善马。(《史记·李将军列传》2871)

乙式虽然表示类似空间存在的语义,但是处所词语不能当主语,也不是描述对象。甲式中处所词语当主语,显然是描述对象。据此我曾指出"有"字空间存在句在上古后期产生了雏形。

如众所知,上古汉语中处所词语一般出现在谓语的后面,如:

(11) 叔孙武叔语大夫于朝。(《论语·子张》19-6A)
(12) 子卿曰:"吾尝见一子于路,殆君之子也。"(《史记·赵世家》1789)

古人表述特定的空间中发生的具体事件,一般先介绍事件,然后在空间中定位。乙式"有"字存在句也顺从这个原则。上古后期甲式"有"字句开始表示特定的空间中存在的具体事物,意味着成立了一个先介绍空间然后把事物定位在其中的新句式,这是上中古期间发生的重要语法变化。大致与

---

① 《荀子》的例句引自王先谦:《荀子集解》,北京:中华书局,1988年版。
② 《史记》的例子引自司马迁:《史记》,北京:中华书局1959年版。

此同时,一般的事件句中处所词语也提到谓语前方①,如:

(13) 景帝入卧内,于后宫秘戏。(《史记·万石张叔列传》2772)
(14) 邓攸始避难,于道中弃己子,全弟子。(《世说新语·德行》29)②

可见处所词语的前移和甲式空间存在的产生是一个密切相关的语言变化。

三 时间词语和空间词语的不同表现

如上所述,上古时期"有"字句表述某个特定的空间中存在某个实体,空间词语一般放在谓语的后面。但是时间词语和空间词语不一样,都放在谓语的前面③,诸如:

(15) 秋,有蜚。(《左传·庄公二十九年·经》10-15B)
(16) 秋七月,有星孛入于北斗。(《左传·文公十四年·经》19下13B)
(17) 是岁也,有云如众赤鸟,夹日以飞三日。(《左传·哀公六年》58-3A)
(18) 昔者有馈生鱼于郑子产,子产使校人畜之池。(《孟子·万章上》9上5B)
(19) 邾娄定公之时,有弑其父者。(《礼记·檀弓》10-22B)

我们在古书中找不到"有蜚于秋""有星于七月,孛入于北斗""有云于是

---

① 参看何乐士:《〈史记〉语法特点研究》,北京:商务印书馆2005年版;程湘清主编:《两汉汉语研究》,济南:山东教育出版社1985年版第133—134页;张赪:《汉语介词词组词序的历史演变》,北京:北京语言文化大学出版社2002年版第263—271页。
② 《世说新语》的例子引自余嘉锡:《世说新语笺疏》,台北:华正书局1984年版。
③ 请注意,这并不是说时间词语不能放在谓语后面。比如《荀子·天论》云:"繁启蕃长于春夏,畜积收臧于秋冬,是禹桀之所同也。"不过此句不表述特定的时间。

岁,如众赤鸟""有弑其父者于邾娄定公之时"之类的句子。这可能反映了古汉语对时间和空间的不同认识。

表面上看来,这些例子很像时间存在句。时间词语表示特定的时间,谓语部分表述的也是非常具体的一个存在事件。但是,我认为这些例子在上古前期不能看成时间存在句。主要理由是上古汉语"有"字句的语法性质。

上古汉语中"有"字为领有句,用主语来设定某种范围,然后用"有"字说明已经所设范围中有如何要素,并且"有"的主语和宾语之间有恒常性关系,一般不会是特定的时空中临时存在的人或物。不过上面的几个例子中时间词语和"有"字的宾语根本不是这个关系。这就说明"有"字前面的时间词语不可能是它的主语,而是状语。

有些时间词语可以看成"有"字句的主语,比如:

(20) 今岁有疠疫,万民多有勤苦冻馁,转死沟壑中者,既已众矣。(《墨子·兼爱下》110)[①]

(21) 楚之南有冥灵者,以五百岁为春,五百岁为秋;上古有大椿者,以八千岁为春,八千岁为秋。(《庄子·逍遥游》11)[②]

例(20)朱霞先生认为是"时间类存在句"[③],我认为这是值得商榷的。"有"字领有句可以表示一种属性的领有,"有疠疫"表示的是这个年份是什么样的年,比较接近"今岁凶"这样形状句。例(21)"上古有大椿者"与"楚之南有冥灵者"对举,二句皆为领有句。上古汉语时间词语和空间词语一样可当"有"字领有句的主语。

上古汉语中无主语的"有"字句具有把名词所代表的实体引进会话场的作用,比如:

(22) 有为神农之言者许行,自楚之滕。(《孟子·滕文公上》5下1A)

[①] 《墨子》的例句引自孙诒让《墨子间诂》,北京:中华书局1986年版。
[②] 《庄子》的例句引自郭庆藩《庄子集释》,北京:中华书局1961年版。
[③] 参看朱霞:《"有"字的虚化历程》,《语文学刊》2008年第10期。

"有"字具有很强的介绍作用,这个例子先用"有"字引进"为神农之言者许行"这么一个实体,让他在会话场定位,然后解释他怎么做。这个句式可以表示一个非常具体的存在事件,如果加上时间状语就成为像例(15)—(19)这样的时间句了。我认为这些例子不论多么像时间存在句,它的语法结构只能解释为领有句的一种。再说时间词语出现在谓语的前面,是一般通则,如:

(23)秋七月癸巳,葬我君昭公。(《左传·定公元年·经》54-2A)
(24)是岁也,饥而不害。(《左传·僖公二十一年》14-27A)

这两个例子中"秋七月癸巳"和"是岁也"都当状语。可见上面"有"字句前的时间词语同样是状语,这些例子中的时间词语只能是状语,都表述存在事件发生的时间。总之,先秦时期带时间词语的"有"字句可分为两种,一为时间词语当主语的领有句,如:"今岁有疠疫";二为时间词语当状语的无主语领有句,如:"秋七月,有星孛入于北斗"。

上古汉语的"有"字句往往前面接"今"字,有人认为下面的一个例子是时间类存在句[①]:

(25)今有杀人者,或问之曰"人可杀与"?(《孟子·公孙丑下》4下3A)

这个例子是否是时间类存在句,是值得商榷的。古汉语中假设有这么一个人或物如何如何,经常使用如下句式:

(26)子贡曰:"有美玉于斯,韫椟而藏诸,求善贾而沽诸?"(《论语·子罕》9-6A)
(27)有人于此,力不能胜一匹雏,则为无力人矣。(《孟子·告子下》12上3A)

[①] 王建军:《汉语存在句的历时研究》,第146—147页。

(28) 今有场师, 舍其梧槚, 养其樲棘, 则为贱场师焉。(《孟子·告子上》11 下 8A)

(29) 今有人于此, 屑然藏千溢之宝, 虽行贸而食, 人谓之富矣。(《荀子·儒效》126)

这些例子可分为三种类型, 一为"有 NP 于此"式, 二为"今有 NP"式, 三为"今有 NP 于此"式, 即一式和二式的合并。

"有 NP"式本就可用于假设句, 如:

(30) 孟子曰: "有人曰: '我善为陈, 我善为战'。大罪也。国君好仁, 天下无敌焉, 南面而征北狄怨, 东面而征西夷怨, 曰: '奚为后我?'"(《孟子·尽心下》14 上 3B)

(31) 人伦明于上, 小民亲于下。有王者起, 必来取法, 是为王者师也。(《孟子·滕文公上》5 上 8A)

例(30)表示"如果有人说", 例(31)表示"如果有圣王兴起"的意思。那么古人经常在表假设的"有"字句上加"今"或"于此", 出于什么用意呢? 例(30)和(31)中被"有"字引进的东西都是虚拟的, 缺少现实感。"今"也好, "于此"也好, 都表现时现地。加上如此语义的词语来表示虚拟的东西, 其目的无非提高存在感, 给听话者予以更加深刻的印象。

这三种句式中第一式可表相当于空间存在句的语义。请看:

(32) =(6)孟子之滕, 馆于上宫。有业屦于牖上, 馆人求之弗得。(《孟子·尽心下》14 下 3A)

(33) =(7)孔子观于鲁桓公之庙, 有欹器焉。(《荀子·宥坐》520)

我曾经讨论过这种句式的语义, 指出说话者用表领有的"有"字来设定这个会话时空和名词代表的实体之间的恒常性关系, 让无定的实体在会话进行的时空中确定它的位置,然后再说明它如何或在什么地方①。那么第一式用于假设句的目的显然是提高真实性。第三式可以解释为第一式上加一个状语"今",更加提高真实性。可见这两个句式都不是表示"今"这个时间是什么状态,也不是描写的对象。所以"今"不可能是主语,"今有人于此"也不可能是时间类存在句。第二式"今有 NP"的功能和第一、第三式相同,没有必要把它看成存在句。

总之,上古时期时间类存在句尚未成立,时间词语的语法表现和空间词语有很大的不同,时间在前,空间在后,两者不能相提并论。

四 时间存在句的产生机制

时间词语当主语的存在句在什么时候产生,通过何种机制形成的呢?现代汉语时间词语和空间词语一样可以当存在句的主语,如:

(34) 从前有座山。

王勇、徐杰先生认为存在构式原型语义意义是通过方位成分和存在主体之间的述谓关系实现的。典型的方位成分是由方位短语、处所名词、方位指代词、方位词等充当。出现于存在句句首的时间词语通过"时间即空间"的隐喻映射充当方位成分②。我认为这就是存在句的主语从空间词语扩展到时间词语的根本原因。其前提条件为空间存在句的形成。如上所述空间存在句在西汉时期形成雏形,中古时期有所发展,所以时间词语当存在句主语的上限时代不可能早于西汉。

《史记》中有一些带时间词语的"有"字存在句:

(35) 其秋,有星茀于东井。(《史记·孝武本纪》477)

---

① 大西克也:《从"领有"到"空间存在"——上古汉语"有"字句的发展过程》,第 116 页。
② 王勇、徐杰:《汉语存在句的构式语法研究》,《语言研究》第 30 卷第 3 期,64 页,2010 年 7 月。

(36) 夏,有芝生殿房内中。(《史记·孝武本纪》479)

(37) 封禅祠;其夜若有光,昼有白云起封中。(《史记·孝武本纪》475)①

(38) 其后有人盗高庙坐前玉环,捕得,文帝怒,下廷尉治。(《史记·张释之冯唐列传》2755)

例(35)与《左传》所见的"秋七月,有星孛入于北斗"在句式上没有任何区别。上文认为此句不是存在句,那么例(35)是否一样非存在句? 值得注意,此二例虽然外形没有区别,但是《左传》和《史记》的语言背景不一样。《史记》中已经产生了一些空间存在句,如"其上常有龙""前有大蛇当径",那么"其秋,有星孛于东井""夏,有芝生殿房内中"也有可能通过隐喻重新解释为存在句,"其秋""夏"从状语可以变为描述对象,如:

(35a) 其秋,有星孛于东井。→(35b) 其秋有星,孛于东井。

《史记》中有一个现象值得注意,即《史记》中表示某个特定时间中存在的实体的时候,"TP＋有＋NP"式(TP 指时间词组)并不多,往往用另外一个句式(即 TP＋NP＋有 VP(者))来表达,诸如:

(39) 十二月,人有上变事告楚王信谋反,上问左右,左右争欲击之。(《史记·高祖本纪》382)

(40) 其后人有上书,……后人复有上书,……(《史记·孝武本纪》456)

(41) 汉六年,人有上书告楚王韩信反。(《史记·陈丞相世家》2056)

(42) 孝文时,人有言其贤者,孝文召,欲以为御史大夫。(《史记·季布栾布列传》2731)

(43) 孝文十二年,民有作歌歌淮南厉王曰:"一尺布,尚可缝;一斗粟,尚可舂。兄弟二人不能相容。"(《史记·淮南衡山列传》3080)

---

① 例(35)(36)亦见《史记·封禅书》。

(44) 元朔四年中,人有贼伤王后假母者,王疑太子使人伤之,笞太子。(《史记·淮南衡山列传》3096)

甚至用"TP+有+NP"式表达的上引例(38)在《汉书》中作:

(45) 其后人有盗高庙座前玉环,得。(《汉书·张冯汲郑传》2311)①

"NP+有+VP(+者)"是一种古老的形式,它在上古时期引进不定指施事的常见说法。"NP+有+VP+者"结构中,"VP+者"是体词性结构,所以整个"NP+有+VP+者"相当于"NP1+有+NP2"结构。上古汉语的"NP1+有+NP2"结构实际上是领有句,用主语 NP1 来设定表述的范围,然后描述这一范围中存在什么因素,或者列举有多少因素,要么是一个,要么是几个,它表述 NP1 和 NP2 之间存在恒常性的关系。② 这个结构在上古时期具有一定的启后性或交际重要性③。但是到了西汉时代失去了启后性,只能引进不大重要的人物了。值得注意的是这个结构在《史记》中往往和时间词语共现,除了上引几个例子之外还有:

(46) 既行,人有短恶哙者。高帝怒曰:"哙见吾病,乃冀我死也。"(《史记·陈丞相世家》2058)

(47) 会人有盗发孝文园瘗钱,丞相青翟朝,与汤约俱谢,至前,汤念独丞相以四时行园,当谢,汤无与也,不谢。(《史记·酷吏列传》3142)

(48) 居无何,人有告邓通盗出徼外铸钱。下吏验问,颇有之,遂竟案,尽没入邓通家,尚负责数巨万。(《史记·佞幸列传》3193)

---

① 《汉书》的例子引自班固:《汉书》,北京:中华书局,1962 年版。
② 关于上古汉语领有句的特点,请参看拙文《从"领有"到"空间存在"——上古汉语"有"字句的发展过程》,选自《历史语言学研究》第四辑,北京:商务印书馆,2011 年版第 113—116 页。
③ 大西克也:《试论上古汉语光杆名词主语句及其指称特点》,选自何志华、冯胜利主编《承继与拓新 汉语语言文字学研究》下卷,香港:商务印书馆,2014 年版第 376—380 页。

西汉时期的这个句式似乎具有时间定位的功能,其语义实际上相当于时间存在句。无论如何这个格式中时间词语和动词"有"之间插入一个类指主语,时间词语和"有"字没有结构上的直接关系,所以时间词语不能看作存在句的主语,只能看作状语。可见西汉时期时间存在句很不发达,有学者指出时间存在句晚于空间存在句,这个观点是中肯的。

到了中古时期,空间存在句趋于成熟,"LP+有+NP"式(LP 表空间词语)表特定的空间中存在不定指的实体的例子已经不少见,促使了时间存在句的发达。松江崇先生对《世说新语》中空间/时间存在句做了很好的研究。他指出《世说新语》中空间存在句和时间存在句分别有 24 例和 8 例[①]。兹引几个例句:

(49) 吏云:"昨有一伧父来寄亭中,有尊贵客,权移之。"(《世说新语·雅量》359)

(50) 既而此道人不成渡,愍度果讲义积年。后有伧人来,先道人寄语云:"为我致意愍度,无义那可立?"(《世说新语·假谲》859)

(51) 诸阮皆能饮酒,仲容至宗人闲共集,不复用常杯斟酌,以大瓮盛酒,围坐,相向大酌。时有群猪来饮,直接去上,便共饮之。(《世说新语·任诞》734)

(52) 王丞相招祖约夜语,至晓不眠。明旦有客,公头鬓未理,亦小倦。(《世说新语·赏誉》455)

这些例子都表述特定的时间中存在一个不定指的实体,六朝时期时间存在句已经成立,应无疑问。松江先生在《世说新语》中"有"字时间存在句也已成立的看法是可从的。

我在此补充一下《论衡》中的情况。《论衡》中有如下 5 个例子可能是时间存在句,如:

[①] 松江崇:《〈世说新语〉中的"有"字句——以"空间/时间存在句"为中心》,《中文学术前沿》第五辑,杭州:浙江大学出版社 2012 年版第 122—124 页。

(55) 元帝之初,有凤凰下济阳宫,故今济阳宫有凤凰庐。(《论衡·吉验》89)①

(54) 齐景公时有彗星,使人禳之。晏子曰:"无益也,祇取诬焉。"(《论衡·变虚》193)

(55) 王莽时有大鸟如马,五色龙文,与众鸟数十,集于沛国蕲县。(《论衡·讲瑞》727)

(56) 故夏太后别葬杜陵,曰:"东望吾子,西望吾夫,后百年,旁当有万家邑。"其后皆如其言。必以推类见方来为圣,次室、夏太后圣也。秦昭王十年,樗里子卒,葬于渭南章台之东,曰:"后百年,当有天子宫挟我墓。"至汉兴,长乐宫在其东,未央宫在其西,武库正值其墓,竟如其言。(《论衡·实知》1068)

(57) 韩信葬其母,亦行营高敞地,令其旁可置万家。其后竟有万家处其墓旁。(《论衡·实知》1069)

这5个例子句首的时间词语都表特定的实在的时间,然后用"有"字介绍实在的不定指的事物②。值得注意例(56)中有"后百年,旁当有万家邑",这是空间存在句前面再加一个时间词语,描写特定的实在的时空中出现不定指的实体。此句如果省掉空间词语就成时间存在句,正如例(57)"其后竟有万家处其墓旁"。此例前有"令其旁可置万家",地点已经明白,不用再说,所以时间词语径当主语了。

《论衡》中空间存在句的数量比《史记》更常见,共找到19个例句③,如:

---

① 《论衡》的例子引自黄晖:《论衡校释》,台北:台湾商务印书馆1983年版。
② 例(54)"齐景公时有彗星"有可能不是存在句。《左传·昭公二十六年》:"齐有彗星,齐侯使禳之",我曾指出是领有句,因为它类似"伯牛有疾",实际描写主语的一种属性,"齐"和"彗"的关系还有一定程度的恒常性,也具有领有句的特点。详见上引拙文《从"领有"到"空间存在"——上古汉语"有"字句的发展过程》第121—122页。
③ 有些"有"字句是否是空间存在句,本文的看法与以往的研究不同。比如《论衡·吉验》:"故今济阳宫有凤凰庐",王建军先生认为是时空并置于前的存在句(见《汉语存在句的历时研究》第110页)。本文认为这个例子是领有句,不是时空存在句。查《论衡》原文云:"元帝之初,有凤凰下济阳宫,故今济阳宫有凤凰庐。"此句介绍"凤凰庐"的来源,"故今济阳宫有凤凰庐"讲述说话者的知识,也就是"济阳宫"和"凤凰庐"之间的恒常性,"济阳宫""凤凰庐"都缺乏现场性。如此句子和"北京动物园有熊猫"一样只能看成领有句。本文对领有句和存在句的界定请参《从"领有"到"空间存在"——上古汉语"有"字句的发展过程》第112—117页的讨论。

(58) 郑人或问子贡曰:"东门有人,其头似尧,其项若皋陶,肩类子产。然自腰以下,不及禹三寸,儡儡若丧家之狗。"(《论衡·骨相》115)

(59) 少君资好方,善为巧发奇中。尝从武安侯饮,座中有年九十余者,少君乃言其王父游射处。老人为儿时从父,识其处。一座尽惊。(《论衡·道虚》322)

(60) 爵即归取竿纶。去挺四十步所,见湖涯有酒罇,色正黄,没水中。爵以为铜也,涉水取之,滑重不能举。挺望见,号曰:"何取?"爵曰:"是有铜,不能举也。"(《论衡·验符》839)

(61) 世俗传颜渊年十八岁升太山,望见吴昌门外有系白马。(《论衡·实知》1075)

空间存在句的进一步发展推动了时间存在句的形成。

五　结论

(1) 时间存在句的形成晚于空间存在句。空间存在句在上古后期(西汉)开始萌芽,中古以后发展。时间存在句到了东汉以后逐渐形成。

(2) 空间存在句是从领有句扩展而成的。空间存在句的成立了以后,原位于句首的时间状语通过"时间即空间"的隐喻映射重新解释为"方位"主语,引起了时间存在句的兴起。时间存在句是空间存在句的进一步发展形态,两者形成机制有别,不能同样看待。

现代汉语用字例释*

曾昭聪

现代汉语的词源探求应重点关注复合词的语素的音义来源,注意将共时层面的构词法与历时角度的造词法相结合。《现代汉语词典》中的复合词的用字,前人的方言辞书中或有不同看法。本文拟从本字与词源角度对《现汉》和方言辞书中的用字情况做一考察,在此基础上弄清复合词的词源。

现代汉语复合词的用字以《现汉》为代表,可分为本字、同源通用字与记音字(通假字)三种类型。下面的例子以复合词的语素分析为主,也包括几个单字的音义来源分析。

一 本字

(一) 飞快

《现代汉语词典》(第6版)(以下简称"《现汉》"):【飞快】fēikuài 形 状态词。①非常迅速:渔船鼓着白帆,~地向远处驶去|日子过得~,转眼又是一年。②非常锋利:镰刀磨得~。

按,《说文·飞部》:"飞,鸟翥也。"即本指"(鸟、虫等)鼓动翅膀在空中活动"(《现汉》"飞"义项一),由此可以引申为《现汉》的第四个义项:"④形容极

---

* 国家社科基金重大项目"汉语词源学理论建设与应用研究"(17ZDA298)。

快:~奔|~跑|~涨"。此义来源较早:汉桓宽《盐铁论·轻重》:"转仓廪之委,飞府库之财,以给边民。"《三国志·吴志·吕蒙传》:"飞书召蒙,使舍零陵,急还助肃。"但《广州语本字》卷二十三"䒗快"条另有一说:

"䒗"者,速也。俗读"䒗"若"非"。《广雅》:"䒗,猝也。"《方言》:"苦,快也。"王念孙曰:"今俗语尚谓急曰快。"又,广州谓快曰"快趣"。《月令》:"乃命有司趣民收敛。"《广雅》:"趣,遽也。"《月令》释文:"趣,七住反。"

按,《广州语本字》引《月令》例误,此例中"趣"是动词,促使之义。但《广州语本字》也有一定道理:揭示"䒗"俗读"䒗"若"非",粤方言音[fei1],"䒗"有快义,故作"䒗快"也是有道理的。《方言》第十:"䒗,卒也。江、湘之间凡卒相见谓之䒗相见,或曰突。""飞"在《广韵》是甫微切(非声微韵,平声),"䒗"是府尾切(非声尾韵,上声),二者仅有声调之异。"䒗"从艸(《广韵·尾韵》:"䒗,草也。")表示方言中的"卒"义应当是记音,要认定其为本字尚缺证据。《广州语本字》的说法聊备一说,有待验证。

(二) 落/落下

《现汉》"落":là 动①遗漏:这里~了两个字,应该添上。②把东西放在一个地方,忘记拿走:我忙着出来,把书~在家里了。③因为跟不上而被丢在后面:大家都努力干,谁也不愿意~在后面。

按,"落",《广韵》卢各切(大多数音韵学家拟音为[lak]),《现汉》音 luò。《说文·艸部》:"落,凡艸曰零,木曰落。"唐慧琳《一切经音义》卷六引作"草木凋衰也"。本指树叶凋落,引申而有"除去、去掉""掉在后面"义。两义分别是《汉语大字典》"落"(一)luò 义项四与义项五。前一义首例是南朝宋谢灵运《昙隆法师诛》:"慨然有摈落荣华,兼济物我之志。"后一义例:唐李白《流夜郎赠辛判官》:"昔在长安醉花柳,五侯七贤同杯酒。气岸凌豪士前,风流肯落他人后。"又,《汉语大字典》(二)là 义项一:"丢下、遗漏",义项二:"掉在后头"。从语义来看,"丢下、遗漏"与"除去、去掉"实际上是一致的(可以一"弃"字概之);"掉在后头"与"掉在后面"也是一致的。可以看出,《汉语大字典》"落"(一)luò 义项四与义项五、(二)là 义项一与义项二仅有读音的不同,词义实际上是一样的。《汉语大字典》"落"(二)là 两个义项的书证都是编者所造,前者是"丢三落四;落了一个字",后者是"大家走得快,把他落下了。"毫无疑问,编者是视之为现代汉语用法的。《汉语大词典》"落2"[là]列三个义项:1.遗漏。首举清初冒襄《影梅庵忆语》例:"遂废钟学《曹娥碑》,日写数千字,不讹不落。"2.把东西放在一个地方,忘记拿走。如:我要赶快回去一次,我把东西落在家里了。3.因为跟不上而被丢在后面。举毛泽东文例。其中清初冒襄《影梅庵忆语》例用为《汉语大词典》"落"luò 义项一"脱落"的例子也未尝不可。

我们认为,"落"là 是"落"luò 的音转,这一读音专用于某几个义项,而且这一读音出现的时间不会太早。从现在的方言语音来看,"落"là 主要是北方方言的读音。

《广州语本字》以"擸"为本字,该字在粤语中的读音是[lai⁶],与"落"là 音近。《广州语本字》卷十七"写擸一个字"条:

> 擸者,遗落也。俗读"擸"若"赖"。《广雅》:"擸,堕也。"堕犹落也。今谓写字脱一个字曰擸一个字。《唐韵》:擸,卢达切。又俗谓遗失亦曰擸,如检行装遗却一物则曰"擸齟未带"。

《广州语本字》以为"拉下""落下"义本字当作"擸"。按,"擸"《广韵》音卢达切,来母曷韵,入声,拟音为[lat],本为毁坏、堕坏义。《方言》第十三:"擸,坏也。"钱绎笺疏:"《广雅》:'擸,堕也。'曹宪音赖。……《玉篇》《广韵》并作㰠,云堕坏也。㰠与擸同。"则"擸、㰠"似为"落"的方言音转。到《集韵》中,"擸"又产生出洛骇切(来母骇韵,上声)的读音,《集韵·骇韵》:"擸,把擸,弃。"又《类篇·手部》:"擸,把擸,弃去也。"均以"把擸"为词,"擸"似不单用。但是,"擸"的两个读音(卢达切、洛骇切)及其语义的变化情况(堕坏、弃),是跟"落"的两个读音(卢各切、là)及语义情况(落下、弃)一致的。可以说,现代汉语中的"落"là 是"落"luò 的音转,而"擸"则早在汉代已经是"落"的方言音转。粤方言"写擸一个字"用"擸"没问题,其他方言与通语用"落"也是对的。

二　同源通用字

(一) 顶嘴

《现代汉语词典》:【顶嘴】dǐng ‖ zuǐ〈口〉动 顶撞;争辩(多指对尊长):小孩子不要跟大人~。

按,"顶嘴"之"顶",《现汉》"顶"的义项七已有解释:"动 顶撞:他听了姑母的话很不满意,就~了她几句。"但方言辞书以为当作"鼎嘴",《广州语本字》卷十一"鼎嘴"条:

"鼎嘴"者,犹言反唇相稽也。《汉书·匡衡传》:"无说《诗》,匡鼎来。"服虔注:"鼎,当也。"《正韵》:"鼎,当也。""鼎嘴"者,以言当人之言,不肯降服也。俗作"顶嘴",非是。

按,《说文·鼎部》:"鼎,三足两耳,和五味之宝器也。昔禹收九牧之金,铸鼎荆山之下,入山林川泽,螭魅蝄蜽,莫能逢之,以协承天休。《易》卦:巽木于下者为鼎,象析木以炊也。籀文以鼎为贞字。凡鼎之属皆从鼎。"段注:"古叚鼎为丁。如《贾谊传》'春秋鼎盛'、《匡衡传》'匡鼎来'皆是。鼎之言当也、正也。"

依段注,"丁"为本字。"丁"为"钉"之初文,朱骏声通训定声:"丁,鐕也。象形。今俗以钉为之。"凡以钉固物,必当其要害,故引申有"当"义,《尔雅·释诂下》:"丁,当也。"《诗·大雅·云汉》:"宁丁我躬。"毛传:"丁,当也。"段注谓"古叚鼎为丁",故"鼎之言当也、正也"。章炳麟说法与段注不同。《新方言·释言》:"今用力抵拒,以言抵拒,皆谓之鼎。俗亦以顶字为之。"章氏以为正体作"鼎",俗体作"顶"。《广州语本字》引古注表明"鼎"有"当"义,但未论得义之由,实际上由"鼎"之本义是无法引申出"当"义的,段注"古叚鼎为丁"更合理一些,因此以"鼎嘴"为正确写法是理由不足的。

《说文·页部》:"顶,颠也。"指人的头顶。《现汉》"顶"义项一:"名 人体或物体上最高的部分:头～|屋～|山～|塔～儿。""顶"字从"丁(钉)"孳乳而来:以钉钉物,其头部自外可见,故"顶"有"颠"义。"顶"表"当"义,是"丁"之同源通用字。"顶嘴"犹言"当嘴""当面",亦即《广州语本字》"以言当人之言"。

因此,"顶嘴"之"顶"是同源通用字,"鼎嘴"之"鼎"是通假记音字。

(二) 晕

《现汉》"晕":yùn① 动 头脑发昏,周围物体好像在旋转,有要跌倒的感觉:～船|眼～|他一坐汽车就～。② 名 日光或月光通过云层中的冰晶时经折射而形成的光圈。参看 1099 页〖日晕〗、1608 页〖月晕〗。③ 名 光影、色彩四周模糊的部分:墨～|红～|灯光黄而有～。

按,《说文·日部》:"晕,日月气也。"段注校改为"兊也",注:"按'光也'二字当作'日光气也'四字。篆体'晕'当作'晕'。《周礼》'晕'作'辉'。古文叚借字。……郑司农云:'辉谓日光炁也。'按日光气谓日光卷结之气。《释名》曰:'晕,卷也,气在外卷结之也,日月皆然。'孟康曰:'晕,日旁气也。'篆体'日'在上,或移之在旁,此篆遂改为'晖',改其训曰'光',与《火部》之'辉'不别,盖浅者为之,乃致铉以'晕'为新附篆矣。""晕"指日月周围之光圈,《现汉》义项二"日晕、月晕"乃用其本字。

"晕"由日月周围之光圈义可引申指晕眩义,正如《现汉》义项一所云"头脑发昏,周围物体好像在旋转"。这一写法较早的例子是唐姚合《闲居》诗:

"头风春饮苦,眼晕夜书多。"

《广州语本字》卷二十七"头瘨"条:

"头瘨"者,头眩也。俗读"瘨"若"耘",或若"温"。《说文》:"瘨,病也。"桂馥曰:"病也者,头眩病也。"《灵枢经》:"上虚则瘨眩。"《广韵》:"瘨",王问切。

按,《广州语本字》以为本字当作"瘨"。《说文》:"瘨,病也。"桂馥曰:"病也者,头眩病也。"员声与军声字均可表"周围、环围"之源义素。员声字,如"圆",环也。《说文·囗部》:"圆,圜全也。"《玉篇·囗部》:"圆,周也。""筼",筼筜,一种竹,竹者形圆也。"霣",云回转。《说文·雨部》:"霣,雨也。……一曰云转起也。"军声字,如"㡓",满裆裤。《说文·巾部》:"㡓,幒也。从巾,军声。裈,㡓或从衣。"段注:"今之套裤,古之绔也;今之满裆裤,古之裈也。自其浑合近身言㡓,自其两襱孔穴言曰幒。""餫",餫饨,即馄饨,以面片包馅而成之食品。

以《说文》本义为出发点,可以认定表示头晕义时"瘨"为本字,而"晕"为同源通用字。

(三) 高兴

《现汉》:【高兴】gāoxìng ①形 愉快而兴奋:听说你要来,我们全家都很~。②动 带着愉快的情绪去做某件事;喜欢:他就是~看电影,对看戏不感兴趣。

这里讨论第一个义项。"高"表示程度深,《汉语大字典》"兴":❶大。❶热烈;盛大。❶远。❶浓;重。❶深。"兴",《说文·舁部》:"兴,起也。从舁从同。同力也。"("同力也",段玉裁校改为"同,同力也"。)此义音平声,《广韵》虚陵切(晓母蒸韵),今音 xīng。引申为兴致,音变为许应切(《广韵·证韵》)《汉语大字典》"兴":"(二)xìng",❹《晋书·王羲之传附王徽之》:'乘兴而来,兴尽便返。'"则"高兴"一词从结构上来看应当是偏正式,义为"大(高)的兴致"。但是"高兴"表喜悦义应当是较晚出现的。《汉语大词典》"高兴"条义项二"愉快而兴奋",前三例恐怕都有问题。第一例:南朝宋刘义庆《世说新语·文学》:"至人乘天正而高兴,游无穷于放浪。"这例可理解为"高其兴致"。第二例:唐武元衡《酬王十八见招》诗:"高兴不辞千日醉,随君走马向新丰。"第三例:《英烈传》第十七回:"伯温乘着高兴,只顾走进洞中。"第二、三例均可理解为"高的兴致"。完全符合释义的是第四例老舍文例。因此,将"高兴"一词简单地从字面理解显然不妥。

《潮汕方言》卷三《释言(两字)》"高嬹"条:

> 《说文》《广雅》并曰:"嬹,悦也。许应切。亦作兴。"《乐记》:"不兴其艺。"郑注:"兴之言喜也、歆也。歆亦悦也。"潮人谓喜悦为高嬹。

按,"嬹",《说文·女部》:"嬹,说也。"桂馥义证:"通作兴。"段注:"说,今之'悦'字。李善注潘岳《关中》诗、颜延年《和谢灵运》诗皆引《说文》'兴,悦也。'谓'兴'与'嬹'古同也。今惟《汉·功臣表》有甘泉侯嬹。"《广雅·释诂一》:"嬹,喜也。"王念孙疏证:"《学记》:'不兴其艺,不能乐学。'郑注云:'兴之言喜也,歆也。'《正义》引《尔雅》云:'歆、喜,兴也。''兴'与'嬹'通。""嬹"本义是"(说)悦",此"悦"是喜欢义,与高兴义通。所以"高嬹"就是"悦"的程度深。但是写作"兴"当然也不是误字或记音字,"兴"与"嬹"通,实际上就是同源通用字,写作"高兴","兴"也不能理解为"兴"的本义"兴起"或"兴致",而是应当理解为"嬹"。

(四) 动弹

《现汉》:【动弹】dòng·tan 动 (人、动物或能转动的东西)活动:两脚发木,~不得|风车不~了。

《广州语本字》卷二十四"无动僤"条:

僤,动也。俗读"僤"若"惮"。《文选》注:"僤,动貌。"《唐韵》"僤",徒案切。

按,《说文·人部》"僤,疾也。从人,单声。《周礼》曰:'句兵欲无僤。'"今本《周礼·考工记·庐人》作"弹"。阮元校勘记:"唐石经诸本同。《说文》:'僤,疾也。从人单声。'《周礼》曰:'句兵欲无僤。'盖故书作'但',今书作'僤',皆从人旁。因郑司农读'僤'为弹丸之'弹',浅人遂援以改经矣。当据《说文》正之。""弹"本义指射弹。《说文·弓部》:"弹,行丸也。从弓,单声。弾,或从弓持丸。"则表示"疾"义之"弹"可以由"疾"义引申为一般的"动"。"僤"由"疾"可以引申指"动"。《集韵·缓韵》:"僤,动也。"盖"疾"指动之速也,泛指则为一般的动。

《周礼》例中"僤(弹)"亦可理解为动义。《周礼·考工记·庐人》:"凡兵,句兵欲无弹,刺兵欲无蜎。"林尹注:"弹,先郑云:'弹谓掉也。'《说文》:'掉,摇也。'按弹,转动之意,若其刃偏转,则不能中矣。""动""僤"乃同义连用。

三 记音字(通假字)

(一) 猴急/猴儿急

《现汉》:【猴儿急】hóurjí〈方〉 形 形容人很着急。

按,《汉语大词典》"猴急"条:"形容急欲做某事或焦急。"可见"猴急"义同"急"。那么"猴急""猴儿急"词中的"猴"又为何义? 此字易使人以为该词的词源与"猴"有关。例如《足球世界》2004年第3期载罗超《人比猴急》:"猴子爱急,猴子急的时候不仅会龇牙咧嘴、抓耳挠腮,还会暴跳如雷,基于这个突出的现象,人们发明了一个词汇——'猴急'。"《饮食科学》2013年第2期载张骏杰、李建刚《深山隐者之猴馔》:"按理说,既然沾亲带故,我们理所当然要将他高看一眼,对待它的情感应该超越其他动物,可是,咱们中国人对待猴子是不太友好的,在汉语中猴子体现出来的是丑陋、浮躁、无知、胆小的文化意象,人们把长着雷公脸的人形容为尖嘴猴腮,将矮小消瘦的人直接呼为瘦猴,把迫不及待的行为称为猴急……。"猴"确实有"性躁动害物"(《正字通》"猴"释语)的特点,但如从动物"猴"出发解释"猴急"的词源就如同用动物来解释"猴年马月"一样,恐为流俗词源。

《广州语本字》卷二十三"纠急"条:

"纠急"者,心急也。俗读"纠"若"侯"。《众经音义》卷二十二引《广雅》:"纠,急也。"

按,"纠",粤方言本音[geu²],与"猴急"[heu⁴]音近,《广州语本字》说"俗读'纠'若'侯'",故考定其本字是"纠"。"猴急"一词,当是"纠急"之音转。"猴"古音匣纽侯部,《广韵》中为匣母侯韵,"纠"古音见纽幽部,《广韵》见母黝韵。喉音匣母与牙音见母可以互谐,清人钱大昕已经在《潜研堂答问》中研究过二者在谐声上的密切关系,因此"猴""纠"在方音中存在音转关系是完全可能的。纠,《说文·丩部》:"纠,绳三合也。"指绳子绞合必有"紧"义,因而引申为心理上的紧,也就是"急"。《玉篇·丩部》:"纠,戾也,急也。"《荀子·议兵》:"矜纠收缭之属为之化而调。"杨倞注:"矜,谓夸汏;纠,谓好发摘人过也;收,谓掠美者也;缭,谓缭绕,言委曲也。四者皆鄙陋之人,今被化则调和也。"王念孙《读书杂志·荀子五》:"矜、纠、收、缭,皆急戾之意,故与调和相反。杨说皆失之。"故依其说则"纠""急"同义连用也。

联系到"着急"一词。

《现汉》:【着急】zháo‖jí 形 急躁不安:别～,有问题商量着解决|时间还早,着什么急?

《现汉》这一词条是放在"着 zháo"下面的。"着 zháo"有一个义项与此有关。"❷感受;受到:～风|～凉。"《汉语大词典》也是放在"着 3 zháo"下

面,"着3"的第一个义项是"受到;感到"。如此,则"着急"易使人理解为"感受到急的心情"。事实上《现汉》也是按照这个语素义来释义的。

《现汉》:【着慌】zháo‖huāng 形 着急;慌张:大家都急得什么似的,可他一点儿也不~。【着忙】zháo‖máng❶动 因感到时间紧迫而加快动作:事先收拾好行李,免得临上车~│时间还早着呢,你着的什么忙?❷形 着急;慌张:别~,等我说完了你再说│听说孩子病了,她心里有点~。

我们认为,将这些词中的"着"理解为"感受",这一意义从哪里引申而来说不清。如果从词义引申关系来看,或许可以认为是从"附着"义引申而来,但这样的话应当释为"沾上、惹上"可能更好。《汉语大词典》"着1 zhuó"义项四"遭著;遇上"与此相似。此外,似乎也可以认为"着急"是"纠急"的音转。"着"在《广韵》中有多个音义。其中"张略切"(知母药韵):"服衣于身,又直略、张豫二切"。"直略切"(澄母药韵):"附也。"知母、澄母与见母的关系当然也是很密切的,因此,也可推测"着急"之"着"乃"纠"的音变。如果这样理解的话,那么"着急"也是同义连用的结构。

(二) 闯/闯祸

《现汉》"闯":chuǎng① 动 猛冲;勇猛向前:~劲│~进去│横冲直~。② 动 闯练:他这几年~出来了。③ 动 为一定目的而奔走活动:~关东│~江湖│走南~北。④ 动 惹起:~祸│~乱子。

又:

《现汉》:【闯祸】chuǎng‖huò 动 因疏忽大意,行动鲁莽而引起事端或造成损失：孩子淘气，三天两头儿地～。

按，"闯祸"之"闯"，《现汉》视为"惹起"义。然"闯"的本义与引申义并无此义。《说文·门部》："闯，马出门貌。从马在门中。读若郴。"段注："引申为突兀惊人之辞。《公羊传》曰：'开之则闯然公子阳生也。'何云：'闯，出头皃。'韩退之诗曰：'喁喁鱼闯萍。'""许读平声，今去声，丑禁切，七部。俗语转若创。"此义"读若郴"，《广韵》丑禁切（彻母沁韵），今音 chèn。"闯"由"马出门皃"引申为"突兀惊人之辞"，这是元明以后的事了，读音也改为 chuǎng，即段注所谓"俗语转若创"。

"闯"表"惹起"义时，与"马出门貌""突兀惊人之辞"均无关。"闯"表示"惹起"义应是记音字。方言辞书有认为其本字是"刱"者：

《广州语本字》卷二十六"刱祸"条：

"刱祸"者，为祸之始也，犹言"惹祸"也。俗读"刱"若"闯"。《说文》："刱，造法刱业也。"凡言"刱"皆有"始"之义。或写"刱祸"作"闯祸"，字之误也。《唐韵》："闯"，丑禁切。《说文》："闯，马出门貌。"

"刱"，《说文·井部》："刱，造法刱业也。从井办声，读若创。"段注："蒙上文'丼者，法也'而言，故云'造法刱业'。《国语》《孟子》字皆作'创'。赵氏、韦氏皆曰：'创，造也。'假借字也。""刱"本义是造。"创"（"办"之或体）本义是伤，表示造义是假借。"刱祸"即造祸，也就是惹祸。《广州语本字》之说有其道理。

(三) 鸡眼

《现汉》：【鸡眼】jīyǎn 名 皮肤病，脚掌或脚趾上角质层增生而形成的小圆硬块，样子像鸡的眼睛，硬块有尖，尖端向内，局部有压痛。

按，《现汉》以为"鸡眼"得名于"样子像鸡的眼睛"，乃臆想之辞。鸡的眼睛跟其他动物的眼睛区别度并不大,何以单名"鸡眼"呢?《汉语理据词典》以为"'鸡眼'本为'趼 jiɑn'的分音,'鸡眼'连读即为'趼'。趼,本指马蹄掌,引申而指脚掌或手掌上因摩擦而生成的硬皮。"[①]说"鸡眼"本为其他词的分音,有理;但"趼"本义并非"马蹄掌"。"趼"本义是兽前脚着地。《说文·足部》:"趼,兽足企也。"段注:"趼者,谓其足企。企,举踵也。"王筠句读:"兽足率前后皆着地,企则前面着地而已。"此义《广韵》音吾甸切,今音 yàn。"趼"由"兽足企"引申指手足所起硬皮。表示这一意义时音变为古典切(《广韵·铣韵》),今音 jiǎn。《庄子·天道》:"吾固不辞远道而来愿见,百舍重趼而不敢息。"陆德明释文引司马彪曰:"[趼],胝也。"

"皴"是为音 jiǎn、手足硬皮义的词后造的字。《玉篇·皮部》:"皴,皮起也。"《广韵·铣韵》:"皴,皮起。趼,同皴。"《集韵·铣韵》:"趼,胝也。或作皴。""皴"从茧从皮,出现较晚,可视作"趼"jiǎn 表手足硬皮义的后起分化字。

《广州语本字》卷二十七"𪖐眼"条:

"𪖐眼"者,手足上所生坚皮也。俗读"𪖐"若"鸡"。《广韵》:"𪖐,手足生坚皮也。"侧持切,音缁。以桂林语切"侧持"之音,则"𪖐""鸡"声同,故今读"𪖐"若"鸡"。

按,《广州语本字》以为当作"𪖐"字。此字《广韵》侧持切,今音 zī。除上引《广韵》释义外,又《篇海类编·身体类·皮部》:"𪖐,手足生皮坚也。"(《字汇补》还收录了"𪖐"的两个异体。)"𪖐""皴"在有些方言中有所区别的。《越谚》卷中《身体·疾病》有"脚𪖐""手皴"条目,"脚𪖐"条:"[音]芝。趾起坚皮如眼样,妇女为多。""手皴"条:"[音]茧。掌中坚皮,同趼。农役居多。"材料不多,疑"𪖐"是"皴"的音变造字。

---

① 见王艾录《汉语理据词典》,成都:电子科技大学出版社 2014 年版第 125 页。

（四）拼命

《现汉》【拼命】pīn‖mìng①动把性命豁出去；以性命相拼：跟歹徒～。②副尽最大的力量；极度地：～地工作｜～往山顶爬。

按，"拼命"之"拼"，《现汉》亦有释义：

"拼¹（拚）"：pīn 动①合在一起；连合：～音｜～版把两块木板～起来。②几个人拼合起来做某事：～车｜～饭｜～购。

"拼²（拚）"：pīn 动不顾一切地干；豁出去：～命｜跟敌人～到底。"拚"另见 972 页 pàn。

由《现汉》释义知"拼¹"是拼合之义，与"拼命"义无关。如此，则"拼命"之"拼"似当取"拼²"义。考"拼"字本音北萌切（《广韵·耕韵》），今音 pīn。结合《汉语大字典》《汉语大词典》可分作三义：一是使令，《尔雅·释诂下》："拼，使也。"二是随从，《尔雅·释诂下》："拼，从也。"三是紧密结合、缀合，近代汉语（宋代）始见用例。现代汉语中"拼"表示"不顾一切地干；豁出去"跟这些用法都没有关系，因此可以认为"拼"是记音字。

又：

《现汉》【拚命】pàn‖mìng〈方〉动拼命。

《现汉》认为"拚命"是方言读音，其中的"拚"《现汉》也有释义：

拚 pàn 舍弃不顾：～弃｜～命。另见 996 页 pīn"拼"。

按，"拚"本音皮变切（《广韵·线韵》），今音 biàn，义为拍手或以手击。

《说文·手部》:"拚,拊手也。"段注:"拊,揗也。拍,拊也。此不但言拊,言拊手者,谓两手相拍也。"桂馥义证:"《一切经音义》十引作'拊手曰拚'。又云'拊,击拍也'。"表示"豁出去;舍弃不顾"义改音 pàn,据《汉语大词典》,最早用例是五代牛峤《菩萨蛮》词:"须作一生拚,尽君今日欢。""拚"的这一用法音义来源都不清楚,跟"拍手"义(biàn)无关。因此,写作"拚"也是理据不足的。

或以为当作"甹"。《潮汕方言》卷三《释言(两字)》"甹"条:

> 人被枉屈,状至急逼几致死者,俗呼"甹命"。(或作"拼命",非是。)案,甹,《正韵》:"彼耕切,音摒。"《说文》:"亟词也。"徐注:"甹者,任侠也。从由。由,用也。便捷任气自由也。"《尔雅·释训》:"甹,曳也。"注:"谓相掔曳而入于恶也。三辅谓轻财为甹。"引申之,轻生者称为甹命。

按,《说文·丂部》:"甹,亟词也。从丂从由。或曰甹,侠也。三辅谓轻财者为甹。"大徐本注:"臣铉等曰:由,用也。任侠用气也。"《说文》"甹"实有二义,一是"亟词"。二是"侠也。三辅谓轻财者为甹"。前一义,段玉裁于"亟词也"下注:"其意为亟,其言为甹,是曰意内言外。甹亦语词也。……""亟词"所指不是很清楚。后一义,段玉裁于"甹,侠也"下注:"此谓'甹'与'俜'音义同。《人部》曰:'俜,侠也。侠,俜也。'《汉书·季布传》:'为人任侠。'《音义》:'或曰:任,气力也;侠,甹也。'"于"三辅谓轻财者为甹"下注:"所谓侠也。今人谓轻生曰甹命,即此'甹'字。"即谓"甹"有侠义,即"轻财者"也,由轻财引申为轻命,即"甹命"也。简言之,即《潮汕方言》与《段注》皆认为本字是"甹"。但这一说法理由尚不充分。首先是本义不明,金文中仅借作"屏",辅佐义。[①] 其次,由名词用法的"侠"引申为"轻(轻视、不重视)"似亦过曲,因为"pīn 命"并非轻视性命,而是"舍弃、不顾"。"侠"引申为"轻"理解起来有些困难。

---

① 见李学勤主编《字源》,天津:天津古籍出版社 2012 年版第 419 页。"甹"字条由金国泰撰写。

章太炎先生的说法最为可取。《新方言·释言》:

《方言》:拌,弃也。今谓弃身为拌命。"

按,"拌",本音 pān(《广韵》普官切,又蒲旱切)。《方言》第十:"楚人凡挥弃物谓之拌。"《玉篇·手部》《广韵·桓韵》《广韵·缓韵》《集韵·桓韵》《集韵·换韵》并云:"拌,弃也。"《广雅·释诂一》:"拌、墩、捐……,弃也。"王念孙疏证:"拌、墩者,《方言》:'拌,弃也。楚凡挥弃物谓之拌,或谓之敲。'拌之言播弃也。《吴语》云'播弃黎老'是也。播与拌古声相近。《士虞礼》:'尸饭,播余于篚。'古文播为半,半即古拌字,谓弃余饭于篚也。""拌"与"播"同源,故"拌命"即"弃命",本字与词源可由此明了。

"拌"俗字又或作挷。《广韵·桓韵》:"拌,弃也。俗作挷。"《字汇·手部》"拌":"铺官切,音潘,弃也。《方言》:'楚人凡挥弃物谓之拌。'俗作挷,非是。"拌的俗字与"拚、拼"形近,俗书易致讹混。《汉语大字典》"拚":"(四)pīn(又读 pàn)舍弃;不惜一切地争斗。如拚命;拚死。"首例是宋晏几道《鹧鸪天》:"彩袖殷勤捧玉钟,当年拚却醉红颜。""拚"用作"拌"。《汉语大字典》"拼":"(一)pīn":"❹不顾惜;舍弃。"首例是《二十年目睹之怪现状》"就拼一个你死我活"。

(五)耳光

《现汉》:【耳光】ěrguāng 名 用手打在耳朵附近的部位叫打耳光◇事实给了造谣的人一记响亮的~。也说耳光子。

按,从字面看,"耳光"一词的理据是不明的。
《吴下方言考》卷二"䫶(音光)"条:

王粲《羽猎赋》:"㶁(音沃)颈破䫶。"案:㶁,击也。䫶,耳后骨也。吴中掌人耳曰"耳䫶",击人颈曰"㶁颈拳"。㶁字从水,似从上沃下之捷;从賏,象页被击而连口叫呼也。

按,"頢"在典籍中仅王粲《羽猎赋》一例,《字汇》"頢"引此例后注:"音遏,义阙。"《龙龛手鉴》"支甚反"。《吴下方言考》音"光"。三音不同。字义方面,《字汇》"义阙",胡文英释为"耳后骨",则"耳頢"亦指耳后骨也。但将"頢"释作"耳后骨"不知何所据。徐复先生不同意《吴下方言考》以"頢"为本字的观点:

复按:字当作耿。《说文·耳部》:"耿,耳箸颊也。从耳,烓省声。"《新方言·释形体》:"今天津、德州谓批耳至颊为打耳卦子,读耿如卦,正合烓声。江南、运河而东,音转如耳光,光、耿亦双声,耕清、阳唐之耕也。《书》言耿光,杜林直训耿为光,皆其证。"

按,"耿",《说文·耳部》:"耿,耳箸颊也。从耳,烓省声。杜林说,耿,光也。从光,圣省(段注改为:从火,圣省声)。凡字皆左形右声,杜林非也。"段注:"颊者,面旁也。耳箸于颊曰耿。耿之言黏也,黏于颊也。"即耳朵贴于脸颊。章太炎《新方言》认为"读耿如卦,正合烓声","音转如耳光",其说可从。

因此,现代汉语的"耳光"之"光",本字当作"耿",音转为"光"。"光"是记音字。

参考文献

徐复(2012)《吴下方言考校议》,南京:凤凰出版社。
詹宪慈(1924/1995)《广州语本字》,香港:香港中文大学出版社。
章太炎(1999)《新方言》,《章太炎全集》(七),上海:上海人民出版社。
中国社科院语言所词典室编(2012)《现代汉语词典》(第6版),北京:商务印书馆。

引书目录

[清]胡文英撰:《吴下方言考》,清乾隆刊本。
翁辉东著:《潮汕方言》,涵辉楼铅印本,1943。

汉语估测句言者意图实施的语义认知基础[*]

李振中

估测,指的是言者针对结果不确定的信息域进行具有[±肯定性]主观心理倾向的概率性判断或推理。蕴含[＋估测]语义特征、用以估测表达的句子,叫估测句,比如"天空乌云密布,恐怕要下大雨了"等句子,就是这样的估测句。[＋推断性][－确定性][＋倾向性][±真值性]是汉语估测句的四大核心语义特征。目前语言学界对汉语估测句言者意图实施的内部机制还没有引起关注。因此,笔者拟从语义认知的角度予以探讨。例句语料取自北京大学 CCL 现代汉语语料库。

一 汉语估测句言者意图实施的可推断性

(一) 推断性与推理的类

推断性,指具有推理、断定的性质。其中,关键在推理。因为没有推理则无所谓断定。有关辞书认为,逻辑学中的推理,指的是思维的基本形式之一,是由一个或者多个已知判断(前提)推出新判断(结论)的过程,推理有直接推理和间接推理之分。认知心理学则认为,推理是从已知的或者假设的事实中引出结论。或者说,推理是从已有知识推出新结论的过程,是思维活动的一种重要形式。甚至认为,推理是指根据定理和证据得出结论的过程,是从已知条件出发推出一个新的结论或者评价一个已提结论的过程。

---

[*] 本文在第九届现代汉语语法国际研讨会(ICCCG-9,2017 年 10 月 13 日至 17 日,韩国首尔延世大学)上宣读,选入《汉语语法研究的新拓展(九)》(上海教育出版社,2019 年 10 月版,第 302—313 页)。这里体例版式稍有改动。

总起来说,推理是由一个或多个已知的或假设的前提推出新结论的过程。

通常情况下,形式逻辑往往将推理分为演绎和归纳两类。前者是从一般到特殊,后者是从特殊到一般。演绎推理在"问题的解决"中很有帮助,归纳推理在"概念的形成"中极有用处。很显然,在这里,笔者更为关心的是演绎推理。缘由有三:第一,笔者的讨论恰恰旨在"问题的解决";第二,演绎推理以逻辑命题为基础;第三,与演绎推理紧密联系的两种推理(概率推理和回溯推理)跟笔者的讨论具有最为直接的关联性。

(二)[＋概率性]信息域与概率推理

在日常言语行为中,言者常常会遇到诸多结果不确定的信息域,有时,很有必要对这些结果不确定的信息域做出适当的判断。笔者将这些结果不确定的信息域称作"[＋概率性]信息域"。日常言语交际往往要求言者一方或者言者和听者双方在该[＋概率性]信息域基础上做出推理、形成判断、做出决定,即:要进行概率性推理、得出具有[±预期性]语义特征的一定结论。至于得出的结论,则有可能为真、有可能为假,甚至有可能根本无法判断其真假。

考察语言事实,汉语估测句就是一种概率性判断或推理。估测的结果明显具有[—确定性]语义特征,即:可能符合事实,也可能不符合事实;可能是对的,也可能是错的;甚至还有可能无法判断其真假。因此,认知心理学中的概率推理,很大一部分与言者日常生活中的估测表达直接关联。或者说,这种概率推理就是笔者在这里述及的估测。所以,完全可以说,与估测相关的概率推理就是一种条件推理。

言者对某一个或者某一些具有[＋概率性]语义特征的信息域进行估测时,大凡建立在两个基础之上:一是拥有事实根据(包括已知的或者假设的);二是纯粹的主观想象。一句话,估测是有条件的。这种条件,要么是客观条件,要么是主观条件。据此,估测作为一种条件推理,其推理条件也有两种:客观条件和主观条件。至此,笔者将与估测相关的概率推理的语义特征总括描述为:[＋估测性][＋条件性][＋概率性]。

(三)[十估测性]回溯推理

在日常言语交际中,言者还经常会用到第三种推理方式,即:回溯推理。回溯推理,是指由充分条件的假言推理引申出来的,通过肯定后件,再根据一般事理,得出肯定前件的一种或然性推理。

众所周知,演绎推理采取的是三段论,即常常根据大前提和小前提推导出结论。比如,动物都有一死(大前提),狗是动物(小前提),狗会死(结论)。而回溯推理则是,从结果出发,根据大前提推导出小前提。比如,狗死了(结果),动物都有一死(大前提),狗很可能是动物(小前提)。由此可以看出,回溯推理所推导出来的命题(小前提)不一定是真命题。毕竟,这一命题(小前提)还蕴涵"狗可能不是动物"这一伪命题。但是,这个推导出来的命题"狗很可能是动物"(小前提)与"狗死了"(结果)、"动物都有一死"(大前提)两个命题是相容不悖的。

与此密切关联的是,演绎推理还另外明确规约:充分条件的假言推理是不能从肯定后件得以肯定前件的。比如,如果木头受到摩擦,它就会生热。这一假言推理,肯定木头生热,却并不能据此肯定它一定是受到摩擦的结果。因为,还可能有其他原因(比如烘烤、暴晒等)也会导致木头生热。但是,在专业性言语生活中(如侦探破案等)却经常会用到这样的回溯推理。比如,如果是某人作案,那么,现场必有某人的足迹(前提),现场有某人足迹(结果),则很可能是某人作案(推论)。

此外,在日常性言语生活中,也常常会用到这样的回溯推理。这在一些复句中就很常见。比如复句:既然小风浪经得住,大风浪当然也经得住。如果从纯逻辑的演绎推理角度考察,这种"据果断因"推断句似乎不成立。但是在实际言语运用中,作为勉励对方的激励语,这种推断句却经常可以听到、看到或者用到。追根究底,这种推断句所使用的就是回溯推理。如果大风浪经得住,那么小风浪也经得住(前提),小风浪经得住(结果),大风浪很可能经得住(推论)。原句用"当然"一词,就在于对估测结果的可能性加以彰显。

汉语估测句言者意图实施的过程,其内部机制就是这样的一种回溯推理。其中,概念、判断、推理是基本因素,除此之外,还离不开联想(直接的、间接的)、想象(常规的、超常规的)等辅助因素。例如:

(1) 梁大牙说:"看样子司令员有高兴的事情了,莫非哪里又打胜仗了?"(徐贵祥《历史的天空》)

例(1)是以估测性副词"莫非"做估测标记的估测句。该估测句的回溯推理是,如果哪里打了胜仗,那么司令员就会高兴(前提),司令员高兴了(结果),很可能是哪里打了胜仗(推论)。再例如:

(2) 他没有像我预想的那样惊喜,或许是因为我们谈话的地点是在警察局会客室。(《人民日报》1995年9月5日第12版)

例(2)是以估测性副词"或许"做估测标记的估测句。该估测句的回溯推理是,如果我们谈话的地点不是在警察局会客室,那么他会像我预想的那样惊喜(前提),他没有像我预想的那样惊喜(结果),很可能是因为我们谈话的地点是在警察局会客室(推论)。

诸如例(1)(2)这样体现在估测句中的回溯推理,笔者称作"[＋估测性]回溯推理"。

二 汉语估测句言者意图实施的不确定性

(一) 不确定性的估测语义辖域

不同学者,不同学科,或者不同理论,对不确定性的认知或者理解是不太一样的。比如概念加工理论,对不确定性有三点解释:第一,所有的不确定性都有其共同特点;第二,概率是测量不确定性的有用的指标;第三,概率是言者对于不确定事件的个人的信念。再比如信息理论,直接把不确定性与所需要的信息联系起来,提出了"熵"的概念,即不确定性可以用知晓某一事件所需的信息量来衡量。

如果说,其他学科对不确定性都比较反感的话,那么,唯独心理学对不确定性显得特别偏好,甚至情有独钟。因为心理学认为,不确定性是人类进化和发展的根源。

刘爱伦在《思维心理学》第八章"决策"之"不确定性与决策"一节中,谈及伯克利(Berkeley)和汉弗莱(Humphreys)对决策的不确定性所做的深入分析,认为至少存在六种情况的决策不确定性：

第一,决策者自己对于事件变化的控制的不确定性。

第二,对于在未来某一状态,决策者自己会如何感受或者希望如何行动的不确定性。

第三,程序的不确定性,以及对决策手段、决策方法的不确定性,即不知道通过什么方法、程序来决策,比如需要什么信息、如何想出方案等等。

第四,结果价值评价的不确定性,即按什么原则对各种标准进行组合,以取得一个整体的评价。

第五,信息加工的不确定性,即如何来整合先验的信息,以确定事件发生的可能性。

第六,行动与结果之间的不确定性。

以此观照汉语估测句言者意图实施的语义认知动因,可以说,以上六种"决策的不确定性",正是笔者所论"不确定性"的估测语义辖域。其中,尤其以第一、二、五、六种估测语义辖域与汉语估测句言者意图实施之间的关联最为紧密。

(二) 不确定性是汉语估测句使用的要件

[一确定性]是汉语估测句最基本的核心语义特征之一。考察语料发现,汉语使用估测句表达时,基本不超出上述六种"不确定性"所涵盖的估测语义辖域。依语料考察实际,可将上述六种情况的"不确定性"归并为四种：

一是"态度—评价"的不确定性,即言者对施事者或者言说对象的态度、评价不确定;

二是"事物—事件"的不确定性,即言者对事物、事件行为本身的不

确定;

三是"条件—结果"的不确定性,即言者无法根据已知信息推断出事件会确定发生;

四是"行为—结果"的不确定性,即言者无法确定某种事件、行为会带来何种结果。

这四种情况的"不确定性",就是言者使用估测句的四大主因。言者在言语交际中,其语用前提只要具备该四种情况的"不确定性"之一种,言者势必选取估测句用以估测表达。否则,言者难以选取估测句。下面举例说明。

第一,反映"态度—评价"不确定性的,例如:

(3)也许不能说她是一个轻浮的女人,她不过是习惯在异性面前发嗲。(徐星《无主题变奏》)

例(3)中,言者对言说对象"她"的评价"不能说她是一个轻浮的女人"不能确定,所以选取估测句,并且选用估测性副词"也许"作为估测标记予以标显。

第二,反映"事物—事件"不确定性的,例如:

(4)木星上最为壮丽的奇景,大概要数众多的卫星了。(编委会《中国儿童百科全书》)

例(4)中,言者对"木星上最为壮丽的奇景"到底是不是"要数众多的卫星"这一事物或者事件本身不能确定,因此不但选取估测句,而且选用估测性副词"大概"作为估测标记予以突显。

第三,反映"条件—结果"不确定性的,例如:

(5)最后想到阿私陀仙说的悉达多太子,听说已经成道,想必能说出碑文内容的秘密,于是到竹林精舍访问了佛陀。(明旸法师《佛法概要》)

例(5)中,"悉达多太子,听说已经成道"这个条件是否会产生"能说出碑文内容的秘密"这个结果,言者对此不能完全确定,因此选取估测句,而且选用估测性副词"想必"作为估测标记予以凸显。

第四,反映"行为—结果"不确定性的,例如:

(6)"……把这些事办了,说不定能下雨。"明太祖一心求雨,当然很快批准了刘基的要求,抚恤了将士妻子,掩埋了工匠的尸骨。(孙红莉《中华上下五千年》)

例(6)中,"把这些事(抚恤将士妻子,掩埋工匠的尸骨)办了"这个行为是否会产生"能下雨"这个结果,言者不能完全确定,因此选取估测句,并且选用估测性副词"说不定"作为估测标记予以彰显。

三　汉语估测句言者意图实施的可取消性

(一)汉语估测句的可取消性特质

这需要从会话含意理论谈起。

会话含意理论的提出,归功于美国学者Grice, H. P. 提出的合作原则,要求言语交际者需要遵循四条准则:一是"适量"准则,即提供的信息要适量,不多也不少;二是"真实"准则,即要努力说真话,不说假话和无根据的话;三是"关联"准则,即要说跟话题有关的话,不说跟话题无关的话;四是"方式"准则,即说话要清楚明了,简洁而有条理。康德哲学范畴体系中,有四个范畴:量、质、关系、方式。由于是对康德哲学范畴体系中四个范畴的套用,因此,这四条准则被称作古典格赖斯会话含意理论。

有学者,比如英国学者Levinson, S. C.等,在此基础上发展成"新格赖斯会话含意理论"。Levinson, S. C. 针对言者和听者提出会话含意三原则(信息原则、方式原则、量原则),利用美国学者Horn, L. R.的研究成果提出了"荷恩等级关系",进而论证"会话含意三原则"的运用是有不同层级和量度的,即:信息原则＜方式原则＜量原则。

总的说来,会话含意理论要求言者讲话"不含糊、清楚、关联、充分、准确、真实"。

在Grice,H.P.的会话含意理论中,根据语境依赖度的不同,会话含意有一般和特殊两类。这两类会话含意有五点共性:第一,不确定性;第二,非规约性;第三,可推导性;第四,不可分离性;第五,可取消性。

以上所论会话含意的原则、层级和量度颇具启发,但笔者对会话含意的五点共性更为关心。因为考察语料发现,不确定性、可推导性、可取消性与汉语估测句的关联最为紧密。其中可取消性更是汉语估测句的一大特质。依据有五点:

第一,对于可取消性,Grice,H.P.是这样描述的:由于合作原则可以被放弃遵循,因而在具体的语境下,会话含意就可以被取消。该描述可以继续讨论。因为语料考察发现,汉语估测句的会话含意,即使在具体语境下有可能被取消,也不一定就是由于合作原则被放弃了遵循,足见汉语估测句可取消性的范域更为宽泛。

第二,会话含意的取消方式有两种:明确(显性)取消和语境(隐性)取消。汉语估测句兼而有之:前者如"他可能吃了一些蛋糕,但我不相信他会吃",后者如"他可能吃了一些蛋糕,后来发现桌子上一点蛋糕也没有"。

第三,可取消性检验是用以甄别汉语估测句所言与所含的重要手段。所言受句法相关性约束,并与按照组合原则生成的句子意义密切关联。所含则是基于所言、遵循语用原则及其准则并结合语境因素经过合理推导获得。所言关乎语义学,所含关乎可取消性、关乎语用学。

第四,估测性副词、估测性语气词、估测性动词、估测性框式结构等估测性标记的运用,是汉语估测句可取消性特质赖以彰显的具体运用方式。如例(1)—(6)彰显可取消性特质的具体运用方式是:分别运用估测性副词"莫非""或许""也许""大概""想必""说不定"作为估测性标记。

第五,汉语估测句的可取消性特质主要有两个基本涵项:一是可取消言者会话含意的真实性;二是可削弱言者会话含意的真实度。

(二) 汉语估测句可取消性特质的语用效力

汉语估测句之所以在言语交际中不仅使用度很高,而且运用无碍、通行无阻,接受度也很高,是因为汉语估测句不仅具有可取消性的特质,而且具有可取消性特质的语用效力。例如:

(7) 300元,也许就改变了一个孩子的命运,伸出你的爱之手吧!(《报刊精选》1994年第1期)

例(7)是言者的一个比较完整的言语行为。按照Austin, J. L.的言语行为三分说,一个完整的言语行为可以抽象出具有蕴含关系的三个层次:言之行、言之力和言之果。

言之行,即说话行为(所言),指言者以言表意,说出合乎某种语言习惯的、有意义的话语。例(7),言者在说出"300元,也许就改变了一个孩子的命运,伸出你的爱之手吧"这一话语时,实际上使用了三种行为:发音行为(使用汉语语音)、发语行为(选取汉语语法)、发言行为(表达汉语语意),这就是言之行(发言中之语)。

言之力,即施事行为(所含),指言者以言行事,在特定的语境中赋予有意义的话语一种言语行为力量(即语力)。例(7),言者在说出"300元,也许就改变了一个孩子的命运,伸出你的爱之手吧"这一话语时,实施了"恳请听者捐款300元"的言外之事,这就是言之力(施言外之力)。

言之果,即取效行为(所用),指言者以言取效,其说话行为或者施事行为在听者身上所产生的某种效果。例(7),言者在说出"300元,也许就改变了一个孩子的命运,伸出你的爱之手吧"这一话语时,如果对听者产生了一定影响:"伸出了爱之手,至少捐款了300元",那么,这就是言之果(收言后之果)。

Austin, J. L.将言之力(施事行为)归并为五种类型:裁决型、运用型、承诺型、表态型、表明型。尽管目前学界对此分类意见不一,但从这五种类型涵盖的辖域来看,至少可以发现:汉语估测句的言之力(施事行为)至少蕴涵裁决型和表明型。

事实上，按照常理，言者要针对某一信息域做出合适的裁决和表明，除了拥有一定的知识，还必须拥有个人的信念。概率就是言者针对不确定信息域的个人的信念。不同的信念对应着不同程度的概率。在言语交际中，绝大部分会话含意不需要那么精确。加之，言者日常说话时往往笼统而随意，大量会话含意都具备一定程度的估测性。这就较好地解释了汉语估测句接受度高、使用面宽、使用域广的个中原因。

例(7)，言者囿于自己对结果不确定的信息域的确信度不是绝对的高化(比如"300元一定能改变一个孩子的命运")，因此不能给听者提供最为确定可靠的信息。于是，只能选择具有一定模糊度的估测表达："300元，也许就改变了一个孩子的命运"，并且选取估测性副词"也许"作为估测标记予以凸显。

从例(7)可以看出，言者对于估测句的选择极为合适而有效。估测表达的选择使言者的意图实施有了足够的空间作为回旋余地。这恰恰满足了言者在言语交际中对质、量等基本准则的遵守，从而确保了言者在言语交际中对质、量等基本准则的考量。

据研究，言语交际有三条接受原则：趋同原则、配合原则和反馈原则。有效的言语交际→成功的言语交际→理想的言语交际，构成言语交际的三个层次。在言语交际中，言语传递出不同的信息量，就意味着带来不一样的言语行为结果，比如有效的结果、成功的结果、理想的结果等。

汉语估测句是言语交际中承担调节信息量的话语模式之一。当言者在使用语言描述对客观世界的理解认知时，由于掌握的信息量不足，或者对自己推断能力感到信心不够，以致无法确定自己的理解或者推断是否准确，这时必然会使用合适的估测句。

估测句的使用，可以为言者会话含意营造出间接传达的效果，可以取消言者会话含意的真实性，可以削弱言者会话含义的真实度。从而降低、削弱、减少乃至取消言者对于不确定言语行为及结果的责任。这就是汉语估测句可取消性特质的语用效力。

四 结语

需要特别指出的是,一个完整的言语交际过程可以分为两个方面:一个是言者表达;一个是听者理解。言者表达和听者理解固然同等重要,但从某种程度上来讲,言者表达可能更为重要。

因此,笔者暂且以言者为立足点,在"基于汉语运用的汉语教学和汉语研究"的基本理念中,从可推断性、不确定性、可取消性三个方面探讨了汉语估测句言者意图实施的语义认知基础。

基本结论有五点:

第一,可推断性、不确定性、可取消性,是汉语估测句言者意图实施的语义认知基础。

第二,可取消性是汉语估测句的一大特质,该特质有两个基本涵项:一是可取消言者会话含意的真实性;二是可削弱言者会话含意的真实度。

第三,可推断性、不确定性分别与汉语估测句的核心语义特征[＋推断性][－确定性]直接关联,可取消性则由汉语估测句的核心语义特征[＋倾向性][±真值性]合取而得。

第四,可推断性、不确定性、可取消性的着眼点不同,可推断性和不确定性着眼于汉语估测句的语用前提,可取消性着眼于汉语估测句的语用效力。

第五,汉语估测句的语用效力是:言者使用估测句,可取消或削弱言者会话含意的真实性或真实度,从而取消或者削弱言者对于不确定言语行为及结果的责任。

以上研究,不仅有助于汉语句子内部语义类型的进一步建立,而且有助于汉语估测句对内外汉语的有效教学。

参考文献

陈宗明(1984)《逻辑与语言表达》,上海:上海人民出版社。
黄卫星(2010)《言语交际的三个层次》,《湖南科技大学学报(社会科学版)》第二期,第98—105页。
李振中(2007)《语音表达单位及其表达效果说略》,《衡阳师范学院学报》第五期,第85—

90页。

李振中(2009)《现代汉语估测范畴研究》,广州:暨南大学博士学位论文。

李振中(2014)《高师汉语语言学课程设置及其教学实践新探索》,湘潭:湘潭大学出版社。

刘爱伦(2002)《思维心理学》,上海:上海教育出版社。

罗渊(2003)《言语交际中的三条接受原则》,《中南大学学报(社会科学版)》第二期,第266—269页。

彭聃龄等(2004)《认知心理学》,杭州:浙江教育出版社。

〔美〕Sternberg,R. J.(2006)《认知心理学(第三版)》,杨炳钧等译,北京:中国轻工业出版社。

邵敬敏、赵春利(2004)《"语言理解论"刍议》,《修辞学习》第一期,第13—19页。

沈家煊(2003)《复句三域"行、知、言"》,《中国语文》第三期,第195—204页。

沈家煊(2009)《复句"合乎事理"辨》,《现代外语》第二期,第111—117页。

王甦等(1992)《认知心理学》,北京:北京大学出版社。

邢福义(2001)《汉语复句研究》,北京:商务印书馆。

姚颖(2012)《汉语估测性话语标记研究》,南京:南京师范大学硕士学位论文。

中国社会科学院语言研究所词典编辑室(2012)《现代汉语词典》(第6版),北京:商务印书馆。

朱丽(2005)《揣测语气和揣测语气副词》,上海:上海师范大学硕士学位论文。

Austin, J. L. (1975) *How to Do Things with Words (Second edition)*. Oxford: Oxford University Press.

Grice, H. P. (1975) Logic and Conversation. In *Cole and Morgan*, *Syntax and Semantics*, *Vol. 3: Speech acts*. New York: Academic Press.

Horn, L. R. (1984) Towards a new taxonomy for pragmatic reference: Q-based and and R-based implicature. In Schiffrin, D., (ed), *Meaning, form and use in context: linguistics applications*. Washington D. C.: Georgetown University Press.

Levinson, S. C. (1983) *Pragmatics*. Cambridge: Cambridge, CUP.

Levinson, S. C. (1987) Pragmatics and the grammar of anaphora. *Journal of Linguistics*, 1987(23): 379-431.

Levinson, S. C. (1991) Pragmatic reduction of the binding conditions. *Journal of Linguistics*, 1991(27): 107—161.

其他

东巴文丽江宝山光绪三十年卖格罗地契约译释

喻遂生

地契是纳西东巴文应用性文献的重要种类,对于研究过去时代纳西族的语言、文字、政治、经济、历史、民俗有重要的意义。本文所介绍的这份地契现藏丽江东巴文化博物馆。东巴纸,两面书写。长60cm,宽19.5cm,原折叠存放,折叠痕迹明显。一面(可称为封面)写标题7字,一面写正文182字,共189字。此契格式规整,内容丰富,文字清秀,行列疏朗,保存完好,是东巴文地契中难得的珍品。2003年9月,承蒙丽江东巴文化博物馆李锡馆长的雅意,将当时珍藏库中的这份地契调出供笔者观览、拍照。笔者回校后,写出了译释初稿。2006年此契在丽江东巴文化博物馆陈列展出,标明采集地为丽江宝山乡乌木村。其后丽江东巴文化博物馆网站公布了此契的图像和木琛先生的汉语译文,本文写作参考了木琛先生的译文。在此,谨向李锡馆

图一:封面

长和木琛先生致以谢意。本文 2010 年 8 月曾在北京大学举办的"中国语言学发展之路——继承、开拓、创新"国际学术研讨会上交流,现重加修改校订,谨以此文恭贺尊敬的唐作藩先生九十华诞。

字释:

⿴ gə²¹ 上面。

⿴ lo²¹ 麂子。两字连读借作地名 gə²¹ lo²¹ 格罗。

⿴ gə²¹ 上面,借作定语助词 gə³³ 的。

⿴ lɯ³³ 田地。

⿴ bu²¹ 猪,借作文书、契约①。

⿴ o⁵⁵ 倾倒,借作 o²¹ 是。

⿴ me³³ 雌阴,借作语气词。

全句标音:

gə²¹ lo²¹ gə³³ lɯ³³ bu²¹ o²¹ me³³。

格罗　的　地　契约　是（语）

汉译:

是格罗地的契约。

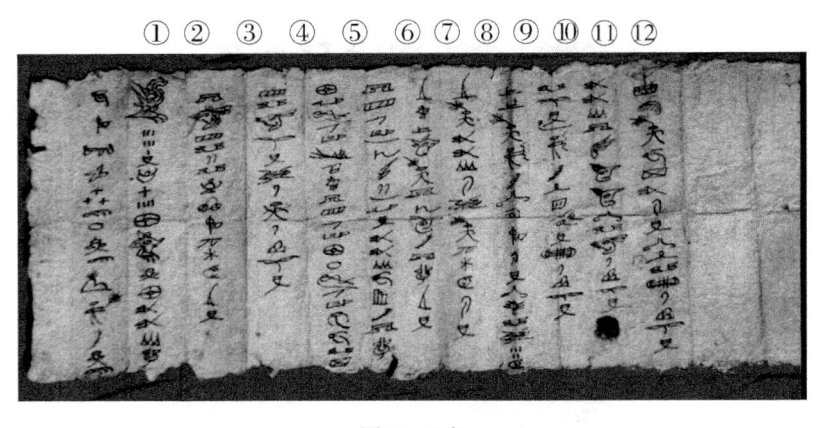

图二:正文

---

① bu²¹ 的文书、契约义不见于现有辞书,其考释参见喻遂生《纳西东巴文疑难字词考释举例》,《中国语言学报》第 13 期,北京:商务印书馆,2008 年。又收入《纳西东巴文研究丛稿》第二辑,成都:巴蜀书社 2008 年版。

其他　527

字释：

① ▱ kha³³ 苦。一般写作 ▱，象口吐苦物之形，借作 kha²¹ 王、皇帝，为"可汗"的借词。

▱ ga³³ 将帅、胜利，借旗帜表示。两字连读作 kha²¹ga³³，表示帝王、皇上之意。东巴文契约、记事文字常以此二字开头，后接年号、年数，可译为皇朝。

▱ kua²¹ 灶。方国瑜《纳西象形文字谱》877 号作 ▱、▱、▱①，后一字形或作 ▱②，像放锅的三块石头。木琛《纳西象形文字》132 页作 ▱、▱③，像三块石头或铁三脚架上置锅之形，▱ 应是由其简化而成。

▱ sy⁵⁵ 锡。两字连读借作 kua³³sy⁵⁵ 光绪。

▱ sɿ³³tshər²¹ 三十。

▱ khv³³ 收割，此本为镰刀之形，一般写作 ▱，以镰刀割物，借作 khv⁵⁵ 年。

▱ kv³³ 蛋，借作 gv³³ 有、满。

▱ dɯ²¹ 大，借作一。

▱ khv³³ 收割，借作 khv⁵⁵ 年。

▱ bu³³tho²¹ 布托，为 ▱ bu²¹ 山坡和 ▱ tho²¹ 松树的合文，松树一般写作 ▱。两字连读借作 bu³³tho²¹ 布托，是纳西族的一种纪年方法，即将五行各分阴阳为十，与十二生肖相配为六十，相当于干支纪年的六十花甲。

▱ sər³³zɿ³³ 属木，为 ▱ sər³³ 木和 ▱ zɿ³³ 执的合文，sər³³zɿ³³ 意为木来掌握，亦即五行属木。

▱ zɿ³³ 草，借作执，与上字重复，此为东巴经中的赘余现象，但也能起提示上字"执"的读音的作用。

▱ dɯ²¹ 大，借作一。

―――――――――

① 方国瑜《纳西象形文字谱》，昆明：云南人民出版社 1981 年版。引例音标送气符号和声调竖标本文改为 h 和数码。
② 喻遂生《丽江东巴文残砖契重考》，收入《纳西东巴文研究丛稿》第二辑，成都：巴蜀书社 2008 年版。
③ 木琛《纳西象形文字》，昆明：云南人民出版社 2003 年版。引例音标送气符号本文改为 h。

khv³³ 收割,借作 khv⁵⁵ 年。

② lv²¹ khv⁵⁵ 龙年,为 lv²¹ 龙和 khv⁵⁵ 年的合文。 酷似龙爪的,实为 收获(借为年)的省文。东巴文献中,生肖字下的 年字,经常和生肖字连在一起,看起来像动物的爪子,实际上是年字的省写,如白地账本、地契中的 鸡年、 狗年、 马年、 牛年、 羊年,均似动物带爪形。纳西族行用藏历,木龙年即甲辰年,光绪三十年1904年正为甲辰年。

ʂər³³ 七。

me³³ 雌阴。

he³³ 月。三字连读作 ʂæ³³ me³³ he³³ 七月。七月的月份名,方国瑜《纳西象形文字谱》110页作 ,音 ʂæ³³ me³³,李霖灿《么些标音文字字典》48页音 ʂæ³³ me³³①,木琛《纳西象形文字》118页指出:"(月份名中)表示意义的 [he³³]字亦可省略不写。但有时也读作[~he³³]。"

tshe²¹ 十。

lu³³ 四。

ȵi²¹ 日。

la³³ khv⁵⁵ 属虎,为 la³³ 虎和 khv⁵⁵ 属相的合文。虎一般写作 。 为 khv⁵⁵ 收获的省文,借为年,引申为属相、属(某生肖)②。光绪三十年七月十四日庚寅正为虎日。

dɯ²¹ 大,借作一。

ȵi²¹ 日。

全句标音:

① kha²¹ ga³³ kua³³ sy⁵⁵ sɿ³³ tshər²¹ khv⁵⁵ gv³³ dɯ²¹ khv⁵⁵,bu³³ tho²¹ sər³³ zɿ³³
皇朝　光绪　三　十　年　满　一　年　　花甲　木　执

---

① 李霖灿《么些标音文字字典》,台北:文史哲出版社1972年版,与《么些象形文字字典》合印本。引例音标送气符号和调号本文改为h和数码。
② 参见喻遂生《纳西东巴文生肖纪日中的 khv⁵⁵》,《纳西东巴文研究丛稿》第二辑,成都:巴蜀书社,2008年版。

dɯ²¹ khv⁵⁵，②lv²¹ khv⁵⁵，sæ³³ me³³ he³³ tshe²¹ lu³³ ȵi²¹ la³³ khv⁵⁵ dɯ²¹ ȵi²¹。
　一　　年　　龙　年　　七　月　　十　四　日　虎　属　一　日

汉译：

皇朝光绪满三十年的一年，花甲属木的一年龙年，七月十四日属虎的一天。

字释：

𖼀 tɕi⁵⁵ 羊毛剪。

𖼀 tɕi⁵⁵ 羊毛剪。

𖼁 mi³³ 火。三字连读借作卖主名 tɕi⁵⁵ tɕi⁵⁵ mi³³ 吉吉米。

𖼂 nɯ³³ 心，借作主语助词。

③ 𖼃 gə²¹ 上面。

𖼄 lo²¹ 麂子。两字连读借作地名 gə²¹ lo²¹ 格罗。

𖼅 lɯ³³ 田地。

𖼆 phv³³ 雄阴，借作土地量词 phv²¹ 块。《么些标音文字字典》5页："phur¹¹ 垍（水田之单位）。"和即仁等《纳西语常用词汇》262页："phv³¹ 块，lɯ³³ dɯ³³ phv³¹ 一块田。"①

𖼇 ȵi²¹ 二。

𖼆 phv³³ 雄阴，借作土地量词 phv²¹ 块。

𖼈 ha³³ 饭。

𖼉 pa³³ 青蛙。

𖼊 ga³³ 胜利，借旗帜表示。三字连读借作买主的家名 ha³³ pa³³ ga³³ 哈巴嘎，纳西族私名前常冠有家名。

𖼋 mɯ³³ 哥巴文。

𖼌 tv²¹ 千。

𖼍 hɯ³³ 牙齿。三字连读借作买主名 mɯ³³ tv²¹ hɯ³³ 莫独和。

𖼎 tɕhi³³ 刺，借作卖。

𖼏 me³³ 雌阴，借作语气词。

---

① 和即仁等《纳西语常用词汇》，昆明：云南民族出版社2011年版。

④ 〖图〗 lɯ³³ 田地。

〖图〗 phv³³ 雄阴，借作价格、款项。

〖图〗 le³³ 獐子，借作也。

〖图〗 iə³³ 烟叶，借作 iə⁵⁵ 给。

〖图〗 me³³ 雌阴，借作语气词。

〖图〗 hæ²¹ 金子。

〖图〗 dɯ²¹ 一。

〖图〗 lu³³ 来，借作两。

〖图〗 dɯ²¹ 一。

〖图〗 lv³³ 石头，借作钱。

〖图〗 iə³³ 烟叶，借作 iə⁵⁵ 给。

〖图〗 me³³ 雌阴，借作语气词。

全句标音：

tɕi⁵⁵ tɕi⁵⁵ mi³³ nɯ³³ ③gə²¹ lo²¹ lɯ³³ phv²¹ ɲi²¹ phv²¹ ha³³ pa²¹ ga³³ mɯ³³ tv²¹ hɯ³³
吉吉米　（助）　格罗　地　块　二　块　　哈巴嘎　　莫独和

tɕhi³³ me³³。④lɯ³³ phv³³ le³³ iə⁵⁵ me³³。hæ²¹ dɯ²¹ lu³³ dɯ²¹ lv³³ iə⁵⁵ me³³。
卖（语）　　地　款　也　给（语）　金　一　两　一　钱　给（语）

汉译：

吉吉米把格罗的两块地卖给了哈巴嘎家的莫独和。地款已给了。给了金子一两一钱。

字释：

⑤ 〖图〗 ɲi³³ me³³ thv³³ 东方，为 〖图〗 ɲi³³ me³³ 太阳和 〖图〗 thv²¹ 桶（借作 thv³³ 出）的合文。

〖图〗 khæ³³ 沟渠，从 〖图〗 山谷省，〖图〗 khæ⁵⁵ 弹弓声。〖图〗 为弹羊毛之弓，字见李霖灿《么些象形文字字典》1404 号[①]、木琛《纳西象形文字》130 页。

[①] 李霖灿《么些象形文字字典》，台北：文史哲出版社 1972 年版，与《么些标音文字字典》合印本。引例音标送气符号和调号本文改为 h 和数码。

其他　531

　　　🖼 tɕər²¹ 钩子、钩取，借作上面。或以为 🖼 为 🖼、🖼 be³³ 做（象锄头挖物形）之省，借作 bə²¹ 边、处。

　　　🖼 thv⁵⁵ 茶罐，借作 thv³³ 到。字见李霖灿《么些象形文字字典》1350号："🖼 thv⁵⁵ 茶罐之古音也，今读茶罐为 [ɯ⁵⁵ zɯ³³]。画茶罐煮茶之形。"

　　　🖼 i³³ tʂɿ³³ mɯ²¹ 南方，从 🖼 南方，🖼 mi³³ 火声。川滇藏边区之大河，多南北走向，故以 🖼 水字之上半 🖼 表北，下半 🖼 表南。i³³ tʂɿ³³ 押赤为昆明古称，mɯ²¹ 为下，i³³ tʂɿ³³ mɯ²¹ 意为下方昆明方向之意。🖼 mi³³ 火用以标写 mɯ²¹ 音。

　　　🖼 tse⁵⁵ be³³ 斧头，此读作 ʂu²¹ 铁。

　　　🖼 lɯ⁵⁵ 牛虻。两字连读借为人名 ʂu³³ lɯ⁵⁵ 舒勒。

　　　🖼 gə²¹ 上，借作定语助词 gə³³ 的。

　　　🖼 lɯ³³ 田地。

　　　🖼 tɕər²¹ 钩子、钩取，借作上面。

　　　🖼 thv⁵⁵ 茶罐，借作 thv³³ 到。

　　　🖼 ȵi³³ me³³ gv²¹ 西方，为 🖼 ȵi³³ me³³ 太阳和 🖼 kv²¹ 蛋（借作 gv²¹ 落下）的合文。

　　　🖼 khæ³³ 沟渠，从 🖼 山谷省，🖼 khæ⁵⁵ 弹弓声。

　　　🖼 tɕər²¹ 钩子、钩取，借作上面。

　　　🖼 thv⁵⁵ 茶罐，借作 thv³³ 到。

　　　🖼 ho³³ gv³³ lo²¹ 北方，截取 🖼 水字的上半而成。

　　　🖼 ə³³ 呵，从口出气。

　　　🖼 phv³³ 雄阴。

　　　🖼 tshe³³ 盐，从方块，🖼 tshe²¹ 十声。三字连读借作人名 ə³³ phv³³ tshe³³ 阿普策。

　　⑥ 🖼 gə²¹ 上面，借作定语助词 gə³³ 的。

　　　🖼 lɯ³³ 田地。

　　　🖼 tɕər²¹ 钩子、钩取，借作上面。

　　　🖼 thv⁵⁵ 茶罐，借作 thv³³ 到。

　　　🖼 分隔符号。

全句标音：

⑤ ȵi³³ me³³ thv³³ khæ³³ tɕər²¹ thv³³ , i³³ tʂʅ³³ mɯ²¹ ʂu³³ lɯ³³ gə³³ lɯ³³
　　东方　　　　　沟　上　到　　　　南方　　　　疏勒　的　地

tɕər²¹ thv³³ , ȵi³³ me³³ gv²¹ khæ³³ tɕər²¹ thv³³ , ho³³ gv³³ lo²¹ ə³³ phv³³ tshe³³
　上　到　　　西方　　　　沟　上　到　　　　北方　　　　　阿普策

⑥ gə³³ lɯ³³ tɕər²¹ thv³³ 。
　的　地　上　到

汉译：

东面到沟渠上面，南面到舒勒的地边，西面到沟渠上面，北面到阿普策的地边。

字释：

dʐu³³ 争执。哥巴文，又作 ，当从 dʐu²¹ 飞石简化变来。

kho³³ 角，借作声音。

ȵi²¹ 二，借作 ȵi³³ 要。

分隔符号。

thv²¹ 桶，借作 thv³³ 出现。

me³³ 雌阴，借作语气词。

tɕi⁵⁵ 羊毛剪。

tɕi⁵⁵ 羊毛剪。

mi³³ 火。三字连读借作卖主名 tɕi⁵⁵ tɕi⁵⁵ mi³³ 吉吉米。

ə³³ 呵，从口出气。

dzʅ³³ 围墙。两字连读借作 ə³³ dzʅ³³ 什么。

zʅ³³ 草，一般写作 丰。

gə²¹ 上面。

nɯ³³ 心。三字连读借作连词 zʅ³³ gə²¹ nɯ³³ 因为……所以。

⑦ tɕhi³³ 刺，借作卖。

lɯ⁵⁵ 牛虱，借作 lɯ³³ 田地。

ʂo⁵⁵ 说，表示引述语气。哥巴文。

bv³³ 羊，借作 by²¹ 外面。

ɕi³³ 人，从 ɺ 人，ɕi²¹ 稻声。两字连读作 by²¹ɕi³³ 外人。

gə²¹ 上面。借作定语助词 gə³³ 的。

dʐu³³ 债。哥巴文，又作 ん，从 dʐu²¹ 飞石简化变来。

æ²¹ 鸡，借作 æ³³ 欠。

zɿ³³ 草，一般写作 ŧ。

gə²¹ 上面。

nɯ³³ 心。三字连读借作连词 zɿ²¹gə²¹nɯ³³ 因为……所以。

tɕhi³³ 刺，借作卖。

me³³ 雌阴，借作语气词。

全句标音：

dʐu³³ kho³³ ɲi³³ thv³³ me³³, tɕi⁵⁵ tɕi⁵⁵ mi³³ ə³³ tsɿ³³ zɿ³³ gɯ²¹ nɯ³³ ⑦tɕhi³³ lɯ³³
争执　声　要　出（语）　吉吉米　什么　　因为　　卖　地

ʂə⁵⁵? by²¹ɕi³³ gə³³ dʐu³³ æ³³ zɿ³³ gɯ²¹ nɯ³³ tɕhi³³ me³³。
说　外　人　的　债　欠　　所以　　卖（语）

汉译：

要是出现争执，问：吉吉米为什么卖地？因为欠别人的债，所以卖地。

字释：

⑧ tɕhi³¹ 刺，借作卖。

ɕi³³ 人，从 ɺ 人，ɕi²¹ 稻声。两字连读作 tɕhi³³ɕi³³ 卖的人、卖主。

tɕi⁵⁵ 羊毛剪。

tɕi⁵⁵ 羊毛剪。

mi³³ 火。三字连读借作卖主名 tɕi⁵⁵tɕi⁵⁵mi³³ 吉吉米。

o⁵⁵ 倾倒，借作 o²¹ 是。

hæ²¹ 金子，引申为买。

ɕi³³ 人，从 ɺ 人，ɕi²¹ 稻声。两字连读作 hæ²¹ɕi³³ 买的人、买主。

mɯ²¹ 哥巴文。

tv²¹ 千。

hɯ²¹ 牙齿。三字连读借作买主名 mɯ²¹tv²¹hɯ²¹ 莫独和。

〒 o⁵⁵ 倾倒，借作 o²¹ 是。

ᴗ me³³ 雌阴，借作语气词。

⑨ 丄 ʂə⁵⁵ 说。哥巴文。

丄 ʂə⁵⁵ 说。哥巴文。两字连读 ʂə⁵⁵ʂə⁵⁵ 表示动作的持续和反复。

ɕi³³ 人，从 人，ɕə²¹ 稻声。三字连读作 ʂə⁵⁵ʂə⁵⁵ɕi³³ 说的人、中介人。

bi²¹ 搓。

zʅ³³ 草。

mɯ³³ 天。

phu⁵⁵ 只，从一只眼。

ga³³ 将帅、胜利。五字连读作人名 bi²¹ zʅ³³ mɯ³³ phu⁵⁵ ga³³ 比日莫普嘎。

o⁵⁵ 倾倒，借作 o²¹ 是。

me³³ 雌阴，借作语气词。

mɯ³³ 天。

dze³³ 麦子。两字连读作 mɯ³³dze³³ 大麦。

phv³³ 雄阴，借作价格、价值。

hæ²¹ 金子。

ua⁵⁵ 五。

hæ³³ 牙齿，借作量词毫。

⑩ phv³³ 雄阴，借作价格、价值。

iə³³ 烟叶，借作 iə⁵⁵ 给。

me³³ 雌阴，借作语气词。

分隔符号。

bi²¹ 搓。

zʅ³³ 草。

na²¹ 黑。此字字源比较曲折。东巴文黑字作 ●，又写作 ⃝，李霖灿《么些象形文字字典》1595 号解释说："原画一黑点以示意，恐人忽略，视为无意之墨点，因于其外加一圈线。"后省去黑点作出头的圈形，此又变为倒置形。

dzə²¹ 秤锤，一般写作 。4 字连读借作人名 bi²¹ zʅ³³ na²¹ dzə²¹ 比日

纳纠。

▨ do²¹ 看见，此处意为见证。

▨ me³³ 雌阴，借作语气词。

▨ phe²¹ 麻布。

▨ dɯ²¹ 一。

▨ lv³³ 石头，引申作量词 lv⁵⁵ 块。

▨ iə³³ 烟叶，借作 iə⁵⁵ 给。

▨ me³³ 雌阴，借作语气词。

⑪ ▨ tɕi⁵⁵ 羊毛剪。

▨ tɕi⁵⁵ 羊毛剪。

▨ mi³³ 火。三字连读借作卖主名 tɕi⁵⁵ tɕi⁵⁵ mi³³ 吉吉米。

▨ gə²¹ 上面，借作定语助词 gə³³ 的。

▨ la²¹ 手。

▨ uə²¹ 鹰。

▨ uə²¹ 鹰。两字连读借作 uə⁵⁵ uə³³ 圆形。

▨ mɯ³³ 天，借作痕迹。la²¹ uə²¹ uə²¹ mɯ³³ 即手印。

▨ phv³³ 雄阴，借作价格、价值。

▨ le³³ 獐子，借作 le⁵⁵ 茶叶。

▨ dɯ²¹ 一。

▨ lv³³ 石头，引申作量词 lv⁵⁵ 块。此指农村常用的砖茶。

▨ iə³³ 烟叶，借作 iə⁵⁵ 给。

▨ me³³ 雌阴，借作语气词。

▨ 此为墨手印。即本行所说的"吉吉米的手印"。

⑫ ▨ the³³ ʁɯ³³ 文字、文书，从 ▨ 书，▨ the³³ 旗子声。

▨ phər⁵⁵ 梳子，借作写。

▨ ɕi³³ 人，从 ▨ 人，▨ ɕi²¹ 稻声。

▨ ə³³ 呵，从口出气。

▨ tshe³³ 盐，从方块，▨ tshe²¹ 十声。

〆 tɕi⁵⁵ 羊毛剪。三字连读借作人名 ə³³ tshe³³ tɕi⁵⁵ 阿策吉。

〇 o⁵⁵ 倾倒,借作 o²¹ 是。

豆 me³³ 雌阴,借作语气词。

人 mɯ⁵⁵ 天,借作汉语借词墨。

上 na²¹ 黑、墨。两字连读为 mɯ⁵⁵ na²¹ 墨,为汉语、纳西语合璧词。

ββ phv³³ 雄阴,借作价格。

〓 phe²¹ 麻布。

〇 dɯ²¹ 一。

月 lv³³ 石头,引申作量词 lv⁵⁵ 块。

〜 iə³³ 烟叶,借作 iə⁵⁵ 给。

豆 me³³ 雌阴,借作语气词。

全句标音:

⑧tɕhi³³ ɕi³³ tɕi⁵⁵ tɕi⁵⁵ mi³³ o²¹。hæ²¹ ɕi³³ mɯ³³ tv²¹ hɯ²¹ o²¹ me³³。⑨ʂə⁵⁵ ʂə⁵⁵
　卖　人　吉吉米　是　买　人　莫独和　是(语)　说　说
ɕi³³ bi²¹ zɿ³³ mɯ³³ phu⁵⁵ ga³³ o²¹ me³³, mɯ³³ dze³³ phv³³ hæ²¹ ua⁵⁵ hɯ³³
人　比日莫普嘎　是(语)　大麦　价　金　五　毫
⑩phv³³ iə⁵⁵ me³³。bi²¹ zɿ³³ na²¹ dzə²¹ do²¹ me³³, phe²¹ dɯ²¹ lv⁵⁵ iə⁵⁵ me³³。
　价　给(语)　比日纳纠　见(语)　麻布　一　块　给(语)
⑪tɕi⁵⁵ tɕi⁵⁵ mi³³ gə³³ la²¹ uə³³ uə³³ mɯ³³, phv⁵⁵ le⁵⁵ dɯ²¹ lv⁵⁵ iə⁵⁵ me³³。
　吉吉米　的　手　圆形　痕迹　价　茶　一　块　给(语)
⑫the³³ ʁɯ³³ phər⁵⁵ ɕi³³ ə³³ tshe³³ tɕi⁵⁵ o²¹ me³³, mɯ⁵⁵ na²¹ phv⁵⁵ phe²¹
　文书　写　人　阿策吉　是(语)　墨　价　麻布
dɯ²¹ lv⁵⁵ iə⁵⁵ me³³。
一　块　给(语)

汉译:

卖主是吉吉米。买主是莫独和。中介人是比日莫普嘎,给了价值五毫金子的大麦。比日纳纠见证了,给了麻布一块。吉吉米的手印,给了茶叶一块。契约书写人是阿策吉,给了笔墨钱麻布一块。

全文汉译:

其他　537

　　皇朝光绪满三十年的一年,花甲属木的一年龙年,七月十四日属虎的一天。吉吉米把格罗的两块地卖给了哈巴嘎家的莫独和。地款已给了。给了金子一两一钱。东面到沟渠上面,南面到舒勒的地边,西面到沟渠上面,北面到阿普策的地边。要是出现争执,问:吉吉米为什么卖地?因为欠别人的债,所以卖地。卖主是吉吉米。买主是莫独和。中介人是比日莫普嘎,给了价值五毫金子的大麦。比日纳纠见证了,给了麻布一块。吉吉米的手印,给了茶叶一块。契约书写人是阿策吉,给了笔墨钱麻布一块。

　　本契连封面共 189 字(含重复,下同),第 1 行 ☰ zๅ^{33} 草假借作执为赘余字,全契有效记词字数为 188 字。全契 196 个音节,音节数比字数多 8。而契中有双音节字 4 个(☰ sๅ^{33} tshər^{21} 三十、ȵi^{33} me^{33} 太阳 2 次、☰ the^{33} ɣɯ^{33} 文字),三音节字 2 个(☰ i^{33} tsๅ^{33} mɯ^{21} 南方、☰ ho^{33} gv^{33} lo^{21} 北方),音节数比字数正好多 8,也就是说,本契完全地记录了全部语词。

　　全契 189 字中,有哥巴文 7 字: ☰ 2 次、☰ 2 次、☰ 33 次;东巴文 182 字。东巴文中非假借字 49 字: ☰ 将帅 1 次、☰ 田地 5 次、☰ 执 1 次、☰ 木 1 次、☰ 龙 1 次、☰ 虎 1 次、☰ 月 1 次、☰ 太阳、日子 4 次、☰ 一 5 次、☰ 二 1 次、☰ 四 1 次、☰ 五 1 次、☰ 七 1 次、☰ 十 1 次、☰ 三十 1 次、☰ 金子、买 3 次、☰ 沟渠 2 次、☰ 南方 1 次、☰ 北方 1 次、☰ 人 5 次、☰ 天 1 次、☰ 麦子 1 次、☰ 看见 1 次、☰ 麻布 2 次、☰ 石头引申作量词块 3 次、☰ 手 1 次、☰ 文字 1 次、☰ 墨 1 次;假借字 133 字,占东巴文总数的 73.08%。

　　本契还有一些问题值得研究,如衡制问题。第 4 行地价 ☰,木琛先生译作"黄金一锭,重一两",我们译作"黄金一两一钱";第 9 行 ☰ 木琛先生译作"五钱黄金",我们认为是"五毫"。我们在一篇文章中曾说:"《宝山残砖契》说给了纯银 ☰ (二两一钱), ☰ 是举 lv^{21},借作 lu^{33} 两, ☰ 是石头 lv^{33},依字形和读音亦当借作 lu^{33} 两,但按实际位置只能读作 tshia^{21} 钱(或 hɯ^{21} 钱),与本字读音相去甚远,原因何在,尚难解释。"[①]

　　[①] 喻遂生《纳西东巴文地契研究述要》,收入《一生有光——周有光百年寿辰纪念文集》,北京:语文出版社 2007 年版。又收入《纳西东巴文研究丛稿》第二辑,成都:巴蜀书社 2008 年版。

在《白地卖拉舍地契约》中我们也曾碰到以下的句子：☵☰×× ﹀⺀⺁ 纯银二十七两五钱,也是☰、☁对举①。☁ lv³³ 石头虽可引申为块,但这里译为五锭还是不合情理。后来我们到白地实地访问地契的保存者和树昆东巴,白地方言 ☰ 读 lu³³ 两,☁ 读 ru³³ 钱,二者判然有别,问题迎刃而解。纳西族民间衡制单位斤、两以下,各地、各书差异较大,问题比较复杂。又如习惯法问题,本契卖主是吉吉米,他摁了一个手印,为何还要给他酬金茶叶一块。这些都需要深入调查,继续研究。

附录：木琛先生译文

　　光绪三十年,为公木(左起第 1 行)龙年,七月十四日属虎,吉金咪将(第 2 行)格落地方的两块地卖给哈巴高家的构督恒(第 3 行),所付地价为黄金一锭,重一两(第 4 行)。这两块地东以水渠为界、南抵叔里家田地、西至水渠、北抵阿普策(第 5 行)家田地。倘有议论、争执者问：吉金咪因何(第 6 行)卖地？则是因为欠了别人的债(第 7 行)。卖者是吉金咪,买主是构督恒(第 8 行)。介绍人是阿哥牟年高,以价值五钱黄金的大麦(第 9 行)作为报酬。阿哥纳纠是见证人,以一庹麻布为报酬(第 10 行)。吉金咪按下手印的报酬是一饼茶(第 11 行,行末有手印痕)。契约书写者是阿策金,以一庹麻布作为墨钱(第 12 行)。

---

① 喻遂生《东巴文卖拉舍地契约译释》,《中国文字学报》第一辑,北京：商务印书馆 2006 年版。又收入《纳西东巴文研究丛稿》第二辑,成都：巴蜀书社,2008 年版。

《尚书》文本辨异方法对少数民族
手抄文献研究的借鉴意义[*]

黄南津

一 《尚书》的文本、文字歧异以及校理辨伪过程梳理

我国古代汉文献历经千百年的手抄、刊刻流传,产生了极为繁复的文本、文字歧异现象。而传世古籍中,《尚书》的文本、文字歧异以及校理辨伪过程尤为扑朔迷离,自汉代到今天,质疑与反质疑一直没有止息。

上古文献依靠手工传抄,成本高,传承流播艰难。再加秦火销毁,秦法禁止之后,民间保存的文献极少,流传近乎中断。汉朝建立后,废止秦朝酷法,鼓励民间献书。在官府提倡、利禄劝导之下,各种典籍纷纷再现:或凭记忆重新抄录,或偶然残存于民间的古代文本重见天日。《尚书》文本也大体经历过这样的重新面世的过程。据陈梦家《尚书通论》统计,从汉到晋,《尚书》共有伏生本、壁中本、孔氏本、献王本、中秘本、杜林本、孔传本7种文本出现,并列出了各个版本的具体情况[①]:

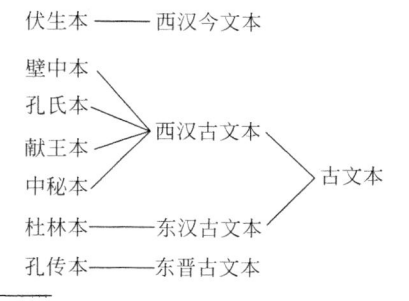

```
伏生本———— 西汉今文本
壁中本 ╲
孔氏本  ╲
献王本 ———— 西汉古文本 ╲
中秘本  ╱              古文本
杜林本———— 东汉古文本 ╱
孔传本———— 东晋古文本
```

---
[*] 基金资助:国家社科项目"《壮族麽经布洛陀影印译注》词汇文字研究"(编号10XZJ0009)。
[①] 陈梦家《尚书通论》,北京:商务印书馆1957年版第35—47页。

其实,汉代还出现了一个明显的伪本——张霸所献上的"百两篇"。《汉书·儒林传》载:"世所传《百两篇》者,出东莱张霸,分析合二十九篇以为数十,又采《左氏传》《书叙》为作首尾,凡百二篇。篇或数简,文意浅陋。成帝时求其古文者,霸以能为《百两》征,以中书校之,非是。"

《尚书》不仅文本有着极大的歧异,文本内容也有极大的歧异现象。钱宗武先生曾说"在古代历史文献中,《尚书》的文字歧异现象十分突出",并探讨了歧异形成的主要原因:

    1.《尚书》在上古的传授方法和历代传抄传刻中产生文字歧异。2.今、古文《尚书》的争辩,《尚书》师承家法的影响以及历代辨证伪书产生文字歧异。3.《尚书》经过隶变和楷化产生文字歧异。4.各种人为因素产生的文字歧异。[①]

《尚书》是重要的传世文献,而文本、文字歧异又如此之甚,因而引起了学者探讨研究的巨大兴趣。孟子的名言:"尽信《书》,则不如无《书》。吾于《武成》,取二三策而已矣"(《孟子·尽心下》),尽管还不是重点针对文字歧异而发,但已启疑古先河。此后,汉代对张霸"百两篇"的校核否定,马融、三国王肃对《泰誓》篇的怀疑辨析开了文本质疑的先声。宋代吴棫、朱熹;明代梅鷟等学者从文辞难易等角度怀疑古文《尚书》,推断为伪作。到清代阎若璩作《尚书古文疏证》,古文《尚书》的文本真伪问题更成为学术界的重大争议问题。

《尚书古文疏证》从篇目、篇名、史实、典制、历法、地理、文辞等方面做了考辨,广泛征引典籍为证,论定古文《尚书》及孔安国传为伪作。

张富祥先生认为:"其辨伪方法集前此之大成,可谓无所不至。"[②]

阎氏此作既出,毛奇龄即作《古文尚书冤词》为《古文尚书》抗辩。此后,有关《古文尚书》的争议一直延续于学界。近年来,随着郭店简、上博简、清

---

    ① 钱宗武《〈尚书〉文字歧异成因说》,《零陵师专学报》1991 年第 4 期。
    ② 张富祥《〈古文尚书〉辨伪方法异议》,载于山东大学文史哲研究院古典文献研究所编辑《古籍整理研究与中国古典文献学科建设国际研讨会论文集》。

华简的陆续出现,《尚书》的文本、文字歧异辨证论争并不随材料增加而尘埃落定,反而日渐激烈,当然也日渐深入。

可见,延续千年的《尚书》文本、文字歧异辨证论争,对文献校勘辨伪的理论与实践都起到了极大的促进作用。

二　壮族手抄文献的源流与现状梳理

我国拥有文字的少数民族,也有着各种类型的文献。这些文献与汉文献相比较,尽管有产生年代、数量、质量上的差异,但它们既是本民族的珍贵文献,同时也是中华民族的重要文献。

壮族是我国人口最多的少数民族,主要聚居于广西。根据 2010 年全国第六次人口普查数据,广西壮族人口 1444.85 万人,占全自治区总人口的 31.39%[①]。壮族的民族语言是壮语,属汉藏语系壮侗语族壮傣语支,内部分为南北两大方言区。

壮族古无文字,后来,一些掌握了汉字的壮族知识分子借鉴汉字造字方式,借用汉字或利用汉字部件,创造出用以记录壮语的民族文字,即方块壮字,壮语称之为 saw ndip,意为生字,不成熟的字。

据目前资料看,方块壮字所见最早实例为广西上林县的唐永淳元年(682 年)摩崖石刻,宋代以后使用广泛,范成大《桂海虞衡志》、庄绰《鸡肋篇》和周去非的《岭外代答》等著作皆有所记载。如《桂海虞衡志》中描述"边远俗陋,牒诉券约,专用土俗书,桂林诸邑皆然……余阅讼牒二年,习见之"。

历代壮族先民运用方块壮字记录生活的诸多方面,经长期创作积累,形成了大量的手抄文本。这些手抄文本实质上就是保存于民间的壮族文献,是壮民族文化传承的重要载体。梁庭望先生把方块壮字文献分为宗教经书、碑碣、讼牒、契约、谱牒、信函、记事、民歌、长诗、剧本、说唱等十一个方面[②]。

[①] 数据来源:http://news.gxtv.cn/20110705/news_212218517511.html。
[②] 梁庭望《方块壮字及其文献新探》,载于《壮文论集》,北京:中央民族大学出版社 2007 年版。

方块壮字及其文本记录一直只在民间手抄流传,方块壮字至今还是一种"活"文字,壮族人民仍然还在使用它记录民歌、口传作品等。方块壮字造字灵活,使用者根据所记录的壮语语音随时可以创造新字,因而其文本有着很强的地域性和个体特色,释读理解难度较大。

壮族在历史上没有建立过独立的政权,方块壮字从未得到官方的规范和认可,也没能发展成为壮族的通用文字。其文献只能在民间以手抄形式传承。随着拼音新壮文的出现、文化大革命的浩劫及汉语文在壮族地区的进一步普及,方块壮字趋向衰落,手抄文献也在逐渐失传,亟待抢救和保护。其中,破坏性最大的无疑是文化大革命时期,禁止民间宗教活动及正常的山歌传唱,把民间抄本当作革命对象予以毁禁,大量的民间抄本自此消失。

笔者从 2006 年至 2009 年带领学生选择了 6 个壮族人口占人口比例 80% 以上的壮族聚居县份,调查壮族手抄文献及方块壮字使用情况,发现民间尚保存着数量可观的方块壮字手抄文献,其抄写年代较为晚近,多是近年重新抄录或创作的文本。其中存量最大、使用最频繁的是民间宗教书籍、山歌和民间故事,使用者群体人数最多的是麽公(壮族民间法师)与民歌手,调查分析结果已经写成文章发表在《中央民族大学学报》《暨南学报》《广西民族研究》等刊物上。

方块壮字文献中目前已整理出版的有《壮族麽经布洛陀》《嘹歌》等,其中《壮族麽经布洛陀》列入了第一批国家非物质文化遗产保护名录。全国和广西的珍贵古籍名录也收录了一些方块壮字文献。这些民间抄本已经开始从自生自灭转向逐步得到社会承认,进入学术视野。

在壮族手抄文献中,《壮族麽经布洛陀》为公认的重要典籍。布洛陀是壮族神话中开天辟地、创造万物的创世神,在壮族民间广泛存在着麽教信仰,布洛陀被认为是麽教的主神,所以在壮族民众心目中布洛陀有始祖神、宗教神等多重身份。壮族学者覃乃昌认为:"壮族及其先民崇奉布洛陀为创世神、始祖神、宗教神和道德神,并遵从其旨意调解人与自然、人与社会、人与人之间的关系,以求得自身的生存和发展的观念性体系。布洛陀文化是一个体系,它包括布洛陀神话文化、布洛陀史诗文化、布洛陀宗教文化、布洛陀始祖文化、布洛陀歌谣文化等,其内涵丰富,具有重要的历史价值、文化价值和学术价值。"①

广西民族出版社出版的《壮族麽经布洛陀影印译注》,较完整地搜集了《布洛陀》在民间流传的各种版本,其原始资料来源于广西壮族自治区百色市右江区、田阳、田东、那坡和河池巴马、东兰、大化及云南省西畴等市县壮族民间,共8卷,计29个手抄本,每个抄本自成一体。

《布洛陀》内容丰富,包罗万象,从自然万物到人间百态无所不有,从远古原始时代到近代阶级社会壮族先民的社会生活和生产生活等各个方面都囊括其中,堪称壮族的百科全书。这些内容分散于《布洛陀》29个版本中,归纳起来主要有以下几类:

1. 讲述布洛陀开创天下,创造天地万物,造干栏,造火,造土官,造文字历书,请布洛陀等各路神化解父子、婆媳之间的矛盾,禳除各方殃怪,保佑做法事的主家平安、富贵、长寿、和谐等。

2. 众神创造万物,混沌使祖宜婆受风孕产下布洛陀等十个子女,布洛陀教授孤儿麽教法事,布麽请众神前来化解祖王和汉王两兄弟的恩怨,杀牛祭祖、超度亡灵,告诫人们要孝顺父母。

3. 叙述稻谷的来历和赎招稻谷魂的过程,祈求来年年景好转。

4. 讲述汉王和祖王兄弟相争,汉王被害,降天灾人祸申冤报仇,祖王请布麽做麽禳解冤仇,最终兄弟和好。

5. 叙述掌管阴间地狱里殇死者的鬼王王曹的故事,主家请布麽来为殇死的父母安魂归宗,保佑死者亲人平安如旧,兴旺如初。

该书完整保留了原手抄本的经文原始面貌,语音上严格按照手抄本流传地方的壮语方言记音拼写,并配有国际音标、现代壮文、汉语译文,是目前最为可信的《布洛陀》版本。

三 《尚书》文本辨异方法对少数民族手抄文献研究的借鉴意义

从上梳理可知,《尚书》文本、文字歧异现象主要产生于手抄传承阶段,

---

① 覃乃昌《布洛陀文化体系述论》,《广西民族研究》2003年第3期。

秦朝焚书这一特殊的历史文化原因使传承环节不够正常，又恰逢文字书体变异、文本重新出现的时间与方式不同而导致繁复的文本、文字歧异。由于《尚书》自身具有的最早史籍、五经之首等崇高地位，使人们无论从统治思想角度，还是学术研究角度，都不能舍弃其厚重蕴含，也无法忽略搁置。为此，人们多方寻求理论与方法，企图探讨并解决其文本、文字歧异问题。

壮族手抄文献，尤其是《壮族麽经布洛陀》的存在状态，与《尚书》在汉代的境况有很多相同之处：

1. 传承方式都是手抄流传，都经历过被禁止、被销毁的艰难传承历史过程。

2. 在本民族中，都具有极为重要的意义与价值。

3. 流传过程中产生了大量的文本、文字歧异，整理、释读存在着很大困难。

姜亮夫先生曾经很直率地说：

"把先秦文献这部分书籍中所有的主要问题胪列出来后，可以用"辨伪"一词来分解。能辨伪，则我们的研究算是能得其真，才算有价值，不然只是说些废话，乃至于假话，又有什么意思。不仅是无效劳神，而且是有害的虚伪结构。

这不是一件小事或一件简单的事，是很复杂、很繁琐的任务，关系到对文化忠实还是虚伪，对历史忠实还是混淆的大问题。

大体说来，先秦典籍有（一）全真而小伪，（二）半真半伪，（三）全伪，（四）真伪杂糅这么四种形态。总起来看几乎可说无一书是全真的。"[①]

姜先生进一步探讨致伪原因，总结了几点：

1. 文字变迁的原因；2. 方言差异的原因；3. 区域性历史加入中原历史的"混同"之伪。[②]

---

① 姜亮夫《古籍辨伪私议》，《学术月刊》1983 年第 6 期。
② 姜亮夫《古籍辨伪私议》，《学术月刊》1983 年第 6 期。

姜先生所论与壮族手抄文献目前状况有很大的相同点,也就具有很强的指导性。

壮族手抄文献的整理研究起步不久,整理研究方法亟需完善。借鉴已经取得丰富经验,具有坚实基础的汉文献整理研究方法,尤其是《尚书》文本、文字的辨异方法,有助于加快奠定民族文献整理研究理论基础。在研究整理中,当然不能排除文本辨伪。

归纳以上探讨,我们认为,借鉴汉文献,尤其是《尚书》文本、文字辨异整理研究的历史经验,对壮族手抄文献做深入的整理研究,是推进壮族研究的必要途径与方法,为此,目前需要加快进行以下工作:

1. 对方块壮字进行全面深入的整理分析,总结其文字构成规律,细致辨析字形字义,形成大型字典、专书词典等工具书系列。

2. 对壮语本体及其方言进行广泛的调查与研究,形成更系统细致的壮语语法、词汇、方言语汇等规范性著作。工具书系列。

此两项可为手抄文献整理研究奠定坚实的语言文字、文本释读基础,同时也是壮族文化生存发展的重要基石。

3. 广泛调查、综合运用汉文献及其他民族文献记载、壮族民间口传历史、文学等材料,进一步释读、校理壮族手抄文献文本,辨识真伪,求得正解、甚解。

我国的其他少数民族,如瑶族也有"盘王券牒"、《密洛陀》等民族文献,其面临的问题也大体如同壮族手抄文献。此文探讨的问题,也可推广到其他少数民族文献的校理研究。

湖北黄冈话的"茅针儿"
——为作藩师九十华诞而作

孙玉文

2000年左右,我还在湖北大学任教。当时我请作藩师去湖北大学讲学。在此之前,由于作藩师对苏轼情有独钟,曾于1990年发表过《苏轼诗韵考》这篇名文。讲学之余,我得知作藩师还没有到过黄州,参观东坡赤壁,于是相邀他老游览赤壁,留下美好回忆。返回武汉,得经过跟黄州一江之隔的鄂州。将要离开黄州时,作藩师说,他老吃过不少武昌鱼,但还没有吃到最正宗的武昌鱼——樊口鳊鱼;樊口就在鄂州城关的边上,正好顺道,因此希望这次能如愿。我让司机专门绕道鄂州的樊口大闸,在大闸旁边的一家酒店里吃到了真正的武昌鱼。这件事情过去了十七年左右了,当年作藩师兴高采烈的神情我还历历在目。现在,作藩师已登上寿,恭祝他老福寿绵绵。

讲到黄州赤壁,我不由得想起了我所钟爱的一个研究方向:黄冈话的本字考证。我从十七岁离开故乡黄州,迄今已过去了三十七个年头了。"仍怜黄冈语,万里助研磨",我利用黄冈话写过好几篇本字考证的文章,还提出了"音经义纬"的考本字方法。但是黄冈话有的词儿的本字确实难考,这些词儿常常萦绕在我的脑海。"茅针儿"就是其中的一个,最近我才把它考证出来。适逢作藩师九十华诞,谨以此文为先生祝寿。

有一种植物,黄冈话叫"茅针儿"。茅针是我们小时候经常吃的一种野生植物——白茅在初生阶段的当地叫名。它的茎、外皮是嫩绿色的,里头是它含的苞。苞是尖尖的、白白的,味甘。白茅这种植物,还没有抽穗开花时,是尖针状的,所以叫"茅针儿"。茅针肉就在茎里面,实际上是白茅的苞。到了春天,趁茅针儿还很嫩,小朋友呼朋引伴,到野外去"抽茅针儿",将它的茎拔出来,剥去外层的皮,吃里面的白色的茅针肉,软软的,很甜,很爽口;茅针儿如果抽穗,从茎里冒出来,味道就变苦,也就错过了吃它的好时节,再也没有小朋友去吃它。"茅针儿"这个词儿,黄冈话读[mautʂər]。前面那个音节是阳平,跟"毛"同音;后面那个音节带儿化,读阴去。由于没有音义上对得严丝合缝的字,因此一直冥思苦想而不得。

　　直到现在,我只要回忆小时候见过的植物,就会想起它。因此,我很想知道它的本字是什么。今天,我再次翻阅《本草纲目》,在卷十三《草部》"白茅"条的《集解》发现有这样的话:"《别录》曰:'茅根生楚地山谷田野,六月采根。'弘景曰:'此即今白茅菅。《诗》云:露彼菅茅,是也。其根如渣芹甜美。'颂曰:'处处有之。春生芽,布地如针,俗谓之茅针。亦可啖,甚益小儿。夏生白花茸茸然,至秋而枯。其根至洁白,六月采之。又有菅,亦茅类也。陆玑《草木疏》云:菅,似茅而滑,无毛,根下五寸中有白粉者,柔韧,宜为索,沤之尤善。其未沤者名野菅,入药与茅功等。"一看就知道,这就是我小时候经常采摘的茅针儿,得来全不费工夫。(史世勤、贺昌木主编《李时珍全集》第2册,湖北教育出版社,2004年,1179页)

　　黄冈话的"[mau]"跟"茅"语音上完全对应;"针"黄冈话阴平,不读阴去,对不上。从我懂事时起,"[mautʂər]"从来都儿化,没有不儿化的。这大约是我很长时间无法找到本字的一个重要原因。黄冈话儿化各具体地点有所不同,王家店、陈策楼等地有些字儿化后有一个特点,就是第二个字都变成阴去,不管原来是不是阴去。例如"玩意儿","意儿"阴去;"叫叫儿"(哨子),"叫儿"阴去;"钥匙儿","匙儿"阴去;"荷包儿"(口袋),"包儿"阴去;"踞头儿"(膝盖)、"石头儿"、"舌头儿","头儿"阴去;"麻木儿"(摩托车),"木儿"阴去;"眼睛儿"(眼睛),"睛儿"阴去;"疙瘩儿","瘩儿"阴去;"尾巴儿"、"嘴巴儿","巴儿"阴去;"山巴佬儿","佬儿"阴去。"蜻蜓"黄冈话叫"蟭蟭儿","蟭儿"阴去。"蟭蟭"本是一种小蝉。《诗·卫风·硕人》"螓首蛾眉"郑玄笺:"螓谓蟭蟭也。"孔颖达疏:"此虫额广而且方。此经手、肤、领、齿举全物以比之,故言如'螓首蛾眉。'"《方言》第十一:"(蝉)其小者谓之麦蚻,有文者谓之蟭蟭。"这种小蝉形似蜻蜓,故黄冈话引申指蜻蜓。这种儿化带有声调的变化,常常带有喜爱的感情色彩,尤其是小孩儿用得多。这种音变,不限于儿化,非儿化的词中也有一些,如"亲戚"的"戚"也读阴去。所以,"针儿"读

[tʂɚ],也符合这个音变规律。

汪化云教授见告,团风县的方高坪、淋山河一带"茅针"不儿化,仍管"茅针"的"针"读成阴平,正好证明我将"茅针儿"的后一个音节本字定为"针"是正确的。刚好,方高坪管一种似山楂而小,为茅草中的灌木之果叫"茅楂儿",儿化,也是后一个音节读阴去,跟我的家乡王家店、陈策楼一带读音相同。另据余忠同志见告,他的家乡麻城话,也有"茅针"这个词儿,"针"不儿化,读阴平。麻城是原来黄冈县的邻县,今升格为麻城市,隶属于黄冈市。这都从一个侧面印证了我的推断,黄冈话中的"茅针儿"的后一个音节是"针儿"变来的。

团风县原来属于黄冈县,前些年将黄冈县一分为二,一半划为黄州区,剩下的一半析置团风县。汪化云教授注意到团风县的"轻声读阴去"的现象,包括我所说的这种音变。他的文章是《团风方言中的"轻声读阴去"现象》,2013年登载在《语言学论丛》第四十七辑上。他指出:这种音变,不受前面一个音节的影响。他的观察是对的。他由此将这种音变叫作"自主的调类的轻声",并指出这也是一种"词调模式化"现象,将原来的轻声调整为高升的阴去调35调,从而对黄冈话音高偏低做出补偿。这是他的一种分析。

"茅针"一词至晚宋代已产生,此后代有用例。例如《宋诗抄》中《石湖诗抄》范成大(1126—1193,今江苏苏州人)的《晚春田园杂兴》十二首之八:"茅针香软渐包茸,蓬櫑甘酸半染红。采采归来儿女笑,杖头高挂小筠笼。"可见宋代,"茅针"一词已经出现,当时孩子们喜欢吃茅针。

明陆深(1477—1544,今上海人)《俨山集》卷二十二《江东竹枝词四首》之二:"二月春风满地铺,茅针芦笋一齐粗。海门东来春潮上。春水连潮漫白涂。"

明李中梓(1588—1655,今江苏松江人)《本草征要》:"茅针溃痈,茅花止血。甘寒可除内热,性又入血消瘀,且下达州都,引热下降,故吐血衄血者急需之。"

明真哲说、传我等编《古雪哲禅师语录》卷二十《佛事》:"《扫黄岩受业本师塔》:'茅针出土快于针,一语曾蒙奖诱深。今日鸳鸯亲绣出,虚空刺破血淋淋。'师父还记得同在湖广黄安天台山中打七时话么,'你若先悟,我转拜你',二十余年,言犹在耳。"

《六十种曲》载明吾邱瑞《运甓记》第十三出《牛眠指穴》:"以有茅针乌堵,雀梅蚕豆;以有毛桃鲜笋,野菱芋头;以有炒田螺,闸篰蟹;以有烧黄蟮,煮泥鳅。"

明卢之颐《本草乘雅半偈》:"【核】曰:出楚地山谷,及田野,所在亦有。春生苗。布地如针,俗呼茅针。三四月开花作穗,茸白如絮,随结细子。至秋乃枯,根名茹。"

清多隆阿(1817—1864)《毛诗多识》卷二《召南》"野有死麕,白茅包之"条:"茅,野草,处处有之,高数尺,茎叶似竹。秋末结穗,白花如絮,随风飞扬,似苇而细。春生芽,尖锐刺人,俗名茅针。秋老花飞,古名茅秀,今名白茅。根长远出,白软如筋,有节。来年逐节生茅,最易繁生之草。似苇而不及苇之高大,似荻而不同荻之中实。俗多用之覆屋,或以作薪。而古人则尚其洁,借以将礼。"

清屠继善(清浙江会稽人)《恒春县志》(恒春县,清置,在台湾南部)(光绪年间)卷九《草之属》"茅":"《湖雅》曰:'茅根、茅针,并入药品。'按,《本草》:'茅针,初生苗也。'"

清张秉成《本草便读(光绪年间成书)》的《草部·山草类》:"茅针却异茅花。(原注:茅根,此物自本经以下诸家《本草》皆未云可以发表,今人皆用之发表。未知何意。)"

由此可见,黄冈话的这个"茅针儿"最晚宋代已经出现了,《本草纲目》提到宋代苏颂(1020—1101)《本草图经》已经注意到这个词,比同时代的范成大要早一点。查苏颂《本草图经》卷六"茅根"条,正有此语,文字略异:"茅根,生楚地山谷田野,今处处有之。春生苗,布地如针,俗间谓之茅针。亦可啖,其益小儿……今人取茅针,以傅金疮,塞鼻洪,止暴下血及溺血者,殊效。"这个词迄今已有千年的沿用历史了。

这个词儿不仅见于湖北黄冈,还见于其他一些汉语方言。根据《汉语方言大词典》,834页有:

【毛针】〈名〉茅草的嫩蕊。(1)江淮官话。江苏盐城[mɔ213 tsən31]

清明时节扚～。(2)西南官话。云南腾冲[mautsən]走到山上去口([ti]～吃)。(3)吴语。浙江宁波。

这里的"毛"本字是"茅",不是"毛","针"字仍然读阴平。3160页:

【茅针】〈名〉茅草的长条的骨朵。吴语。上海崇明[ɦmɔ24 tsən55]。

使用"茅针"一词的方言不可能只有这么几处,宋代以来的诸多文献材料多次出现此词,我在上面所列的只是其中的一部分,这些材料就是证明"茅针"使用地域比较广泛的最好证据。苏颂等人说,茅针原来生楚地山谷田野,他所说的楚地,大概包括今黄冈,因为春秋战国时,黄冈属楚国。因此,"茅针"这个词儿说不定是从黄冈等一带楚地扩散到其他地域的。

我在《谈谈方言史研究中的考本字和求源词》(载《文献语言学》第二辑,中华书局,2016年)一文中注意到读音例外会影响到考本字。"茅针儿"的"针儿"读阴去也许不算读音例外,也会影响到考本字。本文可算是对上述文章的一个补充。

简论滕子京重修岳阳楼之年份*

杨荣祥

江南三大名楼之一的岳阳楼,传说肇始于三国时期鲁肃的阅军楼,历史上也曾被称之为巴陵城楼、洞庭楼,至唐代始有"岳阳楼"之名,见于李白、杜甫、孟浩然等人的诗作。据何林福(2013),"岳阳楼大的修葺有史可考的达48次"(P12),其中最为知名的一次当是北宋滕子京重修岳阳楼,这与范仲淹的名作《岳阳楼记》有关。

然而,滕子京重修岳阳楼的准确年份却是有疑问的,造成疑问也与《岳阳楼记》有关。上个世纪末出版的《湖南省志·卷二十八·文物志》说:"北宋庆历四年(1044),滕子京谪守巴陵郡,第二年修岳阳楼,并请范仲淹写了有名的《岳阳楼记》。"(445页)《岳阳楼志》所记与此相似:滕子京"庆历五年主持重修岳阳楼。次年楼成,范仲淹应滕子京之请,撰写了《岳阳楼记》。"而宋来峰(1980)则认为,滕子京重修岳阳楼应该是在庆历六年。熊宪光、柴剑虹(1981)对宋来峰的观点进行了辩驳,认为应该是庆历五年。何林福(2013:P46)在参引了宋来峰的文章后,也主张应该是庆历五年,而不是庆历六年。为什么会有这种分歧,主要是因为范仲淹的《岳阳楼记》里说:"庆历四年春,滕子京谪守巴陵郡。越明年,政通人和,百废俱兴,乃重修岳阳楼,增其旧制,刻唐贤今人诗赋于其上。属予作文以记之。"这里有两处涉及滕子京任职巴陵郡和重修岳阳楼的时间,一是"庆历四年春",一是"越明年"。

---

* 附记:笔者曾撰短文《〈岳阳楼记〉"越明年"考释——兼论滕子京重修岳阳楼之年份》,载《中国典籍与文化》2011年第4期,主要是从语言文字解释的角度,论证"越明年"是过了第二年,即第三年的意思,从史实的角度考证滕子京重修岳阳楼的年份不够充分。今补充这方面的论证,以申论滕子京重修岳阳楼确实是在庆历六年(1046)而不是庆历五年(1045)。谨以此短文,恭贺唐作藩先生九十大寿。

尤其是"越明年",到底是哪一年。要坐实"越明年"的真实年份,又涉及对"越"的理解。

"越",很多书上说是介词,通"粤",是"到"的意思,"越明年"即到了第二年。如《古代散文选》:"[越明年]到第二年。越,及,到。这个'越'不作'越过'讲。清人王引之《经传释词》卷二引《尚书·召诰》里边一些有这类'越'字的语句,如'惟丙午朏,越三日戊申'等,释'越'为'及',今从其说。"郭锡良等《古代汉语(上)》"越:到。"(北京出版社1981年版。后来由天津教育出版社1991年出版的修订本及商务印书馆1999年出版的修订本删去了这条注释)历年各种版本的中学《语文》课本大约都将"越明年"注成"到了第二年",而据侯盈(2014),人教社的《语文》课本,"1994年版注为'[越明年]到了第二年,就是庆历五年(1045)';2002年版注为'[越明年]到了第三年,就是庆历六年(1046)';2005年版注为'[越明年]到了第二年,就是庆历五年(1045)。越,及,到。"居然反复不定。

"越明年"如果是"到第二年",滕子京重修岳阳楼自然就应该是庆历五年。我们认为把"越明年"解释为"到第二年"是不对的。我们很赞成宋来峰的观点,不过宋文论述很简短,也没有结合另外一种重要的材料——滕宗谅(滕子京)写给范仲淹的《与范经略求记书》来分析。本文拟结合对范仲淹的《岳阳楼记》、滕宗谅《与范经略求记书》(以下简称《求记书》)中有关字句的解读,参考《宋史》所记有关滕宗谅、范仲淹的史实,证明滕子京重修岳阳楼乃是在庆历六年。

据《宋史》滕宗谅本传,滕宗谅"有谏疏二十余篇",未记其他诗文,但《隆庆岳州府志》载有滕宗谅(滕子京)写给范仲淹的《与范经略求记书》(多有错讹,今据《全宋文》卷三九六),节录如下:

"……巴陵西跨城闉,揭飞观,署之曰'岳阳楼',不知做落于何代何人。自有唐以来,文士编集中无不载其声诗赋咏,与洞庭、君山率相表里。宗谅初诵其言,而疑且未信,谓作者夸说过矣。去秋以罪得兹郡,入境而疑与信俱释。及登楼,而恨向之作者所得仅毛发尔……自是日思以宏大隆显之,亦欲使久而不可废,则莫如文字之垂信。乃分命僚属,于韩、柳、刘、白、二张、二杜逮诸闻人集中,摘其登临寄咏,或古或律、歌诗并赋七十八首,暨本朝大笔如太师吕公、侍中丁公、尚书夏公之众作,榜于梁栋间。又明年春,鸠材僝工,稍增于旧制。然古今诸公于篇咏外,率无文字称记。所谓岳阳楼者,徒见夫屹然而踞,岈然而负,轩然而竦,伛然而顾,曾不若人具肢体而精神未见也,宁堪乎久焉?"

这里也有两处提到时间,一是"去秋以罪得兹郡",一是"又明年春,鸠材僝工,稍增于旧制"。这两个时间,对确定滕子京重修岳阳楼的准确年份非常重要,试论之如下。

"去秋"可以证明滕宗谅给范仲淹写《求记书》的时间,那就是庆历五年。有人说"去秋"不是指去年秋天,而是泛指过去的时间,依据是(一)"去"有"已过去的"的意思,所以"去秋"可泛指已过去的岁月,(二)《岳阳楼记》明确说滕子京是"庆历四年春,滕子京谪守巴陵郡",所以"去秋"肯定不是庆历四年秋天(见罗生,1986)。这是强作解人,文献中没有用"去秋"表示"已过去的岁月"的用法。至于说为什么《岳阳楼记》说的是"庆历四年春,滕子京谪守巴陵郡",而滕子京自己却说是"去秋以罪得兹郡",这是因为朝廷任命时间与滕子京实际到任的时间有间隔。据《宋史》卷三百〇三卷"滕宗谅传"和三百〇四卷"范仲淹传",滕宗谅是在知泾州任上,被御史梁坚参劾被贬的,初贬知虢州,御史中丞王拱辰"论奏不已,复徙岳州"。这是庆历四年春的事。而我们知道,以古代的交通条件,从北方的泾州到南方的岳州,路途必需时日,所以滕宗谅被贬谪确是春天的事(范仲淹当然完全清楚,因为滕宗谅被参劾,"仲淹时参知政事,力救之"),而到达任职地岳州,则已是当年的秋天,这一点也不奇怪。据此,《求记书》的"去秋"就是庆历四年秋,那么,滕子京给范仲淹写《求记书》自然就是庆历五年。又有人认为,《求记书》署的时间是"六月十五日",没署年份,而《岳阳楼记》署的时间是"庆历六年九月十五日",如果滕宗谅的信是庆历五年写的,范仲淹写个"回信"怎么需要一年零三个月的时间?其实这不是问题。因为滕宗谅在《求记书》书中已经告诉了范仲淹他计划重修岳阳楼的时间(详下文),范仲淹没必要立马"回信"。再说,这也不是普通的"回信",而是应请求写一篇"取重于千古"的《岳阳楼记》，不是说写就能够写出来的。而且，据《宋史》三百〇四卷"范仲淹传"，庆历五年六月，范仲淹还在"资政殿学士、陕西四路安抚使、知邠州"任上（所以滕宗谅的《求记书》开头的称谓是"邠府四路经略安抚资政谏议"），而庆历五年十一月，范仲淹已经"以疾请邓州，进给事中"，就是以身体有病为由请求解除边任，实则是改革失败受到排挤（参见何林福 2013，P55；P63）。如果滕子京是庆历六年致信范仲淹，开头的称谓就不应该是"邠府四路经略安抚资政谏议"。据此可以肯定滕子京写《求记书》的时间是庆历五年，那么"去秋"就无疑是庆历四年秋。

再看第二处提到的时间"又明年春，鸠材僝工，稍增于旧制"。古文中"明年"都是指第二年，这是常识。庆历五年的"明年"，自然就是庆历六年。有人说"又明年"是第二个明年，所以是庆历六年，这是望文生义。"又"在这里不是"又一个"的意思，而是表示"再报告一件事"，即"明年春，鸠材僝工，稍增于旧制"这件事。书信中，在接下来要说新的事情时，经常会用这种"又"，"又"在这里管辖的范围是整个"明年春，鸠材僝工，稍增于旧制"，其实"又"后是可以点断的。

这里需要先分析一下《求记书》的宗旨和内容层次。宗旨当然是请范仲淹写一篇"取重于千古"的名胜题记，为什么要有这么一篇题记呢？因为"窃以为天下郡国，非有山水环异者不为胜，山水非有楼观登览者不为显，楼观非有文字称记者不为久，文字非出于雄才巨卿者不成著。"如"豫章之滕阁"（即滕王阁，有王勃的《滕王阁诗并序》和韩愈的《新修滕王阁记》），"九江之庾楼"（晋庾亮镇守江州时所建，白居易作过《庾楼晓望》），"吴兴之消暑"（原名"镇湖楼"，后改名为"消暑楼"，有颜真卿题额），"宣城之叠嶂"（又名"谢朓楼"，李白有《宣城谢朓楼饯别校书叔云》诗。唐末改建后易名为"叠嶂楼"）皆因有名人称记而声名远播，经久不衰。岳阳楼虽然有古今诸公的"声诗赋咏"，却"率无文字称记"。为什么要请范仲淹来写呢？一是因为他们俩是好友，是知己（两人同年进士，滕宗谅的仕途多得范仲淹提携，滕宗谅是范仲淹改革的拥护者，滕宗谅 57 岁病逝，是范仲淹写的墓志铭），二是因为范仲淹"文章器业凛凛然为天下之特望"，是有地位、有名望，且是自己景仰的文章高手。再看《求记书》的内容层次。首先说明，名胜必须有"文字称记"；其次说明岳阳楼虽然有唐代及本朝名人的"歌咏并赋",但"率无文字称记";再次汇报自己就岳阳楼做的有关事情;最后提出请求。其中汇报自己到任后做的事情是很重要的,否则为什么会想到请范仲淹写题记呢?特别是我们应该知道,范仲淹的地位比滕宗谅高许多,滕宗谅知泾州,是范仲淹推举的,滕宗谅遭弹劾被贬,最终还能够保留知岳州的位置,也是范仲淹力保才得到的结果(参《宋史》卷三百三卷"滕宗谅传")。两人的这种关系,滕宗谅求范仲淹写文章,汇报自己所做的事情是自然的。有关事情包括:一,编辑了有关岳阳楼的题咏并刻于梁栋间(范仲淹所谓"刻唐贤今人诗赋于其上"),并写了一篇《岳阳楼诗集序》(见《岳阳纪胜汇编》卷四,明钞本。据《全宋文》卷三九六);二,稍增于旧制(范仲淹所谓"重修岳阳楼,增其旧制")。第一件事是滕子京给范仲淹写信的当年即庆历五年(1045年)就已经做好了的,第二件事是计划下一年(即庆历六年)春天开始做的,故明言"明年春"。要修葺岳阳楼,而且要"稍增于旧制",是需要筹划的,所以要"鸠材僝工"。

　　滕子京是怎样"鸠材僝工"的呢?据宋人司马光《涑水纪闻》:"滕宗谅知岳州,修岳阳楼,不用省库钱,不敛于民,但榜民间有宿债不肯偿者,献以助官,官为督之。民负债者争献之,所得近万缗……楼成,极雄丽,所费甚广……"(据《岳阳楼志》引)这样的"鸠材僝工"显然是需要事先筹划,需要时间的。等到费用筹集到位,才可能动工重修岳阳楼。滕宗谅重修岳阳楼,为什么既"不用省库钱",也"不敛于民"?这一方面与他做人为官的原则有关,也与他此前遭贬谪的经验教训有关(据《宋史》卷三百三卷"滕宗谅传",其遭贬谪,就是因为动用公款"大设牛酒迎犒士卒",被人弹劾)。

　　现在我们再回过头来看《求记书》和《岳阳楼记》二文中涉及的几个时间。《求记书》说"去秋以罪得兹郡",《岳阳楼记》说"庆历四年春……",二者的差别在于前者说的是到任的时间,后者说的是朝廷任命的时间,不需做什么特别的解释。《求记书》署的时间是六月十五日,未署年份,但从"去秋……"可知是写于庆历五年无疑。《求记书》说"又明年春,鸠材僝工,稍增于旧制",《岳阳楼记》说"越明年……乃重修岳阳楼,增其旧制",二文说的时间是同一年。庆历五年的《求记书》说"明年春",肯定是庆历六年,范仲淹读了《求记书》,知道滕子京将于庆历六年动工重修岳阳楼,所以他说的"越明年"也一定是庆历六年。

综上,将"越明年"解释为"到(了)第二年"是不可取的。《说文解字》:"越,度也。从走,戉声。"字从"走",为动词,即"越过"的意思。《岳阳楼记》中的"越明年"其实就是用的本义,"越明年"就是过了第二年,也就是第三年。"越"根本不是与"粤"通假。"越"通"粤",做介词,于古有证,这并非王引之发明,刘淇《助字辨略》、段玉裁《说文解字注》、阮元《经籍纂诂》等都曾提到。但在《岳阳楼记》中,"越"并不通"粤",当然也不是"及,到"的意思。而且,从文法上讲,"越明年"不可能是一个介宾结构。文言文中,"明年"位于谓词性成分之前表示时间的用法,如果就是表示"第二年"的意思,是不用加介词的。我们调查了《左传》《史记》《汉书》《三国志》《贞观政要》等文献,"明年"用例极多,其前均无介词,只有《史记》有一例"至明年春,吴王北会诸侯于黄池,吴国精兵从王,惟独老弱与太子留守。"(《越王勾践世家》)但这个"至"含有"一直等到"的意思,"明年春"前用"至"是为了强调时间流逝的过程。如果"明年……"只是表示第二年如何如何,"明年"前绝对不用介词。或据杨树达《词诠》,认为此"越"为"语首助词,无义",但是,如上我们已经证明滕子京重修岳阳楼确实是在庆历六年,如果"越"无义,则"越明年"就是庆历五年了,这与史实不符;而且,古书中也没有"明年"表示"第二年"时在其前加"无义"的"越"的通例。所以,从词义训释和文法惯例解释的角度来看,也应以将"越"看作"越过"义的实义动词为优。

本来,根据《求记书》,滕子京于庆历六年重修岳阳楼是没有疑问的,可是因为《岳阳楼记》里一个"越明年",使得后人产生了误解,这种误解源自采用"高深"的训诂,将"越"看作"粤"的通假字。其实,以通假"粤"解释也是没有什么直接证据的,不能因为古书中有"越"通"粤",就可以肯定"越明年"的"越"一定也通"粤",古文文例,凡表示"第二年",都是直接用"明年",用不着在其前加介词或什么"句首助词"。

参考文献

郭锡良等(1981)《古代汉语》(上),北京:北京出版社。
湖南省地方志编纂委员会(1995)《湖南省志·卷二十八·文物志》,长沙:湖南人民出版社。

湖南省地方志编纂委员会(1997)《岳阳楼志》,长沙:湖南人民出版社。
何林福(2013)《岳阳楼史话》,长沙:湖南地图出版社。
侯盈(2014)《"越明年"到底指哪一年》,《咬文嚼字》第11期。
罗生(1986)《一份研究〈岳阳楼记〉的珍贵资料——读滕宗谅〈与范经略求记书〉》,《云梦学刊》第1期。
人民教育出版社中学语文编辑室(1963)《古代散文选》,北京:人民教育出版社。
四川大学古籍整理研究所编(1990)《全宋文》,成都:巴蜀书社。
宋来峰(1980)《"越明年"辨》,《北京师范大学学报(社会科学版)》第6期。
熊宪光、柴剑虹(1981)《也辨"越明年"》,《北京师范大学学报(社会科学版)》第1期。

唐作藩先生《汉语音韵学常识》等三本书编后记

乔 永

一

唐作藩先生是湖南省洞口县人，出生于1927年5月，今年是他90岁诞辰。唐先生师从王力先生，上世纪50年代起，毕生致力于古汉语音韵学教学和研究，硕果颇丰。即将在商务印书馆出版的《汉语音韵学常识》《学点音韵学》《普通话语音史话》是唐作藩先生自二十世纪五十年代末以来写的几部重要的音韵学普及读物。此外，唐先生有关音韵学的还有《音韵学教程》《上古音手册》《汉语语音史教程》和《汉语史学习与研究》等著作，影响了几代读者。

唐先生还参与编纂了很多辞书，是中华书局《王力古汉语字典》的作者之一，是商务印书馆长销书《古汉语常用字字典》重要的修订者之一，也是《辞源》第三版的审稿者。在2016年初的一次见面中，与唐先生谈到他的《汉语音韵学常识》《音韵学教程》《上古音手册》等几本书的修订问题。希望这些书合同到期以后，这些修订本都能放在商务出版。

过了几个月，接到唐先生电话，他告诉我想先把合同已经到期的《学点音韵学》《汉语音韵学常识》和《普通话语音史话》等3本书给商务出版。我立即将这一信息转周洪波总编辑，得到了他的支持。很快报了选题。

二

最早见到唐作藩先生的名字，是上世纪八十年代初，上大学时听古代汉语课的时候。那时普通高校的大学中文系一年级时基础课都用 4 册本王力《古代汉语》教材。第一次见到唐先生是在 1991 年夏天。当时,我在新疆大学中文系杨晓敏先生处读汉语史硕士研究生,音韵学用的就是唐先生的《音韵学教程》。研二基础课上完后,当我确定了《马氏文通》系统方法论的论文题目后,杨晓敏先生安排我到北大访学,拜见名师,查找资料。

1991 年 6 月初,研二下学期末,我来到了北京大学未名湖畔,住在校内 5 元一天的招待所。在北大图书馆查资料的间隙,就去听中文系的课。就是现在所谓的"蹭课"。听了唐先生的课,郭先生、何先生等其他几位先生的课我也都听过。可惜学期快结束了,只听了一两次课,讲的什么已经记不清了。

硕士期间,我们学习的音韵学教材,是唐作藩先生的讲义《音韵学教程》,1987 年北京大学出版社出版。这部教材后来修订了多次,是音韵学精品教材,出版以后在国内外产生了广泛而深远的影响。2000 年在南京大学读博士时,鲁国尧师仍然用它做我们的教材,师兄王建军还写了游韵山,被唐先生附于书后。后来,我知道了国内外许多高校中文系都采用这部书做音韵学教材或汉语史重要的教学参考书,北京大学出版社至今已出版了四个版次。

在南京大学读博士期间,唐先生曾应鲁国尧先生之约,到南大中文系给我们做过讲座。记得有一年是讲了两次,鼓楼校区一次,浦口校区一次。唐先生讲课温文尔雅,娓娓道来。唐先生的演讲让我们对音韵学的认识总是深入一步。

到商务印书馆后,与唐先生的接触就多了起来。先是跟许振生等老编辑每年中秋节代表商务汉语同人去北大看望唐作藩先生、郭锡良先生等老作者。每次都是在唐先生家坐很长时间。后来,因为《辞源》修订,又有《古汉语研究》《古汉语常用字字典》等书稿的问题,求教于唐先生。再后来,每年元月 20 日左右,与唐先生一起给杨耐思先生祝寿,又能见面。

三

唐先生宽厚仁慈,淡泊名利,毕生从事汉语音韵学、汉语史和古代汉语的教学与研究,在北大工作长达六十余年,在教书育人和学术研究方面都取得了丰硕的成果。唐先生在北大不仅出版、发表了一系列影响深远的学术著作和论文,而且还培养了一大批国内外的汉语史专业研究生、进修教师和访问学者。唐先生培养的学生,很多现在已成为国内外语言学界的中坚力量,而且这些学生又培养了更多的学生。

唐作藩先生是当代著名的音韵学家,教育家,还曾担任过北京大学中文系副主任。前段时间,看唐先生写的《一起住筒子楼的人们》,记录了他们年轻时的人和事,感慨万千。唐先生他们这一代人经历了新中国成立以来教育发展的完整过程,道路曲折,酸甜苦辣,到而今,最引以自豪的是可以说桃李满天下。

唐先生音韵学的著作和论文范围很广,涉及汉语音韵学、汉语史、古代汉语、方言学、词典编纂以及中学语文教学等各个方面,并对于相关语言学科的横向普及和纵深发展起到了积极的推动作用。

唐先生是北大《语言学论丛》的编委,也是《中国语言学报》的编委和《中国语言学》学术委员等。他曾长期担任中国音韵学研究会的副会长,两届中国音韵学研究会会长,中国音韵学研究会顾问,北京市语言学会常务理事等。唐先生还是北京大学王力语言学奖基金会主任委员、评委会成员。这些经历和职务都是唐先生对中国语言学研究关注和贡献的见证。老骥伏枥,志在千里,唐先生是我们学习的榜样。

唐先生还是一个慈善家。有一年我到湖南参加《古汉语研究》的会议,有幸到洞口县参观。洞口县的教育局长知道了我是商务印书馆的编辑,特意讲到了唐先生多年来一直将我馆出版的《古汉语常用字字典》的稿费捐给洞口县小学——唐先生的母校的事,令人感动。而就在2017年5月,唐先生又捐出省吃俭用的50万元,设立音韵学研究奖学金。这些美德令人动容。

四

做唐先生三本书的责任编辑,是一件非常愉快的事。

唐先生继承了王力先生龙虫并雕的语言学研究精髓。《汉语音韵学常识》《学点音韵学》《普通话语音史话》三本学术著作虽然写于不同的时间段,而共同的特点是心中有读者，深入浅出，通俗易懂。而常识性、普及性是唐先生三本著作的核心。

《汉语音韵学常识》1958 年在上海教育出版社出版，距今已经有 60 年了。这本书字数不多，虽然只有薄薄的 86 页，但影响却很大，印刷了多次，2005 年重版。可以说，这是唐先生最负盛名的一本音韵学常识的普及著作，发行量十几万册。该书为我们介绍了许多被称为"玄学""绝学"的音韵学的基本概念和问题，以浅显易懂的文字介绍如什么是音韵学？为什么要学习音韵学？音韵学的基本概念、字音和音标等等，涵盖了汉语音韵学的古音学、今音学、等韵学等内容，条理清晰，令人爱不释手。这本书的语言非常浅显易懂，将音韵学深奥的晦涩难懂的学问术语，深入浅出地娓娓道来，深受学生和广大爱好者欢迎。作为音韵学的入门书被一代代读者喜爱。

唐先生的《汉语音韵学常识》便于初学者入门，与我馆出版的"语文知识丛书"的理念也是一致的，都是以浅显的文字介绍汉语语文知识。而唐先生更突出简明和通俗易懂，讲的语言学理论和选取的例证可能更容易让读者接受。像音韵学的常见的一些基本知识，什么是声母、韵母、声调，什么是音韵学的音标、反切和"五音""清浊"等，解释得清楚明白。特别是古音学的上古韵部系统、阴阳对转等概念，今音学的《广韵》中古音、古音构拟等，解释都非常地清楚细致。对等韵学的韵摄、等呼等理论，以及普通话语音系统声母、韵母和声调的来源等，用具体例证说明它们的来源和原理，每一个概念都条分缕析，通俗明白，对刚入门的古代汉语音韵爱好者、学者和一般读者了解音韵学知识特别有帮助。

《学点音韵学》是唐先生另一本重要著作，是 2011 年应暨南大学詹伯慧先生邀请，为暨南大学出版社"大家小书"丛书编写的音韵学著作。这本书内容与《汉语音韵学常识》互有补充，基本不重复。全书十万余字，简体横排，就汉语古今音异同、破读问题和字音问题做了细致的讲解。

《学点音韵学》也是一本在汉语语言文字研究和语音学的普及中做出重要贡献的小书，具有相当大的影响力。唐先生撰写的这本书兼具应用性与通俗性。这套丛书定位"大家小书"，很有意义，"大家"是就作者而言，"小书"是就篇幅而言，也可理解为"为大家编的小书"。《学点音韵学》的定位是以"大家"的学问为"大家的学习"来撰写篇幅不大的普及性读物,很值得我们出版人学习和借鉴。

《普通话语音史话》是唐先生2000年在语文出版社出版的"百种语文小丛书"中的一种,是他普通话语音史教学研究的总结。小书以翔实的近代汉语语音史料为基础,内容上溯中古音,下探北京音,讨论现代汉语普通话的形成,讨论《中原音韵》是否是普通话语音系统的历史源头。小书对普通话唇音声母的来源、普通话卷舌声母的来源、普通话舌面音声母的来源、普通话零声母的来源等,以及普通话单韵母的来源、普通话复韵母的来源、普通话鼻音韵母的来源、普通话儿韵和儿化韵的来源、普通话四呼的形成、普通话四声的形成和发展等,都条理清楚,令人信服。

从音韵学发展史的角度,唐先生分析并解释了汉语普通话声、韵、调的形成和发展变化的原因、脉络,道理讲得深入浅出,很有意义。唐先生充分肯定了周德清《中原音韵》是普通话的源头的事实,认为现代普通话语音以北京语音为标准音,以北方话为基础方言,在元明时代(公元十四、十五世纪)就已经奠定了基础。对现在有人认为"普通话是蹩脚的满语"等认识,这些观点是一有力的反驳。

五

通过编辑唐先生的三本小书,我又重新学习了一遍汉语音韵学知识,受益匪浅。三本书部头都不大,但内容丰富,涵盖了语言语音研究的各个方面,值得每一位语言学爱好者阅读学习。编辑加工过程中,深深为唐先生的音韵学功底折服。唐先生语言精练,条理清楚,娓娓道来。例如,以浅显的语言对"反切""上古音""韵部"等的解释和介绍,这些定义非常简单、明白,契合了普及高深玄难知识为广大读者的理念。使读者愿意读,能读懂,这也是我们出版人应该重视的问题。

虽然唐先生已九十高龄,但还是仔细地看了三本书的校样,订正了个别字词,做了一些力所能及的修改和补充,使书稿增色不少。

谨以此短文祝唐先生九十华诞快乐。

《唐作藩的汉语言学世界》编后琐记

张渭毅

一　编书缘起和编辑说明

　　湖湘文化博大精深,邵阳自古人杰地灵。邵阳市委、市政府为传承光大本土文化,决定编纂出版一套《邵阳文库》大型丛书,遴选古今名士名人,汇编佳作名篇,列入湖南省社科基金项目。我国著名语言学家、北京大学中文系教授唐作藩先生祖籍邵阳,生于洞口县黄桥镇,是一位人格高尚、德高望重、学识渊博和学术影响深远的忠厚学者,是《邵阳文库》当代名人的理想人选,故邵阳市委编委会2014年即委托唐先生自编一本语言学文选,准备编入《邵阳文库·丙编》第44分册。

　　2015年4月的一天,唐作藩先生的电脑突然中毒,电脑储存的大量文件被一场洋病毒吞噬了! 其中就有《邵阳文库》编委会一年前约稿的、唐先生已经初步编成的文选的电子文稿。唐先生请来中文系研究生雷瑭洵同学抢救旧文件,经过一番努力,仅恢复了一小部分初稿文件,大多数文稿文件难以恢复。唐先生只能重新编辑文稿,进度很慢,出版社催稿很急。遇到电脑操作困难时,几次电话召我去府上解决问题。看到年届米寿的恩师唐先生用颤抖的双手缓慢地敲打键盘、一次又一次返工操作,多次焦虑应对出版社的催稿通知,我实在于心不忍,冒昧地提出协助先生完成编书计划的想法,没有想到,唐先生当即很爽快、很高兴地答应下来,把编辑文选的重任托付给我。

　　经小雷抢救的少量初稿文件比较零散,格式凌乱,难字、僻字和音标无法显示,乱码较多,大部分文稿必须重新编辑。好在唐先生初稿选目尚存,原稿俱在，重要的论文已经收入商务印书馆 2001 年出版的论文集《汉语史学习与研究》中，该书在网上有 PDF 版电子文本，小雷热心帮助我从网上搜到一部分论文的 PDF 版电子文本，谨致谢忱。

但是，这些电子文本 PDF 版转换为 WORD 版后，原文的格式、字序和字符大都混乱了，音标、表格、数据和相关的文字内容也全部丢失了，根本无法编辑为可读和合格的文件。为此，我只好根据选目把待编原稿论文重新归拢在一起，然后按照出版社的具体要求，对散乱丢失的原稿文字逐篇逐节地加以调整、粘贴、输录、核对、审订和排版，编辑成册，一共辑录了 47 篇论文（含作者《自序》一篇），学术论文发表时间截至 2014 年年底。本书初名《语言学家唐作藩》，唐先生对此表示赞同。但是，付印前收到丛书编委的更名通知，因《邵阳文库》编委会对本套丛书各分册的取名，都有可依之规和可循之例，故最后定名为《唐作藩的汉语言学世界》，由光明日报出版社 2017 年 10 月出版。共计 415 页，43 万字。

笔者依照《邵阳文库》的编纂体例，遵照唐先生初稿所定选目，把选入本书的唐先生在各个时期发表的 47 篇论文（含唐先生所作的《自序》一篇），按照论文内容的性质，分作音韵学史类、音韵史类、音韵散论类、方言类和序跋类等五大类。为了引导读者了解唐先生的生平和学术贡献，笔者撰写了《前言》评述唐先生的汉语言学成就，并编写了《唐作藩年谱》和《唐作藩教学学术活动和学术论著索引》。针对论文原文，还主要做了以下四项编辑工作：

1. 在脚注加"编者按"，用来提示、解释、补充说明或订正跟论文或作者有关的内容。作者已经正式发表的选文，编者在该文的末尾括注出处。

2. 规范字体和音标，统一格式。改正原文中的错字和错误的音标符号，并合理标注标点符号。

3. 校核原文的引文，改正错误。

4. 续补并完善原稿。有的论文，唐先生初稿只有论文提要或未完之稿，编者尽量找到已经发表的完整论文编入本书，并补充参考文献。

要特别提到的是，唐先生耗时一个多月，为本书洋洋洒洒执笔写下近六千言的《自序》，饱含深情地回忆了他从孩提时代到米寿之年的成长经历，勾勒出一幅真实感人的人生画卷，堪称一篇翔实精彩的自传。

笔者师从唐先生三十二年,今有幸协助先生编辑此书,重温先生的一篇篇大作,仿佛又回到了青年时代聆听先生授课的课堂,倍感亲切。唐先生就是一部书,一部照亮亲朋、后学和弟子心灵深处的大书。在此,我要感谢《邵阳文库》编委会给予我学习这部大书的难得机会,并愿意把这种真切的感受传达给喜欢和热爱这部书的人们。

作为一位仁慈的长者、宽厚的学者和敬爱的老师,唐先生堪称立德、立功、立言的典范和为人、为学、为师的楷模。今年5月11日,是业师唐先生九十岁华诞,谨以此书敬献于先生,为先生寿。

本书的选编工作,前后历经一年,自始至终得到唐先生的支持和指导,唐师母也多次关心和询问编书事宜。在此,我把编书过程中所为、所闻、所见和所感之事谨记如下。

二　师母访谈记——唐师母心目中的唐先生

2016年5月11日,是唐先生八十九岁寿辰。为了补充《唐作藩年谱》的第一手材料,当天晚上,笔者专门拜访了唐先生和师母。唐先生为人低调,谦虚谨慎,始终回避了我的敏感提问。笔者以"您心目中的唐先生"为题,采访了师母唐和华女士。在跟唐师母的交谈中,我了解到了唐先生日常生活中的一些感人事迹。现把师母口述的内容略加整理,分五个方面谨记如下。

(一)严于律己,胸襟开阔,待人宽厚,为他人着想。

唐先生在与同事、亲人、师友和外人相处的过程中,严于律己,从不计较个人得失,在听到他人对自己的不利或不公正的意见时,总是反思自己,委屈自己,对他人极端宽容,并替他人着想,能够正确对待别人的意见,做到问心无愧。胸襟开阔、待人宽厚的优秀品质,是唐先生家庭和谐、生活幸福和健康长寿的最重要的原因。

(二)艰苦朴素,生活简朴,平易近人,自理自立。

唐先生一生勤俭节约,生活极其简朴。1986年,唐先生短期访美,买回了一台电视机和一台电冰箱,电冰箱至今还在用着,电视机也是几年前才换了新的。沙发、桌椅、书柜和衣柜等都是五十年前的老家具,非常陈旧,有的破损严重,唐先生一直舍不得更换。唐先生上个世纪八十年代初买的一套灰色中山装,穿了三十多年。近几年因外出访问和讲学需要而添置的三套西装,都是师母和儿女执意为他买的。① 唐先生晚年,自己能做到的大事小事,绝不轻易麻烦别人。他经常体谅别人的难处,尊重他人的劳动,上至亲友同事,下到青年学生和普通的钟点工,一视同仁。

(三)热爱家乡人民,慷慨捐资助学,低调为人处事,淡泊名利。

几十年来,唐先生一直关心和扶助家乡的教育事业。对于来京求学、发展的家乡人,如有求助,他总是热情款待,慷慨相助。唐先生每次回家乡,都会摆几桌席,请当地老辈和同辈的乡亲吃饭。

唐先生 2014 年 4 月,唐先生回洞口县家乡时,拿出一生的积蓄 50 多万元人民币,捐献给洞口县第三中学,设立了唐作藩奖学金,用来资助优秀的贫困生。洞口县副县长、教育局局长和三中师生为唐先生夫妇举办了隆重的捐赠仪式,颁发了捐赠证书。本来唐先生希望向黄桥中学捐款,因近年来黄桥中学并入洞口县三中,故捐款给了三中。

唐先生为人处事低调,事前事后都没有接受任何新闻媒体的采访,回京后也没有跟家人以外的任何人提起此事。2015 年 3 月,我才从唐师母的一次谈话中偶尔得知了这一消息。唐先生四世同堂,听师母说,唐先生在捐款前,曾经开过家庭会议,他说:自己幼年家境贫寒,受到亲友的资助才上了中小学,深知贫寒子弟求学的艰难,心中一直有个愿望,就是把自己的全部积蓄捐献给家乡洞口县黄桥中学,资助家乡的贫困生求学,自家子孙应该自食其力。唐家子女一致通过了唐先生的决议。唐先生还表示,自己百年以后,家中所藏的全部图书捐献给家乡邵阳市图书馆。

令人感动的是,唐先生应约为《邵阳文库》认真撰写了自传,时间跨度达

---

① 上个世纪八十年代初,笔者曾多次在唐家看到,厨房洗碗、洗锅的水舍不得倒掉,用来冲厕所。已故的袁云萍师母对笔者说:"北京缺水,你唐先生节约用水。"唐家的这个节水习惯,至今还保留着。

70 多年,极其详细地回忆和记录了他的学术经历以及跟师友、同事、同学们的交往经历,但是,他却只字未提及 2014 年 4 月为家乡中学捐资助学的壮举。如果师母不提,我们都不知道这件事。

(四) 勤奋著述,成就卓著,饮誉学界,蜚声士林,活到老,学到老。

唐先生一辈子兢兢业业教书育人,勤勤恳恳传承学术。著述颇丰,在语言学教学和科学研究方面成就斐然,曾多年担任中国音韵学研究会会长。[①] 1997 年退休以来,仍然笔耕不辍,经常参加学术交流活动,照常热心指导来访的国内外学生。他希望在有生之年能写出更多更好的学术论著,为祖国的语言学的繁荣与发展做出力所能及的贡献。[②]

(五) 乐于助人,诲人不倦,奖掖后进,桃李满园,朋友遍天下。

唐先生乐于帮助国内外的师友、同事和后辈学生,全力以赴,几乎做到了有求必应。他诲人不倦,谆谆善诱,指导后进,不遗余力,培养了一大批国内外的汉语史专业研究生、进修教师和访问学者[③],其中不少人现已成为国内外语言学界的中坚力量,他的高足弟子遍布日本、韩国、马来西亚及欧美等世界各地。桃李满园,朋友遍天下,一直传为美谈。

三 记《汉语音韵学常识》及其三种日译本

《汉语音韵学常识》(简称《常识》)是唐先生音韵学的处女作,是在王力先生的具体指导下写成的通俗的音韵学入门读物,也是音韵学教材和教学参考书,这部小册子国内高校一般用作教学参考书,而国外一些高校则用作教材。1954 年,王力先生在北大讲授汉语史课程,唐先生做助教,担任辅导,语音史的内容较多较难,唐先生为同学们辅导音韵学知识。1956 年春天,吕

---

① 笔者按:唐先生 1990 年至 1998 年曾连续八年担任中国音韵学研究会会长。
② 笔者按:1991 年唐先生被英国剑桥国际传记中心选入"国际文化名人传"。
③ 笔者按:唐先生招收并指导的及门弟子有 34 名,其中研究生 13 名,进修教师 10 名,访问学者 11 名。

叔湘先生跟王力先生谈到,当前需要编写一些通俗读物,以普及语言学知识,提议要王先生写一本音韵学方面的小册子。王先生很忙,要唐先生来写。[①] 他跟唐先生谈起,新中国成立以来,整个语言学的普及工作做得很不够,尤其是传统的音韵学,介绍得很不够,近年来重印了几部关于音韵学的著作,但都比较专门,不适合一般初学者,所以目前很需要一本普及汉语音韵学常识的小册子。[②] 众所周知,新中国成立的头十年里,学术研究面临着出路问题,像音韵学这种"中西合璧"的学科,被看作既具有封建主义色彩,又包含资本主义的东西,其命运、前途等待裁决,正常的研究还谈不上,就更不用说普及了,基本上处于停滞状态。《常识》的出现,犹如万绿丛中一点红,对音韵学的普及和发展起到了良好的推动作用。这部书虽然只有区区58000字,但是内容丰富全面,举凡音韵学的各个方面,都做了条理清晰和通俗精到的论述,是一部名副其实的大家小书。它的优点是语言通俗浅近,便于初学入门,以浅显的文字介绍音韵学一些基本知识,内容包括绪论、基本概念、古音学、今音学、等韵学、普通话语音系统的来源。

全书六个部分。第一部分"绪论"介绍音韵学的对象和学习目的。第二部分介绍音韵学的基本概念,使读者对于传统音韵学最基本的术语,如双声、叠韵、五音、七音、三十六字母的发音部位和发音方法、反切等有一个明确的认识。从第三部分到第六部分,按照汉语语音史分期的先后,依次对音韵学的四大部门即古音学、今音学、等韵学和北音学分门别类加以介绍。"古音学"部分说明了上古音研究的材料、方法和结论,介绍了王力的古韵29部,讨论了"阴阳对转""旁转"等韵母转变规律。声纽拟定为6类27个,全浊声母不送气。主张上古有4个声调,跟后代的四声有所不同。"今音学"部分着重介绍了《广韵》的结构和基本内容,指出考察中古时期的实际韵部语音系统,除了韵书材料外,归纳分析唐诗押韵情况,也是很重要的途径。声母方面主张中古音有36个声母。附带介绍了古音构拟的材料和方法。"等韵学"部分介绍了韵摄、等呼、韵图的结构等基本知识,着重分析了等、呼的性

---

① 唐作藩《汉语音韵学常识·三版前言》,上海:上海教育出版社1999年版第1—2页。
② 唐作藩《音韵学教程·后记》,北京:北京大学出版社2005年版第232页。

质。第六部分"普通话语音系统的来源"介绍了北音学最重要的著作——《中原音韵》的语音系统,通过《中原音韵》跟中古音和普通话的比较,揭示中古时期到《中原音韵》时代的音变规律,进而说明现代普通话的声母、韵母和声调系统的来源,勾勒出普通话语音系统形成的轮廓。这部书的最大优点是语言通俗浅近,便于初学入门。作者善于把艰涩难懂的音韵学概念和术语,用最浅显的语言娓娓道来,在吸引读者掌握音韵学基本原理的同时,能激发进一步学习和探索这门学问的兴趣。

该书1958年初版后,即受到读者的欢迎。1959年,上海教育出版社发行新一版,截至1979年,已重印了3次,印数累计10万册。1999年,上海教育出版社发行了新的第3版。2005年第4版,印数逾5000册。这部书在海外也产生了深远的影响。1972年,香港中华书局出了翻印版,1988年又重印,并流行到日本、美国、法国,以及中国台湾省。

《常识》1958年问世后,即在国外产生了较大影响,受到了日本音韵学界的重视。国内学者一般认为,这二十年间,日本先后出版了两种翻译本:一种是由日本京都产业大学教授池田武雄翻译的、1962年(昭和37年)10月1日京都府立大学文学研究室印行的日译本,名为《中国語音韻学研究の手引》;另一种是由日本二松学舍大学教授本桥春光翻译的、1979年(昭和54年)5月25日明治书院出版的增注日译本,名为《汉语音韵学入门》。多年以来,一直被日本的一些高校用作音韵学教材或教学参考书。

长期以来,国内语言学辞典涉及本书的词条,如《中国现代语言学家传略》第三卷我所撰写的"唐作藩"词条[1]和唐先生自己主编的《中国语言文字学大辞典》"汉语音韵学常识"词条,[2]在介绍《汉语音韵学常识》时,提到的日译本只有这两种。

池田武雄,1913年出生,1998年去世。日本中国语和文学研究家。1950年毕业于京都大学文学部中国文学科,曾任京都市立西京高等学校校长、京都产业大学外国语学部教授。长期从事中国语言和文学的教学和研

---

[1] 石家庄:河北教育出版社2004年版第1208页。
[2] 北京:中国大百科全书出版社2007年版第266页。

究,著有《中国语读本》《中国古典语读法》等,除了《汉语音韵学常识》,还翻译出版了巴金的《巴金回忆录》。1979年3月7日,池田先生随团访问北京时,专程前往北京大学拜访了唐作藩先生,两人相会于北大临湖轩。1993年9月,唐先生访问日本京都时,曾专程拜访了池田先生,并应邀在其家小住几日。

本桥春光,1905年生于日本枥木县,卒年不详。日本中国语和文学翻译家。1933年毕业于东京外国语学校中国语专业。曾任日本内务省内阁情报局翻译官、东京都公立学校校长、二松学舍大学教授。长期从事中国文学和语言的教学和中国文学作品的译介工作,翻译出版了《现代中国短篇小说选》《汉语音韵学常识》等。

2012年秋天,我应邀来到日本神户大学大学院人文学研究科讲学。2013年秋天,神户大学第一次由我为研究生开设了音韵学课程,我采用的教材之一就是以上两种日译本。平山久雄先生闻之欣喜,曾特意来信热情鼓励我,并希望我能够为神户大学带出几个音韵学传人。在汪潇晨、施元昊和窦新光等研究生的热心帮助下,教学相长,我吃力读完了《汉语音韵学常识》两种日译本,同时注意到本桥春光教授在译本序中曾提到的、但是在其参考文献里并没有列出并说明出处的另一种《汉语音韵学常识》日译本,即第三种日译本——日本大学文理学部中国文学研究室1974年2月油印出版的《汉语音韵学常识》。该日译本由日本大学文理学部中国文学研究室音韵研究班翻译,由日本著名汉学家、音韵学家、日本大学文理学部教授坂井健一监修。

日本爱知大学臼田真佐子教授告诉我,在日本,只有日本大学文理学部图书馆藏有这个本子,很可能是孤本。

2014年4月至2015年3月,适逢北京大学中文系王岚教授在日本大学文理学部讲学。2015年1月19日,我写信拜托王岚老师帮助我查寻此书,并打听本书的监修者坂井健一教授的近况。王老师在日本大学文理学部图书馆费心查到了此书,系油印抄本,83页,26cm。1月23日,王老师很快寄来了此书的扫描照相本,并且告诉我:坂井先生尚健在,已是90岁高龄。唐先生听说这个消息后很高兴、很激动,1月23日下午即来信要我向王岚教授致谢,代为祝贺坂井先生九十寿辰,并特别提到他主编的《中国语言文字学大辞典》(2007年)第860页所收的词条"坂井健一"。今抄录如下:

坂井健一,1925年生,日本中国语学家,1950年毕业于东京文理科大学。曾任私立日本大学文理学部教授,现任名誉教授。致力于汉语音韵研究,著有《〈广韵〉索引》《魏晋南北朝字音研究——〈经典释文〉所引音义考》《中国语学研究》《宋本广韵全译》等。

谨在此衷心感谢臼田真佐子教授和王岚教授的热心帮助!

四 《音韵学教程》赞

音韵学是北京大学的传统学科。但从1954年起,北京大学中文系的音韵学教学内容被纳入"汉语史"课程中。1961年,修订教学计划,增设一门基础课"汉语音韵学",作为"汉语史"和"汉语方言学"的先行课,每周3学时,安排在汉语专业和古典文献专业本科二年级,由唐作藩讲授。为此,他编写了一部音韵学讲义。上个世纪60年代初以来,这门课讲授了多遍,《音韵学教程》(简称《教程》)就是在此基础上逐年充实、反复修订而成的一部音韵学教科书。全书四章。第一章"绪论",阐述了音韵学的对象、功用和学习方法。第二章、第三章是全书的重点。第二章分五节系统介绍了音韵学的基本概念。先讲述了汉语音韵结构的特点和反切的性质,进而结合现代语音学对于辅音、元音和音高的分析,循序渐进地介绍音韵学上关于声母、韵母和声调的概念,深入浅出地讲述了等韵图的构造、性质和作用,为介绍《广韵》音系做准备。第三章"《广韵》音系"有九节,可分为六部分,第一部分从文献学的角度介绍《广韵》的由来、体例、版本和性质,指出《广韵》音系是以隋唐时代洛阳音为基础,吸收了南北方音和古音一些成分的音系。第二部分《广韵》的声母系统,讲述了考求《广韵》声母的方法——陈澧的反切系联法及其不足,附带介绍了审音法和统计法,主张《广韵》51个声类,根据音位对立和互补的原则,可以分析为35个声母。然后把《广韵》声母跟现代普通话声母全面比较,总结了古今声母的演变规律。第三部分《广韵》的韵母系统,运用系联法把《广韵》206韵归纳为295个韵类、142个韵母,[①]指出《广韵》的韵母系统就是《切韵》的韵母系统,进而指明《广韵》音系就是《切韵》音系;讨论了等韵图对韵母的分析以及韵图分等的性质;在全面比较《广韵》韵母和现代普通话韵母的基础上,展示其间的对应规律。第四部分《广韵》的声调,介绍《广韵》的四声跟现代普通话四声的对应规律。第五部分《广韵》音系的构拟,结合实例说明如何运用历史比较法构拟《广韵》的声母和韵母。第六部分在前五个部分的基础上,运用《广韵》音系的知识和古今音变的规律,归纳了几条主要的反切规律。第四章"汉语音韵学简史",简明介绍了历代有代表性的学者对于韵书产生以前的上古音和《广韵》以后的韵书进行研究的材料、方法和成果。每个章节后,结合讲授的内容,还附有练习题,供学生练习,收到举一反三之效。

《教程》是唐先生从事音韵学教研和普及工作三十多年的结晶,是一部优秀的音韵学教材。跟以往的同类音韵学教材相比,这部书除了继续保持《常识》的通俗易懂、深入浅出的风格外,还有以下四个鲜明的特点和优点。

第一,结构合理,内容科学,循序渐进,重点突出,注重实用,是一部理想的音韵学基础教科书。此书的编写格局深受王力先生1936年编写的音韵学教材《中国音韵学》(1956年改名为《汉语音韵学》)的影响,值得一提的是,王先生的这部音韵学著作,是解放前国民政府教育部指定的音韵学教材,也是中国学者运用普通语言学理论对传统音韵学做出系统整理和研究的第一部音韵学著作,曾受到现代著名语言学家罗常培先生和李方桂先生的赞扬。唐先生讲授音韵学,深得王力先生亲授指导,《教程》合理继承了《汉语音韵学》的精髓,并结合作者多年的教学经验,有针对性地做了较大的改进和提高。

第二,《教程》是唐作藩在精湛的讲课实录的基础上整理而成的,通俗易懂,深入浅出,条理清晰,便于初学,实用性很强。因此,深受广大青年学生

[①] 《音韵学教程》第一版至第四版认为《广韵》有293个韵类,第五版改为295个韵类。渭毅按,295韵类正确。

的喜爱。

第三,《教程》广泛吸收了前人合理的结论,持论公允,不作偏颇之论。同时,又有独到的见解,寓作于述。

第四,《教程》是作者从事音韵学学术研究跟音韵学教学实践相结合的产物,具有较高的学术水平。书中的许多专题,比如"等"的性质,《广韵》音系跟《切韵》音系的关系等问题,都体现了作者多年的研究心得。经过五次修订,内容更加充实,表述更加准确,体例也更加严密。该书以科研指导和提升教材,以教学打造和充实教材,又以教材带动和促进教学的做法,对于近六十年来国内高校的音韵学教学和研究具有示范作用。因此,该书正式出版前后,国内陆续出版的不少音韵学教材,都是以它为范本的。

《教程》出版后,广受读者和同行欢迎。1987年由北京大学出版社初版,1991年再版改作繁体版,2002年第三次修订,2013年第四次修订。2016年第五次重新修订。据统计,此书1987年第一版印刷了3次,1991年第二版印刷了8次,印数39500册;2002年第三版印刷了19次,印数150000册;2013年第四版印刷了4次,印数16000册。五版印数累计逾20万册。出版30年来一直用作北京大学中文系汉语音韵学课程的教材,被纳入北京大学"语言学教材系列",国内很多兄弟院校也用作教材或教材参考书。在台湾和国外也有广泛的影响,台湾五南图书出版有限公司1992和1994年曾两次印行。2000年韩国教育科学史发行处出版了沈小喜教授的韩译本,2013年第四版也由沈小喜教授翻译并在韩国再版。1992年11月,第二版荣获国家教委颁发的第二届普通高等学校优秀教材二等奖;2005年1月,第三版荣获北京高等教育精品教材证书;2015年9月,第四版荣获第四届中国大学出版社图书奖优秀教材一等奖。2016年7月,《教程》第四版荣获北京大学优秀教材奖。《教程》在北大评奖时,曾先后收到胡安良、冯宽平、李无未等专家学者的推荐书,今谨录如下:

(一) 胡安良、冯宽平两位教授的推荐书

青海民族大学于上世纪80年代初为古代汉语硕士研究生开设音韵学课程。之后,又给汉语言文学本科生开设。30年来,教材屡经更易。虽各有所

长,但教学实践让师生深感唐作藩先生所著《音韵学教程》独拔特立,精思纤密,酌古通今,理路通畅。与同类教材相比,有以下几个特点:

一、系统性。全书四章二十节,八个练习。章节的设置与构建都有缜密的思考和精细的论证,先识其指归,明其封域,然后执简御繁,循序渐进。在讲解音韵学知识时由远及近,由浅入深。这样有益于学生了解研究方法,并能拓展视野,引发学生从事学术研究之兴趣。

二、创新性。该教材的每一节堪称一个专题,特别是第三章《广韵》音系(第四节《广韵》声母和现代普通话声母的比较;第六节《广韵》韵母和现代普通话韵母的比较),以音学五书为音韵学之门径,因类以求,各有专注,抉择分析,钻坚求通,钩深取极。

三、科学性。该教材的教学理念是用现代科学的语音知识沟通古代的深奥难解、歧纷旁出的声韵文字之学,强调启迪学生的思维能力,如"双声叠韵法"。该教材(第四版 P19)附有《广韵》后面古人的"双声叠韵"原始图表,并有作者的分析论述。辨章学术,根极源流,得门而入,事半功倍。

古代音韵学卷帙浩广,图说纷博。需比较众说以斟其异同。该教材善于察曲以知其全,执微以会其通,提挈纲领以标其经奥,部次科条以别其要目,依据事理而断众论。自顾炎武《音学五书》区分十部、江永《古韵标准》分十三部、段玉裁《六书音韵表》分十七部、章氏《成均图》分二十三部、黄侃《音论》分二十八部,以言古韵。钱大昕《十驾斋养新录》举古音读冲若动、中若得、陟若得、直若特……明古无舌头舌上之分。又举古读扶如酺、服如暮、伏如逼、负如背……明古无轻唇重唇之别。章氏《国故论衡》举古日泥同音、日昵同音、日内音近、男任音近……明古音娘日二声归泥。又考古双声,知其齿头正齿不分,明古音仅有十九类。由此古今语音的演变炳然可知。学者依此规律考证文字音读,求其通转假借之故,莫不豁然理解。

四、实用性。该教材在《广韵》之后有一个专题,讲解《广韵》的反切规律,材料翔实,虑周藻密。反切是《广韵》的精华,再辅以八个练习,明其统绪,同条共贯,依类参稽,获益易见,并对现代语文教学,也启发实多。

谨意推荐唐先生著《音韵学教程》为优秀图书。

青海民族大学　胡安良、冯宽平,2016 年 4 月 16 日。

(二) 李无未教授的推荐书

唐作藩先生《音韵学教程》是目前国内外最为通行的汉语音韵学教科书之一,影响巨大。经过三十多年的修订与完善,体系非常完善,特色十分鲜明。2013年8月,北京大学出版社出版了第四版,更加引人注目。其第四版的成就主要是:其一,沿袭过去的基本传统,以"深入浅出"为主要编写原则,系统讲授汉语音韵学基础知识,让学生对汉语语音"历时和共时"存在的音节结构特点有一个总体性的把握,使之初步通晓汉语音韵学基本概念和内涵。其二,既然是教科书,就力求所讲授的知识点准确而科学。《音韵学教程》所介绍的各个类别知识点,都是采用学术界最为公认的,而且,经过实践检验没有歧义的说法,这是本着对学生高度负责任的态度而编写的,所以,可信性程度非常高。其三,《音韵学教程》所体现的教学思想十分先进,就是贯彻"以学生为主体","以教师教学为主导"的"人本主义"教学理念。为此,布置八个"作业",让教师与学生在"精讲多练"的"互动"过程中理解汉语音韵学内容,学生的"主体性"得到了最大程度的尊重与推崇,教师的"多相控制导向"作用得到了极致发挥。与之相配套的辅导书,也已经出版,真的是做到了在教学行为上精益求精。其四,十分注意对原书进行修订,工作成效显著。比如吸收学术界新成果,增补正文内容;改排繁体,解决了教学中繁简之间的矛盾;编制《术语、人名及论著索引》、增加游记《游音韵山》,非常有新意;订正《广韵》反切上下字统计数字;增补参考书目等。所以,能够代表中国最新的汉语音韵学教学成果,进一步提升了《音韵学教程》在世界各国汉语音韵学教学上的影响力。

《音韵学教程》在国内汉语音韵学教学的重要性人所共知。三十年来,从学习《音韵学教程》起步而走上汉语音韵学研究道路的学者不计其数。几乎所有的中国重点大学都将之列为基本教科书或参考书。我本人在重点大学进行汉语音韵学教学二十八年,在本科生博硕士研究生汉语音韵学课堂上一直使用《音韵学教程》,并把它作为基本教科书。同时,让学生人手一本,做到精读细读吃透,教学效果十分明显,使得无数本科生博硕士研究生受益终生。《音韵学教程》在海外的传播十分迅捷,台湾五南图书出版公司于1992年开始印行,到现在还供不应求;韩国学者沈小喜将之翻译为韩文于2000年出版,成为韩国许多大学的通用教科书。美国、法国、日本等国家许多汉语音韵学学者将之作为案头必备的教学与研究的参考书。这些情况都证明,《音韵学教程》不仅属于中国的,也是属于世界的。

与前三版一样,《音韵学教程》第四版日益发挥着极其重要的教学引导作用,也必将占据着我国及世界各国汉语音韵学教学的主导地位。它是我国学者三十年来汉语音韵学教学研究的智慧结晶,理应获得应有的崇高荣誉和地位,并得到相应的尊重。我十分愿意推荐《音韵学教程》参选北京大学优秀教材项目。谢谢!

厦门大学中文系　李无未,2016年4月20日。

五　从《常识》和《教程》论唐作藩教授的音韵学贡献

唐先生1954年9月随王力先生从中山大学调到北京大学中文系任教,至今已经六十三载了。在长达五十多年的教学和研究生涯中,先后为北大中文系开设过写作、语法修辞、音韵学、汉语史、古代汉语、古音学等多门课程,不仅培养了一大批国内外汉语言文学专业的本科生和汉语史专业的研究生、进修教师以及访问学者,而且还发表了一系列有影响的学术论著,涉及音韵学、汉语史、古代汉语、方言学、词典编纂以及中学语文教学诸方面。尤其是在音韵学领域,用力甚勤,成就突出,他在音韵学的普及化和科学化方面,做了大量卓有成效的工作。他的音韵学教材《常识》和《教程》就是这方面优秀的代表作,好评如潮,备受重视,在国内一版再版,一直热销,在日本、韩国屡次被同行专家翻译出版,这种情况在人文科学界是不多见的,在音韵学界,更显难得。为什么唐先生的这两部音韵学基础教材,广受读者和同行如此厚爱和重视? 这是一个值得认真思考的话题。

我从1985年春天起,即开始跟随唐先生学习音韵学,至今已经整整三十二年了。根据我个人多年来从事音韵学学习和教学的体会,唐先生的音韵学教学和研究功绩卓著,其中最重要的贡献,表现在两个方面,一是为了音韵学教学而编写了优秀的音韵学教科书,二是推行和践行了一套科学有效的音韵学教学法。

唐先生一贯认为,音韵学好比理科中的数学,是文科的基础学科,是学习古代汉语、现代汉语、古典文学、中国历史、中国古代哲学等历史学科的重要工具,非常有必要花大力气加以普及,真正做到"口耳之学,古为今用"。因此,从开始教音韵学的那天起,他就"下定决心","不能以其昏昏,使人昭昭",并"立下一个心愿,这就是要努力将这门过去被视为'玄学''绝学'的令人生畏的音韵学,弄得比较通俗易懂,深入浅出。""数十年来,无论是在课堂上或是在著述中","都以此为自己的奋斗目标。"①

除了音韵学教材建设的贡献以外,唐先生普及音韵学的另一项贡献是一贯推行和实践精湛的音韵学教学法,这一点往往为同行们所忽略。众所周知,音韵学向来被看作"天书""绝学",学者能够深入地研究它并有所创获是一回事情,能够准确、科学、通俗、生动、深入浅出地把"天书"教给学生,使学生掌握它、喜欢它并乐于钻研它,是另外一回事情。后者对学者的要求更严,达到的学术境界也更高。音韵学本来就是"口耳之学",传授这门艰涩难懂的学问,必须钻研教学法,因为教学法也是一门学问。毋庸讳言,往往有较高研究水平的音韵学家,其音韵学教学水平并不见得高。对于一个优秀的音韵学家而言,掌握高超的教学法跟精通教学内容具有同等重要的地位。曾在北京大学中文系讲授音韵学及其相关课程的老一辈专家学者,如钱玄同先生、刘复先生、罗常培先生、王力先生、周祖谟先生、唐作藩先生、何九盈先生等,无一不是精通音韵学教学法的楷模。唐先生数十载耕耘在音韵学教学园地,他身体力行的教学法,继承和发扬了前辈学者的优良传统,达到了炉火纯青的地步,在校内外有口皆碑,值得时下音韵学工作者认真学习、总结、继承并加以大力提倡。

唐先生的教材深受青年学生喜爱,一个原因是通俗易懂,深入浅出。另一个重要原因是教学内容"中",正如日本著名汉学家平山久雄教授所言:"其著作的特色是'深''博'和'中',为学常患失之于'偏',或'不及'或'过',

---

① 唐作藩《汉语音韵学常识·三版前言》,第1—2页。

'中'则不易达到。"①

唐先生编写教材,继承和发扬了罗常培、李方桂、王力等前辈学者所倡导的编写音韵学教材的精神。1936 年,商务印书馆出版了王力先生在清华大学的音韵学讲义《中国音韵学》(1955 年中华书局重印时改名《汉语音韵学》),王先生在《自序》中说:"此篇所述,什九为古今诸贤之说,一得之愚,则存乎取舍之间。犹虑抉择未軌於正,时或前后抵牾;文中间参私见,则又纰缪是惧。兢兢此心,盖犹始习没者之常患溺也。"②"初学切忌博览众说,而不知所折衷:本书正文中之主张力求一贯;虽多采自他人,然既经著者剪裁,亦即代表著者本人之意见。"③王先生"此篇所述,什九为古今诸贤之说,一得之愚,则存乎取舍之间"的做法,得到了罗常培先生和李方桂先生的肯定和赞扬。罗先生在《罗序》中说:"我觉得编教科书和作研究论著性质稍微不同:后者无妨'小题大做',前者却贵乎'深入浅出'。所以一部教科书尽管没有自己的创见,而能搜罗众说,抉择精当,条理清晰,容易了解的,便算是好著作。著者在《自序》里说:'此篇所述什九为古今诸贤之说,一得之愚则存乎取舍之间。'这是很合乎教科书的性质的。"④李先生在《李序》中说:"他(指王力)很谦虚的说:'此篇所述,什九为古今诸贤之说,一得之愚,则存乎取舍之间。'我希望读者——尤其是初学的读者——能得他的精神。从他这部书里得了一个正确的概念以后,那取舍之间就不发生什么困难了。"⑤

《常识》和《教程》的编写旨趣,深受王力先生《汉语音韵学》的影响。具体说来,唐先生继承了罗常培、李方桂、王力等前辈学者所倡导的"此篇所述,什九为古今诸贤之说,一得之愚,则存乎取舍之间"的编写音韵学教材的精神。平心而论,对于"古今诸贤之说",《常识》和《教程》确实做到了"抉择精当",取舍公允。在"深"而"博"的基础上达到"中"的境界,发表公允而中肯的学术意见,一些看似浅显、"中庸"的论述,从严格的学术角度审视,大多

---

① 平山久雄《语苑撷英·序》,北京:北京语言文化大学出版社 1998 年版第 5 页。
② 王力《汉语音韵学·自序》,北京:中华书局 1982 年版第 8 页。
③ 王力《汉语音韵学·例言》,第 9—10 页。
④ 王力《汉语音韵学·罗序》,第 5 页。
⑤ 王力《汉语音韵学·李序》,第 7 页。

是经得起推敲和检验的真知灼见。以浅显的语言和中而不偏的观点表述深奥的音韵学原理,是《常识》和《教程》的突出优点,这不是一般的教材和参考书能够做到的,这也正是《常识》和《教程》出版多年以来在国内外高校课堂经得起考验、至今仍然畅销不衰的根本原因。

业师何九盈先生的《中国现代语言学史》2008年修订本后序《中国现代语言学史散步》是一篇脍炙人口的中国语言哲学宏论,他在第八节《现代语言学家的类型》立足于现代语言学家的学术实践,借鉴孔子对知识分子的三个分类标准,极富创见地把现代语言学家分为"狂者""中者"和"狷者"三类,并赋予其科学的界定标准和认定原则,他说:"面对'欧化'大潮,'狂者'以西学为'进取'目标,'狷者'则'有所不为','中道'之人则不中不西,亦中亦西。格局三分,昭然若揭。具有普遍意义的是:凡大师级语言学家,莫不'择乎中庸',莫不'温故而知新'。"[1]何先生还特别指出:"近年不断学习,不断清理自己的学术观念,才获得如下认识:不薄'狂者'爱'狷者','转益多师是汝师'。告别简单化的二元对立,对我个人而言,是一次思想上的大飞跃。"[2]

以音韵学教学和科研实践而论,唐先生理所当然可以归入音韵学家的"中者"。我认为,何先生的这番话,正可以看作对"中者"唐先生的生动写照:数十年来,他以"中"的精神孜孜不倦地徜徉和沉浸在语言学世界里,确实做到了"择乎中庸":谦虚谨慎,择善而从,厚积薄发,始终履行着"中和可常行之道"。[3]

---

[1] 《中国现代语言学史》修订本,北京:商务印书馆2008年版第792页。
[2] 《中国现代语言学史》修订本,第802页。
[3] 《后汉书》李贤注:"庸,常也。中和可常行之道,谓之中庸。"北京:中华书局1982年版第2665页。